KB206053

신약성서신학

신약성서신학

조경철 지음

kmc

신약성서를 연구하는 학자로서 「신약성서신학」을 출판하는 것은 평생의 소원이자 과제일 것이다. 내가 이 책을 통해 그 소원을 이루었다고 선뜻 대답하지 못하는 것은 너무 부끄럽기 때문이다. 신약성서 27권에 대한 철저한 연구와 그와 관련된 다른 연구들에 대한 면밀한 분석을 거친 후 그런 결과들을 종합한 결과가 이 책이어야 하는데, 이 부분에서 많이 부족했음을 솔직히 인정하지 않을 수 없다. 그럼에도 이 책은 신약학자로서 내 일생의 작업에 속한다. 내 나름대로는 최선을 다해 보려고 했지만, 능력이 워낙 부족하고 또 여러 상황과 여건이 깊고 넓은 연구를 허락하지 않았다는 핑계로 위안을 삼을 수밖에 없다. 나는 학부 3학년 때 처음으로 독일어로 된 불트만(R. Bultmann)의 두꺼운 「신약성서신학」을 두 차례 읽으면서 신약성서신학에 몰입하기 시작했다. 1년 동안 매일 아침마다 읽었던 불트만의 책은 내 심장을 마구 흔들어 대며 신학의 즐거움을 만끽하게 했다. 학부 4학년 때는 퀴멜(W. G. Kümmel)의 「신약성서신학」을 우리말로 번역했고, 독일 유학시절 초기에는 고펠트(L. Goppelt)의 「신약성서신학」을 탐독했다. 최근에는 슈툴마허(P. Stuhlmacher)와 슈넬레(U. Schnelle)의 「신약성서신학」에 빠져들었다. 그 외에도 수많은 「신약성서신학」책들을 읽었고, 그 결과가 이 책이라고 할 수 있다.

사실 나는 은퇴할 때까지 더 철저히 준비한 후에 이 책을 내려고 했지만, 사람이 은퇴하면 책도 함께 은퇴한다는 한국의 현실도 감안했고, 또 무엇보다도 적정한 교재가 없는 학생들을 위해 부족함의 위험을 무릅쓰고 미리 출판하기로 했다. 우리 학계에는 미국이나 독일 학자들의 「신약성서신학」이 여러 권 번역되어 있다. 그러나 이런 책들은 학생들이나 일반 목회자들 혹은 신약성서신학에 관심을 가진 평신도들이 읽고 이해하기에는 너무 어렵다. 그동안 수업을 위해 이들 중 일부를 교재로 선택해서 읽게 했지만 도무지 이해할 수 없다는 학생들의 불평을 많이 들었고, 그래서 그들을 위해 이 책을 출판하게 된 것이다. 이 책 역시 어렵기는 마찬가지라는 생각도 들지만, 그래도 나는 최대한 학생들이나 목회자들의 입장에서 이해할 수 있게 하려고 무진 애를 썼다.

신약성서 27권의 문헌들은 초대교회 성도들의 믿음과 삶에 관한 증언이다. 그들은 하나님의 뜻에 의해 예수 그리스도 안에서 일어난 인간 구원의 길을 이 문헌들에 기록했고, 그래서 이 문헌들을 예배할 때 읽고 들으면서 하나님과 예수 그리스도에 관해 증언했다. 그러므로 나사렛 예수의 선포와 초대 그리스도인들의 믿음과 삶을 내용으로 하는 신약성서는 그 이후 모든 그리스도인들의 믿음과 삶의 토대이며 모범이다. 모든 시대의 교회와 그리스도인들은 초대 그리스도인들의 믿음과 삶의 토대 위에 세워질 때, 진정한 의미에서 그리스도인과 교회가 된다. 그리스도인들과 교회가 세상으로부터 손가락질을 당할 때, 교회와 그리스도인들은 초대 그리스도인들의 믿음과 삶을 돌아보고, 그리로 돌아가야 한다. 중세교회가 타락했을 때, 종교개혁자들은 "근원으로 돌아가자"(ad fontes)라고 외치며 신약성서가 증언하는 초대 그리스도인들의 믿음과 삶으로 돌아가자고 호소했다. 지금 우리 한국 교회가 그럴 때라고 나는 믿는다.

우리는 보통 신약성서 27권을 한 권씩 주석하고 해석하면서 설교하고 신학을 한다. 때로는 27권을 공관복음신학과 바울신학, 요한신학 등 권역별로 묶어 읽으면서 보다 통전적으로 이해하려고 한다. 그러한 읽기의 마지막 단계는 신약성서 27권을 통합해 읽는 것이다. 이를 우리는 '신약성서신학'이라고 한다. 우리는 이 책에서 신약성서의 어느 한 부분에 매달리는 것이 아니라, 신약성서 전체를 한눈으로 조감하면서 초대교회 성도들의 믿음과 그런 믿음에 근거한 그들의 실천적인 삶을 총합적으로 따라가려고 한다. 그래서 오늘의 우리 한국 교회들에게 초대교회 성도들의 믿음과 삶이 등대가 될 수 있기를 바란다.

나는 이 책을 집필하면서 특히 슈툴마허와 슈넬레의 신약신학 저술들(P. Stuhlmacher, Biblische Theologie des Neuen Testaments I/II; U. Schnelle, Theologie des Neuen Testaments)을 가장 많이 참고하고 의존했다. 그 외에도 내가 가장 좋아해서 참고한 문헌들은 튀빙엔 대학교 유학 시절 나의 박사학위 주임교수 오트프리트 호피우스(O. Hofius) 박사와 부심교수였던 (故) 마틴 헹엘(M. Hengel) 박사 그리고 나를 개인적으로 가르치고 재정적인 후원까지 아끼지 않았던 독일 감리교회 은퇴 감독인 클라이버(W. Klaiber) 박사의 연구물들이다. 이러한 문헌들만도 족히 수천 쪽이 넘는다. 이것들을 읽고 또 읽어서 이해하고, 거기에다 내 평생의 신학 작업에서 얻은 지식을 덧붙여서 우리말로 풀어 보려고 했다. 부족하지만 신약성서를 통합적으로 이해하려는 이들에게 부디 도움이 되기를 소망한다. 국내학자들의 논문은 주로 「신약논단」에 발표된 것들로 국한해서 참조했다.

끝으로 이 책이 나오기까지 도움을 주신 분들에게 감사를 드린다. 무엇보다도 매년 반복되는 신약성서신학 수업을 들으며 내게 꾸중도 많이 들으면서 열심히 공부한 사랑하는 제자들에게 감사한다. 그동안 여러 저서들을 내면서도 감사의 마음을 한 번도 표하지 못한 가족들에게 감사한다. 아내 하정숙, 아들 찬양과 며느리 은정 집사, 큰딸 아라와 막내딸 미라 그리고 귀염둥이 손녀들 하영과 하진, 이들이 있기에 나의 삶이 행복하다는 사실을 새삼 깨닫는 것은 나이가 들어가는 탓일까? 출판할 수 있도록 기도로 후원해 준 베다니교회 곽주환 목사님과 교우들 그리고 흔쾌히 출판을 허락하고 두꺼운 책을 예쁘게 만들어 준 출판국 관계자 모든 분들에게 감사드린다. 이렇게 쓰다 보니 동료 교수님들과 친구 목사님들, 제자들과 선후배 목사님들, 형제자매들과 성도들을 포함해서 감사해야 할 사람들이 너무 많다. 이는 나의 행복이다. 그러나 최고의 감사는 항상 그분께 드려야 한다. 나의 주, 나의 하나님, 오로지 이분께….

2014년
찬냇골 연구실에서

: : Contents

제1부

서론

1. 신학의 의미

헬라어로 '하나님'(신)을 말하는 단어(θεος)와 '말씀'을 뜻하는 단어(λογια)를 합하여 생겨난 '신학'(θεολογια; theology)은 '하나님(신)에 관한 말씀'이다. '신학'이라는 말은 플라톤의 「국가」에서 신화(神話)의 의미를 밝히려는 분야를 지칭하는 말로 처음 나온다. 세상에 속하지 않은 사건이나 내용을 세상의 것처럼 말하는 신화의 의미를 밝히는 것이 신학이다. 그러므로 플라톤에게 신학은 세상을 초월하는 신들에 관한 깊은 이야기를 세상의 언어로 말하는 것이다. 플라톤과 아리스토텔레스에게서 세상과 인간의 본질을 탐구하는 학문은 철학이고, 신들을 다루는 신학은 철학에 예속된 분야였다. 반면에 스토아학파에서 신학은 최고의 학문이다. 스토아학파에서는 철학자가 공부해야 할 여섯 개 과목들 중에서 마지막으로 나오는 신학(변증학, 수사학, 윤리, 정치학, 물리학, 신학)은 스토아 사상 체계의 꽃이다.[1]

'신학' 개념을 기독교에서 처음으로 사용한 사람은 교부들이다. 2세기의 순교자 유스틴(Justinus) 그리고 알렉산드리아의 클레멘스(Klemens) 등이 '신학'을 '하나님에 관한 이론'이라는 일반적인 의미로 사용했다. 그러므로 그들은 기독교 신앙을 헬라적인 사고 체계로써 이해하려고 했다. 그러나 신약성서에는 신학이라는 말이 나오지 않는다. 신약성서 저자들은 하나님에 관해 철학적인 방식으로 체계적이고 조직적으로 말하지 않는다. 오히려 구체적인 상황 속에서 복음을 역동적으로 선포하고, 이에 근거하여 실천하는 성도들의 삶을 다양한 각도에서 조명한다. 이처럼 구체적이고 역동적으로 그리고 다양하게 선포한 초대교회의 메시지를 헬라적인 사고 체계 안에서 이해하려고 하는 것이 '신약성서신학'이다.

---

1) G. Strecker, *Theologie des NT*, 1~2. 이하의 각주에서 서지사항은 간략하게 제시한다. 온전한 서지사항은 맨 마지막의 참고문헌목록에 제시했다.

2. 신약성서신학을 서술하는 방법

신약성서신학은 다양한 방식으로 서술할 수 있다. 그래서 신약성서신학에 관한 문헌들이 다양한 성격을 보이는 것은 당연하다.[2] 이 책에서 따르는 방법론은 독일 튀빙엔 대학교 유학 시절 나의 스승 슈툴마허에게서 배운 것이다.[3]

1) 신약성서신학은 조직적·체계적 이해와 구체적·역동적 이해를 동시에 추구한다.

신약성서에서 믿음은 삶이고, 이 삶은 교조적으로 이해될 수 없다. 그러므로 믿음을 조직적이고 체계적으로 이해하고 서술하려는 '신학'은 신약성서의 성격에 합당하지 않다. 신약성서 문헌들은 믿음에 관해 구체적인 상황 속에서 다양하고 역동적으로 말한다. 이처럼 구체적이고 다양한 상황에서 역동적으로 이해되고, 선포되고, 실천된 믿음을 철학적·조직적·교리적인 체계로써 이해하고 설명하려고 할 때, 신약성서의 다양한 목소리들보다는 신약신학의 체계를 조직하려는 사람이 선택한 견해를 더 우선시할 위험이 있다. 과거에는 신약성서 말씀들을 교리 체계 안에서 조직적으로 짜 맞추려는 경향이 있었다. 네 개의 복음서들에 나타나는 다양하고 상이한 목소리들을 하나의 체계 안에 넣어서 억지로 조화시켜서 이해하려고 한다든지 혹은 복음서와 바울서신들을 그렇게 이해하려고 한다면, 그런 시도를 하는 사람의 선택과 재단에 따라 신약성서의 어느 말씀은 제거되고 또 어느 말씀만 부각될 수 있다. 다양한 상황에서 다양한 저자들이 역시 다양한 독자들을 위해 다양한 문제들을 놓고 가르침을 주는 역동성과

---

2) F. Hahn, 「신약성서신학 I」, 49~78 참조.
3) 이하의 핵심은 P. Stuhlmacher, *Biblische Theologie des NT I*, 1~39에서 온 것이다.

다양성이 사라질 수 있다. 그러므로 우리는 다양한 목소리들을 억지로 평준화 시키려고 차이들을 무시해서는 안 되며, 그 차이들이 가지고 있는 구체적인 상황과 역동성을 존중하고 그대로 받아들이면서 이해하려고 노력해야 한다. 합리적이고 조직적인 사고를 가진 현대인들에게 신약성서의 다양한 목소리들을 이해시키려면, 신약성서신학은 조직적 체계화를 최소화하며 오히려 믿음과 선포의 구체성과 역동성을 살리려고 노력해야 한다.[4]

2) 신약성서신학은 신약성서의 정경성과 계시성에 부응해야 한다.

(1) 신약성서는 기독교의 처음 150여 년 동안에 기록한 초대교회 문헌들 중에서 선별한 27개 문헌들의 모음집이다. 신약성서의 다양한 문헌들은 하나님과 그리스도를 증언한다. 사람이 문헌들을 기록하고 선택하며 결정한 것처럼 보이지만, 그러한 사람들의 행위 이전에 하나님이 자신의 뜻을 사람들에게 먼저 계시해 주셨다. 우리는 신약정경 27권에 하나님의 계시가 담겨 있다고 믿는다. 우리는 신약성서에 있는 하나님의 계시가 옳은가 혹은 그른가를 따질 수 없고, 다만 그것을 하나님의 계시로 받아들이든가 아니면 거부할 수 있다. 하나님의 계시로서 그리스도의 사역과 죽은 자들로부터의 부활을 증언하는 신약성서의 메시지를 케리그마[5] 혹은 복음이라고 부른다.[6] 신약성서 정경 문헌들이 증언한 내용이 하나님의 계시라고 믿는 사람들에게만 그 증언은 진리가 된다. 신약성서 문헌들은 예수 그리스도를 믿는 것이 유대인과 이방인 곧 모든 인류에게 있어 유일한 구원의 길이라고 선포한다. 이것이 신약성서가 선포하는 복음이고, 다양성 속에 있는 역동적인 핵심이다.

---

4) 김창선, 「21세기 신약성서신학」, 13~42을 참조하고, 특히 이 책 43~59에 번역 수록한 가블러의 글 "성경신학과 교의신학을 올바르게 구분함과 이들 양자의 목적을 바르게 규정함에 대하여"를 더 읽으면 좋겠다.
5) 롬 16:25; 고전 1:21; 15:14; 딛 1:3 등.
6) 막 1:1; 롬 1:16; 고전 15:1; 벧전 4:17 등.

(2) 초대교회는 신약성서 27권에 포함되지 않은 다른 문헌들도 기록했다. 특히 사도적인 교부들의 문헌들과 외경들이 있으며, 더 나아가 영지주의 문헌으로 배척했던 것들도 있다. 이러한 많은 문헌들 가운데 오직 27권만을 선별해서 신약성경으로 모아 놓은 데에는 특별한 이유가 있었다. 초대교회가 기록한 다른 문헌들과는 달리 27권 문헌들을 우리는 '정경'이라고 한다. 정경은 교회의 믿음과 신학의 토대와 기준이다. 신약성서신학은 신약성서의 27권 문헌들로 이루어진 이 정경을 공부하는 분야다. 그러므로 신약성서신학은 27권 문헌이 가진 정경적인 권위를 인정해야 한다. 엄밀히 말해, 신약정경 27권 이외에 초대교회의 다른 문헌들을 연구하는 것은, 초대교회의 연구에는 속하겠지만 신약성서신학에는 속하지 않는다.[7]

(3) '정경'으로 묶인 27권 문헌들은 단숨에 기록하여 간단히 정경으로 확정된 것이 아니다. 오랜 기간에 걸친 정경의 형성에는 긍정적이고 부정적인 목적이나 동기가 동시에 작용했다. 긍정적인 부분은 믿음에 관한 진정한 증언을 수집하고 보존하여 당대 그리스도인들의 믿음을 강화하는 동시에 후대 교회에 전해 주려는 것이고, 부정적인 부분은 잘못된 거짓 혹은 이단 주장에 대처하기 위한 것이다. 신약성서 정경은 2세기 중엽 이래로 복잡한 과정들을 거쳐 4세기 말이나 5세기 초에 최종 확정되었다. 정경의 확정은 동방 교회에서는 367년 알렉산드리아의 교부 아타나시우스(Athanasius)의 39번째 부활절 편지에서, 그리고 서방 교회에서는 405년 로마교황 이노센스(Innozenz) 1세의 서신에서 최종 승인했다. 교회가 여러 문헌들 가운데 27권만을 정경으로 확정하는 가장 중요한 선별 기준

---

7) 여기서 문제가 되는 것은 정경 27권 이외 초대교회의 다른 문헌들을 신약성서신학이 얼마나 고려해야 하느냐 하는 점이다. G. Strecker, *Theologie des NT*, 3: "우리는 신약성서의 정경이 역사적으로 성장의 과정을 거쳐 만들어졌다고 전제한다. 그러므로 우리는 모든 역사적인, 특히 문헌사적인 현상이 갖는 상대성을 전제한다. 신약성서의 신학을 서술할 때 정경의 한계를 넘어서, 예를 들어 사도적인 교부들이나 초기 변증신학자들의 신학적인 견해를 함께 고려할 수 있는 것이다. 그러나 신약성서 이외의 다른 신학적인 구도들을 함께 고려하는 데에는 커다란 어려움이 있다. 그래서 실천적인 이유 때문에 정경적인 문헌들로 국한하여 그들의 신학적 전제들을 우선하게 될 것이다."

은 '사도성'의 원리였다. '사도성'은 저자가 사도이거나 사도의 직계로 인정받아야 했고, 신학적으로 그 내용이 사도의 메시지와 일치해야 하는 기준이다.

정경 형성의 역사에서 요한계시록과 히브리서가 마지막까지 논란의 대상이었다. 이러한 정경 형성의 역사를 보면, 정경이 마치 교회의 정치적이고 신학적인 투쟁 속에서 선택되거나 배격된 과정의 산물인 것처럼 보인다. 그러나 교회의 선택과 결정이 있기 이전에 정경에 포함된 문헌들이 이미 기록되어 믿음의 핵심적인 증언과 기준으로 읽혀지고 있었다. 역사적으로나 내용적으로 교회의 결정이 있기 이전에 신약성서 문헌들은 이미 주어져 있었던 것이다. 교회가 정경을 선택하는 작업을 하기 이전에, 핵심 문헌들이 이미 교회에 주어져 있었고, 교회는 이것을 정경으로 묶는 작업에 참여했을 뿐이다.[8]

(4) 하나님의 계시 곧 진리를 아는 것은 단순히 지적인 유희가 아니라 삶의 행위다. 예수의 가르침을 실천하려고 노력하는 사람만 그 가르침이 하나님으로부터 왔는지 아니면 사람의 말인지를 분별할 수 있다(요 7:16~17). 그러므로 신약성서가 증언하는 복음이 하나님의 계시임을 알기 위해서는 단순히 지적인 인식만으로는 불가능하며, 그와 더불어 실존적인 이해와 사고 및 행위가 총체적으로 작용해야 한다. 그럴 때 비로소 신약성서신학을 바르게 할 수 있다. 정경 문헌들을 하나님의 진리의 증언으로 믿고, 이를 지적인 작업을 통해 이해하여 체계적으로 진술하고, 더 나아가 실천적 행위를 통해 진리를 실현해 나갈 때, 신약성서신학은 완성된다.

신약정경 본문들이 하나님의 계시의 증언이기 때문에, 성서에 증언된 진리는 교회의 어떠한 해석이나 교리보다도 더 중요하고 우선한다. 역사적으로 교회들이 행한 신앙고백이나 교리적 선언 혹은 특정 교리들이나 신학자들의 해석 또는 이론보다도 신약성서의 증언이 우선이다. 그러므로 신약성서신학은 신약성서

---

8) W. 클라이버/M.마르쿠바르트, 「감리교회신학」, 76~78 참조.

에 증언된 하나님의 계시만이 기독교의 근본임을 인정하고, 신약성서의 증언을 어떠한 역사적인 교리나 신앙고백 혹은 신학적인 이론이나 해석과도 구분하며, 더 나아가 신약성서의 증언에 근거하여 그런 것들을 검증하고 비판한다. 신약성서는 기독교의 교리와 신학의 토대로서 교리와 신학을 비판하는 기능을 한다. 신약성서의 메시지는 지금 우리 시대에도 여전히 유효하다. 성서의 메시지를 들음으로써만 교회는 '지속적으로 개혁하는 교회'(ecclesia semper reformanda)가 된다. 교회와 신학이 신약성서를 평가하는 것이 아니라 그 반대가 되어야 한다. 교회는 신약성서 본문과 만남으로써 바른 믿음의 길을 걷는다. 거기서 벗어날 때 교회는 타락한다.

그러므로 신약성서신학은 교회의 신앙과 삶의 맥락에서 서술되어야 한다. 신약성서 문헌들은 전체적으로나 개별적으로나 교회 안에서 기록되었고 읽혀졌으며, 보존되었고 전승되었을 뿐 아니라 지금도 여전히 교회의 삶과 활동에서 생명력을 가지고 있다. 태생적으로 신약성서와 교회는 떨어질 수 없다. 우리는 신약성서 본문들을 교회의 삶과 경험 속에서 읽어야 한다. 신약성서 본문이 진리인지 그 여부는 단순히 이론적인 서술로 확인할 수 있는 것이 아니라 교회 안에서 삶의 실천을 통해 검증할 수 있다.[9]

3) 신약성서신학은 신약성서를 구약성서와 연결해서 읽고 이해한다.

예수와 사도들에게 '성서'는 오늘날 우리가 구약성서라고 부르는 문헌들이었다. 그들은 구약성서를 성령의 감동으로 된 하나님의 살아 있는 말씀으로 확신했다. 예수는 구약성서의 예언에 근거해서 자신이 누구이며 또 자신이 해야 할 사명이 무엇인지를 알았으며, 사도들은 구약성서에 근거해서 예수의 인격과 사

---

9) 존 웨슬리가 성서해석의 4중주로서 성서와 전통, 이성과 경험을 말했는데, 성서의 진리성은 단순히 이론적으로가 아니라 실천적인 경험을 통해 확증되어야 한다고 강조했다. 조경철, "존 웨슬리의 성서이해와 감리교적 성서해석의 정신", 25~51 참조.

역 그리고 죽음과 부활을 이해했다. 구약성서는 신약성서가 태동하게 된 모태와 같다. 그러므로 신약성서신학은 신약성서와 구약성서의 적절한 관계 속에서 서술되어야 한다.[10]

(1) 예수와 사도들에게 이스라엘의 '거룩한 문서'(롬 1:2의 '성서')는 하나님의 말씀이었다. 그러므로 나중에 그리스도인들이 '구약성서'라고 부른 이스라엘의 성서는 유대교에서처럼 초대교회에서도 당연히 거룩한 문서였다. 구약성서는 세상을 창조하고, 이스라엘을 자기 백성으로 선택하며, 약속된 메시아와 세상의 구주 예수 그리스도를 보내 주신 바로 그 한 분 하나님의 말씀이다. 신약성서 문헌들은 그 하나님에 관해 말할 때는 항상 구약성서에 의존한다. 신약성서는 구약성서의 토대 위에서 그리스도를 선포하고 구원을 선포하며 하나님의 뜻이 무엇인지 가르친다. 따라서 신약성서신학을 하는 사람은 신약성서의 메시지가 구약성서에 뿌리를 내리고 있다는 사실을 존중해야 한다.

2세기 중엽의 이단자 마르시온(Marcion)은 기독교 신앙에서 구약성서를 완전히 배제시켜 버렸다. 그러나 대다수 교회들은 그의 주장에 동의하지 않았고, 신약성서를 구약성서에 대한 권위 있는 보충으로 이해했다. '신약성서'라는 명칭은 교부 클레멘스(215년 사망)와 터툴리안(220년 사망)이 처음으로 사용했다. 구약과 신약성서는 교회의 정경을 형성하는 두 부분이다. 구약과 신약성서를 분리할 때, 우리는 신약성서를 역사적으로나 신학적으로 잘못 이해하게 된다.

(2) 히브리 성서(구약성서)의 정경을 확정한 때는 기원후 1세기 말경이다. 초대교회는 셉투아긴타(LXX, 70이라는 뜻)라 부르는 헬라어 구약성서를 주로 사용했다. 셉투아긴타는 헬라어를 사용하는 유대 공동체들이 사용했다(행 6:9 참조). 스데반 동아리뿐 아니라 베드로와 바울, 요한을 비롯한 많은 사람들이 행한 이방

---

10) R. Bultmann은 「신약성서신학」을 서술하면서 구약성서로부터는 거의 한 구절도 언급하지 않는다.

인 선교에서도 셉투아긴타를 사용했다. 신약성서의 믿음의 메시지를 형성하는 데 셉투아긴타는 매우 중요한 역할을 했다.

신약성서와 구약성서는 다 같이 한 분 하나님을 고백한다. 한 분 하나님은 출애굽기 3장 14~15절에 따라 야웨(여호와)라는 이름을 가지고 있으며, 신약성서에서는 '예수 그리스도의 아버지'로 고백된다.[11] 이로써 구약과 신약성서는 하나의 신앙고백을 한다. 하나님의 말씀인 구약성서를 함께 소유하고, 세상을 창조하시며 이스라엘을 자기 백성으로 선택하신 하나님께 같은 신앙을 고백하는 유대인과 그리스도인은 특별한 관계다. 그러나 초대교회 이후로 두 종교 간에는 함께할 수 있는 공통점보다는 오히려 차이가 더 깊게 부각되었다. 자연 초대교회는 유대교로부터 박해를 받아야 했고, 이후에는 기독교가 유대교를 박해하기도 했다. 두 종교 사이의 결정적인 논점은 나사렛 예수가 구약성서에 약속된[12] 메시아냐 하는 것이다. 신약성서 저자들은 예수 그리스도 안에서 하나님의 최종적인 계시가 일어났다고 보았다(히 1:1~2 참조). 그러므로 기독교는 예수 그리스도로부터 출발하여 구약성서를 읽고 이해한다.

4) 신약성서는 기원후 1~2세기에 헬라와 로마 세계에서 살았던 초대교회의 믿음의 증언이다.

예수와 사도들은 유대인이었고, 신약성서의 중요한 저자들도 유대인이었으며, 맨 처음 그리스도인들도 유대인들이었다. 사도행전을 보면 이방인 선교도 유대교 회당에서 출발했고, 특히 할례를 받지 않고 회당에 다니는 '하나님을 경외하는 사람들'에게 복음을 전함으로써 교회가 형성되었다. 그러므로 초기 유대교는 신약성서의 메시지를 형성하고 이해하기 위한 결정적인 틀이다. 그러나 신약성

---

11) 눅 11:2; 마 6:9; 11:25; 막 14:36; 갈 4:6; 고전 8:6; 롬 3:30; 8:15; 엡 4:5~6; 히 1:1~2 등등.
12) 사 9:5~6; 11:1~10; 미 5:1~4.

서는 초기 유대교만 아니라 또 하나의 다른 세계, 곧 헬라와 로마(지중해) 세계를 배경으로 한다. 알렉산더 대왕의 정복 이래로(기원전 336~323) 헬라와 로마 세계의 정치적·문화적·경제적인 영향이 강화되었다. 기원전 3세기 이래로 유대교와 헬레니즘은 다양하게 결합되었다. 신약성서 저자들과 처음 독자들은 이미 당연하고 일반적인 현상이었던 이 두 세계의 융합 속에서 살아왔다. 그들은 유대교와 헬레니즘이 융합되고 있는 시대의 모든 정치적·문화적·사회적인 상황에서 살았고, 그 안에서 믿음을 이해했고 표현했다. 그러므로 우리는 신약성서의 메시지를 일차적으로 기원후 1~2세기의 유대적인 그리고 동시에 헬라와 로마적인 세계 안에서 이해해야 한다. 신약성서의 믿음의 증언을 조직적으로 서술하는 신약성서신학은 신약성서 저자들과 그 처음 독자들이 살았던 시대의 역사적·종교적·사회적·정치적인 삶의 상황과 분리될 수 없는 것이다. 당시 사회적·정신적인 삶의 상황이 분명해질수록 우리는 성서의 본문들을 더 정확하게 이해할 수 있다.

5) 신약성서신학을 서술하는 다양한 과정

신약성서신학은 다양하게 서술할 수 있다. 나사렛 예수로부터 출발하여 초대교회를 형성하는 역사적인 과정을 따라 신약성서신학을 서술하는 것이 가장 일반적인 방식 중 하나다. 우리도 이 책에서 그런 방식을 따른다. 이는 초대교회 신학의 토대인 나사렛 예수의 하나님 나라 선포와 활동을 먼저 말하고, 이어서 사도 바울 이전의 처음교회를 말한 후, 초대교회의 확장 시기인 사도 바울의 선교와 신학을 말하고, 또 이어서 사도(바울) 이후 시대에 속하는 서신들과 공관복음 및 요한복음을 기록한 초대교회의 신앙과 삶을 말하는, 역사적인 순서로 진행하는 방식이다.

그러나 이런 역사적 과정을 따르지 않고 신약성서 문헌의 순서에 따라 신약성서신학을 서술하는 문헌적인 방식을 선호하는 학자들도 많다. 이 과정을 선택하는 학자들은 앞에서 말한 역사적 과정을 선택한 학자들을 가리켜, 19세기 말경의 자유주의 신학의 길을 답습하여 "예수로부터 시작해서 초대교회와 헬라적인 교회를 거쳐 바울과 그 이후 문헌들에 이르는 역사적인 흐름을 따라 설명해 나감으로써 신약성서 전승 자체의 신학적 진술보다는 역사적 진술에 더 큰 관심을 보인다."[13]고 비판한다. 그러므로 문헌적인 서술방식을 선호하는 학자들은 예수로부터 출발하는 대신에 초대교회 최초 문서들인 바울서신과 신학으로부터 출발해서 공관복음과 요한복음 그리고 바울 이후 서신들의 순서를 따라 신약성서신학을 서술하거나 혹은 예수와 공관복음을 묶어 먼저 서술한 후 서신들로 이어지는 순서를 택한다. 그들은 역사의 예수에 관해서는 별도로 다루지 않는 경우가 보통이다. 역사의 예수에 관한 것들은 모두가 공관복음 안에 융해되어 있어 따로 다룰 수 없다고 여기기 때문이다.[14]

어떤 서술 과정과 방식을 선택하든 분명한 것은, 모두가 신약성서신학의 다양성으로부터 출발한다는 점이다. 초대교회의 선포와 삶이 보여 주는 다양한 유형과 모델들을 확인하면서 출발하는 신약성서신학은 신약성서의 유일한 하나(the)의 신학을 말할 수 없다. '신학'이라는 헬라-철학적인 개념 속에 전제되어 있는 신학적 혹은 교리적 일치를 신약성서 문헌들에서는 기대할 수 없다. 그러나 신약성서신학은 구약과 신약의 두 부분으로 된 교회의 경전을 통해 초대교회의 믿음의 증언이 보여 주는 다양성 속에서 중심과 일치까지도 찾아야 한다.

---

13) G. Strecker, *Theologie des NT*, 3.
14) 불트만(R. Bultmann), 콘첼만(H. Conzelmann), 슈트레커(G. Strecker), 마샬(I. H. Marshall) 등은 그들의 '신약성서신학'에서 부활 이전의 예수에 관해 말하지 않는다. 반면 예레미아스(J. Jeremias), 큄멜(W. G. Kümmel), 고펠트(L. Goppelt), 슈툴마허(P. Stuhlmacher), 한(F. Hahn), 슈넬레(U. Schnelle) 등은 예수의 선포로부터 그들의 '신약성서신학'을 시작한다. 신약성서 윤리를 연구한 R. 헤이스도 신약성서 윤리가 처음교회 윤리의 역사적 변천사를 다루기보다는 지금의 신약성서 자체가 오늘날 교회의 윤리적 판단과 실천을 규정하기 때문에 예수의 윤리적 가르침으로부터 출발할 필요가 없다면서 예수에 대해서는 간략하게 몇 줄로 언급한다. R. 헤이스, 「신약의 윤리적 비전」, 255~270 참조. 반면 W. Schrage, S. Schulz, R. Schnackenburg, 장흥길 등의 신약윤리 교재들은 모두 나사렛 예수로부터 출발한다.

제2부

신약성서 신학의 토대

나사렛 예수의 하나님 나라 선포

1. 나사렛 예수

예수는 누구였는가? 그는 어떤 자기이해를 가지고 있었고, 무엇을 선포했으며, 어떤 행동을 했을까? 신약성서 문헌들 특히 복음서들은 예수를 하나님의 아들이요 그리스도라고 선포한다(막 1:1; 요 20:31). 복음서들이 말하는 하나님의 아들 예수는 십자가에서 죽고 부활해서 하나님 우편에 살아 계시는 분이다. 21세기인 지금도 살아 계신다고 우리가 믿고 고백하는 하나님의 아들 예수와 2천여 년 전 나사렛에서 역사의 한때를 살았던 인간 예수는 어떤 관계가 있는가?[1]

1) 간단한 연구사

예수를 부르는 호칭은 역사의 예수, 역사적 예수, 나사렛 예수, 실제의 예수, 지상 예수, 인간 예수, 마리아와 요셉의 아들 예수 등등 다양하다. 신약성서에서 찾을 수 있는 가장 적절한 호칭은 '나사렛 사람, 예수'다(막 1:24; 마 2:23 등).

18, 19세기 자유주의 신학자들은 이상적인 인간으로서 예수를 찾기 위해 신약성서, 그것도 공관복음서를 연구하여 예수에 관한 수많은 연구 서적들을 쏟아 냈다. 그리고 모든 학자들이 연구한 결과는 각기 달랐다. 나사렛 예수는 한 사람인데, 그에 관한 학자들의 연구결과로서 예수는 여럿이었다. 20세기 초 슈바이처(A. Schweitzer)는 이런 연구들을 분석한 후 역사적인 예수를 찾는 작업은 불가능하다고 했다.[2] 그 뒤로는 예수 상(像)을 찾으려는 작업이 시들해졌다. 그러다가 시들었던 연구는 불트만과 케제만(E. Käsemann)의 논란으로 부활했으며, 최

---

1) 1997년 독일에서 출판한 나사렛 예수에 대한 연구 안내서 G. Theiβen/A. Merz, Der historische Jesus. Ein Lehrbuch의 제2판을 2001년 우리말로 번역했다. 손성현 역, 「역사적 예수」.
2) A. Schweitzer, Geschichte der Leben-Jesu-Forschung, 제1판은 1906년에 나왔다.

근에는 '예수 세미나'를 통해 계속되고 있다.[3] 하지만 이 새로운 연구 결과도 슈바이처의 결론을 극복하지 못한다. 역사적 예수 연구는 2천여 년 전 팔레스타인에서 살았던 나사렛 사람 예수를 찾는 것이 아니라, 연구하는 사람이 찾고 싶어하는 예수 상을 그리는 데 불과하다. 헤이스(R. Hays)가 지적한 것처럼, "'역사적'인 것에 호소함으로써 시작하는 것이 겉으로는 객관적인 것처럼 보임에도 불구하고, 오히려 신약성서 연구의 역사는 실제로 역사적 예수를 재구성하려는 노력이 학자 자신의 주관성과 문화적 편견으로 둘러싸여 있었다는 사실을 잘 드러낸다."[4]

20세기 신약학의 거장 R. 불트만은 그의 유명한 책 「신약성서신학」 서두에 나사렛 "예수는 신약신학의 내용이 아니라 전제"라는 명제를 내걸었다.[5] 나사렛 사람 예수의 선포는 신약성서신학의 전제에 불과하고, 초대교회가 부활 예수를 하나님의 아들이요 그리스도라고 믿고 선포했을 때 그 초대교회의 선포(케리그마)가 신약성서신학의 내용이다. 믿음은 역사의 예수가 아니라 케리그마에 임재하신 그리스도를 믿는 것이다. 불트만의 이러한 명제에는 분명히 옳은 부분이 있다. 그러나 하나님의 아들이 실제 인간이 아니라면 신앙고백은 실체 없는 허공에 대한 고백이 되고,[6] 종국에는 가현설(Docetism)에 빠질 수 있다.

불트만의 제자 케제만은 스승에 맞서서 역사의 예수가 신약성서신학의 근거와 출발점이어야 한다고 주장했다.[7] 부활 이후 예수를 그리스도요 하나님의 아들이며 주님이고 구원자라고 하는 초대교회의 선포가 신약성서신학의 핵심이라는 불트만의 주장은 분명히 옳다. 그러나 초대교회 케리그마의 뿌리는 항상 나

---

3) 예수 세미나에서 나온 많은 예수 찾기의 대표적인 결과는 크로산의 책이다. 존 도미닉 크로산, 「역사적 예수」.; 김명수, 「역사적 예수의 생애」.; 정승우, 「예수, 역사인가 신화인가?」.; 특히 정승우의 책은 평신도들도 읽고 이해할 수 있도록 쉽고, 김명수의 논문, "〈예수 세미나〉 운동과 역사적 예수 탐구사"는 연구사가 잘 요약되어 있다. 김창선, 「21세기 신약성서신학」, 155~186도 참조.
4) R. B. Hays, 「신약의 윤리적 비전」(Moral Vision of the New Testament), 256.
5) R. Bultmann, 「신약성서신학」, 1. 그러나 불트만은 Jesus 라는 유명한 책의 1판을 1926년에 출판했다.
6) G. Strecker는 역사의 예수를 믿음의 보증으로 여기게 될 때에는 '믿음이나 환상이냐' 하는 양자택일 문제를 결코 제거할 수 없다고 말한다(Theologie des NT, 108~109).
7) E. Käsemann, "Probleme" 187~214; "Sackgassen" 31~68 등 참조.

사렛 사람 예수에게 있다. 그러므로 우리는 초대교회의 케리그마와 함께 나사렛 예수를 말할 수밖에 없다. 복음서들이 말하는 예수 이야기는 역사에 실존하지 않은 가공된 인간에 관한 신화가 아니다. 나사렛 예수는 역사의 인물이다. 복음서들은 부활절 이후 신학적인 반성으로 기록한 산물이기는 하지만, 분명히 실존 인물로서 예수에 관해 말한다. 나사렛 예수는 그 자신에 관한 이후의 모든 선포(케리그마)의 출발점이고 내용이며, 더 나아가 그 선포의 정당성을 검증하는 시금석이다. 예수의 가르침을 말하지 않고서는 그 가르침으로부터 출발하는 이후의 선포와 믿음의 고백을 말할 수 없다. 부활절 이후의 선포와 고백은 어떤 식으로든 부활 이전의 나사렛 예수의 가르침과 관련 있다. 그러므로 나사렛 예수에 관한 연구는 필연적이다.

2) 나사렛 예수 연구의 어려움

19세기부터 여러 학자들은 반복해서 '예수의 생애'를 서술하려 했지만 자료 문제 때문에 이 시도는 결국 실패로 끝났다. 예수에 관해 말하는, 거의 유일하게 신빙성 있는 자료는 신약정경의 네 복음서들인데, 여기서는 예수를 단순히 한 인간 예수가 아니라 영원히 살아 계시는 하나님의 아들이요 약속된 메시아이며 인류의 구원자와 화해자로 소개한다. 복음서에는 예수에 대한 역사적인 성격, 즉 한 인간의 생애적인 성격을 가진 이야기들이 있다. 그러나 복음서들의 관심은 예수에 대한 역사적이고 생애적인 차원보다는 그들의 믿음, 곧 십자가에서 죽고 부활해서 영원히 살아 계신 하나님의 아들 그리스도에 대한 믿음과 선포에 있다. 부활 이후 믿음에 대한 관심으로 그들은 예수에 관한 이야기들을 수집하고 취사선택하며 편집해서 복음서들을 기록했다.

복음서들은 부활 신앙에 근거한 기독교적인 믿음의 시각으로 예수를 하나님의 아들이요 메시아로 이해하고 선포한다. 복음서 저자들이 예수 사건을 기록하기 위해 사용한 자료는 부활 이전의 예수에 관한 역사적인 자료와 부활 이후의 케리그마적인 자료로 구분할 수 있다. 복음서 저자들은 이 두 자료들을 이용해 예수 사건을 말한다.[8] 우리가 나사렛 예수를 말하려면, 부활 이전 자료도 활용해야 하지만 복음서에서 이 두 자료를 명확하게 구분한다는 것 자체가 어렵다. 복음서는 부활 이후에 부활 신앙의 시각으로 기록했기 때문에 부활 이전의 자료들도 부활 이후의 믿음의 시각으로 채색되었다. 그러므로 우리는 양식비평과 편집비평, 구성비평 등의 비평적 방법을 사용해 복음서들을 분석하고, 예수에 관한 자료들을 부활 이전의 역사적 자료들과 부활 이후의 신앙고백적인 자료들로 나눈다. 물론 이런 구분 작업 자체가 명확한 결과를 가져올 수 없기에 논란의 여지는 생길 수밖에 없다.

이처럼 복음서의 자료들을 구분하기 위해서는 다양한 방법론적 기준들을 사용한다. 먼저, 비유사성의 기준이 있는데, 부활 이전의 나사렛 예수 이외 다른 곳에서 나올 수 없는 말이나 행동은 예수에게서 나왔다고 본다. 예수 이전이나 당시의 유대교 그리고 예수 이후의 처음교회에서는 도저히 나왔다고 할 수 없는 것들은 예수에게서 나왔다고 보는 것이다. 두 번째로 반복성의 기준이 있는데, 첫 번째 기준에 따라 예수에게서 나왔다고 판명된 자료가 복음서들에 여러 번 반복해서 나온다면, 그것이 예수에게서 나왔다고 보다 확실하게 판단할 수 있다고 본다. 마지막으로 일관성의 기준이 있는데, 위 두 기준에 따라 나사렛 예수의 자료로 판명 난 것과 내용 면에서 일치를 이루는 다른 자료는 예수에게서 나왔다고 본다.[9]

이 기준들에 따라 나사렛 예수의 역사적인 것으로 인정되는 사항도 동일한 기준들에 따라 반대되는 논증이 얼마든지 가능하기에 자료의 문제는 여전히 불확실하다. 불트만처럼 역사의 예수를 말하지 않고 초대교회가 하나님의 아들이

---

8) 눅 1:1~4; 요 19:35; 21:24~25 등 참조.
9) U. Schnelle, *Theologie des NT*, 56~57.

요 주님으로 믿고 선포한 예수 그리스도만을 말하든지, 아니면 복음서들이 부활절 이후의 믿음의 케리그마를 말하지만, 그래도 역사의 예수에 관한 신빙성 있는 자료가 있다는 '비판적인 동정심'을 가지고 부활 이전의 나사렛 예수의 선포를 찾든지, 그 둘 중 하나를 선택해야 한다. 신약성서는 분명히 십자가와 부활로부터 출발하여 '해석된 예수'를 말한다.[10] 그러나 '해석된 예수' 안에는 분명히 역사적으로 신빙성 있는 자료가 있으리라는 '동정심'을 가지고 복음서들을 읽을 수 있다. 믿음의 고백은 역사적인 사건의 토대 위에 서 있다. 나사렛 예수는 메시아적인 선생으로 활동하면서 제자들을 불렀고 가르쳤다. 예수는 유대교 방식대로 제자들에게 그의 가르침을 암송하게 했을 것이다. 그래서 그들은 예수의 부활을 경험한 이후에 예수의 가르침을 기억해 낼 수 있었고, 그렇게 해서 예수에 관한 전승이 형성되었을 것이다. 부활 이전의 제자공동체와 부활 이후의 교회공동체 사이를 연결하는 역할을 한 것은 예수의 가르침이었다. 예수로부터 배운 제자들이 그것을 기억해서 교회에 전함으로써 "사도의 가르침"(행 2:42)이 생겨났다.

3) 나사렛 예수 연구의 필연성

나사렛 예수와 그의 죽음과 부활은 기독교 신앙의 근본이다. 기독교 신앙이 있기 이전에 나사렛 예수가 역사에 나타나서 행동했으며, 그의 행동과 말씀이 기독교 신앙의 토대가 되었다.[11] 예수는 복음의 핵심 내용이기 때문에 신약성서신학은 나사렛 예수로부터 출발해야 한다.

기원후 55년경 에베소에서 기록한 고린도전서 15장 1~11절에서 바울은 약 5년 전이었던 50년 무렵에 자신이 고린도에서 직접 선포했던 복음을 상기시킨다.

---

10) G. Strecker, *Theologie des NT*, 109.
11) P. Stuhlmacher, *Biblische Theologie des NT I*, 47~48.

바울 자신도 '전해 받은' 복음을 그들에게 '전해 주었다.' 고린도전서 15장 3b~5절이 바울이 전해 받은 복음의 내용이다. 바울 이전의 처음교회가 선포한 복음의 내용은 예수 그리스도의 죽음과 부활이다. 이 복음은 예수의 죽음과 부활을 체험한 사도들이 전해 주었고, 모든 성도들이 함께 믿었다(11절). 갈라디아서에서 바울은 복음은 오직 하나 곧 예수 그리스도의 복음뿐이며 다른 복음은 존재하지 않는다고 말한다(갈 1:6~9). 육으로는 다윗의 후손이며 영으로는 부활 이후 하나님의 아들로 확증된 예수 그리스도가 복음인 것이다(롬 1:3~4). 유대인들이 십자가에 매달아 죽였던 나사렛 예수를 하나님이 다시 살리셔서 구원자로 삼으셨다고 초대교회는 믿었다(행 4:10~12). 예수는 구약성서의 약속에 따라 고난을 받고 죽었다고 처음 제자들은 확신했다.[12] 이처럼 초대교회와 그리스도인들이 믿고 고백하며 선포했던 복음은 나사렛 예수의 토대 위에 서 있다.

그러므로 초대교회의 복음과 나사렛 예수가 분리될 때, 복음은 역사적인 토대를 상실한다. 복음은 추상적인 진리나 비역사적인 신화가 아니다. 신약성서의 문헌들, 특히 복음서들은 인간으로 와서 유대인으로 살았던 예수 안에서 하나님이 나타나셨고, 구약성서에서 하나님이 하신 구원의 약속이 실현되었다고 한다. 신약성서신학이 초대교회가 믿고 고백하며 선포한 복음을 기록한 신약정경 문헌들의 메시지를 서술하려고 한다면, 반드시 나사렛 예수에 대해 말해야만 한다. 우리는 "복음 때문에 예수의 선포를 말해야 하고 예수의 역사적인 인격과 사역을 물어야 한다."[13] 여기서 필연적으로 복음(처음교회의 케리그마)과 예수의 관계가 신약성서신학의 출발점으로 드러난다.[14]

심각한 자료 문제가 있음에도 우리는 신약성서 본문에 근거해 예수를 말할 수 있다.[15] 시간적으로나 공간적으로 가장 가까이서 예수에 대해 듣고 기록한 사

---

12) 눅 24:26~27, 44~47; 행 8:30~35 등.
13) P. Stuhlmacher, *Biblische Theologie des NT I*, 46~48(인용은 48쪽).
14) U. Schnelle, *Theologie des NT*, 53~54.
15) O. Hofius, "Jesu Leben, Tod und Auferstehung nach dem Zeugnis des Neuen Testaments", 3~18.

람들이 신약성서 저자들이라면, 그들보다 더 정확하게 나사렛 예수에 관해 말할 수 있는 사람은 없다. 그들의 증언이 부활절 이후 신앙에 따라 채색된 것도 사실이지만 그 신앙이 역사적인 뿌리를 가지고 있기 때문에, 우리는 신약성서 문헌들, 특히 공관복음 안에서 예수의 가르침의 핵심을 찾아 낼 수 있다고 믿는다.

2. 나사렛 예수의 선구자, 세례자 요한

누가복음에 따르면, 예수는 잉태와 출생의 순간부터 세례자 요한과 친척 관계였다(눅 1:36). 그러나 다른 복음서들은 친척 관계를 언급하지 않기 때문에 누가복음의 독특한 신학적 산물이라고 할 수 있다. 그럼에도 예수가 세례자 요한과의 관계 속에서 공적 활동을 시작했다는 것은 역사적으로 의심할 여지가 없다.

1) 세례자 요한은 헤롯 치하에서 제사장 가문의 아들로 태어났다(눅 1:5~25).

요한은 티베리우스 황제 즉위 15년에 요단강 근방에서 활동했다(눅 3:1~3). 티베리우스 황제는 기원후 14~34년에 로마 황제로 재위했기 때문에 요한의 등장은 기원전 27년 전후라고 할 수 있다. 요한은 당시 유대인들 가운데서 자주 나타났던 종말 예언자들 중 하나였다(행 5:36; 21:38). 이런 예언자들은 유대 백성들을 이끌고 로마 제국에 대항해 이스라엘의 독립을 추구했지만 결국 로마에게 진압당하고, 그들을 따르던 수많은 유대인들은 죽어야 했다. 예수도 때로는 그런 오해를 받았다.[16] 유대 역사가 요세푸스에 따르면, 요한도 그런 오해를 받아 헤롯 안티파스에게 처형당한 것으로 보인다(「유대 고대사」, 18, 116~119).[17]

유대인들은 종말 심판에 앞서 하나님의 종이 나타나 그 백성이 회개하도록 이끌어 하나님을 맞이하게 할 것이라고 믿었다(말 3:1). 이 종은 다시 오는 엘리야다(말 3:23). 다시 오는 엘리야는 백성이 회개하여 하나님을 맞게 할 뿐 아니라, 이사야 49장 6절이 말하는 하나님의 종처럼 야곱 지파들을 재건할 것이다. 이러한 유대 백성의 종말적인 기대가 세례자 요한과 밀접하게 연결되어 있었다.

---

16) 요 11:49~50; 18:13~14 참조.
17) 복음서들과 차이가 있는 요세푸스의 요한 이해에 대해서는 박찬웅, "요세푸스의 세례 요한 해석", 789~827 참조.

처음 그리스도인들에게 요한은 예수보다 먼저 나타나야 하는 종말 예언자였다.[18] 그러나 요한의 제자들은 스승을 메시아라고 믿었으며 예수가 메시아라는 사실을 부정했다. 그러다 보니 처음 그리스도인들과 요한의 제자들 사이에 다툼이 일어나기도 했다.[19] 처음 그리스도인들에게 요한은 메시아에 앞서 나타나 메시아의 길을 예비하는 존재일 뿐, 메시아는 아니다. 그들은 예수 외의 그 누구에게도 메시아라는 칭호를 붙일 수 없었다. 세례자 요한에 대한 신약성서의 언급은 이러한 기독교 신앙에 근거한다.[20]

2) 세례자 요한의 옷과 음식, 활동 장소 등은 구약성서와 연관하여 의미를 갖는다.

요한은 광야에서 활동했다(막 1:4; 마 11:7). 이스라엘 역사는 애굽에서 광야로의 첫 번째 탈출로써 시작되었다. 유대인들은 두 번째 탈출이 일어나면 다시 광야로 되돌아갈 수 있으리라고 기대했다.[21] 광야는 구원의 장소이며, 유대 백성의 종말론적 미래에 대한 기대를 성취하는 곳이다(사 40:3~5). 요한은 금욕 생활을 했다(막 1:6). 낙타털 옷을 입고 가죽으로 된 허리띠를 매며 메뚜기와 야생 꿀을 식량으로 삼았다. 먹지도 않고 마시지도 않았으며 '부드러운 옷'을 입지도 않았다(마 11:18 병행). 요한의 무리들은 금식을 했다(막 2:18). 이는 절제된 생활 방식이다. 구약성서의 예언자들도 그런 방식으로 생활했다. 예언자 엘리야는 가죽띠를 차고 다녔으며(왕하 1:8), 예언자들은 털외투를 입고 다니기도 했다(슥 13:4 참조). 이로 볼 때 요한의 금욕적인 생활 태도는 예언자들의 그것과 같았다고 할

---

18) 특히 눅 1:68~79에 나오는 요한의 아버지 사가랴의 노래(Benedictus) 참조.
19) 막 2:18의 금식 문제; 행 11:16; 요 3:22 이하의 세례에 관한 언급; 행 19:1~7 등 참조. 이는 특히 요한복음 기록의 중요한 역사적 동기가 되기도 했다. 요 1:6~8, 15, 19~28 등은 그런 상황에서 그리스도인들이 요한을 어떤 인물로 보았는지를 반영한다.
20) G. Strecker, *Theologie des NT*, 232 이하.
21) 호 2:16~18 LXX; 12:10 LXX.

수 있다(막 11:32 참조).

3) 요한은 '회개의 세례'를 베풀었다(막 1:4).

쿰란공동체에서는 제의적으로 정결하기 위해 매일 씻었다. 이러한 씻음을 통해 도덕적인 부정으로부터 벗어난다고 여겼다. 요한의 세례를 정결(καθαρισμος)이라 한다면(요 3:25), 이는 쿰란공동체와 비슷하다. 그러나 쿰란공동체의 씻음이 밀의적(密儀的)인 성격을 보여 주는 반면에 요한의 세례에서는 그런 차원은 없다. 요한은 밀의 공동체를 세우려 하지 않았다. 쿰란에서는 씻음을 반복했지만, 요한의 세례는 일회적이었다. 이러한 요한의 세례가 어디서 유래했는지 밝히는 것은 어렵다. 그 당시 주변 세계에는 세례를 행했던 종교들이 여럿 있었다. 요한의 세례는 기독교 이전에 있었던 여러 종교들이 행하던 복합적인 세례 운동의 한 형태라고 볼 수 있다. 이 같은 다양한 운동들과는 달리 요한의 세례는 일회적이고 종말론적이었다. 세례는 요한의 묵시적인 선포, 곧 오고 있는 분과 그의 심판에 대한 예고와 관련 있다. 그의 세례는 종말을 준비하는 것이다. 세례는 미래 심판 앞에서 살아남을 수 있는 길이기 때문에 미래 지향적이다. 그러므로 요한은 현재적인 구원이 아니라 임박한 미래의 구원을 선포했다. 광야에서 외치는 사람일 뿐이지 그는 심판자나 구원자가 아니다.

사회적으로 버림받고 힘없는 약자들이 요한을 따른다(마 21:32; 눅 3:10 이하). 이런 이유로 요한은 정치적인 의심을 받았고, 결국 헤롯 안티파스에 의해 마카이루스 성에서 처형되었다(막 6:27).[22] 요한의 등장, 그의 회개와 심판에 대한 선포, 사회적 약자들이 그를 따랐고 그리고 끝내 그가 처형되었다는 점 등을 볼 때, 세례자 요한의 운동과 나사렛 예수의 운동 사이에 흐르는 밀접한 연관성을

---

22) 막 6:17~29; 마 14:1~12; 눅 9:7~9에 따르면, 요한은 헤롯 안티파스가 레 18:16; 20:21의 규정을 어기고 부정한 결혼을 했다고 비판했기 때문에, 헤롯이 그를 처형한다. 임진수, "로마 제국의 팔레스타인 지배 과정과 헤롯 왕조", 81~86 참조.

볼 수 있다.

4) 예수는 요한으로부터 세례를 받았다(막 1:9~11 병행).

요한의 제자들과 경쟁 관계에 있었던 후대 그리스도인들은 이 사실을 별로 드러내고 싶지 않아서 지워 버릴 수도 있었을 것이다. 그럼에도 모든 공관복음서들이 예수가 요한에게 세례를 받았다는 사실을 말하고 있는 까닭은 그것이 지워 버릴 수 없는 분명한 역사적 사실이었기 때문이다. 요한복음에 따르면, 요한과 예수는 일정 기간 나란히 활동한다(요 1~3장). 그러나 공관복음에 따르면, 요한이 체포된 후 예수는 공적 활동을 시작한다(막 1:14; 눅 3:19~20). 요한복음과 공관복음의 각기 독특한 신학적 입장에 따라 이런 차이가 생겨났다. 예수가 공생애를 시작할 무렵, 유대교 안에는 많은 종파들이 있었지만 그 중에서도 예수와 요한은 독특하고 밀접한 관계를 형성하고 있었다. 어떤 학자들은 예수가 세례자 요한의 회개 운동권 출신이라는 주장을 펴기도 하지만 이 주장의 정당성 여부는 입증할 수 없다.

5) 세례자 요한의 선포

회개와 심판을 설교하고 구약의 예언자들처럼 행동했다는 점에서 요한은 예수와 깊은 연관이 있다. 그의 선포와 예수의 선포 사이에는 유사성과 차이점이 동시에 드러난다. 요한은 '하나님 나라'에 관해서는 직접 말하지 않지만,[23] '이스라엘의 미래와 하나님의 심판'을 주제로 설교한다는 점에서 예수의 하나님 나라 선포와 비교할 수 있다. 요한의 설교 내용은 누가복음 3장 7~17절과 마태복음 3장 7~12절에서 볼 수 있다. 반대로 마가복음은 요한의 설교를 구체적으로 전하

---

23) 세례자 요한도 "천국이 가까이 왔다."고 설교했다는 마 3:2은 명백하게 마태의 편집에 속한다.

지 않고 단지 "죄 사함을 받게 하는 회개의 세례를 전파"했다(1:4)고 간략하게 요약한다. 누가와 마태가 보도하는 요한의 설교는 서로 상당한 차이를 보인다. 우선 마태복음 3장 7b~10절은 누가복음 3장 7b~9절과 거의 일치한다. 가장 분명한 차이는 각 복음서의 7a절과 누가복음에만 있는 10~15절이다. 그 후에 다시 누가의 본문 16b~17절은 마태의 11~12절과 큰 틀에서는 일치한다. 대화 형식으로 된 중간 삽입부분(10~16a절)은 특별히 가난한 자들에 대한 누가의 관심을 반영하여 누가의 해석이라고 할 수 있다. 두 본문들을 비교해서 요한의 설교를 재구성해서 사역한다(절 표시는 마태복음 3장에 따른다).

> 7 요한은 그에게 세례 받기 위해서 온 사람들에게 말했다: 독사의 자식들이여, 누가 당신들에게 오고 있는 진노를 피할 수 있다고 가르쳤습니까? 8 그러므로 회개에 합당한 열매를 맺으십시오. 9 그리고 여러분은 아브라함이 우리의 조상이라고 말할 수 있다고 생각하지 마시기 바랍니다. 내가 여러분에게 말씀드립니다. 하나님은 이 돌들로도 아브라함의 자녀들이 되게 하실 수 있습니다. 10 이미 도끼가 나무뿌리에 놓여 있습니다. 좋은 열매를 맺지 않는 나무는 모두 이제 잘려서 불에 던지게 될 것입니다. 11 나는 여러분에게 물로 세례를 주지만, 앞으로 오시는 분은 나보다 더 강하셔서, 나는 그분의 신을 벗길 만한 가치도 없습니다. 그분은 여러분에게 성령과 불로 세례를 주실 것입니다. 12 그분은 손에 삽을 들고 그분의 타작마당을 청소하실 것입니다. 그리고 그분은 알곡은 곳간에 모아들이실 것이지만, 쭉정이는 꺼지지 않는 불로 태우실 것입니다.

요한의 선포에는 몇 가지 특징이 있다.[24] 첫째, 요한은 심판으로 다가오는 미래를 선포한다. 둘째, 모든 인간은 심판의 대상이다. 셋째, 요한은 이스라엘의 구원

---

24) 이하에 대해서는 조경철, 「예수와 하나님 나라의 윤리」, 131~137.

사(救援史)를 철저히 부정한다. 넷째, 요한은 심판으로 다가오는 미래를 피할 수 있는 유일한 길로서 회개를 요구한다. 이러한 변화의 표식으로 요한이 베푸는 '세례'를 받아야 한다. 그래서 요한의 세례는 회개의 세례다(행 19:4). 다섯째, 요한은 자신보다 나중에 오지만 훨씬 더 강한, 그래서 영으로 불세례를 베푸실 분을 예고한다. 임박하게 다가온 미래의 열매를 거두실 분은 요한 자신이 아니라 바로 이 강한 분이다. '강하신 분'은 세상을 심판하실 분이다. 요한은 이분이 누구인지 구체적으로 밝히지는 않지만, 복음서들의 맥락에서 볼 때 분명히 예수 그리스도다. 그러므로 요한은 자신이 세상의 심판자 예수 그리스도를 예비하고 준비하는 예언자에 속한다는 자기고백적인 설교를 한다.

6) 예수는 회개의 표식인 요한의 세례를 받았다.

예수가 죄인이기 때문에 요한의 세례를 받은 것이 아니라, 공적 활동을 시작하면서 요한의 종말론적 메시지를 인정하는 동시에 자신의 신적 인격과 권위를 드러내는 시발점으로서 요한의 물세례를 받았다. 메시아적인 권위에 관해 논쟁을 벌이면서 예수는 요한으로부터 세례를 받았다는 사실을 상기시킨다(막 11:27~30 병행). 예수는 요한을 하나님이 자신의 공생애 활동을 준비하도록 앞서 보내신 예언자로 여겼기 때문에(막 11:30)[25] 요한으로부터 세례를 받음으로써, 요한이 길을 준비했던 하나님의 아들, 메시아가 자신임을 분명하게 선언하며 공개적으로 활동을 시작했다.

여러 가지 측면에서 예수와 요한은 유사하다. 그 당시 많은 사람들은 요한이 죽은 이후에 예수를 다시 살아난 요한으로 여기기까지 했다(막 8:28 병행). 회개를 요청하는 설교도 비슷했고,[26] 제자들을 모아서 함께 다니는 삶의 행태도 비

---

25) F. Hahn, 「신약성서신학 I」, 105.
26) 마 3:2과 눅 3:3을 비교; 또한 막 1:14~15 병행 참조.

슷했다. 예수는 요한을 여자가 낳은 그 어떤 사람보다도 위대한 사람으로 높이 평가했다(마 11:11; 눅 7:28; 16:16). 그러나 예수와 요한 사이에 있는 가장 근본적인 차이는 자기이해에 있다. 요한은 자기보다 더 강한 능력으로 '오실 분'의 길을 준비하는 사명을 받은 사람으로 자신을 이해했지만, 예수는 요한이 예고하고 준비하며 기다리던 바로 그 '오실 분'이 자신이라는 확신을 가지고 공적 활동을 시작했다.

이러한 차이는 감옥에서 요한이 예수에게 제자들을 보내 '오실 분'이 예수인지를 묻고, 예수가 이사야의 말씀으로 대답하는 데서 드러난다(마 11:2~6; 눅 7:18~23).[27] 메시아의 시대에 대한 이사야의 예언이 예수에게서 성취되고 있다는 것을 요한과 그 제자들은 알아야 한다. 마태복음 11장 6절이 "나로 말미암아 실족하지 아니하는 자는 복이 있다"라고 한다면, 이사야의 예언이 예수에게서 실현되고 있음을 알아야 한다는 말이다. 이러한 예수의 메시아적인 자기이해는 요한과 달리 하나님의 미래를 심판으로서가 아니라 구원으로 선포하게 했다.[28]

---

27) 사 29:18 이하; 35:5 이하 참조.
28) 요한과 예수의 선포의 차이에 대해서는 조경철, 「예수와 하나님 나라의 윤리」, 137~147 참조.

3. 나사렛 예수의 하나님 나라 선포

1) 나사렛 예수는 '하나님 나라'를 선포했고, 초대교회는 '복음'을 선포했다.

우리가 나사렛 예수에 대해 알 수 있는 가장 확실한 것은, 그가 십자가에서 처형되었다는 사실과 하나님 나라를 선포했다는 사실이다. 신약성서에서 가장 먼저 기록된 바울서신들도 하나님 나라에 관해서는 별로 말하지 않으며, 또한 초대교회의 비교적 후대에 기록된 요한복음도 하나님 나라에 관해서는 별로 말하지 않는다. 하나님 나라에 관한 선포는 주로 공관복음에만 집중적으로 나타난다.[29]

(1) 초대교회 최초 문헌은 바울서신들이다. 바울은 기원후 49/50년~64년 사이에 적어도 일곱 개 서신들을 기록했다. 바울은 예수 그리스도의 십자가 죽음과 부활을 내용으로 하는 '복음'($\varepsilon\upsilon\alpha\gamma\gamma\varepsilon\lambda\iota\omicron\nu$, 유앙겔리온)을 선포했다. 바울은 '(하나님) 나라'를 8회 사용하는데, 대부분 부정적인 문맥에서 사용하고 긍정적인 표현은 오직 데살로니가전서 2장 12절에서뿐이다. 그러므로 하나님 나라는 바울 선포에서는 핵심이 아니다.[30] 바울 선포의 초점은 하나님 나라가 아니라 예수 그리스도다. 바울은 십자가에서 죽은 예수 그리스도, 부활해서 지금도 살아 있는 예수 그리스도, 그분에게 전적으로 초점을 맞춘다. 그러나 그의 선포에서 핵심으로 여기지 않았음에도 하나님 나라를 간헐적으로나마 여전히 사용했다. 바울 자신은 하나님 나라 선포를 그 이전 교회로부터 물려받아 알고 있었지만, 하나

---

29) 이에 대해서는 조경철, 「예수와 하나님 나라의 윤리」, 65~79 참조
30) 바울은 '나라' 개념을 주로 그 이전에 형성된 전승에서 물려받았는데, 특히 윤리적 맥락에서 사용한 '하나님 나라를 물려받다'가 그렇다(고전 6:9, 10; 갈 5:21). 고전 15:50도 바울 이전의 교회 전승에서 온 것이다.

님 나라를 자기 선포의 핵심으로 삼지는 않았다.

(2) 바울은 자신이 박해했던, 헬라어를 사용하는 초대교회로부터 '복음'을 물려받았다. 이 '물려받았다'고 한 전승(고전 15:1~5)에서 알 수 있듯이 예수 그리스도의 죽음과 부활을 내용으로 하는 복음을 안디옥교회로부터 바울은 전해 받았다. 그러나 안디옥교회도 예루살렘의 히브리어를 사용했던 유대인 교회로부터 '복음'을 물려받았다.

예루살렘 처음교회는 예수와 시간적으로나 공간적으로 가장 가까이 있었기 때문에 예수의 말씀들이나 행적을 가장 많이 기억하며 보존하고 있었는데, 그것들을 수집해서 전해 주었다. 더구나 그들 가운데 많은 이들이 예수와 공생애를 함께했다. 예루살렘교회는 예수의 죽음과 부활만 아니라 하나님 나라를 복음의 내용으로 선포했다. 예수의 부활을 경험함으로써 이전엔 바르게 이해하지 못했던 예수의 하나님 나라 선포를 이해하게 되었던 것이다. 그래서 그들은 예수의 하나님 나라 선포를 회상하고 수집하며 그것을 '복음'으로 전파하면서도 또한 예수의 죽음과 부활을 복음이라고 일렀다.

(3) 초대교회 메시지의 초점은 점차 예수가 선포한 내용(하나님 나라)으로부터 십자가에서 죽임을 당하고 부활한 예수 그리스도(기독론)에게로 옮겨 갔다. 바울 서신에서는 이처럼 기독론으로 채워진 복음이 중심을 이루었다면, 그 이후 기록된 공관복음에서는 기독론 복음과 나사렛 예수의 역사적인 하나님 나라 선포가 뒤섞이게 되었다. "하나님의 아들 예수 그리스도의 복음"(1:1)을 말하는 최초의 복음서인 마가복음은 예수 이야기(story)의 형식으로 복음을 말한다. 마가는 철저히 부활절 이후의 기독론 믿음과 선포의 원리 아래 복음서를 기록하면서도 예수를 믿음의 대상으로, 하나님 나라의 선포자로 소개한다. 이처럼 하나님 나라의 선포자 나사렛 예수와 신앙고백의 대상인 예수 그리스도가 마가복음에서

결합되었다. 이 결합으로 생겨난 경향은 마태복음과 누가복음에서는 더욱 발전된다. 마가복음은 그냥 '복음'을 말하지만, 마태복음은 '나라의 복음'이라 하고 (4:23; 9:35; 참조 24:14), 누가복음은 아예 복음을 빼고 '하나님 나라를 선포하다'라고 한다(눅 4:43; 8:1).[31] 그러므로 마가는 '복음'의 기독론적 내용을 강하게 드러내는데, 마태는 복음의 내용을 기독론보다는 하나님 나라로 말하며, 누가는 복음이라는 말 자체를 사용하지 않고 그냥 하나님 나라를 말한다. 부활 이후의 기독론적인 복음과 부활 이전의 나사렛 예수의 하나님 나라 선포가 서로 배타적이 아니기 때문에 그런 결합 현상이 가능했다.

2) 하나님 나라 선포의 전승사적 배경

나사렛 예수는 어디에서도 "하나님 나라가 이런 곳이다"라고 설명하지 않는다. 그의 유대인 청중도 예수에게 그런 질문을 하지 않는다. 예수와 청중은 모두 하나님 나라에 대해 잘 알고 있다는 뜻이다. 하나님 나라는 구약성서와 유대교에서 긴 역사를 가진 개념이기 때문이다.[32]

(1) 구약성서의 하나님 나라/하나님의 통치

'하나님의 통치'는 구약성서에 뿌리를 둔다. 기원전 8세기 혹은 그 이전부터 하나님은 이스라엘의 왕으로 불리셨다(사 6:5; 민 23:21). 여호와-왕-시편들에는 "여호와는 왕이시다"나 "여호와 외에는 다른 왕이 없다"는 언급을 반복한다.[33] 가나안 사람들은 그들이 섬기던 신 바알을 '왕'으로 불렀는데, 가나안에 들어간 이스라엘 사람들은 그에 맞서 하나님을 모든 왕들 중의 왕으로 고백하기 시작했으

---

31) 마가는 "예수 그리스도의 복음"(1:1), "하나님의 복음"(1:14) 혹은 대부분 그냥 "복음"(1:15; 8:35; 10:29; 13:10; 14:9 참조. 16:15)을 말하는 데 반해, 마태는 항상 부가적인 표현을 통해 "천국 복음"(4:23; 9:35; 24:14)이나 "이 복음"(26:13) 등처럼 구체적으로 말한다. 그러나 누가복음에서는 아예 '복음'이라는 개념을 사용하지 않는다(오직 행 15:7; 20:24).
32) 이하에 대해서는 조경철, 「예수와 하나님 나라의 윤리」, 100~111 참조.
33) 시 47; 93; 96; 97; 98; 99편 등.

며, 끝내는 다른 신들을 부정하고 하나님만을 오직 유일한 왕으로 고백했다.

"대저 여호와는 크신 하나님이시요 모든 신들 위에 크신 왕이다" (시 95:3;
96:5; 97:7~9도 참조, 개역한글)

이스라엘은 하나님을 단지 이스라엘의 왕으로만 아니라 모든 세상의 왕으로
고백했다.

"하나님은 온 땅에 왕이심이라" (시 47:7, 개역한글)
"여호와께서 그 보좌를 하늘에 세우시고 그 정권으로 만유를 통치하시도다"
(시 103:19, 개역한글)[34]

하나님을 온 우주의 왕으로 고백함으로써 이스라엘은 가나안 이방신들을 부
정했다. 이러한 우주적인 하나님의 통치는 공간적으로뿐만 아니라 시간적인 차
원으로까지 확대되었다.

"주의 나라는 영원한 나라이니 주의 통치는 대대에 이르리다" (시 145:13, 개역
한글)

그러나 하나님의 통치에 대한 이해가 이스라엘을 넘어 온 세계와 우주로 확장
하기 시작한 것은 기원전 587년 이후 바벨론 포로기 때부터였다. 하나님이 예루
살렘 혹은 시온으로부터 온 세상을 다스리신다는 생각과 희망은 이미 구약성
서에서 핵심이었다. 특히 바벨론 유배기 마지막 시대에 활동했던 제2이사야(사
40~55장)의 메시지는 예수의 하나님 나라 선포에 커다란 영향을 끼쳤다(특히 사

---

34) 사 6:3과 수 3:11, 13; 시 97:5의 "온 땅의 주"라는 말도 참조.

52:7~10).

제2이사야가 선포한 '하나님의 통치'는 유배된 이스라엘 사람들이 고국으로 귀환해 예루살렘을 회복하는 역사적 사건에서 극히 일부만 실현되었다. 유대인들에게 하나님의 통치는 여전히 미래의 소망으로 남았다. 유대인들은 하나님이 그들의 모든 고통스런 현실을 제거하시고 하나님의 왕권을 온 세계에 실현하실 것을 소망했다. 이러한 소망은 그 후 예언자들이 선포한 메시지의 내용이 되었다.[35] 스가랴는 이렇게 선포한다.

"여호와께서 천하의 왕이 되시리니 그날에는 여호와께서 홀로 하나이실 것이요 그 이름이 홀로 하나이실 것이다" (슥 14:9, 개역한글)

하나님이 그 왕권을 천하에 드러내실 때 그분의 유일성과 그 이름의 거룩함이 만천하에 드러나게 하실 것이다. 여기서 '하나님 나라'는 온 세상이 하나님을 오직 유일하신 하나님으로 인정하고 고백하며 찬송하는 나라다. 종말에 하나님이 역사 위에 그런 나라를 세우실 것이다. 예언자들은 '하나님 나라'가 온 세상에 구체적으로 실현될 '그날'을 소망했다.

(2) 유대교에서의 하나님 나라

구약성서 시대가 끝나고 예수 시대에 이르기까지 초기 유대교는 그 어느 때보다도 하나님 나라에 대한 소망 가운데서 살았다. 이스라엘의 바벨론 포로는 하나님의 왕권을 이스라엘의 민족적 차원을 넘어 세계적·우주적 그리고 종말론적 차원으로 확대시켜 인식하게 만든 결정적 사건이었다. 그럼에도 기원전 3세기 무렵까지만 해도 하나님의 통치는 주로 역사에서 일어날 사건으로 이해되었다. 하나님은 인간의 역사에 찾아오셔서 그 역사를 변화시키실 것이다. 하나

---

35) 미 2:12~13; 4:6~8; 습 3:14~15; 슥 14:6~11, 16~17 등.

님 나라는 역사 위에 건설될 것이다. 그러므로 인간의 역사는 전적으로 부정적인 장이 아니라 하나님의 뜻이 이루어질 긍정적인 장이었다. 역사 초월적 측면이 없는 것은 아니었지만 이 시기 유대인들은 하나님 나라가 역사 속에서 이루어질 것이라고 믿었다.

그러나 기원전 3세기부터 시작된 이방지배자의 잔악한 폭정은 이스라엘의 역사이해와 희망을 근본적으로 변화시켰다. 이방세력들은 성전에서 하나님께 제사 드리는 것을 금지하고 율법 준수를 막았으며 헬라 문화를 강요했다. 기원전 2세기 시리아의 지배자 안티오쿠스 4세의 폭정과 기원전 63년 로마 장군 폼페이우스의 예루살렘 점령, 그리고 기원후 70년에는 티투스 장군의 예루살렘 파괴가 연이어 일어났다. 이 같은 처참한 사건들을 거듭 겪으면서 이스라엘 사람들은 역사 안에서 하나님 나라가 이루어질 것이라는 희망을 더 이상 가질 수 없게 되었고, 그래서 역사를 완전히 뒤엎고 나타날 전혀 새로운 차원의 하나님 나라에 대한 기대를 갖게 되었다. 이러한 묵시사상은 구약성서의 여러 예언자들에게서도 초기적으로 드러나지만, 다니엘서에 와서야 명시적으로 드러나기 시작해서[36] 그 이후 신약시대에 이르기까지 유대인들에게 커다란 영향을 끼쳤다. 이러한 초기 유대교의 하나님 나라 사상이 보여 주는 몇 가지 특징들이 있다.

첫째, 역사의 주인으로서 유일한 왕이신 하나님의 통치와 그 통치에 대한 소망이 생생하게 살아 있다. 그리고 종말론적인 하나님 나라의 드라마가 펼쳐질 장(場)은 원칙적으로 이 세상과 역사다.

둘째, 유대인들은 하나님의 통치를 방해하는 모든 세력이 제거되기를 기다리고 있었다. 이 세력들이 제거되면 이스라엘은 이방통치로부터 해방될 수 있고, 이방 민족들은 하나님의 통치에 무릎을 꿇을 것이다.

셋째, 이러한 민족적 사상과 더불어 하나님 나라가 가진 우주적 성격도 드러낸다. 하나님 나라가 나타날 때 온 세상이 하나님의 왕 되심을 인정하고 그분

---

36) 단 2:34~35, 44~45; 7:13~14 등 참조.

앞에 무릎을 꿇을 것이기 때문이다.

넷째, 유대인들은 하나님 나라가 궁극적으로는 하나님의 주도적인 활동에 의해 이루어질 것이라고 믿었다. 유대인들이 하루 세 번씩 기도했던 18기도문의 제11기도문이나[37] 회당에서 안식일마다 드렸던 카디쉬(Qaddisch) 기도문[38] 그리고 희년서 1장 28절[39] 등이 이를 보여 준다. 그러나 하나님 나라가 출현하기 위해 인간은 그냥 방관해야 한다는 것은 아니다. 이방 세력이 지배하는 역사를 무력으로라도 끝장내고 하나님 나라를 재촉하려 했던 첼롯당(열심당)원들은 하나님 나라가 실질적으로는 인간의 활동에 의해 실현될 수 있다고 믿었다.

다섯째, 이 시대를 대표하는 묵시사상의 특징 가운데 하나는 단절의 종말론이다. 이방의 무신론 세력이 지배하는 타락한 이 역사에서는 아무런 희망을 찾을 수 없다. 그러므로 하나님은 현재의 역사를 끝장내시고 새로운 세상이 오게 하실 것이다. 현재의 역사와 하나님의 종말적 미래 사이에는 연속성이 없고 오로지 단절이 있을 뿐이다. 묵시문학은 하나님이 가져오실 이 역사의 단절이 무시무시한 천재지변과 함께 일어날 것이라고 말하면서, 그 사건을 구체적인 그림 언어를 통해 그리려고 했으며, 또 역사의 단절을 연대기적으로 계산하려 했다.[40]

예언자들은 현실 역사에서 다 이루어지지 않은 하나님의 통치를 미래적으로 소망했다. 이때 그들이 기대하는 미래는 현재와 단절된 미래가 아니라 현재 속으로 들어와서 현재를 결정하고 변화시키는 미래다. 그러나 묵시사상에서는 현재와 미래 곧 이 세대와 새 세대 사이에는 단절이 있을 뿐이다. 이 세대가 지나가고 난 후에야 비로소 새 세대가 온다. 그러므로 새 세대는 옛 세대의 발전적인 변화가 아니라 옛 세대와는 전혀 관계없는, 전적으로 단절된, 곧 전적으로 새

---

37) 18기도문의 열한 번째 기도문: "예전처럼 우리의 심판자를 다시 세우시고, 처음처럼 우리의 충고자를 세우소서. 당신 홀로 우리의 왕이 되소서. 의를 사랑하시는 주 당신은 찬양을 받으소서."
38) "그의 위대한 이름이, 그의 뜻에 따라서 창조된 세상에서 영화롭게 되고 거룩하게 되소서. 그는 그의 왕의 통치를 너희가 살아 있는 동안에, 너희 날들에 그리고 온 이스라엘 집이 사는 동안에 속히 이루소서. 그의 위대한 이름이 영원토록 찬양받으소서."
39) "주께서는 모든 눈들에 나타날 것이다. 그래서 모두가 내가 이스라엘의 하나님, 모든 야곱의 자녀들의 아버지가 됨을 그리고 영원히 시온에서 왕이 됨을 알게 된다. 그러면 시온과 예루살렘 거룩해질 것이다."
40) 이러한 '단절의 종말론'의 잔재는 막 13장에서도 볼 수 있다.

로운 것이다. 이러한 묵시적인 기대는 메시아사상과 결합했다. 새 세계에 앞서 메시아가 나타나 다스릴 것이다. 메시아는 로마를 의미하는 마지막 정권을 궤멸시킬 것이다.

예수의 시대에 유대인들은 성전 제의나 회당의 예배, 기도나 찬양에서 하나님의 통치라는 개념을 자주 사용해 그들의 믿음과 소망을 표현했다.[41] 따라서 하나님 나라는 예수 당시의 유대인들에게는 매우 익숙한 말이었다. 이를 통해 그들은 종말론적 구원을 말했으며, 경건한 유대인들은 그러한 미래의 소망에 맞춰 그들의 현재적 삶을 살아갔다. 하나님은 하늘에 이미 하나님 나라를 이루어 놓으셨고, 때가 되면 메시아를 보내 현재의 악한 세상을 멸하시고 하늘에 있는 그 나라를 이 땅에 오게 하시리라는 희망으로 유대인들은 경건하게 율법에 따라 살아가려고 했다.

3) 예수의 하나님 나라 선포의 독특성

이러한 초기 유대교의 배경에서 예수는 하나님 나라를 선포했지만, 예수의 하나님 나라 선포에는 독특한 차원이 있다.

(1) 예수의 선포에서 하나님 나라는 미래적이다.

유대교에서처럼 예수도 하나님 나라를 미래적·종말론적인 것으로 선포했다. 예수의 하나님 나라 선포를 요약하는 마가복음 1장 15절의 "하나님 나라가 가까이 왔다"(ἤγγικεν ἡ βασιλεία τού θεού)는 하나님 나라의 미래적 성격을 드러낸다. 예수는 하나님 나라가 임박했다고 선포했다. 예수가 가르친 주기도(눅 11:2; 마 6:10)도 하나님 나라를 미래적으로 말한다. 하나님 나라가 이미 실현되었다면 그 나라가 도래하도록 기도한다는 것은 무의미하다. 마가복음 9장 1절에서 예

---

41) P. Stuhlmacher, *Biblische Theologie des NT I*, 69~70.

수는 하나님 나라가 현재 이미 실현되었다고 하지 않고 매우 가까운 미래에 도래할 것이라고 한다. 여기 서 있는 사람들 중 몇몇은 '죽음을 맛보지 않고' 그들 생전에 하나님 나라가 실현되는 모습을 볼 것이라는 말씀도 하나님 나라의 실현을 미래의 사건으로 보고 있음을 나타낸다.[42] 하나님 나라 잔치에 참여하게 될 것(눅 13:28~29 병행; 마 8:11~12)이라는 말씀이나 자라나는 씨와 겨자씨 비유(막 4:26~29, 30~32) 등도 하나님 나라를 미래의 것으로 말한다(눅 13:18~19, 20~21 병행도 참조). 누가복음 6장 20절(마 5:3 병행)의 가난한 사람에게 하나님 나라를 약속하는 복에 대한 선언도 하나님 나라를 미래적인 것으로 말한다. 이는 누가복음 6장 21절의 미래형 동사들에서도 확인할 수 있다.

(2) 예수는 하나님 나라를 현재적인 것으로 선포했다.

이 점이 예수 선포의 가장 뚜렷한 독특성이다. 예수 당시 유대교 성전과 회당의 제의에서 하나님 나라를 현재적인 것으로 찬양한 일과는 다르게 예수는 제의적 차원에서만이 아니라 실제로 하나님 나라가 현재 삶에서 이루어지고 있다고 선포한다. 예수는 "마지막 때가 임박했다는 것을 선포했을 뿐 아니라 동시에 구원의 새 시대가 이미 시작되었다는 것을 말한, 우리에게 알려진 유일한 고대 유대인"[43]이었다.

① 예수의 기적 행위들은 하나님 나라의 현재를 드러낸다. 예수의 천국복음 설교와 병자 치유의 기적 행위는 연관되어 있다(마 4:23; 9:35). 예수의 치유 기적은 하나님 나라가 현재적으로 실현되고 있다는 표징이다. 세례자 요한이 예수에게 제자들을 통해 "오실 그이가 당신입니까?"라고 묻자, 예수는 이사야 61장 1절

---

42) '하나님 나라에 들어가다'라는 말씀들도 하나님 나라를 미래적인 것으로 말한다. 그러므로 '하나님 나라에 들어가다'를 '생명으로 들어가다'(막 9:43, 45, 47 병행; 마 18:8~9)로 대체할 수 있다(마 19:17; 25:46 참조). '하나님 나라를 유업으로 받다'라는 말씀들도 하나님 나라를 미래적인 것으로 전제한다(마 25:34; 고전 6:9~10; 15:50; 갈 5:21). 엡 5:5; 약 2:5; 마 5:5; 막 10:17 병행; 마 19:29; 눅 10:25 등도 참조.
43) 플루서(D. Flusser)의 말로서, G. Theiβen/A. Merz, 「역사적 예수」 374에서 재인용.

을 인용해 대답한다.

"너희가 가서 보고 들은 것을 요한에게 고하되 소경이 보며 앉은뱅이가 걸으며 문둥이가 깨끗함을 받으며 귀머거리가 들으며 죽은 자가 살아나며 가난한 자에게 복음이 전파된다 하라" (눅 7:22 병행; 마 11:5, 개역한글)

예수는 자신의 선포와 치유 기적에서 이사야가 예언한 구원의 시대가 이루어지고 있다고 말한다. 특히 마태복음 11장 5절에서는 구원의 시대에 관한 이사야서의 여러 말씀들을[44] 조합해서 인용한다. 구원의 시대는 6절의 "나"와 밀접히 결합된다. 이사야의 예언이 예수에게서 이루어지고 있는 셈이다. 그러므로 이사야의 예언을 믿는 일뿐 아니라 예수의 인격을 믿는 일이 중요하다. 이사야의 예언이 실현되고 있는 현재는 예수 안에 있는 현재이며, 그래서 구원의 시대는 예수 안에 있는 현재다.

② 예수는 당시 유대교에서 죄인으로 내처진 사람들과 교제했다. 하나님의 벌을 받았다고 알려진 나병환자들뿐 아니라 도덕적으로나 종교적으로 죄인이라고 낙인 찍혀 누구도 가까이 하고 싶어 하지 않았던 세리와 창녀들과 식사의 교제를 나눴다. 이러한 식사 교제는 구약성서에 따르면 종말에 일어날 구원을 말한다.[45] 종말에 구원의 징표로 이루어질 식사를 예수가 현재적으로 죄인들과 나누었다면, 이는 그들에 대한 무조건적인 용서의 표식인 동시에 이미 구원의 시대가 시작되었다는 행위적인 선언이다.

③ 예수가 귀신을 추방하는 행위 안에서 하나님 나라는 현재적이다. 누가복

---

44) 사 35:5~6; 29:18~19; 26:29; 61:1.
45) 눅 14:15과 사 25:6 비교.

음 11장 20절(마 12:28)에서 예수는 이렇게 말한다(눅 10:18; 막 3:27 참조).

> "그러나 내가 만일 하나님의 손을 힘입어 귀신을 쫓아낸다면 하나님의 나라
> 가 이미 너희에게 임하였느니라"

예수에게 하나님 나라의 현재는 자신의 활동 속에 있다. '내가' 귀신을 쫓아내면 그곳에 하나님 나라는 실현된다고 예수는 말한다. 예수의 인격과 활동 안에 하나님 나라가 현재적으로 이루어졌다고 말하는 것은 유대교에서는 하나님에 대한 모독으로 여겨질 수 있다.

④ 많은 예언자들과 왕들이[46] 보고자 열망했던 것을 예수의 청중들은 보고 들었다(눅 10:23~24). 요한복음의 예수가 도마에게 한 말씀에서(요 20:29) 보듯이, 초대교회는 보지 않고도 믿는 사람들을 축복한 반면에, 여기서 예수는 보고 듣는 사람에게 복이 있다고 한다. 구약성서 예언자들이 보기를 열망했던 구원의 현재를 예수의 청중은 예수와 그의 행동 안에서 보고 있다. 그러므로 예수 안에서 하나님 나라는 현재다.

(3) 하나님 나라의 현재성과 미래성의 관계

예수가 하나님 나라를 현재적이면서도 동시에 미래적인 것으로 선포했다는 사실을 우리는 어떻게 이해할 수 있을까? 철저한 종말론 학파에 따르면, 나사렛 예수는 오직 미래적인 하나님 나라를 선포했으며, 누가복음 11장 20절과 같은 현재적인 하나님 나라 선포는 나사렛 예수의 선포가 아니라 초대교회의 '성령주의적인 열광의 표출'[47]이다. 반면에 다드와 같은 학자들은 현재적인 하나님 나라

---

46) 마 13:17은 '왕들' 대신에 "의인들"을 말하는데, 이것은 마태의 고유한 신학적 개념이다. 요아힘 그닐카,「나사렛 예수」197 각주 27.
47) J. Weiss, *Predigt*, 90.

선포만을 예수의 것으로 인정했다.[48] 우리는 이러한 양자택일 식의 설명에 만족할 수 없다.

① 예수가 선포한 하나님 나라는 이 땅에서는 아직 이루어지지 않았다. 그러나 하나님 나라는 막연하게 미래적인 것이 아니라 하나님께서 이미 지금 구원으로 결정해 놓은 확정된 미래다. 하나님 나라는 불확실한 미래의 목표가 아니다. 하나님은 이미 지금 인간의 미래를 구원으로 결정하셨고, 그렇게 결정하신 구원은 이제 나타나기 시작한다. 하나님 나라를 현재적으로 선포하는 것은, 하나님께서 결정하신 미래를 이미 지금 여기서 확신하는 선포다. 하나님 나라의 미래는 이미 예수 안에서 현재적으로 그 모습을 드러냈기 때문에, 이미 지금 제자들이 예수 안에서 '본' 미래다.

② 하나님 나라는 예수의 인격과 활동 속에서 현재다. 현재적인 하나님 나라가 예수의 인격 또는 마귀 추방이나 기적 행위 같은 예수의 활동과 결합된 것은, 하나님 나라는 예수의 인격을 떠나 일반적이고 객관적인 현재가 아니기 때문이다. 일반적으로 모든 사람들이 하나님 나라를 현재적으로 경험하는 것은 아니다. 지금은 예수 안에서만 현재적으로 경험할 수 있는 하나님 나라를 모든 사람들이 볼 수 있도록 제자들은 기도해야 한다. 이러한 하나님 나라의 역설적 병렬이 가장 분명하게 드러나는 곳은 마가복음 4장 30~32절(눅 13:18~19 병행)에 있는 겨자씨 비유다. 겨자씨는 이미 땅에 심겨져 있지만 아직 사람들은 겨자나무를 볼 수 없다. 그러나 이 씨는 곧 큰 나무로 성장해 모든 사람들이 보고 또 그 혜택을 받을 것이라는 데 의심의 여지가 없다. 하나님 나라는 이미 하나님이 결정한 사실이며 또 예수의 인격과 행위 안에서 벌써 시작된 확실한 현실이다.

---

48) 하나님 나라가 현재적이냐 미래적이냐에 초점을 맞춘 그동안의 연구에 대한 간략한 역사는 G. Theiβen/A. Merz, 「역사적 예수」 355~360에서 볼 수 있다.

③ 예수의 하나님 나라 선포에서 현재냐 혹은 미래냐 하는 시간성의 문제는 핵심이 아니다. 예수의 하나님 나라 선포를 '현재'와 '미래'라는 시간적인 범주로 파악하려는 것은 적절하지 않다. 이 선포에는 시간적인 요인보다 훨씬 본질적이고 핵심적인 요인이 있다. "하나님 나라가 가까이 왔다"는 말씀의 핵심은 하나님이 철저히 인간을 구원하기로 결정하셨다는 사실에 있다. 그러므로 예수는 하나님 나라의 시간적인 임박성이 아니라 하나님의 적극적인 구원의 결정을 핵심으로 선포한다.[49]

(4) 예수가 선포한 하나님 나라는 보편적이다.

예수는 매우 민족적인 차원으로 들리는 말씀을 한다.

> "나는 이스라엘 집의 잃어버린 양 외에는 다른 데로 보내심을 받지 아니하였
> 다"(마 15:24)

그래서 제자들에게도 이렇게 지시한다.

> "이방인의 길로도 가지 말고 사마리아인의 고을에도 들어가지 말고 오히려
> 이스라엘 집의 잃어버린 양에게로 가라"(마 10:5~6; 10:23 참조)

그렇지만 예수가 이방인들을 구원에서 배제한 것은 아니다.[50] 예수는 쿰란공동체처럼 이스라엘 백성 중에서도 특별한 사람들만을 하나님 나라 백성으로 부르지 않았고, 또 거룩한 '남은 자'만을 부르지도 않았으며, 모든 이스라엘 백성을 하나님 나라로 초대했다.

---

49) 이것은 H. Merklein, *Gottesherrschaft*에서 주장하는 핵심이며, 그와 매우 유사한 견해를 우리는 래드(G. E. Radd)에게서 찾아볼 수 있다(「예수와 하나님의 나라」, 177).
50) 그러한 결론에 반대하는 구절들: 막 7:24~30; 마 8:5~10, 13 병행; 눅 7:1~10.

예수는 이스라엘 민족이 원수들에게서 해방된다든가 혹은 이스라엘을 억압하는 원수들이 굴복할 것이다와 같은 민족주의적이고 정치적인 설교를 하지 않았다. 열심(첼롯)당 운동에서 볼 수 있듯이, 그러한 정치적인 기대와 설교는 초기 유대교의 하나님 나라 기대의 맥락에서는 매우 자주 나타났기 때문에, 자기 민족의 정치적인 현실에 초연해 보이는 예수의 하나님 나라 선포는 더욱 특이하다. 예수의 선포에서는 이방 점령 세력을 향한 그 어떤 정치적인 공격도 찾을 수 없다. 예수는 이스라엘의 위대한 과거를 회복하자고 충동질하지도 않았고, 구원의 문제에서 이스라엘의 민족적 특권을 인정하지도 않았다. 이는 세례자 요한도 마찬가지였다(마 3:9 병행; 눅 3:8). 예수는 심판을 이스라엘의 원수들에게 선언한 것이 아니라 이스라엘을 포함하여 회개하지 않는 모든 사람들에게 선언한다(눅 13:1~5). 이처럼 모든 사람들에게 심판을 말했듯이 또한 모든 사람들에게 하나님 나라를 선포했다(마 8:11~12 병행; 눅 13:28~29).[51] 그러므로 예수의 하나님 나라 선포는 당시 유대교의 일반적인 희망과는 사뭇 달랐다. 유대인들이 매일 드리는 '세모네 에스레'라는 18기도와 예수가 가르친 주기도 속의 "당신의 나라가 임하게 하소서"라는 기원을 비교해 보면, 예수가 선포한 하나님 나라는 분명히 민족적·정치적 차원을 넘어선다는 사실을 알 수 있다. 세모네 에스레의 11과 14번째 기원은 다음과 같다.

> "옛적처럼 우리 판관들을 또 시초처럼 우리 고문관들을 다시 데려오사 우리 위에 당신 홀로 왕이 되소서 … 야훼님, 우리 하느님, 당신의 도성 예루살렘과 당신 영광의 거처 시온과 당신 정의로 기름 부음 받은 다윗 가문의 왕국에 자비를 베푸소서"[52]

---

51) 이런 보편적 사상은 누가복음 10:13~15(마 11:21~23 병행); 11:31~32(마 12:41~42 병행) 등에서도 찾을 수 있다.
52) 요아힘 그닐카, 「나사렛 예수」186~188. 인용은 187에서.

당시 유대교는 하나님 나라가 이스라엘에게는 구원을, 원수들에게는 심판을 가져온다고 믿었다. 그러나 예수의 하나님 나라 선포가 말하는 양극단은 이스라엘과 이방 민족들이 아니라 하나님 나라 선포를 받아들이는 사람들과 거부하는 사람들이다. 그의 선포를 믿음으로 받아들이는 사람들에게는 하나님 나라가 구원이지만, 거부하는 사람들에게는 심판이다. 예수의 하나님 나라 선포는 어떠한 민족적·인종적 차원도 없는 보편적인 것이다.

(5) 예수가 선포한 하나님 나라는 묵시문학적인 단절의 종말사상과 유사하다.

유대교 묵시사상에 따르면, 악의 지배를 받는 지금의 역사(이 세대)와 하나님이 세우실 오는 세대는 전혀 관련이 없고 단절만 있을 뿐이다. 예수의 하나님 나라는 유대교의 묵시문학이 말하는 미래(오는 세대)에 해당한다. '하나님 나라에 들어가다', '하나님 나라를 물려받다'와 같은 표현들은 예수가 '하나님 나라'를 묵시적인 단절의 종말론이라는 틀 속에서 생각했다는 것을 보여 준다. 예수는 지금까지의 세계 역사를 끝장내는 하나님의 통치를 말하고 있다. 그러나 예수는 단순히 지금의 역사를 부정하는 것이 아니라, 하나님의 미래의 관점에서 현재를 바라봄으로써 묵시사상을 넘어 그 이전 예언자들의 사상과 연결된다. 하나님의 미래는 이미 지금 도래해서 역사의 본질을 밝히고 있을 뿐 아니라 역사를 전혀 새로운 차원으로 변혁시킨다. 그러므로 예수는 묵시사상의 단절의 종말론을 받아들이면서도 예언자적 사상을 통해 수정한다.

(6) 하나님 나라의 도래는 하나님의 절대적 권한에 속한다.

하나님 나라는 인간이 실현할 수 없으며, 하나님만이 실현할 수 있다. 이에 관한 예수의 가르침을 다음과 같이 이해할 수 있다.

① 예수는 생명과 기쁨, 영광 등과 같은 상징적인 개념들로 하나님 나라를 말

한다.[53] 죄인들의 구원을 말하기 위해 그들과 함께 나눈 식사 교제도 하나님 나라를 말하는 상징에 속한다.[54] 산상설교의 팔복은 미래의 구원을 현재적인 불행 곧 배고픔과 슬픔, 불화와 박해 등이 제거되는 것이라고 한다.[55] 배부르게 되거나 웃게 되는 것이 구원이라고 말한다면(눅 6:21 병행), 그것도 하나님 나라를 상징한다(눅 6:20b 병행을 참조). 하나님 나라는 현재의 고통스러운 삶과 전혀 다른 행복한 삶이 하나님에 의해 실현되는 곳이다.

② 하나님이 그의 나라를 세우시도록 인간은 기도해야 한다. 이는 주기도의 두 번째 기원에서 분명히 드러난다("나라가 임하시며"; 눅 11:2 병행; 마 6:10). 하나님 나라가 하나님의 절대적 권한에 속한다는 점을 가장 분명하게 표현한 곳은 마가복음 4장 26~29절이다. 농부가 밤낮 자고 깼다는 27a절 말씀은 인간이 아무 활동도 하지 않음을 강조하며, 땅이 스스로 열매를 맺었다는 28절은 열매가 농부의 어떠한 도움도 없이 맺게 됨을 강조한다. 이 비유의 핵심은 하나님 나라는 하나님에 의해 이루어진다는 사실이다.

③ 유대인 역사가 요세푸스에 따르면, 하나님의 시간을 앞당기려고 행동했던 종말론적 열광주의자들이 있었다.[56] 첼롯(열심) 당원들과 열광적 군사주의자들은 군사적 해방운동을 통해 하나님 나라를 세우려 했고, 바리새인들은 회개나 계명 준수, 토라 연구나 자선행위 같은 종교적 경건행위를 통해 메시아의 날을 촉진할 수 있다고 생각했다. 그러나 예수는 그런 것에 대해서는 말하지 않는다.

④ 하나님 나라가 도래하는 시기를 인간적으로 계산할 수는 없다(눅 17:20~21).

---

53) (영원한) 생명(막 9:43, 45; 막 10:17, 30 병행; 마 7:14; 19:17; 25:46; 눅 10:25도 참조), 기쁨(마 25:21, 23), 영광(막 10:37).
54) 마 8:11 병행; 눅 14:15~24 병행; 마 22:1~10(11~14); 마 25:1~13; 눅 12:37b와 마 25:21, 23도 참조.
55) 눅 11:20 병행; 눅 7:18~23 병행도 참조.
56) 「유대전쟁사」 2, 259, 261~263. 행 5:36; 21:38 등도 참조.

하나님 나라는 인간이 '볼 수 있게' 오지 않는다. 천체나 자연현상을 관찰해서 하나님 나라가 도래하는 시간을 계산할 수는 없다. 그러므로 예수는 하나님 나라의 도래를 예상할 수 있는 어떠한 징조도, 또 그런 징조를 찾으려는 모든 태도도 거부한다. 하나님 나라의 도래는 전적으로 하나님의 권한에 속하며, 이 도래의 비밀을 풀려는 어떠한 인간적인 노력도 어리석다. 마가복음 13장 32절(마 24:36)에 따르면, "그날"(종말론적 심판의 날)과 '그 시간'에 대해서는 사람과 천사, 더 나아가 아들까지도 알지 못하며 오직 아버지만 알고 있다. 인자는 예기치 않게 돌연히 나타날 것이다(눅 17:23~24, 26~27 병행 참조).[57]

4) 예수가 하나님 나라를 가르치는 방식

나사렛 예수는 매우 다양한 방식을 활용해 하나님 나라를 가르쳤다.[58]

(1) 예수는 하나님 나라를 가르치는 '랍비'였다.

유대교 랍비들은 고정된 거주지에 살면서 학당을 운영하거나 토라나 성서해석을 둘러싼 논쟁을 하고 그에 관한 가르침을 베풀었지만, 예수는 그렇게 하지 않았다. 유대인들의 성서나 토라에 대해 잘 알고 있었지만, 거기에 예속되지 않았고 오히려 자신의 독특한 권위에 근거해 그것들을 이해했다. 그러므로 토라나 성서해석은 예수의 선포에서 핵심이 아니다. 예수의 등장으로 이사야서 61장 1~2절의 기름 부음을 받은 자에 대한 약속이 성취되었다.[59] 이 대목에서 특히 마태복음 5장 21~48절에 나오는 여섯 가지 대조하는 가르침, 곧 살인과 간음, 이혼과 맹세, 복수와 원수 사랑의 말씀이 주목을 끈다. 예수는 유대인의 성

---

57) 지금까지 우리가 말한 내용은 막 13장과는 매우 상치되어 보인다. 왜냐하면 막 13장은 종말의 징조를 묵시문학적으로 말하기 때문이다. 그러므로 막 13장은 후대 교회에서 생겨났다고 대다수 학자들은 인정한다. G. R. 비슬리-머리, 「예수와 하나님 나라」, 570~597 참조.
58) 이하에 대해서는 P. Stuhlmacher, *Biblische Theologie des NT I*, 75~84 참조.
59) 눅 4:16~21; 마 11:5; 눅 7:22 참조.

서와 토라에 예속해서 그것들을 해석하고 토론하여 가르치지 않고, 자신의 인격적 권위에 근거해 일방적으로 그것들을 받아들이기도 하고 해석하기도 하며 또 때로는 폐하기까지 한다. 이 같은 예수의 가르치는 권위에 대해 청중은 놀랐다 (마 7:28~29). 예수는 하나님 나라를 자신의 인격적 권위 이외의 다른 어떤 권위에 근거해 가르치지 않는다. 하나님 나라를 가르치고 선포하는 랍비 예수는 솔로몬보다 더 위대하고(마 12:42; 눅 11:31), 모세나 엘리야보다도 더 위대하다(막 9:2~13 병행).

(2) 예수는 비유를 통해 하나님 나라를 가르쳤다.

예수는 단 한 구절로 된 짧은 비유(마 14:44) 혹은 22구절로 된 긴 비유로 하나님 나라를 가르쳤다(눅 15:11~32).[60] 이때 주로 팔레스타인의 일상세계, 특히 농부들의 일상에서 온 비유들을 사용한다.[61] 당시 청중들이 일상에서 경험하는 친숙한 이야기들을 비유로 들고 있는 예수의 가르침은 청중에게 매우 설득력이 있었다. 하나님과 하나님의 사랑, 하나님의 나라 등에 관해 추상적이 아니라 일상에서 익숙한 비유를 통해 보다 구체적이고 실질적으로 가르칠 수 있었던 것이다. 더 나아가 비유를 듣는 청중 스스로가 비유 속 인물이 되어 함께 참여하게 함으로써 더욱 현실감 있는 깨달음으로 안내한다. 예를 들어 누가복음 15장 11~32절에 나오는 아버지와 두 아들의 비유에서 청중은 아버지나 큰아들, 작은아들의 역할에 각각 자신을 대입해 들음으로써 생동감 있게 깨달아 간다. 마태복음 20장 1~16절의 비유에서는 각기 다른 시간에 일하러 온 농부들의 입장에서 참여함으로써 가르침을 받는다. 마태복음 18장 23~35절의 비유에서는 일만 달란트

---

60) 유대교 랍비들은 주로 성서를 더 잘 이해할 수 있도록 비유를 활용한 데 비해 예수는 주로 하나님과 하나님 나라를 가르치려고 비유를 활용한다. 눅 10:25~28, 29~37; 막 12:1~11 정도가 랍비들과 유사하게 성서 말씀을 이해하기 위한 비유로 볼 수 있다. 그러나 눅 10장의 사마리아인 비유 역시 하나님 나라의 관점에서 이해되어야 한다. 조경철, 「예수와 하나님 나라의 윤리」, 395~400 참조.
61) 파종과 수확(막 4:3~9 병행), 목자(눅 15:4~7), 농부와 아들들(눅 15:11~32), 소작(막 12:1~12 병행), 품삯(마 20:1~16), 채무(마 18:23~35), 달란트(마 25:14~30), 가난과 부(눅 16:19~31), 힘없는 과부(눅 18:1~8), 혼인잔치(마 22:1~14), 밭갈이와 상인 그리고 어부(마 13:44~50) 등등.

빚진 자나 백 데나리온 빚진 자와 자신을 각각 동일시하며 실질적이고 구체적인 가르침을 받는다. 예수는 이처럼 일상에서 익숙한 비유를 사용해 하나님과 하나님 나라에 대해 가르친다.

(3) 예수는 짧은 격언과 지혜의 말씀, 수수께끼 같은 말씀을 통해 가르쳤다.

이런 점에서 예수는 마치 현자처럼 보였다. 마태복음 5장 3~12절(눅 6:20~22)에서 예수는 하나님 나라 백성이 누리는 복을 선언한다. 가난한 사람과 우는 사람, 굶주리는 사람과 예수 때문에 고난당하는 사람들은 이미 지금 하나님 나라에 참여하고 있다. 반대로 부자와 배부른 사람, 웃는 사람에게는 하나님의 심판을 선언한다. 마가복음 2장 21~22절(병행)과 8장 35절(병행), 10장 42~44절(병행) 등도 예수가 가르친 격언적인 말씀이며, 마태복음 8장 20절(눅 9:58)이나 마가복음 12장 17절(병행) 등에 있는 예수의 짧은 말씀은 듣는 사람에게 특별한 해석을 요구하기도 한다.

(4) 예수는 행동으로 하나님 나라를 가르쳤다.

예수는 비유나 격언 등과 같은 언어적인 방식으로 하나님 나라를 가르치는 것으로 그치지 않고, 그의 행동을 통해서도 가르쳤다. 예수의 모든 행동은 하나님 나라를 보여 주는 표적이었다. 특히 마태복음 11장 2~6절(눅 7:18~23)을 보면, 예수가 행한 치유의 행동은 하나님 나라를 가져오는 메시아의 행동으로 드러난다. 마가복음 2장 1~12절(병행)에 나오는 중풍병자의 치유 행위는 예수의 용서를 말한다. 유대인의 시각으로는 오로지 하나님만이 하실 수 있는 죄의 용서를 예수가 선언한다. 그리고 예수가 죄의 용서를 선언함으로써 중풍병자가 치유된다. 이로써 시편 103편 3절에서 하나님이 하시는 죄의 용서와 치유를 예수가 행한다. 마가복음 9장 14~29절(병행)에서도 예수는 신적 권위로 귀신을 쫓아내고 소년을 치유한다. 누가복음 11장 20절이 보여 주듯이, 예수는 세상에서 하나님을 대신해 귀신을 쫓아냄으로써 하나님 나라가 이미 이르렀다고 한다(눅 10:18 참조). 귀신 들리고 죽음의 질병에 빠졌다는 것은 악마의 지배를 받고 있다는 뜻이다. 이처럼 하나님을 떠나 있는 인간, 그래서 죽음에 빠진 인간을 치유함으로써 하나님의 통치, 하나님의 나라가 가까이 왔음을 그는 선언하고 보여 준다. 이처럼 예수의 하나님 나라 선포에는 언어적인 차원과 행위적인 차원이 결합되어 있다. 치유의 기적행위뿐 아니라 자연기적이라 불리는 것도 마찬가지다.[62] 이것들은 예수와 더불어 시작된 구원의 경험을 말하며, 그러므로 예수와 더불어 시작되는 하나님 나라를 말한다.

(5) 예수는 죄인들과 함께 나누는 식사 교제를 통해 하나님 나라를 가르쳤다.

예수는 세리와 죄인들과 식사 교제를 한다(막 2:15~17 병행; 눅 19:1~10). 이것은 단순히 가난하고 소외당한 사람들과 식사를 나누는 자선행위가 아니라, 하나님 나라가 현재적으로 임하고 있음을 보여 주는 표징행위다. 식사 교제는 삶의 교제다. 구약성서와 유대교에 따르면, 하나님 나라는 하늘에서 나누는 식사 교제다.[63] 예수는 유대인들의 이러한 견해를 받아서 세리와 죄인들과 나누는 식사 교제를 종말에 있을 하나님 나라의 교제라고 한다.[64] 그러나 유대교의 율법에 따라 부정한 사람들이라고 거부당하던 세리와 죄인들을 식사에 초대함으로써, 예수는 어떤 사람이 하나님 나라 백성에 합당한지를 보여 준다. 율법에 의거해 부정하다고 배척된 사람, 율법을 지키지 못한 사람, 제의에 참여할 수 없는 사람들을 천국식사의 손님으로 초대한 것이다. 이는 마치 가난한 사람이 천국 백성이라고 선언하는 것과 같다. 그러므로 예수가 세리와 죄인들과 나눈 식사 교제는 그와 더불어 시작되는 하나님 나라를 보여 주는 표징행위다. 이러한 예수의

---

62) 폭풍을 잔잔하게 하는 이야기(막 4:35~41 병행), 바다 위를 거니는 이야기(막 6:45~52 병행), 5천 명과 4천 명을 먹이는 이야기(막 6:32~44 병행; 막 8:1~10 병행), 죽은 자를 살리는 행위(막 5:21~43 병행; 눅 7:11~17; 요 11:1~44), 가나의 포도주 기적(요 2:1~12) 등등.
63) 사 25:6~9; 에티오피아 에녹서 62:14 등.
64) 눅 13:29; 마 8:11; 막 14:25(병행) 등.

행위의 의미를 이해하지 못한 사람들은 예수를 '먹고 마시기를 즐기는 자, 세리와 죄인의 친구'라고 비난했다(눅 15:2; 7:34; 마 11:19).

(6) 예수는 열두 제자들을 모으는 표징행위를 통해 하나님 나라를 가르쳤다 (막 3:13~19 병행).

예수는 열두 제자들을 불러 함께했다. 그 당시 유대교에는 유다와 베냐민, 레위 지파의 절반 등 두 지파 반만이 실제로 있었기 때문에, 하나님은 종말에 나머지 9지파 반을 모을 것이라고 믿었다. 예수는 열두 제자들을 불러 모음으로써, 12지파의 하나님의 백성을 모으는 하나님의 종말적인 구원사역이 자신을 통해 실현되고 있음을 표징적으로 보여 준다. 예수는 열두 제자들에게 자신처럼 하나님 나라를 선포하며[65] 이스라엘의 잃어버린 백성을 모으게 했다(마 10:6). 예수는 열두 제자들이 종말적인 하나님 백성의 12지파를 대변한다고 이해했다(마 19:28; 눅 22:30). 열두 제자들은 예수의 종말적인 가족을 형성하는 핵심이다.[66]

5) 예수가 가르친 하나님은 누구인가?

(1) 아버지 하나님

예수는 하나님 나라를 선포함으로써 동시에 그 나라의 주권자이신 하나님을 가르친다. 예수가 가르친 하나님 나라는 하나님이 다스리시는 나라다. 유대인 예수의 하나님 이해는 모든 유대인들이 가지고 있던 하나님 이해로부터 출발한다. 이스라엘의 하나님 이해는 십계명의 제1계명에 가장 분명하게 나타난다(출 20:2~3; 신 5:6~7). 여호와(야훼)라는 이름을 가지고 계시며, 세상을 창조하셨고, 이스라엘을 자기 백성으로 선택하셨으며, 흩어진 자기 백성을 다시 모아 성령을

---

65) 막 3:14 병행; 6:7~11 병행; 눅 9:1~6; 마 10:1,7~11,14.
66) 막 3:31~35; 10:28~31 병행.

부어 새로운 순종으로 정결하게 하셔서 자기 이름을 거룩하게 하시는 유일한 하나님이다.[67] 예수도 유일신 하나님을 반복해서 말한다.[68] 특히 예언자 이사야와 스가랴는 유일신 하나님의 종말적 통치를 말한다.[69] 예수의 하나님 나라 선포는 이러한 예언자들의 선언과 맥을 같이한다. 하나님의 통치는 하나님의 유일성을 관철하는 것이며, 그럴 때 하나님의 이름은 거룩하게 된다. 그러므로 하나님의 유일성은 예수의 하나님 나라 선포의 근거다.[70]

예수는 자신이 하나님의 아들로 세상에 와서 아버지의 뜻을 이루기 위해 살다가 죽는다는 분명한 의식을 가졌기 때문에 하나님을 아버지라고 부른다. "예수의 입에서 하나님을 아버지로 부르는 말이 복음서들에서 적어도 170회 이상 나온다."[71] 예수는 '어린아이들 세계에서 사용했던', 그러나 성장한 자녀들 사이에서도 '일상적 가정 용어'로 사용했던 아람어 '아바'(Abba)를 사용해서 하나님을 부른다.[72] 우리는 이를 '예수의 육성의 가장 분명한 특징'이라고 할 수 있다. 이 호칭은 "유대교 전체의 기도 문헌에서는 유례를 찾을 수 없다."[73] 유대교도 하나님을 아버지로 알고 있었지만, 예수가 부른 것처럼 그렇게 직접 하나님을 아버지라고 부르는 일은 극히 드물었다. "하나님을 이렇게 친밀한 가정적 용어로 부른다는 것은 유대교적인 감정에는 모독적인 일이었다. 예수가 이런 모험을 감행한다는 것은 전혀 새로운 일이며 유례가 없는 일이다. 그는 어린아이가 아버지를 부르듯이 그렇게 친밀하고 단순하며 은밀하게 하나님을 불렀다. 예수의 아바라는 하나님 호칭은 그와 하나님의 관계를 드러내는 핵심이다."[74]

그런데 여기서는 예수가 하나님을 아버지라고 부르는 맥락이 중요하다. 마가

---

67) 출 3:13~14; 신 6:4; 겔 36:22~32 등.
68) 막 10:18 병행; 12:26~27 병행; 12:28~34 병행.
69) 사 43:11~13; 45:5~7; 슥 14:9 등.
70) H. Merklein, "Die Einzigkeit Gottes als die sachliche Grundlage des Botschaft Jesu", 154~173; U. Schnelle, *Theolgie des NT*, 66~67.
71) J. Jeremias, *Abba*, 33(막 4회; 눅 15회; 마 42회; 요 109회).
72) 막 14:36; 롬 8:15; 갈 4:6. J. Jeremias, *Abba*, 60, 62.
73) J. Jeremias, *Abba*, 59. 예레미아스의 이 주장에 대한 반론도 있다. U. Schnelle, *Theologie des NT*, 68~70 참조.
74) J. Jeremias, *Abba*, 63.

복음 13장 32절에서 예수는 아들도 모르는 종말론적인 그날을 오직 아버지만 아신다고 한다. 그리고 제자들에게 하나님 나라의 도래를 위해 아버지께 기도하라고 한다(눅 12:30~32 병행; 11:2 병행). 누가복음 10장 21절(병행)에서는 아버지의 계시('드러내다', αποκαλυπτειν)를 말한다. 누가복음 22장 29절에서는 아버지가 아들인 자기에게 나라를 맡기셨다고 한다. 마가복음 11장 25절에서는 아버지의 종말론적 용서를 약속하며(6:14; 18:35 참조), 더 나아가 하나님을 대신해서 용서한다(막 2:1~12).[75] 이처럼 예수가 하나님을 아버지라고 부르는 말씀들은 모두가 하나님 나라 선포의 문맥 속에 있다. 이는 특히 누가복음 12장 30~31절(병행)과 누가복음 11장 2절(병행)에 드러난다. 예수는 하나님 나라를 선포하면서 하나님을 '아버지'라고 부른다. '하나님 나라'와 '아버지의 나라'를 동시에 말하고 있는 것이다. 예수가 선포한 하늘나라의 통치자는 바로 '아버지'다.

아버지에게는 두 가지 기능이 있는데, 하나는 은혜(눅 11:13 병행)나 자비(눅 6:36 병행) 혹은 용서(마 11:25)를 베푸는 것이고, 다른 하나는 배려 혹은 돌보심이다(눅 12:30 병행). 주기도에는 아버지의 나라가 도래하기를 비는 기도와 일용할 양식을 배려해 주고(눅 11:3 병행) 용서하며(11:4a) 시험에 들지 않게 보호해 달라는 기도(11:4b)가 결합되어 있다. 예수가 선포한 하나님 나라를 받아들이는 사람은 하나님을 용서와 은혜를 베푸시며 모든 삶을 배려하시는 아버지로 체험한다. 하나님을 '아바' 아버지라고 부를 수 있는 곳이 하나님 나라다.

(2) 사랑하시고 용서하시는 하나님

예수는 거의 항상 사랑과 용서의 아버지를 말한다. 하나님은 용서와 사랑으로써 자신의 나라를 실현하신다. 이 사랑과 용서는 하나님이 아버지로서 다스리시는 나라의 헌법이요 본질이다. 하나님은 용서하시고 사랑하시는 아버지이

---

75) 예수는 분명하고 독특한 하나님 의식 속에서 이렇게 행동한다. 그것을 믿지 못하는 사람들은 예수가 하나님을 모독한다고 여긴다(막 2:7). O. Hofius, "Jesu Zuspruch der Sündenvergebung", 38~56 참조.

기 때문이다. 그러므로 예수는 제자들에게 하나님 나라의 도래와 함께 용서를 위해 기도하라고 가르쳤다(눅 11:4 병행; 마 6:12).

① 잃어버린 양의 비유(마 18:12~14 병행; 눅 15:4~7)에서 잃은 양은 율법에서 타락한, 경건하지 못한 이스라엘 사람이다. 바리새인들과 서기관들은 세리와 죄인들을 잃은 양으로 간주하면서 함께 식사 교제를 나눌 수 없는 이들이라며 배척했다. 그들은 이 같은 '세리와 죄인들'과 어울려 식사 교제를 나누는 예수를 비난했다. 그러나 식사 교제는 예수가 그들을 이미 용서했다는, 즉 다시 찾은 양들로 받아들였다는 표시다. 여기에 하나님의 용서의 본질이 나타난다. 당시 유대교는 죄인이 먼저 회개하면 그의 죄를 용서하고 교제 안으로 받아들일 수 있다고 여겼다. 반면에 예수는 죄인이 회개하기 전에 먼저 찾아가 용서하고 식사 교제를 나눴다. 바리새인들과 서기관들은 예수와 식사를 함께 나누는 사람들이 먼저 회개하지 않았음에도 이렇게 예수가 그들과 어울렸기 때문에 비난했던 것이다.

② 잃어버린 아들(탕자)의 비유(눅 15:11~32)에 나오는 아버지도 용서하시는 하나님을 말한다. 11~24절은 작은아들과 아버지 이야기이고, 25~32절은 큰아들과 아버지 이야기다. 두 부분 다 주인공은 아버지이고, 주제는 용서다. 여기서 작은아들은 분명히 회개했다. 그러나 그의 회개가 비로소 아버지의 용서를 불러온 것은 아니다. 아버지는 작은아들이 회개하고 돌아오기 이전에 이미 그를 용서했다. 그래서 아버지는 작은아들이 돌아왔을 때 진심으로 회개했는지 시험하거나 물으려고 하지 않는다. 아버지에게 오로지 중요한 것은 이 용서한 아들이 돌아왔다는 사실, 그리고 그 때문에 생기는 기쁨이다. 아들이 죄를 고백하기도 전에 이미 아버지는 그를 용납하고 받아들이며 입을 맞춘다(20절). 아버지의 용서의 입맞춤을 받은 다음에야 비로소 아들은 자신의 죄를 고백하며 용서를 빈다. 아

버지의 용서가 아들의 회개에 앞선다. 아들이 아버지를 떠난 그 순간 아버지는 이미 아들을 용서했고 돌아오기만을 기다렸다. 아버지는 더 이상 아들로 삼을 만한 가치가 없는 작은아들을 아무런 조건도, 다짐도, 물음도 없이 다시 아들로 받아들였다.

두 번째 단락(25~32절)은 무조건적인 용서로 생겨난 아버지의 기쁨에 동참하지 못하는 사람들에게 주는 메시지다. 큰아들은 작은아들이 먼저 잘못을 인정하고 회개한 후에 아버지가 용서하기를 바랐을 것이다. 인과응보나 신상필벌의 아버지를 생각한 것이다. 그러나 하나님을 상징하는 아버지는 인간의 일반적인 사고나 종교의 계율과는 전혀 달리 행동했다. 아버지의 무조건적이고 선재적인 용서에서 하나님의 사랑이 나타난다. 이 비유는 큰아들로 대표되는 사람들에게 죄인을 무조건적으로 용서하시는 하나님의 기쁨에 동참할 것을 촉구한다. 율법의 실천이라는 자기 의에 붙잡힌 바리새인들은 그 기쁨에 동참하지 못했다.

아버지 하나님의 용서는 무조건적이다. 그러므로 하나님의 용서는 절대 은총이며 절대 사랑이다. 하나님이 용서하실 때 비로소 죄인은, 자기가 죄인임을 알고 회개할 수 있다. 죄인의 회개는 하나님께 용서 받기 위한 전제가 아니라, 하나님이 먼저 베푸신 용서에 대한 반응이다. 이것이 세례자 요한과 예수의 설교 사이에 있는 근본적인 차이점이다.

③ 앞에서 설명했듯이, 죄인들과 함께한 식탁 교제에서 하나님의 용서의 본질이 나타난다. 이는 예수의 다른 말씀이나 행동에서도 분명히 볼 수 있다. 누가복음 19장 1~10절에서 예수는 세리장 삭개오와 교제한다. 이 이야기의 핵심은 5절과 8절의 순서에 있다. 5절에서 예수는 삭개오가 회개하기도 전에 "내가 오늘 네 집에 유하리라"고 말씀하며 그와 교제하겠다고 선언한다. 이처럼 예수가 앞서 베푼 무조건적인 사랑에 대한 반응으로서 8절에서야 비로소 삭개오는 회개를 한다. 삭개오의 회개가 먼저가 아니라, 예수 안에서 주어진 하나님의 용서가

먼저인 것이다. 삭개오가 예수의 은혜에 '압도'되었고, 그러므로 "회개는 인간적인 겸손이나 자기 극복의 행위가 아니라 하나님의 은혜를 통해 일어난다."[76]

발에 향유를 부은 여인(눅 7:36~50; 막 14:3~9)에 대한 예수의 태도에서도 하나님의 용서의 본질이 드러난다. 여인이 예수의 발에 향유를 붓고 머리털로 씻고 입을 맞춘 행위는 받은 사랑에 대한 감사의 표시다. 그녀가 받은 사랑은 그녀가 '죄인'으로서 예수에게 용납되었다는 바로 그것이다. 그러므로 본문이 명시적으로 말하지는 않지만, 그녀는 이미 용서를 받았다. 예수는 그녀의 그러한 행위를 기꺼이 받아들임으로써 하나님의 용서의 은혜가 그녀에게 주어졌음을 확인했다.

6) 하나님 나라와 율법

예수가 선포한 하나님 나라는 아버지 되시는 하나님이 용서와 사랑으로 다스리시는 나라다. 구약성서와 예수 당시 유대인들은, 하나님이 세상을 창조하셨기 때문에 온 창조세계는, 특히 하나님의 백성으로 선택 받은 이스라엘은 하나님의 뜻에 순종해야 한다고 믿었으며, 시내 산에서 받은 율법에 하나님의 거룩한 뜻이 나타나 있다고 믿었다. 당연히 그들에게는 시내 산 율법에 순종하는 것이 곧 하나님의 뜻에 순종하는 것이었다. 이처럼 유대인에게 율법은 하나님의 영원한 뜻이다. 그러므로 유대인으로서 살았고 유대인들에게 하나님 나라를 선포했던 예수에게도 하나님 나라와 율법의 관계는 매우 중요하다. 예수가 선포한 하나님의 용서와 사랑이 율법에 따른 유대인들의 용서와 사랑을 근본적으로 뛰어넘는 것이기 때문에, 하나님 나라와 율법의 관계 규명은 더욱 시급하다. 예수는 구원의 약속을 율법을 지킨 사람들에게 주지 않았으며, 율법의 준수와 구원의 약속이 예수에게는 결코 결부되지 않는다. 예수는 하나님 나라에 들어가는 조건으

76) J. Jeremias, *Theologie I*, 155.

로 율법의 실천을 요구하지 않았다. 이 점이 유대교와 예수 사이에 있는 근본적인 차이다.

(1) 율법에 대한 예수의 기본 입장

예수는 율법을 하나님의 뜻으로 인정했다. 안식일에 회당에 참석했으며(막 1:21 병행; 6:2 등), 예루살렘 순례에도 참여했고(눅 2:41~52; 막 11:1~11 병행 등), 회당과 예루살렘 성전에서 선생으로 활동하기도 했다(막 1:29 병행; 14:49 병행 등). 성전세금도 납부했다(마 17:24~27). 예수는 율법을 부정하지 않았다.[77] 그러나 율법에 대한 후대의 해석인 '장로들의 전통'(막 7:5; 마 15:2)에 대해서는 매우 비판적이었다. 그러한 해석의 전통이 율법에 들어 있는 하나님의 뜻을 왜곡했기 때문이다. 사도행전이 보여 주듯이,[78] 예루살렘의 처음교회가 성전을 출입했고, 유대교의 종교적인 신앙과 행사에 참여했다는 사실도 예수의 율법에 대한 긍정적 입장을 엿볼수 있게 한다. 만일 예수가 율법과 성전을 철저히 부정했다면, 그의 부활 이후 제자들과 그의 형제 '의인' 야고보가 예수와는 다르게 율법에 충실한 신앙생활을 할 수 없었을 것이다.

그러나 율법에 대한 예수의 태도는 양면적이었다. 이는 안식일 계명과 정결 규정에 대한 예수의 입장에서 드러난다. 예수는 안식일 계명을 하나님의 뜻으로 인정하면서도 인간 사랑의 관점에서 새롭게 해석했다.

> "안식일이 사람을 위하여 있는 것이요 사람이 안식일을 위하여 있는 것이 아
> 니다" (막 2:27)

유대인들은 선민의식의 표식인 안식일을 거룩하게 지키기 위해 여러 가지 시

---

77) 마 5:18; 눅 16:17; 막 10:17~19 병행; 12:28~31 병행.
78) 행 3:1b; 15:20, 28~29; 21:25 등 참조. 특히 행 21:20은 바울의 때에 유대인 가운데 믿는 자가 수만 명이 있는데, "다 율법에 열성을 가진 자"라고 한다.

행세칙을 만들었다. 그런데 예수는 안식일 계명을 인간 사랑의 입장에서 새로이 해석했기 때문에, 위급하지 않은 환자들이라도 안식일에 치유했다. 마가복음 7장 1~23절(마 15:1~20 병행)에 있는 정결규정에 대한 예수의 비판도 이와 마찬가지다. 예수는 정결규정 자체를 거부한 것이 아니라 율법의 규정들을 단순히 율법주의 차원에서만 지키려는 태도를 거부한다. 정결규정에서 중요한 것은 마음으로부터 우러나오는 진실과 진지함이다. 이런 것이 없이 그저 외적인 정결규정을 법조문대로 지킨다면 하나님께 영광을 돌릴 수 없다.

　율법에 대한 예수의 태도를 결정하는 기준은 하나님 나라다. 예수는 율법의 계명들이 그가 선포한 하나님 나라에 적절할 때에만 인정하고 받아들였다. 실제 그 시대의 유대교의 율법에 대한 다른 여러 가지 해석들이나 실천들은 그가 선포한 하나님 나라에 맞지 않았기 때문에 이를 비판했다. 또한 율법의 실천 여부와는 상관없이 하나님 나라가 하나님의 은혜로 인간에게 주어진다고 가르쳤다. 그러므로 하나님 나라 백성은 주어진 율법의 계명들을 수동적으로 지키는 것으로 만족할 수 없고, 다가오는 하나님 나라가 요청하는 삶을 보다 적극적으로 실천해야 한다. 하나님 나라에 합당한 행동의 내용은 부분적으로는 율법에 따른 행동과 일치할 수도 있지만, 어떤 경우엔 전혀 다를 수도 있다. 율법이 하나님 나라에 합치되는 한, 제자들의 행동기준으로 받아들일 수 있다(마 8:21~22 병행). 그러나 예수는 율법에 근거해 하나님 나라를 가르치지는 않았고, 오히려 그의 가르침과 행동은 율법을 넘어서는 것이었다. 자신의 권위("나는 너희에게 말한다.")에 근거해 예수는 율법을 넘어섰다.

(2) 율법은 요한까지(눅 16:16; 마 11:12~13)

　예수는 율법의 효력을 세례자 요한까지라고 선을 긋는다. 특히 요한과 율법이 밀접하게 결합된 마태복음의 13절과 누가복음의 16a절 사이에 있는 차이에 주목해야 한다.

마 11:13	눅 16:16
모든 예언자들과 율법의 예언한 것이 요한까지이다(εως Ιωαννου).	율법과 예언자들은 요한의 때까지요 (μεχρι Ιωαννου), 그 후부터는 하나님 나라의 복음이 전파된다.

누가복음에 따르면 세례자 요한은 율법과 예언자들의 시대에 속한다. "그 후부터", 곧 세례자 요한 이후에야 비로소 하나님 나라의 복음이 전파된다. 그러므로 요한은 새 시대의 인물이 아니라 율법과 예언자 시대의 인물이다. 반면에 마태복음에서 예언자들과 율법이 예언한 내용에는 요한까지 포함된다. 요한은 또한 예언자들과 율법이 예언한 내용이 성취되는 새 시대에 속한다는 것이다. 누가는 요한이 이제 막을 내린 구약성서 시대에 속하는 인물로 보며, 마태는 요한의 등장이 이미 옛 시대를 종식시키고 새 시대를 여는 종말론적인 전환점을 이룬다고 본다. 마태는 3장 2절에서 요한도 예수처럼 천국을 설교했다고 한다. 그러나 요한은 종말론적 심판을 집행할(눅 3:17 병행), 오고 있는 분(눅 3:16 병행)에 관해 증언하지만, 예수는 종말론적 구원 시대의 여명을 열면서 오고 있는 바로 그분 자신이다(눅 7:18~23 병행). 이런 점을 고려하면, 누가복음 본문에서 우리는 나사렛 예수의 견해를 읽을 수 있다.

요한이 새 시대의 인물이 아니라는 사실은 누가복음 7장 28절(마 11:11 병행)에서도 확인할 수 있다.

(a) "여자가 낳은 자 중에서 누구도	요한보다 더 크지 않다."
(b) "하나님 나라에서는 극히 작은 자라도	요한보다 더 크다."

(a)를 보면, 요한은 세상에 태어난 그 어떤 사람들보다도 위대하다. 그러나 (b)를 보면, 하나님 나라의 '극히 작은 자' 곧 '여자가 낳은' 그 어떤 사람도 요한보다

더 위대하다. 요한보다 더 작으냐(a) 혹은 더 크냐(b)를 구분하는 기준은 '하나님 나라'다.

세례자 요한과 더불어 과거 구원사적 시대로서의 율법과 예언자들은 끝이 났고, 그 후로부터는 예수와 더불어 새로운 시대, 곧 하나님 나라가 시작되었다. 이제는 '침노하는 사람들이' 하나님 나라를 '취한다.' 하나님 나라는 인간의 어떠한 참여나 도움 없이 오직 하나님에 의해서 '폭력적으로', 곧 어느 누구도 가로막을 수 없는 힘으로써 '스스로' 도래한다. 여기서 '침노하는 사람들'[79]이란 하나님 나라를 적극적인 행동으로 마중하는 사람들이다. 예수는 하나님 나라에 합당한 단호한 행동을 촉구한다. 이 같은 행동은 '율법과 예언자들'의 기준에 따르는 것이 아니라 예수가 선포한 하나님의 뜻에 따른다.

(3) 율법과 예수의 가르침

행동원리로서 율법과 하나님 나라의 비교는 산상설교에 있는 여섯 가지 대조하는 말씀들에서 드러난다(마 5:21~48). 살인과 간음, 이혼과 맹세, 복수와 원수 사랑, 이 여섯 가지 예를 들어 유대인의 율법적 입장에 맞서, "그러나 나는 너희에게 말한다."로 시작하는 말씀을 통해 예수는 하나님 나라 백성이 따라야 할 행동원리를 가르친다. 그에 따르면, 율법적인 주장이 제자들이 따라야 할 하나님의 뜻은 아니다. 이를 보여 주기 위해 예수는 유대인들의 율법 가운데 일부를 폐기하기도 하고, 또 부분적으로는 보다 더 철저하게 해석하기도 한다.

유대인들의 율법과 예수의 가르침이 "옛 사람에게 말한 바 ⋯ 너희가 들었다." 와 "그러나 나는 너희에게 말한다."라는 표현을 통해 대조를 이룬다. 예수의 가르침은 옛 사람에게 말한 율법의 권위가 아니라, 지금 말씀하고 있는 자신("그러나 나는")의 인격적인 권위 위에 서 있다. 그러므로 이 말씀들은 예수의 말씀이기 때문에 하나님의 뜻이지, 단순히 율법에 대한 더 철저한 해석이기 때문에 그

---

79) U. Luz, *Das Evangelium nach Matthäus II*, 176; 조경철, 「마태복음 I」, 459~461 참조.

런 것은 아니다.

예를 들어 '살인'에 관한 예수의 가르침은 근본적으로 옛 사람들에게 말했던 것을 넘어선다(마 5:21~22). 옛 사람들에게 주어진 십계명의 제6계명(출 20:13; 신 5:17)에 대해 예수는 형제를 향한 분노까지도 살인에 해당한다고 가르친다. 이런 대조를 통해 예수는 제6계명에 대한 유대교의 해석이 하나님의 뜻을 충분하게 담아내지 못한다고 선언한다. 유대교는 살인하지 말라는 계명을 실제로 인간의 육체적 생명에 가하는 살해행위를 금지하는 것으로 해석한다. 곧 제6계명에 대한 이해가 극히 좁은 의미에서 법적인 것이었다. 법이란 마음에서 일어나는 살인이나 분노의 생각까지는 처벌할 수 없다. 그러나 예수는 살인하지 말라는 계명의 법적 한계 안에 머물러 그처럼 교묘하게 법 문장을 회피하면서 다른 사람들의 행복과 존엄성을 방해하는 일까지를 살인죄에 포함한다. 모든 법적인 사고를 뛰어넘는, 철저하고 무제한적인 인간 사랑이 하나님의 뜻이라고 가르친 것이다. 하나님의 인간사랑은 그 법이 구약성서의 율법이라 해도 상관없이 그 모든 법을 뛰어넘는다. 그러므로 하나님 나라 백성은 율법에 따라 사는 것이 아니라 오로지 예수가 선포한 하나님의 뜻에 따라 산다.[80] 원수 사랑의 말씀이 보여 주듯이 여섯 가지 대조하는 말씀들의 핵심은 유대인들의 일반적인 율법이해를 근본적으로 넘어선다.

7) 하나님 나라 백성

하나님 나라를 '침노하는' 사람들은 누구인가? 그들은 어떻게 하나님 나라를 마중하며, 또 어떻게 하나님 나라를 '침노하는가?'

(1) 믿음

---

80) 요아힘 그닐카, 「나사렛 예수」, 281~297 참조.

예수는 하나님 나라로 초대받은 사람들에게 믿음을 요구하는데, 이는 특히 치유사건에서 드러난다.[81] 이미 우리는 앞에서 예수가 행한 치유사건은 하나님 나라를 보여 주는 표징적인 사건임을 말했다. 그러므로 치유사건에서 예수가 믿음을 요구한다면, 그것은 인간이 하나님 나라를 '침노하는' 길이 믿음이기 때문이다.

마가복음 9장 14~29절(병행)의 간질병 아이를 치유하는 사건에서 예수가 아이의 아버지에게 "믿는 자에게는 능히 하지 못할 일이 없다."고 하자, 그 아버지는 "내가 믿나이다. 나의 믿음 없는 것을 도와주소서."라고 호소한다(23~24절). 아버지의 믿음의 고백이 있자 하나님을 대신해 예수는 아이에게 간질병을 가져오는 귀신을 쫓아낸다. 23절의 '믿는 자'는 하나님의 전능을 믿는 자다. 믿음은 전능하신 하나님이 예수를 통해 응답해 주실 것을 믿는 것이다. 하나님을 대신해 예수가 귀신을 내쫓고 질병을 치유하는 일이 하나님 나라를 실현하는 것이기 때문에, 예수 안에서 실현되고 있는 하나님 나라에 참여할 수 있는 길은 믿음이다.

믿음의 능력이 얼마나 큰 것인가는 마태복음 17장 19~20절에서 드러난다. 마태는 마가복음의 간질병 아이 치유 이야기에다 겨자씨처럼 작은 믿음만 있어도 이 산을 저리로 옮길 수 있는 능력이 나타난다는 말씀을 덧붙인다. 동일한 말씀을 마가복음은 다른 문맥에서 말한다(막 11:22~24). 누가복음은 산을 옮기는 것이 아니라, 뽕나무가 뽑혀 바다에 옮겨지는 믿음을 말한다(눅 17:6). 뿌리가 깊어 뽑아 옮기기 힘든 나무라도 겨자씨처럼 작은 믿음만 있다면 옮길 수 있다. 구약성서에 따르면, 산을 세우고 옮기는 능력은 하나님 홀로 하실 수 있는 능력이다.[82] 진정으로 하나님께 기도하는 사람에게는 전능하신 하나님의 권능에 참여하는 믿음이 주어진다. 인간 스스로 힘으로는 참여할 수 없는 하나님 나라에 참여하는 유일한 길은 하나님이 은혜로 주시는 믿음과 그 믿음에 근거한 단호

---

81) 막 2:5 병행; 5:34 병행; 9:23~24 병행; 눅 7:2~10; 마 8:5~10; 17:19~20 등.
82) 시 65:6; 욥 9:5; 렘 51:25 등.

한 행동이다.

(2) 회개

'회개'는 세례자 요한의 선포에서 핵심이다. 그러므로 회개에 관한 요한과 예수의 관계를 살펴보는 것은 중요하다. 예수도 하나님 나라 선포를 듣는 사람들에게 회개를 요구했다. 바리새인들이나 쿰란공동체 등에서 회개는 율법의 계명들을 실천하는 것이었지만, 요한이나 예수는 회개와 율법의 실천을 연결하지 않는다. '회개에 합당한 열매'(마 3:8 병행)를 맺으라는 요한의 요청은 내용 면에서는 율법의 실천과 다르지 않을 수 있다. 요한의 제자들은 유대인의 금식 관습을 지켰다(막 2:18; 마 11:18 병행). 그렇지만 요한은 바리새인들이나 쿰란공동체처럼 율법을 해석한 적이 없으며, 율법의 실천에 관해서도 말하지 않는다. 오히려 율법을 정확하게 해석하고 실천하기 위해 노력하던 바리새파에게도 심판을 피할 수 없다고 위협한다(특히 마 3:7 참조). 요한과는 달리 예수는 율법에 대해 말하지만, 회개한 새로운 삶이 율법의 계명들을 실천하는 것이라고 하지는 않는다. 예수에게 새로운 삶은 하나님의 통치에 순종하는 것이다. 요한과 마찬가지로 예수는 타고난 아브라함의 혈통이나 과거 조상들에게 주신 하나님의 약속에 의지해 구원받을 수 없다고 한다(마 8:11~12 참조).

예수의 선포에는 회개라는 말이 자주 등장하지 않는다.[83] 요한의 선포의 주제가 '회개'라면, 예수의 선포는 구원에 초점이 있다. 요한에게서 회개는 심판의 미래를 피할 수 있는 소극적인 것이라면, 예수가 요구하는 회개는 하나님 나라에 참여하는 것이다. 하나님이 모든 사람들, 그것도 죄인들을 무조건 그리고 무제

---

83) 마 11:21~22/눅 10:13~15; 마 12:41/눅 11:32; 눅 13:1~5; 마 10:21/눅 10:13; 마 11:16~19/눅 7:31~35 참조. 누가는 그의 복음서 15장에 모아 놓은 세 가지 비유(잃은 동전, 잃은 양, 잃은 아들)를 회개의 비유로 만들었지만, 원래 이 비유들을 통해 예수가 말하려는 것은 회개가 아니라 잃어버린 것을 다시 찾은 주인(아버지)의 기쁨이다. 그로써 예수는 죄인들에게 베푸시는 하나님의 절대적인 은혜와 용서를 말한다. 누가복음과 같은 저자가 기록한 사도행전에서 회개를 중요한 주제로 다룬다는 점도 고려할 사항이다(행 2:38; 3:19; 5:31; 8:22; 11:18; 13:24; 17:30; 19:4; 20:21; 26:20). 그에 반해 요한복음과 요한 서신들에서는 '회개'를 전혀 언급하지 않고, 바울의 주요 서신들에서 '회개'를 불과 네 번 언급할 뿐이다(롬 2:4; 고후 7:9, 10; 12:21). 반면에 세례자 요한의 짧은 설교 안에서는 '회개'를 무려 여섯 번이나 사용한다.

한적으로 받아주시는 하나님 나라에 들어가는 것이 '회개'다. 이는 마가복음 1장 15절의 진술 순서만 봐도 알 수 있다. 먼저 "하나님 나라가 가까이 왔다."고 말한 후에, 도래하는 하나님 나라에 직면해서 '회개하라.'는 요청과 '복음을 믿어라.'는 요청이 뒤따른다. 도래하는 하나님 나라 앞에서 인간에게 요청하는 일은 회개와 복음을 믿는 것이다. 도래하는 하나님 나라에 '침노하는' 길은 믿음과 회개다.

하나님이 조건 없이 제공하시는 구원을 받아들이지 않은 결과는 심판이다. 예수의 심판 설교도 요한과는 다르다. 마태복음 3장 7~8절에 따르면, 세례자 요한은 회개하지 않는다면, 그때 비로소 심판이 임한다고 설교하지 않는다. 그가 선언한 심판에는 조건이 없고, 그것은 인간의 피할 수 없는 운명이다. 이 심판의 운명 앞에서 인간이 심판을 피할 수 있는 유일한 길이 바로 회개다. 요한에게서 심판의 공포는 인간을 회개로 몰아간다. 그러나 예수의 심판 선포는 다르다. 요한과 마찬가지로 예수도 심판이 임박했다고 한다. 시대의 징조는 무르익었고(눅 12:54~56 병행) 인자의 오심이 임박했다.[84] 또 예수는 종말론적 재난이 예기치 않게 일어날 것이라고 경고한다(눅 12:12~20; 눅 12:29~40 병행). 그런데 예수의 선포에서는 마태복음 3장 7절, 10절, 11~12절에 있는 요한의 설교처럼, 듣는 사람을 협박해 공포에 떨게 하는, 그런 무조건적 심판에 관한 말씀을 찾을 수 없다. 여기서 심판은 하나님이 제공하시는 구원을 인간이 거부한 결과다. 요한에게서 심판은 운명처럼 무조건 인간에게 다가오는 것이지만, 예수에게서 심판은 주어진 구원을 받아들이지 않은 결과다. 그러므로 예수에게 심판은 조건적이다.[85] 달란트 비유(눅 19:12~27; 마 25:14~30), 지혜로운 처녀들과 어리석은 처녀들 비유(마 25:1~13), 양과 염소의 비유(마 25:31~46), 어리석은 농부의 비유(눅 12:16~20) 등은 조건적 심판을 말한다.

---

84) 눅 17:24, 26~27, 30 병행; 눅 12:8~9 병행; 막 8:38 병행.
85) 눅 10:12~15/마 11:21~23; 11:31~32; 13:1~5; 눅 13:34/마 23:37. 예수의 심판과 저주의 본문에 대해서는 G. Theiβen/A. Merz, 「역사적 예수」, 387~393; 요아힘 그닐카, 「나사렛 예수」, 258~265 참조.

(3) "나를 따르라"

예수는 그의 하나님 나라 선포를 들은 사람들에게 "나를 따르라."고 요청한다.[86] 특히 마태복음 8장 21~22절과 누가복음 9장 59~60절에서 예수를 따르라는 이 요청이 얼마나 철저한 것인지가 드러난다. 죽은 아버지의 장례를 치르고 예수를 따르겠다는 제자에게 예수는 죽은 자는 죽은 자들에게 맡기고 즉각 자신을 따르라고 요청한다. 마태와 누가 중에서 어느 맥락이 예수의 상황에 더 적절한지에 대해서는 논란이 있지만, 이 말씀은 하나님 나라 선포에 직면해서 예수가 제자에게 요청한 것이다. 이로써 예수는 하나님 나라의 부름에 직면한 사람은 어떠한 이유로도 그 부름을 회피하거나 외면할 수 없다고 한다.

죽은 자의 장사는 예수의 부르심을 받은 제자들이 할 일이 아니다. '죽은 자'는 영적·상징적 의미로서, 예수가 선포한 하나님 나라를 받아들이지 않은 사람이다.[87] 이 '죽은 자'를 아버지로 둔 사람이 예수의 부르심을 받았다면, 그는 예수의 부르심에 순종하기 위해 아버지의 장사까지도 기꺼이 포기해야 한다. 예수의 부르심에 철저히 순종하기 위해 가장 친밀하고 자연적이며 가족적인 의무까지도 버려야 한다. 이것은 유대인에게는 십계명의 제4계명이 요구하는 부모에 대한 의무를 저버리는 일이며, 바리새인들이 요구하는 사랑의 행위를 버리는 부도덕한 일이다. 죽은 자의 장사는 '유대적인 신앙생활의 핵심'이었으며, 유대교 뿐 아니라 고대 세계의 일반적 견해에 따르면, 죽은 자의 장사는 살아 있는 사람의 기본 의무다. 예수는 제자들에게 그러한 인간의 기본 의무까지도 버리고 자기를 따르라고 요청한다.[88] 잘못 이해하면, 이러한 요청이 불효를 가르치는 반인륜적이고 반사회적인 것이라고 오해할 수 있다. 예수의 요청은 하나님 나라 선

---

86) 막 1:16~20(병행)에 나오는 제자를 부르는 이야기(막 2:14 병행도 참조). 눅 9:57~58/마 8:19~20; 눅 9:59~60/마 8:21~22; 눅 9:61~62; 14:26~27/마 10:37~38 등에서 예수를 따르는 주제를 말한다(막 8:34 병행도 참조).

87) M. Hengel, *Nachfolge*, 8~9.

88) 레 21:11~12의 대제사장과 민 6:6의 나실인에게 주어진 금기명령을 예수의 요청과 비교할 수 있다. 대제사장이나 나실인은 제의적 정결을 유지하기 위해 부모 시신에 접촉해서는 안 된다. 혹은 죽은 자들을 위한 장사와 애곡을 금하라는 예언자들의 말들을 생각할 수도 있다(겔 24:15~24; 렘 16:1~9). 그러나 이들은 예언자적 상징행위들을 말할 뿐이고, 실제로 장사를 금지하는 말씀은 아니다. 구약성서에서 찾을 수 있는, 유사하게 보이는 어느 말씀도 예수의 요청과 비교할 수 없다.

포의 맥락에서 이해되어야 한다. 마태복음 8장 22절 말씀은 "율법이나 경건행위 및 관습을 침해한다. … 특히 우리는 이것들의 침해를 박애적인 자유나 고상한 도덕성, 종교적 내면화 혹은 '동료애'의 관심으로 정당화할 수 없다." 그러므로 예수의 요청은 종말론적으로, 다시 말해 "임박한 하나님 나라의 설교자인 예수의 유일한 권능으로부터 설명될 수 있다."[89]

예수 시대의 첼롯당 지도자들이나 열광주의적인 메시아 예언 운동을 하는 사람들은 예수처럼 종말론적 동기에서 백성들에게 로마에 반대하는 운동을 따르라고 요청했다. 이러한 종말론적 동기를 가진 '따르라' 운동은 '카리스마적 지도자의 선포와 신적 권위에 대한' 믿음을 요구하며 또 '가족과의 단절이나 소유의 포기, 자기 생명의 극단적 위험도 무릅쓰게 하며 더 나아가 순교까지' 요구했다.[90] 요즘 말로 하면 자살폭탄 테러까지 할 수 있도록 그 따르는 사람들을 종교적으로 무장시킨 셈이다. 부르는 사람의 권위 있는 요청이나 부름을 받은 사람의 절대적 순종 자세 등에서 보듯이, 이러한 유대인들의 종말론적 운동과 예수의 따르라는 부르심 사이에는 구조적인 유사성이 존재한다.

그러나 차이점들을 간과해서는 안 된다.[91] 유대인들의 카리스마적·종말론적 운동은 비밀 결사적 조직의 경향을 나타낸다. 그들은 종말론적 희망과 유대인의 율법을 결합시켰다. "실천적으로 이 그룹들의 공통점은 마카베어 시대에 새로이 불붙기 시작한 율법을 위한 열심이다."[92] 쿰란공동체원들도 율법, 특히 제의적 율법에 완전히 순종하는 삶을 살기 위해 가족들과 단호히 결별하고 광야로 나가 격리된 종교생활을 했다.[93] 반면에 아버지의 장사를 지내는 일을 허락하지 않고 제자에게 즉시 자신을 따르라고 부르는 예수의 요청은 그 어디에서도 율법과 결합되지 않는다. 마태복음 8장 21~22절(병행)의 '따르라'는 예수의 요청에서

---

89) M. Hengel, *Nachfolge*, 16~17.
90) M. Hengel, *Nachfolge*, 26.
91) 이에 대해서는 M. Hengel, *Nachfolge*, 65 이하 참조.
92) M. Hengel, *Nachfolge*, 27.
93) 4QTest 16ff.; 1Qs 6:2~3, 19~20; 1QH 4:8~9; JosBell 2, 122, 134 등.

중요한 사실은, 지금 예수를 통해 하나님 나라를 실현해 가시는 하나님이다. 그러므로 마태복음 8장 21~22절(병행)에서 증언한 이 요청은 예수 자신이 선포한 하나님 나라의 맥락에서 이해해야 한다. 하나님 나라는 율법의 그 어떤 계명이나 효와 같은 전통 관습에 근거해서가 아니라, 세상에서 아버지 하나님을 대리하는 아들 예수를 통해 백성을 부른다. 하나님의 부르심은 인간이 지금까지 가장 가치 있다고 여겼던 모든 삶을 단호히 버리고 따르기를 요청한다.

'나를 따르라'는 부르심의 의미는 마가복음 10장 17~31절(병행)에서도 분명하게 드러난다. 부자 청년은 예수에게 '무엇을 행해야' 영생을 얻을 수 있느냐고 묻는다(17절). 이 물음에 예수는 살인과 간음, 도둑질과 거짓 증언들을 금지하는, 십계명의 둘째 판에 있는 여러 윤리적 계명들을 지키라고 요구한다(19절). 이처럼 하나님의 뜻이 십계명에 표현되어 있다는 사실을 인정하는 예수가 그 계명들을 어려서부터 잘 지켰다고 대답하는 그 청년을 사랑했음은 틀림없다(21a절). 그런데 예수는 십계명을 지키는 것만으로는 영생에 이르는 데 충분하지 않다고 말한다. 영생을 얻기 위해 청년에게 가장 중요한 일은 예수를 따르는 것이다(21b의 "나를 좇으라."). 이것이 율법의 계명을 지키는 일보다 더 중요하다. 이 둘이 항상 대립하는 것은 아니지만 율법의 계명들을 지키는 것만으로 예수를 따랐다고 할 수 없다. "나를 따르기 위해서는" 먼저 재산을 모두 팔아 가난한 사람에게 나눠주라고 예수는 말한다. 십계명도 이웃 사랑을 가르친다. 그러나 십계명을 진정으로 실천할 수 있는 길은 예수를 따르는 것이다. 예수 안에서, 예수와 더불어 시작되는 하나님 나라에 참여하지 않는 사람은 십계명을 진정으로 실천하여 이웃 사랑을 실천하기 위해 자기의 모든 것을 버릴 수 없다. 예수의 부르심을 받고 순종하여 그를 따르는 제자가 될 때, 곧 하나님 나라 백성이 될 때에야 비로소 그는 모든 것을 버릴 수 있다.

그렇다고 이 예수의 요청을 일반화시킬 수는 없다. 예수의 제자가 되어 따르고자 하는 모든 시대의 모든 사람은 부모의 장례를 치르는 일을 포기하거나 자신의 모든 재물을 반드시 팔아야 한다는 식으로 일반적 원리로 받아들여서는 안 된다. 예수의 요청은 구체적 상황과 개인적인 면에서 관련이 있다.[94] 그러나 예수의 요청에서 모든 시대, 모든 사람에게 다 적용되는 원리는, 이 세상 무엇보다도 하나님 나라를 위한 헌신이 중요하다는 것이다. 하나님 나라에로의 부름에 순종하기 위해서는 율법과 같이 유대인들에게는 전통적·종교적으로 지고의 가치를 지닌 것이라 해도 버릴 각오를 해야 한다.

예수의 따르라는 부름은 하나님 나라를 위해 일하라는 부름이다. 예수는 병자들을 치유하고 임박한 하나님 나라를 선포하도록 제자들을 파송했다(눅 10:9; 마 10:7~8). 마가복음 1장 16~20절에서 예수는 "내가 너희를 사람 낚는 어부가 되게 하리라"는 말로 제자들을 부른다. 그러므로 예수를 따르는 것은 하나님 나라를 선포하고 병자를 치유해 하나님 나라를 현재적으로 드러내는 일에 동참하는 것이다. 예수 자신이 부모 형제를 떠나 머리 둘 곳 없는 유랑의 삶을 살면서 오직 하나님 나라를 선포하며 그 나라만을 위해 살았듯이, 부름 받은 제자들도 그렇게 오로지 하나님 나라에 의해, 하나님 나라를 위해 살아야 한다.[95]

(4) 가난

예수는 이사야의 말씀을 인용해 그와 더불어 이루어지는 새로운 세상에 대해 이렇게 말한다.

> "맹인이 보며 못 걷는 사람이 걸으며 나병환자가 깨끗함을 받으며 못 듣는 자가 들으며 죽은 자가 살아나며 가난한 자에게 복음이 전파된다" (마 11:5)

누가복음에서 예수는 이사야의 글을 읽은 후에 "이 글이 오늘 너희 귀에 응했

---

94) 요아힘 그닐카, 「나사렛 예수」, 224~225.
95) 마 19:11~12; 눅 14:26/마 10:37.

75

다"고 한다(눅 4:16~21). 이는 예수가 선포한 하나님 나라가 이미 지금 여기서 실현되고 있다는 말이다. 이사야는 각종 장애인들과 환자들 그리고 가난한 사람들이 바로 하나님 나라 백성으로 부름 받는다고 예언한다.

① 예수는 누가복음 6장 20, 24절에서 가난한 사람들에게 하나님 나라의 복을 약속하고, 부자들에게는 저주를 한다. 마태복음 산상설교에서는 가난한 사람과 우는 사람, 배고픈 사람에게 하나님 나라의 복을 선언한다(마 5:3, 4, 6). 마가복음 10장 23~25절에서는 부자가 하나님 나라에 들어가는 것은 낙타가 바늘귀에 들어가는 것보다 어렵다고 한다. 예수는 지금의 세상 질서에서는 가장 못나고 불쌍하며 소외된 사람들에게 복을 약속함으로써, 하나님 나라는 지금까지 인간 사회가 지켜온 모든 질서와는 전혀 다른 새로운 질서라고 선언한다. 그렇다고 가난한 사람에게 하나님 나라를 선언함으로써 사회경제적인 혁명을 촉구하는 것은 아니다. 하나님 나라의 도래는 전적으로 하나님에 의해 이루어지기 때문이다. 예수의 약속은 선포다. 선포는 이미 결정된 사실이나 현실을 모두가 알도록 선언하는 것이다. 하나님 나라는 이 세상에서 가난한 사람이나 우는 사람, 배고픈 사람이 배부르게 먹고 웃는 곳이며, 이 세상에서 배부르고 웃으며 누리고 사는 사람들이 우는 곳이다. 분명 하나님 나라와 세상은 전혀 다른 곳이다.

② 가난에 대한 예수의 가르침은 구약성서와 맥을 같이한다. 구약성서에서 가난이 특별한 주제로 부각되기 시작한 것은 왕국시대부터였다. 이때부터 부자와 가난한 사람의 차이가 생겨나 가난한 사람들이 부당한 대우를 받기 시작했다. 이러한 사회적 현상을 예언자들이 강력하게 비판하면서, 하나님은 가난한 사람들의 보호자라고 선언했다. 그러므로 가난한 사람들의 권리를 짓밟는 것은 그들의 보호자이신 하나님을 무시하는 것이다. 하나님은 가난한 사람들의 삶을 회복시키실 것이다. 특히 이사야서 61장 1~3절은 예수의 하나님 나라 선포와 자

기 이해에 결정적 역할을 했다. 이사야서에서 가난한 사람은 이방민족의 포로가 된 이스라엘이다(사 57:16~17 참조). 즉, 이사야서나 시편의 여러 곳이 말하는[96] 가난한 사람은 정치적으로는 억압받고 경제적으로는 빈궁하며, 동시에 빈궁한 처지에서도 하나님이 인간의 역사에 개입하셔서 그들의 궁핍한 처지를 변화시켜 주기를 바라는 사람이다(사 57:15 참조). 가난은 비천한 상황 속에서도 오직 하나님의 도우심을 바라는 삶의 현상이다.[97]

그러나 예수는 신구약중간기의 종교적 엘리트들의 가난 이해에는 동의하지 않는다. 쿰란공동체처럼 종교적으로 거룩한 자들, 곧 거룩한 엘리트들만의 공동체를 모으려고 하지 않는다. 예수의 삶이 그러한 종교적·엘리트적 이해를 반대한다. 예수는 죄인들과 세리들, 소외된 자들과 종교적으로 무시 받는 이들과 식탁 교제를 했고, 사회에서 아무런 존중도 받지 못하던 여자들과 어린아이들을 사랑했으며, 병자들이나 마귀 들린 자들을 치유했다. 그러므로 예수가 가르친 가난이나 굶주림, 슬픔 등을 사회적·경제적 상황과 분리해서 오직 종교적·영성적으로만 이해해서는 안 된다.

③ 예수는 스스로 가난하게 살았다. 매우 처량하게 들리는 표현을 써서 자신의 삶을 말하기도 한다.

"여우도 굴이 있고 공중의 새도 거처가 있으되 인자는 머리 둘 곳이 없다."

(마 8:20; 눅 9:58)

예수의 가족들은 이렇게 정처 없이 돌아다니는 예수를 미쳤다고 하면서 찾아 나섰다(막 3:21~35 병행). 사람들은 미혼으로서 가정을 꾸리지 않았던 예수를

---

96) 시 9:11 이하; 14:6; 22:25 이하; 34:6~7; 37:21 이하 등.
97) 요아힘 그닐카, 「나사렛 예수」, 237.

고자라고 비아냥거렸다(마 19:12 참조). 예수가 이처럼 가정과 혼인을 포기한 것은 금욕적 이상을 실현하기 위해서가 아니라 하나님 나라 백성의 대표로서의 삶을 보여 주기 위해서였다. 가정을 포함해서 아무것도 가진 것 없는 가난한 삶을 살았던 예수는 '하느님 나라의 표지'였다.[98]

예수는 제자들에게도 가난을 실천하라고 요구했다. 제자들을 파송하면서 지팡이와 양식, 자루와 전대, 신발과 두 벌의 속옷을 가지고 다녀서는 안 된다고 가르쳤다.[99] 또한 제자들에게 아무것도 염려하지 말라고 했으며(마 6:25 이하), 영생의 길을 묻는 청년에게 가진 재산을 팔아 이웃에게 주고 자신을 따르라고 했다(막 10:17 이하 병행). 그 스스로 하나님 나라의 표지로서 살아갔을 뿐 아니라 하나님 나라의 그러한 표지가 제자들에게도 나타나기를 원했다. 예수는 제자들에게 맘몬이냐 하나님이냐는 선택의 결단을 요구했다(마 6:24; 눅 16:13). 오직 하나님만 의지하며 가진 그 어떤 소유에도 의지하지 않는 것이 '가난'이고, 또 이것이 하나님 나라의 표지다. 그러므로 예수와 제자들의 가난은 왕자의 신분을 포기하고 탁발행각을 벌였던 붓다의 무소유나 쿰란공동체의 무소유와 행태는 비슷했지만 근본적으로 다르다. 예수와 제자들은 세상에서 떨어져서 내적 평온을 추구하거나 명상과 고행을 통해 세상을 극복하려는 것이 아니었으며, 수도승 공동체를 추구한 것도 아니었다. 예수와 더불어 시작된 하나님 나라의 새로운 가치와 삶을 분명하게 드러내는 표시로서 예수는 스스로 가난했고 또 제자들에게도 같은 가난을 요청했다.

(5) 사랑

예수가 선포한 하나님 나라는 아버지의 나라다. 하나님을 버리고 멀리 떠난 죄인들이나 하나님을 부정하고 외면하는 원수들에게 하나님은 예수 안에서 찾

---

98) 요아힘 그닐카, 「나사렛 예수」, 233.
99) 막 6:8~9; 마 10:10; 눅 9:3. 마가복음은 지팡이와 신발을 가지고 다니라고 허용하지만, 마태복음은 신발도 금지하고, 누가복음은 아예 신발에 관한 언급을 삭제해 버린다.

아오셔서 그들을 용서하시고 사랑하시는 아버지다. 예수는 이러한 하나님 나라와 하나님 사랑을 선언하고 실현하면서, 그 사랑에 붙잡힌 제자들에게도 상응하는 사랑을 요구한다.

① 이러한 예수의 요청은 마가복음 12장 28~34절(병행)에 있는 사랑의 이중계명에서 볼 수 있다. 신명기 6장 4~5절과 레위기 19장 18절을 결합한 이중계명은 유대교에서는 전례를 찾기 힘든, 그러므로 예수의 독특한 가르침이다.[100] 구약성서와 유대교에서처럼 예수도 어떠한 사회적 사랑의 실천보다도 하나님을 경외하고 사랑하는 것을 중요하게 여겼다. 예수는 공생애 초기부터 십자가 죽음에 이르기까지 오직 하나님 아버지께 순종하며 살았다. 또한 이런 예수에게서 볼 수 있듯이, 하나님을 사랑하고 경외하는 것은 곧 이웃을 사랑하고 존중하는 것이다. 하나님을 사랑하는 것은 하나님을 경외하는 것이고, 하나님을 섬기는 것이며, 하나님이 명하시는 규례와 법도를 실천하는 것이다(신 10:12~13). 그러므로 이웃 사랑은 하나님 사랑으로부터 나오는 당연한 결과다. 하나님 사랑이 사회적으로 나타나는 형태가 이웃 사랑이다. 이웃 사랑으로 나타나지 않는 하나님 사랑은 참되다고 할 수 없다.

② 구약성서에 따르면, 하나님은 이스라엘을 선택하고 애굽 종살이에서 해방시킨 하나님의 사랑에 상응하는 행동을 백성에게 요구하신다.[101] 기원전후의 전환기에 기록한 유대교 문헌인 12족장 유언서에서 경건한 유대인의 모든 행동을 평가하는 최고의 율법 조항은 사랑의 계명이다.[102] 하나님을 경외하는 사람은 악을 악으로 갚아서는 안 되며, 오히려 선을 행해 적을 회개하게 해야 한다는 가르침이 예수 당시의 헬라주의 유대교 안에서 널리 알려져 있었다. 그러나 구약

---

100) P. Stuhlmacher, *Biblische Theologie des NT I*, 100~101.
101) 출 20:22~23:33; 레 19:17~18, 33~34; 신 10:17~19 등.
102) 요셉의 유언 17:1~8; 갓의 유언 6:3 등.

성서와 유대교의 이러한 사랑의 계명에는 명백하게 한계를 두고 있었다. 예를 들어, 시편 139편 21~22절에서 기도하는 사람은 하나님을 미워하는 자들과 원수들을 미워할 것이라고 한다. 쿰란공동체는 자기 공동체에 들어오지 않은 '어둠의 아들들'을 미워하고, 자기 공동체에 들어온 '빛의 아들들'을 사랑해야 한다고 가르쳤다.[103] 랍비문헌에는 "이방인이 구덩이에 빠진 것을 보면 그를 더 밀어 떨어뜨리지도 말고, 그렇다고 끌어올리지도 말라. 그러나 이단자나 배교자가 빠진 것을 보면 그를 더 밀어 떨어뜨려 버리고 끌어올리지 말라."고 가르친다(b AZ 26a).

③ 예수는 구약성서와 유대교의 전통에 서서 이웃을 사랑하라고 가르쳤을 뿐 아니라, 더 나아가 원수까지도 사랑하라고 가르친다(마 5:43~48; 눅 6:27~36). 이 예수의 요청은 두 가지 점에서 구약성서나 유대교를 넘어선다. 첫째, 예수는 어디서도 '원수 사랑'과 율법을 관련시키지 않는다. 어떤 율법에 근거해서가 아니라, '나는 너희에게 말한다'라는 자신의 신적 권능으로써 원수를 사랑하라고 요청한다. 둘째, '원수를 사랑하라'는 예수의 요청은 유대교가 설정한 어떠한 한계도 허락하지 않는다. 유대교도 출애굽기 23장 4~5절에 근거해 위급한 상황에 처한 적에게도 일정한 도움을 베풀라고 했을지라도, 예수처럼 '원수를 사랑하라'고 적극적으로 가르치지는 않았고, 기껏해야 원수의 불행을 보고 기뻐하지 말라든가, 악을 악으로 갚지 말라는 정도로 소극적 차원에서 원수 사랑을 가르쳤을 뿐이다.[104] 그러므로 '원수를 사랑하라'와 같은 적극적 요청은 예수만의 독특한 가르침이다.

④ 원수를 사랑하라는 요청은 "자연인과 그의 감정에 어긋나는 것"이다.[105] 원

---

103) 1QS 1:9~11; 9:21~22 등.
104) Strack/Billerbeck, *Kommentar zum Neuen Testament I*, 368.
105) E. Neuhäusler, *Anspruch und Antwort Gottes*, 48~49.

수 사랑은 "특별하고 엄청나며 비범하고 비상한 것이며, 자명한 것이 아니다."[106] 예수는 어떤 조건이나 부수적 설명도 하지 않고, 절대적으로 그리고 간명하게 원수를 사랑하라고 가르친다. 즉, 예수는 사랑의 대상인 원수를 어떤 식으로든 제한할 수 없게 한다. 원수를 사랑하라는 요청은 사랑의 대상을 무한대적으로 확장한다. 하나님의 사랑이 무조건적이고 무한대적이기 때문이다. 사랑할 만한 가치나 이유가 있는 대상만 골라 사랑하는 것이 아니라, 사랑할 가치도 없고 이유도 없는 사람을 사랑하는 것이 하나님의 인간 사랑이다. 그러므로 하나님의 사랑은 원수 사랑이다. 원수를 사랑하라는 예수의 요청은, 가난한 사람에게 하나님 나라를 약속하는 말씀임과 더불어, 인간의 종교와 역사, 관습과 이성 혹은 도덕의 마지막 한계를 무너뜨리는 요청이다.

⑤ 예수는 악인과 선인을 가리지 않고 모두에게 해와 비를 내려 주시는 창조자의 무차별적 사랑에 근거해 원수 사랑을 요구한다. 그러나 하나님의 사랑은 그런 자연 현상을 넘어선다. 원수 사랑은 자연인이 실천할 수 없는 것이기에 자연 현상이나 그에 근거한 지혜를 넘어서는 하나님의 비상한 사랑에 근거한다. 마태복음 5장 48b절의 "… 너희 아버지가 자비한 것같이"에서 아버지 하나님의 자비는 악인과 선인에게 비와 해를 내려 주시는 자연 현상에서 체험할 수 있다. 자연 현상에 근거한 지혜와 윤리의 가르침은 유대교나 헬라뿐 아니라 동양의 다른 종교들에서도 찾을 수 있다. 반면에 예수는 더 나아가 '나'라는 자기 권위에 근거해 원수 사랑을 요청한다. 하나님의 아들로서, 도래하고 있는 하나님 나라를 선포한 것이다. 하나님은 예수 안에서 죄인과 원수를 무조건적이고 무차별적으로 사랑하고 용서하시면서 그의 나라를 세우신다. 하나님 나라는 죄인과 원수에게 비와 해를 내려 주시는 자연 현상에서 나타나지만, 그 정도로 그치는 것이 아니다. 죄인과 원수를 무조건 사랑하고 용서해서 전혀 새로운 인간으로

---

106) 본회퍼(D. Bonhoefer), 「나를 따르라」, 139.

변화시키는 하나님의 사랑이 실현되는 곳이 하나님 나라다. 이제 예수와 더불어 질적으로 전혀 다른, 지금까지 도저히 경험하지 못한 시간과 역사가 시작되었다. 하나님 아버지의 절대적 자비가 소용돌이치는 나라에로 초대 받은 제자들에게 예수는 하나님의 사랑에 상응하는 원수 사랑을 실천하는 삶을 요청한다. 누가복음 10장 30~37절에 나오는 사마리아인이 원수 사랑을 실천한 전형적 인물이다.[107] 원수 사랑은 인간이 실천할 수 없는 유토피아가 아니라 철저히 실천 가능한 요청이다. 하나님의 사랑은 종교적·민족적·사회적 한계를 넘어선다. 사마리아인이 왜, 그리고 어떻게 그런 원수 사랑을 실천할 수 있었겠는가? 이 비유를 마태복음 5장 44절과 연결해서 읽으면, 사마리아인은 하나님의 원수 사랑을 체험한 하나님 나라 백성으로서 자신이 받은 하나님의 사랑에 상응하는 사랑을 실천한 사람이다. 그는 하나님 나라를 '침노하는' 사람이다.

(6) 용서

용서가 사랑의 구체적인 실현 형태라면, 앞에서 말한 원수까지도 사랑하라는 요청은 일흔 번씩 일곱 번이라도 용서하라는 요청과 다르지 않다.

① 용서하는 횟수를 결코 제한할 수 없다는 누가복음 17장 3~4절과 마태복음 18장 15, 21~22절에서 우리는 예수가 무엇을 요청하고 있는지를 볼 수 있다. 완전수 일곱은 어떤 한계를 말하지 않는다. 법적으로나 인간의 이성 혹은 관습에 따라 용서할 만큼 했다는 식의 생각을 예수는 거부한다. 본문에서는 무제한적으로 용서해야 하는 이유를 말하지 않지만, 예수의 하나님 나라에 관한 다른 말씀들을 함께 고려해 보면, 무제한적인 용서의 근거는 하나님 나라다. 하나님은 한계가 없는 사랑과 용서로서 죄인들을 새롭게 창조하여 그의 나라를 세우시고 통치하신다. 인간에 대한 하나님의 용서에는 한계가 없듯이, 그렇게 하나

---

107) 사마리아인의 비유에 대해서는 조경철, 「예수와 하나님 나라의 윤리」, 395~400 참조.

님 나라 백성들 서로간의 용서에도 한계가 없어야 한다. 이러한 용서가 체험되는 곳에 하나님 나라가 현존한다.

② 용서할 줄 모르는 종에 관한 비유(마 18:23~35)의 근간은 분명 나사렛 예수에게서 나왔다. 일 만 달란트는 상상을 초월하는 천문학적 액수이고, 백 데나리온은 당시 일꾼의 100일 품삯에 불과한 초라한 금액이다. 그러므로 이 비유는 원수 사랑의 가르침과 동일한 메시지다. 하나님은 채무자가 평생토록 갚을 수 없는 천문학적 액수의 부채를 탕감해 주셨다(원수 사랑). 이러한 채무 탕감은 현실적으로 생각할 수 있는 모든 정도를 넘어서는 것이며, 이는 바로 예수에 의해 선포된 하나님의 용서의 은혜가 얼마나 위대한지를 말해 준다. 용서는 예수가 선포한 하나님 나라가 실현되고 있다는 징표다. 실현되고 있는 하나님 나라에 참여하는 백성은 받은 은혜에 상응하는 행동을 함으로써 하나님 나라에 참여한다. 그렇지 못할 때, 그는 '악한 종'이 될 수 있다.

(7) '먼저(오직) 그 나라를 위하여'

'나를 따르라'고 말할 때, 이미 언급한 마태복음 8장 21~22절(병행)에서 예수는 하나님 나라로 부름 받은 제자에게 하나님 나라를 위해 가장 중요했던 것을 포함해서 모든 것을 포기하라고 요청했다.

① 예수의 이러한 요청은 마태복음 13장 44~46절에 있는 농부와 진주장사 비유에서 찾을 수 있다.[108] 농부는 우연히 보물을 발견하는 데 반해, 상인은 오랫동안 진주를 찾아 나선 끝에 마침내 진주를 발견한다. 발견한 보물을 얻기 위해 다른 모든 것을 팔아 버린다는 점에서 이 두 비유는 일치한다. 비유들의 핵심은 "단 한 번뿐인 기회를 만나 그 기회를 얻기 위해 바치는 전력투구"라고 주장하

---

108) 상세한 논의는 조경철, 「예수와 하나님 나라의 윤리」, 323~329 참조.

는 학자도 있지만,[109] 비유연구의 대가 예레미아스에 따르면, 이 비유들이 말하려는 핵심은 "모든 정도를 능가하는 기쁨" 곧 "가장 값진 것까지도 아끼지 않고 희생할 수 있게 하는" 원동력으로서 기쁨이다.[110] 비유를 듣는 사람도 농부나 상인과 동일하게 천국의 보물을 얻은 기쁨으로 충만해서 모든 것을 헌신해야 한다고 예수는 말한다. 감동과 기쁨이 없이는 온전한 헌신을 할 수 없다. 앞에서 언급한 사마리아 사람도 자신이 경험한 하나님의 사랑에 감동해 모든 것을 바쳐 원수를 사랑했다. 감동과 기쁨은 온전한 헌신을 가능하게 한다.

마가복음 10장 17절 이하(병행)의 부자 청년과 사마리아인 혹은 비유 속의 농부나 진주 상인의 차이는 그들이 하나님의 용서와 사랑의 기쁨과 감동을 받았느냐 그 여부에 있다. 예수를 따르려는 마음은 있었지만, 부자 청년에게는 모든 것을 헌신할 내적 동력이 없었다. 율법 조항들을 지키는 수동적이고 표피적인 것으로는 온전한 헌신을 할 수 없다. 하나님의 사랑과 용서를 뼈에 사무치도록 받은 그 기쁨과 감동만이 하나님의 요청에 온전히 따를 수 있게 한다. 하나님 나라를 발견한 기쁨과 감동의 사람에게는 지금까지 그의 삶을 움직였던 모든 것이 무의미하며, 오직 하나님 나라만이 그의 삶의 모든 것이다.

② 마태복음 6장 33절과 누가복음 12장 31절에서 예수는 "먼저 그 나라와 그 의를 구하라."고 한다. "하나님 나라와 의를 구하라."는 요청은 인간의 힘으로 하나님 나라를 이루라는 뜻이 아니다. 하나님 나라는 전적으로 하나님께 속해 있다. 이는 하나님 나라에 전적으로 복종하는 삶을 살라는 요청이다. 즉 위의 농부와 상인의 비유에서처럼, 하나님 나라의 삶을 최선을 다해 그리고 기쁨으로 실천하라는 것이다. 이런 삶은 의식주를 위해 염려하는 삶과 다르다(마 6:25 이하; 눅 12:22 이하).

---

109) E. Linnemann, *Gleichnisse*, 106.
110) J. Jeremias, *Gleichnisse*, 199.

하나님 나라를 구하라는 이 교훈에 이어 "이 모든 것이 너희에게 더해질 것이다."는 약속이 주어진다. '먼저'는 우선순위를 말한다. 하나님 나라를 향해 사는 사람에게는 하나님이 생존의 문제도 함께 해결해 주신다. 이는 '하나님 나라의 도래'와 '일용할 양식'을 함께 구하라는 주기도에서도 볼 수 있다. 하나님 나라 백성이면서 동시에 세상에서 살아야 할 제자들에게 생존에 필요한 것이 중요하지 않을 수 없다. 그러나 제자들의 행동에는 우선순위가 중요하다. 그들은 '먼저' 하나님 나라를 위해 살아야 한다. 하나님 나라를 위해 '먼저' 헌신하는 사람들에게 하나님은 생존의 문제를 해결해 주신다. 그러므로 제자들에게는 그러한 '믿음'이 필요하다.

③ 불의한 청지기의 비유(눅 16:1~8)에 나오는 '예수의 이상한 칭찬'[111]은 임박하게 도래하는 하나님 나라와 관련해서만 이해할 수 있다. 8절의 '주인'은 하나님이다. 예수는 8a절에서 정직하지 못한 행위를 한 청지기를 칭찬한 후 청중을 향해 되묻는다. "너희는 나의 칭찬에 놀랐느냐? 여기서 배우라! 너희도 이 청지기와 같은 상황에 있다 … 그는 자신이 처한 비판적 상황을 잘 파악하고 있었다 … 그는 영리하고 단호하고 대담하게 행동했다."[112] 이 비유에서 도덕적 메시지를 읽어서는 안 된다. 여기서 핵심은 다급하고 위협적인 상황에 처한 사람이 이를 극복하려고 취하는 지혜롭고 단호한 행동에 있다. 청지기가 처한 위기 상황은 하나님의 임박한 심판이다. 심판을 벗어나기 위해 청지기는 단호하게 행동했다. 지금 막 다가오고 있는 하나님 나라에 직면한 인간은 하나님 나라를 맞이할 단호한 준비를 해야 한다. 청지기는 그 같은 단호한 행동을 했고, 예수는 그런 대응을 "지혜롭다."고 칭찬했다(8절).

---

111) J. Jeremias, *Gleichnisse*, 43.
112) J. Jeremias, *Gleichnisse*, 181.

8) 나사렛 예수는 누구였는가?

예수는 세례자 요한과는 달리 하나님의 미래를 심판이 아니라 구원으로 선언했다. 임박하게 다가오는 하나님 나라를 선언했을 뿐 아니라 그 하나님 나라를 현재적으로 보여 주기 위해 죄인과 세리를 무조건 용서하여 사귐을 갖고, 여러 가지 질병을 치유하며 기적을 행하고, 부자에게는 저주를, 가난한 사람에게는 하나님 나라의 복을 선언했다. 또한 자신이 선포한 메시지뿐 아니라 자신의 인격을 믿고 따를 것을 요구했다. 이러한 예수는 자신을 누구라고 여겼으며, 또 자신의 사명을 무엇이라고 여겼을까?

당시 사람들 사이에는 예수가 어떤 사람이냐에 대한 많은 논의가 있었다.[113] 예수는 제자들에게, "사람들이 나를 누구라고 하느냐?"라고 묻고, 감옥에 갇힌 요한은 제자들을 보내 예수에게 "오실 그이가 당신인가?"라고 묻는다. 부활절 이후의 초대교회는 나사렛 예수를 하나님의 아들이요 주님이며 세상의 구원자와 심판자로 믿었고, 또 선포했다.[114] 그러나 여기서 우리가 묻고자 하는 것은 '예수가 누구인가?'라는 부활절 이후의 현재형 물음이 아니라, '누구였느냐?'라는 부활절 이전의 과거형 물음이다. 현재형 물음에 대한 대답은 부활 이후 지금까지 계속되는 신앙고백이다. 반면에 과거형 물음은 예수 당시의 시대에, 더구나 예수 스스로 자신을 누구라고 이해하고 활동했느냐 하는 것이다.

(1) 예수에 대한 칭호

공관복음에서 사람들은 예수를 말할 때 그리스도(메시아), 하나님의 아들, 주님, 인자, 랍비 등과 같은 여러 칭호들을 사용한다. 이에 대한 학자들의 연구 흐름은 크게 둘로 나뉜다.[115] 첫째, 나사렛 예수 자신은 이 칭호들 가운데 오직 랍비만을

---

113) 막 9:27~30 병행; 마 11:2~3 참조.
114) 롬 5:1~10; 막 1:1; 행 10:34~43; 요 21:28, 31 등.
115) P. Stuhlmacher, *Biblische Theologie des NT I*, 109.

자신의 칭호로 허용했고, 나머지 칭호들은 모두 부활절 이후에 제자들의 신앙고백으로 붙여졌다는 것이다. 둘째, 나사렛 예수에게는 자신이 하나님으로부터 특별한 사명을 가지고 세상에 왔기 때문에 하나님과의 독특한 관계 속에 있다는 분명한 의식이 있었지만, 이 존칭들은 제자들이 부활절 이후에 붙였다는 것이다. 즉 하나님의 아들이나 주님과 같은 극존칭호들은 부활절 이후에야 비로소 예수에게 붙여졌지만, 그럼에도 부활절 이전의 나사렛 예수는 자신이 하나님과의 독특하고 직접적인 관계 속에 있음을 분명하게 의식했던 것이다. 예수는 "하나님 나라의 선포자일 뿐 아니라 하나님 나라의 대표자"[116]로서 의식하고 활동했다.

① 하나님의 아들

예수를 하나님의 아들이라고 하는 최초의 성서구절인 로마서 1장 3~4절과 데살로니가전서 1장 10절은 동정녀 탄생과 마찬가지로 부활절 이후의 신앙고백이다. 그러므로 '하나님의 아들'은 예수와 하나님 사이의 독특한 관계, 그 어떤 인간도 모방하거나 반복할 수 없는 유일무이한 하나님과의 관계, 곧 예수의 신적 본질을 고백하는 초대교회의 신앙고백이다. 특히 예수는 세상이 창조되기 이전에 이미 계셨다는, 이른바 '선재적인' 하나님의 아들이라는 사상은 바울서신들과 요한문헌들에 자주 등장하는 신앙고백이다.[117] 예수가 스스로 자신을 아들이라고 말하는 구절들도[118] 그러한 부활절 이후의 신앙고백에서 왔다(마 3:17; 17:5). 그러나 나사렛 예수는 하나님을 '아바'(Abba) 아버지라고 부르며, 하나님 나라를 아버지의 나라라고 했다. 다시 말해 예수는 "나는 하나님의 아들이다."라고 명시적으로 말하지는 않았지만 자신이 하나님과의 유일무이한 독특한 관계 속에 서 있다는 의식 속에서 행동했으며, 이러한 예수의 자기이해는 부활절 이후 제자들이 그를 하나님의 아들이라고 명시적으로 고백할 수 있게 했던 것이다.

---

116) H. Merklein, "Jesus, Kunder des Reiches Gottes", 152; P. Stuhlmacher, Biblische Theologie des NT I, 109~125, 156~161.
117) 롬 8:3~4; 갈 4:4~5; 요 1:1 이하; 3:16~17; 요일 4:9 등. 아래 457쪽 이하 참조.
118) 눅 10:22; 마 11:27; 막 13:32; 마 28:19 등.

② 그리스도(메시아)

메시아사상은 구약성서에서 왕에게 기름을 붓는 데서, 특히 다윗 왕에게 영원한 왕국을 약속한 데서 비롯했다.[119] 그로부터 다양한 메시아 전승들이 생겨났는데, 기원 전후의 전환기에 유대교 안에는 다양하고 생생한 메시아 기대들이 있었다. 곧 정치적 차원의 메시아와 예언자적 메시아 그리고 제사장 메시아에 대한 기대들이 있었다. 게다가 메시아 기대와 인자가 결합되면서 이 시대 유대교의 대표적 종말론으로 나타났다.[120] 예수 시대와 그 이후의 초대교회 시대에도 유대교에는 많은 사람들이 메시아를 자칭하며 이스라엘을 이방지배 세력으로부터 해방시키는 운동을 벌이기도 했다.

나사렛 예수가 자신을 메시아(그리스도)라고 불렀다는 증거는 신약성서 어디에도 없다. 제자들을 대표해 베드로가 "주는 그리스도이시요 살아 계신 하나님의 아들"이라고 했다면(마 16:16; 막 8:29~30), 이는 부활절 이후 제자들의 대표적인 신앙고백이다. 자신을 재판하는 대제사장이나 빌라도 앞에서도 예수는 메시아냐고 묻는 질문에 모호하게 응답한다.[121] 여기서 '그리스도'는 유대인들이 '다윗의 후손'으로 오리라고 기대하는 이스라엘의 해방자다. 자연 이 이스라엘의 해방자는 로마에게는 정치적 반역자가 된다. 그래서 로마 군인들이 예수를 처형할 때, 그 명패에 '유대인의 왕'이라는 패를 붙였던 것이다. 그러니 '그리스도'는 예수의 죽음으로 인해 비로소 분명히 드러나기 시작한 신앙고백인 셈이다. 그렇지만 예수가 정치적 죄목으로 죽임을 당했다는 것은 역사적 사실이다. 예수는 자신이 정치적 의미에서 이스라엘의 해방자요 그리스도라고 주장한 적이 없다. 이는 예수의 언행에 근거한 유대인들과 로마인들의 정치적 오해였다(막 14:61~62 참조). 그러나 예수가 이 땅에 하나님 나라를 선포하기 위해 하나님으로부터 보내심을 받았다는, 메시아 의식을 가지고 있었음은 분명하다. 예수는 그러한 자기이해와

---

119) 삼하 2:4; 5:3; 왕상 1:32~40; 삼하 7장; 시 89, 132편 등.
120) 에티오피아 에녹서 48:10; 52:4; 제4에스라서 12:32; 13장 등.
121) 막 14:61~62; 마 26:63~64; 눅 22:66~71.

사명에 따라 하나님 나라를 선포했으며, 그에 대한 종교적·정치적 오해가 그를 죽음으로 몰아 간 하나의 원인이 되었다. "예수에게는 메시아적 자기 이해는 있었지만 메시아 호칭은 없었다. 예수는 자신의 추종자들과 민중에게 메시아 대망을 불러일으켰고, 그것 때문에 왕을 사칭한 사람으로 몰려 죽임을 당했다."[122]

③ 인자

예수의 입에서 나온 유일한 호칭인 '인자'는 복음서 외에는 사도행전 7장 56절, 요한계시록 1장 13절과 14장 14절 등에만 나온다. 예수와 관련 있는 칭호 가운데 인자는 가장 자주 사용된다. 인자 칭호는 복음서에만 무려 82번이나 나오며, 그 중에서 요한복음 12장 34절을 제외하고는 모두가 예수의 입에서 나온다. 그런데 이처럼 자주 사용하면서도, 예수는 어디에서도 자신을 인자라고 딱 부러지게 말하지는 않는다. 그러나 인자를 말하는 구절들과 그 문맥을 볼 때, 예수가 자신을 인자라고 부르고 있다는 것은 분명하다. 예수가 그렇게 자주 사용한 것과는 달리, 부활절 이후 초대교회로부터 오늘에 이르기까지 그리스도인들은 '예수는 인자'라고 고백하지 않는다는 사실은 기이하다. '인자'는 나사렛 예수가 자기 칭호로 사용했던 말이 분명한데 말이다.[123]

인자 칭호의 근원은 다니엘서 7장이다. 다니엘의 환상에 따르면 '옛적부터 항상 계신 자', 곧 하나님이 '인자 같은 이'에게 영원한 나라의 권세를 주지만, 영원한 나라를 물려받을 사람들은 '지극히 높으신 자의 성도들'이다(단 7:18, 22, 27). 다니엘서가 말하는 성도들은 이스라엘이다. '인자 같은 이'와 '지극히 높으신 자의 성도들'인 이스라엘은 다 같이 하나님으로부터 영원한 나라를 물려받는다. '인자 같은 이'는 하나님 앞에서 이스라엘 백성을 상징하거나 대표하는 인물이다. 개인과 집단을 동일시하며, 개인이 집단을 대표하거나 포괄하는 것은 유대적인

---

122) G. Theiβen/A. Merz, 「역사적 예수」, 762.
123) U. Schnelle, *Theologie des NT*, 131.

사상의 깊은 차원이다. 그러므로 인자 예수는 하나님의 종말적인 백성을 대표하는 메시아의 '대리적' 기능을 갖는다. 예수는 자신이 다니엘서 7장의 '인자 같은 이'로서 하나님으로부터 영원한 나라를 받았으며, 이제 이 나라에 참여하게 될 종말적인 하나님의 백성을 모으는 사명을 가지고 있음을 알았다. '메시아'(그리스도)라는 이름이 정치적 오해를 불러일으킬 수 있기 때문에, 예수는 그리스도 칭호 대신 인자 칭호를 사용해 자신의 정체와 사명을 표현했다고 할 수 있다. 정치적 오해로 채색되지 않고 순전히 천상적 인물로서 하나님 나라를 물려받을 하나님의 백성의 대표자인 동시에 하나님 나라의 백성을 모으는 사명을 감당하는 칭호로는 '인자'가 적격이었을 것이다.[124] 그런 의미에서 인자는 "예수에게 아마도 유일하게 선택 가능한 자기 칭호였음이 분명하다."[125]

예수는 인자 칭호를 사용해 자신의 사명을 세 가지로 설명한다. 첫째, 현재적으로 하나님 나라를 선포하고, 하나님을 대신해 죄인을 용서하는 것이다.[126] 둘째, 특히 수난예고에서 죄인을 위해 고난을 받고 죽음의 길을 가게 될 인자를 말한다.[127] 셋째, 다시 오셔서 심판하실 인자를 말한다(막 14:62).[128] 이처럼 인자 칭호는 예수의 인격과 사역을 포괄적으로 표현할 수 있었기 때문에, 예수는 인자 칭호를 사용해 자신을 나타낸다.

④ 예언자(선지자)와 랍비

마가복음 6장 15~16절과 8장 27~28절은 당시 사람들이 예수를 누구로 여겼는지에 관해 다양한 소문을 전한다. 예언자 엘리야에 관한 전승(말 3:23)에 의거해 예수를 엘리야라고 보는 사람들도 있었다. 마가복음 6장 4절에서 예수는 선

---

124) 오스카 쿨만, 「신약의 기독론」, 178~216, 특히 187~202.
125) 김세윤, 「"그 '사람의 아들'"(人子) – 하나님의 아들」, 69, 173.
126) 막 2:10; 10:45; 눅 7:34 병행; 19:10 등.
127) 막 8:31 병행; 9:31 병행; 10:33~34. 그 외에도 막 14:21(병행); 14:41; 눅 17:25; 24:7 등에서도 예수는 자신의 수난과 죽음을 말하면서 인자 칭호를 사용한다.
128) 그 외에도 눅 12:8~10, 40 병행; 17:24, 26, 30 병행; 18:8; 마 19:28; 24:30 등.

지자가 고향이나 친척들에게는 존경받지 못한다는 유대교 전승을 말하면서 자신이 그런 선지자에 속한다고 한다. 따라서 예수 당시의 이스라엘 백성들은 예수를 하나님의 아들이나 메시아보다는 예언자나 선생으로 불렀을 것이다.[129] 예수의 선포도 예언자적 선포로 이해했고, 예수의 고난과 죽음도 예언자들의 선례를 따라 이해했다.[130] 마가복음 6장 4절과 누가복음 13장 33절에서 예수는 스스로를 '예언자'라고 한다. 유대인들의 잘못된 율법이해를 바로 고치는 모습이나 자신을 스스로 선생이라고 부르는 것 그리고 그를 랍비라고 부르는 사람들의 말 속에서 권위 있는 교사로서의 예수를 우리는 발견할 수 있다.[131]

그러나 다른 한편으로 예수는 자신을 단순히 예언자의 한 사람으로 보는 것을 거부했다. 그는 구약성서나 유대교의 예언자나 선생을 능가한다.[132] 세례자 요한과의 관계를 고려해 보더라도 자신을 단순히 예언자들 가운데 하나로 보는 것으로 만족하지 않았다. 예수는 예언자의 시대가 세례자 요한으로 끝이 났다고 선언했다(마 11:9~13/눅 7:26~28; 16:16). 예언자들이 종말이 가까이 왔다고 선언했다면, 예수는 그러한 예고를 넘어 새 시대가 이미 오고 있다고 선언했다. 그럼에도 우리가 굳이 예언자라는 범주 안에서 예수의 자기이해를 찾으려고 한다면, '종말론적 예언자'를 말할 수 있다.[133] 특히 이사야 61장 1절과 52장 7절 등에 언급한, 평화의 기쁜 소식을 전하도록 하나님의 영으로 부름 받은 하나님의 사자라는 자기이해를 예수는 가지고 있었다고 할 수 있다.

(2) 예수의 행동과 말씀 속에 드러난 자기이해

하나님 나라를 현재적인 것으로 선포하는 말씀은 나사렛 예수에게서 찾을

---

129) 막 6:15; 8:27~28; 9:7; 마 21:11, 46; 눅 7:16, 39; 24:19; 요 4:19; 6:14; 7:52; 9:7; 7:40; 행 3:22; 7:37 등. R. Riesner, *Jesus als Lehrer*, 276~298은 선생과 예언자의 역할(예언자적 선생)이 유대역사에서 함께 속하는 것이었음을 입증한다.
130) 눅 11:49~51; 13:34~35; 마 23:34~35, 37~39 등.
131) R. Riesner, *Jesus als Lehrer*, 246~266 참조.
132) 마 12:41~42(눅 11:31~32); 마 13:16~17(눅 10:23~24) 등.
133) 신 18:15, 18; 1QS IX, 9~11; 4Q 175 등에 종말적 예언자에 대한 기대가 있다.

수 있는 가장 독특한 면이다. 예수는 자기 자신의 선포와 인격 안에서 하나님 나라가 현재적이라고 했다. 그의 인격과 활동 속에서 하나님 나라가 현재적으로 나타나고 있다고 한다면, 이는 그 당시 유대교의 어느 종파에서도 찾아볼 수 없는 독특한 점이다.[134] 예수는 자신의 등장과 함께 현재적으로 나타나기 시작한 하나님의 통치를 구약성서 예언의 성취로 이해했다. 그러므로 "때가 찼다. 하나님 나라가 가까이 왔다."라고 선언할 수 있었다(막 1:15).

그러나 구약성서 예언자들과는 달리 예수는 그의 가르침을 율법에 의지하지 않았고, 자신의 말을 하나님의 말씀이라고 한다. 구약성서와 유대교의 율법을 뛰어넘는 가르침을 베풀면서 단순히 "그러나 나는 너희에게 말한다."라는 말로써 시작한다. 그 무엇을 주장하지 않고 그 자신 곧 '나'에 근거해 가르치고 선포할 뿐이다. 이 점에서 예수는 유대교의 묵시 문학가들과도 다르다. 묵시 문학가들은 그들이 본 환상에 근거해 그들의 말이 하나님의 말씀이라고 주장하지만, 예수는 어느 경우에도 환상에 근거해 말하지 않는다.

예수의 자기이해는 세례자 요한에 대한 평가에서도 드러난다. 예수는 세례자 요한을 지금까지 태어난 사람들 가운데 가장 위대한 사람(마 11:11)으로서 새 시대를 열어갈 사람이라고 평가했다. 그러나 새 시대는 세례자 요한이 아니라 예수 자신 안에서 열린다고 했다. "만일 세례자가 모든 예언자들을 뛰어넘어 하나님 나라의 문턱에 서 있는 사람이라면, 예수는 그 문턱을 이미 넘어섰으니 더 위대한 존재가 아닌가!"[135]

예수 자신의 행동을 하나님의 행동과 일치시키는 곳에서 예수의 자기이해는 가장 분명하게 드러난다. 예수가 자기 행동을 변증적으로 설명하기 위해 누가복음 15장에 있는 세 개의 비유들(잃은 양, 잃은 동전, 잃은 아들) 중에서, 잃은 아들을 다시 찾은 아버지의 비유(눅 15:11~32) 속에 나오는 아버지의 행위는 죄인을 용

---

134) 그닐카, 『나사렛 예수』, 339~340.
135) G. Theiβen/A. Merz, 『역사적 예수』, 751.

서하는 예수의 행동과 일치한다. 예수는 자신의 치유행위나 마귀추방행위 속에서 하나님이 현재적으로 활동하고 계신다는 것, 곧 하나님 나라가 현재적으로 이미 실현되고 있다는 것을 말한다. 또한 인간의 죄를 용서하고 그 표현으로서 세리나 죄인들과 식사 교제를 나눴다. 예수는 자신을 단순히 "카리스마 넘치는 지도자"로 인식했다기보다는[136] 오히려 자신 안에서 "하나님의 실재가 드러나"[137] 있다고 의식했던 것이다. 로핑크의 말대로, 예수는 구약성서와 이스라엘 역사 속에서 말씀하시고 행동하신 하나님이 누구신지를 궁극적으로 보여 주고 해석해 주는 분이었다.[138] 예수는 "이 세상에서는 달리 대체할 수 없는, 하나님의 종말론적 행동에 대한 직접적인 대변자였다.[139] "예수는 유일한 방식으로 하느님을 위해 세상에 있다. 사람들 앞에서 하느님을 대표한다."[140]

9) 나사렛 예수의 수난과 죽음

예수는 공생애 마지막에 제자들과 함께 유월절을 지키기 위해 예루살렘으로 갔다. 그의 죽음 속에서 그가 선포한 하나님 나라의 성격이 분명히 드러나게 되고 또 하나님 나라가 어떤 방식으로 실현될 것인지를 보여 준다.

(1) 예수는 의도적으로 수난과 죽음의 길을 간다.

예수는 의도적으로 죽음의 길을 간다.[141] 그의 수난과 죽음은 그가 원하지 않았던 비극적 운명이 아니라, 하나님 나라의 선포자로서 그 자신이 적극적으로

---

136) G. Theiβen/A. Merz, 「역사적 예수」는 예수를 카리스마 넘치는 지도자라고 규정한다(특히 277~351). 이들은 카리스마를 '다른 사람에게 영향을 발산하는 비합리적 능력'으로 규정하고, 이 능력이 카리스마적 존재와 하나님 사이의 '특별한 가까움'에서 나왔다고 말한다(741의 각주 2).
137) G. Bornkamm, *Jesus von Nazareth*, 56
138) G. Lohfink, "Gott in der Verkündigung Jesu", 43.
139) H. Merklein, "Jesus, Kunder des Reiches Gottes", 151.
140) 그닐카, 「나사렛 예수」, 348.
141) 예수가 의도적이고 의식적으로 죽음의 길을 갔느냐는 논란에 대해서는 P. Stuhlmacher, *Biblische Theologie des NT I*, 126~127 참조.

받아들인 하나님의 뜻이었다. 이스라엘과 잃어버린 죄인들을 위해 하나님이 그에게 부과하신 대속의 죽음의 길을 간 것이다. 부활절 이후 제자들은 이러한 예수의 자기이해와 행동에 근거해 예수의 죽음을 이해했다(고전 15:3b~5; 롬 4:25 등).

① 예수는 자신이 세례자 요한이나 이스라엘 선지자들과 같이 예루살렘에서 죽임을 당하리라는 것을 예상한다(눅 13:31~36). 예수 당시 유대인들은 이사야나 예레미야 같은 선지자들을 순교자로 추앙했는데, 자신이 그런 선지자들처럼 순교를 당할 것임을 예상한 것이다. 그러나 예수는 '요나보다 더 큰 이'이다(마 12:41).

② 예수는 여러 차례에 걸쳐 인자로서 자신의 수난과 죽음에 대해 말한다(막 8:31 병행; 9:31 병행). 그리고 이스라엘을 대리해 수난당하는 하나님의 종이라는 자기이해 속에서 수난과 죽음의 길을 걸었다(사 43:4; 53:12). 마가복음 10장 45절(마 20:28)에서도 이사야의 고난 받는 하나님의 종의 노래(52:13~53:12)에 의거해 자신의 수난과 죽음을 많은 사람을 위한 대속의 차원에서 말한다.[142]

③ 성만찬을 제정하는 말씀에서도 예수는 자신의 죽음을 예견한다. 차이점들과 공통점들을 함께 보여 주는 성만찬 본문들이[143] 부활절 이후 형성된 것은 분명하지만, 그 모든 본문들이 예수가 잡히던 밤에 한 말씀과 행동을 말하고 있다. 성만찬 본문들은 나사렛 예수가 제자들과 이별의 식사를 하는 역사적 장면을 회상하고 있는 것이다. 제자들과 나누는 마지막 식사 자리에서 예수는 그의 죽음이 제자들을 위한 대속의 죽음이라고 한다. 그의 죽음을 통해 제자들은 모세의 언약을 넘어서는 새로운 언약에 참여하게 된다.[144]

---

142) 막 10:45이 부활절 이후 교회에서 생겨난 것이냐 아니면 나사렛 예수에게서 나온 것이냐에 대한 논란이 있다.
   P. Stuhlmacher, *Biblische Theologie des NT I*, 120~121, 128~132 참조.
143) 막 14:22~24; 마 26:26~30; 눅 22:15~20; 고전 11:23~25.

④ 공생애 마지막 무렵, 예수는 유월절을 지키기 위해 예루살렘으로 들어간다(막 11:1~11 병행). 제자들이나 그에게 호의적인 바리새인들이 예루살렘에 가면 매우 위험하다고 말렸음에도 예루살렘에 입성했다. 이미 그 이전에 여러 차례 자신의 수난과 죽음을 예고한 예수는 매우 의도적으로 예루살렘에 죽기 위해 왔다.

(2) 예수가 걸은 죽음의 길

① 예수는 공생애 초기부터 지지자들과 반대자들을 만난다. 갈릴리에서 시작된 이러한 갈등은 예루살렘에서 정점에 이른다. 하나님을 대신해 행동하며 하나님 나라를 선포하는 예수는 당시 유대교의 거의 모든 그룹들로부터 반대를 받았을 뿐 아니라 로마의 정치 지도자들과도 충돌한다.

예수는 먼저 바리새인들의 정결 경건에 맞서 정함과 부정함의 구분을 부정한다(막 7:15 병행; 마 23:23~24). 더 나아가 바리새적인 안식일 규정을 거부하고 안식일 계명의 의미를 자기 나름대로 해석하여 실천하며(막 2:27~28 병행), 바리새인들이 죄인으로 규정한 세리와 창녀 등 죄인들과 교제함으로써 바리새인들이 공격할 빌미를 제공한다(마 11:19/눅 7:34; 눅 15:2). 예수는 율법에 근거해 행동하는 것이 아니라, 도리어 자신의 신적 권위에 근거해 율법을 폐기하고 새롭게 해석하기도 함으로써 바리새인들과 충돌한다.

폭력적 수단을 동원해 하나님의 통치를 앞당겨 세우려는 열심당(첼롯당)원들에게도 예수의 하나님 나라 선포는 못마땅했다. 왜냐하면 예수가 그런 인간적 수단으로 하나님 나라가 세워지는 것이 아니라, 오로지 하나님에 의해서만 그리고 겨자씨가 자라듯 그렇게 이루어진다고 가르쳤기 때문이다(막 4:26~29). 또한 이스라엘을 억압하는 로마의 정치적 세력이나 유대교 외의 다른 종교를 가진 사람

---

144) 출 24:1~8; 렘 31:31~34; 막 14:24; 마 26:28; 눅 22:20; 고전 11:25 등 참조. P. Stuhlmacher, *Biblische Theologie des NT I*, 132~142.

들에게도 사랑을 베풀어야 한다는 예수의 원수 사랑 가르침(마 5:41, 43~48 병행)
도 열심당원들에게는 전혀 마땅치가 않았다. 당시 갈릴리를 다스렸고 세례자 요
한을 처형했던 헤롯 안티파스는 예수를 요한과 마찬가지로 정치적 소요사태의
원인이 될 수 있다고 보았다. 그래서 예수에게도 적대감을 드러냈고, 예수 역시
그를 비판했다.[145]

   예수를 죽음에 이르게 한 결정적 사건은 예루살렘 성전 정화였다(막 11:15~18
병행; 요 2:13~22). 이 사건은 "당국자들이 예수에 맞서 개입하게 된 직접적 계기
가 되었다."[146] 제사장들의 돈줄이었던 예루살렘 성전에서의 제물 장사나 환전
행위를 부정함으로써 예수는 사두개인들의 적이 되었다. 부자에 대한 저주는(눅
6:24~25; 막 10:23, 25 병행) 특히 유대사회의 상층을 형성했던 제사장들을 불편하게
했다. 더구나 성전 파괴를 말하는 예수의 말은(막 14:58 병행; 요 2:19) 제사장들을
자극하기에 충분했다. 더 나아가 이런 성전제사를 통해 유대인들의 질서를 유지
하려는 로마 총독에게도 예수의 성전 정화는 정치적 혼란을 야기하는 위협으로
느껴졌다. 예수의 예루살렘 입성을 환호하는 유대 군중은(막 11:1~11 병행) 예수에
게서 그들의 메시아적 기대를 실현시킬 수 있다고 보았다. 이어지는 성전 정화
사건은 유대 종교 지도자들이나 로마 정치 지도자들이 예수를 매우 위험한 인
물로 확증하게 하는 역할을 했고, 결국 예수를 죽음에 이르게 했다.[147]

   ② 예수의 죽음에는 또 다른 원인이 있다. 예루살렘은 유대인들의 종교적 중
심지다. 예수는 바로 이곳에서 하나님 나라를 선포해야 했다. 그러다 보니 필연
적으로 유대교의 핵심과 충돌할 수밖에 없었다. 이스라엘이 지금까지 행해 온
제사를 통해 구원받을 수 있다고 믿는 한, 그들은 자신들이 어떤 상황에 처해
있는지 올바로 알 수 없다. 세례자 요한의 심판 설교가 말해 주듯이 이스라엘

---

145) 막 3:6; 8:15; 12:13 병행; 눅 13:31~33.
146) J. Jeremias, *Theologie des NT I*, 144~145.
147) G. Theiβen/A. Merz, 「역사적 예수」, 630~675 참조.

은 지금 심각한 심판의 위기에 처해 있지만, 유대인들은 이를 모르고 여전히 성전의 형식적 속죄 제사를 통해 죄를 용서받을 수 있다고 착각하고 있다. 예수는 이스라엘의 이러한 거짓된 구원의 질서를 깨뜨리지 않을 수 없었다. 예수가 선포한 하나님 나라 메시지에 대한 믿음이 없이는 그 어떤 구원의 길도 없다. 그러므로 예수의 성전 정화는 새로운 구원의 질서를 세우기 위해 거짓된 구원의 질서를 파괴하는 행위였다. 회복을 위한 상징적 파괴 행위였다.[148] 예수의 성전 비판과 정화 사건은 이스라엘의 종교적 토대를 무너뜨리려는 의도로 받아들여졌고, 제사장들을 비롯한 유대교 지도자들은 그런 예수에게 치명적 반응을 나타낼 수밖에 없었다. 예수 또한 예루살렘에 올라가는 순간부터 자신의 죽음을 예감했고 또 매우 '의도적으로' 예루살렘 행을 결정한 것이다.[149] 예수는 처형될 수 있다는 가능성을 미리 알고 있었고 또 그것을 회피할 생각도 없었다. 자신의 처형을 하나님 나라 선포의 필연적 결과로 보았다.[150]

예수는 자신의 죽음까지도 하나님의 활동에 속한다고 보았다. 이사야 53장과 연결해 그의 죽음을 '많은 사람'을 위한 속죄의 죽음으로 이해했다(막 14:24). 하나님은 예수의 죽음을 통해 죄인들이나 원수들을 위한 속죄를 일으킨다. 예수의 죽음은 단순히 박애주의 정신으로 활동했던 모범적인 한 인간의 비극적이면서도 또 모든 인류가 본받아야 할 죽음이 아니다. 예수가 그런 박애적인 죽음을 죽었다면, 모범적이지만 결국은 실패한 삶을 산 것이고, 따라서 그의 하나님 나라 선포는 이루어질 수 없는 꿈을 위한 한낱 허망한 선포에 지나지 않을 것이다. 그러나 그렇지 않다. 예수의 죽음은 하나님의 뜻에 의해 모든 죄인을 구원하기 위한 하나님 나라 사건이다.

---

148) E. P. 샌더스, 「예수운동과 하나님 나라」, 146은 예수의 성전 정화를 "접근하고 있는 하나님 나라를 위한 지성소의 정화"라고 하는 G. Bornkamm의 말을 인용한다.
149) P. Stuhlmacher, *Biblische Theologie des NT I*, 145~146 참조.
150) H. Merklein, "Jesus, Kunder des Reiches Gottes", 148.

(3) 예수의 수난과 죽음의 과정

① 예수는 기원후 30년의 유월절을 지키기 위해 예루살렘에 와서 메시아적인 자의식을 가지고 예루살렘 성전 정화를 단행하고(막 11:15~17 병행), 대제사장들과 서기관들 곧 유대교의 산헤드린은 예수를 죽이기로 결정한다(막 11:18; 14:1~2 병행).

② 예수는 유대교 지도자들을 연속적으로 비판하고, 회개하지 않는 예루살렘과 성전에 대한 심판을 예고한다.[151] 예수의 제자인 가룟 유다는 대제사장들에게 예수를 체포할 수 있도록 돕겠다고 제안한다(막 14:10~11 병행). 예수는 니산월 15일에 제자들과 마지막 고별 식사를 하기 위해 겟세마네로 향하고, 이곳을 잘 알고 있는 가룟 유다는 경비병들을 데리고 와 예수를 체포하게 한다(막 14:43~52 병행).

③ 예수는 먼저 현직 대제사장 가야바의 장인인 대제사장 안나스에게 끌려갔다가 다시 가야바에게 끌려간다. 여기서 산헤드린으로부터 메시아라는 주장을 했는지에 대해 심문을 받는다(막 14:53~65 병행; 요 18:13~24). 가야바는 예수가 메시아라는 고백을 했고 또 하나님의 아들로서 세상을 심판하기 위해 올 인자라는 주장을 했다는 사실을 공개적으로 확인했다(막 14:61~62 병행). 이로써 유대교 지도자들은 다음 날 새벽, 예수를 빌라도 총독에게 끌고 가 로마에 정치적으로 위험한 메시아 주장을 했다는 죄목으로 고발하고, 빌라도는 예수에게 고발 내용을 확인하지만 예수는 침묵한다(막 16:1~5 병행). 빌라도는 예수 사건을 유대교의 종교적 문제로 보고 놓아 주려고 하지만 유대인들은 거부한다. 결국 빌라도는 예수를 채찍질하게 하고 십자가에 못 박도록 넘겨준다(막 15:6~15 병행).

---

151) 눅 13:34~35/마 23:37~39; 막 13:1~2 병행.

④ 이로써 예수의 처형은 유대교 종교 지도자들과 로마 총독의 합작품이 되었다. '유대인의 왕'이라는 팻말을 예수의 십자가에 붙임으로써 빌라도 역시 예수가 메시아 주장을 한 죄목으로 처형당했음을 인정할 수밖에 없었다. 유대교 지도자들은 일관되게 예수의 처형을 주장하지만, 빌라도는 정치적 기회주의자처럼 흔들린다. 유대교 지도자들은 그들의 종교적 확신을 뒤흔들어 백성을 유혹하는 거짓 예언자요 거짓 메시아 주장자 예수를 확실하게 제거한다. 예수는 죽음을 벗어나려는 어떠한 노력도 하지 않는다. 하나님으로부터 받은 자신의 사명을 십자가의 죽음으로 완성해야 한다고 확신했기 때문이다. 십자가에서 예수가한 마지막 말씀인 "나의 하나님, 나의 하나님, 어찌하여 나를 버리셨나이까?"(막 15:34)는 죽음 앞에서 두려움과 절망에 떠는 말씀이 아니다. 시편 22편 2절과 연결되는 이 말씀은 고난당하는 의인으로서 세상에서 생명을 내놓기까지 하나님의 뜻에 순종하지만, 그러나 결국은 영원한 생명으로 구원받게 될 것임을 나타낸다(시 22:23~32). 십자가에서 이 말씀을 함으로써 예수는 죽음의 위기에서도 하나님을 신뢰하고 그로부터 영원한 구원을 소망하는 의인의 모습을 보인다.

(4) 예수의 죽음에 대한 두 가지 반응

예수의 죽음은 그의 적들과 제자들에게 전혀 다른 두 가지 반응을 불러온다. 예수의 십자가 처형은 제자들에게는 더할 나위 없이 비극적이고 참담한 사건으로 보였지만, 적들에게는 율법에 근거해 마땅히 받아야 할 저주의 죽음으로 보였다.

예수의 제자들은 스승으로부터 여러 차례 수난과 죽음에 관한 예고를 들었지만, 막상 예수가 체포되고 처형되자 모두 도망간다(막 14:50, 53~54, 66~72 병행). 오직 몇몇 여자들만 예수의 죽음을 지켜보았다(막 15:40~41 병행). 또한 예수에게 호의적이었던 산헤드린 회원 아리마대 요셉은 빌라도에게 간청해 예수의 시신이 썩지 않도록 해서 골고다 근처에 매장했다(막 15:42~47 병행). 제자들은 예수에게 걸었던 메시아 기대가 좌절되었다고 여겨 절망 속에서 뿔뿔이 흩어져 버렸다. 이로써 제자들은 예수의 부활을 경험하기 이전에는 예수의 언행과 수난, 죽음의 의미를 깨닫지 못했다는 사실이 밝혀진다. 예수의 죽음을 훌륭한 스승의 안타까운 죽음 정도로 기억하고, 그의 말씀과 행동을 기억하며 최후 심판 날에 그가 다시 부활할 것이라는 유대교의 믿음으로써 죽은 스승을 추모하는 정도였던 것이다.

반면에 예수의 유대교 적들에게는 예수의 십자가 처형은 신명기 21장 22~23절에 의거해 하나님의 저주가 예수에게 정당하게 실현된 일이었다. 거짓 예언자이며 거짓 메시아 주장을 했던 예수는 마땅한 형벌을 받은 것이며, 그렇게 예수의 삶은 끝이 났다고 보았다. 로마인들에게는 메시아 주장을 하는 예수의 처형은 정치적으로 매우 위험한 반역자가 받아야 할 당연한 결과였다. 그렇게 함으로써 이후에 혹시 다시 일어날 수 있는 정치적 반역에 대해 무서운 경고를 한 셈이다.

이처럼 제자들과 유대교 적들 그리고 로마인들 등 모든 사람들에게 끝나버린 것처럼 보였던 예수 사건은, 예수가 죽은 지 3일 만에 다시 살아남으로써 전혀 새로운 차원과 전혀 새로운 의미로 되살아나게 된다.

제3부

신약성서 신학의 출발

예수와 바울 사이 시대의 처음교회[1]

나사렛 예수는 비극적 죽음으로 끝이 났고, 그의 제자들은 절망 속에서 도망자들이 되었으며, 적들은 승리의 축배를 들었다. 정말 그렇게 끝이 났다면 예수사건은 결코 하나님의 사건일 수 없었다. 그러나 얼마 지나지 않아 예루살렘에 예수의 흩어졌던 제자들이 모여들기 시작했다. 그들은 죽은 줄 알았던 스승 예수가 다시 살아나 자신들에게 나타나셨다는 현현의 경험을 말하면서 예루살렘에 공동체를 형성하고, 예수는 죽은 자들 가운데서 다시 살아났으며 하나님은 다시 살아난 예수를 주님과 그리스도가 되게 하셨다고 전파하기 시작했다(행 2:36). 만일 부활이 없었다면 예수의 가르침과 행동은 이스라엘 역사의 한 조각 비극으로 묻히고 말았을 것이다.

예수의 부활로써 예루살렘 처음교회가 형성되었고, 이 교회 안에서 나사렛 예수 사건은 새로운 차원과 의미에서 하나님의 사건으로 되살아났으며, 여기서 기독교의 첫 번째 신학이 형성되었다. 사람들은 곧바로 히브리어를 사용하는 이들과 헬라어를 사용하는 이들로 나뉘었고(행 6:1), 스데반을 중심으로 헬라어를 사용했던 이들은 유대교의 박해를 받아 예루살렘을 떠나 사마리아와 안디옥 등으로 흩어져 새로운 공동체를 세웠다(행 7:54~8:3). 안디옥에서는 그들을 최초로 '그리스도인들'이라고 부르기 시작했다(행 11:26). 그들은 모여서 예배를 드리고, 예수를 하나님의 아들이요 주님이며 그리스도라고 고백하며, 찬양하고, 세례를 베풀며, 성만찬을 행하고, 다른 사람들에게 예수 소식을 복음으로 전하기 시작했다. 또한 사도들의 가르침(행 2:24)에 근거해 신앙고백과 찬송가, 세례교육과 전도를 하기 위한 복음의 메시지 등을 만들었다. 이런 것들이 기독교 최초의 신학적 내용이다.

그러나 이 시기의 처음교회의 신학적 내용을 서술하는 데는 어려움이 있다. 그 내용들이 지금의 사도행전과 바울서신들 그리고 복음서들 등 신약성서 문헌들 속에 흩어지고 녹아 있기 때문이다. 앞서 보았듯이 나사렛 예수의 말씀이 복음서들 속에 녹아 있기 때문에 찾아내기 어려웠듯이, 여기서도 마찬가지 어려움이 있다. 예루살렘 처음교회가 형성되고 신약성서 최초 문헌들인 사도 바울의 서신들이 기록되기까지 그 사이의 기간은 20여 년이며, 이 시기는 신학적 공백기가 아니라 오히려 기독교 신학의 뿌리와 핵심이 형성되었던 시기다. 우리는 신약성서 문헌들 속에 녹아들어 있는 이 시기의 신학을 찾아보려는 시도를 하지 않을 수 없다.[2] 사도 바울의 신학도 처음교회의 신학에 뿌리를 둔 것이다.

---

2) H. 마샬, 「신약성서신학」, 518~519은 바울서신들에서 그 이전의 전승을 찾아내는 작업은 사변적이어서 할 필요가 없다고 한다. 그러나 고전 15:1 이하 등에서 그런 전승을 찾아내는 일은 결코 사변적인 것이 아니다.

1. 처음교회의 신학이 형성된 동인

1) 부활 예수의 현현 체험과 부활신앙

나사렛 예수의 십자가 사건 이후에 가장 중요한 것은 부활 예수의 현현 체험이었다. 현현 체험은 처음교회가 예수와 그의 가르침과 행동을 새로운 차원에서 인식하고 이해할 수 있게 해준 점화 플러그였고, 기독교 탄생의 엔진이었다. 부활 예수의 현현을 체험한 사람들은 십자가에서 비참하게 죽은 예수가 죽은 자들 가운데서 부활하여 영원히 하나님과 함께 있다고 믿고 고백하게 된다. 그럼으로써 예수는 부활절 이후에 하나님의 아들이요 주님이며 그리스도로 확정되었다(롬 1:3~4). 이에 대한 가장 초기 전승은 고린도전서 15장 3b~5절이다. 복음서들과 고린도전서의 이 부분을 비교하면, 신약성서의 예수 부활 이야기에는 빈 무덤 이야기와[3] 소수의 제자들이나 동반자들에게 나타난 현현,[4] 그리고 많은 제자들에게 나타난 현현 이야기[5] 등이 핵심이다.

(1) 예수의 빈 무덤

어느 누구도 예수가 부활하는 과정 자체를 경험하거나 본 사람은 없다. 예수의 부활 이야기는 그의 빈 무덤을 발견하면서부터 시작된다. 산헤드린 회원인 아리마대 요셉이 예수의 시신을 가져다가 무덤에 장사를 지낸다(막 15:42~47 병행). 그런데 생전에 예수를 따르던 여인들이 예수의 무덤이 비어 있는 것을 발견한다(막 16:1~8 병행; 요 20:1~15). 바울도 예수의 빈 무덤에 대해 알고 있었다(고전 15:4; 롬 6:4). 이처럼 예수의 부활은 그의 무덤이 비어 있었다는 사실에서 확인할

---

3) 고전 15:4 "그가 장사되었다."; 막 16:1~8 병행; 요 20:1~15.
4) 고전 15:5 "그는 게바에게 보이시고 후에 열두 제자에게"; 요 20:11~29; 21:1~14.
5) 고전 15:6~8; 눅 24:13~35/36~43; 요 20:19~23/24~29; 마 28:16~20.

수 있다. 이때 만약 부활 예수의 현현이 없었다면 이 빈 무덤은 아무런 의미가 없었을 것이다.

예수의 적들은 제자들이 예수의 시신을 훔쳐 다른 곳에 감추고 그가 부활한 것처럼 거짓말을 한다고 여겼다(마 27:64; 요 20:13). 그러나 이에 맞서 제자들은 군인들이 무덤을 지키고 있었기에 예수의 시신을 훔치는 것은 있을 수 없는 일이라고 주장하며(마 27:62~66), 또한 예수의 시신을 싸매고 있던 수건과 세마포가 무덤에 그대로 있었던 사실을 지적하면서 예수 부활의 사실을 강조한다(요 20:6~7).

(2) 제자들에게 나타난 부활 예수의 현현

빈 무덤의 발견에 이어 곧바로 부활 예수의 현현 체험이 뒤따른다. 현현은 베드로에게 먼저 일어났다(고전 15:5a; 눅 24:34). 이로써 베드로는 초대교회에서 특출한 지위를 갖게 되었다. 요한복음에 따르면, 부활 예수는 막달라 마리아(20:11~18)에게 나타난 후 비로소 제자들에게 나타났다(20:19~23). 마가복음에서는 갈릴리에서의 현현을 예고만 하고(16:7), 마태복음에서는 막달라 마리아와 다른 마리아에게 처음으로 현현하며(28:9~10), 누가복음에서는 엠마오 제자들에게 현현한다(24:13 이하). 유대법에는 여인들의 증언 능력이 의심을 받았음에도 불구하고 모든 현현 이야기에 여인들이 등장하고 있다면, 이는 역사적 사실이라는 반증이다. 사실과는 관계없이 신학적 변증만을 고려했다면, 증언 능력을 의심받는 여인들에게 일어난 현현 사건을 구태여 말할 필요가 없었을 것이다. 부활 예수가 베드로보다는 여인들에게 먼저 나타났다는 것은 분명한 역사적 사실이다.[6] 부활 예수는 500명이 넘는 제자들에게 일시에 나타나기도 하고, 주의 동생 야고보와 바울에게도 나타났다(고전 15:7~8). 그리고 제자들과 여행을 하며 긴 대화를 나누기도 하고(눅 24:13 이하), 심지어 음식을 함께 나누며(요 21:10~14), 제자들에

---

6) U. Schnelle, *Theologie des NT*, 149.

게 명령도 한다(마 28:16~20). 누가복음은 부활 예수의 현현 기간을 승천 때까지 40일이라고 한다(눅 24:33~53; 행 1:1~11). 이런 다양한 언급들은 예수의 부활이 분명히 일어난 사건임을 확증한다.

모세가 불꽃나무에서 하나님의 현현을 경험하고 하나님의 일꾼으로 부르심을 받았듯이(출 3:1~6), 부활 예수의 현현은 모든 사람들에게 일어난 것이 아니라(행 10:41) 오직 부르심을 받은 사람들에게만 일어났다. 베드로와 열두 제자들은 나사렛 예수에 의해 그의 동반자들로, 사도로, 그리고 이스라엘 열두 지파 백성의 대표로 선택받았지만(눅 22:29~30), 최후의 고별식사 후 위기에 처한 예수를 버리고 떠났다. 주의 동생 야고보 역시 예수의 생전에 그를 거부했으며, 마리아와 다른 형제들과 함께 예수를 "미쳤다."고 했다(막 3:21). 그들은 모두 예수의 제자나 형제였지만 그를 부인하거나 배신했다. 그런 그들이 다시 예수의 제자로 돌아온 것은 부활 예수를 만났기 때문이다. 이 배신자들에게 부활 예수가 다시 나타났다는 것은, 그가 그들의 배신을 용서하고 그들 모두를 다시 받아들였다는 뜻이다. 나사렛 예수가 생전에 죄인들과 불의한 사람들로 낙인찍힌 사람들을 아무 조건 없이 용서하고 받아들여 교제했던 것처럼, 부활 예수는 그를 배신하고 떠난 이들을 먼저 찾아가 조건 없이 용서하고 받아들였다.[7]

요한복음 21장 12~13절에서도 부활 예수의 현현을 경험한 이들은 자신들이 부활 예수에 의해 다시 받아들여졌다는 것을 알게 된다. 나사렛 예수가 죄인들이나 세리들과 함께 나누었던 바로 그 식탁의 교제가 배신하고 떠난 제자들을 찾아온 부활 예수에 의해 다시 가능해졌다. '너희에게 평화가'라는 인사로써 부활 예수는 그들에게 평화와 화해를 주었다(눅 24:36; 요 20:19). 그래서 그들이 하나님 앞에서 살아갈 수 있는 의와 권리를 회복시켜 주었다. 부활 예수가 다시 받아들인 현현의 증인들은 예루살렘으로 올라가 첫 번째 믿음과 선교의 공동체를 형성했다. 부활 예수에게 용서받고 다시 받아들여진 그들은 부활 예수를 '주

---

7) P. Stuhlmacher, *Biblische Theologie des NT I*, 182.

와 그리스도'라고 믿고 선포했다.

그러므로 부활 예수의 현현을 경험한 사람들은 예외 없이 모두 그의 제자가 된다. 그것은 나중에 바울도 마찬가지였다. 부활 예수에 대한 바울의 현현 체험은 누가복음이 말하는 부활로부터 승천에 이르기까지의 40일 동안에 일어난 것이 아니라, 승천 후 2년 여 지난 후 하늘로부터 나타난 부활 예수를 보고 그의 음성을 들은 것이다.[8] 이때 바울 역시 다른 현현의 증인들처럼 부활 예수의 현현을 경험함으로써 박해자로서의 죄를 용서받고 예수의 제자로 받아들여졌다. 현현 경험을 통해 다른 제자들은 배신자와 도망자 신분에서 증인으로 변화했다면, 바울은 박해자에서 증인으로 변화했다.

2) 구약성경과 유대교

누가복음 24장에서 부활 예수는 엠마오로 가는 제자들에게 나타나 이렇게 말씀한다.

"미련하고 선지자들이 말한 모든 것을 마음에 더디 믿는 자들이여 그리스도
가 이런 고난을 받고 자기의 영광에 들어가야 할 것이 아니냐 하시고 이에
모세와 모든 선지자의 글로 시작하여 모든 성경에 쓴 바 자기에 관한 것을
자세히 설명하시니라" (25~27절)

처음 제자들이 예수의 죽음의 의미를 깨닫고 예수의 부활을 믿을 수 있었던 것은, 부활 예수의 현현 경험 외에도 구약성서와도 깊은 연관이 있다. 예수의 부활에 관한 그들의 고백은 구약성서와 유대인의 부활 기대의 틀 안에서 형성되었다.[9]

---

8) 고전 9:1; 15:8; 갈 1:12, 16; 고후 4:5~6. 이에 대해서는 아래 152쪽 이하 참조.
9) P. Stuhlmacher, *Biblische Theologie des NT I*, 166~168 참조.

그러므로 고린도전서 15장 3b~5절은 '성경대로' 예수가 죽고 부활했다고 기록한다. 여기서 성경은 구약성경이다. 처음 그리스도인들은 예수의 죽음과 부활을 구약성경에 의거해 이해했던 것이다.[10]

(1) 하나님이 사람을 죽이기도, 살리기도 하신다는 생각은 사무엘상 2장 6~8절에서 처음으로 나타난다. 또 구약성서에서 부활신앙을 언어의 형태로 표현하기 시작한 것은 바벨론 포로기 무렵이었다. 예언자 에스겔은 죽은 이스라엘 백성의 마른 뼈들이 살아나는 환상을 말한다(37:1~14). 욥은 "내가 육체 밖에서 하나님을 보리라."고 소원한다(19:26). 포로기 이후에는 이러한 기대가 더욱 깊어진다. 이사야는 하나님이 백성을 구원하시기 위해 "사망을 영원히 멸하실 것이다"(사 25:8)라고 말하며 또 이렇게 덧붙인다.

"주의 죽은 자들은 살아나고 그들의 시체들은 일어나리이다. 티끌에 누운 자들아 너희는 깨어 노래하라 주의 이슬은 빛난 이슬이니 땅이 죽은 자들을 내어 놓으리로다"(26:19)

이러한 부활신앙이 더 분명하게 드러난 것은 기원전 2세기 시리아의 박해가 극에 달했을 때였다. 박해를 받고 순교당하는 이스라엘 사람들은 부활과 심판의 기대와 확신 속에서 죽어 갔다. 하나님에 대한 믿음 때문에 죽은 의인들은 하나님의 영광에 참여하게 될 것이고, 반대로 자신들을 죽이고 박해한 원수들은 영원한 멸망으로 심판받게 되리라고 확신했다.[11] 고대 유대교에게 부활 신앙

---

10) 이는 단지 예수의 죽음과 부활에 관련해서만 그러는 것이 아니고, 신약성서 문헌 전체에 해당한다. 나사렛 예수도 자신의 하나님 나라 선포를 구약성경과 유대교의 시각에서 이해하며, 바울은 89개에 달하는 구약성경 말씀을 인용하고, 공관복음서나 요한복음 모두 구약성경 말씀들을 많이 인용 혹은 암시하면서 예수 그리스도의 사건이 구약 예언의 성취라고 말한다. U. Schnelle, *Theologie des NT*, 152~155, 156~161.
11) 이러한 기대와 확신은 단 12:1~3에서 볼 수 있으며, 성경 밖의 유대교 문헌들인 마카베오 하 7장과 솔로몬의 지혜서 2:21~3:12; 4:7~5:23 등에서도 볼 수 있다.

은, 죽음을 극복하는 하나님의 능력에 대한 신뢰의 표현이었다.

유대교에서 부활에 대한 기대는 두 가지 방향으로 나타난다. 죄인들과 하나님의 원수들은 그들이 범한 불의한 행위들에 대한 책임을 지기 위해 부활한다. 반면에 세상에서 박해를 받고, 특히 순교를 당한 사람들은 하나님으로부터 최종적으로 구원 받기 위해 부활한다. 그들은 그들을 괴롭힌 사람들 앞에서 당당하게 하나님 나라의 영광에 들어간다. 그러므로 유대인들은 멸망을 위한 부활과 구원을 위한 부활이 있다고 믿었다. '부활'은 하나님의 보좌 앞에서 영원히 살도록 부르심을 받는 것이다. 하나님은 죽음보다 강한 생명창조의 능력을 가지신 분이기 때문이다.

그러나 예수 시대나 그 직후 초대교회 시대의 유대인들은 죽은 자의 부활에 대해 의견이 엇갈렸다. 사두개파에 속한 사람들은 모세오경에 증언되어 있지 않다는 이유로 부활을 믿지 않았다(막 12:18). 이에 반해 바리새파에 속한 사람들은 죽은 자의 부활을 믿었다. 예수도 이러한 바리새파의 부활신앙을 받아들였으며(막 12:18~27 병행), 바울도 죽은 자를 살리시는 하나님을 분명히 말한다(롬 4:17, 24).

(2) 제자들은 빈 무덤의 발견과 부활 예수의 현현 체험을 구약 및 유대교의 부활신앙의 틀 속에서 이해함으로써 "십자가에서 죽은 예수를 하나님이 다시 살리셨다."고 고백할 수 있었다. 그러나 이러한 고백에서 구약 및 유대교의 부활신앙과 처음교회의 신앙고백의 차이 또한 분명히 드러난다. 유대인들은 죽은 자들의 부활이 종말에 일어나리라고 기대한다. 요한복음 11장에서 나사로의 죽음에 직면해 그 누이들이 나사로가 종말에 살아나리라는 믿음을 고백한다면(11:24), 이는 유대교의 믿음이다. 그러나 처음교회 그리스도인들은 부활이 이미 예수에게서 일어났다고 고백한다. 유대인들이 죽인 예수를 하나님이 죽은 자들 가운데서 살리셨다고 선포했고(행 3:15; 10:40), 그렇게 죽은 자들을 살리시는 하나

님을 믿었다(롬 4:24; 8:11; 10:9; 벧전 1:21).

(3) 예수의 부활과 현현 체험으로부터 출발해서 처음 그리스도인들은 예수가 과거 누구였으며 또 누구인지를 반성하며, 예수가 행한 말씀이나 행동을 되새겨 보게 되었다. 그리고 그러한 것들을 신학적으로 표현할 수 있는 적절한 언어를 구약성경에서 찾았다. 구약성경과 유대교의 찬양, 기도 혹은 고백 등에 담겨 있는 언어들을 이용해 부활 예수의 현현 체험으로 시작된 새로운 통찰을 말하기 시작했다. 고린도전서 15장 3b~5절 외에도 로마서 1장 2~4절에서 이 사실을 볼 수 있다. 처음 그리스도인들은 유대인들과 마찬가지로 구약성경 말씀을 살아 계신 하나님의 말씀으로 보았기 때문에, 예수를 통해 그리고 예수 안에서 일어난 하나님의 사건이 '성경에 미리 약속하신' 것의 성취라고 이해했다.[12]

3) 나사렛 예수의 말씀과 행동에 대한 기억

예수가 십자가에 달려 죽게 되었을 때 제자들은 모두 도망했다. 그러나 부활 예수의 현현 체험은 그들이 다시 예루살렘에 모여 부활 중인 공동체를 형성하게 했을 뿐 아니라, 이로 인해 그들은 예수가 생전에 했던 말씀과 행동을 기억하고 또 그것들을 현현 체험과 구약성경에 입각해 새롭게 이해하기 시작했다. 그들이 기억해서 새롭게 해석하기 시작한 예수의 말씀과 행동은 신약성서신학의 핵심적인 토대와 내용이 되었다.

나사렛 예수는 제자들에게 강력한 인상을 남겼다. 그는 하나님 나라가 이미 왔으며 또 오고 있다고 선포했을 뿐 아니라 자신에게 어떠한 태도를 가지느냐에 따라 하나님 나라에 참여할 수 있느냐 혹은 없느냐가 결정된다고 했다. 실로 그는 하나님 나라의 여명이었다. 하나님처럼 죄를 용서했고, 이스라엘의 종말론적

---

12) 눅 24:26~27, 44~45도 참조.

회복으로서 열두 제자를 선택했다. 하나님을 대신하는 자로서 행동하고 가르쳤다. 비록 제자들이 그의 수난과 십자가 앞에서 도망가기는 했지만, 그들에게 각인된 이 예수의 기억은 지울 수가 없었다. 더욱이 부활 예수의 현현을 체험함으로써 예수에 대한 그들의 강력한 인상과 기억은 새로운 의미로 다가왔고, 그들의 믿음과 신학의 결정적 동기와 내용이 되었다.[13]

예수는 하나님 사랑과 이웃 사랑을 하나님의 뜻이라고 가르쳤다. 처음 제자들은 예수의 전체적인 행동을 하나님 그리고 인간 상호간의 파괴된 관계를 회복시키는 치유사역으로 이해했다. 그들은 이스라엘의 한계를 넘어 온 인류를 향한 하나님의 사랑을 보았다. 비록 예수 자신은 이스라엘에게만 보냄을 받았다고 생각했지만, 이방인을 긍정적으로 대하는 예수의 상징적 행동은 제자들이 이스라엘을 넘어 이방인들에게도 메시지를 전하게 만들었다. 이처럼 부활 이전 나사렛 예수의 종말론적 가르침과 주장이 부활절 이후 처음 제자들의 신학을 형성하는 데 결정적 근거와 내용이 되었다.

4) 영 체험

부활 예수의 현현 체험과 영 체험은 처음 제자들에게 일어난 두 가지 핵심 체험이다.[14] 이 두 체험 위에서 그들은 예수에 대한 기억과 구약성경과 유대교로부터 얻은 다양한 신학적 내용들을 연결해 그들의 독특한 신학을 형성했다.

구약성서와 고대 유대교는 종말에 하나님이 그분의 영을 부어 주실 것이라고 믿었다.[15] 종말에 나타날 하나님의 메시아는 영을 받은 인물이다. 처음교회는 영의 체험으로 시작되었다. 특히 사도행전은 처음교회에 나타난 영에 대해 말한다. 영은 예수가 약속한 '위로부터 오는 능력'(눅 24:49; 행 1:5, 8)으로서, 사도

---

13) U. Schnelle, *Theologie des NT*, 147~148.
14) 이하에 대해서는 U. Schnelle, *Theologie des NT*, 151~152 참조.
15) 겔 36:25~29; 사 32:15~18; 요엘 3:1~5 LXX; 1QS 4, 18~23 등.

들은 예수의 부활 이후 첫 번째 오순절에 영을 받았으며, 이때부터 처음교회가 시작되었다. 사도의 설교를 듣고 세례를 받은 모든 사람들에게 영이 부어진다(행 2:38). 요한에게 세례를 받은 이후에는 예수의 활동 자체가 성령에 의한 것이다(막 1:9~11; 행 10:37). 바울 이전에 형성된 처음교회 전승에 따르면, 예수의 부활을 일으킨 것도 하나님의 영이다.[16] 영을 받았다는 표시로 그들은 방언(행 2:4, 11; 4:31 등)과 예언(행 10:19)을 했다. 이러한 하나님의 영의 활동을 통해 제자들은 구약성경과 유대교의 종말론적 희망이 성취되었음을 알았다. 이 같은 영 체험은 처음교회의 신학을 형성하는 중요한 동력이었다.

---

16) 롬 1:3b~4a; 6:4 참조; 8:11; 벧전 3:18; 딤전 3:16.

2. 처음교회 그리스도인들의 신앙고백

처음교회 그리스도인들은 부활 예수의 현현을 경험하고, 성령을 받으며, 나사렛 예수의 말씀과 행동을 기억하고, 또 이를 구약성경과 유대교의 신학적 언어와 틀 속에서 반성하면서 그들의 신앙고백을 형성했다. 그들은 간단한 문장이나 표현을 통해 신앙을 말하거나 혹은 성만찬이나 세례교육, 찬양과 기도 등으로 고백했다.

1) 고린도전서 15장 3b~5절

빈 무덤의 발견과 부활 예수의 현현 체험 그리고 구약성경이 함께 묶여 형성된 가장 초기 신앙고백을 우리는 고린도전서 15장 3b~5절에서 볼 수 있다. 여기서 바울은 "내가 받은 것을 너희에게 전한다."고 하면서 처음교회에서 형성된 복음을 인용한다. 바울이 언제, 어디에서, 누구에게 이 '복음'을 받았는지 정확하게 말하기는 어렵지만, 분명한 사실은 예수 부활 사건이 있고 2, 3년 후에 바울이 사도로 부르심을 받았기 때문에, 그 2, 3년 사이에 예수의 죽음과 부활에 관한 이 복음의 전승이 생겨났다는 것이다. 아마도 예루살렘 처음교회에서 생겨나 안디옥의 그리스도인들도 세례교육 등에서 함께 고백했을 테고, 여기서 바울은 이 복음전승을 접했을 것이다. 이 신앙고백 전승은 네 개의 ὅτι-문장으로 구성되어 있다.

3b ὅτι Χριστὸς ἀπέθανεν	그리스도께서 죽으셨다.
ὑπὲρ τῶν ἁμαρτιῶν ἡμῶν	우리 죄를 위하여
κατὰ τὰς γραφὰς	성경대로
4 καὶ ὅτι ἐτάφη	그리고 장사 지낸 바 되셨지만

καὶ ὅτι ἐγήγερται	다시 살아나셨다.
τῇ ἡμέρᾳ τῇ τρίτῃ	사흘 만에
κατὰ τὰς γραφὰς	성경대로
5 καὶ ὅτι ὤφθη Κηφᾷ	그래서 게바에게 보이시고
εἶτα τοῖς δώδεκα·	후에 열두 제자에게
…	…

3b절로 시작하는 전승의 끝이 어디인지에 대해서는 논란이 많다. 부활증인의 명단 마지막 자리를 바울이 차지하고 있다는 8절은 바울의 말이고, 3b~5a절은 전승에 속하는 것이 분명하다. 그러나 5b~7절이 전승에 속하는지에 대해서는 논란이 되고 있다. 전승의 핵심은 3b절(죽음)과 4b절(부활)에 있다. 4a절(장사지냄)은 예수의 죽음을 확인하는 역할을 하고, 5a절의 게바에게 일어난 현현(눅 24:34)은 예수의 부활이 이미 일어난 사실임을 강조한다.

처음 그리스도인들은 단지 예수의 죽음과 부활의 사실에만 관심을 기울인 것은 아니며, 이를 해석하여 의미를 밝히는 데 집중한다. 먼저, 예수의 죽음을 '우리의 죄를 위하여' '성경에 따라' 일어난, 곧 우리의 속죄를 위한 대리적 죽음으로 해석한다. 구약성서는 속죄의 죽음에 대해 말하기 때문에,[17] 예수의 죽음은 성경의 증언에 합당하게, 그러므로 하나님의 뜻에 따라 일어났다. 예수의 속죄죽음은 구약성경에 따라 일어났으며, 그러므로 하나님의 구원사건인 것이다(막 14:49; 롬 4:25).

성경에 따라 속죄를 위해 죽은 예수는 또한 성경에 따라 '사흘 만에 부활했다.' 예수의 죽음이 '우리 죄를 위하여' 일어났다. 로마서 4장 25절은 '우리를 의롭다 하시기 위하여' 예수가 살아났다고 한다. 사흘 만에 일어난 예수의 부활이 '성경에 따라' 일어났다면, 여기에는 분명히 호세아 6장 2절이 작용한다. 이 말씀은 유대교 문헌에서 모든 죽은 사람들의 종말적 부활과 연결시켜 이해되었기 때문

---

17) 사 53장; 시 56:14; 116:8 등을 생각할 수 있다.

에,[18] 예수의 '사흘 만에 부활'을 모든 죽은 자들의 부활에 앞서 일어난 첫 번째 부활이라고 보았으며(고전 15:20~22), 그러므로 예수의 부활은 모든 죽은 자들의 부활이 시작되는 하나님의 새 창조 사역의 출발점이라고 처음 제자들은 믿었다.

예수의 죽음과 부활이 모두 '성경에 따라' 일어났다고 믿음으로써 처음 그리스도인들은 유대교와는 다른 하나님 이해를 갖게 되었다. 유대교는 하나님이 종말에 죽은 의인들을 부활시키실 것이라고 믿었지만, 처음 그리스도인들은 예수의 부활에서 하나님의 구원 사역이 이미 지금 일어났다고 믿었다. 하나님은 무에서 유를 창조하는 창조자이시며, 죽은 자를 살리시는 하나님이다.[19] 곧 하나님은 죽은 자의 하나님이 아니라 산 자의 하나님이다(막 12:27 병행). 예수의 부활은 하나님이 일으킨 사건이다.[20] 예수의 부활에서 하나님은 산 자의 하나님으로 확증되었다. 그러므로 하나님은 예수 사건에 의해 분명하게 알게 되며, 예수 사건은 하나님 신앙에 의해 분명하게 이해된다. 이처럼 처음 그리스도인들에게 신론과 기독론은 분리될 수 없었다. 처음 그리스도인들의 "부활 신앙고백 속에 있는 하나님과 예수 사이의 이러한 해석학적 교차관계를 알 때, 초대교회의 부활 신앙고백이 신약성서신학의 결정적 핵심이 된다."[21]

고린도전서 15장에서 바울이 인용하는 처음교회의 신앙고백은 예수의 죽음과 그것이 갖는 구원의 의미를 말하고, 또한 현현 증인들을 통해 실제로 일어난 사건으로 확증된 예수의 부활의 의미를 가르친다. 예수의 죽음이 무덤에 장사 지낸 것에서 확증되듯이, 예수의 부활 또한 사람들에게 일어난 현현 체험을 통해 사실로 입증된다. 예수의 부활은 빈 무덤을 통해 '입증되는' 것이 아니라 증인들의 현현 체험으로 확증된다. 이러한 체험을 구약성경과 관련해 해석함으로써

---

18) P. Stuhlmacher, *Biblische Theologie des NT I*, 172.
19) 살전 1:10; 롬 4:17, 24; 8:11; 10:9; 고전 6:14; 고후 1:9; 히 11:19; 벧전 1:21 등.
20) 고전 15장 4a절과 b절의 동사는 수동태다. 개역성경은 4a절의 동사를 "장사 지낸 바 되다."라고 바르게 번역하지만, 4b절의 동사는 "다시 살아나셨다."라고 번역하는데, "살리심을 받았다."가 정확한 번역이다. 이러한 수동태는 예수를 장사지내고 다시 살린 주체가 하나님이라는 것을 말한다. 눅 24:34의 수동태 표현도 참조.
21) P. Stuhlmacher, *Biblische Theologie des NT I*, 175.

그리스도 선포가 형성되었다. 그러므로 그리스도 선포는 증인들의 선포이고, 실제로 일어난 예수의 역사적 사건들과 관련 있으며, 구약성서와 연결해서 해석하여 형성된 선포다.

2) 성만찬(고전 11:23~26; 막 14:22~25; 마 26:26~29; 눅 22:12~20)

부활 예수의 현현 체험 이후 처음교회가 예수의 말씀을 기억하면서 실시한 대표적인 제의는 성만찬이다. 바울은 그 이전의 처음교회에서 형성된 성만찬을 고린도교회에 전하면서 '주께 받은 것'이라고 한다(고전 11:23). 공관복음과 바울 서신에 있는 성만찬 본문을 비교하면 차이점들과 공통점들이 동시에 드러난다. 성만찬 본문들이 모두 예수의 부활 이후 처음교회에서 생겨난 것은 사실이지만, 이들은 모두 나사렛 예수가 잡히시던 날 밤에 제자들과 나누었던 유월절 식사라는 역사적 사실로부터 출발한다.[22] 예수는 시온에서 있을 종말의 식사(사 25:6~8)를 제자들이나 세리와 죄인들과 함께 나누며 하나님 나라를 미리 보여 주었다(막 14:25 병행).[23] 종말적 구원의 백성을 대표하여 유월절 식사를 하는 열두 제자들에게는 자신의 죽음으로 가능해질 새 언약에 참여하게 될 것이라고 약속한다.

나사렛 예수가 잡히던 밤에 제자들과 함께 나눴던 마지막 식사의 기억은 부활절 이후 두 가지 사건을 통해 더 보충되었다. 하나는 부활 예수가 현현하여 제자들과 나눴던 식사이고, 다른 하나는 부활 예수와의 식사가 가져다 준 제자들의 화해 경험이었다.[24] 엠마오로 가던 두 제자들(눅 24:13~35)과 게네사렛 호수에서 제자들은(요 21) 부활 예수와 식사를 나눔으로써 절망과 좌절을 이기고 부활 예수와 새로운 교제를 나누는 제자들로 다시 태어난다. 이 사건에서 제자들

---

22) P. Stuhlmacher, *Biblische Theologie des NT I*, 132.
23) 눅 13:29/마 8:11; 눅 14:15~24/마 22:1~14도 참조.
24) P. Stuhlmacher, *Biblische Theologie des NT I*, 208~210.

은 불신앙을 극복하고, 잡히던 밤에 예수가 마지막 식사를 하며 보여 준 모든 말씀과 행동의 의미를 깨우치고, 복음전파의 사명을 고취했다. 예수는 그의 속 죄죽음을 통해 하나님의 새로운 언약 공동체를 세우고자 했으며(렘 31:31~34), 제 자들에게 이 언약 공동체에 참여하게 했다. 그러므로 부활 예수와 식사교제를 나누는 것은 종말에 있을 메시아의 식사에 참여하는 것이다.

이처럼 제자들은 부활 예수의 현현을 체험함으로써 생긴 부활신앙을 근간으로 하여 예수의 오심과 수난 그리고 부활 등을 회상했고, 예수가 제자들과 함께 했던 마지막 식사의 의미를 되새기며, 성만찬 예전을 통해 종말론적 메시아의 식사에 참여하는 예식을 행했다. 처음 그리스도인들은 성만찬을 행하면서 반드시 기억해야 할 점이 있었다(고전 11:24~25; 눅 22:19). 이는 마치 이스라엘이 하나님의 구원사건인 애굽으로부터의 해방을 결코 잊어서는 안 되었듯이,[25] 그들은 하나님의 구원사건인 예수의 수난과 죽음을 잊어서는 안 되었다. 부활 예수의 현현을 체험함으로써 예수의 수난과 죽음이 실패와 좌절의 사건이 아니라, 하나님의 구원사건이라는 것을 제자들은 확신하게 되었다. 나사렛 예수는 그의 죽음에 직면해 제자들과 마지막 식사를 하면서 그것을 보여 주었지만, 당시에는 깨닫지 못했던 제자들은 부활 예수의 현현을 경험함으로써 예수의 그러한 행동과 가르침의 진정한 의미를 깨우쳤다. 그래서 예루살렘에 모였던 처음교회는 날마다(행 2:46) 혹은 한 주간의 첫날에(행 20:7) '떡을 떼는' 예식을 행했고, 이를 나중에 바울은 '주의 만찬'이라고 칭했다(고전 11:20). 그러므로 처음교회의 성만찬은 예수가 잡히던 날 밤에 제자들과 나눴던 마지막 식사를 부활절 이후의 신학적 시각으로 다시 재현한 성례였다.[26] 그래서 바울은 성만찬 전승을 '주께 받은 것' 이라고 할 수 있었다.

---

25) 출 12:14; 13:3, 8; 신 16:3.
26) P. Stuhlmacher, *Biblische Theologie des NT I*, 207.

3) 그리스도를 고백하는 칭호들

부활 예수의 현현을 경험하고 예루살렘에 모여 성만찬 공동체를 형성한 처음 그리스도인들은 부활 예수를 다양한 칭호를 사용하여 고백하기 시작했다.

(1) 그리스도

이미 바울 이전의 신앙고백(고전 15:3b)에서 처음 그리스도인들은 부활 예수를 '그리스도'라고 불렀다(행 2:36도 참조). 예수에게 붙인 칭호들 가운데 그리스도가 가장 자주 쓰였으며, 또 분명한 것이었다. 안디옥에서는 예수 믿는 사람들이 그리스도를 부르는 사람들이라는 뜻으로 '그리스도인'이라고 불리게 되었다(행 11:26). 사실 나사렛 예수는 스스로 그리스도라는 의식을 분명히 가지고는 있었지만 그렇다고 확실하게 말하지는 않았다.[27] 그러나 부활 예수의 현현을 경험한 제자들은 예수를 어떠한 두려움이나 의심도 없이 분명하게 '우리 죄를 위해' 죽었다가 부활한 '그리스도'라고 고백했다. 하나님은 종말에 기름부음을 받은 그리스도(메시아)를 보내셔서 자기 백성을 모으실 것이라는 기대가 십자가에서 죽고 부활한 나사렛 예수 안에서 온전히 성취되었다는 것이 처음 그리스도인들의 확고한 믿음이었다. 그러므로 예수 그리스도는 처음교회 이후에 확고한 고유대명사가 되었다. 이 호칭에는 '오직 예수만이 그리스도다.', '예수 외에 다른 그리스도는 없다.'는 배타적 신앙이 고백되어 있다. 이 그리스도라는 칭호는 구약성서와 유대교에서 알려졌기 때문에, 유대인 제자들에 의해 이러한 신앙고백이 처음으로 형성되었을 것이다.[28] 그들은 십자가에서 죽고 부활한 예수를 주님이요 하나님의 아들이며 그리스도라고 고백함으로써, 예수 그리스도 안에 하나님의 구원이 총

---

27) 위 88~89쪽 참조.
28) 그러나 헬라-로마 세계에서도 기름을 붓는 의식을 통해 어떤 사람이나 물건이 특별히 신께 속한다는 생각이 널리 알려져 있었기 때문에 헬라-로마의 종교적 배경을 가진 처음 그리스도인들도 "예수가 그리스도이다."라는 고백의 의미를 이해할 수 있었을 것이다. U. Schnelle, *Theologie des NT*, 164.

체적으로 집약되었다고 믿었다. 구원은 하나님의 아들이요 주라고 불리는 예수 그리스도라는 이름 외에 다른 어떠한 이름으로도 일어날 수 없다(행 4:12). 부활 예수의 현현을 체험한 처음 그리스도인들은 이미 이 같은 확신 속에 있었다.

(2) 주님

성만찬 전승에 따르면, 처음 제자들은 부활 예수를 '주님'으로 불렀다. 그들은 예배 때에 부활 예수에게 마라나타(μαραναθα)를 기도했다(고전 16:22).[29] 요한계시록 22장 20절은 아람어 마라나타를 헬라어로 풀어 번역한다("주 예수여, 오소서"). 예루살렘 처음교회는 예배에서 하나님을 아바(αββα) 아버지라고 불렀으며, 호산나를 찬양하고, 부활 예수를 '주님'으로 확신하며, 그의 오심을 바라고 기도했다.[30]

'주님'으로써 처음 그리스도인들이 무엇을 고백했는지는 바울이 빌립보서에 인용하는 그리스도 송가(빌 2:6~11)에서 분명해진다.[31] 송가는 세상의 창조 이전부터 있었던 예수가 인간으로 와서 십자가에서 죽고 부활했음을 찬양한다. 곧 처음 그리스도인들은 세상에서 일어난 예수 사건으로부터 역사 이전의 차원으로 믿음의 내용을 확장했던 것이다.[32] 예수 그리스도는 세상에 오기 이전에 하나님의 '본체'였다(6a절). 그러므로 그는 하나님의 권능과 영광에 참여한, 실로 하나님과 같은 본성의 존재였다. 이 예수 그리스도가 자신의 신적 권능과 영광을 누리지 않았으며(6b절), 오히려 그것을 포기했다(7a절). 그런 그를 또한 '종'이라고 한다(7b절). '종'은 하나님의 '본체'로서 당연히 갖는 모든 권능과 영광과는 거리가 먼 무능하고 치욕적인 존재다. 하나님의 '본체'인 분이 사람이 되고(7c~d절), 하나님의 뜻에 순종해서 낮아져 종이 되고, 십자가에서 죽었다(8a~c절). 이는 상상할

---

29) P. Stuhlmacher, *Biblische Theologie des NT I*, 183~184.
30) M. Hengel, "Abba, Maranatha, Hosanna und die Anfänge der Christologie", 154.
31) 빌립보 송가에 대한 자세한 논의는 조경철, "빌립보서의 그리스도 송가(2:6~10)" 67~96 참조.
32) 빌립보 송가와 매우 유사한 초대교회의 송가는 골 1:15~20에서도 찾을 수 있다. 이 부분은 조경철, 「설교자를 위한 골로새서 주석, 오직 그리스도!」, 103~117 참조.

수 없는 역설이다. 처음 그리스도인들은 십자가의 죽음에서 신적 영광과 권능을 완전히 포기하고 진정한 '종'이 된 예수를 보았다.

그러나 그러한 역설로 예수 찬양은 끝나지 않는다. 역설은 다시 반전을 불러온다. 9절의 '이러므로'로 시작하는 송가 두 번째 절을 보면, 하나님의 뜻에 순종해 십자가에 달려 치욕스런 '종'으로 죽은 예수 그리스도를 하나님이 온 세상의 왕과 주로 높이셨다. 모든 피조물이 예수를 주님으로 고백하고 찬양하게 했으며, 이 모든 일은 '하나님 아버지의 영광을 위하여' 일어났다. 빌립보 송가는 십자가에 달려 죽고 부활한 예수 그리스도 안에서 구약성서가 예고한 하나님의 종말론적 우주의 통치가 일어났다고 노래한다.

마라나타 기도와 빌립보 송가에서 보듯이, 부활 예수를 '주'로 부르는 것은 단순히 인간적으로 존경심을 담아 부르는 그런 의미가 아니라, 예수를 하나님으로 높이는 신앙고백이다. 이러한 신앙고백은 시편 110편 1절 말씀을 부활 예수에게 적용함으로써 가능했다. 부활 예수는 하나님의 오른편 보좌에 앉아 계셔서 세상을 심판하기 위해 오실 '주님'이다. 구약성서에서 오직 하나님의 칭호였던 '주'를 처음 그리스도인들은 부활 예수에게 돌렸다.[33] 처음교회는 '주' 예수 안에 '주' 하나님이 계신다고 고백한다(고후 5:19; "하나님께서 그리스도 안에 계신다." 참조). 그러므로 처음 그리스도인들은 '한' 하나님과 '한' 주님 예수 그리스도를 동시에 말할 수 있었다(고전 8:6).

(3) 하나님의 아들

나사렛 예수는 자신이 하나님의 아들이라고 분명하게 말하지는 않았지만, 하나님과 매우 밀접한 관계 속에 있다고 의식했으며, 그래서 하나님을 아바 아버지라고 불렀다.[34] 그러나 부활 예수의 현현을 체험한 처음 그리스도인들은 예수

---

33) 빌 2:10~11과 사 45:23, 롬 10:13과 욜 3:5 비교.
34) 위 87쪽 참조.

를 '하나님의 아들'이라고 분명하게 고백했다.

구약성경에 따르면, 천사들과 이스라엘, 다윗의 후손 왕 등도 하나님의 아들들로 불렸다.[35] 나중에 다윗의 후손 왕과 메시아(그리스도)가 연결됨으로써, 다윗의 후손으로 오는 그리스도를 하나님의 아들이라고 했다. 이는 단순히 다윗의 혈통을 이어받았다는 차원이 아니라, 하나님의 선택으로 하나님의 일을 행사하는 대리인이라는 차원에서 그랬다(미 5:1). 처음 그리스도인들은 이러한 흐름 속에서 십자가에서 죽고 부활한 예수를 다윗의 후손이요 하나님의 아들로 고백했다.

바울 이전 처음교회의 신앙고백에 속하는 로마서 1장 3~4절은[36] 예수를 다윗의 혈통으로 육신으로 온, 그러므로 사람이 된 하나님의 아들로 고백한다. 그러나 양자 기독론의 의미에서가 아니라, 하나님의 약속을 가진 다윗의 후손으로 예수가 왔다는 의미에서 그렇다.[37] 다윗의 후손으로 온 인간 예수가 부활을 통해 하나님의 권능의 위치로 옮겨졌다. 그럼으로써 선지자들의 약속이 성취되었다. 선지자들은 다윗의 후손으로 오는 메시아를 하나님이 아들이라 부르실 것이라고 예언했으며,[38] 이 약속은 부활한 예수에게서 성취되었다. 하나님은 죽은 자들 중에서 부활시키신 예수를 하나님의 아들의 권능에 오르게 하심으로써, 부활 예수는 죽은 자들의 첫 열매가 되었다(골 1:18; 계 1:5). 이로써 만민에게 약속한 구원이 예수의 부활로 성취되었다(호 6:2; 사 25:8).

동정녀 탄생도 예수가 하나님의 아들이라는 것을 말하는 이야기다(마 1:18~25; 눅 1:26~38). 마태복음은 예수가 부정한 행위를 통해 태어난 것이 아니라고 변명하면서 동정녀 탄생을 이사야서 7장 14절(LXX)의 성취라고 하지만, 누가복음은 어떠한 변명도 하지 않고 남자를 알지 못하는(눅 1:34) 마리아가 낳을 예수를 '지

---

35) 창 6:2; 시 29:1; 89:7(천사): 출 4:22; 사 43:6; 45:11; 렘 31:9(이스라엘): 삼하 7:14; 시 2:7; 89:27(왕).
36) 이 두 구절에는 바울이 다른 곳에서는 전혀 사용하지 않는 독특한 표현들이 있다. '다윗의 혈통'과 '성결의 영', '육신으로'와 '성결의 영으로' 같은 대조적인 표현 등은 바울서신들에서는 찾을 수 없는 낯선 것이다.
37) 롬 1:3~4에서 양자 기독론을 보려는 입장(H. 콘첼만, 『신약성서신학』, 164)에 대한 비판에 대해서는 P. Stuhlmacher, *Biblische Theologie des NT I*, 187~188 참조.
38) 삼하 7:12~16; 시 89:27~28; 110:1.

극히 높으신 이의 아들'이요 '하나님의 아들'이라고 한다(눅 1:32, 35). 이 고백은 예수의 부활신앙에서 나왔다.[39] 처음교회는 십자가에서 죽고 부활해 하나님의 오른편 보좌에 오른 예수가 하나님의 아들이라는 분명한 믿음을 고백했다. 하나님의 아들은 여자의 몸에서 태어나기는 했지만, 이사야서 7장 14절에 의거해 동정녀를 통해 태어났다고 그들은 고백했다.

4) 속죄와 칭의신학

처음 제자들은 부활 예수의 현현을 체험함으로써 예수의 죽음을 '우리의 죄를 위한' 죽음으로 이해했고, 예수의 부활을 모든 사람들의 구원이 시작되는 사건으로 이해했다.

(1) 로마서 4장 25절도 바울 이전의 예루살렘 처음교회에서 형성된 신앙고백이다.

> "예수는 우리가 범죄한 것 때문에 내줌이 되고 또한 우리를 의롭다 하시기
>
> 위하여 살아나게 되셨느니라"[40]

고린도전서 15장 3절은 '우리 죄를 위하여' 예수가 죽었다고 했으며, 여기서는 '우리가 범죄한 것 때문에' 예수가 죽었다고 한다. 예수의 부활을 확신한 처음 그리스도인들은 예수의 죽음을 자신들의 죄를 속하기 위한 대속적 죽음으로, 예수의 부활을 그들을 의롭다 하시기 위한 하나님의 사건으로 고백했다. '내줌이 되고'(παρεδόθη), '살아나게 되셨다'(ηγέρθη)는 모두 신적 수동태로 그 행동의 주체

---

39) 막 1:9~11(병행)과 9:2~10(병행)도 부활 신앙에 근거해 예수를 하나님의 아들로 선언하는 하늘의 음성을 말한다.
40) 우리말 개역성경의 "살아나셨느니라."라는 능동태 번역은 오역이다.

가 하나님이라는 것을 말한다. 하나님은 우리가 죄를 범했기 때문에 예수를 대속적 죽음에 내어 주셨고(롬 8:32), 우리를 의롭다 하시기 위해 예수를 죽은 자들 가운데서 살려 내셨다. 현현의 증인들은 부활 예수에 의해 용서받고 다시 제자들로 받아들여진 자신들의 체험을 이러한 신앙고백으로 표현했다.

한편 이사야 53장(특히 5, 10~12절)도 중요하게 작용한다. 많은 사람들을 대신해 고난 받은 하나님의 종은 '올려지고, 더 나아가서 영화롭게' 된다(52:13). 나사렛 예수 자신은 제자들과 고별 식사를 하며 이사야의 말씀을 자신의 죽음과 연결해 말했다(막 10:45). 그는 자신을 이사야서 43장 3절이 말하는 "속량물로" 내놓았다. 고별 식사를 하며 다시 한 번 '많은 사람'을 위한 자신의 죽음을 말한다(막 14:28 병행; 고전 11:24). 바로 부활 예수의 현현을 경험한 사람들이 예수가 위하여 죽은 '많은 사람' 가운데 일부다. 그래서 그들은 "예수는 우리가 범죄한 것 때문에" "성경에 따라" 죽었다고 고백한다. 나사렛 예수가 자신의 수난과 죽음에 담긴 속죄의 의미를 암암리에 말했다면, 부활의 증인들은 이것을 분명하게 고백한다.

나사렛 예수는 그의 죽음을 통해 죄인들을 의롭다 하시려는 하나님의 뜻에 순종했기에 하나님은 그를 죽은 자들 가운데서 부활시키셔서 하나님의 아들로 확증하셨다. 처음 그리스도인들은 예수의 대속의 죽음 때문에 죄 용서를 받았고, 그의 부활에 근거해 하나님으로부터 의롭다 인정을 받았다고 믿었다. 나중에 바울신학의 핵심이 된 이러한 칭의신학을 바울 이전의 처음 그리스도인들은 예수의 죽음과 부활 그리고 그 가르침과 행동에 근거해 이미 알고 있었다.[41]

(2) 이 사실은 바울 이전에 형성되어 바울이 인용하는 로마서 3장 25절에서도 확인할 수 있다.

"이 예수를 하나님이 그의 피로써 믿음으로 말미암는 화목제물로 세우셨으

---

41) 나사렛 예수에게 나타난 칭의신학에 대해서는 조경철, "공관복음에 나타난 칭의론" 참조.

니 이는 하나님께서 길이 참으시는 중에 전에 지은 죄를 간과하심으로 자기
의 의로우심을 나타내려 하심이니"

바울이 다른 곳에서는 전혀 사용하지 않는 단어들이나 표현들이 이 구절에
중첩되어 나타난다는 점에서[42] 이 말씀이 바울 이전에 형성되었음을 알 수 있
다. 십자가에 달려 처형된 예수는 '화목제물'이다. 화목제물로 번역된 힐라스테리
온(ἱλαστηριον)은 원래 지성소에 있던 법궤 뚜껑이다.[43] 유대인들은 여기에 하나님
이 계신다고 믿었으며, 대속죄일에 대제사장이 정결한 짐승의 피를 이곳에 뿌려
자신과 백성의 죄를 속하는 제사를 드린다. 이와 동시에 이곳에 드려지는 희생
제물을 그렇게 부르기도 했다. 처음 그리스도인들은 십자가에 달린 예수가 하나
님이 계시는 힐라스테리온(장소)이면서 동시에 하나님께 속죄 제물로 드려지는
힐라스테리온(제물)이라고 믿었다. 십자가에 달린 예수는 죄인을 향해서는 용서
하시는 하나님이고, 하나님을 향해서는 죄인을 대신해 드려지는 제물인 것이다.
처음 그리스도인들은 십자가에 달린 예수를 그렇게 믿음으로써 유대인들이
성전 지성소에서 동물의 피로 드리는 희생 제사를 부정했다. 십자가에 달린 예
수 안에 하나님이 계시며, 십자가에서 피 흘린 예수만이 하나님께 드려지는 속
죄 제물이다. 매년 반복해서 동물의 피로 희생 제사를 드리는 유대인들의 제의
적 행위는 희생제물로서 십자가에 달린 예수 안에서 끝이 났다. 예수는 십자가
에서 자신의 몸을 제물로 단번에 드려 영원히 유효한 희생 제사를 하나님께 드
렸다.[44] 예수의 희생으로 말미암아 하나님은 죄인의 죄를 간과하심으로써 그분
의 의를 드러내셨고 또 예수 믿는 사람들을 의롭다 하셨다.
예수의 십자가 죽음을 통해 유대교에서 가장 중요한 지성소의 희생 제사를
날카롭게 비판하고 부정하는 이러한 메시지를 처음으로 깨달은 사람들은 누구

---

42) 화목제물(ἱλαστηριον), 세우다(προτιθεσθαι), 간과하심(παρεσις), 나타내다(ενδειξις), 전에 지은(προγιγνεσθαι) 등.
43) 출 25:17~22; 레 16:1~19은 "속죄소"라고 한다.
44) 이는 특히 히브리서의 신학이다. 그 중에서도 히 9:1~15 참조. 아래 368쪽 이하 참조.

였겠는가? 사도행전의 기록을 보면, 처음 그리스도인들 가운데 베드로를 중심으로 한 사도들이나 주의 동생 야고보 등은 예루살렘 성전과 매우 밀접한 신앙생활을 했다. 반면에 스데반은 성전을 강력하게 비판했다는 이유로 공회에 고발을 당한다(행 6:13~14; 7:47~50). 결국 스데반은 순교를 당하고, 그의 무리들은 예루살렘에서 쫓겨나 안디옥과 사마리아, 다마스쿠스 등으로 흩어져 교회를 세운다. 지성소와 그곳에 드러지는 동물의 희생 제사를 부정하는 로마서 3장 25절 말씀은 스데반 무리들에게서 형성되었다고 볼 수 있으며, 나중에 사도가 된 바울이 안디옥에서 이 말씀을 받았을 것이다.[45]

(3) 고린도후서 5장 21절도 바울 이전에 형성된 처음 그리스도인들, 아마도 안디옥의 스데반 그룹에 의해 형성된 신앙고백이다.[46]

> "하나님이 죄를 알지도 못하신 이를 우리를 대신하여 죄로 삼으신 것은 우리
> 로 하여금 그 안에서 하나님의 의가 되게 하려 하심이라"

하나님은 "죄를 알지도 못하신 이" 곧 예수를 "우리를 대신하여" "죄로 삼으셨다." 여기서 '삼으셨다(ποιειν)'는 말은 '…으로 드리다', '…으로 취급하다'를 뜻한다.[47] 하나님은 죄를 알지도 못하는 예수를 우리 죄인들을 대신해 속죄 제물로 삼으신 것이다. 예수의 죽음으로써 '우리'는 새로운 존재가 되어 하나님과 올바른 관계 속에서 살 수 있게 되었다. 실로 예수의 죽음은 죄인을 대신하는 대속의 죽음이며, 하나님의 뜻 안에서 일어난 하나님의 구원사건이다.

---

45) P. Stuhlmacher, *Biblische Theologie des NT I*, 194.
46) P. Stuhlmacher, *Biblische Theologie des NT I*, 195.
47) 레 4:20; 5:10; 9:7; 16:15 등 참조.

5) 요약

　예수의 죽음과 부활(기원후 30년)로부터 신약성서 최초 문헌들인 바울서신들이 기록되기까지(기원후 50년) 대략 20여 년 동안, 위에서 살펴본 것처럼 신약성서신학의 핵심이 이미 형성되었다. 부활 예수의 현현을 체험한 사람들은 예수의 죽음과 부활의 의미를 구약성서 말씀과 나사렛 예수가 하신 말씀들을 반성하면서 찾기 시작했고, 결국 예수를 주요 그리스도이며 하나님의 아들이라고 고백했다. 예수의 죽음을 죄인을 대리한 대속의 죽음으로, 예수의 부활을 죄인이 하나님과 새로운 관계를 맺으며 다시 살아가게 하는 하나님의 의의 사건으로 해석함으로써, 그들은 신앙고백을 형성했고, 더 나아가 다른 사람들을 향한 선교적 메시지를 만들었다. 그들은 짧은 신앙고백문과 찬송가, 기도와 성만찬, 세례교육 등과 같은 다양한 형식으로 그들의 신앙을 고백하며 처음교회를 이루었다. 이러한 신앙고백과 더불어 유대인과 이방인 등 믿지 않는 사람들을 향해 그들의 신앙을 전파해야 한다는 선교의 사명도 깨닫기 시작했다. 처음교회의 신앙과 삶 그리고 선교는 내부적으로 많은 문제를 야기했고 또 필연적으로 주변 세계, 특히 유대교와의 충돌 속에서 이루어질 수밖에 없었다. 그러나 이 모든 과정은 신학이 발전하고 교회가 확장되는 데 결정적 역할을 한다.

3. 처음교회의 삶과 선교

1) 예루살렘 처음교회의 형성과 확장

(1) 예루살렘은 유대인들에게는 하나님의 종말적 구원행동이 이루어질 핵심 장소였다.[48] 처음교회에게도 예루살렘은 예수 그리스도의 희생의 죽음과 부활이 일어난 곳이며, 그의 재림이 일어날 곳으로 여겨졌다. 예수의 재림이 일어나면 세상은 심판을 받게 되고 하나님 나라는 궁극적으로 세워질 것이다.[49] 예루살렘을 이러한 하나님의 궁극적 심판과 구원이 일어날 장소로 여겼던 것이다. 그러므로 예루살렘에 처음교회가 세워지고, 이 교회에서 '마라나타(주여, 오소서)' 기도가 드려진 것이다.

(2) 예루살렘 처음교회는 예수가 모으려고 했던 새로운 이스라엘이 자신들이라는 이해를 가지고 있었다. 부활 예수의 현현을 제일 먼저 경험한 베드로는 처음교회 안에서 특출한 권위를 갖는다(마 16:16~19). 예수를 배신했던 전력이 있었지만(막 14:53~65 병행), 부활 예수는 그를 제일 먼저 찾아가서 만나 다시 사도로 불렀다. 그가 부활 예수를 처음으로 만난 곳은 아마도 갈릴리였을 것이다. 물론 복음서들의 기록에서 이 점은 엇갈린다. 누가복음 24장 34절과 요한복음 20장 19~23절을 보면 베드로가 예루살렘에서 부활 예수를 만나지만, 요한복음 21장에서는 갈릴리에서 만난다. 예수의 처형 당시에 고향 갈릴리로 돌아가 있던 베드로를 부활 예수가 찾아와 만났다고 보는 편이 적절할 것이다. 그러나 베드로는 곧바로 예루살렘으로 와서 이전의 열두 제자들과 함께 처음교회를 시작한

---

48) 사 2:2~4; 66:18~24; 미 4:1~4; 말 3:1~3.
49) 마 24:3, 27, 37~39; 살전 4:15~17 등.

다(행 1:12~26). 사도행전 1장 15절에 따르면, 부활 예수의 승천 이후 120명 정도의 사람들이 모여 가룟 유다를 대신해 맛디아를 사도로 선출한다. 예수는 종말적인 12지파 공동체 이스라엘을 불러 모으기 위해 세상에 왔기 때문에 열두 명의 제자들을 불렀다.[50] 베드로를 비롯한 열두 제자들은 예루살렘에 모여 스승 예수의 그러한 의지를 새롭게 활성화한 것이다. 이렇게 해서 나사렛 예수가 종말에 이루고자 했던 12지파 공동체 이스라엘이 열두 제자들에 의해 실현되기 시작했다.

(3) 처음교회의 이러한 자기이해는 '(하나님의) 교회'라는 호칭에서도 밝혀진다. 바울과 사도행전은 예루살렘을 비롯해 여러 곳에 있는 처음교회들을 반복해서 엘 카할(εκκλησια του θεου)이라고 부른다.[51] εκκλησια에 해당하는 히브리어(카할)는 특별한 동기와 목적으로 소집된 무리를 의미한다. 예를 들어 전쟁에 나가기 위해 소집된 남자들이나[52] 혹은 하나님이 율법을 지키도록 부르신 이스라엘의 신앙공동체가 그렇게 불린다.[53] 쿰란공동체에서는 하나님의 적들에 맞서 종말의 전투를 싸우도록 하나님이 부르신 이스라엘 공동체를 엘 카할이라고 한다.[54] 처음교회가 자신을 엘 카할이라고 불렀다면, 하나님이 종말적 사명을 부여하기 위해 예수를 통해 소집한 공동체가 자신들이라고 믿었기 때문이다.[55] 특히 예루살렘이 하나님의 구원사건이 일어날 핵심 장소로 여겨졌다는 사실을 고려하면, 예루살렘 처음교회는 스스로에 대해 예수가 종말에 모으고자 했던 12지파 백성으로서 믿음의 공동체라는 의식을 가지고 있었음이 분명하다. 하나님은 예루살렘으로부터 출발해 그분의 새로운 백성을 모으기 시작할 것이라고 그들은 믿었다.

---

50) 막 6:7~12 병행; 마 19:28; 눅 22:29~30.
51) 고전 15:9; 갈 1:13, 22; 행 5:11; 8:1, 3; 9:31 등.
52) 삿 20:2; 삼상 17:47.
53) 신 5:22; 9:10; 10:4; 23:4 이하 등.
54) 1QM 4:10.
55) P. Stuhlmacher, Biblische Theologie des NT I, 199.

(4) 이러한 예루살렘 처음교회의 자기이해는 성령을 받음으로써 확증되었으며, 그로부터 선교를 해야 한다는 사명과 의지를 확인했다. 사도행전 2장에 따르면, 예루살렘 처음교회 성도들에게 십자가와 부활 사건 이후 첫 번째 오순절에 성령이 충만하게 임하고, 그로부터 그들은 복음을 전하기 시작한다. 처음 그리스도인들에게 임한 성령은 구약성경에 예고된[56] 하나님의 종말적 구원사건의 성취를 확증하는 것이었다. 그러므로 예수의 오심과 죽으심, 부활, 그리고 그의 현현은 성령에 의해 '하나님의 큰 일'로 확인되었고, 또 그렇게 전파되었다 (행 2:11).

(5) 사도행전 2장 41절에 따르면, 베드로의 설교를 듣고 예루살렘 사람 3천여 명이 세례를 받고 교회에 들어왔다. 당시 예루살렘 시민은 2만 5천에서 3만 명 정도였다고 한다.[57] 총 인구의 10퍼센트가 하루에 세례를 받고 교회로 왔다는 말은, 예루살렘 처음교회가 대단히 빠른 속도로 성장했다는 사실을 과장해서 말한다.

사도행전 6장에 따르면, 예루살렘교회가 두 공동체로 분열된다. "제자가 더 많아졌는데"(행 6:1, 7), 그들은 히브리어를 사용하는 이들과 헬라어를 사용하는 이들로 나누어졌다. 베드로를 비롯한 12사도들은 히브리어를 사용하는 성도들을 담당하고, 부활 사건 이후에 새로이 형성된 처음교회 지도자들인 스데반을 비롯한 일곱 명은 헬라어를 사용하는 성도들의 목회를 담당한다.

히브리 파에 속한 처음 그리스도인들과 헬라 파에 속한 이들의 갈등과 분열에는 언어와 문화의 차이 외에도 신학적 차이가 한 역할을 했다. 언어와 문화의 차이는 단순히 구제에서의 차별로 그치지 않고 생각과 사상에도 결정적 역할을 한다. 스데반 그룹은 디아스포라에서 돌아온 유대인들로서 예루살렘 성전과 율

---

56) 렘 31:31~34; 겔 36:24~28; 욜 3:1~5 참조.
57) J. Jeremias, *Abba*, 335~341.

법에 비판적 입장을 취했으나(행 6:13~14), 히브리 파에 속한 이들은 달랐다. 그래서 스데반 그룹이 박해를 받았을 때도 히브리 파에 속한 이들은 예루살렘에서 큰 어려움 없이 계속 살 수 있었다(행 8:1~3). 성전과 율법에 비판적인 스데반의 선교는 당시 예루살렘의 헬라어를 사용하는 유대인들에게 큰 성공을 거두었던 것으로 보인다. 이때 유대교 당국이 그들을 박해했음은 물론이다. 그들은 유대교의 박해를 피해 예루살렘을 떠나 안디옥과 사마리아, 다마스쿠스 등으로 흩어져 별도로 교회를 세움으로써 처음교회가 확장된다.

2) 처음교회의 공동체적 삶

처음 그리스도인들을 하나의 공동체로 묶은 것은 십자가에 못 박혀 죽은 "예수를 하나님이 주와 그리스도가 되게 하셨다."는 믿음의 고백이었다(행 2:36). 성령은 그들에게 이러한 믿음을 갖게 했고, 더 나아가 그 믿음을 제의적으로나 공동체적인 삶으로 실천하게 했고 또 선교하게 했다.

(1) 처음교회는 모이는 공동체였다. 처음에 교회는 유대교의 예루살렘 성전과 결별하지 않았고, 오히려 성전 예식에 참여해서 기도했다(행 2:46; 3:1). 그러나 처음교회는 십자가에 달린 예수 안에서 하나님께 영원히 유효한 속죄 제사가 단번에 드려졌다고 믿었기 때문에, 유대교의 동물 희생제물을 드리는 성전 속죄 제사에는 참여하지 않았을 것이다. 처음 그리스도인들은 성전 외에 주로 개인의 가정에서 모였다. 이미 예루살렘에서부터 로마교회에 이르기까지 처음교회는 가정교회였다.[58] 이들이 집에 모여 무엇을 했는지는 사도행전 2장 42, 46절이 말한다. 사도들의 가르침을 받고, 서로 교제하며, 떡과 음식을 나누고, 기도했다.[59]

---

58) 행 1:13~14; 2:1~4, 46; 12:12; 롬 16:5; 몬 2 등 참조.
59) 이하에 대해서는 P. Stuhlmacher, *Biblische Theologie des NT I*, 204~210 참조.

① 처음교회 성도들은 "사도들의 가르침"(행 2:42)을 받았다. 나사렛 예수로부터 제자로 부름을 받아 예수의 말씀을 듣고 행동을 목격했던 사도들은 부활 예수의 현현 체험과 그들에게 임한 성령에 의거해 나사렛 예수의 선포와 삶, 수난과 죽음 그리고 부활에 대해 처음교회 성도들에게 가르치기 시작했고, 그들의 가르침은 복음의 내용이 되어 전해졌으며, 나중에는 복음서들에 기록되었다. 이러한 전승의 과정에서 거짓된 내용과의 다툼이 일어났고, 또한 다양한 형태로 확대 재생산되기도 했다. 처음교회는 사도들의 가르침을 굳게 붙잡고, 그 가르침을 함께 나누는 믿음의 공동체였다. 그러므로 교회는 처음부터 사도적인 교회였다.

② 처음교회는 사도들의 가르침을 받아 서로 교제했다. 처음교회 성도들이 어떻게 교제했는지는 사도행전 2장 42~47절과 4장 32~35절에서 볼 수 있다.[60] 처음교회의 삶을 요약하는 이 구절들은 사도행전 저자인 누가 이전에 형성되어 그에게 전해졌다.[61] 성도들은 모든 재물을 자발적으로 내놓아 함께 사용함으로써 진정한 교제를 했다. 예루살렘 처음교회의 이 같은 재산공유 교제의 삶이 실제로 가능했는지 의구심을 제기하는 사람도 있지만, 예수의 재림이 얼마 남지 않았다는 종말론적 믿음에서 볼 때, 그리고 당시 헬라 세계나 쿰란공동체의 유사한 삶을 볼 때, 실제로 있었을 것이다. 사도행전 2장 36~37절에 나오는 바나바의 행위에서도 그러한 삶이 실제로 있었음을 알 수 있다. 그들은 예수의 임박한 재림에 집중하며 모든 재산에 대한 집착을 버리고 함께 나누는 그런 공동체를 형성하려고 했다. 예수의 사랑의 계명과 재물에 대한 많은 경고의 말씀들(예: 막 10:17~22 병행)을 진지하게 실천하려고 했으며, 재물에 대한 염려에서 해방되어 진정한 자유인으로 살았던 스승 예수를 본받아 살려고 했다(눅 8:1~3).

이러한 성도의 교제는 예루살렘 처음교회 안에서만 일어난 것이 아니다. 예

---

60) F. W. Horn, "Die Gütergemeinschaft der Urgemeinde", EvTh 58(1998), 370~382.
61) J. Roloff, *Die Apostelgeschichte*, 89~91.

루살렘에서 추방된 스데반 그룹이 안디옥 등에 세운 교회에서는 사마리아인들과 장애인들, 이방인들과 유대인들이 함께 기도하며 식사 교제를 나눴다. 예수 시대까지는 서로 적대적이었던 사마리아인들과 유대인들이 한 교회 안에서 공동체의 삶을 실천하기란 결코 쉬운 일이 아니었을 것이다. 그들은 예수 그리스도에 대한 믿음에 근거해 과감하게 그런 공동체를 형성했다(눅 9:52~56 참조). 새로운 그리스도 신앙은 지금까지 적대적이었던 인간 그룹들이 서로 화해하게 만들었다.

안디옥교회는 흉년이 들어 피폐해진 유대의 교회들을 도왔다(행 11:27~30). 이 일은 바울의 다마스쿠스 소명사건 이후 일어난 일이지만, 처음교회 성도들의 서로 돕는 교제가 개체 교회의 울타리를 넘어서고 있었음을 말해 준다. 기원후 48년 무렵에 있었던 예루살렘 사도회의에서도 예루살렘의 가난한 성도들을 위해 바울의 교회들이 구제금을 모아 줄 것을 합의하고, 바울은 이를 위해 최선을 다했다(갈 2:10; 롬 15:26~27). 그러므로 부활 사건 이후 처음교회는 예수의 가르침에 따라(눅 12:22~34/마 6:25~34) 재물에 의존하는 삶이 아니라, 가진 재물을 기꺼이 내어놓고 나누는 생명의 교제를 실천함으로써 도래하는 하나님나라를 지향하는 삶을 살았다.

③ 처음교회는 찬양과 함께 "떡을 떼는" 공동체였다. 성도들끼리 교제하는 중심에는 떡을 함께 떼는 식사가 있었다. 떡을 떼는 행위는 나사렛 예수가 제자들이나 죄인들과 함께 했던 식탁 교제를 계승하는 일이고, 더 나아가 제자들과 함께 했던 예수의 고별 식사가 교회 안에서 성만찬 형태로 재현된 것이다. 부활 예수가 제자들과 화해의 식사를 했다.[62] 나사렛 예수가 죄인들과 함께 나눴던 식탁 교제 그리고 제자들과 함께 한 고별 식사 등이 성만찬 예전으로 통합되었다. 그러나 나사렛 예수의 고별 식사는 일 년에 유월절에 한 차례, 그것도 열두 제

---

62) 눅 24:30~31, 41~43; 행 10:41; 요 21:12~13.

자들과 했지만, 처음교회의 "떡을 떼는" 성만찬과 교제는 날마다(행 2:46) 혹은 부활을 기념하는 한 주간의 첫 날에 모든 믿는 사람들이 행했다(행 20:7). 예루살렘의 그리스도인들은 십자가에서 죽고 부활한 주님의 식탁에서 교제와 화해의 식사를 나누고, '마라나타'를 기도함으로써 주님의 임박한 재림을 기원했다.[63] 또한 그들은 성만찬에는 부활 예수가 영적으로 함께 계신다고 믿었다. 예수의 수난 이야기를 나누고 그의 식탁에 관해 말하면서(막 14:22~25) 예수의 속죄죽음을 생각했고, 그의 종말적인 오심을 기도했으며, 예수로 말미암아 하나님과 화해하게 된 '많은 사람'의 공동체를 형성해 나갔다(고전 10:16~17 참조).

④ 처음교회는 모여서 기도하는 공동체였다. 그들은 하나님을 아바 아버지라고 부르고 죽은 자를 살리시는 분, 곧 주 예수 그리스도를 다시 살리신 하나님이요 무에서 유를 창조하시는 하나님으로 고백하고 찬양했을 뿐 아니라, 부활 예수를 주님으로 찬양하고 고백하며 속히 오시기(마라나타)를 기도했고 또한 주님이 가르친 기도를 드렸다.

(2) 사도들은 '기사와 표적'을 많이 행했다. 그 대표적인 예가 사도행전 3장 1~10절에 언급된, 성전 미문에 앉아 구걸하는 걷지 못하는 사람을 베드로와 요한 사도가 치유한 사건이다. 나중에 사도 바울도 "표적과 기사와 능력"을 사도의 징표로서 행했다(고후 12:12). 이로 볼 때, 처음교회 사도들은 말씀으로 복음을 증언했을 뿐 아니라 많은 기적의 치유 행위를 했다.[64] 사도들에게는 복음을 증언하는 능력과 기사와 표적을 행하는 능력이 주어졌다. 그러므로 예루살렘 처음교회는 여러 가지로 주변 사람들에게 주목받을 수 있었다. 예수 부활의 증언, 모든 재물을 함께 나누는 진정한 교제의 삶, 성만찬 그리고 사도들이 행하는 기

---

63) 고전 16:22; 행 22:20; 디다케 10:6 참조.
64) 막 6:7, 12~13 병행; 눅 10:9/마 10:7~8 참조.

사와 표적 등은 주변인들의 주목을 받기에 충분했다.

3) 처음교회의 세례

(1) 성만찬과 함께 처음교회는 세례를 행했다. 처음교회에서 전도와 세례는 밀접하게 연결되어 있다. 사도행전 2장 38절에서 베드로는 이렇게 말한다.

> "너희가 회개하여 각각 예수 그리스도의 이름으로 세례를 받고 죄 사함을 받
> 으라 그리하면 성령의 선물을 받으리라"

전도자 빌립도 사마리아 사람들과 에티오피아 관리에게 복음을 전하고 세례를 베풀었다(행 8:12, 36~38). 베드로는 이방인 백부장 고넬료에게 복음을 전하고 세례를 주었다(행 10:1~48). 바울도 회심한 후 곧바로 세례를 받았다(행 9:17~18). 마태복음 28장 16~20절과 마가복음 16장 16절에 따르면, 부활 예수가 직접 제자들에게 복음을 전하고 세례를 베풀 것을 지시한다. 이처럼 처음교회에서 복음의 전도와 믿음 그리고 세례는 밀접하게 연결되어 있었다.

① 처음교회의 세례는 나사렛 예수로부터 출발한다. 나사렛 예수가 요한의 세례를 받았기 때문이다(마 3:11 병행).[65] 예수는 그가 받은 세례에 근거해 메시아로서 자신의 사명을 말했고(막 11:27~33 병행), 그의 수난과 죽음을 예고했다(막 10:38; 눅 12:50). 예수는 죽음을 의미하는 세례를 받음으로써 '많은 사람'을 위한 속죄의 죽음을 위해 세상에 왔음을 분명히 했다. 요엘서 3장 1절 이하에 약속된 성령은 예수가 세례를 받을 때 그 위에 임했고, 동일한 영이 처음 제자들에게도 임했다(행 2:14~36). 세례자 요한이 예고한 영의 세례자 예수의 이름으로 처음 그리

---

65) 요 3:22; 4:1~2에 따르면, 나사렛 예수의 제자들이 세례 요한처럼 회개의 세례를 베풀었다.

스도인들은 죄의 용서를 위해 세례를 시행했고, 세례를 받은 사람에게 영이 임했다(행 2:38). 예수가 요한으로부터 물세례를 받고 나서 곧바로 영이 그에게 임했던 사실과 유사하게 부활 이후 처음 그리스도인들도 물세례를 받은 이후 곧바로 영을 받았다. 예수 그리스도의 이름으로 세례를 받음으로써 에스겔이 예언한(36:24~28) 약속이 성취되었으며, 그래서 예수 안에서 일어난 하나님의 속죄와 구원사건에 참여하게 된다.[66]

② 처음교회는 예수 그리스도의 이름으로 세례를 행했다(행 2:38; 10:48). 예수 그리스도의 이름으로 세례를 행하는 것은 십자가에서 죽고 부활한 예수 그리스도의 구원 사역이 세례를 받는 사람에게 효력을 미친다는 뜻이면서 동시에 예수 그리스도가 영적으로 그에게 임한다는 의미다. 예수 그리스도의 이름으로 세례를 받음으로써 죄로부터 정결하게 되고, 성령을 받으며, 새로운 하나님의 백성에 속하게 된다. 그러므로 처음교회에서 세례를 받는다는 것은 "기독교적 삶과 생각의 모든 것을 정하는 결정적 사건이었다."[67]

기원후 55년경 바울이 로마서를 기록할 때, 로마교회는 이미 세례를 시행하고 있었다. 로마서 6장 3~7, 13절에서 바울은 세례를 받은 사람에게는 주인의 교체가 일어났다고 말한다. 예수 그리스도의 이름으로 세례를 받은 사람은 예수 그리스도의 십자가 죽음과 부활에 참여함으로써 전혀 새로운 사람으로 거듭나며, 그 이후로는 오직 예수 그리스도만을 주인으로 섬기는 사람이 된다. 그러므로 처음 그리스도인들은 세례를 받은 사람만이 예수 그리스도와 사귐의 식탁인 성만찬에 참여할 수 있다고 여겼다.[68]

③ 사도행전에 따르면, 처음교회에는 세례에 대한 일관적인 이해가 아직 형성

---

66) P. Stuhlmacher, Biblische Theologie des NT I, 217.
67) U. Wilckens, Der Brief an die Römer, VI/2, 23.
68) 행 2:41~47; 고전 11:18~34; 디다케 10:6; 14:2 참조.

되지 않았다. 빌립이 에티오피아 관리에게 세례를 줄 때에는 성령에 관한 언급이 전혀 없으며(행 8:36~39), 베드로가 고넬료에게 세례를 줄 때에는 세례에 앞서 성령이 임한다(행 10:44~48). 사도행전 2장 38절의 베드로 설교에서는 세례와 성령 받음이 연결되어 있다. 물세례와 성령세례는 처음에는 구분되었다가 점차 함께 연결된 것으로 보인다. 유대인 선교와 이방인 선교가 확실하게 진행되고, 교회에 들어오는 사람에게 세례를 베푸는 것이 일반적 상황이 되었을 때, 물세례와 성령세례가 연결된 것으로 보인다.[69] 고넬료의 온 가족이 세례를 받은 사실을 볼 때, 어린이세례도 당연한 것으로 여겨졌다고 할 수 있다(행 10:44~48).[70] 처음교회에서는 세례 지원자를 물속에 완전히 잠기게 넣었다가 꺼내는 침례를 행했지만, 경우에 따라서는 머리에 세 번 물을 뿌리는 약식 세례도 행했다.[71]

(2) 처음교회는 세례교육을 행했다. 선포된 복음을 믿음으로 받아들인 사람은 믿음의 고백과 함께 세례교육을 받았다. 그럼으로써 그는 하나님의 교회에 소속되어 구원받은 삶을 살아간다. 바울은 그 이전의 안디옥교회에서 세례교육 때 사용한 것으로 보이는 내용을 갈라디아서 3장 26~28절에서 인용한다.[72]

"너희가 다 믿음으로 말미암아 그리스도 예수 안에서 하나님의 아들이 되었으니 누구든지 그리스도와 합하기 위하여 세례를 받은 자는 그리스도로 옷 입었느니라 너희는 유대인이나 헬라인이나 종이나 자유인이나 남자나 여자나 다 그리스도 예수 안에서 하나이니라"

이러한 세례교육과 고백을 함으로써 그리스도인들은 당시 유대교나 헬라사회

---

69) P. Stuhlmacher, Biblische Theologie des NT I, 219.
70) 그 외에도 16:14~15, 30~34; 18:8; 고전 1:16 참조.
71) 디다케 7:1~4 참조.
72) 고전 12:13; 골 3:9~11도 참조.

를 넘어서는 새로운 삶의 공동체를 형성했다. 유대교 성인 남자들은 회당에 모여 매일 세 가지 감사의 찬양을 하나님께 드렸다. 이방인으로 태어나지 않은 것과 노예나 무지한 자가 되지 않은 것, 여성으로 태어나지 않은 것에 대해 감사 찬양을 했다. 아주 비슷하게 헬라인들도 세 가지를 감사했다. 짐승이 아니라 인간으로 태어난 것과 여성이 아니라 남성으로 태어난 것, 야만인이 아니라 헬라인으로 태어난 것을 감사했다. 이처럼 당시 유대교인들과 헬라인들은 다른 사람에 대한 차별의식 속에서 감사했다. 그러나 처음 그리스도인들이 고백한 믿음은 전혀 달랐다. 예수 그리스도의 이름으로 세례를 받은 처음 그리스도인들은 출생이나 신분의 차별 등 당시 종교적으로나 인종적으로 당연하게 여겼던 차별을 극복하고, 한 교회 안에서 모두가 하나님의 자녀로서 동등하다고 여겼다. 처음 교회는 신분이나 출생의 차별이 없이 누구든지 예수 그리스도의 이름으로 세례를 받으면 동일한 형제와 자매로 받아들였다.

4) 처음교회의 선교

(1) 부활 예수의 현현 경험은 곧 선교에로의 부름이었다. 부활 예수는 그의 현현을 경험하는 모든 이들에게 선교를 명령한다.[73] 사도 바울도 갈라디아서 1장 15~16절에서 하나님이 그에게 아들 예수를 보여 주신 까닭은 예수를 이방에 전파하기 위해서라고 말한다. 나사렛 예수는 베드로와 그의 형제 안드레를 "사람 낚는 어부"가 되도록 부르셨다(막 1:17 병행). 이처럼 나사렛 예수가 이미 제자들을 선교의 사명으로 부르셨고(막 3:14~15 병행), 부활 예수의 현현을 체험함으로써 그러한 부르심은 예수를 주요 그리스도이며 하나님의 아들로 고백하고 전파하

---

73) 마 28:16~20; 막 16:14~18; 요 20:19~23; 행 1:8 참조. 이러한 단락들은 모두가 예수 부활로부터 30~50년 이후에 기록되었다. 특히 마 28:16~20과 행 1:8에서 부활 예수가 제자들에게 "모든 민족" 혹은 "땅 끝까지" 복음을 전하라고 한 명령을 부활 직후 처음 제자들은 즉시 따르지 못했다. 행 1~15장이나 바울서신들은 부활 예수의 이 명령이 얼마나 어려운 과정과 다툼이 있고 난 후에야 비로소 초대교회에서 실천될 수 있었는지 보여 준다.

는 사명으로 생생하게 다시 살아났다. 부활 예수의 현현은 베드로를 비롯한 12 사도들에게 복음을 전파하고 보증하는 사도의 정당성과 권위 그리고 사명을 부여해 주었다.

그러나 부활 예수의 현현은 12사도들에게 국한해서 일어난 것이 아니고, 고린 도전서 15장 6~7절에 따르면, '500여 형제들, 주의 동생 야고보, 그리고 모든 사도'에게도 일어났다. 12사도와 구분되는 "모든 사도"에는 바나바와 같은 이들이 포함될 것이고, 어쩌면 여성들도 포함될 것이다. 바울이 로마서 16장 7절에서 안 드로니고와 함께 거명하는 유니아는 바울보다 먼저 그리스도인이 된 여인이었 다. 그녀는 바울이 다마스쿠스에서 부활 예수를 만나기 이전에 부활 예수의 현 현 경험을 하고 복음 전도자로 부름을 받았을 것이다. 처음교회에 여성들이 들어오는 데는 여성 전도자들이 큰 역할을 했을 것이다. 고대세계의 사회구조에서 여성에게 복음을 전할 수 있는 사람은 여성일 가능성이 크기 때문이다.[74] 베 드로의 선교를 시점으로 스데반(행 6:5, 8~7:60)과 빌립(행 6:5; 8:4~13, 26~40; 21:8) 그 리고 안디옥교회(행 11:19~20)를 거쳐 바울에 이르는 선교의 여정은 사도행전에 기록되어 있다.

(2) 부활 예수의 현현을 경험한 제자들은 처음에는 유대인들에게 선교를 했 다. 사도행전 2장의 첫 번째 오순절에 성령 충만을 받은 제자들이 각 나라 방언 으로 하나님의 큰일을 말했는데, 이를 들은 사람들은 오순절 축제를 위해 모인 유대인들이었다. 이어지는 베드로의 설교도 유대인들을 향해서였다(행 2:14~36; 3:11~26; 4:8~12). 복음을 믿게 된 사람들 가운데 헬라주의 유대인들이 많았지만, 그들도 유대인이라는 점에서는 다르지 않다. 사실 유대인을 향한 선교는 나사렛 예수가 제자들에게 명령한 것이었다. 개별적인 경우에 예수는 이방인들을 거부

---

74) P. Stuhlmacher, *Biblische Theologie des NT I*, 212은 여성 사도들이 있었을 것이라고 추측한다.
75) 눅 7:1~10/마 8:5~13/요 4:46~54; 막 7:24~30 병행 등.

하지는 않았지만,[75] 이스라엘의 흩어진 백성을 모으는 일을 자신의 사명으로 여겼으며, 그래서 "이스라엘 집의 잃어버린 양들에게" 가서 하나님 나라 복음을 전하라고 제자들에게 명했다(마 10:5~6, 23). 이방인이 구원으로 나오는 일은 종말에나 기대할 수 있었다.[76] 다시 오실 인자는 이방인들을 심판할 것이다(마 25:31~46). 그러므로 부활 승천한 예수가 세상의 심판자로 곧 다시 오실 것을 기대하는 처음 제자들이 이스라엘의 잃어버린 양들에게 복음을 전하는 일에 집중한 것은 당연한 일이었다.

(3) 그러나 헬라어를 사용하던 유대인 그리스도인들은 달랐다. 이들은 유대인을 향한 선교를 부정하지 않으면서도 선교의 지평을 근본적으로 확대시켰다.[77] 그 대표적인 인물이었던 스데반에 대한 고발내용이나(행 6:11~14) 그가 산헤드린 앞에서 행한 설교(행 7:1~53) 등을 보면, 복음전파의 지평이 예루살렘을 넘어 세계로 확장되었음을 볼 수 있다. 하나님은 인간이 지은 성전 안에 계시지 않으며,[78] 성전에서 동물 피로 드려지는 속죄 제사는 그리스도인들에게는 아무런 의미도 없고,[79] 또한 시내 산에서 이스라엘에게 주신 율법 역시 그리스도인들에게 의미 있는 것이 못 된다(행 6:11, 13). 스데반은 유대교의 성전과 율법의 한계를 넘어서는 차원에서 그리스도 사건의 의미를 설교했으며 또 그런 내용 때문에 고발을 당했다. 스데반 설교의 근거는 나사렛 예수에게서 찾을 수 있다. 예수는 헤롯 성전이 파괴될 것을 예언했고,[80] 성전정화 사건을 일으켰으며,[81] 이스라엘과 민족들을 위해 스스로 제물이 되겠다는 각오를 말했다.[82] 스데반은 이러한 예수의 말씀과 행위를 알고 있었다. 그 설교 때문에 스데반은 유대인들에게 돌에 맞

---

76) 마 8:11~12을 미 4:1~4; 사 2:2~4 등과 비교.
77) 김득중, "스데반과 빌립: 그들의 正體와 神學", 36~58 참조.
78) 행 7:48~50과 사 66:1~2 비교.
79) 행 6:13: 스데반 그룹에서 형성되었다고 여겨지는 롬 3:25~26도 참조.
80) 막 13:1~2 병행; 14:58 병행.
81) 막 11:15~17 병행; 요 2:14~22.
82) 막 10:45 병행; 14:22~25 병행.

아 죽어가면서, 시편 110편 1절에 따라 부활 승천해 하나님의 오른편에 계시는 그리스도를 바라보았다(행 7:55~56).

스데반 그룹은 예루살렘에서 추방되지만, 스데반 설교에 나타난 보편적 시각을 가지고 이방인들에게 나아가 복음을 전파한다. 빌립은 사마리아 사람들에게 복음을 전하고(행 8:4~8), 신체 결함으로 온전한 유대교 교인이 될 수 없었던(신 23:2) 에티오피아 관리에게 복음을 전하며 세례를 베푼다(행 8:26~39). 빌립은 더 넓은 지역으로 나가 선교했으며(행 8:40), 다른 헬라주의 유대 그리스도인들은 베니게와 구브로 그리고 안디옥에 이르러 '헬라인'에게도 복음을 전했다(행 11:19~21). 이들은 아마도 아볼로의 고향인 알렉산드리아(고전 3:4~23; 행 18:24~28)나 로마에서도 선교한 것으로 보인다. 이로써 드디어 이방인 선교의 문이 활짝 열리게 된다. 이들의 선교는 이사야가 예언했던 종말 사건의 실현이었다.[83] 그들은 만민 중에 흩어진 하나님의 백성들에게 복음을 전파해 시온으로 순례하게 하는 종말론적 구원의 길을 열었다.[84] 또한 예수에 관한 다양한 전승들이나 신앙고백들을 헬라어로 번역했다.[85] 이로써 부활 승천하셔서 하나님의 오른편에 계시는 주 예수 그리스도는 유대인과 이방인을 포함한 만민의 희망이 되었다. 헬라어를 사용하는 유대 그리스도인들은 조직적으로 이방인 선교를 하지는 않았지만, 이방인 선교의 초석을 놓았으며, 그 초석 위에서 사도 바울의 이방인 선교가 가능할 수 있었다.

(4) 복음이 유대인의 영역에서 이방인의 영역으로 확대되어 전파되는 과정에서 베드로는 어떠한 역할을 했을까? 사도행전 8장 14~17절과 10장 1절~11장 18절에 따르면, 베드로는 이방인에게 복음을 전하는 일을 지지한다. 사도행전 15장 1~21절이 말하는 이방인 선교 문제를 다룬 예루살렘 사도회의에서도 베드로

---

83) 사 9:1~6; 56:3~8; 66:18~21.
84) P. Stuhlmacher, *Biblische Theologie des NT I*, 213~214.
85) U. Schnelle, *Theologie des NT*, 175.

는 이방인 선교를 지지한다(행 15:7~11). 헬라주의자들을 두둔하는 그의 태도는 헤롯 아그립바의 박해를 불러왔으며, 사도 야고보는 순교를 당하고, 베드로는 예루살렘을 떠나게 된다. 그러나 갈라디아서 2장 11~21절에 따르면, 베드로는 이방인 선교 문제를 놓고 애매한 태도를 보였는데, 상당히 혼란스러운 중간 입장에 있었다. 어쨌든 베드로가 예루살렘을 떠난 후, 예루살렘 처음교회는 주의 동생 야고보의 지도를 받게 된다. 예루살렘을 떠난 베드로는 아마도 이방인 교회들의 도움으로 선교 여행을 했던 것으로 보인다(고전 9:5).

  (5) 안디옥교회와 바울에 의해 이방인 선교는 획기적인 전환을 맞는다. 인구가 최소 30만에서 최대 60만 명에 달했다는 안디옥은 로마 제국 전체에서 로마와 알렉산드리아에 이어 세 번째로 큰 도시였다. 스데반 그룹의 7인 지도자에 속했던 니골라도 안디옥 출신이었고(행 6:5), 스데반의 순교로 야기된 박해를 피해 예루살렘을 떠난 헬라 파 그리스도인들이 안디옥에서 유대인과 이방인들에게 복음을 전해 교회를 세웠다(행 11:19~20). 이처럼 안디옥교회는 유대인과 이방인으로 구성되어 있었다. 벌써 기원후 40년대 초에 유대인과 이방인으로 구성된 사람들이 안디옥에서 '그리스도인'이라 불리게 되었다면, 주변 사람들 눈에 예수의 제자들은 유대인도 아니고 이방인도 아닌 제3의 새로운 인종으로 보였다는 뜻이다. 지금까지 복음이 전파된 도시 가운데 가장 큰 도시인 안디옥에 세운, 유대인과 이방인으로 구성된 처음교회는 이방인 선교의 중심지로서 자리 잡기 시작했다.
  기원후 30년 4월(유대력 니산월 14일) 예수의 십자가 사건이 있은 지 2년쯤 지났을 때, 사도행전 9장 1~3절에 따르면, 바울은 다마스쿠스에 있는 그리스도인들을 박해하러 가다가 부활 예수의 현현을 체험했다. 사도행전 11장 25절에 따르면, 바나바가 다소에 머물고 있는 바울을 찾아가 안디옥으로 데려왔다. 우리는 안디옥교회의 신학이 바울에게 얼마나, 그리고 어떻게 영향을 끼쳤는지 정확하게 알 수는 없지만, 지대한 영향을 끼쳤으리라는 것은 어렵지 않게 추정할 수 있다. 어떤 학자는 나중에 바울이 활용한 기독교 믿음의 전승들 대부분을 안디옥에서 배웠을 것이라고 추정한다.[86] 어쨌든 안디옥교회는 할례에서 자유로운 이방인 선교의 중심이었고, 바울에게도 아주 큰 영향을 끼쳤다.

안디옥교회는 바나바와 바울을 이방인 선교사로 안수해 파송했다(행 13:1~3). 이렇게 안디옥교회의 '두 사도들'인 바나바와 바울은(행 14:4, 14) 제1차 선교 여행이라고 불리는 여정을 시작한다. 이는 바울의 선교 여행이 아니라, 안디옥교회의 파송을 받은 두 사도의 선교 여행이다. 이때가 아마도 기원후 45, 56년 무렵이었다.

(6) 이방인 선교가 진전해 가면서 처음교회에 이방인 선교 문제를 둘러싼 극심한 논란이 일어나기 시작했다. 갈라디아서 2장 1~10절과 사도행전 15장 1~29절은 동일한 하나의 사건, 곧 기원후 48년 무렵에 예루살렘에서 있었던 기독교 최초 사도회의에 대해 말한다. 논란의 핵심은 이방인들에게도 할례를 시행해 먼저 아브라함의 언약에 들어오게 한 후(창 17:9~14) 그리스도인으로 받아야 하느냐 아니면 이방인들은 할례 없이 그리스도인이 될 수 있느냐 하는 문제였다. 예루살렘교회 기둥들인 베드로와 주의 동생 야고보, 세베대의 아들 요한 등은 바울과 바나바 등과 함께 이방인들에게는 할례를 강요할 필요가 없다고 결론 내렸다(갈 2:6~9). 그러나 예루살렘교회에는 이방인들에게 반드시 할례를 받게 해야 하고 또한 제의적 율법도 지키게 해야 한다고 고집하는 유다주의자들이 여전히 있었다(갈 2:3~5; 행 15:1~2). 사도회의는 처음교회의 모든 사람들이 수용할 수 있는 결과를 도출하지 못한 것이다. 유다주의자들은 사도회의 이후에도 율법에서 자유로운 이방인 선교를 하는 바울을 끊임없이 괴롭혔고, 바울신학은 이들과 벌이는 논란 속에서 전개되었다. 사도 바울의 서신들을 읽으면, 그들과의 다툼이 얼

---

86) J. Becker, *Paulus*, 109.

마나 힘겨운 일이었고, 그러나 동시에 그 싸움을 해결해 나가면서 그의 신학이 얼마나 깊어질 수 있었는지를 알게 된다. 어쨌든 이들의 뜨거운 반론이 있었지만, 이방인에게는 할례를 강요하지 않는다는 결과는 부정할 수 없는 대세로 자리를 잡았으며, 거기에는 사도 바울의 노력이 결정적 역할을 했다.

제4부

사도
바울의
신학

바울은 초대교회의 가장 걸출한 선교사요 사상가이며 목회자였다. 바울신학은 그가 바쁜 선교 과정에서 써 보낸 서신들 속에 담겨 있다. 그러므로 그가 예수 그리스도의 사도가 되어 이방인 선교를 하면서 서신들을 기록해야 했던 상황을 알아야 그의 신학을 바르게 이해할 수 있다.

1. 바울신학을 이해하기 위한 전제들

1) 자료들

(1) 신약성서에는 바울의 이름으로 기록된 서신들이 열세 개 있지만, 우리가 알지 못하는 또 다른 서신들도 있었다.[1] 열세 개 서신들 가운데 바울이 직접 기록한 것들('바울의 주요 서신')은 로마서와 고린도전후서, 갈라디아서와 빌립보서, 데살로니가전서와 빌레몬서 등 일곱 개다. 나머지 여섯 개(에베소서, 골로새서, 데살로니가후서, 디모데전후서, 디도서)는 바울의 제자들이 스승의 이름으로 기록한 '제2바울서신'으로 부른다. 바울서신으로 확실한 일곱 개 주요 서신들 가운데 가장 먼저 기록된 서신은 데살로니가전서이고(48~50년경), 가장 나중에 기록된 서신이 빌립보서와 빌레몬서이다(56~57년경). 바울은 대략 6~8년 동안에 일곱 서신들을 기록했다. 제2바울서신으로 분류한 서신들도 바울신학을 연구하는 데 중요한 자료다. 제2바울서신들은 바울신학이 바울의 죽음 이후 변화된 교회의 상황에서 어떻게 수용되고 변화되었는지 알게 해 준다.

---

1) 고전 5:9; 고후 2:4; 골 4:16 등 참조.

(2) 사도행전에는 바울이 기록한 서신들보다도 바울에 관한 더 많은 정보들이 있다. 사도행전이 말하는 바울의 모습은 사도행전 저자의 의도에 맞게 그려진 것이다.[2] 사도행전 저자는 바울서신들에 관해서는 아무 말도 하지 않으며, 바울이 매우 중요하게 여겼던 사도 칭호를 바울에게 붙이지 않고, 오직 열둘만을 사도라고 한다.[3] 바울은 열두 제자에 속하지 않는다(고전 15:5~8). 사도행전 14장 14절에서 바울과 바나바를 사도라고 부르는데, 이는 열두 사도와는 다른 의미에서 그러하다.[4] 바울은 자신이 열두 사도들과 동일한 사도라고 주장한다(고전 9:1~2; 15:8~10 참조).

사도행전이 말하는 다마스쿠스 앞에서의 소명사건[5]과 바울 자신이 말하는 자기 소명에 관한 언급[6]을 비교하거나, 동일한 예루살렘 사도회의를 말하는 사도행전 15장 1~34절과 갈라디아서 2장 1~10절을 비교해 봐도 그 차이가 분명하다. 사도행전은 이방인 그리스도인들에게 음행과 목매달아 죽인 짐승, 우상 제물과 피를 멀리할 것을 요구하는 결정을 했다고 하지만(행 15:29), 바울은 사도회의에서 이방인들에게 어떤 것도 요구하지 않았다고 한다. 사도행전 저자는 자기 신학에 맞춰 바울에 관해 말했다. 이런 점을 고려하면, 바울신학을 위해 사도행전을 활용할 때에는 조심해야 하며, 특히 바울 자신의 언급과 사도행전의 언급이 다를 때에는 바울 자신의 언급에 더 큰 비중을 두어야 한다.

(3) 신약성서 외의 대표적 자료는 바울의 순교에 관해 말하는 클레멘트전서 5장 5절~6장 1절이다. 물론 이런 자료들을 사용할 때는 사려 깊은 자세가 필요하다. 클레멘트전서의 언급은 로마 교회의 시각에서 나왔다. 95, 96년경에 나온

---

2) 아래 443쪽 이하 참조.
3) 눅 6:13~16; 22:28~30; 24:33~53; 행 1~2장.
4) 행 14:14은 안디옥교회로부터 파견된 사람이라는 매우 일반적인 뜻에서(고후 8:23의 "교회들의 사도들" 참조) 바울과 바나바를 '사도'라고 한다.
5) 행 9:1~22; 22:4~16; 26:9~18.
6) 갈 1:15~16; 고후 4:5~6; 롬 1:1~7 등.

이 문서는 사도 베드로와 바울이 네로의 치하에서 로마에서 순교를 당했다고 한다.

2) 교회의 박해자 바울

(1) 베냐민 지파 출신의 유대인 바울은 기원후 62년경에 빌레몬서를 기록할 당시 자신을 "늙었다."고 한다(9절). 스데반이 순교를 당할 때, 바울은 청년이었다 (행 7:58). 스데반은 예수가 부활하고 나서 그리 오래되지 않아 순교를 했기 때문에, 바울은 기원후 30년에 33세로 죽은 예수보다 대략 10여 년 후, 그러니까 아마도 기원후 5, 6년 무렵에 태어났을 것으로 추정할 수 있다.[7]

기원후 2세기 말에 기록된 한 문헌에 따르면, 바울은 "작은 키에, 대머리였고, 다리가 휘었으며, 눈썹이 서로 맞닿아 붙어 있고, 코가 낮았다. 그러나 품위 있는 태도를 가진 대단히 친절한 사람이었으며, 천사의 모습을 가진 사람으로 보였다."[8] 바울은 자신이 말이 어눌하고, 외모 역시 보잘것없으며(고후 10:10), 거의 평생을 육체의 질병으로 고생했다고 고백한다(고후 12:7; 갈 4:14). 그런 외모에도 불구하고 그는 대단히 열정적이고 에너지 넘치며, 한 번 목표를 세우면 불굴의 힘과 정신으로 매진하는 인물이었다.

그런 바울이 또한 베냐민 지파 출신이었다(롬 11:1; 고후 11:22; 빌 3:5)는 사실은 바울에게 매우 중요했다. 사도행전에 따르면, 그는 사울이라는 이름으로 자주 불렸다.[9] 베냐민 지파는 이스라엘 초대 왕이었던 사울을 배출한 것에 대한 자긍심을 가지고 있었다. 빌립보서 3장을 보면, 바울 자신도 유대인으로서 베냐민 지파 출신이라는 사실을 매우 영예롭게 생각했다. 그래서 3장 3~6절에서 육체

---

7) 정확하게 몇 년이라고 말할 수 없지만 기원후 1~10년 사이에 태어났을 거라고 보는 의견이 일반적이다. 그닐카, 『바울로』, 36; U. Schnelle, *Paulus*, 41 등 참조.
8) 『바울과 테클라 행전』, 3.
9) 행 7:58; 8:1, 3; 9:1, 4, 8, 11, 22, 24; 11:25, 30; 12:25; 13:1, 2, 7, 9; 22:7; 26:14 등.

로써 자랑할 만한 것을 나열하면서 베냐민 지파 출신임을 내세운다. 물론 그리스도 안에서는 아무런 의미가 없기에 아낌없이 버렸지만, 그런 출신성분이 인간적으로는 "유익하던 것"이었다(빌 3:7).

(2) 바울은 길리기아의 수도 다소에서 태어났다.[10] 그러나 바울이 기록한 서신들은 출생지가 어디냐에 대해서는 말하지 않는다. 바울은 상당히 이른 시기에 예루살렘으로 와서 교육을 받으면서 이곳에 있었던 길리기아 출신의 디아스포라 유대인들이 모이는 회당에 출입했다(행 6:9).

(3) 바울은 서신들에서는 로마 시민권자였다는 사실을 말하지 않지만, 사도행전은 자주 말한다.[11] 로마 시민권을 가진 사람은 속주에서 가혹행위를 당하지 않을 수 있고, 로마에서 황제의 재판을 받을 수 있는 특권을 누렸다. 그러다 보니 그의 부모가 상당한 재력이 있었다면, 돈으로 시민권을 샀으리라는 가정도 해 볼 수 있다. 바울의 로마 시민권을 의심하는 많은 이유들이 제시되기도 하지만,[12] 그러나 의심할 이유가 없다.[13] 로마 시민권자로서 바울은 로마 제국 안에서 신분상으로는 엘리트 그룹에 속했다.[14] 로마 시민권을 가진 것 자체가 정치와 경제적 성공과 행복을 보장하는 것은 아니지만, 법적인 보호의 울타리 속에 있었다.

(4) 바울이 두 문화권의 교육을 모두 받았다는 것은 분명하다. 바울서신들에

---

10) 행 22:3. 그는 작은 도시가 아니라 큰 도시인 다소의 시민이라고 한다(행 21:39; 9:11도 참조)

11) 행 16:37~38; 22:25~29; 23:27; 25:10.

12) 볼프강 스테게만, "사도 바울은 과연 로마 시민이었는가?", 497~539 참조.

13) K. Haacker, Pauluss, der Apostel, 24~32은 바울의 로마 시민권을 부정하는 Stegemann의 주장을 설득력 있게 비판한다. U. Schnelle, Paulus, 44~46 참조. 로마 시민권 문제가 사도행전의 내러티브에 핵심 작용을 한다는 점에 대해서는 윤철원, 「신약성서의 그레꼬-로마적 읽기」, 209~234 참조.

14) 이에 대해서는 논란이 있다. 어떤 이들은 바울이 천막지기 직업을 가진 것으로 보아 하층민 출신이라고 주장하기도 하지만, 또 어떤 이들은 부모가 로마 시민권을 가질 정도로 부유했고, 아마도 천막공장을 운영했을 것이라고 주장하기도 한다. 적어도 하층민은 아니었고, 중산층에 속했을 것이라는 주장도 있다. U. Schnelle, Paulus, 47~48 각주 34 참조.

나타난 바울의 개방적인 사고도 그러한 교육과 무관하지 않다. 게다가 다소라는 대도시에서 태어나 도시문화에 익숙해 있었고 도시교육을 받았기 때문에, 바울은 처음교회의 어느 누구보다도 열린 사고를 가지고 있었다. 그는 매우 수준 높은 헬라교육과 유대교육을 동시에 받았다. 랍비적인 성서해석 방식에 능통하다는 것은 정통한 유대교육을 받았다는 증거이며, 그의 서신들이 보여 주는 대단한 수준의 헬라어 실력이나 수사학적 능력은 수준 높은 헬라교육을 받았다는 증거다. 또한 헬라어로 번역된 구약성서(LXX)를 능숙하게 인용하고 사용했다는 것은 헬라주의 유대교육을 받았다는 표식이다.

(5) 바울은 바리새인 동년배들 중에서도 가장 열성분자였으며, 그 열성으로 교회를 박해했다(갈 1:13~14; 빌 3:5~6). 바리새파는 구약성서에 기록된 모세의 율법뿐 아니라 조상들이 해석해서 발전시킨 율법("조상의 전통" 막 7:3)까지도 하나님의 뜻으로 믿고 열성을 다해 연구하고 '엄하게'(행 22:3; 26:5) 지키려고 했다. 조상들의 유전에 대한 정확한 지식과 엄격한 실천을 통해 바리새인들은 사두개인들과 달리 죽은 자의 부활을 믿었고, 죽음 이후 의인에게는 상이 주어지고 죄인에게는 벌이 주어진다고 믿었다(막 12:18~27; 행 23:6~8 참조). 그들은 엄격하게 율법을 지킴으로써 일상생활에서 거룩한 삶을 살려고 했다. 그래서 사두개인들과는 달리 성전 안에서만이 아니라 성전 밖 일상생활에서도 정결법을 엄격하게 지키고, 십일조 생활을 철저히 하려고 노력했다(막 7:1~8, 14~23; 마 23:23 참조).

많은 학자들은 바울이 그리스도인이 되기 이전에는 랍비였다고 여긴다.[15] 랍비는 율법을 해석하고 제자들을 가르치는 직업적인 율법학자다. 그러나 바울은 자신이 직업적인 랍비였다고 말한 적이 없다. 가말리엘 문하에서 공부를 했다는 것도 랍비라는 전문 직업교육을 받았다는 뜻이라기보다는 일반적인 유대교육

---

15) 이는 J. Jeremias의 연구로부터 강하게 제기되었다. 결혼하지 않은 독신은 랍비가 될 수 없기 때문에, 그는 바울이 독신이 아니었다고 주장한다("War Paulus Witwer?", 310~312; "Nochmals. War Paulus Witwer?", 321~323).

을 받았다는 의미다.[16] 어쨌든 바울이 바리새인이었다는 사실은 그의 신학을 이해하는 데 중요한 전제다. 특히 바울신학에서 가장 어려운 주제에 속하는 율법에 대한 논의는 바리새인의 율법이해와 밀접하게 연결된다. 바리새파의 전통에 따라 바울은 "율법의 의로는 흠이 없는" 사람이었다(빌 3:6).

(6) 바울은 박해자였던 자신의 과거에 대해 자주 말한다.[17] 사도행전은 바울의 박해활동에 관해 훨씬 많은 것을 말한다.[18] 바울은 왜 교회를 박해했을까? 바리새인으로서 율법에 대한 그의 남다른 열심이 교회를 박해하게 된 첫째 원인이었다.[19] 유대교의 근간을 파괴하는 것으로 보였던 예수 추종자들에 대한 폭력적인 박해를 마다하지 않았던 바울의 열정은 유대인들에게는 거룩한 행동으로 여겨졌다(요 16:2 참조).[20] 십자가에 관한 그리스도인들의 주장이 교회를 박해하게 된 또 다른 원인이었다. 로마는 주로 노예나 범죄자 및 폭동을 일으키는 사람들을 십자가에 처형했다. 유대인들은 십자가 형벌을 신명기 21장 22~23절의 "나무에 매달린 사람은 누구나 저주를 받았다"는 말씀에 의해 하나님의 저주로 여겼다. 그런데 십자가에 처형된 예수 그리스도를 하나님의 아들이요 메시아이며 주님이라고 믿고 선포하는 처음 그리스도인들을 바울은 도저히 용납할 수 없었다.

바울은 하나님의 교회를 "심히" 박해하여 멸하였다고 고백한다(갈 1:13~14). 그는 "열심으로" 교회를 박해했다(빌 3:6). 기독교 신앙을 파괴하고 교회를 해산시키려고 했다("멸하다"). 바울의 박해 기간은 몇 달, 기껏해야 1년 정도였을 것이다. 그러므로 바울의 박해는 하나의 단막극과 같았지만 교회의 기억에 깊이 뿌리내렸을 뿐 아니라 자신에게도 결코 지울 수 없는 흔적을 남겼다. 바울은 자신의 박해를 회상하면서 고린도전서 15장 8절에서 자신을 가리켜 "만삭되지 못하여

---

16) K. Haacker, *Paulus, der Apostel*, 44~48 참조.
17) 갈 1:13~14, 22~23; 고전 15:8~9; 빌 3:5~6 등.
18) 행 8:3; 9:1~2, 13~14, 21; 22:4~5, 19; 26:9~11 등.
19) 갈 1:13~14; 빌 3:5~6; 행 22:3~4.
20) 그런 대표적인 예는 시편 106:30~31과 시락서 45:28~30이 칭송하는 비느하스다. 아론의 손자인 비느하스는 이방신을 섬기는 여인을 죽여 버렸다(민 25:6~13). 더 많은 예는 K. Haacker, *Paulus, der Apostel*, 73~75 참조.

난 자"라고 한다.

3) 바울신학의 뿌리 – 바울의 다마스쿠스 체험

바울신학을 이해하기 위해 가장 중요한 출발점은 그에게 변화를 가져온 사건이다. 그러나 바울서신들을 읽어 보면, 이 사건에 관해 그는 별로 말하지 않으며, 우리가 알고 있는 그의 극적인 변화의 드라마는 주로 사도행전에 나온다(행 9, 22, 26장). 그 자신뿐 아니라 당시 초대교회의 흐름까지도 바꾸어 놓은 엄청난 사건과 경험에 관해 바울은 별로 말하지 않고, 단지 몇몇 구절들에서 간접적인 방식으로 간략하게 암시만 할 뿐이다.[21] 이밖에도 다마스쿠스 체험을 배경으로 하는 언급들도 더러 있다. 빌립보서 3장 4b~11절과 고린도후서 3장 7~11절 등이 그렇고, 또 그가 자신을 "사도", 특히 "부르심을 받은 사도"라고 한다면(예: 롬 1:1; 고전 1:1), 이는 다마스쿠스 사건을 암시하는 것이다. 또 "나에게 주어진 은혜"(롬 12:3; 15:15; 고전 3:10; 갈 2:9)라는 표현도 다마스쿠스 앞에서 그를 사도로 부르신 사건과 연결된다. 바울이 이방인들에게 복음을 전하는 자신의 사명을 언급하는 것도 다마스쿠스 사건을 전제로 한다.[22] 다마스쿠스 사건은 그를 이방인 사도로 부르신 사건이기 때문이다.

(1) 고린도전서 9장 1절
"내가 우리 주님 예수를 보지 못했습니까?"라는 물음으로 시작하는 고린도전서 9장은 '사도의 자유' 혹은 '사도의 권리'에 대해 말한다. 사도는 교회로부터 부

---

21) 갈 1:15~16; 고전 9:1~2; 15:8; 고후 4:6 등. 그는 교회를 개척하고 복음을 전할 때, 그 사건을 구두로 간증했을까? 그래서 그는 그의 서신의 수신자들이 그 회심의 사건과 의미에 대해 이미 철저히 알고 있다는 점을 전제하고 있는가? 적어도 고전 9:1의 의문문 형태의 문장(내가 우리 주님 예수를 보지 못했습니까?)은 교회가 이미 알고 있는 사실에 대해 교회를 상기시키고 있다는 인상을 준다. 갈 1:15~16도, 갈 1:13의 "여러분은 들었습니다"도 그런 추측을 가능하게 한다. 그러나 확실한 것을 말할 수는 없다.
22) 롬 1:5, 13; 11:13; 15:16; 갈 1:16; 2:2, 7~9; 살전 2:16 참조.

양받을 권리가 있다(4절). 선교 여행에 교회의 재정 후원으로 아내를 동반할 수 있는 권리가 있고(5절), 생계를 유지하기 위해 다른 노동을 할 필요가 없다(5절). 그럼에도 바울은 이 같은 사도의 권리를 포기했는데, 이는 복음에 장애가 되지 않게 하기 위해서다(12절). 바울은 왜 이런 말을 할까? 고린도교회에 바울의 사도직을 부정하고, 사도로서의 권리를 인정하지 않으려는 움직임이 있었기 때문이다. 바울은 고린도교회로부터 부양받을 수 있는 권리를 스스로 포기하고, 브리스길라와 아굴라 부부와 함께 스스로 노동을 하며 생계를 유지했다(행 18장 참조). 또한 마케도니아 지방의 교회, 구체적으로는 빌립보교회로부터 선교비를 지원받았다(고후 11:8~9). 이처럼 바울이 다른 사도들이 당당하게 사용했던 권리를 포기한 것이 오히려 그를 공격하려는 사람들에게 빌미를 제공했다. 그래서 바울은 "우리 주님 예수를 보았다."고 말한다. 이는 다마스쿠스 앞에서 부활 예수를 만나 사도로 부르심을 받은 그 사건을 말한다. 부활 예수가 나타나 다른 사도들을 부르신 것과 같이 그렇게 바울에게 나타나 그를 사도로 부르셨다.

(2) 고린도전서 15장 8~11절

고린도전서 15장은 바울이 '물려받아서' 고린도교회에 '전해 준' 예수 그리스도의 부활에 관한 초대교회의 케리그마(선포)를 인용하면서 시작한다(3b~5절). 사도는 부활 예수가 나타나 부활의 증인으로 부른 사람이다. 15장 8절에서 바울은, 자신이 다른 사도들과 같이 부활 예수의 현현을 경험하고, 부활 예수로부터 부활의 증언을 위임받은 사도라고 한다. 그런데 다른 사도들은 예수의 부활이 있은 후 곧바로 이어서 예수의 현현을 경험한 반면, 바울이 부활 예수를 만난 것은 다마스쿠스 앞에서였다. 부활 예수의 처음 현현으로부터 거의 2년여 이상 지난 후였다. 이 두 현현이 같은 사건인가? 바울은 그렇다고 주장한다. "맨 나중에 만삭되지 못하여 난 자 같은 내게도 보이셨느니라."

그러나 바울의 이런 주장에는 문제가 있다. 첫째는 시간의 문제다. 사도행전 1

장 9~11절에 따르면, 부활 예수가 승천하심으로써 부활 예수의 현현은 역사적으로 끝이 났다. 바울의 다마스쿠스 사건 당시에 부활 예수의 현현은 이미 끝나 버린 과거 사건이었다. 두 번째는 현현 대상의 문제다. 복음서들의 현현 이야기나 고린도전서 15장 5절 이하에 나타난 부활 예수의 현현은 원래 예수의 제자들이나 혹은 그의 친척들(주의 동생 야고보, 고전 15:7)에게만 일어났을 뿐이고, 예수를 반대하거나 죽인 적들에게는 일어나지 않았다. 예수의 추종자들을 박해했던 바울에게 부활 예수의 현현이 일어났다면, 그것은 적에게 부활 예수의 현현이 일어난 신약성서에서 오직 유일한 사례가 된다. 그러므로 다마스쿠스 사건이 부활 예수의 현현 사건에 속한다는 바울의 독특한 주장을 초대교회의 많은 그리스도인들은 인정하지 않으려 했다. 사도행전이 바울을 위대한 증인으로 칭송하고 있는데도 불구하고 그를 사도라고 부르지 않는 이유도 여기에 있을 것이다.

왜 바울은 자신이 부활 예수를 만난 증인이라는 사실을 이처럼 중요하게 여기는 것일까? 그 대답은 사도직에 대한 그의 이해와 깊은 관련이 있다. 부활 예수의 현현을 경험한 사람만이 사도가 될 수 있었다. 만일 바울이, 자신을 사도라고 주장하려면 그가 부활 예수의 현현을 경험한 부활의 증인이라는 사실을 입증해야 했다. 그래서 바울은 고린도전서 15장 5~7절에서 부활 예수의 현현을 경험한 사람들을 나열하고, 이어서 곧바로 8절에서 다마스쿠스에서 일어난 자신의 현현 경험을 말한다. 다마스쿠스 사건이 현현 사건일 경우에만 그는 사도로 인정받을 수 있다. 이처럼 부활 예수의 현현을 경험한 사람만이 부활의 증인으로서 사도적인 권위의 정당성을 인정받았고, 동시에 복음을 선포하는 사명도 부여받았다.

(3) 고린도후서 4장 6절

고린도후서 4장 6절은 사도직의 본질과 내용, 과제 등을 말하는 고린도후서 2장 14절에서 7장 4절의 맥락에 서 있는데, 과연 다마스쿠스 사건에 관한 말씀이냐에 대해서는 논란이 있다. 그러나 첫째, 사용되는 동사가 단순과거 시제("비추셨다"; ελαμψεν)로서 일회적 사건을 말하며 둘째, 빛에 관한 언급은 구약성서에서도 예언자의 부르심과 사명 위임을 말하는 맥락에서 사용되고(사 42:6, 16; 60:1~3) 셋째, 갈라디아서 1장 16절처럼 이 구절도 바울의 내적 체험을 말하며 넷째, 이 구절이 바울의 사도직과 복음의 근거와 본질을 말하는 맥락에 서 있다는 점 등에 근거해 볼 때, 고린도후서 4장 6절은 다마스쿠스 사건을 말한다.[23]

바울은 누구에게 어떤 복음을 받았는가? "어둠 속에서 빛이 비쳐라 말씀하셨던 하나님께서" 바울의 "마음에 비추셔서" "예수 그리스도의 얼굴에 있는 하나님의 영광을 아는 지식의 빛"을 주셨다(6절). 세상을 창조하시고 빛을 비추게 하신 하나님이 바울에게 예수 그리스도를 알게 하셔서, 그를 전파하게 하셨다(5절). 바울이 자신의 사도직과 복음을 부정하는 자들의 도전에 직면해 고린도후서 4장 6절을 말한다면, 이 구절은 다마스쿠스 사건에 관한 진술로 보아야 한다.

고린도후서 4장 6절은 창세기 1장 3절의 빛의 창조와 연관된다. 그렇다면 하나님이 바울을 사도로 부르시고 그에게 예수 그리스도를 알게 하신 것과 창세기의 빛의 창조와 밀접한 연관이 있다. 바울은 자기를 사도로 부르시고 복음을 계시해 준 것은 빛의 창조와 같다고 믿었다. 그의 다마스쿠스 사건은 절대적 어둠으로부터 찬란한 빛으로 옮겨지는 사건이다. 고린도전서 15장 8절이 '사생아'를 사도로 부르셨다고 하는 것과 같은 말씀이다. '사생아'는 절대적인 어둠이고, 사도로 부르심은 찬란한 빛으로 옮겨지는 것이다. 다마스쿠스 사건을 통해 바울은 새로운 피조물로 변화되었다(고후 5:17).

하나님은 바울 안에 빛을 창조하셨고, 그래서 '사생아'인 그를 새롭게 창조하셨다. 바울은 자신에게 일어난 하나님의 이 새 창조 행위를 사람들에게 선포해야 한다. 바울의 선포 활동을 통해 하나님은 새 창조 행위를 지속해 나갈 것이다. "예수 그리스도의 얼굴에 있는 하나님의 영광을 아는 지식의 빛"을 바울에

---

23) U. Schnelle, *Paulus*, 81; Chr. 디츠펠빙거, 「사도 바울의 회심사건」, 136~139.

게 주신 하나님은 그 지식을 선포하게 하신 것이다. 그러므로 복음은 "예수 그리스도의 얼굴에 있는 하나님의 영광"이다. 사람들이 예수 그리스도의 얼굴에서 하나님의 빛의 광채(고후 3:7~18 참조)를 보고 하나님의 새 창조에 참여할 수 있도록 사도는 복음을 선포해야 한다.

(4) 갈라디아서 1장 15~16절

갈라디아서 1, 2장에서 바울은 그의 사도직과 복음을 부정하는 갈라디아 교회들의 현실에 직면해 그 정당성을 변증한다. 혼합주의적인(갈 4:8~11 참조) 유대 그리스도인들이 갈라디아 지역의 교회들에 들어와서 바울의 사도직과 복음을 부정했다. 그들은 율법으로부터 떠난 바울의 복음은 참된 복음이 아니며, 특히 할례를 포기하는 일은 허용할 수 없다고 주장했다. 또한 바울이 예루살렘 사람들에게서 복음을 배웠는데(갈 1:12), 결국은 잘못 이해했기 때문에 율법을 떠난 잘못된 복음을 선포한다고 주장했다. 바울은 이 주장을 반박하기 위해, 자신의 복음이 사람들에게 배운 복음이 아니라 직접 하나님과 그리스도로부터 계시로 받은 복음이라는 사실을 변증하고, 더 나아가 그런 복음을 전파하기 위해 하나님이 바울 자신을 사도로 부르셨다는 사실을 강력하게 주장한다.

1장 13~14절에 따르면, 바울은 교회를 핍박하고 파멸시키려고 한 복음의 원수였다. 하나님의 부르심이 아니고는 그 어떤 인간적인 수단을 통해서도 바울과 같은 원수가 복음을 전파하는 사람으로 변화될 수는 없다. 그 어떤 사람에 의해서도 아니고, 바울 자신의 인간적인 결단도 아니고, 오직 하나님이 그 아들 예수를 바울에게 보여 주시며 복음을 전파하도록 선택하시고 부르셨다. 바로 이 계시의 사건, 부르심의 사건이 다마스쿠스 사건이다. 1장 15~16절 본문이 다마스쿠스 체험을 직접 말하지는 않지만, 하나님이 바울에게 복음(아들)을 계시하시고, 그를 사도로 부르셨다고 한다면, 이는 그 사건을 말한다. 바울은 다마스쿠스 체험에서 복음의 근본 내용인 하나님의 아들, 예수를 하나님의 계시로 알게 되었고, 그 복음을 전파하는 사도로 부르심을 받았다고 믿었다.

바울은 그의 부르심을 구약성서의 예언자의 부르심에 대비시켜 말한다. 이스라엘의 예언자들이 하나님의 부르심을 통해 세우심을 받은 것처럼 바울도 역시 그러하였다. 예언자들에게 부르심과 사명이 결합되는 것처럼 바울에게도 그랬다. "내 어머니의 태로부터 나를 택정하신" 분이라는 말(15절)은 이사야의 부르심을 연상시킨다(사 49:1, 5). "그의 아들을 이방에 전하기 위하여"(16절)라는 말 역시 이사야에게 주어진 사명(사 49:6)과 관련된다. 바울은 다마스쿠스 사건에서 이사야의 사명이 자신에게서 성취되어야 한다는 사명을 갖게 되었다. 이방 사람에게 나아가 복음을 전하는 일이 구약성서에서 예고되었다면, 그것은 이제 바울을 통해 성취될 것이다. 하나님은 그 일을 이루기 위해 바울을 선택하시고, 그 아들을 계시해 주셨다. 바울은 다마스쿠스 체험에서 이 같은 자기 사명을 분명히 의식하고 있었다. 자신이 '마지막 시대의 예언자'라는 이해를 가지고 있었던 것이다.

(5) 다마스쿠스 체험은 바울신학의 뿌리

다마스쿠스 사건은 바울신학의 근원이라고 부를 수 있다. 근래에 들어 어떤 학자들은 바울신학, 특히 율법과 칭의에 관한 바울신학은 선교의 상황에서 점진적으로 발전한 것일 뿐이고, 다마스쿠스 사건과는 무관하거나 혹은 거기에서 결정되지는 않았다고 주장한다.[24] 그러나 바울의 율법이해는 근본적으로 다마스쿠스 사건에서 결정되었고, 따라서 율법이해와 매우 밀접한 칭의신학이나 기독론, 종말론과 같은 핵심 주제들도 여기에 그 뿌리를 내리고 있다.

다마스쿠스 체험을 통해 바울은 그리스도를 새롭게 알았다. 다마스쿠스 사

---

24) U. Schnelle, *Paulus*, 88~94은 바울의 칭의신학이나 율법신학이 다마스쿠스 사건에서 '순간적으로'(punktuell) 혹은 '조직적으로' 결정된 것이 아니라고 한다. 어떻게 신학과 사상에서 어떤 한 순간에 조직적으로 이루어진다는 말을 할 수 있겠는가. 그런 주장은 너무 지나치다. U. Schnelle의 같은 책 80쪽은 갈라디아서 1, 2장이 율법이나 칭의에 대해 명시적으로 말하지 않기 때문에, 다마스쿠스 사건에서는 칭의나 율법이 전혀 문제가 되지 않았다고 주장한다. 그러나 갈라디아서 1장 15절의 "은혜"를 말하는 것 자체가 이미 칭의와 율법에 관해 강력하게 암시한다.

건 이전에는 예수를 율법의 저주를 받은, 그래서 당연히 십자가에서 처형되어야 할 사람으로 알았다. 그러나 다마스쿠스 체험에서 율법에 근거해 저주의 죽음을 당한 사람이 살아 있다는 것, 그러므로 하나님이 다시 살리셨다는 것을 알게 되었다. 이로써 바울은 예수의 부활을 목격한 증인의 대열에 합류한다(고전 15:8). 이러한 새로운 인식과 통찰은 바울의 전반적인 사상에 핵심으로 나타날 수밖에 없었다.

다마스쿠스 체험을 통해 갖게 된 바울의 그리스도 지식은 그 이전의 다른 부활 증인들과는 근본적으로 달랐다. 고린도전서 15장 5~7절이나 복음서들의 부활 단락에 나오는 예수 부활의 증인들과 비교하면, 그는 근본적으로 그들과는 다른 차원에서 예수 부활의 증인이 되었다. 다른 이들은 모두 예수의 죽음 이전에 예수를 추종하던 제자들이나 가까운 친지들이었지만, 바울은 오히려 복음의 원수였다. 예수의 죽음은 친구들이었던 그들에게는 절망이었지만(눅 24:19~21 참조), 원수였던 바울에게는 하나님의 뜻에 따른 사필귀정의 결과였다. 반대로 예수의 부활이 다른 모든 증인들에게는 깨졌던 희망의 회복을 의미했지만, 바울에게는 허무맹랑한 속임수였다. 그런 바울이 다마스쿠스 앞에서 부활 예수 그리스도의 현현을 체험하고, 부활의 증인 대열에 서게 되었다. 바울은 사도로서 평생 선포했던 '죄인의 칭의'를 다마스쿠스에서 스스로 경험했다. 죽었던 그가 부활하신 그리스도를 만나 다시 살아났다. 박해자로서 용서받을 수 없었던 죄인이 여기서 하나님의 용서를 받았다. 바울은 이를 "은혜"라고 말한다. 다른 여느 부활의 증인들과는 다른 차원에서, 전혀 다른 열정으로 자신에게 일어난 "은혜"를 강조할 수밖에 없었다(고전 15:9~10; 갈 1:15; 롬 1:5). 바울은 자신의 결단이나 노력으로 그리스도를 만난 것이 아니다. 하나님이 은혜로 그 아들을 바울에게 계시해 주심으로써 그리스도를 알게 되었다. 그러므로 바울은 '율법의 행위'에 맞서 하나님의 은혜를 외쳤다. '오직 은혜'(sola gratia)가 바울신학의 전형적인 표어가 될 수 있었던 것은 다마스쿠스 체험 때문이었다. 바울의 칭의신학은 근본적으

로 다마스쿠스 체험에서 출발한다.[25]

　바울신학을 이해하는 데 가장 중요한 밑바탕은, 하나님과 부활한 그리스도로부터 직접 사도로 부르심을 받았다는 바울의 확신이다. 그는 거의 모든 서신들을 자신이 부르심을 받은 사도라는 사실을 밝히면서 시작한다. 그의 사도직에 대한 논란이 전혀 없었던 교회에 보낸, 빌립보서와 데살로니가전후서, 빌레몬서만이 그렇지 않다. 사도권이 논란이 될 때마다 바울이 사도직을 변호하기 위해 항상 다마스쿠스 사건을 말한다는 사실에서, 우리는 바울이 다마스쿠스 사건을 통해 사도의 직분과 선포해야 할 복음을 받았음을 볼 수 있다. '하나님의 뜻'에 따라 사도로 부르심을 받았다고 한다면,[26] 그 부르심은 다마스쿠스에서 일어났다. 그러므로 바울은 자신이 복음을 선포하지 않을 수 없으며(고전 9:16~17), 그가 선포한 복음은 누구도 부정하거나 왜곡할 수 없는 하나님의 복음이기 때문에 "다른 복음"이 있을 수 없고 오직 "내가 전한 복음"만 있을 뿐이라고 확신했다(갈 1:6~12).

---

25) '오직 은혜로써' 그리스도를 알고 고백하며 선포하게 된 바울은, 자신의 은혜 체험에 근거해 그 당시 예수 그리스도를 믿지 않을 뿐 아니라 교회를 배척하고 박해하는 유대인들의 구원을 확신할 수 있었다(롬 9~11장). O. Hofius, "Das Evangelium und Israel", 175~202; K. Haacker, *Paulus, der Apostel*, 88~90 참조.
26) 고전 1:1; 고후 1:1; 엡 1:1; 골 1:1; 딤전 1:1; 딤후 1:1 참조.

2. 사도 바울의 선교 활동과 서신의 기록

바울신학은 역사신학이고 선교신학이기 때문에, 그의 역사적인 선교 활동과 상황의 맥락에서 이해해야 한다.

1) 선교 여정과 서신들의 기록

(1) 로마의 역사가 수에톤(Sueton)은 로마에 살던 유대인들 사이에 크레스투스(Chrestus)라는 인물을 둘러싸고 소요사태가 일어났고, 그래서 클라우디우스 황제가 유대인을 추방했다고 기록했다.[27] 기원후 5세기의 역사가 오로시우스(Orosius)는 수에톤이 말한 칙령이 내려진 때가 기원후 49년이라고 한다.[28] 황제의 칙령으로 로마에서 추방당한 브리스길라와 아굴라 부부가 고린도에 먼저 와 있었고(행 18:2), 뒤따라 바울이 와서 함께 교회를 세웠다. 그 뒤 클라우디우스 황제가 기원후 54년 10월에 죽음으로써 추방된 유대인들은 다시 로마로 돌아갈 수 있었다. 그러므로 로마서가 기록될 기원후 55년 무렵에 브리스길라 부부는 다시 로마에 가 있었다(롬 16:3).

(2) 고린도에서 바울이 선교 활동을 할 마지막 무렵에 고린도를 수도로 하는 아가야 지방의 로마 총독은 갈리오였다(행 18:12). 1905년에 발굴된 델피 신전의 갈리오 비문에 따르면, 클라우디우스 황제가 갈리오의 후임자에게 편지를 보냈는데, 여러 정황으로 봐서 이 편지는 기원후 52년 여름에 기록된 것으로 보인다. 따라서 갈리오는 52년 여름에 아가야 총독에서 물러났는데, 총독 임기가 1년이

---

27) Sueton, Claudius 25, 4. 크레스투스는 당시 노예의 이름으로는 흔했다.
28) R. Riesner, *Frühzeit des Apostels Paulus*, 139~180 참조.

었기 때문에 51년 초여름(5, 6월쯤)부터 52년 초여름에 이르는 1년 동안 총독으로 재임했다. 그러니 바울은 49년 말(혹은 50년 초)경에 고린도에 와서 51년 초여름까지 1년 6개월 동안 머물렀다고 볼 수 있다(행 18:11). 유대인들은 갈리오가 아가야 총독으로 부임하고 얼마 지나지 않아 바울을 총독에게 고발한 것이다. 그 얼마 후에 바울은 고린도를 떠나 에베소로 감으로써 두 번째 선교 여행을 마무리했다(행 18:18~19).[29]

(3) 사도행전은 변절해서 그리스도인이 된 바울을 다마스쿠스에서 유대인들이 죽이려고 했다고 말하지만(행 9:23~24), 바울은 "아레다 왕의 고관"이 자신을 잡으려고 해서 도망했다고 한다(고후 11:32~33). 여기서 아레다 왕은 나바테어 왕국의 아레다 4세로서 기원전 9년부터 기원후 40년 사이에 통치했다. 바울은 다마스쿠스 체험을 한 후 아라비아를 거쳐 다마스쿠스로 돌아왔을 때, 이곳에서 유대인들과 "아레다 왕의 고관"으로부터 핍박을 받았기 때문에, 다마스쿠스 체험은 아레다 왕의 재임 기간 동안에 일어났다. 그러므로 다마스쿠스 사건은 기원후 40년 이전에 일어났다.

(4) 바울이 다마스쿠스에 있는 그리스도인들을 박해하러 가다가 부활 예수를 만나는 체험을 했을 당시 이미 다마스쿠스에는 아나니아의 지도를 받고 있던 그리스도인들의 공동체가 있었다(행 9:10~25). 예수는 기원후 30년 4월(유대력으로 니산월 14일) 초에 죽고 부활했다. 사도행전 2~7장에 개략적으로 언급된 초대 교회의 형성과 박해, 선교의 역사를 고려해 보면, 다마스쿠스에 제자들의 공동체가 형성될 수 있는 시기는 예수 부활 사건이 있고 2년 정도는 지난 때라고 할 수 있다. 다마스쿠스의 교회를 박해하러 가다가 부활한 그리스도를 만나는 바울의 경험도 기원후 32년 무렵이었을 것이다.

---

29) R. Riesner, *Frühzeit des Apostels Paulus*, 180~189; U. Schnelle, *Paulus*, 31.

(5) 바울은 다마스쿠스 사건 이후 3년이 지나서야 비로소 처음으로 예루살렘을 방문했다(갈 1:18). 그 지난 3년 동안 바울은 어디서 무엇을 했을까? 갈라디아서 1장 17절에 따르면, 다마스쿠스 사건 후 바울은 아라비아를 거쳐 "다시" 다마스쿠스로 갔다. 사도행전 9장 10~25절이 말하는 사건은 갈라디아서 1장 17절에 나오는 바울의 말과 일치한다. 바울은 다마스쿠스의 초대교회 지도자 아나니아를 통해 세례를 받은 후(행 9:10~19; 22:16) 아라비아로 간다. 어제의 동지에서 오늘의 적으로 변해 버린 유대인들을 피해 잠시 아라비아로 간 것 같다.[30] 그리고 그리 오래지 않아 바울은 다마스쿠스로 돌아왔다.

그러나 우리는 다마스쿠스의 초대교회에 관해서 더 이상 알 수는 없다. 다만 이곳에서 바울은 "예수가 그리스도"라는 메시지를 누구보다 강력하게 증언했고(행 9:22), 이 때문에 이곳의 유대인과 그리스도인들 사이에 충돌이 생겨났다(행 9:23). 이후로 바울이 가는 곳마다 이런 충돌은 그치지 않았다. 흥미롭게도 이곳에 '바울의 제자'라고 불리는 사람들이 있었지만(행 9:25), 고린도후서 11장 33절에서 바울은 이들의 존재에 대해 말하지는 않는다. 광주리를 타고 성벽을 넘어, 그를 잡으려는 사람들의 손길에서 벗어났다는 것은 사도행전과 고린도후서에 모두 언급한 사실이다.

(6) 갈라디아서 2장 1절에 따르면, "십사 년 후에" 바울이 디도를 데리고 "다시" 예루살렘에 가서 사도회의를 했다. "다시"라는 말이 암시하듯 이 예루살렘 여행은 그가 회심한 이후 두 번째 방문이다. 다마스쿠스 사건에서 사도로 부르심을 받고 '삼 년 만에' 첫 번째 예루살렘에 가서 게바(베드로)와 함께 15일 동안 머물렀던 일이 있은 지 "십사 년 후에" 바울은 다시 예루살렘에 갔다. 두 번째 방문이 사도회의를 하기 위해서였기 때문에, 예루살렘 사도회의는 바울의 다마스쿠스 체험이 있은 지 17년이 지나, 곧 기원후 49년 무렵에 있었다.

---

30) R. Riesner, *Die Frühzeit des Apstels Paulus*, 78. 229~231; K. Haacker, *Paulus, der Apostel*, 69.

첫 번째 예루살렘 방문과 두 번째 방문 사이의 14년 동안 바울은 어디서 무엇을 했을까? 여기에 대해 바울은 갈라디아서 1장 21절에서 짤막하게 언급한다. "그 후에 내가 수리아와 길리기아 지방에 이르렀으나." 사도행전에 따르면, 그 사이에 바울은 안디옥교회를 대표해서 한 번 더 예루살렘을 방문했다(행 11:30). 그에 앞서 바나바가 바울을 안디옥교회로 안내했다(행 11:25~26). 그 당시 바울은 예루살렘의 유대인들의 위협을 피해(행 9:29) 다소에 가 있었다(갈 1:21). 길리기아 지방의 수도는 그의 고향 다소였기 때문에 첫 번째 예루살렘을 방문한 뒤에 그는 고향에 가 있었다.

다소에 머물고 있는 바울을 찾아가 안디옥으로 데리고 온 사람이 바나바였다(행 11:25). 그 둘이 안디옥에서 1년을 머물며 제자들을 가르쳤고, 비로소 여기서 예수의 제자들이 "그리스도인"이라고 불리기 시작했다(행 11:26). 바울은 안디옥에 머물면서 그곳의 예배와 교육에서 고백하고 가르쳤던 초대교회의 신앙고백과 성만찬, 세례와 찬송 및 많은 예수에 관한 전승들을 접했을 것이다. 사도행전 11장 26절에서, 바나바와 바울이 안디옥에서 1년 동안 큰 무리를 가르쳤다고 한다면, 바울은 초대교회의 신학을 이곳에서 배웠다고만 할 수는 없다. 이미 그 이전에 다마스쿠스에서도 초대교회의 신앙을 접할 수 있었고, 또 박해를 하면서도 예수에 관한 많은 부분들을 보고 들어 알고 있었을 것이다. 안디옥교회의 신학이 바울에게 대단히 커다란 영향을 끼치기는 했을 것이다. 바울이 그의 서신들에서 인용하는 많은 전승들의 대부분은 안디옥교회에서 알게 되었다고 볼 수 있다. 그러나 바울이 안디옥교회의 신앙을 그대로 이어받은 것은 아니다. 바울에게 끼친 안디옥교회의 영향을 과소평가해서도 안 되지만, 안디옥교회와 구별되는 바울신학의 독특함을 놓쳐서도 안 된다.[31]

안디옥교회는 바나바와 바울을 이방인 선교사로 안수하여 파송한다(행

---

31) J. Becker, *Paulus*, 107~119은 안디옥교회를 바울신학의 모태라고 한다. 여기에 대한 비판은 U. Schnelle, *Paulus*, 111~113 참조.

13:1~3). 안디옥교회의 "두 사도들"인 바나바와 바울은(행 14:4, 14) 제1차 선교 여행을 떠난다. 이 선교 여행은 바울의 선교 여행이 아니라 안디옥교회의 파송을 받은 두 사도의 선교 여행이다. 사도행전 12장 23절에 따르면, 초대교회를 박해하던 헤롯 아그립바가 하나님의 진노를 받아 죽었는데, 그때가 기원후 44년이었다. 그 이후에 바나바와 바울의 선교 여행이 시작되었으니 아마도 기원후 45, 46년 무렵이었을 것이다. 제1차 선교 여행은 사도행전 13장 4절부터 14장 28절에 비교적 상세하게 언급되어 있지만, 바울 자신은 갈라디아서 1장 21절에서 시리아와 길리기아에서 행한 선교 활동을 간략히 언급할 뿐이다.[32] 갈라디아서가 말하는 "수리아와 길리기아" 외에 사도행전이 말하는 구브로와 밤빌리아, 비시디엔과 이고니온 등에서 있었던 선교 활동을 제1차 선교 여행으로 말할 수 있다. 갈라디아서 2장 1~10절에서 바울이 말하는 예루살렘의 사도회의가 열리게 된 계기가 이방인 선교였기 때문에, 바울은 분명히 제1차 선교 여행을 다녀왔다.

(7) 기원후 48, 49년 무렵에 바울이 제1차 선교 여행을 마치고 안디옥교회로 돌아왔을 때, 예루살렘 초대교회로부터 온 어떤 사람들이 안디옥교회에 와서, 이방인 그리스도인들도 모세의 율법에 따라 할례를 받아야 구원을 받을 수 있다고 주장함으로써, 그들과 바울 및 바나바 사이에 격렬한 논쟁이 벌어졌다. 안디옥교회는 바울과 바나바 그리고 몇 사람을 예루살렘에 파송해 그곳 지도자들과 이 문제를 놓고 담판을 벌이게 했다(행 15:1~2). 갈라디아서 2장 2절에서 바울은 그의 복음전파의 수고가 "헛되지" 않게 하려고 하나님의 "계시를 따라" 예루살렘 회의에 가게 되었다고 말한다. 다소를 비롯한 제1차 선교 여행에서의 "달음질"이 헛되지 않게 하기 위해 예루살렘에 갔던 것이다. 제1차 선교 여행 때 율법과는 무관하게 신앙생활을 했던 이방인의 교회에 할례를 주장하는 유다주의자들 곧 "거짓 형제들"이 "가만히 들어와" 이방 그리스도인들에게도 할례를 비

---

32) R. Riesner, *Die Frühzeit des Apostels Paulus*, 234~248 참조.

롯한 모세의 율법을 강요한 것이다(갈 2:4). 그들의 요청을 인정하면 바울의 복음 선포를 위한 달음질은 헛된 것이 되고 만다. 바울이 선포한 복음, 바울에게 계시된 복음의 내용은 율법과는 무관하게 오직 그리스도를 믿는 믿음으로 구원을 얻는다는 것이었기 때문이다.

사도회의의 핵심 결론은 이방인 선교는 근본적으로 율법과는 무관하게 진행할 수 있다는 사항이었다. 사도행전 15장 10~11절에서는 베드로가, 15장 19절에서는 야고보가 그런 결론을 제시하며, 바울도 갈라디아서 2장 9절에서 같은 결론에 동의했음을 말한다. 이런 핵심 결론에도 불구하고 사도행전은 우상과 음행, 목매달아 죽인 것과 피를 멀리해야 한다는 네 가지 요구조건을 이방인 선교에 제시한다(15:20, 29). 이런 조건을 "요긴한 것"이라며 지키라고 요구한다(15:28). 유대인과 이방인이 그리스도인이 되어 교제를 나누기 위해 이 네 가지는 최소한의 조건이라는 뜻이다. 그러나 갈라디아서에서 바울은 이 조건들이 사도회의에서 결정된 바가 없다고 강력하게 주장한다(2:6). 그런 조건을 충족시켜야 이방인이 하나님의 구원을 받은 백성이 될 수 있다는 것을 바울은 용인하지 않는다. 그가 하나님으로부터 계시 받은 복음에는 그런 불순물이 섞일 수 없었다. 베드로와 야고보, 요한 등 예루살렘교회의 기둥들은 바울의 복음이 하나님의 계시로 주어졌으며, 바울의 사도 직분도 베드로의 사도 직분과 동등하다는 것을 인정했다. 다만 베드로는 '할례자의 복음'을 맡았고, 바울은 '무할례자들의 복음'을 맡았다는 것을 확인했다(갈 2:7). 베드로가 할례자의 사도가 된 것처럼 바울은 무할례자의 사도가 되었음을 서로 인정하는 것으로 사도회의가 끝났다(갈 2:8~9). 끝으로 예루살렘의 기둥들은 바울에게 네 가지 조건을 요구한 것이 아니라, 다만 예루살렘의 가난한 성도들을 위해 구제금을 모금해 달라고 "부탁"했다(2:10). 바울은 사도회의를 통해 베드로를 비롯한 예루살렘의 '기둥들'과 동등한 사도로 자신이 인정받았으며, 더 나아가 이방 그리스도인들은 할례와 같은 율법과는 무관하게 오직 그리스도에 대한 믿음으로 구원을 받은 하나님의 백성이 된다는 것을 합의했다고 확신했다.

이런 합의에도 불구하고, 또 바울의 확신에도 불구하고 갈등의 불씨는 여전히 살아 있었고, 결국 바울은 평생 이 갈등의 중심에서 싸우며 복음을 전할 수밖에 없었다. 그러므로 바울신학은 투쟁신학이었다. 갈등은 바울이 맡은 '무할례자의 복음'과 베드로 등이 맡은 '할례자의 복음'이 내용 면에서 같은가, 같지 않은가 하는 것이었다. 바울은 하나님의 계시를 통해 받은 "내가 전하는 복음"이 "그리스도의 복음"이고, 이와 다른 것은 그리스도의 복음을 교란하게 하려는 "다른 복음"이라고 거부한다(갈 1:6~12). 바울의 복음은 할례 등 율법과는 상관없이 오직 그리스도를 믿는 믿음으로 구원 받는다는 것이기 때문에, '할례자의 복음'을 인정할 수 없었다. 보수적인 유대 그리스도인들 역시 할례와 무관하게 오직 그리스도의 이름으로 받는 세례를 통해서만 하나님의 백성이 될 수 있다는 바울의 복음을 인정하기가 쉽지 않았다. 결국 사도회의는 서로의 차이를 인정하고, 서로의 복음이 같은 것은 아니지만, 대상이 다르기는 하지만 동등한 가치와 지위를 가지고 있는 것으로 인정하는 선에서 문제를 일시적으로 봉합한 셈이었다.[33]

사도회의가 있고 그리 오래되지 않아 베드로가 안디옥에 와서 이방 그리스도인들과 식사 교제를 나누다가 "야고보에게서 온 어떤 이들"이 오고 있다는 소식을 전해 듣고, 이방 그리스도인들과의 식사 교제를 중단해 버리는 사건이 일어났다(갈 2:12). 이 같은 베드로의 행위는 다른 유대 그리스도인들에게 큰 영향을 끼쳤고, 바나바까지도 그의 예를 따르는 사태가 발생했다(갈 2:13). 이에 바울이 베드로를 공개적으로 꾸짖었는데(갈 2:11), 그 내용(갈 2:14~21)의 핵심은 갈라디아서 2장 16절에 있다.

"사람이 의롭게 되는 것은 율법의 행위로 말미암음이 아니요 오직 예수 그리

---

33) U. Schnelle, *Paulus*, 122~128 참조.

스도를 믿음으로 말미암는 줄 알므로 우리도 그리스도 예수를 믿나니 이는
우리가 율법의 행위로써가 아니고 그리스도를 믿음으로써 의롭다 함을 얻으
려 함이라 율법의 행위로써는 의롭다 함을 얻을 육체가 없느니라"

베드로의 뒤를 따라 바나바와 안디옥교회의 유대 그리스도인들도 이방 그리
스도인들과의 식사 교제를 파기했다. 이는 바울에게는 "복음의 진리를 따라 바
르게 행하지 아니함"이었고(갈 2:14), "하나님의 은혜를 폐하는" 일이었다(갈 2:21).
율법의 행위로서가 아니라 오직 예수 그리스도를 믿음으로 의롭게 된다는 바울
의 복음은 단순히 이방 그리스도인들에게만이 아니라 베드로와 안디옥의 유대
그리스도인들에게도 해당된다.[34]

(8) 48, 49년의 예루살렘 사도회의와 안디옥의 충돌 사건이 있은 후 바울은
곧바로 선교 여행을 떠난다. 사도행전 13~14장이 말하는 제1차 선교 여행이 안
디옥교회의 파송을 받아 바나바와 함께 한 것이었다면, 지금부터는 누구의 파
송을 받은 것이 아닌 바울만의 독자적인 선교 활동이 시작된다. 사도행전은 마
가 때문에 바울이 바나바와 결별했다고 하지만(행 15:37~39), 그 둘이 실제로 헤어
질 수밖에 없었던 진정한 이유는 안디옥 충돌 사건에서 나타난 신학적 차이 때
문이다. 그러므로 사도회의와 이어서 일어난 안디옥 충돌 사건은 바울이 안디옥
교회와 바나바와도 결별하고 독자적인 신학에 바탕을 둔 독립적인 선교 활동을
하게 된 동기로 작용했다.

바울은 실라와 디모데를 동반하고 선교 여행을 떠난다(행 15:40; 16:1~2). 이번
선교 여행의 핵심은 유럽으로 건너가는 것이었다. 바울이 유럽의 관문인 마케
도니아로 건너간 것은 하나님의 인도하심에 따라서였다(행 16:9~10). 유럽에 첫

---

34) U. Schnelle, *Paulus*, 132~135은 갈 2:16과 같은 바울의 복음은 사도회의나 안디옥의 충돌 때 이미 정립되어 있었던 것이
아니고, 나중에 갈라디아 교회들의 문제를 해결하는 과정에서 정립되었는데, 나중에 안디옥의 사건을 말하는 맥락에서
회고적으로 삽입했다고 주장한다(ebd. 324~330도 참조).

발을 내딛은 곳은 빌립보였는데, 이곳에서 비교적 부유하고 경건했던 비단 장사 루디아를 얻고 교회를 세웠다(행 16:11~40). 그러나 빌립보에서의 선교가 성공을 거둠으로써, 오히려 사도는 그곳 사람들로부터 배척을 받고 결국 위험을 피해 데살로니가로 갔다(행 17:1~9). 사도행전이 말하는 이러한 선교 여정은 바울이 기록한 서신에서도 확인할 수 있다. 데살로니가전서 2장 2절에서 바울은 빌립보를 거쳐 데살로니가에 왔다고 말하며, 그 이후 아덴으로 갔다고 한다(살전 3:1). 데살로니가에서도 바울의 선교는 크게 성공했고(살전 1:6~10; 행 17:4), 그곳 유대인들 역시 그와 교회를 박해했다(행 17:5 이하; 살전 2:14~16). 데살로니가에서 선교 활동을 하는 동안(행 17:2) 빌립보교회는 두 번이나 그에게 선교비를 후원해 주었다(빌 4:15~16).[35] 그래서 성도들의 도움 없이 데살로니가에서 선교 활동을 할 수 있었다(살전 2:9). 바울은 괴롭히는 유대인들을 피해 이번엔 베뢰아로 가서 성공적으로 선교 활동을 펼쳤으나, 데살로니가에서부터 쫓아온 유대인들을 피해 다시 베뢰아를 떠날 수밖에 없었다(행 17:10~15). 바울과 그의 동역자들은 아덴으로 가서(살전 3:1~2) 아레오바고 광장에서 변론을 했다(행 17:16~34). 아덴을 떠나 바울은 그의 선교 여행의 중심지라고 할 수 있는 고린도에 도착했는데, 이때가 49년 말(혹은 50년 초)이었다. 이곳에서 갈리오 총독 임기 말 무렵까지 18개월을 머물며 선교 활동을 하여 커다란 성공을 거둠으로써, 바울이 세운 교회 가운데 가장 크고 활력 넘치는, 그러나 동시에 많은 문제들도 생겨났던 고린도교회를 세웠다.

바울이 데살로니가교회를 다시 방문하려고 몇 차례 시도했지만, '사탄이 막아' 갈 수 없었다(살전 2:17~18). 그래서 아덴에 머무는 동안 자기 대신 디모데를 데살로니가교회로 보내 거기 상황을 알아보게 했고(살전 3:2~5), 고린도에 머무는 동안 디모데가 돌아와 데살로니가 교회 상황을 알려 주었다(살전 3:6). 데살로니가교회에서 가장 큰 문제는 예수를 믿고 재림 이전에 죽은 성도들은 어떻게 될 것이냐

---

35) 빌립보교회가 두 번이나 선교비를 보내 줄 정도였다면, 바울이 데살로니가에서 1개월 이상을 머물렀다고 볼 수 있다. R. Riesner, *Frühzeit des Apostels Paulus*, 323은 약 3개월을 데살로니가에서 머물렀다고 추정한다.

하는 점이었다. 디모데를 통해 알게 된 데살로니가교회의 이 같은 문제에 대답하기 위해 바울은 고린도에서 49, 50년 무렵에 데살로니가전서를 써서 보냈다.

(9) 고린도에서 18개월 동안 머물며 선교 활동을 하던 바울은 바다를 건너 안디옥을 거쳐(행 18:22) 갈라디아와 부르기아 지역을 지나는 제3차 선교 여행을 시작한다(행 18:23). 그런 후에 에베소에 도착하는데(행 19:1), 아마도 이때가 51년 여름 무렵이거나 혹은 52년 초라고 볼 수 있다. 에베소에서는 2년 6개월 동안이나 머물렀다(행 19:8, 10; 20:31). 그는 54년 말이나 55년 초까지 에베소에 있으면서 고린도교회에 발생한 많은 문제들을 전해 듣고 그에 대해 답하는 고린도전서와 고린도후서의 일부를 기록했다.

그 이후 바울은 다시 빌립보 등이 있는 마케도니아 지방으로 가서 고린도후서의 또 다른 일부와 갈라디아서를 기록했고, 이어서 고린도로 왔다. 고린도에서 3개월여 동안 머물다가 떠났는데, 이때가 56년 초 무렵이었고(행 20:3), 그 무렵에 바울은 로마의 서쪽 스페인으로 선교 여행을 계획하면서 로마교회의 도움을 받으려고 로마서를 써서 보냈다(롬 15:23~24, 28). 바울은 배를 타고 곧바로 수리아로 가고자 했으나 유대인들이 해치려 하여 다시 마케도니아로 가야 했다. 또한 로마서 15장 25절에서 바울은 구제금을 예루살렘교회에 전달할 예정이라고 한다. 그는 빌립보에서 배를 타고 소아시아의 드로아(행 20:6)와 아소, 밀레도를 거쳐 오순절 안에 예루살렘에 도착하려고 노력한다(행 20:13~16). 배를 타고 해안 도시 가이사랴에 도착해 그곳부터 다시 육로로 예루살렘에 가야 하는데, 56년 오순절에는 예루살렘에 도착하려는 것이 바울이 계획한 일정이었다.

(10) 예루살렘에 도착한 바울을 죽이려는 유대인들의 손에서 그를 보호한 사람은 로마군 천부장이었다. 천부장은 로마군의 주둔지 가이사랴로 바울을 데려가 그곳 감옥에 감금했다. 벨릭스가 시리아의 총독이 된 때는 아마도 52, 53

년 무렵이고, 이어서 베스도 총독이 부임한 것은 58년쯤으로 보인다.[36] 베스도 총독이 부임할 때, 바울은 이미 2년여 동안 감옥에 있었다. 바울은 베스도 총독에게 황제의 재판을 청구했고(행 25:11), 58년 무렵에 로마로 압송되었다(행 27:1~28:26). 바울이 로마에 도착한 때는 59년 초로 보인다.[37] 네로는 54년 10월에 로마의 황제가 되었다. 사도행전 28장 30절에 따르면, 로마에서 바울은 가택 연금 상태에 있었지만 방문객을 자유롭게 맞이할 수 있을 정도였다. 그렇게 2년여 동안 찾아오는 사람들에게 복음을 전했다. 이 무렵에 그에게 생활비를 보내 준 빌립보교회에게 감사하는 마음을 담은 빌립보서를 기록했고, 이어서 도망 나온 종 오네시모를 주인 빌레몬에게 돌려보내면서 종이 아니라 형제로 대해 달라고 부탁하는 빌레몬서를 기록해서 보냈다.[38] 황제의 재판이 언제 열렸고, 바울이 언제 처형되었는지 신약성서는 그 어디에서도 말하지 않는다. 베드로와 바울이 64년에 로마에서 네로 황제에 의해 순교의 죽음을 당했다고 전해 준 사람은 로마의 교부 클레멘스였다(클레멘스전서 5:5~7; 6:1).

2) 바울신학을 이해하는 데 활동 연대기가 갖는 의미

(1) 사도로서 바울의 출발점이 되는 근본적인 체험은 다마스쿠스에서 일어났다. 이 체험은 '죄인의 칭의'(롬 4:5; 5:6) 체험이었고, '사도로 부르심'의 체험이었다. 이 체험 사건은 이후 기록된 서신들에서는 수신자 교회들의 형편에 따라 암암리에 혹은 명시적으로 바울신학을 결정하는 근본이 되었다(고전 9:16; 15:8~10; 고후 2:14~17).

---

36) 총독 재임 연대를 둘러싼 논란에 대해서는 R. Riesner, *Die Frühzeit des Apostels Paulus*, 196~200 참조.
37) R. Riesner, *Die Frühzeit des Apostels Paulus*, 201.
38) 연대기에서 바울의 주요 서신 일곱 개가 기록된 정황은 비교적 분명하게 드러나지만, 다른 여섯 개 서신들은 그의 연대기 어디에도 적절하게 배치하기 어렵다. 이것도 여섯 개 서신들을 제2바울서신으로 분류하는 이유에 속한다.

(2) 바울의 삶은 처음부터 마지막까지 토라(율법)와 그리스도 복음, 이 둘에 의해 결정되었다. 박해자였을 때 그의 삶과 사상을 결정한 것은 토라였다. 그 때문에 교회를 박해했다. 다마스쿠스 변화 이후에는 그리스도의 복음이 그의 삶과 사상을 결정했다. 사도가 된 이후에도 바울에게는 이 둘의 관계가 중요했다. 이 둘의 관계를 적절하게 설정하는 것은 바울신학의 핵심에 속했다. 특히 이방인들에게 일평생 복음을 전하도록 부르심을 받은 사도라는 사명의식을 가진 바울은, 율법이 아니라 복음이라는 양자택일 식의 메시지를 핵심으로 여길 수밖에 없었다.

(3) 바울은 숨 가쁜 선교 여행을 하다 때로는 감옥에서 여러 서신들을 기록했는데, 그 중에서 일곱 개 서신들이 우리에게 알려져 있다. 특히 바울은 그의 선교 절정기에 특별한 선교적인 상황에서 서신들을 기록했다. 그러므로 그의 서신들에 있는 신학은 조직적으로 구도된 신학이 아니라 각 교회들의 상황에 맞춰, 곧 실천적인 필요에 의해 급하게 서술된 선교신학이다. 각기 시급한 상황에서 말할 수밖에 없었던 것만을 말했을 뿐이고, 바울 자신과 수신자들에게 전혀 문제가 되지 않고 당연하게 여겨지는 일에 대해서는 말하지 않았을 것이다. 우리는 바울서신들에서 바울신학의 독특한 점이나 다른 사도들이나 수신자들과 일치하는 점이 무엇인지 분명하게 읽어 내야 한다.

(4) 바울은 활동 내내 논란의 대상이었고, 따라서 그의 선포와 신학은 그 당시 모든 그리스도인들에게 일반적으로 인정을 받은 것이 아니다. 그는 자신에게 맡겨진 복음을 개인적인 고난 속에서, 수많은 거절과 모함 그리고 왜곡 등에 맞서 끊임없는 싸움을 하는 가운데 증언했다. 2천여 년이 지나 바울신학을 찾는 우리는 이러한 투쟁 속에서 형성된 바울의 가르침을 당연하게 받아들이기보다는 사도가 직면했던 문제들이나 물음들에 대해 비판적 입장을 견지하면서 읽을

때, 바울의 가르침은 신학적으로 훨씬 분명해지고 또 여전히 신학적으로 유용한 가르침이 될 수 있다.

신약성서 정경 문헌들 안에도 바울신학에 맞서는 목소리들이 있다. 야고보서 (2:14~26)와 마태복음(5:18~19) 그리고 히브리서 등이다. 우리는 바울신학을 읽을 때, 이러한 다른 소리를 함께 읽어야 한다. 왜 이런 반대의 소리가 나올 수밖에 없었을까? 기독교신학은 대립되는 견해를 무조건 매도하거나 거부하는 것이 아니라, 그 소리를 경청하고 처한 상황 속에서 받아들일 수 있는 것은 받아들이거나 혹은 근거 있는 반론을 설득력 있게 제시해야 한다. 신학이 알아야 할 사실은, 성서의 진리는 여러 목소리들 가운데 어느 하나만을 선택하는 것이 아니라, 그 모든 목소리들을 함께 경청하는 것이어야 한다는 점이다.[39]

---

39) P. Stuhlmacher, *Biblische Theologie des NT I*, 233.

3. 바울의 그리스도이해

1) 기본 구도

바울은 그리스도와 주, 하나님의 아들 등 세 가지 칭호를 가장 즐겨 사용한다. 그는 부활하신 예수 그리스도를 만남으로써 사도가 되었고, 기독교신학을 전개하기 시작했다. 그러므로 그리스도이해(기독론)는 바울신학의 출발이고 핵심이다.[40] 바울의 기독론을 형성하는 세 가지 요소가 있다. 하나는 다마스쿠스에서 바울이 했던 특별한 그리스도 체험이고, 다른 하나는 바울 이전에 예루살렘과 안디옥 등 처음교회에서 형성된 예수 그리스도에 대한 믿음 고백 전승들이며, 마지막으로는 구약성서에 대한 바울의 깊은 지식이다.

(1) 다마스쿠스 사건에서 바울은 그의 인생과 사상의 획기적인 전환을 맞는다. 구원으로 인도하는 길은 율법이 아니라 율법의 저주를 받은 예수 그리스도 안에 있다. 그러므로 바울의 극적인 전환에는 율법이해와 그리스도이해의 근본이 들어 있다. 율법의 행위가 아니라 오직 그리스도에 대한 믿음이 구원의 길이다. 그리스도는 모든 믿는 사람들을 위해 율법의 마지막이 되신다(롬 10:4). 처음교회의 다른 어느 누구보다도 바울이 율법에 비판적인 신학을 전개한다면, 거기에는 다마스쿠스의 깨우침이 작용하는 것이다.[41]

---

40) F. Hahn, 「신약성서신학 I」, 238~245은 바울신학의 핵심과 출발을 무엇으로 볼 것이냐에 대한 지금까지의 연구를 요약한다. 신론, 인간론, 기독론, 구원론, 종말론 등의 하나를 그것으로 보려는 학자들의 연구를 간단히 소개하면서 Hahn 자신은 '복음'을 바울신학의 핵심과 출발로 여긴다. 그러나 바울에게 복음은 기독론적인 복음이기에 기독론을 핵심과 출발로 보는 것과 다르지 않다. 이것이 내가 따르는 P. Stuhlmacher의 핵심 논지다.

41) U. Schnelle, *Theologie des NT*, 217은 다마스쿠스에서 바울에게 주어진 통찰을 네 가지로 요약한다. 1) 하나님이 역사에 개입하셔서 역사에 새로운 차원을 부여하셨다. 2) 십자가에서 죽고 부활하신 그리스도는 하늘의 하나님과 함께 계시는 위엄과 권능 가운데 있다. 3) 그리스도는 믿음의 사람들에게 이미 지금 그의 통치에 참여하게 한다. 4) 하나님은 바울을 부르셔서 민족들에게 복음을 전하게 하셨다. 네 가지 통찰 모두 옳지만, 그러나 Schnelle는 율법에 대한 새로운 통찰에는 침묵한다. 다마스쿠스에서 얻은 통찰에서 율법에 대한 새로운 평가를 침묵한다면 핵심을 놓치는 것이다.

(2) 다마스쿠스에서 근본적인 신앙을 깨우친 바울은 그가 이전에 박해했던 사람들이 이미 고백하고 있던 그리스도 신앙을 자신의 신앙으로 받아들였다. 그러나 그는 단순히 그 이전에 형성된 전승을 받아들이는 데 그치지 않고, 다마스쿠스의 계시 사건을 바탕으로 전승들을 이해하면서 더 넓고 깊게 전개시켜 나갔다. 바울이 받아들여 자신의 기독론을 형성하는 데 활용했던 처음교회 전승들은 다양하다. 그들 가운데 상당수를 이미 앞에서 언급한 바 있다.[42]

(3) 바울은 이러한 많은 기독론적인 전승들과 다마스쿠스 체험, 구약성서에 대한 풍성하고 깊은 지식을 융합하면서 그의 그리스도이해를 풍성하게 할 수 있었다. 바울에게서 구약성서는 '복음을 통합시키는 구성 요소'라고 할 수 있다.[43]

2) 하나님은 예수 그리스도 안에 계셔서 구원을 이루셨다.

바울은 그의 일곱 개 주요 서신들에서 하나님(θεος)을 430회 말한다. 그만큼 바울에게 하나님은 사고의 중심이다. 그에게 하나님은 그리스도 안에 계셔서 인류(이방인과 유대인)와 창조세계 전체를 구원하시는 하나님이다.[44] 바울의 기독론은 바로 이런 기본적인 생각으로부터 출발한다. 바울의 기독론의 핵심은 그리스도 안에서 일어난 하나님의 구원활동에 있기 때문에, 하나님 중심적이며 동시에 구원론적이다. 바울의 그리스도이해에는 하나님 이해와 구원 이해가 핵심이다.

---

42) 그 외에도 바울이 물려받은 전승은 다양하다. 첫째, 예수의 죽음과 부활이 갖는 구원의 의미를 말하는 구원론적인 진술들(고후 5:14, 21; 갈 1:4; 롬 3:25~26; 4:25; 5:8~9; 14:15 등) 둘째, 하나 혹은 여러 요소들로 된 기독론적인 신앙고백들(살전 4:14; 5:10; 고전 1:30; 8:6; 12:3; 롬 10:9~10) 셋째, 그리스도를 약속의 담지자와 성취자로 고백하는 말씀들(롬 1:3~4; 롬 15:8 비교; 고후 1:20) 넷째, 기독론적인 파송의 말씀(갈 4:4~5; 롬 8:3~4; 비교 요 3:16~17; 요일 4:9). 다섯째, 그리스도의 성육신과 주되심을 노래하는 송가 전승(빌 2:6~11; 골 1:15~20; 히 1:3~4도 참조) 여섯째, 부활 승천한 그리스도의 종말적인 도래와 그의 미래 활동에 관한 말씀들(고전 15:23~28; 롬 8:34~35; 빌 3:20~21) 일곱째, 십자가와 부활의 복음을 요약해 전하는 말씀(고전 15:3~5) 여덟째, 나사렛 예수의 말씀들(고전 7:10~11; 9:14; 11:23~25; 갈 4:6; 롬 8:15; 12:14; 14:14 등)과 예수의 모범(빌 2:5; 롬 15:3)과 수난(고전 2:8; 11:23; 고후 13:4; 갈 3:1)에 대한 말씀들이다.
43) F. Hahn, 「신약성서신학 I」, 252~258 참조.
44) 이런 보편적 사고는 계시와 속죄, 칭의에 관한 가르침(특히 고후 5:14~21; 롬 3:21~26 참조)이나 그리스도의 종말적인 사역에 관한 설명(고전 15:23~28; 롬 8:18~39; 11:25~32)에서 알 수 있다.

하나님은 유일신이며,[45] 태초에 세상을 창조하신 분이다. 그런 점에서 바울은 구약성서나 유대교와 같은 하나님 이해를 가지고 있다. 그러나 바울에 따르면, 하나님은 그리스도를 통해 세상을 창조하셨다(고전 8:6). 그리스도는 하나님의 창조의 중재자다. 이처럼 바울은 언제나 그리스도와 관련해 하나님을 말한다. 하나님은 정해진 시간에 그 아들을 세상에 보내서서 세상을 구원하려고 하셨다(갈 4:4). 예수의 속죄죽음을 통해 세상에 화해와 칭의를 가져온 것은 전적으로 하나님의 행위다. "하나님은 그리스도 안에 계셔서 세상을 자신과 화해하게 하셨다"(고후 5:19). 하나님은 "우리의 죄 때문에" 그리스도를 죽음에 내어 주셨고, "우리의 칭의를 위하여" 죽음에서 부활시키셨다(롬 4:25). 하나님은 십자가에 달려 죽은 예수를 살려 하나님의 오른편 보좌에 높이셨고, 그에게 주(κυριος)라는 명칭을 주셔서 만물의 경배를 받게 하셨다(빌 2:9~11). 하나님은 다마스쿠스 앞에서 바울에게 그리스도 안에서 나타나셔서 그를 사도로 부르셨다(갈 1:15~16; 고후 2:14~16; 4:5~6). 그러므로 사도에게 주어진 구원의 복음은 하나님이 그에게 계시해 주신 것이며, 그 내용은 예수 그리스도다(롬 1:1~6). 하나님의 나라는 부활 승천한 주님을 통해 완성될 것이다(고전 15:23~28). 하나님의 구원 약속은 그리스도의 재림에서 성취될 것이다(롬 11:25~32). 그리스도는 종말 심판에서 죄인을 의롭다고 하시는 하나님의 뜻에 따라(롬 4:5; 5:6) 믿는 사람들을 위해 변호할 것이다(롬 8:33~34). 하나님의 아들 예수 그리스도는 그의 메시아 사역을 완성했을 때, 하나님의 자비를 입은 모든 사람들의 구원 공동체를 하나님께로 인도하여 찬양하게 할 것이다(롬 11:32). 그럼으로써 하나님은 "모든 것 중에서 모든 것이" 되신다(고전 15:28).

신약성서, 특히 바울이 가르치는 하나님은 당시 고대세계의 신 이해와 비교하면 매우 중요한 차이를 드러낸다.[46] 바울은 유대교처럼 유일신 하나님과 창조주

---

45) 살전 1:9~10; 고전 8:5; 10:26; 갈 3:19~20 등.
46) U. Schnelle, *Theologie des NT*, 189, 195~199 참조.

하나님을 믿지만, 하나님이 예수 그리스도라는 인격 안에 나타나셔서 세상과 인간을 만나신다는 점에서 유대교와 구분된다. 헬라-로마 세계의 신 이해와는 더욱 근본적으로 다르다. 헬라-로마 세계는 다신론적인 신 이해를 가지고 있었다(행 17:16~23 참조). 당시 철학자들은 이러한 다신론을 두고 결국은 신을 알 수 없게 만드는 것이라고 비꼬았다. 신의 존재를 확실하게 주장했던 플라톤주의나 스토아 혹은 에피쿠로스 그리고 영지주의 등의 신 이해와 바울의 하나님 이해는 확연히 다르다. 플라톤주의자 플루타르크는 신을 변하지 않는 영원한 존재로 이해함으로써 역사에 개입하여 뜻을 펼치는 신으로는 이해하지 못했다. 모든 존재하는 것들 속에 신이 존재한다는 범신론을 주장함으로써 스토아 철학자들은 신을 세상 내적인 로고스로 이해함으로써 신의 초월성을 부정했고, 에피쿠로스 철학자들은 불멸의 존재들이지만 인간이나 세상에 대해서는 어떠한 관심이나 배려를 하지 않는 무시간적인 부동과 평정의 신들에 대해 말했으며, 영지주의는 육체와 물질을 창조한 악한 신과 영을 창조한 선한 구원의 신을 구별했다.

이러한 신 이해와 비교할 때, 바울이 말하는 하나님은 예수 그리스도 안에서 세상과 인간 역사에 찾아오시고, 그 세상과 인간을 구원하기 위해 행동하시는 하나님이다. 신약성서의 하나님은 역사와 개인의 삶을 주관하시는 분, 그래서 매우 구체적으로 체험할 수 있는 존재다. 그리스도인들이 믿는 유일신 하나님은 창조주이시면서 동시에 예수 그리스도 안에서 인간에게 찾아오셔서 인간을 죄에서 해방시켜 책임 있는 삶을 살게 하시는 하나님, 역사와 자연 속에서 경험할 수 있는 하나님, 그러면서도 믿음의 사람들에게 미래를 보증해 주시는 전능의 하나님이다. 인간과 세상은 어쩔 수 없는 운명에게 맡겨지지 않고 이미 현재에도, 그리고 미래에도 예수 그리스도 안에서 생명을 주관하시는 하나님을 의지할 수 있다. 그래서 그리스도인들은 예수 그리스도 안에서 하나님을 찬양한다. 이처럼 헬라-로마 세계에서 유례를 찾을 수 없는 하나님 이해와 선포 그리고 예배의식은 주변 사람들에게 매우 매력적이었고, 초대교회가 확장될 수 있는 내적인 폭발력을 지니고 있었다.

3) 예수 그리스도는 세상 창조 이전부터 계시다가 사람이 되셨다.

바울은 다마스쿠스에서 부활 예수를 만나 사도로 부르심을 받았기에 부활로부터 출발해서 그리스도를 이해한다.[47] 이렇게 출발하여 뒤로는 십자가와 선재적인 기독론으로, 앞으로는 재림과 심판으로 확장되었다. 여기서 우리는 선재적인 기독론으로부터 출발해서 성육신과 수난, 죽음과 부활 그리고 승천과 재림으로 이어지는 바울의 그리스도이해를 설명할 것이다.[48]

(1) 예수 그리스도가 세상의 창조 이전부터 하나님과 함께 계셨다는 선재적(先在的)인 그리스도이해도 바울 이전부터 있었다. 바울 자신도 그런 이해에 동의했다. 고린도전서 8장 6절과 빌립보서 2장 6~11절에 있는 송가가 그 대표적인 예다. 송가는 무엇을 논리적으로 증명하기보다는 확신한 것을 경배한다. 신약성서에 나오는 다른 송가들도 그렇다.[49] 선재적인 기독론을 말하는 본문들이 송가적인 형태로 되어 있는 까닭은, 그리스도가 창조 이전부터 계셨다는 진리는 논리적인 설명이나 증명의 대상이 아니라 믿음과 찬양의 대상이기 때문이다. 선재적인 기독론은 구약성서와 유대교의 지혜신학에 그 뿌리를 둔다.[50] 그 이전의 처음교회와 마찬가지로 바울도 구약과 유대교의 선재적인 지혜에 관한 말씀들을 그리스도에게 적용해서 고백했고, 그리스도 안에서 하나님의 동일 형상인 아들을 보았다.[51] 창조 이전부터 계셨던 그리스도는 만물의 질서를 만들고 유지하는

---

47) 그래서 U. Schnelle, *Theologie des NT*, 203 이하는 부활로부터 출발해서 바울의 기독론을 전개한다.
48) 이러한 서술의 큰 틀은 P. Stuhlmacher, *Biblische Theologie des NT I*, 283~311에 근거한다.
49) 딤전 3:16; 히 1:1~4; 요 1:1~18; 계 5:9~10 등 참조.
50) 구약과 유대교는 창조주 하나님의 말씀과 동일시했던 지혜의 선재성을 말한다(잠 8:22~31; 시락서 24:1~22; 지혜서 7:22~8:1; 9:1~2 그리고 시락서 24:23~34 등 참조).
51) 고후 4:4; 골 1:15; 히 1:3 등을 잠 8:22, 30; 지혜서 7:25~26, 29; 시락서 24:9~11 등과 비교.

창조의 중재자다.[52]

(2) 바울은 다마스쿠스 앞에서 만난 그리스도 안에서 하나님을 만났기 때문에,[53] 하나님과 그리스도를 동일한 본질의 신성을 가지신 분으로, 동일한 창조의 주체자로 고백할 수 있었다. 또한 유대교의 지혜에 관한 말씀을 그리스도에게 적용해서 이해함으로써 그리스도를 하나님의 지혜라고 말할 수 있었고, 그래서 그리스도는 율법이나 세상 지혜와는 다르다고 말한다.[54] 인간 예수가 신적인 존재이며 죄인을 구원하시는 하나님의 사역을 완성했다는 것과 선재적인 기독론은 불가분리의 관계다. 그럴 때에만 "예수의 지상 사역이 종극적인 계시의 성격"을 갖기 때문이다.[55]

(3) 예수의 선재에 관한 언급은 항상 그의 세상으로 오심과 연결된다. 하나님은 창조 이전부터 함께 있던 아들을 세상으로 보내셨다(갈 4:4~5; 롬 8:3~4). 갈라디아서 4장 4~5절에 따르면, '때가 찼을 때' 하나님은 아들을 보내셨다.[56] 예수의 오심과 성육신함으로써 구원사적인 시대의 전환이 일어났다. 아직도 여전히 계속되고 있는 죄와 죽음의 옛 시대 안으로 그리스도가 왔고, 그래서 구원의 새 시대가 시작되었다. 그리스도를 믿는 사람들은 여전히 죄와 죽음이 지배하는 옛 시대 안에서 살고 있지만, 이미 "구원의 날"(고전 7:29~31과 고후 6:2을 비교)이 열리고 있는 표징 속에서 산다.

'여자에게서 태어난 자'(갈 4:4)는 그리스도의 진정한 인간성을 강조한다. '율법 아래 태어난 자'라는 말은 예수가 유대인으로 태어났음을 의미한다. 하나님의 아들은 유대인으로서 진정한 인간이 되었다. 하나님의 아들이 사람이 되어 오

---

52) 고전 8:6; 골 1:15~17; 히 1:3 등을 잠 8:23~29; 지혜서 7:27; 9:1~2; 시락서 24:3~6 등과 비교.
53) 고전 8:6; 갈 1:1; 고후 4:4~6 등 참조.
54) 고전 1:18~31; 고후 3:4~18; 10:3~6.
55) F. Hahn, 「신약성서신학」, 266.
56) 엡 1:10; 히 9:26도 참조.

신 목적은, 죄가 율법을 수단으로 하여 노예로 삼고 있는 인간을 '구원하기'(속량; εξαγοραζω) 위해서다(갈 4:4~5; 3:22~24). 바울은 "속량"이라는 개념을 사용해 주인의 교체를 말한다. 율법의 노예였던 사람들이 그리스도의 십자가 죽음을 통해 율법의 속박으로부터 해방되어 하나님의 아들을 새로운 주인으로 섬기는 자들이 되었다(갈 3:13; 고전 6:20; 7:23). 속량은 구속(απολυτρωσις)이다.[57] 인간은 하나님의 아들에게 속함으로써 "아들의 명분"(υιοθεσια)을 얻는다(갈 4:5). 이는 법적으로 유효한 아들의 자리를 얻는 것을 의미한다. 그리스도가 생명을 내어주고 구원(속량)한 사람들은 하나님의 아들이라는 법적이고 영광스러운 지위를 얻으며, 그와 더불어 성령의 능력 안에서 하나님을 "아바 아버지"라고 부를 수 있는(갈 4:6) "하나님의 자녀"가 되었다(롬 8:14~16).

(4) 의에 대한 율법의 요청이 그리스도의 영 안에 사는 사람들에게 이루어지게 하기 위해 예수가 "죄 있는 육신의 모양"으로 오셨다(롬 8:3~4). 그러나 하나님의 아들에게는 죄가 없다(고후 5:21; 빌 2:7 참조). 하나님은 그 아들을 세상 죄를 위한 흠 없는 속죄 제물로 정하셨고, 예수의 육신 안에서 죄를 판결하셨다. 그리스도의 오심과 희생을 통해 죄인들은 죄의 지배에서 해방되어 하나님의 율법을 성취한다(롬 8:4~8). 죄인들은 그리스도의 영에 힘입어 하나님의 뜻을 실천하는 사람들이 되며 예수처럼 하나님을 아바 아버지라고 부른다(롬 8:15). 하나님의 아들이 세상에 오심으로써 이스라엘과 이방 민족들을 위한 하나님의 구원 약속이 성취되었다.[58]

(5) 빌립보서의 그리스도 송가의 첫 부분(2:6~7)도 선재하신 하나님의 아들의 성육신을 말한다. 빌립보 송가는 예수가 오심으로써 실천한 모범적인 순종을

---

57) 고전 1:30; 롬 3:24~26; 골 1:14.
58) 롬 1:1~5; 9:5, 32~33; 15:8~12; 고후 1:20 등.

통해 구원이 일어났다고 한다. 그리스도는 하나님의 아들과 창조의 중재자로서 가지고 있던 하늘의 권세를 자발적으로 포기했다(고후 8:9 참조). 그는 낮아졌고, 십자가의 죽음에 이르기까지 순종했다. 십자가는 선재의 영광에 전혀 어울리지 않는 수치이므로, 이는 세상을 구원하기 위해 하나님의 아들이 수치를 당했다는 분명한 역설의 표현이다. 육신으로 오신 하나님의 아들은 십자가에서 가장 연약하고 무력한 존재로 세상에 나타났다(고후 13:4). 예수는 십자가에서 그의 대리적인 희생 죽음을 통해 세상의 구원을 가져왔다. 그 징표로 하나님은 창조 능력 가운데서 그를 죽은 자들로부터 부활시키셨고(고후 13:4), 온 세상이 경배해야 할 주님으로 높이셨다(빌 2:9~11).

4) 예수 그리스도는 십자가에서 죽으시고 부활하셨다.

(1) 부활 예수를 만남으로써 사도가 된 바울은 부활 신앙으로부터 출발해서 예수의 십자가 죽음의 의미를 이해할 수 있었다. 부활은 바울신학의 출발과 핵심이었다(고전 15장).

"그리스도께서 만일 다시 살아나지 못하셨으면 우리가 전파하는 것도 헛것

이요 또 너희 믿음도 헛것이며" (15:14; 17~19도 참조)

바울 당시에 500명이 넘는 부활의 증인들이 여전히 살아 있었다. 예수의 부활은 이 500명에 의해 입증할 수 있는 '역사 안에서 일어난 사건'이었다(고전 15:6).[59] 바울은 고린도교회 일부 그리스도인들이 주장했던 것처럼, 예수는 영으로만이 아니라 육신으로 부활했으며, 믿음의 사람들도 그렇게 부활할 것이라고 확신했다(고전 15:35~58). 예수의 십자가 죽음이 단지 육체적인 죽음을 뛰어넘어 깊은 의

---

59) U. Schnelle, *Theologie des NT*, 206; Chr. Wolff, *1Kor*, 369 참조.

미를 가진다면, 예수의 부활 역시 단지 죽음을 삶에로, 죽음 앞에서의 절망을 희망으로 변화시킨 행위를 넘어서 하나님의 능력과 지혜가 인간의 어리석음을 (고전 1:23~24) 승리한 사건이다. 하나님은 죽음의 세력이 예수에게 퍼붓고 집행한 저주를 물리치시고 예수를 다시 살리심으로써 세상에 생명의 복을 드러내셨다 (갈 3:13~14). 예수의 부활에서 하나님의 창조적인 생명력이 드러났다. 이 생명력은 죽음의 세력을 극복한다(고전 15:22). 어리석음과 거리낌의 상징이었던 십자가의 그리스도는 부활을 통해 종말론적인 의(구원)가 되었다.

(2) 바울서신에는 신약성서의 다른 어느 문헌들보다도 십자가와 관련한 표현이 매우 광범위하게 사용된다.[60] 이 다른 문헌들이 말하는 예수 수난 이해와 비교하면, 바울이 예수의 십자가 죽음을 이해하는 독특성이 분명해진다.[61]

바울 이전의 처음교회는 예수의 죽음을 "우리를 위한" 구원사건(고전 15:3), 곧 많은 사람들을 위한(막 10:45) 대속적인 희생으로 믿었다. 매우 초기에 생겨난 말씀들은 '그리스도의 죽음이 갖는 속죄 능력'을 말하지만,[62] 예수의 죽음은 그의 부활을 통해 극복된 사건일 뿐이라고 할 뿐 아니라 십자가를 강조하지도 않는다.

바울 이후에는 마가복음이 바울과 유사하게 십자가를 예수에 대한 진정한 고백의 장이라고 말한다(막 15:39). 예수의 뒤를 따라 자기 십자가를 지고 가는 사람이 예수의 제자가 되는 것이다. 마태복음에 따르면, 예수의 수난은 그의 순종의 확인이며, 율법을 성취하는 마지막 단계이고, 사랑의 완전한 실현이다. 또한 궁극적으로는 율법에 부응한 것이며(26:52~54), 그래서 교회가 본받아야 할 모범이다. 누가복음에 따르면, 사탄에 의해 위협 받는 어둠의 시간에(22:3) 예수는 인간을 위해 나타난다(23:34, 43). 아버지를 전적으로 신뢰하는(23:46) 모범적

---

60) Chr. 디츠펠빙거, 「사도 바울의 회심사건」, 61~68 참조.
61) 이하에 대해서는 Chr. 디츠펠빙거, 「사도 바울의 회심사건」, 228~246 참조.
62) 롬 4:25; 8:32 등의 전형적인 희생 어투 그리고 고전 10:6; 롬 3:25; 5:9; 히 9:16~18; 벧전 1:19 등.

인 인간인 것이다. 인간이 완전히 그를 버린 바로 그곳에서 그는 전적으로 인간을 위해 있다. 요한복음에서는 예수가 죽음으로써 아버지의 영광으로 들어간다(13:31~32; 17:1, 5). 그의 죽음에서 완성된 사랑(15:13)은 아버지의 사랑이다. 예수의 죽음에서 실천된 하나님의 사랑은 제자들이 서로 사랑함으로써 계속된다(15:9~11). 복음서 외에 예수의 수난과 죽음을 가장 깊고 포괄적으로 다루는 문헌은 히브리서다. 그에 따르면, 십자가의 희생에서 예수는 궁극적이고, 오직 유일하게 유효한 제사를 드렸다.

바울에게는 예수의 죽음 자체뿐 아니라 예수의 십자가라는 죽음의 방식이 중요하다. 신약성서의 다른 문헌들은 예수의 죽음을 말하지만, 십자가의 죽음에 대해서는 별로 강조하지 않는다. 바울 외에는 오직 히브리서만이 십자가에 달려 죽은 예수를 선포하는 것이 당시 세계에 불러일으킬 부정적인 인상을 말하는 그 정도에 그쳤다.[63] 마기복음도 십자가에 달린 예수를 하나님의 아들이라고 고백하는 백부장의 말이나, 자기 십자가를 지고 따르라는 예수의 말씀을 통해 십자가의 신학을 전개하지만, 바울이 했던 강도와는 비교할 수 없다. 더 후대 교회 문헌들은 십자가의 수치에 관해 침묵했을 뿐 아니라 의식적으로 약화시키려 했다.[64] 바울 이전의 처음교회나 바울 이후의 신약성서 다른 문헌들과 비교할 때, 바울은 단순히 예수가 '우리를 위해' 죽었다고 말하는 것이 아니라, '십자가'에서 죽었다고 강조한다는 점이 독특하다.

5) 높여지신 그리스도는 다시 오셔서 세상을 심판하신다.

그리스도 안에서 그리고 그리스도를 통해 일어난 하나님의 구원행위는 예수

---

63) 히 12:2는 십자가의 부끄러움을 말하고, 11:26; 13:13 등의 수모나 치욕은 구체적으로 십자가에서 처형된 수치를 말한다.
64) 예를 들어 이그나티우스의 엡 9:1은 십자가를 "예수 그리스도를 들어 올린 장치", 곧 신앙인들이 하나님의 집을 짓기 위해 필요한(벧전 2:5 참조) 장치라고 한다. 베드로복음(4:10)은 십자가에 달린 분에 관해 "그러나 그는 침묵했다. 마치 어떠한 고통도 느끼지 못하는 것처럼"이라고 말할 뿐이다.

의 속죄죽음과 부활로써 끝난 것이 아니다. 하나님은 부활 예수를 하나님의 오른편 보좌에 오르도록 높이셨고, 언젠가 세상의 심판자로 다시 오게 하실 것이다.

(1) 로마서 1장 3~4절에 따르면, 예수는 부활하여 "능력으로 하나님의 아들"이 되었다. 로마서 4장 25절에 따르면, 하나님은 "우리를 의롭다 하시기 위해" 예수를 부활시키셨다. 부활하신 그리스도는 만유의 주님으로 높여져 찬양을 받는다(빌 2:9~11). 높여진 그리스도가 하나님께만 바치는 이름인 주(κυριος)로 불리고, 그에게는 "모든 이름 위에 뛰어난 이름"(2:9)이 주어진다.[65] 주로 높여지신 예수 그리스도는 우주의 지배자가 된다. 하늘에 있는 것들, 즉 천사들과 땅에 있는 것들, 즉 땅에서 사는 사람들, 땅 아래 있는 것들, 즉 지하세계에 있는 죽은 자들이 모두 그를 경배한다.

(2) 십자가에서 죽으시고 부활하셔서 높여지신 그리스도는 교회를 다스리는 주님이다. 하늘에 계시면서 교회를 다스리는 그리스도를 교회는 주님으로 고백하고 그에게 기도한다(고전 8:6; 12:3; 빌 2:6~11). 주님이 다스리는 교회는 고백과 찬양을 통해 구원의 시간과 영역이 된다. 교회는 자신을 희생해서 죄인들을 죄와 율법의 노예로부터 해방시킨 주님께 언제 어디서나 순종해야 하며,[66] 다가오는 심판 날까지 주님과 동행한다.[67] 주님이 영으로써 그들과 함께 계시고(롬 8:4~11), 믿는 사람들은 성만찬을 행하면서 마라나타("주 예수여 오소서")를 기도하며[68] 예수의 재림(παρουσια)을 간구한다. 재림 때에 믿음의 사람들은 주님의 심판대 앞에 서며, 빛의 모양으로 변화된다(고후 5:10; 빌 3:20~21). 이어서 그들은 주님의 종

---

65) 이는 유대교에서 하나님을 부를 때 자주 사용했다(사 42:8; 신 28:58; 시 99:2~3; Tob 3:11; 2Mkk 8:14~15; Jub 36:6~7 등).
66) 고전 6:9~20; 롬 6:12~23.
67) 살전 5:4~10; 고전 7:29~31; 롬 13:11~14.
68) 고전 16:22; 계 22:20; 디다케 10:6 참조.

말론적인 통치에 참여하며(롬 5:17), 주님과 함께 세상을 심판한다(고전 6:2~3).

그리스도의 주권은 교회 안에만 머무는 것이 아니라 우주로 확대된다. 고린도 전서 15장 23~28절에 따르면, 부활의 그리스도는 시편 110편 1절에 합당하게 높여진, 하나님 우편에 앉으신 주님이고 하나님이 그에게 모든 것을 굴복하게 하신 인자다(시 8:5~7). 그는 하나님의 모든 원수를 그 발아래 꿇게 하는데, 하나님의 마지막 원수인 죽음이 파멸되고, 이는 이사야서 25장 8절과 호세아서 13장 14절의 약속이 성취될 때까지 계속된다(고전 15:26, 54~57). 죽음이 그리스도에게 패배당하면, 그리스도는 만물을 하나님께 넘겨주며 아들로서 아버지께 복종한다(고전 15:28). 그리스도는 하나님이 높이시고 임명하신 세상의 주님이고, 그의 통치는 아직도 여전히 시행되고 있다(빌 2:9~11). 그리스도는 부활하여 높여진 후, 하나님께 적대적인 세력들을 굴복시키고 하나님의 나라를 완전하게 세우고 있다.

(3) 하나님의 오른편 보좌에서 우주의 주님으로 높여지신 그리스도가 종말에 다시 오실 것이다. 주의 재림(παρουσια του κυριου)은 "주의 날"에 일어날 것이고, 주의 날은 밤의 도둑처럼 올 것이다(살전 5:2). 재림 때에 주님은 "그의 모든 성도" 곧 천사들과 동행할 것이고(살전 3:13), 믿음의 사람들은 하늘에서 내려오시는 주님을 영접할 것이다(살전 4:15~17). 바울은 곧 일어날 재림을 기대했다(살전 4:13~5:11; 롬 13:11~14). 재림을 생전에 경험할 믿는 자들은 빛의 영광으로 변화할 것이고, 이미 죽은 그리스도인들은 주의 날에 죽음으로부터 육신으로 부활하여 영광을 경험할 것이다.[69] 재림 때에는 그리스도가 "잠자는 자들" 혹은 '죽은 자들의 첫 열매'(고전 15:20)라는 사실이 입증될 것이다.[70]

(4) 이방인 선교가 완성된 이후에 시온으로부터 오는 그리스도가 온 이스라

---

69) 살전 4:14~5:11; 고전 15:50~57; 빌 3:20~21.
70) 롬 8:29; 골 1:18; 계 1:5도 참조.

엘에게 구원을 가져다줄 것이고, 그럼으로써 유대인과 이방인으로 구성한 구원의 공동체를 완성할 것이다(롬 11:25~32). 이 같은 대담한 주장의 근거는 구약성서에 있는 하나님의 구원 약속의 신실하심이다(롬 11:29 참조). 구약성서에 따르면,[71] 하나님은 이스라엘의 완악함을 심판한 후에 그의 백성을 구원할 것이고, 이어서 유대인과 이방인이 함께 경배하는 시간이 오게 할 것이다. 바울은 구약이 말하는 구원자가 하늘로부터 오는 하나님의 아들 예수 그리스도라고 믿었다(살전 1:10). 하나님이 아들을 이스라엘과 (이방인들에게) 보내심으로써 이사야의 약속을 성취하신 것처럼,[72] 구원자 그리스도가 시온으로부터(εκ Σιων) 재림하실 것이다(롬 8:14; 15:12).[73]

(5) 그리스도는 재림 때에 세상을 심판하실 것이다(고전 15:25~28). 바울은 하나님이 최후 심판 날에 그리스도를 통해 세상을 심판하실 것이라고 강조한다(롬 2:16).

바울은 심판에 대해 자주 말한다.[74] 물론 심판 자체가 목적이 아니고, 심판이 하나님의 보복 행위도 아니다. 심판은 "주의 날"에[75] 모든 악의 세력들에 맞서서 구원과 행복을 창조하는 하나님의 의가 최종적으로 승리하는 사건이다. 사도는 심판에 대해 논리적이고 조직적으로 말하지 않고 단편적인 생각들을 나열한다. 그리스도의 심판대를 말하기도 하고 또 하나님의 심판대(βημα του θεου)를 말하기도 한다(고후 5:10; 롬 14:10). 그리스도는 하나님의 우편에 앉으신 심판자라고도 하고, 다른 한편으로는 믿는 사람들을 위해 하나님 심판대 앞에 나타나 변호하시는 분이라고 말하기도 한다(롬 8:33~34). 그리스도인들이 심판을 받는다고 말하는가 하면, 천사들과 함께 세상을 심판할 것이라고도 한다(고전 6:2~3).[76]

---

71) 신 32:20~21, 36, 39, 43; 사 45:17, 25; 59:20; 27:9 등.
72) 사 8:14; 11:10; 28:16.
73) 사 2:2 이하; 미 4:1 이하; 제4에스라서 13:35~36; 계 21:2 참조.
74) 살전 1:10; 5:9; 갈 6:7~8; 고전 3:12~15; 4:4~5; 고후 5:10; 롬 2:1~16; 14:10~12 등 참조.
75) 살전 5:2; 고전 5:5; 고후 1:14; 빌 1:6, 10; 2:16.
76) 유다서 6~7; 벧후 2:4; 창 6:1~2 등 참조.

"이는 우리가 다 반드시 그리스도의 심판대 앞에 나타나게 되어 각각 선악간에 그 몸으로 행한 것을 따라 받으려 함이라"(고후 5:10)

고린도전서 15장 23~24절에서 그는 모든 사람이 "차례대로" 부활에 참여할 것이라고 말한다. 바울은 교회에서 종말에 대해 가르쳤지만(살전 5:2), 조직적·논리적으로 가르치지는 않았다.

바울은 어느 누구도 그리스도 없이는 하나님 나라에 갈 수 없다고 한다. 그리스도인들은 그리스도의 영 안에서 벌써 지금 하나님을 아바(αββα) 아버지라고 부르며, 그들의 기도가 그리스도에 의해 하나님께 상달된다고 믿는다(롬 8:15~16, 26~27). 또한 임박해 있는 종말 심판에 직면해서도 구원을 확신한다. 종말 심판에서 그리스도가 그들을 위해 하나님 앞에 나타나 변호하기 때문에, 어떤 세력도 그들을 그리스도 인에 있는 하나님의 사랑에서 떼어 놓을 수 없다(롬 8:28~39). 그리스도를 믿고 그의 변호를 받는 사람만이 하나님의 종말 심판을 이겨낼 수 있다. 반대로 믿지 않는 사람들과 하나님의 적들은 멸망을 받을 것이다 (고전 6:9~10; 롬 2:1~11 등).

(6) 고린도전서 15장 28절에 따르면 예수의 주권행사의 종말론적인 목표는 하나님이 "만유의 주로서 만유 안에 계시게" 되는 것이다. 우주 만물이 하나님을 경배할 때, 그리스도는 그에게 주어진 주권을 내려놓고 천사들과 만물과 함께 하나님을 경배한다. 그로써 아버지는 완성된 창조 세계에서 만물의 통치자(παντοκρατωρ)로서 찬송을 받으실 것이다.[77] 바울은 이처럼 하나님을 찬양하는 송영 속에서 그리스도를 이해한다. 그리스도는 하나님의 아들이며, 그래서 자신을 보내시고 십자가에 내어 주시며 부활시켜서 하늘로 높이시고 만물에 대한 지배를 맡기신 아버지를 위해 활동하며 또 그 아버지를 찬양한다.

---

77) 사 6:3과 계 4:8; 11:15~19을 비교.

4. 바울의 율법이해

그리스도는 '율법의 마지막'(롬 10:4)이기 때문에, 그리스도이해는 율법이해에 결정적 변화를 가져올 수밖에 없었다. 바울서신들은 각기 당면한 문제들을 해결하기 위해 특별한 상황에서 기록되었기 때문에 어떤 주제에 대해서도 조직적으로 설명하지 않는다. 율법에 대해서도 마찬가지다. 그러므로 바울의 율법에 관한 언급을 조직적으로 이해하는 데 어려움이 있다.

1) 구약과 유대교의 율법이해[78]

(1) 이스라엘은 하나님께 선택 받았으며 애굽의 종살이에서 해방되었고 시내 산에서 율법을 받았다고 믿기 때문에, 이스라엘에게 율법은 하나님께 받은 감사와 기쁨의 대상이었다.[79] 하나님은 이스라엘이 하나님과 바른 관계를 맺으며 살아가게 하기 위해 율법을 주셨다. 하나님의 백성이 하나님과 사람들 앞에서 행복하게 살 수 있도록 은혜로 주신 삶의 질서가 율법이었다. 구약성서는 율법에 순종해서 구원을 획득한다고 말하지는 않지만, 율법을 지키지 않으면 저주와 죽음이 있을 것이라고 한다(신 30:15~18 참조).

(2) 율법이해는 이스라엘 역사에서 지속적으로 변화되었다. 하나님 앞에서 이스라엘이 살아야 할 삶의 질서를 요약한 십계명(출 20:2~17; 신 5:6~21)이 율법이해의 출발점이다. 기원전 9세기와 8세기의 혼란 속에서 이스라엘은 남과 북으로 분열되었고, 호세아와 아모스, 미가와 이사야 등 심판의 예언자들은 북과 남에

---

78) 이 부분에 대해서는 P. Stuhlmacher, *Biblische Theologie des NT I*, 253~268 참조.
79) 시 1:1~2; 19:9; 119:14, 24, 77, 92 등과 바울이 말하는 롬 2:17~18; 7:22 등 참조.

닥칠 역사적인 재난을 하나님의 심판으로 해석했다. 기원전 7세기에 율법은 신명기적인 형태로 나타났다. 기원전 6세기에 남 왕국 유다가 망하고 바벨론 포로가 되었을 때, 신명기의 율법이해가 다시 한 번 변화를 겪었다. 이 시기에 형성된 제사 율법의 목표는 제사를 드림으로써 이스라엘이 거룩하신 하나님을 만나고, 그래서 하나님께 성결한 삶을 살게 하는 것이었다(레 17~26장 참조). 기원전 5세기의 포로기 이후에 율법이해는 다시 한 번 변한다. 유배기 이후의 지혜 전승에서 율법이 존재론적으로 이해되었다. 이스라엘은 기원전 5세기의 소용돌이치는 세계사 속에서, 그리고 4세기부터는 알렉산더 대왕의 정복을 통해서 시작된 '헬라주의'가 가져오는 범세계적인 문제들과 문화적인 발전에 대응해야 했다. 또한 이러한 도전에 맞서서 율법에서 우주의 창조 질서를 보았고 또 그에 합당하게 살 수 있다는 확신을 갖게 되었다. 이때에 율법과 선재적인 지혜를 동일시했다.[80]

(3) 바리새인이었던(빌 3:6) 바울은 사도가 된 이후에도 바리새적인 율법이해와 싸웠다. 그러나 바울에게도 바리새적인 율법이해의 일부가 분명히 나타나기도 한다. 율법은 시내 산에서 계시된 하나님의 뜻으로서, 율법을 받음으로 이스라엘이 다른 민족들과 구분된다는 바리새인의 이해를 바울도 인정한다.[81] 시내 산에서 모세를 통해 이스라엘에게 계시된 율법은 선재적인 지혜와 동일시되고, 창조 이전에 하나님이 세우신 세상의 질서라고 바리새인들은 믿었다. 바울도 시내 산에서 계시된 율법을 하나님의 뜻이며 창조의 지혜로 보았고,[82] 아담에게 주어진 계명과 십계명을 동일하게 여겼다(롬 7:7~12). 인간이 248개 지체들과 365개 핏줄로 구성되었듯이, 바리새인들의 율법은 248개 계명과 365개 금명 등 총 613

---

80) 시 19편; 바룩서 3:9~4:4; 시락서 24장 등. 잠 8:22~31; 지혜서 9:1~19도 참조. 시락서 24장을 보면, 하나님의 지혜에 의해 인도를 받아 시온에서 드리는 제사를 통해 온 세상의 행복한 질서가 세워지고 보존된다. 이스라엘은 율법을 배우고 보존함으로써 이런 세상 질서에 참여한다. 시락서 15:14~15에 따르면, 인간은 '하나님의 계명을 지킬 것이냐'의 문제에 대해 자유로운 결단과 가능성을 가지고 있다. "당신이 원한다면 당신은 계명을 지킬 수 있고, 신실함을 실천하는 것은 당신 능력 안에 있다."
81) 롬 2:17~20; 3:2; 9:4 등 참조.
82) 고전 1:21; 롬 1:18~20; 2:12~16; 5:13, 20; 갈 3:17, 19 등.

개 조항으로 이루어졌다. 바리새인들에게 율법은 실천 가능한 것이다.[83] 빌립보서 3장 6~7절에서 바울은 회심 이전에 자신을 흠잡을 데 없는 바리새적인 의인으로 여긴다. 바리새인이었던 과거의 바울은 율법을 실천할 수 있다고 여겼으며 또 실제로 그렇게 실천했다(롬 2:17~20 참조). 바리새인들은 일상에서 신실하고 사제적인 정결과 거룩함으로 살아가는 것을 이상으로 여겼고, 이를 실천하기 위해 문자로 된 율법을 구전으로 해석했다. 모세로까지 소급되는 구전 해석은 시내 산 율법과 동일하게 존중했다. 바리새인들처럼 바울도 율법이 이스라엘과 열방들이 받을 종말 심판의 기준이라고 믿었다.[84]

2) 율법에 대한 바울의 새로운 통찰

과거, 율법에 전적으로 헌신한 열정적인 바리새인이었던 바울은 율법을 수단으로 삼아서는 도저히 이를 수 없는 의(구원)를 그리스도를 만남으로써 얻었다. 아무리 율법에 열심일지라도 그리스도 없이는 하나님의 종말 심판에서 저주 받을 죄인으로 남을 수밖에 없음을 그는 깨달았다. 율법은 하나님의 선하고 거룩하며 의로운 계명이기는 하지만, 율법이 아담 이래 죄인으로만 존재하는 인간을 의인으로 만들 수는 없다(롬 7:10~12). 하나님은 오직 그리스도를 통해 죄인들의 죄를 용서하셨고, 이 하나님의 용서를 믿음으로 받아들인 사람들을 의로운 존재가 되게 하셨다. 사도로 부르심을 받은 후 바울은 바리새적인 율법이해를 그리스도 계시에 입각해서 새롭게 평가한다. 하나님의 영광이 부활 승천한 그리스도의 얼굴에 나타났다(고후 4:6)고 확신했던 그는 율법을 새롭게 평가할 수밖에 없었다. 그리스도 안에 나타난 하나님의 계시는 시내 산에서 모세에게 나타난 하나님의 계시를 능가한다. 하나님의 궁극적인 뜻은 시내 산 율법에서가 아니라

---

83) 시락서 15:15; 솔로몬의 시편 9:4~7; 제4에스라 8:56~61 참조.
84) 제4에스라 7:37, 70~73; 시리아 바룩서 48:27, 38~40, 46~47; 갈 5:19~21; 고전 6:9~10; 롬 2:12~13; 14:10~12.

189

제4부 _ 사도 바울의 신학

예수 그리스도의 십자가와 부활에서 나타났다. 그러므로 그리스도는 '율법의 마지막'이다(롬 10:4). 그러니 바울은 율법에 신실한 유대인들에게는 배신자로 여겨졌고, 율법에 신실한 유대인 그리스도인들에게도 거짓 선생으로 보였을 것이다. 그는 유대교와 유대 그리스도인들로부터 동시에 공격을 받았다. 그리스도 사건으로 바울이 새롭게 깨달은 율법이해의 핵심을 다음과 같이 요약할 수 있다.

(1) 원래는 생명을 보호하기 위해 주어진 하나님의 의롭고 선한 율법은 아담이 타락한 이후로는 하나님의 뜻을 어긴 범죄자를 죄인으로 낙인찍고, 죽음의 심판을 받아야 할 자라고 고소한다. 율법은 죄를 인식할 수 있고 고발할 수 있는 힘이지만, 죄를 효과적으로 막을 수 있는 힘을 갖지 못한다(갈 3:10~22; 롬 7:7~25).

(2) 죄를 들춰내고 죄인을 고발하는 방식으로 율법은 그리스도 안에 있는 하나님의 은혜를 섬긴다(갈 3:23~24; 롬 5:13, 20~21). 시내 산으로부터 나타난 하나님의 뜻의 거룩한 계시인 율법은 죄인은 반드시 죽음의 심판을 받아야 한다고 고발함으로써, 그 죄인을 그리스도에게로 인도하는 역할을 한다.

(3) 죄가 율법을 수단으로 유대인과 이방인들에게 행사하는 치명적인 저주의 지배를 예수가 죄인을 대신해 받음으로써 끝내 버렸다. 예수가 죄의 지배를 받는 "육신"(σαρξ)으로 왔을 때, 하나님은 그 육신에 단번에 죄를 정죄함으로써 죄가 율법을 수단으로 삼아 모든 죄인들에게 행사하는 저주의 지배를 끝장내 버렸다(롬 8:3~4). 이처럼 죄가 없으면서도 겪어야 했던 십자가의 죽음을 통해 예수는 하나님의 구원의 뜻을 성취함으로써 죄인을 대신해 율법의 저주에서 벗어났고 죄의 지배를 무너뜨렸다.[85] 갈라디아서 3장 13절에서 바울은, 그리스도가 신

---

85) 갈 3:13; 4:4; 5:14; 6:2; 롬 4:5; 7:7~8:11; 8:3~4; 고전 9:20~21.

명기 21장 22~33절에 따라 십자가에 달려 율법의 저주를 받음으로써 죄인들을 대리해 하나님의 저주를 감당했다고 한다. 예수가 '우리를 위하여' 대리해서 짊어진 십자가의 저주는 모든 죄인들에 대한 율법의 치명적인 고소를 무력하게 만들었다. 이로써 십자가에 달려 죽고 부활 승천한 그리스도를 주님으로 믿는 모든 사람에게 그리스도는 율법의 마지막이 되었다(롬 10:4).

5. 바울의 세상, 인간, 죄 이해

선재하던 하나님의 아들이 인간으로 세상에 와서 십자가에 죽고 부활한 것은 인간을 위해서였다. 하나님을 떠난 세상을 대표하는 인간은 철저히 죄인이다. 인간은 스스로의 힘으로는 하나님을 알 수 없고, 구원을 받을 수 없다. 이처럼 바울은 철저히 복음의 시각, 곧 그리스도에 대한 믿음으로부터 출발해서 인간을 이해한다.

1) 세상

(1) 하나님이 창조한 세상(고전 8:6; 롬 1:20, 25)은 아담이 타락한 이래로 죄와 죽음, 허무에 빠졌다. 세상은 하나님을 멀리 떠났고, 하나님의 심판에 빠졌다. 고린도전서 1장 21절과 로마서 1장 19~25절에서 바울은 하나님을 떠나 타락한 세상을 탄식한다. 이제 창조 세계의 한 부분인 인간은 창조 세계로부터 하나님을 알 수 있는 근원적인 가능성을 상실했다. 하나님이 질서 있게 창조하신 세상에 드러나는 무질서와 혼란은 하나님을 거부하는 인간에 대한 심판과 죄의 결과다. 이는 공동체적인 삶을 파괴하는 인간들의 악행들(롬 1:24~31)과 하나님의 선한 뜻을 알 수 없게 되는 것(고전 1:20~21; 롬 1:28), 인간을 포함한 창조 세계가 허무에 빠지는 것(롬 8:20)과 최후 심판에 이르기까지 계속되는 죽음의 지배(고전 15:26; 롬 5:14) 등으로 나타난다.

(2) 아담의 죄로 세상이 타락하고 망하게 되었다. 아담의 타락으로 세상에 죽음의 운명이 왔다(롬 5:12~21; 고전 15:16). 세상이 하나님에 의해 허무에 버려지게

되었다(롬 8:20; 창 3:17~19 참조).[86] 아담이 타락한 뒤로 허무에 빠진 인간과 창조 세계는 오직 그리스도 안에서만 구원받을 수 있다. 그리스도가 하나님께 순종함으로 죄가 멈추고 은혜가 지배하게 되었다(롬 5:19, 21). '권능 가운데 있는 하나님의 아들'(롬 1:4)로서 그리고 '죽은 자들 가운데 첫 열매'(골 1:18)로서 그리스도는 모든 창조 세계를(롬 8:19~23) 죽음의 운명으로부터 해방시켰다(고전 15:25~26). 부패에 빠진 창조 세계는 "하나님의 자녀들의 영광의 자유"에 참여할 수 있게 되었다(롬 8:21).

(3) 그리스도는 옛 창조 때와 마찬가지로 새 창조에서도 핵심 역할을 한다.[87] 현재(옛) 세상은 사라진다(고전 7:31; 고후 5:17). 그리스도 안에서 새로운 세상이 창조되었다. 세상은 창조의 중재자인 그리스도에 의해 죽음으로부터 해방되고 영화롭게 될 것이다.[88] 그리스도를 통해 세상이 완전히 새롭게 창조되었다고 믿기 때문에, 그리스도인들은 세상을 도피할 게 아니라(고전 7:29~31), 사탄의 지배를 받고 있으며(고후 4:4) 진노의 심판에 빠진 옛 세상의 한가운데서 책임을 다하며 살아가면서 그리스도가 세상을 새롭게 창조하셨음을 찬양하고 선포해야 한다.

2) 인간

(1) 인간은 유대인과 이방인으로 구성된다. 아담의 타락으로 유대인과 이방인은 모두 죄에 떨어졌다. 율법을 알고 있는 유대인(롬 2:17~24)이나 율법과 비슷한 양심의 질책을 받는 이방인(롬 2:14~15)이나 모두 죄인이라는 점에서는 동일하다.

---

86) 제4에스라서에는 이런 말들이 있다. "당신은 그(아담)에게 오직 하나의 계명을 주었다. 그러나 그는 그것을 어겼다. 곧바로 당신은 그에게 죽음을 주었고, 그의 후손들에게도 그렇게 했다"(3:7); "…그러나 아담이 나의 계명을 어겼을 때 창조 세계가 심판을 받았다. 그때에 이 세상의 길들이 좁고 슬퍼지며 힘겨워졌다. 비참해지고 나빠졌으며, 위험으로 가득 차고 커다란 곤경들에 가까워졌다…"(7:10~14). 인간이 구원을 받기 위해서는 토라에 절대적으로 충성해야 한다(8:46~61; 9:7~13; 13:22~24). 하나님은 "행위들과 전능자에 대한 믿음을 가진" 경건한 사람들을 보호하실 것이기 때문이다(13:23).
87) 고전 1:28~30; 8:6; 골 1:15~20.
88) 고전 15:25~26, 50~57; 롬 8:18~25.

바울은 세상이나 창조 세계에 대해 말할 때와는 달리 인간에 대해서는 구원론적인 시각에서 말한다. 특히 로마서 7장 7~25절에서 인간 이해는 바울신학의 핵심으로 나타난다. 여기서 바울은 죄의 지배를 받고 있는 아담적인 "나"의 절망적인 상황을 말하고, 이어지는 8장에서 그런 인간이 그리스도를 통해 의롭다 인정을 받음으로써 종말의 구원을 확신하는 그리스도인이 되었다고 한다. 바울은 신약성서의 어느 저자들보다도 더 정확하게 죄에 빠진 인간과 그리스도 안에서 새로운 존재로 변화된 인간을 대조해서 보고 있다.

(2) 바울이 죄인으로서의 인간을 다양한 개념을 사용해, 다양한 차원으로 말한다. 몸(το σωμα), 육(σαρξ), 지체(τα μελη), 영(το πνευμα), 혼(η ψυχη), 양심(η συνειδησις), 이성(ο νους; το νοημα), 마음(η καρδια) 등이 그것이다. 이 같은 다양한 개념들로써 인간의 특정한 부분을 말하는 것이 아니라, 하나님을 떠나 죄에 빠졌기 때문에 오직 그리스도 안에서만 새로운 존재가 될 수 있는 인간을 다양한 각도에서 말한다.[89)]

바울은 "몸"으로써 믿음 없는 인간을 말하기도 하고(롬 1:24; 7:24), 믿음의 사람을 말하기도 하며(고전 6:12~16; 롬 12:1), 또 부활의 "몸"을 말하기도 한다(고전 15:35~49; 롬 8:11; 빌 3:21). "몸"으로서 인간은 남성과 여성으로 나뉘며(고전 7:4), 아담이 타락한 이래 죄와 죽음에 떨어진 인간을 뜻한다(고전 15:56). 그러므로 인간은 외로움과 질병의 고통을 받고(갈 6:17; 고후 4:7~12), 구원을 갈망한다(롬 8:23).

"몸"보다는 "육"이 훨씬 부정적인 의미를 갖는다. 육은 구약에서 인간과 동물의 육체적인 본질(레 26:29; 사 22:13)이나 피조물의 한계와 무상함, 또는 하나님과 구별된 존재로서의 인간을 말한다.[90)] 하나님 앞에 서 있는 피조물로서의 인간, 특히 창조주에게 거역하는 인간을 말한다(갈 5:13; 롬 7:18, 25). 육으로서 인간은

---

89) F. Hahn, 「신약성서신학」, 282~284.
90) 신 5:26; 시 56:5; 78:38~39; 욥 34:14~15.

하나님 앞에서 덧없는 피조물이다.[91] '모든 육체'(πασα σαρξ)는 모든 인간이며,[92] '육과 피'(σαρξ και αιμα)는 허무한 존재로서의 인간이다(갈 1:16; 고전 15:50). 육은 하나님께 대항하는 인간의 반역을 총체적으로 말한다(갈 6:7~8; 롬 8:7). "육에 따라"(κατα σαρκα)라는 말은 하나님을 거부하며 살고 생각하는 인간의 부정적인 삶의 원리와 방향을 뜻한다(고후 10:2; 롬 8:4~5).

'영'으로써 바울은 하나님이 인간에게 부여한 삶의 능력을 말하고,[93] '혼'으로써 하나님이 인간에게 부여한 피조적인 생명력과 정서적인 감정을 가진 인간을 말한다.[94] "영을 따르는"(κατα πνυμα)이라는 말은 "육신을 따르는"(κατα σαρκα)이라는 말의 반대로서 하나님과 그리스도의 뜻과 능력을 따르는 삶이다(롬 8:4~6). 그러므로 "주를 따라"라는 말과 같다(고후 11:17). 그러나 영으로서 그리스도인들도 피조물이기에 육체적인 죽음이나 재림에 이르기까지 계속 세상에서 살아야 한다. 그들은 죽지 않는 존재로 변화하거나 (육체적인) 부활을 바라거나, 승천한 그리스도와 교제하는 영원한 삶을 희망한다.[95]

'양심'과 '이성'은 선과 악을 아는 인간의 비판적인 기관이고, 책임의식이다.[96] 바울은 인간에게는 비판적인 책임의식과 사고능력이 있다고 한다. 그런데 이성은 어두워지기도 하고(고후 4:4; 롬 1:28), 하나님의 뜻을 따르기에는 너무 연약하다(롬 7:23, 25). 그러나 인간은 그리스도를 섬기거나(고후 10:5), 선을 인식하거나(롬 12:2) 혹은 선에 합당하게 행동할 수 있다(고전 14:14~19).

바울은 '마음'(η καρδια)에 대해서도 말하는데, 이는 구약에서처럼 인간의 인격 중심 혹은 인격으로서의 인간을 나타낸다. '마음을 꿰뚫어 보시는' 하나님 앞에서 인간은 벌거벗은 채 서 있다.[97] 마음은 의지가 자리 잡은 곳이며(고전 4:5; 고후

---

91) 고후 10:3; 12:7; 빌 1:22~24.
92) 고전 1:29; 갈 2:16; 롬 3:20.
93) 살전 5:23; 고전 7:34; 고후 7:1; 롬 1:9; 8:15 등.
94) 살전 2:8; 고후 1:23; 12:15; 롬 2:9; 13:1; 16:4.
95) 살전 4:13~18; 고전 15:50~51; 고후 5:1~10.
96) 고전 8:7~12; 10:25~29; 롬 2:15; 9:1; 13:5.
97) 살전 2:4; 고전 4:5; 롬 8:27.

8:16) 감정의 기복이 일어나는 곳이다.[98] 믿음 없는 인간의 마음은 어두워져서 욕망으로 채워지고(롬 1:21, 24), 완악해지며 회개하지 않는다(롬 2:5). 반면에 믿음의 사람들의 마음은 성령과 하나님께 대한 사랑으로 충만해지고(갈 4:6; 고후 1:22; 롬 5:5), 그래서 믿음이 거하는 장소가 된다(롬 6:17; 10:9~10).

3) 죄

(1) 바울에 따르면, 죄인이 아닌 인간이 존재한 적이 없다. 죄는 어느 특정 계명을 어기는 것보다는 인간을 존재론적으로 규정하는 운명이다. 모든 인간은 죄인으로만 존재한다(롬 5:12). 인간과 죄에 관한 바울의 메시지를 제대로 이해하려면 신학적인 의미에서의 '죄'와 윤리적인 의미에서의 '죄'를 구분해야 한다. 인간과 하나님의 왜곡된 관계를 말하기 위해 바울은 죄를 뜻하는 하마르티아(αμαρτια)를 단수 형태로 신학적인 차원에서 자주 사용한다.[99] 반면에 인간에 대한 잘못된 윤리적 행위를 말하기 위해서는 복수 형태인 하마르티아를 주로 사용한다. 바울은 복수 형태보다는 단수 형태를 훨씬 자주 사용하는 것으로 볼 때, 그는 신학적인 차원의 죄를 더욱 심각하게 보고 있다. 초대교회의 다른 문헌들에서는 하나님께 대한 잘못된 관계를 말할 때에도 복수형을 사용하는 경우가 종종 있었지만,[100] 바울은 단수 형태를 일관되게 사용한다. 죄를 하나의 인격화된 세력으로 보기 때문이다.[101] "바울서신들에 따르면, 죄는 아담에 의해 의도적으로 저질러졌고 또 그의 범죄(παραβασις) 이후 모든 인간에 의해 의도적으로 물

---

98) 고후 2:4; 6:11; 빌 1:7; 롬 9:2.
99) 바울의 주요 서신들에서 단수 αμαρτια는 59회 정도 사용되는데, 그 가운데 48회가 로마서에서 사용된다. 바울이 복수 αμαρτιαι를 사용하는 것은 대개 구약성서를 인용하거나 초대교회로부터 물려받은 전승을 활용할 때다(롬 4:7; 11:27; 고전 15:3; 갈 1:4 등).
100) 막 2:5; 마 9:5; 행 2:38 등.
101) 이러한 죄에 대한 견해는 유대 묵시사상의 두 세대 이해에서 기원한 것으로 보인다(제4에스라 7:50 등). '이 세대'(ο αιων τουτος)는 하나님을 대적하는 우주적인 악의 권세들에게 붙잡혀 있는데, 이것을 '죄'의 세력이라고 할 수 있다(고후 4:4에서 바울은 "이 세상의 신"을 말한다). '다가올 세대'(ο αιων μελλων)에 하나님은 이 세대 권세들을 제거하시고 인간을 구원하실 것이다(롬 8:38; 고전 15:24). 예수 안에서 다가올 세대는 이미 시작되었다(고후 5:17). 그러므로 이미 죄의 세력은 예수 안에서 극복되었고, 믿음의 사람은 새 시대를 사는 새로운 피조물이다.

려받은 운명으로서, 하나님의 뜻을 왜곡하고 하나님을 떠나 자기 마음대로 살아가는 것이다. 죄는 운명이면서 동시에 책임이다. 죄의 결과는 멸망이다."[102]

(2) 바울은 아담의 타락에 관한 이야기를 자주 한다.[103] 아담 이야기를 통해 죄와 죽음이 모든 인간을 지배하고 있으며, 그래서 모든 인간은 그리스도 안에 계시는 하나님을 떠나 죽은 존재임을 말한다. 죄는 단지 개인의 행위로만 이해되지 않고, 개인을 넘어서 인류에게 지어진 운명이다. 바울은 이를 로마서 5장 12~21절에서 아담의 범죄 이야기를 통해 설명한다. 죽음은 죄의 결과로 세상에 왔다(창 3:14~18).

바울은 죄와 죽음이 유전된다고 말하지 않는다. 유전 죄와 죽음에 관한 이해는 교부 이레네우스와 4세기의 라틴 교부들이 로마서 5장 12~21절을 그런 식으로 해석하면서부터 생겨났다. 유전 죄를 전적으로 부정하는 펠라기우스와 논쟁을 벌이면서 어거스틴은 로마서 5장 12절에 근거해 모든 인간이 아담 안에서 죄를 범했기에 출생으로부터 모든 사람에게 죄가 유전되었다고 해석했다.[104] 어거스틴의 견해가 로마서 5장 12절의 해석에 결정적인 영향을 끼침으로써 로마서에 근거한 유전 죄 이해는 오래 전부터 교리로 받아들여지고 말았다.[105] 그러나 사도는 어디에서도 죄와 죽음의 유전에 관해 말한 적이 없다. 유전 죄는 어느 인간이 아무런 죄를 범하지 않았는데도 단지 아담의 피를 물려받았기 때문에 죄인이 되어 죽음에 이르게 되었다는 것이다. 반면에 바울은 아담 이래 모든 인간은 스스로의 책임으로 죄의 운명에 빠졌다고 말한다.

(3) 죄는 죽음이라는 수단을 통해 인간을 지배한다(롬 5:21). 죄는 노예를 부리

---

102) P. Stuhlmacher, *Biblische Theologie I*, 279.
103) 특히 롬 5:12~21; 7:7~25; 8:20.
104) P. Stuhlmacher, *Biblische Theologie I*, 280.
105) 아우구스타나 신앙고백 제2조; 하이델베르크 교리문답 7~10번 등 참조.

는 힘이다.[106] 인간은 죄의 지배를 받는 노예가 되었다. 죄가 인간이 빠져 나갈 수 없는 율법 계명의 올무를 쳐놓았기 때문에, 인간은 하나님 앞에서 잃어버린 의를 회복할 수 없다. 이는 아담의 타락에서 분명하게 드러난다(롬 7:7~25). 창세기 2장 15~17절의 하나님의 계명과 출애굽기 20장 17절(신 5:21)의 "탐하지 말라"는 율법 계명은 같기 때문에, 아담은 율법을 어긴 것이라고 바울은 설명한다. 다마스쿠스에서 삶의 전환을 겪고 나서 바울은 아담이 타락한 이후 인간에게 자유의지가 주어졌다거나 혹은 율법에 순종하고 회개함으로써 죄에 맞설 수 있는 충분한 능력이 주어졌다고 생각하지 않았다.[107] 죄의 이 같은 강력한 지배에서 인간을 해방시킬 수 있는 분은 오직 그리스도뿐이다. 그리스도만이 죄의 지배를 극복했기 때문이다(롬 5:15~21; 8:3~4).

죄의 권세에 빠짐으로써 아담 이래 모든 피조물은 허무와 죽음의 운명에 빠졌다.[108] 이는 죄인에게 내리는 하나님의 진노의 심판을 미리 보여 주는 것이다.[109] 바울은 이런 심판이 온 세상에 곧 임할 것으로 보았고,[110] 이런 심판의 전조에 대해 로마서 1장 18~32절에서 말한다. 하나님 없이 사는 것이 이방인의 죄이며, 그래서 하나님은 그들을 하나님 없이 살도록 버려두셨다. 그들은 욕망의 성취 속에서 서로를 부끄럽게 하고 사회적인 해악을 끼치며 파멸할 것이다. 세 번이나 반복해서 "하나님이 그들을 내버려 두셨다."(롬 1:24, 26, 28)라고 말함으로써 바울은 죄의 결과가 자동으로 나타나는 것이 아니라, 하나님이 그렇게 하셨기 때문에 나타나는 것이라고 한다.

죄인들은 하나님의 원수들(εχθροι)이다.[111] 죄에 붙잡힌 육체가 도모하는 일은 하나님께 대적하는 것뿐이다(롬 8:7). 죄는 심판으로 끌고 가며, 그 심판에서 죄인

---

106) 갈 3:22; 롬 6:16, 20; 7:14.
107) 초기 유대교에서는 그런 자유와 능력이 인간에게 주어졌다고 여겼다(시락서 15:14~15; 지혜서 10:1; 솔로몬의 송가 9:4~5; 4에스라서 9:7; 시리아어 바룩서 85:3~4). 조경철, "요한복음의 예정적인 구원진술에 관한 연구",「신약논단」제19권 제3호(2012년 가을), 916~919 참조.
108) 고전 15:26, 56; 롬 5:12~21; 8:20.
109) 시 90:9, 11; 사 66:15~17.
110) 고후 5:10; 롬 2:16; 14:10 등을 단 7:26~27; 12:2~3; 이디오피아 에녹서 91:11~14과 비교.
111) 롬 5:10과 시 37:20; 68:22; 74:18; 92:10 등을 비교.

이 하나님의 대적이 되게 만든다. 그리스도가 심판에서 죄인들을 변호하지 않으면(롬 8:33~34), 죄인들은 영원한 파멸의 심판을 맞을 것이다(계 20:14~15 참조). 죄가 죄인들에게서 받아내는 "삯"은 영원한 파멸이다(롬 6:23). 이방인이나 유대인이나 스스로 힘으로 심판에서 인정받으려고 하나님 앞에서 자랑하려는 교만은 죄가 죄로 드러나는 가장 분명한 형태다(고전 1:29; 롬 3:27). 죄는 이러한 자랑과[112] 교만에 근거한다.[113] 바울은 다마스쿠스 이전에 유대교인으로서 이를 스스로 경험했다. 그래서 자랑하려면 오직 주님을 자랑해야 하고,[114] 주 예수가 믿음의 사람들을 통해 이 세상에서 행한 일을 자랑해야 한다고 말한다.[115]

(4) 바울은 그리스도인의 죄에 대해서도 잘 알고 있다.[116] 죄는 그리스도인들이나 교회 안에서도 치명적이다. 그럼에도 바울은 요한일서(1:8~9; 5:16~17)가 말하는 식으로 그리스도인의 죄에 대해 말하지 않는다. 로마서 7장 7~25절에서 바울이 자신을 포함한 그리스도인을 '죄인이며 동시에 의인'(simul peccator et iustus)이라고 말한다는 식으로 해석하기 시작한 것은 루터(M. Luther)였다.[117] 그러나 이는 본문에 적합한 해석이 아니다. 7장 7~25절의 "나"는 바울이나 그리스도인을 말하지 않고 믿지 않는 사람, 곧 아담의 후손으로서 인간을 말한다. 그리스도의 믿음을 가지고 나서 바울은 이런 인간의 절망적인 상황을 비로소 깨달았다. 그리스도인이 된 후의 믿음의 눈으로 바울은 모든 인류의 상황을 보고 있다. 7장 5절의 그리스도인이 되기 이전의 상황(οτε "…때")은 7장 7~25절에서 상세히 해설되고, 7장 6절의 '그러나 이제는'(νυνι δε)으로 시작되는 그리스도인의 상황은 8장 1~17절에서 해설된다. 그러므로 7장 7절에서 8장 17절은 '죄인이며 동시에 의인'

---

112) καυχησις(롬 3:27); καυχημα(고전 5:6; 롬 4:2)를 율법(롬 2:23)이나 율법의 행위(빌 3:5~6; 롬 4:2)와 비교.
113) 고전 1:18~19, 27; 고후 10:4~5; 고후 11:18.
114) 고전 1:30~31; 3:21~23; 고후 10:17; 빌 3:3~4.
115) 고후 12:5~9; 롬 5:2, 3, 11; 15:17.
116) 고전 5:1~13; 6:1~8; 11:27~31 등.
117) Dunn, 「로마서 1~8」, 374 이하는 루터의 해석에 찬성한다.

으로 살고 있는 그리스도인들을 말하는 것이 아니라, 그리스도를 믿기 이전 사람과 믿은 이후 사람을 대조한다.[118]

믿음을 고백하고 세례를 받음으로써 그리스도인들은 하나님 앞에서 믿지 않는 사람들과는 근본적으로 다른 존재다.[119] 육과 영의 싸움 속에서 살고 있으며, 그래서 육의 유혹을 받을 수 있고, 연약해 넘어질 수도 있다. 그럼에도 죄와 죽음은 그들에게 더 이상 힘을 발휘하지 못한다(롬 6:9, 14). 그들은 최후심판에서 그리스도의 변호를 받는다.[120] 바울은 죄가 매우 강력한 힘을 가지고 있다 해도, 그럴수록 그리스도가 그 죄를 이겼다고 강조하며, 그리스도를 통해 새로운 존재가 된 그리스도인들은 성령의 능력으로 죄를 범하는 유혹을 이길 수 있다고 선언한다(롬 8:9~13; 빌 2:12~13).

죄의 치명적인 위협이 예수의 오심과 속죄죽음에서 극복되었다(롬 7:7~24). 바울은 예수 그리스도를 통해 하나님께 감사하면서 그리스도 안에 사는 사람들에게는 더 이상 어떠한 죄의 저주도 없다고 확신한다. 그리스도 예수 안에서 생명의 영의 법이 죄로부터 해방을 가져왔다(롬 7:25~8:2). 죄의 권세로부터 해방된 자신을 돌아보면서 그리스도인은 자신이 처했던 과거의 위기를 깨닫게 되며, 또 그로부터 해방시킨 그리스도의 위대한 사역을 찬양한다. 그러나 그리스도가 준 해방은 그리스도인들에게 순종할 것을 요구한다(롬 8:3~17). 죄에서 해방된 그리스도인들은 이제 선이 무엇인지 알 수 있고 또 행할 수 있다.[121] 바울은 그것을 스스로 체험했다. 복음과 교회를 박해했기에 죽음의 심판을 받아야 할 죄인이었지만, 하나님은 그를 용서하시고 복음 선포의 사명을 맡기셨다. 죄로부터의 해방은 그에게 복음을 섬기는 자유와 능력 그리고 의무를 주었다. 또한 그는 사도로 부르심을 받은 이후 성령의 능력으로 행위의 죄들에서 자유하게 되었다고 확

---

118) O. Hofius, "Der Mensch im Schatten Adams", 104~154 참조.
119) 갈 3:26~28; 4:4~6; 고전 6:11; 12:13; 고후 5:17; 롬 8:3~4 등.
120) 고전 3:15; 5:5; 롬 8:31~39.
121) 롬 8:4; 12:1~2; 빌 2:12~16.

신했다.[122] 그래서 고린도 성도들과(고전 4:16; 11:1) 빌립보 성도들(빌 3:17)에게 자신을 본받는 자들이 되라고 촉구한다. 바울을 본받으면서 그들은 하나님 앞에서 흠 잡을 데 없는 삶을 살기 위해 투쟁해야 하고, 그렇게 그들의 구원을 잃어버리지 않아야 한다.[123]

4) 인간–죄–율법[124]

율법은 하나님의 거룩하고 의로우며 선한 뜻으로 생명을 위해 주어졌지만(롬 7:10a, 12), 죄의 정욕을 불러오고 결국은 죽음으로 이끈다.[125] 하나님의 뜻이라고 믿었던 율법이 예수를 죄인으로 정죄하여 죽였는데, 실제로 예수는 부활하심으로써 하나님의 아들로 밝혀졌다. 하나님의 뜻인 율법이 하나님의 아들을 죽였다? 율법에 관한 이런 두 가지 모순된 언급을 어떻게 이해해야 할까? 율법의 고발하고 죽이는 역할은 그리스도와 그리스도 안에서 열려진 믿음을 통해 종식될 때까지(갈 3:23 이하; 롬 10:4) 계속될 수 있었다. 바울은 하나님이 주신 율법 아래 있는 인간이 죄에 팔렸다고 했다(롬 7:14). 어떻게 하나님의 율법이 죄와 죽음의 법이 되어(롬 8:2) 예수에게 저주를 가져다주었으며 또 모든 인간을 죽음으로 몰아 갈 수 있었을까?

생명을 위해 주어진 율법은 인간이 하나님의 피조물이라는 자기 본질을 지킬 수 있게 해야 한다. 인간은 하나님 앞에서 자신의 피조성을 긍정하고 창조주를 인정할 때에만 진정한 생명을 누릴 수 있기 때문이다. 피조성으로부터 벗어나는 것은 인간의 치명적인 죄다(롬 1:21 이하; 롬 3:10~18). 율법은 인간을 하나님의 뜻에 복종하게 함으로써 인간이 그의 피조성에서 벗어나지 않게 해야 한다

---

122) 갈 2:19~21; 고전 4:3~4; 9:15~18; 15:10; 롬 15:17; 빌 3:12~16; 4:13.
123) 고전 5:6~8; 6:18~20; 7:8, 29~32; 빌 2:12~16; 3:12~21.
124) Chr. 디츠펠빙거, 「사도 바울의 회심사건」, 204~209 참조.
125) 롬 3:20; 4:15; 5:20; 7:4~6, 10b.

(롬 2:7, 10, 18). 그러나 율법이 본래 의도와는 달리 도리어 인간을 창조주에 대한 복종을 거부하는 도구로 이용되었다. 이것을 우리는 어떻게 이해하고 설명할 수 있을까(롬 2:21~22)? 하나님께 영광을 돌리게 해야 할 율법이 어찌 도리어 하나님을 욕되게 하는 도구가 된단 말인가(롬 2:23)? 율법 안에서 살고 있는 인간은, 바로 그 율법의 도움을 받아 그 스스로 원하지 않는 바를 행하는 것이다(롬 7:15).

바로 여기에 죄가 자리를 한다. 율법의 본래 역할을 제대로 감당하지 못하게 하고, 오히려 율법을 뒤바꿔 버리는 것은 죄의 작용 때문이다. 인격적인 존재로서 초인적인 힘을 가진 죄는 인간의 중심(롬 7장의 "나")에 자리 잡고 인간을 지배하고 조종해서, 율법의 본래 기능이 인간에게 나타나지 않고, 오히려 거꾸로 작용하게 한다. 율법의 본래 의도와 역할이 뒤바뀐 것은 죄에 붙잡힌 인간 때문이다. 바울은 '인간을 지배하는 죄가 어디서 왔는가?'라는 죄의 근원에 대해서는 묻지 않는다(롬 5:12 참조). 죄에 붙잡힌 인간은 율법의 계명을 이용해 자기 자랑과 자기 의를 추구한다(롬 10:3). 하나님의 창조주 권위에서 벗어나려고 한다(롬 1:21). 그래서 율법은 죽음을 일으키는 도구가 된다. 생명을 위해 주어진 율법은 죄에 의해, 죄에 붙잡힌 인간에 의해 본래 의도와는 다르게 이용됨으로써 '죄와 죽음의 율법'(롬 8:2)이 되어 인간에게 죽음의 열매를 따도록 강요한다(롬 7:5). 하나님이 율법에게 생명의 기능을 부여했으나, 그 율법이 죄에 의해 죽음의 도구로 변질되었다. 그러므로 율법에게 주어졌던 생명의 기능은 폐기되고, 이제 그리스도에게로 옮겨졌다. 그리스도는 율법의 마지막이며(롬 10:4), 그런즉 생명을 찾고자 하는 사람은 율법이 아니라 오로지 그리스도 안에서 찾아야 한다.

6. 바울의 복음이해

바울의 그리스도이해와 율법이해, 인간과 죄 그리고 구원이해 등은 복음이해 속에 통합되었다. 바울은 어떤 사람 혹은 사람들을 통해 복음을 받은 것이 아니고, 그리스도를 통해 하나님으로부터 직접 계시로 받았다.[126] 그는 복음을 섬기는 사도가 되었고(롬 15:16), 복음의 선포를 게을리 하면 하나님의 저주에 빠질 것을 두려워했다(고전 9:16). 바울에게는 오직 하나의 복음이 있을 뿐이고(고전 15:1~11), 다른 복음을 선포하는 자들은 무서운 저주를 받아야 한다(갈 1:8~9).

1) 하나님은 복음을 제정하고 사도들을 세워 전파하게 하셨다.

(1) 바울에게 복음은 '하나님의 복음'이다. 하나님이 복음을 세우셨기 때문이다. 하나님은 복음을 제정하고,[127] 사도를 세워 복음을 선포하게 하셨다.[128] 또한 세상을 그리스도 안에서, 그리스도를 통해 구원하기로 결정하셨다(고전 2:7; 롬 16:25). 이 결심을 예언자들이 구약성서에 미리 기록하게 하셨고(롬 1:2; 16:26), 때가 찼을 때 그 아들을 보내 십자가에서 죽게 하셨고, '권능으로 하나님의 아들'로 높이셨다. 이미 오래 전에 세우신 구원의 뜻을 그리스도를 통해 실현하셨다.[129] 복음의 사건은 인류가 아직 하나님을 모르고 죄악 가운데 있을 때 일어났다(고전 2:8; 롬 5:6~8). 그러므로 인간을 구원하시려는 하나님의 결심은 비밀(μυστηριον)이다. 사도들을 부르셔서, 그들에게 구원을 알게 하는 복음을 선포하게 했을 때(롬 1:5; 10:14~17), 비로소 하나님의 구원의 비밀이 밝혀졌다(롬 16:26; 고

---

126) 갈 1:11~23; 고후 4:1~6; 롬 1:1~5 등.
127) 고전 2:6~8; 롬 1:1~5; 5:6~8; 16:25~26 등.
128) P. Stuhlmacher, *Biblische Theologie des NT I*, 313~326 참조.
129) 갈 4:4~5; 롬 1:3~4; 15:8; 고후 1:20.

전 2:9~10).

(2) 복음 선포와 사도들의 부르심은 긴밀하게 연결된다(고전 1:17). 믿음의 메시지를 선포하도록 사도들이 보내심을 받았다(롬 10:14~17). 10장 13절에서 바울은 요엘서 3장 5절의 본문을 사용해 주의 이름을 부르는 모든 사람은 구원을 받을 것이라고 확신한 후에, 10장 14~17절에서는 사도의 선포를 외면하는 유대인을 보면서 이렇게 말한다.

> "그런즉 그들이 믿지 아니하는 이를 어찌 부르리요 듣지도 못한 이를 어찌 믿으리요 전파하는 자가 없이 어찌 들으리요 보내심을 받지 아니하였으면 어찌 전파하리요 기록된 바 이름답도다 좋은 소식을 전하는 자들의 발이여 함과 같으니라 그러나 그들이 다 복음을 순종하지 아니하였도다 이사야가 이르되 주여 우리가 전한 것을 누가 믿었나이까 하였으니 그러므로 믿음은 들음에서 나며 들음은 그리스도의 말씀으로 말미암았느니라"

10장 13절에서 바울이 인용한 요엘서 3장 5절(LXX)을 보면 주께서 미리 부르셔서 기쁜 소식을 전하게 한 이들이 여러 명이다(사 52:7도 참조). 바울은 10장 15절에서 '기쁜 소식을 전하는 자들'이라는 복수 표현을 사용한다. 그러므로 요엘서 3장 5절과 이사야서 52장 7절에서 하나님이 예고한 기쁜 소식을 전하는 자들은 사도들이고, 그들 중 한 사람이 바울이다(롬 1:5). 하나님이 제정하셔서 사도에게 선포하도록 맡긴 복음은 10장 16절에 인용된, 이사야가 전한 말씀이다. 이사야서 53장 1절에 따르면, 복음은 고난당하고 높여진 하나님의 종 그리스도에 관한 소식이다. 이처럼 사도들의 선포를 통해 사람들은 복음을 듣는다.[130]

---

130) F. Hahn, 「신약성서신학」, 250~252.

(3) 사도가 말하는 복음(ευαγγελιον)은 헬라-로마 세계의 황제 숭배가 말하는 복음과는 다르다. 황제 비문들에 있는 복음들(τα ευαγγελια)은 황제의 탄생과 등극, 승리와 시혜 행위들에 관한 좋은 소식들이다. 그러나 바울에게는 구약성서와 유대교적인 차원이 더 중요하다.[131] 이사야서 52장 7절(과 나 2:1)에 따르면, 하나님이 보내신 기쁜 소식을 전하는 자는 이스라엘과 세상을 향해 하나님의 통치가 임박하게 도래하고 있음을 예고한다(사 40:9 참조). 이사야서 61장 1~3절에 따르면, 이런 소식을 전하는 사람은 하나님의 영을 받은 예언자다. 나사렛 예수는 제자들에게 이 메시지를 전파하게 했고(눅 9:1~6 병행), 부활 예수의 현현을 체험함으로써 사도로 부르심을 받은 제자들은 예수를 통해 하나님 나라가 실현되었다는 복음을 전파했다. 바울은 다마스쿠스 체험을 통해 자신이 이러한 복음을 전하는 사도들(ευαγγελιζομενοι) 가운데 한 사람으로 세움 받았다고 확신했다.

(4) 하나님은 복음을 세우심으로써 예레미야서 31장 31~34절의 "새 언약"을 실현했다. 바울은 율법과 복음을 옛 언약과 새 언약처럼 구분한다(고후 3:4~18; 5:18~21). 고린도후서 5장 19절에서 하나님이 화해의 말씀을 교회에 세우시고, 그 복음을 사도들을 통해 선포하게 하셨다는 것을 이스라엘에 율법을 세우시고 모세와 선조들을 통해 이 율법을 알게 하셨다는 것에 대비한다. 고린도후서 2장 14절에서 4장 6절까지와 5장 18~21절에서 바울은 옛 언약과 새 언약을 대조하고, 율법과 복음을 대조하며, 모세의 직분(διακονια)과 사도의 직분을 대조한다.[132] 모세에게 부과된 옛 의무를 섬기는 직분[133]과 자신에게 맡겨진 새 의무를 섬기는 직분 사이를 구분한 것이다(고후 3:4~18). 바울의 사도 직분은 '영의 직분, 의의 직분, 화해의 직분'이다(3:6, 8~9; 5:18). 모세는 율법의 중재자고, 바울은 복음을 섬기는 사도다(롬 15:16도 참조). 모세가 섬긴 율법의 문자는 죄인들을 종말적인

---

131) F. Hahn, 「신약성서신학 I」, 246~248.
132) O. Hofius, "Gott hat unter uns aufgerichtet das Wort von der Versöhnung(2Kor 5,19)", 27.
133) 렘 31:31~34; 겔 34:29~35; 37:26.

저주의 심판으로 인도함으로써 죽이는 것이다. 그러나 바울이 섬기는 복음 속에 있는 영은 영원한 생명을 창조한다(고후 3:17). 모세의 직분이나 사도의 직분 모두 하나님으로부터 왔으며 또 영광스러운 것이지만, 새로운 직분의 영광은 사라지는 옛 직분의 영광을 능가한다(고후 3:10).

2) 예수 그리스도가 복음의 내용이다.

'하나님의' 복음이 복음을 제정하신 주체가 하나님이라는 것을 말한다면, '예수 그리스도의' 복음은 복음의 내용을 말한다. 하나님이 보내셔서 십자가에서 죽임을 당하고 부활 승천한 예수 그리스도가 복음의 내용이다.[134] 바울은 '복음을 선포하다'(고전 1:17; 15:1)와 '그리스도를 선포하다'(고전 1:23; 15:12)를 교차해서 말한다.

고린도전서 15장 1~5절에서는 예루살렘 처음교회에서 기원해 자신이 물려받아 고린도교회에 전해 준 복음(3~5절)을 말한다.[135] 이처럼 바울은 다른 사도들과 동일한 복음, 동일한 그리스도를 선포한다. 세상에 인간으로 와서 하나님의 약속을 성취한 그리스도(롬 15:8; 고후 1:20), 하나님의 종으로서 우리 죄를 위해 죽임을 당한 그리스도, 무덤에 묻혔다가 3일 만에 부활하고 하나님의 아들로서 능력 가운데 높여진 그리스도, 게바와 바울을 포함한 다른 사도들에게 나타나서 사도의 직분을 주고 복음 선포의 사명을 위임한 그리스도, 바로 이 그리스도가 바울과 다른 사도들이 함께 선포한 복음의 내용이다. 그러나 바울은 이렇게 물려받은 복음의 내용을 말할 뿐 아니라 독창적으로 복음에 대해 말하기도 한다.

---

134) 갈 1:16; 고전 1:18~25; 2:2; 15:1~5; 고후 4:4~6; 5:18~21; 롬 1:1~5, 16~17; 3:21~26; 10:16; 15:16~19 등.
135) 위 113쪽 이하 참조.

(1) 구원의 복음 - '화해의 말씀'

고린도후서 5장 19절에 따르면, 하나님의 복음은 '화해의 말씀'이다. 동사 '화해하다'나 명사 '화해'가[136] 인간들 사이가 아닌, 하나님과 인간 사이의 화해라는 신학적 의미로 사용된 것은 신약성서에서는 오직 바울서신뿐이다. 이 개념은 바울의 독창적인 신학을 담고 있다고 할 수 있다. 바울은 하나님이 죄인들에게 베푸신 구원행위와 그로부터 그들이 구원을 얻었다는 것을 '화해'라고 한다. 헬라 문헌이나 헬라어를 사용하는 유대교에서는 서로 원수 관계에 있던 사람들 사이에서 일어나는 개인적·정치적 평화 체결을 '화해'라고 부른다(고전 7:11). 헬라주의-유대교 문헌은 이처럼 하나님과 인간 사이의 수직적인 화해를 말하면서도 바울과는 다르게 말한다. 인간이 하나님께 화해를 간청하고, 그래서 하나님이 변화를 받아 진노를 버리고 개인이나 이스라엘 전체와 화해하신다고 여긴다.[137] 즉 이런 유대교 문헌들은 인간이 간청을 통해 하나님께 영향을 끼쳐 일어나는 화해를 말한다. 그러나 바울은 전혀 다른 화해를 말한다. 하나님은 다른 어느 누구의 간청이나 영향을 통해 변화되어, 곧 수동적으로 누군가와 화해하시는 것이 아니라, 하나님 자신의 자유롭고 주도적이며 선재적인 은혜로써 화해를 베푸신다. 인간은 자신을 하나님과 화해하는 주체가 아니라, 하나님과 화해되는 대상이다.[138] 하나님이 그리스도의 속죄죽음을 통해 죄인들을 위해 칭의와 화해를 일으키신다(고후 5:18~19).

고린도후서 5장 18~21절에 따르면, '화해의 말씀'은 하나님이 그리스도 안에서 행하신 종말적인 화해 행위에 관한 말씀이다. 하나님은 그리스도 안에 계셔서 세상을 자신과 화해하게 하셨다(5:19). 그 아들을 세상에 보내서서 아무런 죄도 없는 그가 우리를 위해 죄를 짊어지고 죄의 제물이 되게 하심으로써 세상을 자

---

136) καταλλασσειν(고전 7:11; 고후 5:18~20; 롬 5:10); αποκαταλλασσειν(엡 2:16; 골 1:20, 22); καταλλαγη(고후 5:18~20; 롬 5:11; 11:15).
137) 예를 들어 2Makk 7:33; Philo, VitMos 2,166; Josephus, Ant 3, 315; JAQ 11, 18 등
138) 조경철, "화해는 하나님의 구원사건이다"「신약논단」참조.

신과 화해하게 하신다. 우리는 이 하나님의 아들의 대리적인 속죄 행위에 힘입어 하나님의 의에 참여하게 되었다(5:21; 롬 8:3도 참조). 이 같은 하나님의 화해에 관한 소식이 바로 복음이다. 복음은 그리스도 안에서, 그리스도를 통해 일어난 하나님의 '화해의 말씀'이다. 부활 승천하신 그리스도의 사신(πρεσβευτης)으로서 바울은 하나님이 인간의 어떠한 참여 행위도 없이 오로지 예수 그리스도의 속죄죽음을 통해 이루신 화해를 믿음으로 받아들이라고 촉구한다.[139)]

바울은 로마서 5장 1~11절에서도 화해에 대해 말한다. 여기서 '화해'는 믿는 사람들이 예수의 속죄죽음을 통해 의롭다고 인정받은 결과다. 5장 1절의 '하나님과 화평을 누림'(ειρηνην εχειν προς τον θεον)과 5장 11절의 '화목하게 하심'(καταλλαγην λαβειν)은 동일한 뜻이다. 고린도후서 5장 18절에서 6장 2절까지와 로마서 5장 1~11절을 묶어서 보면, 그리스도의 속죄 희생으로 죄인들이 의롭다고 인정을 받게 되며, 그 결과 하나님과 평화로운 관계를 맺게 되었다. 이러한 화해의 복음을 믿는 사람들은 하나님과 새로운 평화의 관계 속으로 들어가며, 그러므로 더 이상 정죄를 받아야 할 죄인이 아니다.

(2) 구원의 복음 - '십자가의 말씀'

① 그리스도가 바울을 사도로 세우신 까닭은 복음을 전하게 하기 위해서다(고전 1:17). 바울은 자기에게 맡겨진 복음을 '십자가의 말씀/십자가의 도'(λογος του σταυρου)라고 한다(1:18~25). '십자가의 말씀'은 복음을 말하는 바울의 독특한 표현이다. 신약성서의 다른 어느 저자들보다도 바울은 십자가와 관련한 표현을 매우 광범위하게 사용하면서 예수의 '십자가' 죽음을 강조한다는 사실에 대해서는 이미 앞에서 설명했다.[140)]

---

139) 고후 5:18, 20과 롬 5:6~11을 비교.
140) 위 180쪽 이하 참조. 김창선, 「21세기 신약성서신학」, 210~235도 참조.

② 바울은 그의 복음을 부정하는 대적들을 "그리스도의 십자가의 원수"(빌 3:18)라고 한다. 바울의 복음은 십자가의 복음이고, 이를 부정하는 사람은 십자가의 원수다. 예수의 죽음의 방식인 십자가를 회피함으로써 박해를 받지 않으려는 자들이 있다고 바울은 비판한다(갈 6:12). 그들은 왜 예수의 죽음을 전하면서도 십자가는 외면하려 했을까? 바울은 이들과 달리 십자가를 유난히 강조함으로써 자신을 이들과 구분하는데, 십자가의 거리낌과 어리석음에 관해 말한다(고전 1:22~23). 이는 교회 밖에 있는 사람들만 향해서가 아니라, 처음교회에서 예수를 믿는다면서도 십자가를 외면하려는 사람들을 향해서도 하는 말씀이다. 바울은 십자가에 달려 죽은 예수 외에는 아무도 알기를 원하지 않는다고 한다. 그러나 십자가를 외면하며 신앙생활을 하는 사람들에게 "나는 그리스도와 함께 십자가에 못 박혔다"(갈 2:19)는 바울의 고백은 별 의미가 없었을 것이다.

바울에 따르면, 예수의 십자가는 부활에 의해 극복되어 버린 과거의 비극적인 사건이 아니라, 영원히 현재적인 사건이며, 그러므로 오늘도 내일도 그리고 영원히 의미 있는 사건이다.[141] 바울은 예수를 '십자가에 못 박힌 자'(εσταυρωμενος)라는 현재완료 수동태 분사를 사용해서 말한다.[142] 현재완료는 과거에 일어난 사건이지만 지금도 지속적으로 유효한 사건을 표현하는 시제다. 즉 예수의 십자가 사건은 비록 과거에 일어나기는 했지만, 여전히 현재를 결정하는 사건이다. 그의 선포 속에서 십자가 사건은 지금 일어나는 화해의 사건이다(고후 5:18 이하). 또한 십자가는 바울의 삶 속에서 현재적으로 나타난다. 그의 고난의 체험 속에서[143] 예수의 죽음이 거듭 새롭게 나타난다(고후 4:10). 그리스도인은 세례를 통해 그리스도의 죽음에 참여하며(롬 6:3 이하; 갈 5:24), 일상생활에서 '살아 있는 제사'로서의 삶을(롬 12:1) 살아감으로써 그리스도의 십자가에 현재적으로 참여한다.

갈라디아서 3장 13절을 사도행전 5장 30~31절과 10장 39~40절에 비교해 보

---

141) U. Schnelle, *Theologie des NT*, 218~222 참조.
142) 고전 1:23; 2:2; 갈 3:1 등.
143) 고후 1:8; 4:7 이하; 11:23 이하.

면, 바울이 처음교회의 다른 사람들과 얼마나 다르게 십자가를 이해했는지 알수 있다. 사도행전은 십자가 처형으로 인해 예수에게 지워진 저주를 하나님이 부활을 통해 제거해 버렸다고 한다. 부활 이후에 십자가의 저주는 예수를 믿는 사람들과 전혀 관계가 없으며, 또한 부활 예수와도 관계가 없는 극복된 과거 사건에 불과한 것이다. 그러나 갈라디아서 3장 13절에 따르면, 바울은 율법의 저주가 실제로 예수에게 집행되었다고 한다. 왜냐하면 예수가 이 저주를 받은 이후에야 비로소 '아브라함의 축복', 곧 아브라함과 모든 민족들에게 해당하는 생명과 의의 약속(갈 3:6~8)이 모든 인류를 위해 효력을 발휘하기 때문이다. 예수가 실제로 죄인이 되고 난 이후에야 비로소 "우리는" 십자가 사건에 근거해 "하나님의 의"가 될 수 있다(고후 5:21). 그러므로 바울에게서 십자가는 부활로써 끝나 버린 과거가 아니다. 그리스도는 하나님이 부활시키신 분이며(롬 8:34), 그러니 죽음이 더 이상 그를 지배힐 수 없는 분이며(롬 6:9~10), 하나님께로 올리어진 분이다(빌 2:9 이하). 십자가에서 세상의 부정을 마지막까지 체험한 분, 율법의 저주를 온전히 감당한 분, 바로 그분만이 부활하신 분이며 하늘의 보좌에 주님으로 높여진 분이다. 예수가 십자가에서 받은 저주에서 세상의 정체가 드러나며, 하나님의 사랑의 본질이 드러난다(롬 8:31 이하). 십자가는 그리스도가 하나님 우편 보좌에 오르기 위한 하나의 과정만은 아니다. 단순히 그런 과정뿐이라면 보좌에 오르신 후에 십자가는 그 의미를 잃어버렸을 것이다. 십자가에서 죽음의 세력인 세상을 완전하게 체험한 예수를 하나님이 부활하게 하셨다. 십자가는 세상과 죽음이 무엇인지를 보여 주며 또 하나님이 그런 세상을 위해 무엇을 행하셨는지를 보여 주는 '상징'(Symbol)이다.[144]

③ 신약성서에서는 오직 바울에게서만 나타나는 예수의 십자가에 대한 이 같은 이해를 바울은 다마스쿠스 사건에서 얻었다. 과거에 율법에 대한 열정 안에

---

144) U. Schnelle, *Theologie des NT*, 221~222.

서 바울은 십자가에서 죽으신 예수를 하나님의 저주를 받아 죽었다고 이해했다. 다마스쿠스 사건 이후에 바울은 십자가 죽음에 대해 새로이 숙고했다. 과거의 판단('그는 율법의 저주를 받아 죽었다')과 다마스쿠스 체험을 통해 얻은 새로운 판단('율법에 의해 실제로 저주받은 그가 사실은 그리스도이며 하나님의 아들이다')의 극단적인 대립 속에서 그는 숙고할 수밖에 없었다. 왜 하나님의 아들이 아버지의 저주를 받았는가? 하나님의 저주가 집행되는 장소이면서 동시에 하나님의 저주를 뜻하는(신 21:22~23) 십자가에 달려 죽은 예수는 하나님의 저주를 받았다. 다마스쿠스 사건 이전의 바울처럼 헬라인이나 로마인들에게 십자가에 관한 처음교회의 선포는 허무맹랑하고 혐오스럽고 어리석은 것이었다. 그러나 세상이 어리석고 혐오스럽다고 여기는 십자가에서 하나님의 지혜가 나타났다. 이로써 세상의 부끄러운 정체가 폭로되었다(고전 1:19, 21). 십자가의 말씀은 "전도의 미련한 것"(고전 1:21)이다. 오직 믿음의 사람만이 십자가에서 "세상의 지혜"(고전 1:20)와는 전혀 다른 하나님의 지혜, 하나님을 떠난 세상을 구원하려는 하나님의 계획을 발견한다. 그런 사람에게는 십자가에 달려 죽으신 그리스도가 하나님의 능력과 지혜가 된다. 십자가에서 나타난 하나님의 능력과 지혜는 세상에서 무시당하고 고난 받으며 연약하고 비천한 사람들을 의와 성화 그리고 구원에 이르게 한다(고전 1:23~30). 십자가는 하나님이 하나님으로 드러나는 장이다.

십자가 신학은 다마스쿠스에서 깨우친 핵심이며, 동시에 사도로서 바울의 삶 전체를 규정하는 틀이다. 사도로서 활동 초기부터 바울은 믿지 않는 유대인들과 이방인들로부터 박해를 받았고, 더 나아가 그의 일생 동안 반유대주의자들로부터 공격을 받았으며 모욕을 당했다(고후 11:23~29 참조). 이러한 고난과 박해의 체험은 십자가 신학을 몸으로 실천하고 선포하는 것이었다.[145] 그러므로 박해의 고난은 그의 사도적인 권위와 십자가 복음 선포의 진정성을 입증한다. 십자가의 말씀과 십자가를 지는 삶이 바울에게는 일치되었다. 요즘 말로 하면 언행일치였

---

145) 고전 4:9~13; 고후 4:7~12; 6:4~10 등.

다. 하나님의 구원활동이 그리스도의 십자가를 통해 일어났듯이, 십자가의 복음을 선포하는 사람도 십자가를 져야 한다. 부끄럽고 연약하게 십자가에 달렸으나 하나님의 권능으로 다시 살아나서 주와 그리스도가 된 그 "능력"(고후 13:4)은 십자가의 복음을 전파하며 고난과 수치의 십자가를 지는 바울 자신에게도 나타난다. 바울이 처한 고난의 삶은(고후 12:9) 십자가의 말씀인 복음으로부터 나오는 구원의 능력이 어떻게 역사하는지를 실증적으로 보여 준다.[146)]

④ 바울은 예수 그리스도의 십자가 죽음을 철저하게 '우리를 위한' 하나님의 구원사건으로 이해한다. 하나님은 자기 아들을 아끼지 않으시고 우리를 위해 내어 주셨다(롬 8:32). 자신을 배신하고 떠난 세상을 위해 자신의 유일한 아들을 죽음에 '내어 주셨다.' 타락한 인류를 위해 아들을 희생하게 하심으로써 '우리를 위한 하나님'이 되셨다. '우리를 위하여'(υπερ ημων) 혹은 '우리의 죄를 위하여'(υπερ των αμαρτιων ημων) 하나님의 아들이 죽었다는 표현은 바울에게 나타나는 전형적인 표현이다.[147)] 예수의 십자가는 죄인인 우리(세상)를 위한 하나님의 사랑이 역사적으로 나타난 장소다. 그러므로 바울의 구원론은 철저히 십자가의 구원론이다. 바울의 복음은 '십자가의 말씀(도)'이다.

(3) 구원의 복음 - '하나님의 구원하시는 능력'

십자가의 말씀, 곧 복음은 구원을 받은 사람들에게는 하나님의 능력이다(고전 1:18, 24). 로마서 1장 16~17절에서 사도는 예수 그리스도의 복음을 이렇게 말한다.

---

146) F. Hahn, 「신약성서신학 I」, 320, 355~356 참조.
147) 구원론적인 의미를 가진 υπερ+속격은 사 53:6, 12로 연결해서 이해할 수 있다. 또한 사 53:12(LXX)는 δια τας αμαρτιας 곧 '죄들 때문에' 하나님의 종이 희생을 당했다고 한다(롬 4:25 참조). υπερ는 막 14:24; 눅 22:20의 잔의 예전에 관한 말씀에도 나오는데, 이는 사 43:3~4+53:12를 배경으로 한다. υπερ는 바울이 고전 15:3~5에서 인용하는 처음교회의 복음에도 나오고, 그 후에 다양한 변형들로 활용되었다. υπερ는 갈 1:4; 2:20; 3:13; 고전 11:24; 고후 5:14~15; 롬 5:6~8 등에 자주 나타난다.

"모든 믿는 자에게 구원을 주시는 하나님의 능력이 됨이라 … 복음에는 하
나님의 의가 나타나서 믿음으로 믿음에 이르게 하나니 기록된 바 오직 의인
은 믿음으로 말미암아 살리라"

여기에 바울이 복음을 어떻게 이해하는지가 나타나 있다.

첫째, 복음은 하나님으로부터 온 강력한 힘을 가진 구원의 소식이다. 바울이
선포한 복음은 하나님의 권능의 말씀이다(살전 2:2, 13~14; 고후 5:20).[148] 둘째, 로마
서 1장 1~4절과 1장 16~17절에 나오는 '복음'(ευαγγελιον)에 대한 두 가지 설명을
함께 보면, 예수가 오심으로써 예언자들을 통해 모든 이스라엘에게 주어진 구원
약속이 성취되었다(고후 1:19~20; 롬 15:8~12). 복음은 먼저 유대인을 구원하는 소식
이고, 다음으로는 이방인을 구원하는 소식이다. 셋째, 복음에 나타난 하나님의
능력은 믿음을 통해 "구원을 언제나 새롭게 현실화하는, 살아 있는 능력이다."[149]
복음 안에서 하나님의 의(구원)가 늘 현실화되는 통로는 '믿음에서 믿음으로'(εκ
πιστεως εις πιστιν)이다(합 2:4). 복음이 듣는 사람들에게 현재적으로 구원을 일으키
기 위해서는 믿음의 통로가 필요하다. 복음은 믿음의 통로가 없는 사람들에게
는 아무런 영향을 미치지 않고, 또 그리 되면 그들은 심판에 떨어진다. 복음은
믿는 사람들을 죄와 죽음으로부터 해방시키지만, 믿지 않는 사람들에게는 닫혀
있으며, 결국 그들은 하나님과 평화를 누릴 수 없다(롬 5:1). 넷째, 심판도 복음에
포함된 하나님의 권능이다.

"나의 복음에 이른 바와 같이 하나님이 예수 그리스도로 말미암아 사람들의
은밀한 것을 심판하시는 그 날이라" (롬 2:16)

---

148) 사 55:10~11에서 사도가 선포한 하나님의 복음의 능력을 알 수 있다. "이는 비와 눈이 하늘로부터 내려서 그리로 되돌아가지
아니하고 땅을 적셔서 소출이 나게 하며 싹이 나게 하여 파종하는 자에게는 종자를 주며 먹는 자에게는 양식을 줌과 같이 내
입에서 나가는 말도 이와 같이 헛되이 내게로 되돌아오지 아니하고 나의 기뻐하는 뜻을 이루며 내가 보낸 일에 형통함이니라."
149) F. Hahn, 「신약성서신학」, 260.

십자가에서 죽임을 당하고 부활하여 하나님의 우편 보좌에 계신 그리스도는 세상을 심판하는 주님이다. 그러므로 주님의 심판도 복음에 속한다. 주님은 믿는 사람들과 온 세상의 구원자이며 심판자다.

(4) 구원의 복음 - 칭의 복음("믿음으로 의롭다함을 받는다.")

칭의론에서 바울의 독특한 복음 이해가 가장 분명하게 드러난다. 율법을 행함으로가 아니라 예수 그리스도를 믿음으로 인간은 의롭다함을 얻는다(갈 2:16; 롬 3:20~31). 바울이 선포한 복음의 독특한 핵심은 십자가에서 죽으시고 부활하셔서 주님이 되신 예수 그리스도를 믿음으로 의롭게 된다는 칭의론에 있다.[150] 하나님은 그를 떠난 죄인들을 그리스도 안에서 용서하시고 의롭다고 인정하셨다(롬 4:5; 5:6). 다마스쿠스에서 바울은 이 같은 칭의론의 핵심을 깨우쳤고, 이후 그의 선교 여정에서 다양한 형태로 표현했나.

① 구약성서에서 말하는 의

ㄱ) 구약성서에서 '의'(δικαιοσυνη)는 사람들 사이나 혹은 하나님과 그의 백성이나 창조세계 사이에 있는 아름답고 질서 있는 관계를 말한다.[151] '의'는 하나님으로부터 나오고 하나님에 의해 보장된다.[152] '하나님의 의'(δικαιοσυνη θεου)는 구원과 행복한 삶의 질서를 만들어 내는 하나님의 신실한 능력이다. 하나님은 그의 백성 이스라엘과 공평과 정의 안에서 결혼했으며(호 2:19~20), 이스라엘에게 구원과 해방을 베풀었다.[153] 하나님은 보호를 받지 못한 사람들에게 공의를 베푸신다.[154] 이스라엘의 역사에서 하나님의 정의는 하나님의 구원행위다. 이스라엘은 하나님의 의로써 구원을 경험했으며, 하나님의 백성은 그것을 감사했다.[155] 바울

---

150) 갈 2:16; 롬 1:16~17; 3:21~26.
151) W. Klaiber, *Gerecht vor Gott*. 13~70.
152) 시 48:11~12; 65:2~5; 말 4:2; 1Q27 1:6~8.
153) 사 45:8; 46:12~13; 51:8.
154) 시 35:23~24, 28; 82:1~4.
155) 삿 5:11; 삼상 12:7; 미 6:5; 시 103:6; 단 9:16 등.

은 이러한 구약성서-유대교의 배경에서 '하나님의 의'를 말한다.

ㄴ) 이스라엘은 하나님이 악한 자들의 행위에 따라 그 죄를 정하시고, 의로운 사람을 의롭다고 인정해 주시기를 기대했다.[156] 제2이사야의 세 번째 종의 노래(사 50:4~9)에서 하나님의 종은 그를 괴롭히는 자들과 하나님 앞에서 논쟁을 벌이면서, 하나님이 그를 의롭게 하실 것임을 확신한다.

> "주 여호와께서 나를 도우시므로 내가 부끄러워하지 아니하고 내 얼굴을 부
> 싯돌 같이 굳게 하였으므로 내가 수치를 당하지 아니할 줄 아노라. 나를 의
> 롭다 하시는 이가 가까이 계시니 나와 다툴 자가 누구냐 나와 함께 설지어
> 다 나의 대적이 누구냐 내게 가까이 나아올지어다" (7~8절)[157]

더 나아가 하나님의 종은 많은 사람들을 대리해 그들의 죄를 감당하고 그들을 의롭게 한다. 하나님이 의롭다 하지 않으시면, 사람들은 모두 심판에 떨어진다.[158]

> "나의 의로운 종이 … 많은 사람을 의롭게 하며 또 그들의 죄악을 친히 담당
> 하리로다 그러므로 내가 그에게 존귀한 자와 함께 몫을 받게 하며 강한 자
> 와 함께 탈취한 것을 나누게 하리니, 이는 그가 자기 영혼을 버려 사망에 이
> 르게 하며 범죄자 중 하나로 헤아림을 받았음이니라 그러나 그가 많은 사람
> 의 죄를 담당하며 범죄자를 위하여 기도하였느니라" (사 53:11~12)

ㄷ) 구약성서에 따르면, 죄인(경건하지 아니한 자)을 의롭다고 인정해서 방면하는

---

156) 왕상 8:32; 대하 6:23.
157) 이는 롬 8:31~39을 연상하게 한다.
158) 그 외에도 시 51:4,6; 143:2 등의 LXX 본문 참조.

것은 불의다.[159] 바울은 로마서 4장 5절에서 하나님을 "경건하지 아니한 자를 의롭다 하시는 이"라고 한다면, 이로써 하나님이 불의하다고 한다. "경건하지 아니한 자"는 죄인이기 때문에, 죄인을 의롭다고 인정한다면, 그 죄인에게 피해를 당한 사람이나 정말로 의로운 사람을 억울하게 하는 셈이며, 이는 하나님의 진노의 심판을 불러온다(사 5:23). 그런데 하나님 자신이 그러한 불의를 행하고 계신다. 사랑과 자비 때문에 죄에 빠진 그의 백성 이스라엘을 위해 스스로 불의를 행하신다. 호세아서 11장 8~9절(14:2~9과 비교)에 이러한 하나님의 행위가 증언되어 있다.

> "에브라임이여, 내가 어찌 너를 놓겠느냐 이스라엘이여 내가 어찌 너를 버리겠느냐 내가 어찌 너를 아드마 같이 놓겠느냐 어찌 너를 스보임 같이 두겠느냐 내 마음이 내 속에서 돌이키어[하나님의 회개] 나의 긍휼이 온전히 불붙듯 하도다 내가 나의 맹렬한 진노를 나타내지 아니하며 내가 다시는 에브라임을 멸하지 아니하리니 이는 내가 하나님이요 사람이 아님이라 네 가운데 있는 거룩한 이니 진노함으로 네게 임하지 아니하리라"

이 예언자들에 따르면, 하나님의 은혜는 죄를 범한 백성에게 사랑과 자비를 베푸는 데서 완성된다.[160]

ㄹ) 거듭 반복해서 하나님의 뜻을 어기는 죄를 짓는 이스라엘은 세상에서 하나님의 심판을 받는다. 포로기 이전의 심판 예언자들은 하나님의 심판이 이미 이스라엘에 임했다고 선언했고, 포로기 이후부터는 여호와의 날에 최후 심판이 있을 것이라고 선포했다.[161] 종말 심판의 기준은 시내 산에서 주어진 하나님의

---

159) 출 23:7; 사 5:23; 잠 17:15; CD 1:19.
160) 렘 31:20; 사 43:1~5, 22~25; 52:13~53:12 등.
161) 습 1:14~18; 욜 4:1~21; 단 7:9~14; 에티오피아 에녹서 61:1~62:12; 제4에스라 7:26~44 등에는 매우 포괄적인 심판에 관한 언급이 나온다.

뜻이다.[162] 세상에서 한 행위는 하늘에 알려져 있으며, 모든 사람은 죄인 혹은 의인으로 판결된다.[163] 경건한 유대인들은 자신들이 행한 율법의 행위들이 심판 날에 "하나님에 의해서 의로 인정되기를"[164] 바랐다. 구약성서와 유대교에서는 종말 심판을 넘어서는 더 궁극적인 목표가 있다고 믿었는데,[165] 그 궁극적인 목표는 하나님의 통치가 실현되고, 이스라엘이 박해자들로부터 해방되며, 죽음이 괴멸되고, 메시아의 구원 공동체가 세워지는 것이다.[166]

이처럼 구약성서와 유대교는 종말 심판의 맥락에서 하나님의 의를 말했다. 바울 역시 종말 심판을 배경으로 칭의론을 전개한다. 그러므로 바울의 칭의론의 핵심은 유대인이나 이방인이 종말 심판에서 어떻게 하나님의 심판을 이겨내고 또 그 심판을 통과해 하나님 나라에 참여할 수 있느냐 하는 데 있다.

② 바울 자신의 칭의 체험

십자가에서 죽으시고 부활하신 예수를 만난 다마스쿠스 경험은 바울에게는 칭의 경험이었다. 복음과 교회를 말살하려 했던 바울은 모든 죄를 아무런 공로 없이 무조건 용서받고 그리스도에 의해 사도로 받아들여졌다. 그것은 죄인을 의롭다하시는 그리스도를 만난 경험이다(고전 15:8~10; 고후 2:14~16). 그 스스로 빌립보서 3장 7~11절에서 말하듯이, 그 어떤 것보다도 더 소중한 그리스도를 아는 지식을 갖게 됨으로써, 그는 율법을 성취해 얻으려던 자신의 의를 포기하고, 그에게 계시된 "하나님께로부터 난 의"를 믿음을 통해 받아들임으로써 하나님 앞에서 살아가는 것을 배웠다. 바울은 다마스쿠스 사건에서 죄인의 칭의를 모범적

---

162) 제4에스라 7:72; 8:56~60.
163) 시 62:13; 잠 24:12; 욥 34:11; 시락서 16:14; 희년서 5:15; 에티오피아 에녹서 100:7 등. 신약성서에도 유대교의 이러한 심판에 관한 생각이나 표현이 나타난다(마 25:31~46; 롬 2:1~16; 요 5:24~29; 계 20:11~15 등). 바울도 계명을 실천하는 행위로서(4Q flor 1:6~7; 4Q MMT 21:1~8; 시리아 바룩서 57:2) '율법의 행위들'(εργα νομου)을 말한다(갈 2:16; 롬 3:20, 28).
164) 4Q MMT 21:3, 7. 바울도 갈 2:16과 롬 3:20에서 '율법의 행위'이 종말 심판에서 인정받는 것에 대해 말한다.
165) 사 25:6~9; 26:20~27:5; 욜 4:15~21; 단 7:14, 26~27 그리고 에티오피아 에녹서 62:8, 13~15 등.
166) 신약성서에서도 그런 생각을 찾을 수 있다(마 25:31~46; 고전 15:23~28; 롬 2:1~16; 계 20:11~21:8 등).

으로 체험했다. 디모데전서가 바울을 '죄인의 괴수'라고 한다면(1:15), 이는 역설적으로 바울은 교회사에서 칭의의 은혜를 최고의 정도로 체험한 모범적인 사람이라는 뜻이다. 이렇게 죄인의 칭의는 바울 자신과 그의 제자들의 선교신학의 특징이 되었다.[167]

③ 종말론적인 구원론으로서의 칭의론

ㄱ) 로마서 4장 5, 17절에서 바울은 자신이 믿는 하나님을 "경건하지 아니한 자를 의롭다 하시는 이", "죽은 자를 살리시는 이", "없는 것을 있는 것으로 부르시는 이"라고 말한다. 하나님은 무에서 유를 창조하시며, 죽은 자를 살리시고 또 죄인을 의롭다고 하신다. 칭의와 창조, 살리심은 한 분 하나님이 하시는 동일한 일이다. 아담이 타락하기 이전에 인간은 하나님의 피조물로서 의와 영광을 가지고 있었다. 하나님과 바른 관계 속에서 생명을 누리고 있었다. 그러나 아담의 타락으로 죄인들은 의와 영광을 잃어버렸고, 결국 하나님과 관계가 깨진 죄인이 되었다. 칭의는 이 잃어버린 의와 영광을 회복하는 것이다(롬 3:23~26). 그렇게 의롭다고 인정 받은 사람들은 "새로운 피조물"(고후 5:17)이며, 부활승천하신 그리스도의 영광에 참여한다(롬 8:29~30). 종말 심판에서 칭의가 선언되는 결정적인 법적 근거는 하나님의 뜻에 순종하여 십자가에서 일어난 예수의 대리적인 희생의 죽음이다. 하나님의 종의 희생으로 많은 사람들이 의롭게 되었다는 이사야서 53장 10~12절에 따라서, 예수가 속죄의 피를 흘림으로써 용서가 일어났다.[168] 죄인을 위해 속죄의 죽음을 죽으신 그리스도는 종말 심판에서 그를 믿는 죄인들을 위해 하나님 앞에서 변호한다(롬 8:34). 이 그리스도의 변호에 근거해 하나님이 약속하신 대로 믿음의 사람들은 최후 심판에서 의롭다고 인정을 받고, 그리스도의 의와 영광에 참여하는 것이다(고후 5:21; 롬 8:28~30).

---

167) P. Stuhlmacher, *Biblische Theologie des NT I*, 333.
168) 롬 3:25; 4:25; 5:9; 8:3; 고후 5:21 참조.

ㄴ) 믿는 사람은 미래의 구원을 확신한다.[169] 하나님을 사랑하는 모든 사람들은(롬 5:5) 온갖 고난 가운데서도 영화롭게 되며(롬 8:28~30), "온 이스라엘"이 구주 그리스도를 통해 구원받을 것이다(롬 11:25~32). 이 같은 확신의 근거는 하나님의 신실하심이다. 로마서 11장 32절에서 바울은 매우 대담하고 날카롭게 이에 대해 말한다.

> "하나님이 모든 사람[이방인과 유대인]을 순종하지 아니하는 가운데 가두어
> 두심은 모든 사람에게 긍휼을 베풀려 하심이로다"

로마서 3장 22, 30절에서도 바울은 이러한 보편적인 구원을 말한다. 그러므로 바울의 구원론으로서 칭의론이 유대인들에게는 해당되지 않고, 오로지 이방인들에게만 해당된다는 민족주의적인 판단이나 혹은 신학적인 주변 주제에 불과하다는 생각은 적절하지 않다.

ㄷ) 유대인과 이방인의 구별 없이 모든 사람은 그리스도를 통해 하나님의 자비를 받게 되며 또 하나님의 영광스러운 의에 참여할 것이다(롬 8:28~30). 온 세상에 대한 하나님의 통치는 그리스도가 죽음의 세력을 무력화시킨 후에 완전히 세워질 것이며(고전 15:23~28, 53~57), 모든 피조물은 아담이 타락한 이후부터 빠져 있는 "썩어짐의 종노릇"으로부터 해방될 것이다(롬 8:21).

예수 그리스도를 주님으로 믿는 사람들은 이미 지금 하나님과 평화 가운데 있다(롬 5:1). 그들에게는 구원의 날이 이미 시작되었다(고후 6:2). 그들은 하나님과 화해된 사람들로서 오고 있는 종말 심판을 평온하게 기다릴 수 있다. 부활 승천한 그리스도가 하나님 앞에서 그들의 변호인이 되어 그들을 심판에서 파멸되지 않도록 보호할 것이기 때문이다(롬 5:8~10; 8:34). 실로 그리스도는 '의 안에 있는

---

169) 고전 3:15; 5:5; 롬 8:31~39.

소망'이며 궁극적인 칭의의 보증인이다. 이처럼 바울의 구원론(칭의론)과 종말론은 기독론 안에 그 근거를 가진다.

ㄹ) 칭의론과 행위는 매우 밀접하게 연결된다. 경건하지 아니한 사람을 의롭다 하시는 하나님은 최후 심판의 법정에서 죄인을 의롭다고 선고하시는 하나님이다. 로마서 2장 16절에 따르면, 그리스도는 (율법에) 계시된 하나님의 뜻에 의한 행위에 따라 종말 심판을 할 것이다. 그리스도인들에게도 예외가 아니다. 고린도전서 3장 10~15절에서 언급하듯이, 사도를 포함한 모든 그리스도인들도 '주의 날'[170]에 주님 앞에 설 것이며, 불의 심판을 받을 것이다.[171] 불의 검증을 이겨내는 행위를 한 사람은 상을 기대할 수 있지만, 그렇지 못한 사람은 형벌을 각오해야 한다. 구원을 받는다고 하더라도, 그는 불 가운데서 받는다(고전 3:15).[172] 그러므로 행위가 아니라 은혜로 의롭다함을 받는다는 칭의론에 있어서도 행위는 매우 중요하다. 그리스도 때문에 오직 믿음에 근거해서, 즉 은혜로써 죄인은 의롭다고 인정을 받기 때문에 칭의가 행위에 근거하지는 않는다. 그러나 의롭다고 인정을 받은 사람에게 행위는 필수 요구 사항이다.

바울의 칭의론을 행위와는 관계가 없는 은혜론으로만 봐서는 안 되는 이유는 더 있다. 첫째, 바울은 갈라디아서 2장 16절과 로마서 3장 20절에서 '율법의 행위로는 어느 누구도 하나님 앞에서 의롭다고 인정을 받을 수 없다'는 원리로부터 출발해서 칭의론을 전개한다. 유대교에서 "율법의 행위"(εργα νομου)는 계명들을 실천하는 것이다. 율법의 계명들을 실천하는 사람은 종말 심판에서 의롭다고 인정을 받는다는 유대교의 가르침을 바울은 부정한다. 아무리 열심히 율법을 준수할지라도 그것이 하나님 앞에서 의로 인정을 받지 못한다는 사실을 바울 자신이 다마스쿠스에서 체험했다. 그러므로 유대인이나 유대 그리스도인이

---

170) 살전 5:2; 고전 5:5; 고후 1:14; 빌 1:6, 10; 2:16.
171) 사 66:15~16; 말 3:19; 살후 1:8 외에 고후 5:10도 참조.
172) 암 4:11; 슥 3:2 참조.

율법의 도움으로 하나님 앞에서 자신의 의를 세울 수 있다고 생각한다면(롬 4:4; 10:1~4), 이는 인간이 죄인이라는 근본적인 사실을 외면하며 그리스도가 율법의 마침이 되었다는 진리를 모르는 잘못을 범하는 일이다. 갈라디아서 2장 16절과 로마서 3장 20절의 두 구절에서 바울은 단순히 자신의 경험적인 판단만을 말하는 것이 아니라, 성경에 있는 하나님의 말씀(시 142:2 LXX)에 입각해 심판의 규칙을 말한다. 종말 심판에서 자신이 행한 "율법의 행위"를 제시함으로써 하나님 앞에서 의에 이르기를 바라는 사람은 부끄러움을 당할 것이다. 그러나 믿음으로 의롭다함을 받는다고 해서 행위의 실천을 위한 노력을 포기하라는 말은 아니다. 로마서 8장 4~14절에서 바울은 그렇게 말하지 않는다. 바울은 그의 서신들에 광범위하게 나오는 윤리적인 교훈을 통해 은혜로 의롭다고 인정을 받은 그리스도인들에게 선을 행하라고 촉구한다.

둘째, 바울은 복음을 왜곡해 "다른 복음"을 선포하는 사람은 구원을 받지 못한다고 말한다(갈 1:6~9; 고후 11:1~4, 12~15). 또한 과거의 이방적인 삶으로 되돌아갈 위험에 처한 고린도교회 성도들에게도 바울은 고린도전서 6장 9~11절에서 '불의한 사람은 하나님의 나라를 물려받을 수 없다.'고 경고한다. 이처럼 바울은 행위를 외면한 채 오직 은혜만을 외치는 칭의론을 가르치지 않는다. 칭의론에서 하나님의 은혜가 가장 중요한 핵심이지만, 그 은혜는 행위의 실천을 거부하거나 부정하는 것이 아니라, 행위를 가능하게 하고 또 동시에 행위를 요구한다.

④ 칭의론은 바울신학의 핵심인가? 아니면 주변 주제에 불과한가?[173]

ㄱ) 바울은 칭의론을 그의 선교 활동 후기에 기록된 갈라디아서와 로마서, 빌립보서에서 상세하게 설명하지만, 초기에 기록한 데살로니가전서에서는 명시적으로 언급하지 않으며, 고린도전서와 후서에서는 산발적으로만 말한다. 이를 근거로 어떤 학자들은 그의 선교 활동 처음에는 칭의에 대해 말하지 않았던 바

---

173) 조경철, "칭의론, 바울신학의 핵심인가? 주변요소에 불과한가?", 96~119 참조.

울이 갈라디아에서 유대주의 적들과 논쟁을 벌이면서 비로소 칭의에 관한 메시지를 선포하게 되었다고 주장한다. 이런 주장은 바울이 칭의론을 특정한 선교 상황에서 이방인 선교를 위한 투쟁 이론으로 구상했다고 주장하는 브레데(W. Wrede)로부터 출발한다. 그러므로 바울의 칭의론은 "오직 그의 삶의 싸움으로부터만, 즉 유대교와 유대계 기독교와의 싸움으로부터만 이해될 수 있으며, 오직 이 싸움을 위해서만 고안되었다." 칭의론은 바울 자신에게 중요했지만, 바울 이후 시대의 교회에서는 별 의미가 없다는 말이다. 그러므로 "… 우리는… 칭의론에 대해 전혀 언급하지 않고도, 율법에 대해 언급하지 않고도, 바울의 종교 전체를 서술할 수 있다."[174] 이 같은 브레데의 주장을 따르면서 알버트 슈바이처는 바울의 칭의론이 "그리스도 안에 있음이라는 신비적인 구원론의 핵심 내용에서 형성된 부수적인 것"에 불과하다고 했다.[175] 율법 없이 믿음에 근거해 의롭게 된다는 가르침은 이방인 선교를 위한 투쟁 이론이었을 뿐이고, 이방인 선교가 당연시 된 후에는 더 이상 큰 의미를 갖지 못한다는 것이다.

ㄴ) 그러나 이들의 견해를 반대하면서 슈툴마허는 다음과 같이 논증한다.[176] 첫째, 바울이 칭의론을 처음 말한 것이 아니라, 이미 바울 이전의 처음교회가 칭의론을 말했고, 바울은 이를 물려받아 그의 신학 핵심으로 삼았다.[177] 그러므로 바울이 비로소 개발한 이방인 선교를 위한 투쟁 이론이라는 말은 정당하지 않다. 둘째, 고린도후서 11장 24~28절에서 바울은 그가 활동하기 시작할 때부터 율법과 상관이 없는 그리스도 선포 때문에 박해를 받았다고 하며, 데살로니가전서 2장 16절에서는 유대인들이 그의 복음 선포를 방해했다고 한다. 왜 유대인들이 바울의 선교를 방해했을까? 바울이 율법을 행함으로 의롭다고 인정을 받

---

174) W. Wrede, *Paulus*, 67.
175) A. Schweitzer, *Mystik* 220.
176) P. Stuhlmacher, *Biblische Theologie des NT* I, 333~334.
177) F. Hahn, 「신약성서신학」, 307~310 참조.

222
신약성서신학

는다는 유대교의 믿음을 부정하면서 칭의 메시지를 전했기 때문이다. 그러므로 바울은 그의 선교 활동 초기부터 칭의 메시지를 핵심적으로 전파했다. 셋째, 남쪽 갈라디아설을 따른다면, 갈라디아서는 이미 첫 번째 선교 여행 때 바울이 행한 칭의 메시지와 율법에 비판적인 그리스도 선포로 말미암아 생겨난 논쟁을 반영한다.[178] 갈라디아서와 로마서, 빌립보서에서 특히 칭의의 주제가 강조되어 나타나는 것은, 바울이 후대에야 비로소 죄인의 칭의를 알았고 전파했음을 입증하는 것이 아니라, 칭의 사상은 선교의 처음부터 사도의 메시지의 핵심이었음을 증언한다. 넷째, 바울 이전의 처음교회가 예수의 대리적인 속죄죽음(사 53:11~12에 근거해서)과 칭의를 함께 묶어서 보았던 것처럼, 바울도 그랬다.[179] 칭의론과 예수의 대리적인 속죄죽음에 관한 말씀이 결합되었다는 것은, 바울이 그의 활동 말기에 비로소 칭의론의 통찰에 이르렀다는 주장을 불가능하게 하며, 그러므로 바울의 칭의론이 단지 이방인에게만 해당하는 주변 주제에 불과하다는 생각을 불가능하게 한다. 칭의 메시지는 이방인들만이 아니라 모든 죄인들에게 해당된다.

ㄷ) 칭의 메시지가 나중에 투쟁 이론으로 생겨났다는 주장이 옳지 않다는 가장 결정적 근거는, 바울이 다마스쿠스에서 그의 칭의 메시지의 핵심을 체험을 통해 깨우쳤다는 사실이다. 그런 주장을 하는 사람들은 다마스쿠스 사건이 바울의 율법이해에 가져온 충격적인 변화를 적절하게 고려하지 않기 때문이다. 율법이 주님을 십자가에 매달아 죽였고, 그래서 구원을 위한 핵심으로 믿었던 율법이 멸망의 요소로 작용했으며, 그러므로 바울은 율법의 본질과 역할에 관해 과거와는 전혀 다른 새로운 생각을 할 수밖에 없었다는 점 등을 충분히 고려한다면, 율법을 행함으로가 아니라 그리스도를 믿음으로 의롭게 된다는 바울의 칭

---

178) H. Mashall, 「신약신학」, 257쪽 이하는 갈라디아서가 최초로 기록된 바울서신이라고까지 말한다.
179) 살전 1:10; 5:9~10; 고전 1:30; 10:16~17; 11:23~26; 15:3~5; 고후 3:9; 5:14~21 등.

의론은 후대에 이방인 선교를 위한 투쟁 이론으로만 개발된 주변 주제일 수 없다. 다마스쿠스 사건 이후 바울은 곧바로 율법과 그리스도에 대한 새로운 이해를 갖게 되었고, 이는 곧 칭의론으로 나타났다. 바울의 선교 상황에서 다양한 표현의 변화가 있었고 상당한 사상의 발전도 있었으리라는 사실을 부정할 수는 없다. 그러나 다마스쿠스 사건에서 바울의 복음의 핵심은 계시되었고, 그것을 다양한 선교 상황에서 다양하게 표현하고 다듬었다고 할 수 있다. 어쨌든 칭의론은 이방인 선교를 위한 투쟁 이론으로 나중에 개발된 바울신학의 주변 주제가 아니다. 하나님의 의는 유대인이나 이방인을 무론하고 모든 죄인에게 은혜로, 믿음으로 주어진다는 칭의 메시지는 처음부터(다마스쿠스 사건 때부터) 바울의 선교신학과 구원신학의 핵심이었다.

7. 바울의 믿음이해

율법의 행위가 아니라 믿음으로 의롭다고 인정을 받는다면, 믿음과 율법의 행위는 대립된다. 신약성서에서 믿음(πιστις), 믿다(πιστευειν)라는 용어를 바울보다 더 중요하게 그리고 더 상세하게 사용한 사람은 없다. 그리스도인은 믿는 사람이기 때문에, 믿음은 그리스도인들의 가장 분명한 특징이다. 예수 그리스도를 믿는 사람은 하나님의 율법에 의거해 사는 유대인들이나 하나님 없이 사는 이방인들과 구분되는 제3의 인간이다.

1) 바울은 다마스쿠스 체험에 근거해 '믿음 / 믿는다'는 것을 새롭게 이해했으며, 이 새로운 이해에 근거해 자신을 공격하는 유대교인들과 유대 기독교인들에 맞서 칭의론을 전개한다.

바울은 믿음에 대한 새로운 이해를 구약성서와 연결해서 설명한다. 갈라디아서 3장과 로마서 4장에서는 아브라함(창 15:6)과 연결해서 믿음을 설명하고, 로마서 1장 17절과 9장 33절에서는 하박국서 2장 4절 및 이사야서 28장 16절과 연결한다. 믿음은 구약성서에서는 이스라엘과 하나님의 관계를 나타내는 표현이었다. 아브라함은 하나님의 약속을 받고 신실하게 믿었으며, 그래서 그 약속 위에서 자신과 그의 가족이 살았다(창 15:6). 하나님을 경외하며 하나님의 말씀과 약속을 신뢰하는 말씀들은 시편들에도 나오며(78:22, 32; 106:12, 24), 하박국도 말한다(2:4). 유대교인들은 율법을 지키는 것을 하나님을 경외하고 순종하는 것으로 여겼다(시락서 32:24~33:3). 그런 믿음을 보인 전형적인 인물은 아브라함이었다(시락서 44:1~49:16). 그러나 바울은 아브라함의 믿음을 유대교와는 다르게 해석한다.

갈라디아서 3장과 로마서 4장에서 바울은 창세기 15장 6절을 해석하면서, '우리 조상' 아브라함을 믿음의 모델로 제시한다. 바울에 따르면, 아브라함은 하나님이 선택하시고 믿음으로 의롭다고 인정하신 첫 번째 죄인이다.

> "성경이 무엇을 말하느냐 아브라함이 하나님을 믿으매 그것이 그에게 의로 여겨진 바 되었느니라. 일하는 자에게는 그 삯이 은혜로 여겨지지 아니하고 보수로 여겨지거니와 일을 아니할지라도 경건하지 아니한 자를 의롭다 하시는 이를 믿는 자에게는 그의 믿음을 의로 여기시나니" (롬 4:3~5)

바울은 아브라함의 믿음에서 하나님의 말씀에 대한 신뢰를 보았다. 아브라함은 모든 희망이 사라진 상황에서도 희망을 붙들었다. 자신도 나이가 많고 사라는 임신이 불가능한 나이여서 실제 모든 희망이 사라진 거나 다름없지만, 그럼에도 불구하고 그의 믿음은 연약해지지 않았고, 하나님의 약속을 굳게 믿었다.

> "믿음이 없어 하나님의 약속을 의심하지 않고 믿음으로 견고하여져서 하나님께 영광을 돌리며 약속하신 그것을 또한 능히 이루실 줄을 확신하였으니 그러므로 그것이 그에게 의로 여겨졌느니라" (롬 4:20~22)

아브라함의 믿음은 인간적인 공적이 아니라 하나님의 말씀의 능력에 붙들려 하나님의 약속을 굳게 붙잡은 것이다. 하나님의 약속의 말씀을 들은 사람 안에 믿음이 생겨났고, 그래서 그는 믿음의 행위를 할 수 있었다. 하나님은 그런 믿음의 사람을 인정하신다.

창세기 26장 2~5절 이후의 구약성서에서나 초기 유대교에서는 특히 할례(창 17:9~14)와 이삭을 바치는 희생 행위(창 22:2, 9)로 아브라함의 믿음을 평가했다. 그러나 바울은 아브라함의 믿음을 주로 하나님의 말씀에 대한 신뢰로 보았다. 할례는 단지 믿음의 의를 드러내는 표시에 불과하다. 아브라함은 할례를 받기 이전에 믿음의 의를 받았다(롬 4:9~12). 바울은 아브라함이 이삭을 제물로 드리기 위해 '묶는 것'에 관해서는 어디에서도 말하지 않는다.[180] 창세기 12장 1~9절과 15장 1~6절에 의해 아브라함을 이해했기 때문에, 그에게 아브라함은 하나님이 선택한 죄인이다. 예수를 죽은 이들 가운데서 살리신 하나님을 믿는 모든 사람들에게도 이같이 은혜로운 선택은 일어난다(롬 4:24).

유대인이나 이방인을 무론하고 모든 사람들은 율법의 행위가 아니라 오직 믿음으로만 의롭다고 인정을 받는다(롬 3:28). 하나님은 그들에게 복음을 통해 믿음을 주시고 또 그리스도를 통해 죄를 용서해 새로운 사람이 되게 하신다. 그들은 자신의 공적으로 의로워지는 것이 아니라 오직 그리스도 때문에 주어진 은혜로 의로워진다.[181]

2) 바울에 따르면, 믿음은 '오는' 것이고(갈 3:23, 25), 사도의 선포를 들음으로써 생겨난다(롬 10:17).[182] 하나님으로부터 오는 선물로서 믿음은 인간을 죄의 권세로부터 해방시켜 그리스도의 지배를 받는 새로운 피조물이 되게 한다. 하나님이 아들을 보내심으로써 그 아들을 믿는 믿음이 나타나게 하신다. 이렇게 '오는' 믿음을 통해 하나님은 유대인과 이방인을 의롭다고 인정하시며 또 하나님의 아들들이 되게 하신다(갈 3:23~28). 선포된 그리스도의 복음이 듣는 사람 안에 믿음을 창조한다(롬 10:17; 갈 3:2, 5). 그러므로 믿음은 사람이 노력해서 얻는 것이 아니라, 복음이 성령의 능력으로 사람들 안에 창조하는 은혜의 선물이다. 믿는 사람들은 성령의 능력 안에서 그리스도를 하나님이 부활시켜 하늘로 올리신 '주님'(κυριος)이라 고백하고(고전 12:3), 또 이 신앙고백에 근거해 종말적인 구원을 체험

---

180) 그런 점에서 약 2:21; 히 11:17과는 다르다.
181) 이것을 특히 분명하게 신학적인 주제로 삼은 것은 종교개혁자 루터였다. 루터는 그의 9월 성서에서 로마서 3:28의 여격 πιστει를 "오직 믿음을 통해서만"으로 번역했다. "인간은 율법의 행함 없이 오직 믿음을 통해서만 의롭게 된다고 우리는 생각한다." 이러한 본문 번역 때문에 루터는 가톨릭 측으로부터 많은 비판을 받아야 했지만, 오늘날에는 가톨릭의 주석학자들도 적절한 번역으로 인정한다. 가톨릭 학자 쿠스(O. Kuβ)는 이렇게 말한다. "'믿음을 통해서'(πιστει)는 매우 분명한 음조를 가진다. '오직 믿음을 통해서만'이라는 독일어 번역을 통해 강조하는 것은 바울의 의미에서 매우 정확하다."(Der Römerbrief 177).
182) 이하에 대해서는 O. Hofius, "Glaube und Gottes Wort" 참조.

한다(롬 10:9). 곧 믿음은 하나님이 그리스도 안에서 복음을 통해 은혜로 열어 주신 성령 안에 있는 새로운 삶이다.

'그리스도의 믿음'(πιστις [Ιησου] Χριστου)[183]은 예수 스스로 모범적으로 보여 준 하나님을 향한 믿음을 말하지 않고,[184] 예수 그리스도에 대한 성도들의 믿음을 말한다. 바울에게 예수 그리스도는 본받아야 할 모범이기도 하지만, 그보다는 믿음의 대상이라는 측면이 더 중요하다. 바울은 어디에서도 '믿음'이라는 개념을 사용해 나사렛 예수와 하나님의 관계를 말한 적이 없다. 갈라디아서 2장 20절에서는 믿음이 예수 그리스도를 통해 일어난 하나님의 구원활동을 인정하는 것이라고 말하며, 더 나아가 그리스도와 믿는 사람의 개인적인 관계를 말한다. 믿음이 아니고서는 그리스도가 '나를 사랑하셔서 나를 위해 그 자신을 버리셨음'을 알 수 없다.

3) 복음이 창조한 믿음을 통해 사람은 그리스도 안에서 일어난 하나님의 구원활동에 참여하며, 그러므로 율법의 행위 없이 오직 믿음으로만 의롭다고 인정을 받는다. 화목제물인 그리스도에게 갈 수 있는 방법은 "믿음으로 말미암아"이다(롬 3:25). 하나님의 종말론적인 속죄 행위는 율법을 행함으로써가 아니라 믿음으로만 받을 수 있으므로, 이는 이스라엘만을 위한 구원사건이 아니고 모든 믿는 사람들을 위한 구원사건이다(롬 3:22, 30). 예수가 화목제물이 된 것은 단지 과거의 구원사건만은 아니고, 지금까지도 지속적으로 유효한 사건이다. 믿음은 화목제물인 예수 그리스도 안에서 일어난 하나님의 구원 사역을 인정하는 것이다(롬 10:9). 믿는 사람은 그렇게 믿음을 고백함으로써 하나님과 그리스도에게 복종한다. 자신이 죄에 빠져 있음을 인정하고, 자신의 힘으로는 죄의 세력에서 벗어날 수 없으며 오로지 하나님의 은혜를 통해서만, 주님의 도우심으로만 죄에서

---

183) 갈 2:16; 3:22; 롬 3:22, 26; 빌 3:9 등.
184) M. D. Hooker, "ΠΙΣΤΙΣ ΧΡΙΣΤΟΥ", NTS 35 (1989), 321~342가 그런 해석을 제기한 이래 많은 학자들이 그의 뒤를 따른다. 우리나라에서는 박익수 교수가 그런 주장을 하는 대표적인 학자다.

해방되고 구원받을 수 있음을 하나님 앞에서 인정하는 것이 믿음인 것이다(갈 2:16; 고전 1:26~30).

4) 바울은 '믿음의 순종'을 말한다(롬 1:5). '믿음의'라는 속격은 동격을 의미한다. 그러므로 믿음은 곧 순종이다.[185] 간혹 그는 믿음을 말하지 않고 그냥 순종을 말하기도 하는데, 이때 순종은 믿음을 의미한다.[186] 복음은 그리스도를 구원자와 주님으로 선포하며, 믿는 사람들은 주 예수 그리스도를 삶의 근거로 삼음으로써 선포된 복음에 순종한다. 이것이 믿음이다. 이러한 순종은 삶에서 한 번 일어나고 그치는 것이 아니라 항상 거듭해서 일어나야 한다. 다시 말해 순종으로서 믿음은 하나님 앞에서 지속적으로 살아가는 삶의 방식과 태도다.

5) 그러므로 바울은 어떠한 열광주의에도 반대한다. 그리스도인들은 재림의 마지막 날까지 주님과 직접 교제하지 못하며 또 주님의 영광을 보지 못하고 주님과 간접적으로 교제하면서 살아간다.

"우리가 믿음으로 행하고 보는 것으로 행하지 아니함이로라" (고후 5:7)

믿는 사람들은 아직도 여전히 고난의 상황에 처해 있으며, 그러한 상황에서 인내와 희망을 가져야 한다. 아브라함은 모든 희망이 무너지는 상황에서도 하나님의 약속을 굳게 믿고 희망을 버리지 않았다(롬 4:18).

그리스도는 성령으로 믿는 사람들 안에 계시면서 그들이 하나님을 아버지라고 부르게 한다.[187] 믿는 사람들은 인내가 필요한 상황에서도 그리스도 안에 있는 하나님의 은혜를 붙잡을 수 있다. 그리스도를 통해 율법의 멍에로부터 해방

---

185) O. Hofius, "Paulus – Missionar und Theologie", 1의 각주 2 참조.
186) 롬 6:17; 10:16; 15:18.
187) 갈 2:20; 갈 4:6; 롬 8:14~17.

되었기 때문에(갈 4:5), 하나님의 자녀들로서 율법에 예속되어 부자유하게 사는 것이 아니라, 자유를 누리며 사랑 가운데 산다. 이것이 믿음으로 구원받았다는 표식이다.[188]

이처럼 믿는 사람들이 그리스도를 주님으로 고백하고 자유 가운데서 새로운 삶을 살아간다면, 박해와 미움을 각오해야 한다. 믿음은 언제나 위협을 받는 믿음이다. 바울은 자신의 예를 들어 믿음의 사람들이 가야 할 고통스럽고 금욕적인 삶에 대해 말한다.[189] 믿음의 길은 미움과 박해의 한가운데서 구원을 얻기 위한 투쟁의 길이다. 그러므로 하나님의 능력 안에서 두려움과 떨림으로 구원을 이루어 가야 한다(빌 2:12~13). 자신이 받은 고난을 목록 형식으로 나열하면서 바울은 믿음의 길이 얼마나 험난한지를 설명한다. 믿음의 사람들은 주님이 십자가에 매달린 것처럼 수치와 아픔을 감당해야 한다.[190] 그리스도의 능력이 이러한 수치와 연약함 속에서 온전해신다는 믿음으로 생명의 위험을 이겨낼 수 있다(고후 12:9). 세상의 그 어떤 세력도 그리스도 예수 안에 있는 하나님의 사랑에서 믿음의 사람들을 떼어 놓을 수 없다(롬 8:39). 믿음의 사람들은 세상에서 살지만, 그러나 세상으로부터 살지 않는다.[191] 믿음의 사람들에게 세상은 주님의 날이 이르기까지 복음을 증언하고 하나님을 경험하는 장소다.

그러므로 희망과 믿음은 동전의 양면과 같다. 희망은 궁극적인 구원, 종말에 얻을 칭의 그리고 그리스도의 부활의 영광에 참여하는 것을 바란다.[192] 예수의 죽음과 부활을 믿는 사람은 주님의 영광에 참여하리라는 희망을 갖는다(빌 3:20~21 참조). 재림 이전에 죽은 믿음의 동료들도 부활의 영광에 참여할 것이라고 바울은 데살로니가 성도들에게 말한다.

---

188) 갈 3:25~28; 4:6; 5:1, 13; 롬 8:21.
189) 고전 9:24~27; 빌 3:12~16.
190) 롬 5:3; 8:23~25, 35~37.
191) 갈 4:26; 고전 7:29~31; 빌 3:20.
192) 갈 5:5; 롬 8:22~25; 빌 3:20~21.

"만일 우리가 예수가 죽었다가 살아났음을 믿는다면, 하나님은 또한 잠든 사람들을 예수를 통해서 그와 함께 죽은 자들 중에서 다시 살릴 것을 믿는다." (살전 4:14)

사도는 이어서 다음과 같은 확신을 준다.

"하나님은 우리를 진노의 심판을 위해서가 아니라, 우리 주 예수 그리스도를 통해서 구원을 얻도록 결정하셨다." (살전 5:9)

로마서 6장 8절에서도 바울은 이렇게 말한다.

"만일 우리가 그리스도와 함께 죽었다면, 그와 함께 살아날 것을 또한 믿는다."

6) 믿음은 하나님과 사람을 사랑하면서 사는 것이다. 또한 믿음은 성령으로 살며 열매를 맺는다. 믿음의 열매는 하나님의 능력 가운데서 행해진 '믿음의 행위들'이다(살전 1:3). 하나님 사랑과 이웃 사랑은 성령의 은사들이며,[193] 믿음의 특징이다. 갈라디아서 5장 6절에서 바울은 말한다.

"그리스도 예수 안에서는 할례나 무할례나 효력이 없으되 사랑으로써 역사하는 믿음뿐이니라"

하나님 사랑은 찬양과 기도와 감사,[194] 그리고 삶 전체를 드리는 예배로 나타나고(롬 12:1), 이웃 사랑은 이웃을 섬기는 "성령의 열매"로 나타난다(갈 5:22; 6:2).

---

193) 갈 5:22; 고전 13:4~13; 롬 5:5.
194) 고전 14:13~18; 롬 8:15; 14:5~6; 15:6.

갈라디아서 5장 22절의 "성령의 열매"는 칭의론의 맥락에서 말하는 '율법의 행위들'과는 다르다. 율법의 행위들은 종말 심판을 통과하기 위해 하나님 앞에서 '자신의 의'를 세우려는 것이다(갈 2:16; 롬 3:20). 그러나 성령의 열매들은 하나님의 은혜로써 믿음으로 의롭다고 인정을 받고 하나님과 화해하게 된 사람들이 성령의 능력으로 행하는 것들이다. 행위의 내용에서는 성령의 열매가 율법의 행위들과 같을지라도[195] 믿음의 사람들은 자기 의를 세우려고 성령의 열매를 행하는 것이 아니라, 그리스도 안에서 받은 구원에 대한 감사 표현으로 성령 안에서 행하며, 또 그렇게 주님께 순종한다. 바울이 종말 심판에서 선행은 칭찬과 보응을 받을 것이라고 한다면(고전 3:14; 4:5), 그때 선행은 '율법의 행위들'과는 다르다. 바울은 선행에 근거해 종말적인 구원을 받는다고 말하는 것이 아니라, '의의 종'이 된 믿음의 사람들이 보여 주는 신실함을(롬 6:18) 하나님이 인정하실 것이라고 한다. 믿음은 그리스도를 주님으로 고백하는 사람들의 삶 자체이며, 아들을 "우리의 죄 때문에 내어주시고 또 우리의 칭의를 위하여 다시 살리신"(롬 4:25) 하나님을 향한 감사다(고전 10:31; 골 3:17). 바울에게 믿음은 인간의 공적(功績) 행위가 아니다.

---

195) 갈 5:23; 6:2; 고전 7:19.

8. 바울의 성령이해

예수 그리스도가 죽음에서 부활함으로써 하나님의 영은 다시 활동을 시작한다. 이러한 하나님의 영은 그리스도인들의 믿음의 삶을 인도한다.

1) 바울은 "영"(πνευμα),[196] "하나님의 영"(πνευμα θεου),[197] "성령"(πνευμα αγιον),[198] "그리스도의 영"(πνευμα Χριστου), "아들의 영"(πνευμα του υιου), "주의 영"(πνευμα κυριου) 등 다양한 표현을 사용한다.[199] 이 다양한 표현들은 서로 교차해 사용될 수 있다(롬 8:4~14).

2) 바울은 하나님과 그리스도, 구원과 윤리 및 성례와 관련해 성령을 말한다. 성령은 신론과 기독론, 구원론과 종말론, 교회론과 윤리 등 거의 모든 신학 주제들을 묶어 주는 역할을 한다.[200] 우리 속담으로 말하면, 성령은 약방의 감초와 같이 모든 신학 주제 안에 들어 있다. 영은 하나님으로부터 온다.[201] 하나님의 영은 죽은 예수를 부활시키셨듯이(롬 1:3~4) 생명을 부여하고 살리는 하나님의 힘이다. 부활하신 예수는 영으로 교회와 그리스도인들과 함께 거하면서 생명을 준다.[202] 그러므로 모든 그리스도인들은 동일한 영을 받았다. 하나님의 영이 예수를 부활하게 하시고, 믿음의 사람들을 죄와 죽음에서 해방시켜(롬 8:1~11), 진정한 자유인이 되게 한다(고후 3:17). 즉 성령의 활동은 하나님의 구원이 이미 지금

---

196) 고전 12:4~6; 갈 3:2; 5:25; 롬 8:26.
197) 고전 2:11, 14; 3:16; 롬 8:9.
198) 고전 12:3; 롬 5:5.
199) 롬 8:9; 빌 1:19; 갈 4:6; 고후 3:17.
200) H. Schlier, *Grundzüge paulinischer Theologie*, 179~194; H. W. Horn, *Angeld des Geistes*, 385~431; U. Schnelle, *Theologie des NT*, 244~247.
201) 살전 4:8; 고전 2:11; 고후 1:21~22; 5:5; 갈 4:6; 롬 5:5.
202) 고전 5:45; 고후 3:17~18; 롬 8:9~10.

실현되고 있다는 징조다. 성령을 받은 사람은 그리스도와 함께 사는 구원 가운데 있다. 실로 성령은 구원의 보증이다(고후 1:22; 5:5).

3) 바울 이전의 처음교회도 이러한 성령이해를 보여 주기는 하지만, 바울은 그 이전의 처음교회보다는 훨씬 더 단호하게 기독론과 성령을 연결한다. 성령과 그리스도는 결코 떨어질 수 없다. 바울은 로마서 8장 9절에서 이렇게 말한다.

"누구든지 그리스도의 영이 없으면 그리스도의 사람이 아니라"

부활 예수는 영이며 또 영 안에서 그의 사람들과 함께 있다. '살려 주는 영'으로서 그리스도는 믿음의 사람들에게 '영의 몸'을 준다(고전 15:44~45). 영으로 존재하고 활동하는 그리스도는 그를 믿는 사람들을 그와 동일하게 영적인 본질로 변화시킨다. 고린도전서 6장 17절에서 바울은 이렇게 말한다.

"주와 합하는 자는 한 영이니라"

주와 함께 하나의 영에 참여하는 사람은 죄와 죽음 그리고 육의 권세에 속하지 않는다.

4) 성령은 사람을 근본적으로 변화시켜 새로운 존재가 되게 한다. 우리는 성령을 복음 선포와 세례에서 받는다. 복음을 믿고 세례를 받음으로써 우리는 영이신 그리스도에게 속하며 하나님의 자녀가 된다.[203] 그때부터 성령은 믿는 사람들 속에 거한다.[204] 그리스도가 믿는 사람들 속에 거하는 것과 같다.[205] 그러므로

---

203) 고전 6:11; 12:13; 고후 1:21~22; 갈 3:2~3; 4:6; 롬 8:14~16.
204) 고전 3:16; 6:19; 롬 8:9, 11.
205) 고후 11:10; 13:5; 갈 2:20; 4:19; 롬 8:10.

믿는 사람들은 "영을 따라" 살고(롬 8:4~5), "육신을 따라" 살지 않는다. 성령은 새로운 삶의 힘이고 규범이다.[206] 바울은 갈라디아의 그리스도인들에게 경고한다.

> "만일 우리가 성령으로 살면 또한 성령으로 행할지니" (갈 5:25)

5) 성령은 하나님의 진리, 하나님의 구원의 비밀을 깨달아 알게 해 준다. 고린도전서 2장 12절에서 바울은 말한다.

> "우리가 세상의 영을 받지 아니하고 오직 하나님으로부터 온 영을 받았으니
> 이는 우리로 하여금 하나님께서 우리에게 은혜로 주신 것들을 알게 하려 하
> 심이라"

그리고 이어서 바울은 자신이 "오직 성령께서 가르치신 것"만을 말한다고 밝힌다(고전 2:13). 바울은 자신이 가르치고 선포하는 복음을 성령으로부터 받았으며 또 배웠다고 믿었다. 이처럼 성령은 성경을 이해하게 한다(고후 3:12~18).

6) 성령은 믿게 하는 힘이다(갈 2:19~20). 그리스도에게 신앙을 고백하게 하며(고전 12:3; 롬 10:9), 하나님을 알게 하고, 성경을 이해하게 하며(고전 2:6~16; 고후 3:12~18), 기도하게 하고(갈 4:6; 롬 8:15), 찬양하게(골 3:16~17) 하는 힘이다. 그러므로 찬양하고 기도하며 말씀을 듣고 믿음을 고백하는 예배는 근본적으로 성령에 의해 행해진다.[207]

7) 성령은 그리스도인들에게 은사들을 주어 교회에 생명을 준다.[208] 신약성서

---

206) 갈 5:16~26; 롬 7:6; 8:2, 4~14; 12:1~2.
207) P. Stuhlmacher, *Biblische Theologie des NT I*, 355.
208) 고전 12장; 롬 12:3~13; 엡 4:11 참조.

에서는 바울이 처음으로 다양한 영의 선물, 곧 은사들에 관해 말한다. 은사는 하나님이 주시는 은혜의 힘이다. 은혜가 각 개인의 특성에 맞게 주어짐으로써 교회에 생명이 넘치게 한다. 그리스도인들은 은사를 통해 복음을 전파하고, 그리스도의 몸이 되는 교회 안에서 사귐을 가지며, 각자에게 주어진 사명을 성취한다. 교회에서는 어떤 은사도 절대화될 수 없다. 그렇지 않으면 교회는 분열의 위기에 빠진다. 바울은 이렇게 말한다.

"은사는 여러 가지나 성령은 같고 직분은 여러 가지나 주는 같으며 또 사역은 여러 가지나 모든 것을 모든 사람 가운데서 이루시는 하나님은 같으니 각 사람에게 성령을 나타내심은 유익하게 하려 하심이라"(고전 12:4~7)

한 하나님이요 한 주님이며 한 성령이 각 사람에게 주시는 은사들을 결코 차별적으로 나눌 수 없다. 모든 은사들은 교회의 "덕을 세우기 위하여" 주어진다는 점에서 하나라고 할 수 있다(고전 14:26).

그래서 바울은 특별히 사랑을 강조한다. "하나님의 사랑은 성령으로 말미암아 우리 마음에 부어졌다"(롬 5:5). 성령의 열매를 헤아릴 때에도 사랑을 가장 먼저 말한다(갈 5:22). 사랑은 개인주의나 이기주의의 반대며, 자신을 추구하지 않고, 악을 견디고 선을 행하게 한다. 바울이 은사들에 대한 오해나 잘못된 활용을 경고하는 고린도전서 12장과 14장의 중간인 13장에서 사랑을 길게 설명하는 것은 우연이 아니다. 특별하고 신비해 보이는 은사들이라도 사랑이 없으면 아무런 소용이 없음을 그런 식으로 강조한 것이다. 성령이 주는 최초와 최고의 은사가 되는 사랑은 성령의 활동을 평가하는 기준이다. 은사들이 진정으로 성령의 은사인지 여부는 사랑으로 판단할 수 있다.

9. 바울의 종말이해

바울의 모든 신학적 진술은 근본적으로 종말론적이다.

1) 옛 시대는 가고 새 시대가 시작되었다.

(1) 예수 그리스도의 부활이 일어남으로써 시대가 구분되었다. 그리스도의 부활이 일어나기 이전까지 시대는 율법과 죄, 죽음에 의해 규정된 시대였다. 그러나 그리스도가 율법의 저주를 감당하고 죽었다가 다시 살아나심으로써 율법과 죽음이 지배하던 시대는 끝이 났고, 근본적으로 새로운 시대가 시작되었다. 아담이 인류의 시작이 되고, 모세의 율법(롬 5:14)으로부터 율법의 시대가 시작되어, 예언자들을 거쳐 그리스도의 때까지 계속되었다. 율법 시대의 특징은 하나님에 대한 불순종, 곧 죄다(롬 10:19~21). 율법이 없는 이방 세계의 역사는 시내 산에서 유대인에게 주어진 율법에 상응하는, 마음에 새겨진 율법(롬 2:15)의 역사였다. 그리스도의 출현과 더불어 유대인이든 이방인이든 세상의 역사는 그 종착지에 도달했다. 그리스도를 통해 율법이 끝났다면, 역사가 지금까지 가지고 있던 의미 역시 끝나야 한다. 그래서 바울은 "그리스도는 율법의 마침"이라고 했다(롬 10:4). 모세와 더불어 시작된 역사뿐 아니라 계명을 어긴 범법자로서 죄와 죽음의 시대를 시작했던 아담의 역사도 그리스도 안에서 끝났다.[209] '율법과는 상관없이 하나님의 의가 나타났다'(롬 3:21)는 말씀도 로마서 10장 4절 말씀과 같다. 하나님은 율법에 의해 버림받은 그리스도 안에서 의를 드러내셨기 때문에, 지금까지의 율법 시대와 세상을 극복하고 새로운 그리스도 시대와 세상이 시작되었다(롬

---

209) 롬 5:12 이하; 7:9 이하; 고전 15:22.

5:18~19; 고전 15:22).

(2) 바울은 이러한 시대 이해를 다마스쿠스 체험에서 깨우쳤다.[210] 충격적인 이 체험으로써 예수의 십자가와 부활과 더불어 율법 시대가 끝이 났음을 알았다. 이러한 통찰에 근거해 그의 종말적인 역사 이해를 설명하기 위해 바울은 유대 묵시문학적인 사고 구조의 도움을 받는다.[211] 유대교는 메시아가 세우게 될 짧은 중간나라를 말했고, 바울은 이 중간나라가 예수 그리스도의 부활과 더불어 시작되었다고 믿는다. 중간나라가 끝나면 묵시문학적인 드라마가 계속되어 그 완성에 이른다. 바울은 이 같은 유대교적인 사고를 고린도전서 15장 23~28절에서 말한다. 그러므로 바울의 역사 이해에서 새로운 점은 예수 안에서 메시아가 이미 왔다는 사실이다. 그는 예수가 그의 부활에 힘입어 그의 통치를 하늘에서 시작했으며, 또 그래서 메시아의 나라를 열었다고 주장한다.

2) 옛 시대와 새 시대를 동시에 살아가는 그리스도인

(1) 예수의 십자가와 부활과 더불어 이미 새 시대가 시작되었다. 하나님의 종말론적인 힘이 예수의 십자가와 부활에서 생명의 힘으로 관철되었다.[212] 하나님의 종말론적인 광채가 생명을 창조하는 힘으로 나타나며(롬 6:4), 종말론적인 의가 실현되었다(롬 5:9, 19). 그러므로 예수 그리스도의 죽음과 부활을 믿는 사람은 새로운 피조물이며(고후 5:17), 이 믿는 사람들은 시대의 종말을 살고 있다(고전 10:11). 때가 차서 그리스도가 옴으로써(갈 4:4), 즉 그리스도를 통해 옛 것이 끝나고 새 것이 시작되었다. 그리스도는 잠든 사람의 첫 열매다(고전 15:20). 그리스도

---

210) Chr. 디츠펠빙거, 「사도 바울의 회심사건」, 212~228.
211) 바울과 묵시문학의 문제에 대해서는 J. 크리스티안 베커, 「사도 바울」, 179 이하를 참조. 그는 "묵시사상적 세계관은 바울사상의 근본적인 운반자"라고 말한다(236).
212) 고전 6:14; 고후 13:4; 빌 3:10.

의 부활로써 죽은 사람들의 부활이 시작되었다. 그리스도가 곧 재림하면 그를 따르는 모든 사람들도 부활할 것이다(고전 15:23). 그리스도가 모든 세력들을 이기면(고전 15:24 이하) 하나님이 모든 것 중의 모든 것(고전 15:28)이 되시는 궁극적인 목표에 도달한다. 마지막 아담인 그리스도는 새로운 시대를 열어 옛 시대를 시작한 첫 번째 아담을 압도한다.[213]

(2) 그러나 옛 시대는 아직도 철저하게 현재적이며 또한 위협적이다. 마귀들과 세상적인 것들, 사탄 그리고 이 시대의 신이 믿는 자들을 위협하며,[214] 사도 바울 자신까지도 사탄의 사자에게 두들겨 맞고 있다(고후 12:7). 옛 것이 지났고(고후 5:17) 옛 사람은 그리스도와 함께 십자가에 못 박혔지만(롬 6:6), 옛 누룩, 곧 옛 것의 힘(고전 5:7)은 아직도 여전해서 진리에 순종하지 못하도록 방해하며(갈 5:7), '육신의 행위들'(갈 5:19 이하)은 그리스도인들을 위협한다. 그리스도인들은 그리스도처럼 죄에 대해서는 죽었지만(롬 6:11) 죄의 현재적인 위협을 받고 있기 때문에, 사도는 그들에게 윤리적인 교훈들을 가르쳐 그러한 위협을 이겨 내게 한다. 그리스도인들은 아들의 영 곧 자유의 영을 받았지만(갈 4:4~5; 롬 8:14~15), 자유 대신 세상에서 압박과 고통 그리고 상실을 체험하며, 여전히 아들 됨을 기다리고 있다(롬 8:15). 현재의 위협 속에서도 죽음을 이기고 부활하신 그리스도 안에 '근거된 희망'을 가지고 살아간다.[215]

바울은 이처럼 그리스도인들의 현재의 삶이 갖는 체험적인 모순을 말한다. 믿는 사람은 새로운 피조물로서 위협적인 현재의 악한 시대를(갈 1:4) 살아간다. 새로움에 대항하는 옛 것의 힘을 체험함으로써 새로움은 비로소 새로움으로 드러난다. 이처럼 위협적인 악한 현재에 살고 있는 믿음의 사람은 동시에 그리스도 안에 있다. 새로운 시대와 그 힘은 아직도 여전히 계속되는 옛 시대 안으로 들

---

213) 고전 15:32~22, 45~49; 롬 5:12 이하.
214) 고전 2:6, 8; 갈 4:3, 9; 고후 4:4.
215) U. Schnelle, *Theologie des NT*, 319.

어와 있으며, 그래서 현재는 그리스도와 옛 시대의 세력들과 벌이는 종말론적인 투쟁의 시간이다(고전 15:24~26). 이 투쟁에 그리스도인들은 관람자가 아니라 전사로서 적극 참여해야 한다. 이렇게 바울은 옛 시대와 새 시대, 죄와 죽음에 붙잡힌 삶과 은혜 아래 있는 삶의 역설적이고 투쟁적인 관계를 분명하게 보았다. 고린도후서 6장 4절 이하에서는 자신의 삶을 이렇게 말한다.

> "… 속이는 자 같으나 참되고… 죽은 자 같으나 보라 우리가 살아 있고 징계
> 를 받는 자 같으나 죽임을 당하지 아니하고 근심하는 자 같으나 항상 기뻐
> 하고… 아무것도 없는 자 같으나 모든 것을 가진 자로다"

바울은 이미 구원의 완성에 이르렀다고 하는 종말적인 열광주의에도 반대하고, 현재의 위협에 지면해 절망과 무기력증에 빠지는 것에 대해서도 강하게 경고한다.

3) 임박한 재림 기대

(1) 그리스도의 죽음과 부활로써 새 시대는 이미 결정적으로 열렸지만, 새 시대는 여전히 완성을 향해 가고 있다(고전 15:28). 처음교회는 자신들이 종말 시대에 살고 있다고 믿었으며, 하늘로 올라간 예수가 곧 다시 와서 공개적으로 세상을 통치할 것이라고 기대했다. 구원의 현재를 누구보다도 강조한 바울이지만, 그 역시 구원의 완성을 아직 희망했다. 그리스도의 임박한 재림 때에는 죽은 자들이나 살아 있는 자들 모두가 예수 그리스도와 함께 영원히 교제를 나누는 구원에 참여할 것이다.

데살로니가전서에서 바울은 묵시문학적인 표현 방식을 빌어 그의 생전에 예수의 재림이 일어날 것이라고 한다(살전 4:13~18). 또한 '재림 이전에 죽은 성도들

은 어떻게 될 것인가라는 데살로니가교회의 물음에 대답하면서, 이미 일어난 예수의 확실한 부활에 근거해 죽은 성도들의 부활 또한 확실하다고 한다. 주가 재림하면 죽은 성도들은 죽음에서 부활하고, "우리 살아남은 자들도" 하늘로 들려질 것이다(4:15, 17). 죽은 성도들이 어떻게 부활하며, 하늘에 들려진 성도들이 어떤 모습으로 주님과 영원히 함께할지에 대해서는 구체적으로 설명하지 않는다.

(2) 고린도전서에서도 바울은 주의 임박한 재림을 기대했으며, 또 이를 기도했다('마라나타').[216] 이 기다림 때문에, 바울은 결혼과 이혼, 재혼 등의 문제에 대해 현실을 넘어서는 가르침을 줄 수 있었고, 종에게는 해방되기 위해 노력하지 말고 그대로 살아가라고 당부한다(고전 7장). 독신으로 머무르라든가 혹은 종에게 그대로 종의 신분으로 남으라는 교훈은 임박한 재림기대를 전제할 때에만 이해될 수 있다. 재림이 일어나면 현 세상에서의 관계가 변할 것이다(고전 15:50~54). 주의 재림 때에는 썩지 아니할 몸으로 변화될 것이기에 현재의 세상적인 관계나 상황은 완전히 달라질 수밖에 없다. 바울은 그런 변화가 임박해 있다고 기대한다.

(3) 데살로니가전서나 고린도전서에서는 재림 때까지 자신이 살아 있을 것으로 기대했던 바울이 고린도후서에서는 자신의 죽음을 암시한다(5:1~2, 8). 로마서에서도 재림 이전에 자신이 죽을 수 있다는 사실을 부정하지 않는다(14:8). 그럼에도 예수의 재림은 임박해 있다고 여긴다(롬 13:11~12; 16:20). 로마에서 재판을 기다리며 기록한 빌립보서에서도 재림 이전에 자신의 죽음이 일어날 수 있다고 여기지만(1:20), 재판에서 살아남을 수 있는 가능성도 내비친다(1:21~24). 재림 이전에 죽으면 그리스도와 함께 있게 되고(1:23), 계속 살게 되면 교회를 위해 사는 것이라고 그는 말한다. 또한 만일 그리스도의 죽으심을 본받아 재림 이전에 죽는다면 그리스도의 재림과 함께 죽은 자들 가운데서 부활할 것을 기대한다(3:11).

---

216) 고전 7:29; 10:11; 16:22.

(4) 이처럼 바울은 자기 생전에 주의 재림이 있을 것이라고 믿었다. 그러나 점차 시간이 지나면서 재림 이전에 자신이 죽을 수 있다는 가능성도 생각한다. 이러한 변화가 시간이 지나면서 그의 종말론적 사고가 변화된 데 기인했는지, 아니면 상황에 따라 표현이 달라졌는지에 대해서는 논란이 있다.[217] 그러나 주의 재림 이전에 자신이 죽든 살아 있든, 중요한 핵심은 "항상 주와 함께 있음"이다 (살전 4:17; 빌 1:23). 이것은 바울의 종말론에서 가장 중요한 핵심이다.[218]

---

217) U. Schnelle, *Theologie des NT*, 320의 각주 449를 보면, 바울의 종말론이 시간이 지나면서 변했다고 주장하는 학자들로는 Schnelle 자신을 포함해 W. Grundmann, J. Becker, C. H. Hunzinger, W. Wiefel, H. H. Schade, G. Strecker 등이고, 변한 것이 아니라 상황에 따라 표현의 차이가 있을 뿐이라고 주장하는 학자들로는 P. Hoffmann, U. Luz, P. Siber, A. Lindemann 등이 있다.
218) U. Schnelle, *Theologie des NT*, 323.

10. 바울의 성례이해

바울에게 세례와 성만찬은 주 예수 그리스도가 현재적으로 임하는 성례전이다. 믿음의 삶을 출발하는 시점에서 단 한 번 받는 세례를 통해 성도는 주님의 죽으심과 부활에 참여하지만, 반면에 주의 재림이 일어날 때까지 지속적으로 반복해서 성만찬에 참여함으로써 자신의 삶에 주님이 항상 현재적으로 임하게 하신다.

1) 세례

바울은 다마스쿠스 체험 이후에 아나니아를 통해 세례를 받고 처음교회 일원이 되었다. 이렇듯 바울이 사도로 부르심을 받기 이전부터 처음교회는 세례와 세례교육을 행했고, 그것을 통해 세례전승이 형성되어 있었다. 바울은 그러한 세례전승을 물려받았다.

(1) 처음교회는 '예수 그리스도의 이름으로' 세례를 행했다. 세례를 받는 사람은 죄를 용서받았고, 교회 정식 회원으로 받아들여졌으며, 성령의 활동에 참여하게 된다.[219] 바울 이전의 처음교회는 세례에 앞서 믿음을 고백하게 했다.[220] 바울도 세례교육을 했고 그리스도의 이름으로 세례를 행했다(고전 1:13~15; 6:11). 그 이전의 처음교회에서처럼 바울에게도 세례는 죄 용서와 성령 받음과 밀접하게 연결된다(고전 6:11; 12:13). 세례는 옛 삶으로부터 돌이켜 그리스도를 주님으로 고백하는 믿음의 동지들과 더불어 새로운 삶을 살아가는 결정적인 사건이다(갈

---

219) P. Stuhlmacher, *Biblische Theologie des NT I*, 217 ff.; F. Hahn, 「신약성서신학」, 341~343.
220) 살전 1:9~10; 갈 3:2; 롬 10:17; 엡 1:13~14 등.

3:26~28; 고전 6:11).

고린도전서 1장 17절에서 바울은 자신의 사명이 세례를 베푸는 일이 아니고, 복음을 선포하는 일이라고 한다. 그렇다고 바울이 세례의 의미를 과소평가하려 했던 것은 아니다. 바울은 고린도교회를 개척한 전도자였기에 복음 선포에 특별한 의미를 부여했고, 또한 고린도교회 일부 사람들이 특정한 사람에게 세례를 받은 데 근거해 파벌을 형성하고 있는 현실을 타파하기 위해 그리 말한 것이다.

(2) 바울이 세례를 어떻게 생각했는지는 세례에 관한 그의 표현들에서 알 수 있다.[221]

① 로마서 6장에서도 바울은 세례 교리를 설명하는 것이 아니라, 로마 교회에까지 와서 바울의 복음을 비난하는 사람들에 맞서 논란을 벌인다(롬 6:1, 15과 3:8 비교). 그들은 율법을 행한다고 의롭다함을 받을 수 없고, 오직 믿음으로 의롭다함을 받는다는 바울의 복음이 이방인들에게 행동 없는 믿음만을 강조하는, 그래서 은혜를 싸구려 은혜로 전락시키고 있다고 비난했다. 이런 비난에 대해 바울은 로마 그리스도인들이 받은 세례를 상기시키며 응답한다. 6장 1~10절에서 이렇게 말한다.

"은혜를 더하게 하려고 죄에 거하겠느냐 그럴 수 없느니라 죄에 대하여 죽은 우리가 어찌 그 가운데 더 살리요 무릇 그리스도 예수와 합하여 세례를 받은 우리는 그의 죽으심과 합하여 세례를 받은 줄을 알지 못하느냐…"

예수 그리스도의 이름으로 세례를 받은 사람은 죄의 권세로부터 벗어나 은혜의 지배 아래 있다. 이어지는 6장 15~18절에서는 주인의 교체를 말한다. 세례를

---

221) 갈 3:26~28; 고전 6:11; 12:13; 롬 6:1~23.

받는 사람은 죄의 세력에서 벗어나 주 예수 그리스도를 섬긴다. 세례 받은 사람들의 주인이 죄에서 그리스도로 교체된다. 그로부터 그들은 죄를 섬기지 않고 하나님의 뜻인 의를 섬긴다.

② 로마서 6장 17절에서 바울은 "너희에게 전하여 준 바 교훈의 본을 마음으로 순종하여"라고 말하면서 로마 그리스도인들이 세례 때 배운 믿음을 상기시킨다. 이 말씀은 초대교회에 세례교육이 있었다는 증거다. 세례교육에서 로마 그리스도인들은 "교훈의 본"을 배웠다. 이런 가르침을 받아 마음으로 고백함으로써(롬 10:9~10) 세례가 베풀어졌다(롬 6:2~8, 17~18). '그리스도의 죽으심과 합하여 세례를 받다', '그와 함께 장사되었다', '그리스도와 함께 십자가에 달렸다', '그리스도의 부활과 같은 모양으로 연합한 자가 되리라' 등과 같은 내용이 "교훈의 본"이다(6:3~7).

(3) 고린도전서 6장 11절과 로마서 6장에서 보았듯이, 세례는 교회에서 매우 중요하다. 죄의 지배 아래 있던 유대인과 이방인들이 그리스도를 주님으로 고백하고 세례를 받음으로써, 예수가 가르친 하나님의 뜻을 따르는 새로운 피조물이 된다. 세례가 교회 생활에 주는 의미는 갈라디아서 3장 26~29절과 고린도전서 12장 12~13절 등에서 볼 수 있다(골 3:9~11도 참조).

① 갈라디아서 3장 26~28절의 핵심은 바울이 안디옥교회에서 배운 세례전승이다.[222] 바울은 이 전승을 갈라디아서 6장 15절, 고린도전서 7장 19절과 12장 12~13절 등에서도 조금씩 변형해 사용하는데, 세례에 근거해 교회에서 중요한 동등성의 원리를 가르친다. 교회에서는 어느 누구도 인종과 성, 사회적 신분을 비롯한 그 어떠한 이유로도 차별을 받아서는 안 된다. 세례를 받은 교회 모든 구성원들은 "그리스도 예수 안에서 하나"이며(갈 3:28), '옛 사람을 그 행실과 함께

---

222) P. Stuhlmacher, *Biblische Theologie des NT I*, 220.

벗어 버리고, 그의 창조주의 형상에 따라 지식에 이르기까지 새로워진 새 사람을 입은' 사람들이다(골 3:9~10).

② 고린도전서 12장 12~13절에서 바울은 교회를 '그리스도의 몸'이라고 한다. 세례를 받은 사람들은 그리스도의 몸인 교회의 지체들이 되며, 교회 안에서는 "옛 세상의 구조와 가치가 어떠한 구원의 의미도 더 이상 갖지 못하는"[223] 교제를 나눈다. 세례는 성령의 활동과 작용이다(고전 12:13; 6:11도 참조). 세례를 받은 사람들은 성령의 활동을 복음과 세례를 통해서도 경험하며, 세례를 받은 이후로는 영으로 충만해진다.

③ 그러므로 성령과 세례는 긴밀하게 연결된다. 믿음의 순종을 통해 성령을 받지만(갈 3:2), 세례를 통해서도 성령을 받는다. 복음은 성령을 힘입어 그리스도를 주님으로 고백하는 믿음을 일깨운다(고전 12:3; 롬 10:9). 세례를 받은 사람은 그리스도에게 속한 자가 되고, 복음에 순종하며, 주님의 소유라는 표식(σφραγις)으로 성령을 받는다(고후 1:22).[224] 세례는 신앙고백과 결합되기 때문에(고전 10:1~13), 복음을 믿음으로써 주님의 소유가 되는 표식인 영을 받는 것과 세례를 받음으로써 영으로 인침을 받는 것은 같다.

2) 성만찬

(1) 그리스도인이 일생에 단 한 차례 받는 세례는 새롭게 태어나는 영적인 생일이다. 그렇게 새롭게 태어난 사람은 성만찬을 반복해서 행함으로써, 새로 태어난 은혜의 상태 안에 지속적으로 머무르며 그리스도의 몸의 지체가 되어 다른

---

223) F. Lang, *Die Briefe an die Korinther*, 172
224) 엡 1:13과 계 7:3; 겔 9:4, 6 비교.

지체들과 교제한다.

> "우리가 축복하는 바 축복의 잔은 그리스도의 피에 참여함이 아니며 우리가
> 떼는 떡은 그리스도의 몸에 참여함이 아니냐 떡이 하나요 많은 우리가 한
> 몸이니 이는 우리가 다 한 떡에 참여함이라"(고전 10:16~17)

(2) 바울 이전의 처음교회는 성만찬을 하면서 예수가 최후 만찬 자리에서 제
자들에게 전한 말씀을 기억했다. 그것은 일정한 형태의 전승으로 형성되어 바울
에게도 전해졌고, 바울은 이를 고린도교회에 전했다.[225] 바울이 고린도전서 11장
23~25절에서 전하는 내용은 다음과 같다.

> "내가 너희에게 전한 것은 주께 받은 것이니 곧 주 예수께서 잡히시던 밤에
> 떡을 가지사 축사하시고 떼어 이르시되 이것은 너희를 위하는 내 몸이니 이
> 것을 행하여 나를 기념하라 하시고 식후에 또한 그와 같이 잔을 가지시고
> 이르시되 이 잔은 내 피로 세운 새 언약이니 이것을 행하여 마실 때마다 나
> 를 기념하라 하셨으니"

(3) 바울이 성만찬에 관해 말하는 두 곳(고전 10:16~17; 11:23~25)을 비교해 보면,
사용하는 단어들이 조금씩 차이가 난다. 11장은 "축사하다"(ευχαριστειν)를 말하는
데, 10장은 "축복하다"(ευλογειν)를 말한다. 10장은 "그리스도의 피"를 말하지만, 11
장은 "내 피"를 말하고, 10장은 '많은 사람'을 말하지만, 11장은 그것을 말하지 않
는다. 11장의 성만찬 전승과 거의 동일한 누가복음 22장 19~20절에도 "그리스도
의 피"와 '많은 사람'은 나오지 않는다. 반면에 마가복음 14장 22~24절과 마태복

---

225) 바울이 처음교회로부터 받은 성만찬 전승을 "주께 받았다"고 한다면, 성만찬 전승이 "부활하신 분이면서 동시에 현존하시는
주님이며, 지상에서 역사하셨던 그 동일한 주님에게서 유래하는 전승"이라는 뜻이다(F. Hahn, 「신약성서신학」, 343).

음 26장 26~28절에는 이 표현들을 사용한다. 그러므로 초대교회에는 성만찬에 관한 두 가지 전승들(바울-누가/마가-마태)이 있었다.[226] 바울은 그 둘을 모두 알고 있어서, 10장에서는 마가복음과 마태복음이 전하는 성만찬 전승을, 11장에서는 누가와 함께 알고 있는 성만찬 전승을 말한다.[227]

(4) 고린도전서 10, 11장에서 바울이 전하는 성만찬 제정의 말씀은 떡과 포도주를 예수의 몸과 피와 동일시한다. 예수의 몸과 피를 먹고 마시는 사람 안에는 예수가 살고 있다. 그의 삶은 그 자신의 것이 아니고 예수의 것이다. "주의 식탁" 에서(고전 10:21) 함께 떡을 먹고, "주의 잔"(고전 10:21; 11:27)을 함께 마심으로써 '많은 사람들'이 하나의 몸, 곧 예수 그리스도와 결합된다. '많은 사람들'을 위해 예수가 대속적인 죽음을 죽었기 때문에, 성만찬을 행함으로써 그들 모두는 예수의 몸에 참여한다. 예수의 몸에 참여하는 사람은 예수의 대리적인 속죄죽음이 가져다주는 하나님의 새 언약 공동체에 참여한다. 성만찬의 떡과 포도주에는 십자가에서 죽으시고 부활하셔서 살아 계시는 주 예수 그리스도가 실제로 임해 있기 때문에, 떡과 포도주를 합당하지 않게 먹고 마시면 주께 죄를 범하는 셈이고 (11:27), 성만찬과 우상제사에 동시에 참여하는 것은 불가능하다(10:20~21). 성만찬에 참여하는 사람은 오로지 그리스도와 교제를 나눈다.

떡과 잔의 말씀에 모두 나오는 "나를 기념하라"는 부분은 성만찬에서 예수의 인격과 속죄의 죽음이 항상 현재적이라는 뜻이다. "기념"(αναμνησις)은 예수 안에서 일어난 하나님의 구원 행동을 현재화하는 것이다. 하나님은 '많은 사람들'을 위해 아들을 죽음에 내어주셨고, 죽은 자들 가운데서 다시 살리심으로써 그들에게 생명을 주셨다. 구원사건의 주인공인 예수가 성만찬에 현재적으로 임해 자신의 몸과 피와 동일시되는 떡과 포도주를 나눠 줌으로써 그의 사건은 거듭 현

---

226) H. 콘첼만, 「신약성서신학」, 225~230 참조.
227) P. Stuhlmacher, *Biblische Theologie des NT I*, 364.

재적인 사건으로 되살아난다. 성만찬이 행해지는 곳에서 그리스도 사건은 항상 현재의 사건이다. 성만찬에 참여하는 사람은 항상 그리스도 사건에 현재적으로 참여한다. 그러므로 성만찬에서는 주님이 다시 오실 때까지 그의 죽으심이 선포된다(고전 11:26). 기념은 현재화하는 선포다.[228)

(5) 성만찬은 교회와 깊은 연관이 있다. 성만찬의 떡과 피 속에 임재하시는 주 예수 그리스도는 성만찬에 참여하는 사람들이 자신과 교제를 나누게 할 뿐 아니라, 그들 상호간의 교제를 가능하게 한다. 성도들끼리 교제(κοινωνια)가 없는 식탁은 의미가 없다. 바울은 성만찬에 대해 고린도전서에서 두 번 말하는데, 10장에서는 성만찬에서 그리스도와 교제하는 성도에게는 우상과의 교제가 불가능하다고 말하며, 11장에서는 성만찬에서 그리스도의 몸의 지체들이 된 성도들은 서로 사랑의 교제를 해야 할 의무가 있다고 말한다.

① 바울은 고린도교회를 세울 때, 그들이 어떻게 성만찬을 행해야 할지를 가르쳤다. 그들은 적어도 주일마다 교회에 모였다(고전 16:2). 교회에 올 때는 각자가 먹고 마실 음식을 마련해 왔다. 예루살렘 처음교회에서 가난한 이들이나 부유한 이들이 모두 교회에서 차별 없이 먹을 수 있었던 것처럼(행 2:44~47; 4:32), 고린도교회에서도 그렇게 하도록 바울은 가르쳤다. 성만찬이 시작되기 전에 말씀선포가 있었고, 이어서 바울이 주께 받아 고린도교회에 전해 준 성만찬 전승에 따라 떡에 관한 축사를 하고 떡을 떼어 성도들에게 나눔으로써 식사가 시작되었다. 떡의 식사가 끝난 이후 잔에 대한 축사를 하고 포도주가 모든 참석자들에게 돌려졌다. 예배의 모임은 '마라나타'(주여 오시옵소서)를 기도함으로써 마무리되었다(고전 16:22).

---

228) 시 71:15~18; 105:1~5; 145:4~7 등에는 "기념"과 "선포"가 결부되어 나온다. P. Stuhlmacher, *Biblische Theologie des NT I*, 367.

② 바울이 고린도교회를 떠난 이후에 교회 안에 파벌이 생겨나 서로 싸우는 상황이 벌어졌다(고전 1:10~17). 고린도교회의 많은 성도들은 하층민 출신들이었다(고전 1:26~29). 성만찬에서는 부유한 사람들과 가난한 사람들로 나뉘었고(고전 11:19), 차별 없이 함께 나눠 먹어야 할 음식을 부유한 이들은 자기들끼리만 먹고 가난한 이들은 먹지 못하는 상황이 벌어졌다(11:21~22, 33~34). 떡의 예전과 잔의 예전 사이에 있었던 애찬 시간에 부유한 교인들은 가난한 교인들을 배려하지 않고 자기가 가져 온 음식을 가져다 먹은(11:21) 반면에 가난한 교인들은 먹지 못하는 상황이 발생한 것이다. 그러면서도 부유한 사람들은 다시 가난한 교우들과 함께 잔의 예전을 거행했다. 이에 가난한 교인들의 불평이 생겨났다. 이 소식을 들은 바울은 부유한 교인들에게 식사를 할 때는 가난한 교인들을 친절하게 맞아(ενδεχεσθαι 11:33)[229] 함께 먹는 것이 성만찬을 바르게 행하는 것이라고 가르친다.

③ 성만찬에 참여하는 모든 성도들은 그리스도의 한 몸에 참여함으로써 그리스도와 교제하고 또한 성도들 상호간의 교제가 일어난다. 그리스도는 부유한 사람들을 위해서만 십자가에 달려 죽은 것이 아니라 가난한 사람들을 위해서도 그랬다. 모든 사람들을 위해 십자가에서 죽으시고 부활하신 주님은 모든 사람들을 그의 식탁에 초대했다. 그러므로 주님의 초대를 받아 그의 죽으심을 기념하여 행하는 성만찬에서는 사회적 신분의 차이에 따라 차별적인 행동이 나타나서는 안 된다. 주님의 몸과 피를 먹고 마시는 거룩한 식탁에서는 세속적인 식사를 할 때와는 근본적으로 달라야 한다(고전 11:26~29). 주님의 몸을 분별하지 못하고, 그래서 가난한 이웃을 배려하지 못하며 세속적인 식사처럼 성만찬을 거행하는 사람을 주님은 심판할 것이다(고전 11:30~31).

---

229) 11:21의 προλαμβανειν과 11:33의 ενδεχεσθαι의 번역과 해석이 논란이 되는데, 우리말개역성경과는 다르게 전자를 "먼저 가져다 먹다"가 아니라 "자기 음식을 가져다 먹다"로, 후자를 "기다리다"가 아니라 "친절하게 배려하다"로 번역하고 이해함으로써 고린도교회에서 벌어진 상황을 재구성하는 O. Hofius, "Herrenmahl und Herrenmahlsparadosis", 203~240 참조.

11. 바울의 교회이해

바울의 복음 선포는 개인들 안에 믿음이 생겨나게 해서 구원 받게 할 뿐 아니라, 믿는 사람들의 공동체로서 교회를 형성했다. 바울이 복음을 선포한 곳마다 교회들이 생겨났다. 그러므로 교회는 '복음으로 말미암은 교회'다.[230]

1) 예루살렘 처음교회처럼 바울도 교회를 "하나님의 교회"(εκκλησια θεου)라고 한다.[231] 그 외에도 "하나님의 백성",[232] "하나님의 성전"[233] 혹은 "하나님의 이스라엘"(갈 6:16)이라고도 한다. 이런 표현들로써 바울은 특정 지역에 있는 교회를 말하기도 하고 또 전체적인 교회를 말하기도 한다. 교회(εκκλησια)는 특정한 사명과 목표를 이루기 위해 부름 받은 사람들의 회집을 말한다. 그러므로 "하나님의 교회"는 복음 선포 사명을 맡기기 위해 하나님의 부르심을 받은 종말적인 구원 공동체다. 교회는 복음 선교를 위한 하나님의 선발대인 셈이다. 주 예수 그리스도는 사도와 그의 뒤를 이어받은 교회의 복음 선포를 통해 언젠가는 믿음을 고백하는 유대인과 이방인들 모두를 이 구원 공동체 안으로 모을 것이다(롬 11:13~32).

바울은 유대인과 이방인으로 구성된 교회를 만드는 데 혼신의 노력을 했다. 제1차 선교 여행 이후에 바나바와 함께 예루살렘 사도회의에서 율법에 자유로운 이방인 선교에 대한 예루살렘의 '기둥 사도들'의 동의를 얻고자 노력했고, 거기서 예루살렘교회를 위해 이방인 교회들에서 모금하는 과제를 받아들였다(갈 2:10). 그런 헌금이 예루살렘의 어머니 교회와 이방인 교회의 연합을 보여 준다

---

230) 이는 독일 감리교회 감독을 지낸 W. Klaiber 박사가 E. Käsemann에게 쓴 박사학위논문의 핵심 논제다(*Rechtfertigung und Gemeinde*).
231) 고전 1:2; 11:16; 12:28; 갈 1:13 등.
232) 고후 6:16; 롬 9:25~26.
233) 고전 3:16~17; 고후 6:16.

고 여겼다. 바울은 이 헌금을 매우 중요하게 여겼고, 죽음의 위협에도 불구하고 직접 예루살렘교회에 전달했다.[234] 하나님은 유대인이나 이방인의 차별 없이 모두를 그들의 믿음에 근거해 의롭다고 하신다(롬 3:30). 그리스도는 이스라엘과 이방인을 구원하기 위해 오셨다(롬 15:7~12). 그러기에 바울은 이방인 교회에게 예루살렘교회를 위한 헌금을 요구할 수 있었다.

2) 신약성서에 오직 바울과 그의 제자들만이 교회를 '그리스도의 몸'(το σωμα του Χριστου)이라고 한다.[235] 이것은 처음교회에게는 전혀 새로운 교회이해였다.

(1) '그리스도의 몸'이라는 생각이 어디서 유래했는지는 아직도 확실하지 않다. 바울은 교회와 그리스도의 몸을 단순하게 비교하는 것이 아니다(고전 12:12~31; 롬 12:4~8). 고대 헬라-로마 세계에 널리 알려진 것처럼 공동체를 하나의 몸으로 보고, 그 지체들이 전체 몸의 행복을 위해 조화를 이루어야 하는 몸 사상에 잇댄 비교로 본다면 단견이다. 오히려 그리스도의 몸은 모든 그리스도인들보다 앞서 있는, 그래서 그리스도인들이 세례를 통해 그리로 들어가는 영적인 실체다(고전 12:12~13). 이러한 '그리스도의 몸'이라는 표상의 기원은 성만찬 전승과 관련이 있을 수 있다.[236] 고린도전서 10장 16~17절과 11장 24절에 따르면, 주의 식탁에 모인 공동체는 성만찬을 거행할 때마다 자신들을 위해 죽은 그리스도의 몸에 늘 새롭게 참여한다. 공동체는 이런 방식으로 모든 성만찬에서 '그리스도의 몸'으로 거듭 하나가 된다(롬 12:5). 그러므로 '그리스도의 몸'과 교회를 연결시키는 상징을 제공하는 영역은 성만찬이라고 할 수 있다.

(2) '몸'(σωμα)은 인간론적인 개념이다. 그러면 '그리스도의 몸'으로서 교회는 그

---

234) 고전 16:1; 고후 8:1~4; 9:2, 12 그리고 특히 롬 15:25~28 등.
235) 고전 12:12~31; 롬 12:4~8; 골 1:18, 24; 2:16~19; 3:15; 엡 1:23; 4:4~16; 5:23 등.
236) P. Stuhlmacher, *Biblische Theologie des NT I*, 358~359; F. Hahn, 「신약성서신학 I」, 335.

리스도가 '몸'으로 세상에 와서 있던 곳이다. '몸'으로 와서 세상을 살았던 그리스도는 하나님께로 돌아간 후에는 그리스도의 몸인 교회를 통해 여전히 살고 있다. 그리스도가 하늘로 간 이후에도 그를 주님으로 고백하고 예배하는 영역이 교회다. 그러므로 그리스도의 몸인 교회는 부활해서 하나님 우편에 거하는 주 예수를 세상에게 보여 주는 소통의 장이다. 그리스도가 교회를 통해 세상을 만날 수 있을 때에 교회는 그리스도의 몸이 된다.

3) 죽으시고 부활하신 그리스도로 말미암아 세상에 태어난 교회가 영으로 충만한 생명력을 유지하는 길은 두 가지다. 첫째, 교회 내적으로는 사랑 안에서 함께 살아가는 인간들의 연합이다. 이들은 다양한 은사들과 능력으로써 함께 몸이 최고 상태를 유지할 수 있게 해야 한다.[237] 둘째, 외적으로는 예수의 모범과 계명에 따라 박해하는 사람들을 축복하고, 모든 사람들과 평화를 유지하며 복음을 전파해야 한다.[238]

이 두 가지 삶의 방식을 통해 교회는 자기 존재와 사명에 충실하며 생명력이 넘치게 된다. 교회가 믿지 않는 사람들에게 복음을 전하는 것은 단순히 언어적인 증언으로 그치지 않고 분명한 삶의 실천을 보여 줘야 가능하다. 고린도전서 14장에 따르면, 믿음의 증언은 소수 사람들만 이해할 수 있는 방언이 아니라, 모든 사람들에게 이해되는 예언을 통해 일어난다. 예언은 "하나님의 종말론적인 구원 행동의 비밀을 이해할 수 있는 말로서 교회에 열매를 맺게 하는 것"이다.[239] 교회의 명예가 개개 성도들의 잘못된 행동을 통해 훼손당해서는 안 된다.[240] 은혜로 경험한 칭의와 죄 용서에 힘입어 교회 지체들은, 사도가 빌립보서 2장 15~16절에서 말하듯이, 하나님의 흠 없는 자녀들로서 잘못된 세대 한복판

---

237) 고전 12:12~31; 롬 8:3~11; 골 3:5~11.
238) 롬 12:14, 18; 눅 6:27~36 병행행도 참조.
239) F. Lang, 1Korintherbrief, 201.
240) 고전 5:1~8; 6:1~8; 10:32; 고후 6:14~7:1.

에서 어둠 속의 별처럼 빛을 내야 한다. '복음으로 말미암는 교회'의 삶은 믿지 않는 유대인과 이방인들의 삶과는 근본적으로 다르다. 하나님을 멀리 떠나 어둠에 빠진 세상을 밝히는 빛이어야 한다(마 5:14).

4) 바울은 성령의 은사로 움직이는 교회를 말하기 때문에, 아직 확고한 직제에 대해서는 모른다. "다스리는 자"(살전 5:12; 롬 12:8), "다스리는 것"(고전 12:28), 빌립보교회 감독자들(빌 1:1) 등에 대해서 말하지만, 이들은 교회에서 '성만찬 때 지도하는 역할을 하는 사람들'일 뿐이다. '섬기는 자들'(빌 1:1에서 "집사"로 번역됨)은 '식탁에서 섬기는 사람들'이다.

바울 이전의 예루살렘교회는 처음에 베드로와 열두 사도들이 인도했다(고전 15:5; 행 1:15~26 참조). 기원후 42년에 세베대의 아들 야고보가 순교하고, 베드로가 예루살렘을 떠난 이후(행 12:1~17) 예루살렘교회는 주의 동생 야고보가 지도했는데, 야고보 외에도 장로회가 따로 있었다.[241] 이는 유대교 회당 구조와 비슷하다. 안디옥교회에는 그런 확고한 지도 그룹이 없었고 성령이 임명한 예언자들과 교사들이 있었으며, 바울과 바나바도 이 그룹에 속했다(행 13:1~3; 14:23). 여기서 성령이 임명했다는 말은 인간의 규범에 따른 조직이나 직분이 아니라 자유로운(카리스마적인) 지도력이 있었다는 뜻이다. 그러나 사도행전 20장 17~38절에 따르면, 바울은 에베소교회 장로들을 밀레도로 불러 그들의 '감독자' 직무를 상기시키는데, 이는 목회서신이 보여 주듯이 바울 이후 시대 상황을 반영한다. 사도 자신은 안디옥의 자유로운 교회 구조를 선호하며, 장로 직제는 사도의 제자들에 의해 비로소 도입되었다. 모든 가정 교회들에는 장로나 감독과 같은 직분이 필요하지 않았다. '그리스도의 몸' 안에는 아직 계급적인 지도력이 필요 없었고 섬기는 직분들로 족했다. 이 섬기는 직분들은 '복음으로 말미암는 교회'에는 필수적이었다.

---

241) 행 11:30; 15:2~6, 22; 16:4; 21:18 참조.

5) 고린도전서 12장 28절의 은사 목록에는 사도들과 교사들, 예언자들과 치유 은사, 도움의 은사와 다스리는 은사, 그리고 방언의 은사 등이 나온다(롬 12:6~8도 참조). 여기서 세 가지를 우리는 주목해야 한다. 첫째, 고린도전서 12장 28절(엡 4:11~12도 참조)의 사도와 선지자, 교사는 세습하는 직분이 아니다. 둘째, 확고한 직분을 말하는 헬라어 표현(τιμη, λειτουργια 등)이 고린도전서 12장이나 로마서 12장의 은사 목록에는 사용되지 않는다(엡 4:11~12에도 사용되지 않는다). 로마서 13장 6절에서 바울은 로마의 공무원을 "일꾼"(λειτουργιοι)이라고 하며, 로마서 15장 16절(과 빌 2:17)에서는 자신을 "그리스도 예수의 일꾼"(λειτουργια Χριστου)이라고 하는데, 이는 복음을 전파하는 '직분'이다. 교회의 직분을 말할 때 바울은 주로 διακονια를 사용(고전 12:5은 "직분"으로 번역)하며, 자신의 사도의 사명을 말할 때에도 이 단어를 사용한다.[242] 명사 διακονια와 동사 διακονειν은 식탁의 봉사를 말한다(행 6:1~2).[243] '그리스도의 몸' 교회에는 확고하게 구조화되어 있어서 소유자들이 교체되는 그러한 직책들은 아직 없었고, 섬김의 직분들(διακονιαι)이 있었다. 그들은 예수의 모범을 따라 희생적으로 섬겼다. 셋째, 사도와 예언자, 교사들을 가장 먼저 언급한 것은, 그런 직분들이 복음 전파와 해석을 직접 담당했기 때문이다.

6) 골로새와 빌립보, 고린도와 로마 등과 같은 작은 가정 교회들에서 여성들도 남성들처럼 지도력을 발휘했다.[244] 바울은 교회에서 가르치고 섬기는 데 여자들(διακονιαι)을 배제하지 않았다. 여자들은 바울의 선교 사역에 동참했다(빌 4:2~3). 뵈뵈는 겐그레아 교회의 "일꾼"과 바울의 "보호자"였다(롬 16:1~2). 고린도와 로마에 있는 가정 교회에서는 브리스가가 그 남편 아굴라와 함께 지도력을 발휘

---

242) 고후 3:8~9; 4:1; 5:18; 6:3; 롬 11:13.
243) 이 개념의 기독교적인 의미는 예수의 자기희생적인 섬김에서 생겨났다. "예수가 다른 사람들을 위해 힘과 권리를 포기함으로써(막 10:45; 눅 22:27), 제자 공동체를 위한 하나의 규범을 제시했다." J. Roloff, *Exegetische Verantwortung in der Kirche*, 342.
244) 몬 1~2; 롬 16:1~2, 3~5, 14~15.

했다(고전 16:19; 롬 16:3~5). 로마서 16장 7절에서 바울은 자신이 부름 받기 이전에 이미 사도들로 일컬어지던 유대 그리스도인 안드로니고와 유니아를 높이 존중했다고 하는데, 유니아는 여성이다.[245] 이처럼 바울은 고린도교회의 예배에서 여자들이 예언하고 지도력을 발휘하는 데 반대하지 않았다(고전 11:5, 13). 다만 당시 관습에 따라 단정한 차림으로 할 것을 요구했을 뿐이다.[246]

사도의 카리스마적인 교회와 그 속에 있는 자유로운 분위기는 대단히 매력적이었다. 그러나 1세기 말, 영지주의자들이 교회에 침투해 이단 교리를 전파하면서 교회 분열을 획책했을 때(딤전 6:20), 조직과 직분에서 자유로웠던 바울의 교회는 그들의 유혹에 쉽게 흔들릴 수 있었다.[247] 목회서신은 이에 대처하기 위해 감독과 장로, 집사 등의 직분으로 교회를 조직할 수밖에 없었고, 교회 지도자들에게는 안수를 행하게 되었다.[248] 여성들은 영지주의 이단에 쉽게 유혹을 받았기 때문에 교회의 공식적인 교육 행위에서 배제되었다.[249] 이 무렵 고린도전서 14장 34~35절도 지금 맥락에 추가로 삽입되었을 것으로 추측할 수 있다. 그래서 영지주의적인 여성들이 바울을 의지해 그들의 주장을 펼 수 없게 하려고 한 것이다. 이 같은 목회서신의 여성 배제 구조와 가르침은 특수 상황에서 나왔으며, 바울은 여성의 역할이나 활동을 전적으로 인정했다.

---

245) P. Stuhlmacher, *Biblische Theologie des NT I*, 212.
246) 그러나 바울은 여자들이 교회에서 공개적으로 말하는 것, 곧 가르치는 일을 거부하는 것처럼 보이는 말도 했다(고전 14:34~35; 딤전 2:12). 중요한 사본에는 고전 14:34~35이 없고, 어떤 사본에는 이 말씀이 14:40 이후에 나온다. 34~35절 표현은 딤전 2:11~12과 매우 유사하다. 그러므로 34~35절은 '목회서신의 상황에서' 나중에 삽입되었다고 볼 수 있다. 박익수, 「고린도전서주석. 누가 과연 참 그리스도인인가」, 427~429 참조.
247) 딤후 2:16~18; 3:6; 딛 1:11.
248) 딤전 5:22; 6:11~16; 딤후 1:6. 이에 대해서는 조경철, "목회서신이 가르치는 이단 대처 방식" 참조.
249) 딤전 2:11~12; 딤후 3:6; 계 2:20도 참조.

12. 바울의 윤리 – 은혜로 말미암은 실천

바울서신들에서 신학적인 주제와 윤리는 밀접하게 연결된다. 신학은 윤리로 나아가고, 윤리는 신학의 바탕 위에 서 있다. 구체적인 윤리교훈들 이전에 바울의 신학과 윤리의 원리적인 관계부터 살펴보려고 한다.[250]

1) 그리스도 안에서 구원받은 사람의 윤리 – 은혜로 말미암은 실천

(1) 구원에 관한 설명과 윤리교훈

바울서신들은 대체로 두 부분으로 나눌 수 있다. 특히 로마서와 갈라디아서, 데살로니가전서 등이 그렇고, 제2바울서신들에서는 골로새서와 에베소서가 그렇다. 첫 부분은 그리스도 안에서 일어난 하나님의 구원을 설명하고, 두 번째 부분은 윤리교훈을 다룬다(예; 롬 1~11장과 12~15장). 서신들의 큰 구조에서만 아니라 구체적인 내용에서도 그런 관계는 자주 나타난다. 로마서 6장 2절은 '너희가 죄로부터 해방되었다'고 구원을 서술하지만, 이어서 6장 12절은 '죄가 너희를 지배하지 않게 하라'고 명한다.[251] 이처럼 바울은 먼저 그리스도 안에 일어난 구원을 설명하고, 거기에 근거해 윤리교훈을 한다. 이때 바울의 윤리교훈은 메마른 율법적인 명령이 아니라, 받은 구원의 은혜에 감사로 보응하는 실천을 위한 교훈이다.

바울은 이런 의미에서 παρακλησις/παρακαλειν을 즐겨 사용한다.[252] '위로하다', '격려하다', '권고하다', '명하다' 등을 의미하는 이들 동사는 그리스도의 구원

---

250) 이하에 대해서는 W. Schrage, *Ethik des NT*, 170~191 참조.
251) 갈 3:27과 롬 13:14을 비교; 고전 5:7; 갈 5:25 등.
252) 고후 5:20과 롬 12:1 혹은 살전 2:3~4과 살전 2:12; 4:1 비교.

행위에 근거한 삶의 실천을 요구한다. 빌립보서 1장 5, 7, 12절에서 바울은 구원의 복음에 관해 말하고, 1장 27~30절에서는 복음에 합당한 삶을 촉구한다. 이처럼 사도의 윤리교훈은 그리스도의 구원행위에 근거한 실천을 요구한다. 그러나 바울에게는 구원에 관한 서술법이 윤리적인 명령에 우선한다. 바울서신들의 두 번째 교훈 부분을 시작하는 전형적인 표현 "그러므로"(ουν)가 이를 증명한다.[253] 바울의 윤리는 자율적 윤리나 목적 윤리가 아니라 결과론적인 윤리다.

(2) 그리스도이해와 윤리교훈

구원에 관한 바울의 이해의 핵심은 그리스도다. 윤리교훈도 기독론 위에 서 있다. 세상을 구원하기 위해 하나님은 예수 그리스도 안에서 행동하셨다. 예수 그리스도의 죽음과 부활은 종말론적인 구원사건이다. 이러한 기독론적인 구원론이 바울 윤리교훈의 출발섬이며 토대다. 부활 승천하셔서 세상의 구주와 심판자로 살아 계시는 예수 그리스도는 그를 믿고 그의 이름으로 세례를 받으며, 성만찬에 참여하는 사람들 안에 살고 계신다(갈 2:20). 그러므로 그들은 그리스도 안에서, 그리스도를 위해 산다. 더 이상 그들 자신을 위해 살지 않고, 그들을 위해 죽고 부활하신 그리스도를 위해 산다(고후 5:14). 이처럼 예수의 주되심은 기독교적인 실천과 윤리교훈의 출발점이고 근거이며 목표다. 바울은 '주 안에서' 윤리교훈을 하는 것이다.[254] 주님은 그리스도인의 삶이 전적으로 의존해야 하는 힘과 권위다.[255]

그리스도가 실천한 사랑은 그리스도인의 행동에서 기준과 모범이 되기도 한다. 그리스도가 보여 준 행동은 그리스도인들의 행동에서도 나타나야 하기 때문이다. 바울은 이렇게 권면한다.

---

253) 롬 12:1; 살전 4:1; 갈 5:1 그리고 엡 4:1.
254) 고전 7:39; 11:11; 빌 4:4; 살전 4:1 등.
255) 고전 7:22, 32; 롬 16:18; 14:4 등.

"우리 각 사람은 이웃을 기쁘게 하되… 그리스도께서도 자기를 기쁘게 하지 아니하셨나니" (롬 15:2~3)

"그리스도께서 우리를 받아 하나님께 영광을 돌리심과 같이 너희도 서로 받으라" (15:7)

그리스도가 자신을 기쁘게 하지 않았고, 또 우리 같은 죄인을 용서하고 받아들인 것을 우리가 복사하듯이 따라 할 수는 없다. 그러나 그의 사랑과 희생의 삶으로부터 우리 삶은 출발해야 하며, 또 그리스도의 사랑과 희생은 우리 행동의 목표가 되어야 한다. 이는 빌립보서 2장 6~11절에서 바울이 그리스도의 모습을 빌립보교회 성도들에게 본받으라고 한 부분에서도 드러난다. 선재하신 하나님의 아들의 자기 비움을 우리 인간은 그대로 본받을 수는 없지만, 성육신과 수난, 십자가 죽음에서 나타난 겸손과 자기 비움은 우리가 다른 이웃들에게 실천해야 할 행동의 토대며 본받아야 할 목표다.

(3) 성례전과 윤리교훈

세례와 성만찬은 그리스도 사건을 현재화하는 성례다. 세례와 윤리의 관계는 로마서 6장에 나타난다. 그리스도인은 그리스도와 함께 죽고 함께 살아난 새로운 사람, 곧 죄와는 상관없는 새 사람이다. 세례를 받아 그리스도의 몸에 연합한 사람은 죄에 대해서는 단번에 죽었다. 그는 더 이상 죄에 머물 수 없다. 그리스도인은 세례를 통해 그리스도 사건에 참여하며, 그래서 죄의 지배에서 벗어나 그리스도를 주인으로 모시는 사람이 되었다. 아직은 그리스도처럼 부활한 것은 아니고 부활을 소망하지만, 철저히 새로운 사람이며, 그러므로 새로운 삶을 실천해야 한다. 죄의 지배에서 해방된 사람은 자유인이고, 자유인은 그리스도에게 순종하는 사람이다 (고전 3:21, 23; 9:19).

성만찬도 그리스도인의 삶의 근거다. 성만찬에 주님이 현존해 계신다. 성만찬에서 떡과 포도주를 받는 것은 주님을 받는 것이다. 성만찬이 그리스도의 몸인 교회에서 행해진다면, 성만찬의 장이 된 교회에서는 모든 사람들이 각기 서로를 향해 책임과 배려를 다해야 한다. 그렇지 못한 상태로 성만찬에 참여한다면 합당하지 않게 주님의 몸과 피를 먹고 마시는 죄를 범하는 셈이다. 성만찬은 그리스도의 죽음에 참여하는 것이고 그리스도의 몸의 지체가 되는 것이다(고전 10:16~17). 성만찬을 거행하면서 형제의 의무를 어긴다면 성만찬은 왜곡된다. 그러므로 성만찬에서는 그리스도와의 관계뿐 아니라 이웃들과의 관계가 중요하다.

(4) 교회와 윤리교훈

바울의 윤리는 근본적으로 교회윤리다. 바울은 교회 바깥에 있는 사람들에게가 아니라 교회 지체들에게 윤리교훈을 수기 때문이다. 교회는 그리스도가 그의 희생죽음을 통해 죄와 죽음의 지배로부터 해방시킨 사람들이 더불어 사는 곳이다. 교회는 이방인과 유대인으로 구성된 새로운 하나님의 백성이다. 교회는 옛 세상의 한가운데서 살지만, 이미 하나님 앞에서 거룩하게 된 새로운 피조물로서 살면서 그리스도를 주님으로 고백한다.[256] 교회는 '그리스도의 몸'이고, 성도들은 세례를 통해 몸의 지체들이 된다(고전 12:12~13). 지체들은 교회 안에서 서로 의존적이다.

그리고 그리 되려면 우선 교회와 그리스도인들은 세상과 구분되어야 한다.[257] 예수의 제자들(막 10:41~45 병행)이나 처음교회(행 4:32~5:11)도 그랬던 것처럼, 바울의 교회도 세상과 구분되는 종말적인 '대조공동체'여야 한다.[258] 바울의 윤리교훈은 교회가 세상과 구분되고 세상의 대안이 되는 것을 목표로 삼는다. 몸의 '지체들'이 세상에서 그리스도가 부여한 증언의 사명을 충실히 행해야 하며, 그럼

---

256) 갈 6:14~16; 고전 6:19~20; 고후 6:14~7:1; 빌 2:12~16; 3:3.
257) 고전 5:1~6:11; 고후 6:14; 7:1; 롬 12:1~2.
258) G. Lohfink, 「예수는 어떤 공동체를 원하시나?」

으로써 믿지 않는 사람들에게 빛을 발하고, 세상 사람들이 그 빛에 의해 조명되어야 한다(빌 2:15과 마 5:14 비교). 여기에 윤리의 선교적인 과제가 있다. 그러기 위해 성도들은 세상과 달라야 한다.

> "이 세대를 본받지 말고 오직 마음을 새롭게 함으로 변화를 받아 하나님의 선하시고 기뻐하시고 온전하신 뜻이 무엇인지 분별해야 한다." (롬 12:2)

성도들은 성전에서 제의적으로만 예배를 드리는 것이 아니라, 일상생활에서 몸을 '거룩한 산 제물로 드리는 영적인 예배'를 드려야 한다(롬 12:1).

(5) 성령과 윤리교훈

부활 승천하신 그리스도는 성령으로 다시 오셔서 그리스도인들을 인도하신다(고후 3:17). 바울은 초자연적이고 기적적이며 공상적인 것, 비상하고 특별한 것에서만 성령이 나타난다는 열광주의를 거부한다. 성령은 특별한 은사를 가진 사람들 혹은 비상하고 신비한 능력을 행하는 사람들에게만 나타나는 것이 아니고, 그리스도인의 모든 삶과 교회에 나타나기 때문이다. 성령은 새로운 삶의 근거이고 동력이다. 그리스도인의 삶은 영의 활동이고 창조이며, 그래서 "영적 예배"다(롬 12:1). 모든 것을 일으키는 것은 하나의 동일한 영이다(고전 12:11). 성령을 받은 사람들은 신비로운 세계에 침잠하거나 열광적인 환상에만 머물지 않고, 오히려 섬기고 순종하는 삶을 실천한다.

"새 생명 가운데" 사는 것은(롬 6:4) "영의 새로운 것"이다(롬 7:6). 그리스도인들은 자신의 능력이 아니라 성령의 능력으로 산다.[259] 성령은 그리스도인의 삶의

---

259) K. Stalder, *Das Werk des Geistes in der Heiligung bei Paulus*, 493: "우리의 성화가 성령의 작품이라는 사실은 우리가 성령이 그의 힘과 효력을 발휘하는 기관이나 도구라는 것만을 의미하지는 않는다 … 우리가 성령의 활동이 나타나는 무대가 되는 것만은 아니다. 그리스도 안에서 일어난 칭의와 성화의 실재가 우리 안에서 효력을 발휘하게 하는 성령은 우리를 육적인 존재로부터 그리고 죄와 저주에 붙잡힌 죄책으로부터 벗어나게 하며, 그럼으로써 우리는 예수 그리스도에 대한 믿음 안에서 하나님의 요청을 은혜로운 초대로 이해하게 되고, 그래서 우리 자신의 힘으로 하나님의 마음에 드는 일, 곧 우리의 성화의 일을 할 수 있게 된다. 이것이야말로 진정한 기적이다."

능력이요 근거이며 영역이다. 그러므로 그들은 "영을 따라" 산다(롬 8:4~5). 성령의 활동은 특별한 순간으로 그치지 않는다. 성령을 한 번 받았다고 해서, 그 성령을 영원히 소유할 수 있는 것은 아니다. 성령은 소유할 수 있는 대상이 아니다. 성령을 받은 그리스도인도 육과 영의 지속적인 투쟁 속에 있다(갈 5:17). 성령은 인간에 의해 조작되는 것이 아니라 오히려 성령이 인간을 이끌어간다(롬 8:14; 갈 5:18). 그렇지만 성령은 인간을 강요하지 않는다. 성령에 붙잡혔다고 해서 그리스도인의 의지가 무용하게 되지는 않는다. 도리어 성령을 받음으로써 인간은 하나님의 선하시고 기뻐하시고 온전하신 뜻을 분별할 수 있다(롬 12:2). 만일 그리스도인이 영을 받았다고 의지까지 없어진다면, 성령 받은 그리스도인에게 바울은 윤리교훈을 하지 않았을 것이다. 성령 받은 로봇에게는 윤리교훈이 필요 없을 것이기 때문이다. 그러나 그리스도인은 성령을 받은 주체자다. 그래서 바울은 성령의 인도하심을 받아 "성령의 열매"를 맺으라고 권고한다(갈 5:18, 22). 사랑의 열매는 영의 선물이고 열매이며 동시에 인간이 실천해야 할 계명이다(롬 13:8 이하). 성령은 항상 인간을 통해 "성령의 열매"를 맺는다.

(6) 종말이해와 윤리교훈

예수의 십자가와 부활은 시대의 전환을 가져왔고, 구원의 현재를 가져왔다. 그러나 아직은 완성을 향한 과정에 있다. 고린도전서 15장에 따르면, 희망의 마지막 목표는 그리스도가 모든 대적들의 무릎을 꿇리고 하나님께 왕권을 바쳐, 하나님 홀로 왕이 되셔서 통치하시는 것이다. 이처럼 '이미와 아직 아님'의 중간 시대를 사는 그리스도인들은 "빛의 아들"이고 "낮의 아들"이다(살전 5:5; 9~10도 참조). 그럼에도 그들은 '주님의 날'이 오고 있다는 희망 속에서 옛 시대와 여전히 싸운다. 그리스도인들은 이러한 종말론적인 긴장 속에서 산다. 옛 세상으로부터 해방되었지만, 여전히 옛 세상에서 고난 받고 한숨짓는다. 그러나 그들은 고난과 한숨 속에서도 궁극적인 승리를 확신한다. 이 같은 종말적인 소망이 그리스도인의 삶의 원동력이다.

고린도전서 7장에서 바울은 임박한 주님의 재림에 근거해 혼인과 삶에 관한 여러 교훈을 한다. 임박해 오고 있는 종말 앞에서 그리스도인들은 "…같이" 살 라고 한다.

> "아내 있는 자들은 없는 자 같이 하며 우는 자들은 울지 않는 자 같이 하며
> 기쁜 자들은 기쁘지 않은 자 같이 하며 매매하는 자들은 없는 자 같이 하
> 며 세상 물건을 쓰는 자들은 다 쓰지 못하는 자 같이 하라 이 세상의 외형
> 은 지나감이니라" (7:29~31)

사도는 임박해 오고 있는 종말에 근거해 세상으로부터 내면적으로 자유로울 것을 가르친다. 죽은 자들이 부활하지 않는다면, "내일 죽을 터이니 먹고 마시 자"(고전 15:32)며 무절제한 생활을 할 것이다. 그러나 세상으로부터 거리를 두라 는 사도의 촉구는 영적인 열광주의가 아니다. 오히려 사도는 영을 소유하고 있 다거나 혹은 임박한 주의 재림을 말하면서 현세상의 의무를 등한시하는 열광주 의자들을 엄히 꾸짖는다.[260] 임박한 재림을 기다리는 그리스도인은 세상에서의 책임을 외면하거나 경시해서는 안 된다. 고린도후서 5장 10절에서 바울은 이렇 게 말한다.

> "우리가 다 반드시 그리스도의 심판대 앞에 나타나게 되어 각각 선악 간에
> 그 몸으로 행한 것을 따라 받으려 함이다."

재림 예수는 행위에 따라 심판한다(롬 2:1~16). 그리스도인들은 구원을 얻기 위 해 모든 힘을 기울여야 한다(빌 2:12~13). 하늘에 계시는 주님과 함께 살기 위해

---

260) 살전 4:10~12; 살후 3:10; 고전 6:12; 롬 12:3.

지금 여기 세상에서 최선을 다해야 한다. 바울은 유대교의 행위에 따른 심판이라는 사상을 받아들인다. 행위에 따른 심판을 단순히 선을 행하라고 교육하기 위한 위협으로 봐서는 안 된다. 바울은 하나님 및 그리스도가 심판자라고 함으로써 은혜의 진지함을 강조한다. 심판을 진지하게 받아들일 때에만 심판의 위협에 직면한 사람에게 베풀어지는 은혜가 얼마나 큰지를 알게 된다. 오직 심판자만이 은혜를 베풀 수 있기 때문이다. 행위에 따라 심판을 받는다는 유대교 사상을 빌려 바울은 은혜로써 구원받은 그리스도인들이 세상에서 책임 있는 삶을 실천해야 한다고 강조한다. 심판에 관한 언급이 주로 윤리교훈의 맥락에 서 있다는 사실은 그리스도인들이 심판의 메시지를 진지하게 받아야 함을 말한다.[261] 그리스도인들이 오직 하나님의 은혜로 구원을 받았다고 믿는다면, 그 은혜에 부응하는 삶을 어떻게 실천하는지를 하나님은 보고 계신다. 이처럼 행위에 따른 심판을 말힘으로써 바울은 은혜로써 구원받은 그리스도인들은 철저하게 그리스도의 뜻에 순종하고 실천해야 한다고 경고한다.[262] 또한 두려움과 불확실성을 강조해 그리스도인들에게 불안감을 조성하여 억지로 행동하게 하는 것이 아니라, 구원의 확신과 은혜를 강조함으로써 기쁨으로 행동하게 한다.[263] 심판을 말하더라도 무서운 형벌보다는 보상을 말하며, 격려와 경고를 함께 말한다.[264] 그러므로 바울의 윤리는 구원의 기쁨과 부활의 희망에 근거한 윤리다.[265]

(7) 고대세계의 윤리와 바울의 윤리교훈

바울의 윤리교훈의 내용은 세 가지 토대 위에 서 있다. 첫째, 예수가 실천한 모범적인 삶과 계명이고,[266] 둘째, 구약성서 계명들과 유대교 율법윤리이며,[267] 셋

---

261) 살전 4:6; 갈 5:8; 빌 1:10 등.
262) 예수의 하나님 나라 선포에서도 은혜와 행위 그리고 심판은 매우 밀접하게 연결되어 있다. 이에 대해서는 조경철, 「예수와 하나님나라의 윤리」, 234~241 참조.
263) 살전 1:10; 2:19; 5:23~24; 롬 13:11.
264) 고전 4:5; 3:8; 9:24; 15:58; 갈 6:9~10; 빌 3:14 등.
265) 고전 15:34, 58; 빌 4:4~6.
266) 갈 6:2; 고전 7:10; 롬 12:14, 17; 15:3.
267) 갈 5:14; 고전 7:19; 롬 13:8~10.

째, 헬라-로마 세계 윤리교훈이다. 빌립보서 4장 8절에서 바울은 스토아 철학이 말했던 덕 목록을 활용하고, 로마서 1장 28절의 "합당하지 못하다"나 로마서 12장 2절의 "선하시고 기뻐하시고 온전하신" 같은 표현들도 헬라의 대중철학에서 도덕적인 교훈을 하기 위해 자주 사용되었던 것이다. 그렇다고 해서 바울의 교훈에는 특별히 기독교적인 내용이 없고, 단지 그 시대 유대인이나 이방인들의 도덕(고전 10:32)을 그대로 모방한다고 여겨서는 안 된다. 바울은 유대교와 헬라-로마 세계에서 도덕적 가치가 높은 내용을 물려받아 사용하기는 했지만, 그것들을 그대로 사용한 것이 아니라 "그리스도 예수 안에서" 새로운 의미를 부여해 성도들을 가르쳤다(고전 4:17). 예를 들어, 빌립보서 2장 3절에서 예수의 십자가에 나타난 "겸손"은 고대세계에서는 노예들의 굴종이라는 부정적 의미를 가지고 있었지만, 바울은 "겸손"에다 예수를 본받는 높은 도덕적 가치를 부여한다.[268] 또한 복종을 위한 자유(롬 6:16~18)는 아리스토텔레스가 가르친 자유인의 이상적인 삶의 모습과는 어긋나지만,[269] 바울은 그러한 복종의 자유를 높이 평가한다. 바울은 그리스도 안에서, 그리스도를 통해 새롭게 드러난 하나님의 뜻을 가르치기 위해 유대교나 헬라-로마 세계의 도덕률을 활용했다.[270]

2) 바울의 구체적인 윤리교훈들

(1) 바울의 윤리교훈의 성격 - 구체적이고 상황적이다.

바울은 구체적인 삶의 영역에서 어떻게 행동해야 할지를 가르친다. 그의 윤리는 구체적인 실천을 위한 것이다. 그렇다고 바울의 윤리가 세세한 개별적 교훈들을 획일적이고 동일한 틀 안으로 묶는 그런 율법주의적인 결의론이라는 말은

---

268) 조경철, 「설교자를 위한 에베소서 주석」, 225~227 참조.
269) 아리스토텔레스, Metaph I, 2, 982b는 이렇게 말한다. "자신을 위하여 존재하고 다른 사람을 위하여 존재하지 않는 사람"만이 정말로 자유하다. W. Schrage, *Ethik des NT*, 207, 220 참조.
270) 살전 4:3~8; 빌 2:15 참조; P. Stuhlmacher, *Biblische Theologie des NT I*, 373.

아니다. 예를 들어 고린도전서 7장에서 바울은 기도를 위해 부부가 분방할 수 있다고 가르치지만, 분방 방법이나 횟수 등에 대해서는 말하지 않는다. 구체적인 것은 당사자들이 그들의 상황에서 판단하고 행동해야 한다. 고린도전서 8~10장과 로마서 14~15장에서 우상의 제물을 먹어야 하느냐, 채식만을 해야 하느냐 등의 문제를 다루면서도 유대교에서처럼 그에 관한 시행세칙을 만들어 가르치지 않는다.

바울의 윤리교훈은 상황적인 것과 보편적인 것으로 구분할 수 있다. 먼저, 사도는 당면한 문제들이나 위기에 대처하기 위해 구체적인 상황에서 교훈한다. 그러므로 바울의 윤리교훈을 시대를 초월한, 그래서 모든 역사적 조건들을 넘는 영원불변한 도덕적 진리로 이해해서는 안 된다. 예를 들어, 바울이 고린도전서 7장에서 가능하면 결혼이나 재혼을 하지 말고 독신으로 사는 편이 좋다거나 혹은 노예는 그 신분에서 해빙되려고 노력할 필요가 없다고 가르친다면, 이것이 영원불변한 도덕은 아니다. 로마서 7장에서 국가의 권세에 복종하라는 가르침도 특정 상황에서 무엇을 말하려고 하는지를 헤아려 이해해야 한다. 그러나 바울의 윤리교훈들 중에는 그런 상황에서 설명할 수 없는 매우 일반적이고 보편적인 내용들도 있다. 예를 들어, 로마서 12장 1~2절에서 하나님의 뜻을 분별해 자신의 삶을 산 예배로 드리라거나, 로마서 13장 8~10절의 사랑의 계명 그리고 갈라디아서 5장에서 성령의 열매를 맺으라는 교훈 등은 시대와 상황을 넘어서는 보편적인 것들이다.

(2) 그리스도인의 행동원리

① 그리스도인의 자유와 책임

바울은 특히 갈라디아서에서 그리스도인의 자유에 대해 중요하게 말한다. 그리스도는 우리를 죄와 율법으로부터 자유하게 했다. 그러므로 그리스도인은 자유인이다. 그러나 책임 있는 행동을 해야 할 자유인이다.

> "그리스도께서 우리를 자유롭게 하려고 자유를 주셨으니 그러므로 굳건하게
> 서서 다시는 종의 멍에를 메지 말라"(갈 5:1)

구원론적인 차원에서 그리스도인은 율법으로부터 해방된 자유인이지만, 윤리
의 차원에서는 율법 없는 자가 아니다.

> "형제들아 너희가 자유를 위하여 부르심을 입었으나 그러나 그 자유로 육체
> 의 기회를 삼지 말고 오직 사랑으로 서로 종노릇하라"(갈 5:13)

그리스도인의 믿음은 율법 행위와 관계없이 하나님이 주시는 선물이지만, 언
제나 "사랑으로써 역사하는 믿음뿐이다"(갈 5:6). 진정한 믿음은 항상 '사랑의 역
사', 곧 사랑을 실천하는 행동으로 나타난다. 바울에게 책임적인 자유란 믿음의
본질에 속한다. 그리스도인에게 믿음과 윤리 행위는 분리될 수 없다.

② 일상에서 드리는 영적 예배[271]
기독교 윤리의 대헌장이라고 불리는 로마서 12장 1~2절에서 바울은 그리스도
인의 일상의 삶을 하나님이 기뻐 받으시는 산 제물이며 영적인 예배라고 말한다.

> "그러므로 형제들아 내가 하나님의 모든 자비하심으로 너희를 권하노니 너
> 희 몸을 하나님이 기뻐하시는 거룩한 산 제물로 드리라 이는 너희가 드릴
> 영적 예배니라"

---

271) E. Käsemann, "Gottesdienst im Alltag der Welt", 198~204.

여기서 바울이 윤리교훈의 근거로 드는 하나님의 자비하심은 로마서 1~11장에서 상세하게 설명한 하나님의 구원의 사랑을 뜻한다. 그리스도 안에서 일어난 하나님의 구원의 은혜에 근거해 바울은 성도들의 윤리를 위한 교훈을 한다.

일상에서 윤리적인 행위를 통해 하나님께 영적이고 진정한 예배를 드리기 위해 그리스도인들은 부정적인 차원에서는 이 세대의 가치관을 본받지 말아야 하고, 긍정적인 차원에서는 "상실한 마음"(롬 1:28), 곧 인간의 타락한 이성을 새롭게 하여 하나님의 뜻을 분별해서 알아야 한다.

> "너희는 이 세대를 본받지 말고 오직 마음을 새롭게 함으로 변화를 받아 하
> 나님의 선하시고 기뻐하시고 온전하신 뜻이 무엇인지 분별하도록 하라"(롬
> 12:2)

구원의 은혜를 받았다 해서 윤리적 행위가 자동으로 나타나지는 않으며, 그리스도인에게 새롭게 주어진 이성을 가지고 세상 가치관을 따르지 않고, 하나님이 기뻐하시는 뜻을 분별해 실천하도록 우리는 노력해야 한다.

③ 그리스도 안에서 동등성

그리스도 예수 안에서 모두가 동등하다. 바울신학과 윤리행동의 깊은 관계는 갈라디아서 3장 28절에서 볼 수 있다.[272]

> "너희는 유대인이나 헬라인이나 종이나 자유인이나 남자나 여자나 다 그리스
> 도 예수 안에서 하나이니라"

그리스도의 몸 안에서는 세상의 모든 차별, 곧 사회정치적인 차별은 물론이

---

272) 고전 12:13; 골 3:11도 참조.

고 심지어 인종이나 남자와 여자라는 창조적인 차별까지도 극복되었다. 예수 그리스도를 통해 구원을 받고 그리스도의 몸인 교회에 속한 사람들은 그 모든 차별들이 극복되고 모두가 하나이며 동등하다. 차별은 옛 세상에 속한다. 그런 것들은 새 창조 세계를 살아가는 그리스도인들에게는 더 이상 표준이 될 수 없다. 이러한 신학적인 메시지는 강력한 사회적인 반향과 결과를 가져올 수밖에 없다.

먼저 이 동등의 원리는 남자와 여자의 관계에서 나타난다. 남자와 여자는 하나님 앞에서 동등한 가치와 존엄을 갖는다. 고대세계에서 당연하게 여겨졌던[273] 여자의 열등성과 차별은 '주 안에서' 더 이상 타당하지 않다. 남자와 여자는 '주 안에서' 동일한 은혜를 받았고 또 동등한 의무를 갖는다. 바울은 여자들을 그의 동역자로 여기는 데 조금도 어려움이 없었다(롬 16:3, 7; 빌 4:3 등). 여자들도 예언을 할 수 있다고 한다(고전 11:4~5).

그러나 바울이 교회에서 여자들의 활동을 제약하는 것처럼 들리는 말을 한다는 것도 사실이다. 고린도전서 11장 2절 이하가 그렇다. 이로써 바울은 갈라디아서 3장 28절의 동등성 원리를 부정하는 것일까? 가부장적인 질서사상과 신학적으로 근거된 성의 동등성 사이의 긴장을 말해야 할까? 여자들은 예배 때 머리에 수건을 써야 한다고 함으로써 바울은 열광주의적인 여성해방운동을 경고하는 것일까? 여기서는 바울이 이 교훈의 근거로 제시하는 것이 중요하다. 3절과 7절은 창세기 2장의 해석 전승의 영향을 받는다. 남자는 하나님의 형상과 영광이며, 여자는 남자의 영광이라고 한다. 그러나 이 말씀은 창세기 1장 27절보다는 훨씬 후퇴한 셈이다. 이 구절에서는 남자만이 하나님의 형상이라 하지 않고, 남자와 여자를 포괄하는 인간이 하나님의 형상이라고 말하기 때문이다.

---

273) 여성에 대한 차별은 유대교에서 더 강했고, 헬라-로마 세계에서는 여성도 상속권을 가질 수 있으며, 유언을 할 수 있고, 후견인 역을 수행할 수 있으며, 이혼을 요구할 수도 있었다(고전 7:12~13). 특히 부유한 상류층 여성은 경제적으로 독립을 할 수도 있었다(행 16:14~15 등). 다양한 직업을 가진 여성들을 만날 수 있다. 헬라의 밀의 종교들에는 남과 여의 종교적이고 제의적인 동등성이 있었다. 그러나 헬라-로마 세계에서도 여자를 열등하게 보는 견해는 분명히 나타났다. 실질적인 동등권에 관해서는 말할 수 없다. 세네카는 남자는 지배하기 위해 태어났고, 여자는 순종하기 위해 태어났다고 했다(De Const.Sap 1:1). 그러나 스토아 철인 Musonius는 "여자들도 남자들처럼 신들로부터 동일한 로고스를 받았다"고 말하기도 했지만, 이는 소수의 예외적인 경우에 지나지 않는다.

이처럼 후퇴하는 것 같은 말을 하고 나서 바울은 11~12절에서 또다시 반전을 한다.

> "그러나 주 안에는 남자 없이 여자만 있지 않고 여자 없이 남자만 있지 아니
> 하니라 이는 여자가 남자에게서 난 것 같이 남자도 여자로 말미암아 났음이
> 라 그리고 모든 것은 하나님에게서 났느니라"

이는 창세기 1장 27절에 합당한 말씀이다. 그런 후에 13~15절에서는 다시 여자에게 수건을 쓰라고 권하는 말씀을 반복한다. 그런데 우리는 반전에 또 반전을 거듭하는 이 단락을 말하는 바울이 고린도교회가 처한 미묘한 상황을 고려하고 있다는 사실을 염두에 두어야 한다. 고린도교회 여성들은 갈라디아서 3장 28절 말씀에 근거해 남성과 여성의 동등성을 신학적으로 주장할 수 있었다. 적어도 예배에서만큼은 그런 동등함을 실천하기 위해 당시 고대세계 관례였던, 여성들만 수건을 쓰는 행위를 거부했을지도 모른다.

신학적으로는 정당하지만, 그러나 당시 사회 관례를 급격하게 거부하는 이 같은 여성들의 주장과 행동에 대해 바울이 무엇을 말할 수 있었을까? 바울은 여자가 반드시 머리에 수건을 써야 한다는 사실을 설득력 있게 그리고 확실하게 말하지 못했다. 복음을 너무 열광주의적으로 실천함으로써 오는 문제를 바울은 보고 있다. "그러한 운동은 불쾌한 강요로부터의 자유만을 생각한다. 그러나 사도에게 중요한 것은 언제나 그랬듯이 여기서도 마찬가지로 섬김에로 부름을 받은 자유를 아는 일이다. 열광주의가 질서 유지를 뒤흔들고 성령의 이름으로 좋은 권리라고 오해된 것을 선전함으로써 그런 자유가 위협을 받는다고 사도는 생각한다."[274]

---

274) E. Käsemann, *Exeg. Versuche und Bes. II*, 1964, 218.

(3) 구체적인 윤리교훈[275]

① 결혼

결혼과 이혼, 독신 등에 관한 바울의 견해를 물을 때, 사람들은 대개 고린도전서 7장을 말한다. 그러나 여기에는 매우 조심해야 할 사항이 있다. 고린도전서 7장에서 바울은 그의 혼인관을 설명하는 것이 아니다. 고린도교회의 질문에 답변하는 내용이다. 남자가 여자를 가까이 하지 않는 것이 좋다는 1절 말씀도 고린도교회가 보낸 질문서신에서 인용한 것이다(6:13; 7:26; 8:1 등도 그렇다). 2절에서 바울은 성욕을 충족시켜 성적 탈선을 예방하기 위한 '안전판'으로만 혼인을 보고 있는가?[276] 바울이 결혼하지 않은 편이 좋다고 여긴 것은 분명하다. 그러나 성이나 육체적인 것을 거부했다고 보기는 어렵다. 고린도교회 상당수 성도들은 열광주의적인 금욕주의의 영향을 받아 성행위를 죄악시했던 것 같다. 그래서 바울은 결혼하지 않은 것을 높이 평가했지만, 성적인 죄를 막기 위해 결혼을 인정했을 것이다. 그러나 억지로 금욕한다면 좋은 것이 아니며, 현실에서는 너무 쉽게 무너질 수 있다. 혼인은 인간의 성을 질서 있게 지키며, 또 남자와 여자를 성적인 무절제에서 보호하기 위해 창조주가 주신 것이다. 바울은 그리스도인들이 이 같은 결혼을 깨끗하고 거룩하게 유지해야 한다고 가르친다. 남자와 여자가 온전한 교제를 나누면 혼인도 '성화'(살전 4:4~5)와 '평화'의 장이 될 수 있다(고전 7:15).[277] 고린도전서 7장 3~5절에서 바울은 결혼한 부부 사이의 육체관계에 대해 말한다. 결혼의 본질은 사랑이다. 사랑은 자기를 관철하는 것이 아니라 상대방을 배려하는 것이며, 그런 사랑은 부부 사이의 육체관계에서도 실천되어야 한다. 그리스도인 부부는 더 이상 자기 육체를 자기 마음대로 하지 않는다. 기독교적인 사랑이 자신의 유익을 추구하지 않듯이, 부부 간에도 그렇게 사랑의 원리가

---

275) 이하에 대해서는 W. Schrage, *Ethik des NT*, 229~248 참조.
276) W. Schrage, *Ethik des NT*, 234: "Zur Frontstellung der paulinischen Ehebewertung in 1Kor 7, 1~7", 214~234 참조.
277) W. Schrage, *Frau und Mann*, 153~154.

중심이 되어야 한다.[278]

② 이혼

예수와 마찬가지로 바울도 원칙적으로 그리스도인들의 이혼에 반대했다.[279] 나사렛 예수는 하나님의 사랑을 받은 사람은 결코 이혼할 수 없다고 가르쳤고, 바울도 예수의 이 가르침을 분명히 알고 있었다(고전 7:10). 유대교나 고대 헬라-로마 사회에서도 이혼은 자주 있었는데, 유대교에서는 남자만이 이혼을 요구할 수 있었고(신 24:1), 헬라-로마의 법에 따르면 여자도 이혼을 청구할 권리가 있었다. 예를 들어, 한 비문에 이런 말이 있다. "죽음에 이르기까지 계속된, 그래서 이혼으로 깨어지지 않은 긴 결혼은 매우 드물었다."[280] 로마 철학자이자 정치인이었던 세네카에 따르면, 여자들은 그들의 해(年)를 남편들의 숫자에 따라 계수했다. "그들은 결혼하기 위해 이혼했고, 이혼하기 위해 결혼했다."[281] 그에 반해 바울은 예수의 이혼금지 가르침을 강조한다(고전 7:10~12). 여자는 남편에게서 "갈라서서는" 안 된다. 마찬가지로 남자는 아내와 이혼을 해서는 안 된다. 고린도전서 7장 7절의 괄호에 묶인 말씀은 이미 여자가 이혼한 경우에(아마도 그리스도인이 되기 이전에) 재혼하지 않거나 혹은 전 남편과 다시 화합할 가능성을 인정한다. 고린도전서 7장 27절도 '아내에게 매인 사람은 거기에서 벗어나려고 하지 말라'고 한다(롬 7:2도 참조). 타 종교인과 결혼한 그리스도인 배우자는 상대방이 이

---

278) 헬라 세계는 결혼에 관해 두 얼굴을 보여 준다. 한편으로는 결혼을 매우 긍정적으로 보았다. 결혼을 통해 여인들이 훌륭한 보호처를 찾았다. 철학자들은 이상적인 결혼의 모범을 보였다. 자녀생산을 하기 위해 결혼한다고 보기도 했지만, 부부 사이의 사귐을 더 중요하게 여기기도 했다. 이런 생각은 스토아 철학자들, 특히 Musonius에게서 찾아볼 수 있다. 그에 따르면, 혼인한 두 당사자들은 서로 온전한 교제를 나누며 살아가고, 모든 것을 공동으로 보고 어느 것도 자기 것이라고 우기지 않으며, 심지어 자신의 몸까지도 자기 것이라고 하지 않을 정도로 서로 밀접한 관계를 맺어야 한다(67:7 이하; 참조 Plutarch, Prae, Coniug, 34).

그러나 다른 한편으로는 결혼생활의 방종이나 매춘과 노예들에 대한 행패가 자주 있었다. 특히 남자들은 결혼 여부와 상관없이 여자 노예들과 창녀, 성전 창녀들과 성적 관계를 거리낌 없이 가질 수 있었다. 위 데모스테네스라는 헬라 문헌의 59:122은 이렇게 말한다. "우리는 즐기기 위해 창녀들을 가지고 있다. 우리는 매일 육신을 돌보기 위해 첩들을 가지고 있으며, 합법적으로 자녀를 생산하고 가사를 신실하게 돌보기 위해 아내를 가지고 있다"(A. Oepke, ThWNT I, 740). W. Schrage, *Ethik des NT*, 233~234.

279) 이혼문제에 대해서는 조경철, 「예수와 하나님나라의 윤리」, 435~463 참조.

280) W. Schrage, *Ethik des NT*, 236.

281) Seneca, De Beneficiis 3,16; G. Delling, *Paulus*, 15은 로마의 빈번한 이혼을 "유행"이었다고 한다.

혼을 요구하지 않는 한 그대로 살아야 한다(고전 7:12 이하). 이는 종교적으로 혼합 결혼을 하지 말라는 구약성서 말씀에도 어긋나는 일이었다.[282] 여기서 바울은 그리스도인 배우자가 비기독교인 배우자를 구원에 이르게 할 수도 있다는 데까지 기대를 한다(14~15절). 이혼 불가라는 예수와 바울의 가르침은 너무 쉽게 이혼했던 당시 헬라-로마 세계의 관행과는 매우 달랐다.

③ 독신

마태복음 19장 10~12절 말씀과 유사하게, 그리고 나사렛 예수와 비슷하게 바울은 자신이 독신의 은사를 받았다고 여겼으며(고전 7:7), 임박한 종말과 주의 재림에 직면해 모든 그리스도인들이, 아니면 적어도 아직 결혼하지 않았거나 홀로 된 사람들이 자신처럼 독신으로 지내는 것이 최선이라고 보았다.[283] 그러나 사도는 이것을 금욕적인 규정으로 만들어 성도들이 따르게 하지는 않았다. 모든 그리스도인들이 결혼을 해서는 안 된다거나 독신으로 남아야 한다는 것도 아니다. 은사에 따라 독신으로 사는 사람은 주님과 다른 사람들을 섬기기 위해 그래야 한다.

고린도전서 7장 25절 이하에 독신을 추천하는 또 다른 동기가 나온다. 오고 있는 종말 시대의 고난에 직면해 결혼을 포기할 것을 추천한다. 바울은 이런 고난에서부터 그리스도인들을 아끼고 싶었다(28b절). 만약 바울이 결혼포기를 천거한다면, 이는 신학 교리에 의해서가 아니라, 종말적인 고난 앞에서 교우들을 염려하기 때문이다. 결혼한 사람들에게는 종말로 치닫는 이 시대의 아픔과 고난, 염려와 두려움이 더욱 가중될 뿐이다(37절도 참조).[284] 바울은 독신으로 사는

---

282) 신 7:3~4; 에 9:12 등.
283) 고전 7:7~8, 26, 32, 35, 37, 40.
284) 당시 헬라-로마 세계의 견해와 비교해 보면 바울의 독특한 점이 드러난다. Solon, Stob IV 521은 부인이 감당하기 힘든 짐이라고 했으며, 결혼을 '커다란 싸움'이라고 하는 이도 있고(Antiphon, Diels II 357), 결혼이 마음의 평정과 자족을 방해한다는 이도 있다. 결혼하지 않으면 도시가 황폐해지고 국가가 살아남지 못한다 때문에 결혼이 국민의 의무라고 생각하기도 했다(Musonius 72~73; Epiktet, Diss III 7, 19~20). 또한 아우구스투스는 공공도덕과 개인도덕을 고양하고 출생률을 높이기 위해 제정한 국가 혼인법에 따라 25~60세 사이의 모든 남자와 20~50세 사이의 모든 여자는 결혼을 해야 한다고 했다. W. Schrage, *Ethik des NT*, 237.

편이 좋은 가장 중요한 이유를 32~33절에서 말한다. 결혼을 하지 않은 사람은 전적으로 주님만을 위해 살 수 있다. 반면에 결혼을 한 사람은 세상 염려로 가득 차고 세상 일에 빠져 버릴 수 있다. 바울은 독신자가 주님을 온전히 섬길 수 있다고 여겼다(35절도 참조). 유대인들이나 스토아 철학자들에게 결혼은 본성적인 삶에 속했다. 그러다 보니 결혼하지 않고 사는 사람들을 경시하거나 동정하는 경향이 있었다. 그러나 바울의 생각은 이들과 달랐다.

④ 음행

바울은 혼외정사나 창녀 혹은 매춘 등에 대해 강력하게 경고한다.[285] 간음을 이방인들의 전형적인 악행으로만 보지 않고, 오히려 기독론과 교회론의 차원에서 간음을 반대한다. 그리스도인들은 믿음과 세례를 통해 주님의 소유가 되었다. 주님은 성령의 능력으로 그들 안에서 살아 계신다(갈 2:20; 롬 8:9~10). 주님은 그의 몸인 교회와 그 몸의 모든 지체들과 마치 남편과 아내가 창세기 2장 24절에 따라 한 몸이 된 것처럼 그렇게 결합되었다.[286] 창녀와 몸을 섞는 음행은 육체에만 해당하지는 않고, 교회와 그 지체들의 영적인 몸의 주인인 주님의 권리를 해치는 일이다. 교회는 음행을 관대하게 처리해서는 안 된다. 그리스도인의 자유(사실은 방종)의 표식으로 받아들이지 말고, 오히려 "너희 몸으로 하나님께 영광을 돌려야" 한다(고전 6:20). 고린도교회에는 교회의 한 지체가 도저히 들어본 적이 없는 음행, 곧 자신의 계모와 성적 관계를 맺으며 살고 있었다(고전 5:1~13). 이는 구약성서에 따르면(레 18:8; 20:11), 처형되어야 할 죄이며, 이방인들의 관행에도 어긋난다. 여기서 사도는 그리스도의 몸인 교회의 거룩함과 존엄을 해치는 일이므로 해당자를 교회에서 추방해야 한다고 가르친다.

---

285) 살전 4:4~5, 7; 고전 5:1~13; 6:12~20; 7:2 등.
286) 고전 6:16~17; 고후 11:2~3; 엡 5:29~32.

⑤ 동성애

바울은 악덕목록에서(고전 6:9~10) 그리고 하나님을 부정하는 이방인의 무신론적인 죄를 말하는 맥락에서(롬 1:24, 27) 동성애에 대해 말한다.[287] 구약성서와 유대교에 따르면, 동성애는 사형으로 다스려야 할 만행이다.[288] 바울은 동성애를 인간의 죄에 대해 하나님이 현재적으로 내리는 형벌의 표시라고 보는 듯하다. 죄에 대한 형벌로 하나님은 '자연스러운' 이성끼리의 성 관계를 '자연스럽지 못한' 동성끼리의 관계로 뒤바꿔 버리셨다. 특히 로마서 1장 26~27절에 근거해 사람들은 동성애를 가장 추악한 죄이자 하나님의 심판의 결과라고 주장한다. 그러나 동성애에 초점을 맞춰 본문을 해석한다면 주석적으로 타당하지 않다. 왜냐하면 동성애 문제는 1장 29~32절에서 나열하는 여러 악한 행위들 가운데 하나에 불과하기 때문이다. 바울은 동성애의 근거나 본질 등에 대해서는 말하지 않는다. 오늘날 생체 구조적으로 동성애를 추구할 수밖에 없는 사람들도 있다는 주장은 바울 시대에는 상상도 할 수 없었던 현대적인 생각이다. 그러나 적어도 바울을 신학적으로나 도덕적으로 동성애를 정죄한 원조 근거로 내세워서는 안 된다. 바울은 구약성서의 전통에 서서 동성애뿐 아니라 모든 종류의 비정상적인 성관계, 예를 들어 혼외나 혼전 성관계 혹은 여성의 달거리 동안의 성관계까지도 동성애와 동일한 성적 죄로 규정한다. 이 중에서 동성애만을 특별히 들춰내 강조하는 것은 주석적으로 결코 타당하다고 할 수 없다.

---

287) W. Schrage, *Ethik des NT*, 233.
288) 소돔 성 사람들은 동성애를 했다(창 19:1~28). 소돔과 고모라의 죄를 고발할 때는 동성애가 중요한 역할을 한다(사 1:9~10; 3:9; 렘 23:14; 겔 16:44~58). 레 17~26장에 따르면, 남성들 사이의 동성애는 죄이고, 특히 18:22에서는 "가증한 일"이다. 20:13에 따르면, 동성애를 하는 남자들은 죽음의 형벌을 받아야 한다. 그런데 우리는 성결법전에서 동성애가 다른 여러 성적인 악행들과 나란히 등장한다는 사실에 주목해야 한다. 다른 여러 성적인 악행들도 동성애와 마찬가지로 사형에 해당한다. 예를 들어 친척들과 성관계를 맺는 사람(18:6~18)과 여자가 달거리를 하는 동안 성관계를 맺는 사람(18:19), 타인의 아내와 간음을 행한 사람(18:20) 등도 동성애와 유사한 악행으로 처형되었다. 이러한 성적인 악행들은 모두가 이방인들이나 범하는 것이며(18:3, 24~30 참조), 유대인들이 범하면 하나님의 거룩함을 해치는 죄다. 동성애에 대한 정죄가 아니라, 하나님의 백성인 이스라엘의 정결과 거룩함을 지키는 것이 핵심이다. 구약성서에는 여성끼리의 동성애, 곧 레즈비언에 관해서는 언급하지 않는다. 반면에 구약성서와는 달리 고대 유대교는 여성들 사이의 동성애에 관해서도 언급한다(솔로몬의 지혜서 14:26; 아리스테아스의 서신 152; 요세푸스, Ap. 2. 273~275 등). 알렉산드리아의 필로는 두 종류의 동성애를 같은 차원에서 다룬다(Abr. 135~137; Spec Leg. 3. 37~42). 필로가 특히 문제시한 것은 남성의 '여성화'였다. 동성애를 비판하는 또 다른 시각은 성관계란 자녀를 생산하기 위한 것인데, 동성애는 자녀 생산을 못함으로써 백성 수를 감소시키는 결과를 가져온다는 것이었다. 그러므로 유대교에서 동성애는 개인적·도덕적 죄일 뿐 아니라 사회적·국가적인 죄였다.

⑥ 노예

노예제도는 비인간적이다. 이 문제를 가지고 바울서신들을 읽으면 실망부터 할 것이다. 더구나 바울이 '주 안에서는 노예도 없고 자유인도 없이 다 하나'라고 했다(갈 3:28; 고전 12:13)는 사실을 기억한다면, 노예에 대한 바울의 다른 언급들에 대해서는 실망할 수밖에 없다. 그는 어디에서도 노예해방을 주장하지 않았다.

고대세계에서는 노예제도를 자연스럽게 여겼고, 실제 많은 노예들이 있었다. 노예들은 주인의 재산 목록 가운데 유동 자산에 속했기 때문에 매매나 담보 혹은 상속될 수 있었다. 노예는 살아 있는 소유물이라는 아리스토텔레스의 말은 유명하다.[289] 스토아 철학자들은 노예에게도 인간의 본성이 있다고 여겨 노예의 인간화를 위해 노력했지만, 이는 극히 부분적이었을 뿐이고 노예제도 자체에 문제를 제기하지는 않았다. 노예의 주인은 자기 소유의 노예를 상당히 대우하기도 했다. 주인은 노예를 격려하기 위해 특별하게 보수를 주거나 해방을 약속하기도 했다. 필사가와 음악가, 행정가와 의사 혹은 교사로 일하는 노예들은 산이나 들에서 일하는 노예들보다 더 편했다. 그럼에도 노예제도는 비참했다. 노예는 노동 외에도 벌과 채찍질을 당하는 일은 보통이었다. 그래도 채찍질은 가장 가벼운 형벌 가운데 하나였다.

이 노예들에게도 주인의 종교에 따르거나 혹은 주인의 허락을 받으면 종교적인 자유가 허용되었다. 기독교인 노예들은 교회를 발판으로 자신의 해방을 추구하기도 했다.[290] 사도 시대에도 그런 가능성을 배제할 수는 없다. 바울은 고린도전서 7장 20~22절에서 이렇게 말한다.

"각 사람은 부르심을 받은 그 부르심 그대로 지내라 네가 종으로 있을 때에

---

289) Aristoteles, Pol I, 1253 b.
290) 이그나티우스의 폴리캅 서신 4:3 참조.

부르심을 받았느냐 염려하지 말라 그러나 네가 자유롭게 될 수 있거든 그것을 이용하라 주 안에서 부르심을 받은 자는 종이라도 주께 속한 자유인이요 또 그와 같이 자유인으로 있을 때에 부르심을 받은 자는 그리스도의 종이니라"

여기서 바울은 노예제도를 하나님이 원하신 제도라고 하지도 않지만, 노예해 방이라는 개혁적인 주장을 하지도 않는다. 바울에게 중요한 것은, 곧 일어날 주 의 재림까지 남아 있는 시간에 자신이 처한 그곳에서 순종을 실천하고, 부르심 을 받은 바로 그곳에서 최선을 다하라는 것이었다. 노예든 주인이든 어떠한 사 회적 지위를 가지고 있더라도 모두 다 그리스도 안에서 살아야 한다. 노예라도 '주 안에서 자유인'이고, 주인이라도 '주 안에서 종'이다(22절). 헬라철학과는 달리 그리스도인의 자유는 인간 내부에 있는 부동심에 근거하지 않고, 오직 '주 안에 서' 가능하다. 그리스도를 통한 자유와 섬김은 노예와 자유인 사이의 법적·사회 적 구분까지도 상대화시킨다. 법적으로나 사회적으로 자유인이면서도 세상의 노예로 사는 사람이 있고, 그 반대도 있다. 세상의 유혹과 염려, 요청으로부터 해방된 자유 안에서 그리고 그리스도와 형제에 대한 사랑의 섬김 안에서 인간 은 사회적인 고통을 이겨 낼 수 있다.

노예 오네시모는 그리스도인 주인 빌레몬에게서 도망쳐 나온 뒤에 바울을 만 나 그리스도인이 되었다. 바울은 오네시모를 주인에게 돌려보냄으로써 노예제 도 자체에 문제를 제기하지는 않았지만, 기독교적인 형제애의 실천을 통해 철저 히 주인과 노예의 관계를 새롭게 규정하려고 했다. 법률적으로는 옛 관계가 그 대로 남아 있을지라도, 그리스도 안에서 그 관계는 근본적으로 새롭게 변해야 한다. 노예는 물건이 아니라 '사랑하는 형제'로 여겨야 한다(몬 1:16). 오네시모가 '종보다 훨씬 나은' 사람이고(16절), 그 주인이 모든 성도들을 향해 사랑을 가지 고 있으며(5절) 그 사랑의 대상에는 종도 예외가 아니다. 바울은 빌레몬이 도망 친 노예 오네시모를 용서해 주기를 원한다(12, 17절). 그럼으로써 바울은 당시 법으로는 중형에 해당하는 도망친 노예에게도 주인은 기독교적인 형제 사랑을 실천할 것을 요구한다. 형제 사랑은 법적인 정당성을 넘어서야 한다. 형제를 사랑한다면서도 법적인 정당성이나 권리를 내세워 용서하지 않는다면, 이는 진정한 사랑이 아니다. 빌레몬은 주인으로서 로마법이 허용하는 범위 안에서 행동하는 것으로 만족해서는 안 된다. 도망친 노예에게도 법을 넘어서는 사랑을 실천해야 한다. 그리스도인의 사랑의 실천은 단순히 법의 테두리 안에 머물러서는 안 된다. 이것은 이미 나사렛 예수가 제자들에게 가르친 것이다.[291] 예수처럼 바울도 법이나 사유재산을 그리스도인의 행동을 위한 최고 기준으로 여기지 않으며, 하나님의 사랑에 근거한 삶의 실천을 가장 중요하게 가르쳤다. 그의 복음 선포로써 사회적 혁명을 직접 일으키려고 하지도 않았고 또 그럴 수도 없었지만, 그의 복음은 사회적 관계의 변화를 가져왔다. 그리스도인들에게 주어진 믿음의 자유로써(고전 7:23) 주인과 노예가 교회 안에서 함께 어울려 사는 결과가 일어났기 때문이다.

⑦ 교회와 국가 관계

로마서 13장 1~7절에서 바울은 로마 그리스도인들에게 국가에 복종하라고 가르친다.[292] 국가권력은 하나님이 정하셨고 하나님에 의해 명령되었으며 관리들은 하나님의 종으로서 선을 포상하고 악을 징벌한다. 여기에는 사형 집행까지도 포함된다. 그래서 악을 행하는 사람들은 국가의 권세를 두려워해야 한다. 그리스도인들은 국가의 권세에 저항해서는 안 된다. 국가에 대한 저항은 하나님의 명에 저항하는 것이며, 또한 심판을 받는다. 이처럼 바울은 주어진 정치적 권력에 대해 신학적으로 승인하며, 국가에 대한 복종은 하나님의 명령이라고 말한다.

---

291) 조경철, 「예수와 하나님나라의 윤리」, 403~434 참조.
292) 국가에 대해 복종하라는 촉구는 구약성서와 유대교의 전통에 따른 것이다(렘 29:7; 잠 24:21; 시락서 10:23~24; 필로, LegGaj 140; 요세푸스, Ant 6, 80; 9, 153 등). 세금문제에 대한 예수의 가르침도 바울이 알고 있었을 것이다(롬 13:7과 눅 20:22 병행 비교). 벧전 2:13~17과 딤전 2:1~2도 참조하면, 국가에 대한 복종은 처음교회에서 널리 가르쳐지고 있었다.

그러나 이 바울의 교훈에는 많은 문제들이 있다. 바울은 정치권력이 가진 수 많은 문제들에 대해서는 아무런 언급도 하지 않는다. 첫째, 정치적 권력을 가진 사람들이 그 권력을 오용하거나 악용할 수 있다. 바울은 로마 황제 네로가 그의 어머니와 형제, 아내까지 죽이는 만행을 저질렀다든가 칼리굴라의 과대망상적 인 잔인한 행동에 대해 분명히 들었을 것인데도, 이에 대해서는 전혀 말하지 않는다. 고린도후서 11장 25절에 따르면, 바울 자신이 그런 부당한 권력의 횡포를 몸으로 체험한 바 있다. 둘째, 국가 권력에 복종하는 것과 그리스도에게 복종하는 것 사이에 충돌이 일어날 수 있는 가능성에 대해 바울은 말하지 않는다. 복음을 선포하던 바울이 로마제국으로부터 태장을 맞았다면, 바울이 직접 그 같은 충돌을 체험한 것이며 또 그 충돌에서 국가권력에 복종하기를 거부하고 그리스도의 요청을 따랐기 때문에 국가로부터 징벌을 받았다고 할 수 있는데 말이다. 셋째, 국가 권력이 무엇이 선이고, 무엇이 악인지를 분별할 수 있는가? 그렇게 선과 악을 구분하는 기준이 무엇인가? 심지어 죄인으로 판정된 사람을 사형시키는 국가권력은 어떻게 정당화될 수 있는가? 바울은 이런 물음에 어떠한 답도 주지 않는다. 실제로 역사에서 국가의 권력과 법이 오히려 많은 죄를 범하고, 선과 악을 뒤집으며, 무고한 생명을 억압하고 앗아갔다. 넷째, 국가 권력자들도 하나님의 종말 심판을 받아야 한다. 그러므로 바울은 국가권력을 너무 간단하게 신학적으로 정당화했다는 비판을 받아야 한다. 국가권력에게 권선징악이라는 하나님의 일을 맡겼다면, 그 일을 수행하는 모든 과정이나 결과에 대해 권력과 그 집행자들은 하나님께 책임을 져야 한다.

신약성서에는 국가와 교회의 관계에 대한 다른 말씀들이 있다. 사도행전 5장 29절에 따르면, 그리스도인은 사람에게보다는 하나님께 더 순종해야 한다. 요한계시록은 곳곳에서, 특히 13장에서 로마제국을 적그리스도 세력으로 규정한다. 황제숭배를 강요하는 국가는 하나님을 섬기는 것이 아니라 사단을 섬기며, 그러므로 국가권력에 복종하는 것은 하나님을 배신하는 것이다. 마가복음 12장 17

절에 따르면, 황제에게 바치는 세금에 대한 물음에 예수는 "가이사의 것은 가이사에게, 하나님의 것은 하나님께 바치라"고 답한다. 그러나 예수의 대답을 꼼꼼히 살펴보면, 인간 전체가 하나님의 소유라는 말이다. 몸과 시간, 물질을 포함한 모든 것이 오직 하나님께만 바쳐져야 하는 하나님의 것이다. 예수는 세상 나라와 하나님 나라, 이 두 왕국을 말하지 않는다. 한 인간의 절반은 세상 나라에, 나머지 절반은 하나님께 속한다는 식으로 말하지 않는다. 인간은 오직 그리고 전적으로 하나님께만 속한다. 실제로 가이사에게 속한 것은 없고, 모든 것은 오직 하나님께 속한다. 현실적으로 가이사에게 바쳐야 할 부분이 있다고 하더라도, 그것이 하나님께 바쳐야 할 것과 충돌한다면 하나님을 위해 황제에게 거부해야 한다는 것이 예수가 가르친 핵심이다. 이처럼 예수의 말씀은 국가권력에 대해 매우 비판적이다. 그 외 마가복음 10장 42~43절과 베드로전서 2장 13~17절에서도 이런 경향을 읽을 수 있다. 마가복음에서 예수는 로마서 13장 1~7절과는 달리 백성들을 괴롭히는 권력에 대해 말한다. 로마서와 유사한 교훈을 하는 베드로전서 2장 13~17절 말씀에도 로마서 13장 1b~2절과 같이 국가권력의 긍정적인 역할에 관한 말은 없다.

그러므로 우리는 국가 권세에 복종하라는 바울의 교훈을 국가와 교회에 관한 신약성서의 다른 말씀들과 함께 다음과 같이 비판적으로 이해해야 한다.

첫째, 로마서 13장 1~7절의 교훈은 철저히 고대 유대교의 생각과 이해에 붙잡혀 있을 뿐이고, 초대교회의 독특한 기독론적인 근거가 전혀 없다. 바울은 윤리적인 교훈을 할 때면, 항상 '주 안에서' 혹은 '그리스도 안에서' 함으로써 그리스도의 가르침이나 그리스도의 주되심에 근거해 윤리교훈을 한다. 그러나 여기서는 그런 근거를 전혀 제시하지 않는다.

둘째, 로마서 13장 1~7절의 교훈을 오늘의 정치적 상황과 현대의 법률 국가에 단순히 적용해서는 안 된다. 바울의 관심은 정치적인 영역에서도 하나님을 섬겨야 한다는 점이다. 민주적인 헌법을 통해 변화된 상황이라고 해도 바울의 이 같은 근본적인 관심은 여전히 유효하다. 그러므로 정치적인 영역에서도 하나님을 섬겨야 한다는 원칙은 지금도 변할 수 없다. 현대의 법률 국가에는 신하와 귀족이 따로 없다. 현대 국가에는 비판과 야당이 근본적으로 중요하다. 바른 길을 둘러 싼 다툼과 반대, 저항과 논쟁이 있게 마련인 것이다. 때로는 불편하게 여겨지는 그런 것들이 국가를 바르게 만들어 간다. 인간의 공동생활은 계급적인 상명하복에 의해서가 아니라 동반자적인 토론과 이해를 바탕으로 한다.

셋째, 국가 질서는 인간을 위해 필요하다. 관리들이나 백성들의 공통 과제는 선을 촉진하고 악을 거부하는 일이다. 선은 무엇이고 악은 무엇이며 또 어떻게 선이 적절하게 보존되고 촉진되어야 하며 악이 제약되어야 하는가? 이에 대해서는 이성적인 논의를 통해 결정해야 한다. 교회도 그러한 논의의 한 몫을 감당함으로써 국가에 봉사한다. 교회는 복음에 입각해 이 같은 토론에 참여하고, 복음 정신을 국가와 세상을 향해 분명하게 제기해야 한다. 십자가에 달리신 주님께 복종하기 위해 국가에 불복종해야 할 때가 있다면, 그리스도인들은 단호하게 그리 해야 한다. 그러나 교회가 복종을 거부한다고 해서, 그것이 국가 권력을 경시하는 일은 아니다. 교회는 그렇게 불복종을 함으로써 오히려 국가 권력은 인간을 섬겨야 한다는 근본 사명을 상기시킨다.

⑧ 사랑의 실천

고린도전서 8장과 로마서 14장 1절에서 15장 13절에 따르면, 교회 안에서는 강한 자들과 약한 자들이 있어 서로 갈등하고 있었다. 고린도의 한 그룹은 스스로 믿음의 모든 지식을 가지고 있다고 주장하며(8:1~2), 신은 오직 하나님 한 분뿐이기 때문에 신이 아닌 우상들에게 바쳐진 제물을 먹을 수 있다고 보았다. 그런 그들에게서 또 다른 교인들인 '약한 사람들'은 신앙양심의 갈등을 느껴야 했다. 로마 교회에서 '강한 사람들'은 모든 음식 터부와 축제규정들을 무시했고, '약한 사람들'은 그 같은 터부와 규정에 여전히 매여 있었다. 이런 논란에서 바울은 신학적으로는 강한 자들을 지지하지만, 약한 자들의 양심과 굳건하지 못한 믿음을 배려해야 한다고 촉구한다.

그리스도인들의 실천적인 삶에서 중요한 것은 지식이 아니라 사랑으로 덕을 세우는 일이다(고전 8:1). 바울은 교회의 연합을 지키고 덕을 세우는 것을 강조한다. '강한 자들'은 '약한 자들'을 배려해야 한다. 자기 마음대로 해서는 안 되고 약한 자들이 믿음 생활에 고통 받지 않고 그들과 함께 살 수 있도록 배려하는 그리스도의 모범을 따라야 한다. 그럴 때에만 그리스도의 법(갈 6:2)이 지켜지며, 교회는 함께 하나님을 찬양할 수 있다(롬 14:19; 15:6 참조).

바울의 윤리교훈은 율법 계명을 맹목적으로 실천하거나 지식에 근거해서만 행동하는 것이 아니라, 예수 그리스도를 믿은 믿음에 근거한 그리스도인의 자유 가운데 이웃을 배려하고 용납하는 사랑의 실천을 지향한다. 예수의 가르침에 따라 그리스도인들은 서로를 용납해야 하며, 때로는 그러기 위해 자신들의 정당한 권리(법)를 포기할 수도 있어야 한다. 고린도전서 6장 1~11절에서 사도는, 고린도의 그리스도인들이 재산문제로 이방인들에게서 재판을 받는 것은 교회의 명망을 훼손하는 일이며, 예수의 희생죽음을 통해 거룩하게 되고 종말심판에 함께 참여하게 되는 그리스도인들의 신분과 지위에도 합당하지 않다고 비판한다. 그리스도인들 사이의 다툼은 교회 안에서 해결해야 한다. 교회에서는 예수의 교훈(마 5:39)에 따라 부당함도 감수하면서 사랑을 실천해야 한다. 교회 안에서 자기 권리를 주장하고 관철하는 것보다는 권리를 포기하고 상대방을 배려하는 것이 더 중요하다.

고린도전서 12장 31절부터 13장 13절에서 최고 은사로서 바울이 칭찬하는 사랑은 교회 내부에서만 아니라 때로는 적대적이었던 외부 세상을 향해서도 실천해야 한다. 로마서 12장 14~21절에서 바울은 원수를 사랑하라는 예수의 계명에 의거해(눅 6:28/마 5:44) 그리스도인들에게 그들을 박해하는 사람들을 축복하고 저주하지 말며 어떠한 악에도 악으로 보복하지 말라고 가르친다. 그리스도인들은 가능하면 만나는 모든 사람과 평화를 나누는, 그래서 평화를 만드는 사람이 되어야 한다(마 5:9). 그러므로 예수에게서뿐만 아니라 바울에게서도 이웃 사랑과 원수 사랑은 교회 안과 밖에서 그리스도인이 살아가는 삶의 기본이다.

사도 이후 시대 초대교회 서신들의 신학

1. 초대교회에 닥쳐온 위기와 대처

1) 위기와 문제들

(1) 핵심 인물들의 죽음

초대교회에 닥쳐온 최대 위기는 부활 예수의 현현을 직접 경험하고, 복음의 계시를 받고, 교회를 세우고, 진리의 시금석으로서 교회 안에 일어나는 모든 문제들에 대해 해결책을 제시해 주던 사도들의 죽음이었다. 기원후 64년에 사도 베드로와 바울이 로마에서 순교를 당했고, 그보다 앞서 기원후 62년에 주님의 동생 야고보가 예루살렘에서 순교를 당했다. 이 세 사람은 초대교회에서 가장 중요한 인물들이었다. 이들의 죽음으로 교회 역사의 첫 번째 단락은 마무리가 되었다. 부활 예수를 직접 본 사람들이요 복음 진리의 증언자들이 더 이상 없게 된 교회는 숱한 문제들을 스스로 해결해야 했다. 사도 이후 시대의 교회 지도자들은 어떤 식으로든 기독교 처음세대의 지도자들이 없는 시대를 이끌어 가고, 기독교 복음을 계승해야 할 과제를 안게 되었다.

(2) 임박한 재림 기대의 무산

부활 예수가 승천한 이후 바울을 포함한 처음 제자들은 예수가 세상의 심판자로 곧 다시 오실 것을 기대했다. 그들은 예배를 드리면서 '마라나타'(주여 오시옵소서)를 기도했다(고전 16:22). 특히 바울은 데살로니가전서 4장 13절부터 5장 11절에서 자기 생전에 주의 재림이 일어날 것으로 기대했다(롬 13:11; 빌 4:5도 참조). 그래서 일분일초라도 아껴서 선교의 열정을 불태웠다. 그러나 기독교 처음세대들의 죽음은 주의 임박한 재림을 더 이상 기대할 수 없게 만들었다. 그렇다고 그리스도인들이 주의 재림 신앙 자체를 포기한 것은 아니다. 오히려 오직 하나님 홀로 알고 계시는 재림의 때까지 연장된 시간 동안에 선택 받은 하나님의 백성으로서 해야 할 일이 무엇인지를 깊이 사고하며 실천했다. 일부 그리스도인들은 임박한 재림 기대가 무산되어 믿음에 회의를 가지고 교회를 떠난 것도 사실이지만(히 10:25 참조), 대부분은 재림 지연의 문제를 극복할 수 있었다. 예수의 재림이 당장 일어나지 않고 종말의 시간이 늦추어진다면, 교회는 세상에서 계속 존속하며 살아야 한다. 과연 교회는 세상과 어떤 관계를 유지해야 할까? 교회는 세상의 가치관과 도덕을 어떻게 받아들여야 할까? 교회는 어떤 조직과 규범을 가져야 할까? 당연히 이같이 숱한 문제들이 제기될 수밖에 없었다.

(3) 유대전쟁과 처음교회

기원후 66~70년에 있었던 로마와 유대의 전쟁은 로마의 승리로 끝났고, 이는 결국 유대교뿐 아니라 처음교회에도 지대한 영향을 끼쳤다. 이 전쟁에서 예루살렘과 성전이 파괴되었다. 예루살렘과 성전은 처음교회에게도 매우 중요한 믿음의 중심이었다.[1] 부활 예수의 현현을 경험한 제자들이 예루살렘에 모여 처음교회를 형성했고, 그곳으로부터 복음 선포가 시작되었지 않은가. 그런데 예루살렘과 그 성전이 파괴됨으로써 예수가 예고한 종말의 드라마가 시작되었다(막 13:2 이하). 건물로 된 성전이 사라지고 난 후 그리스도인들에게는 예수 그리스도가 성전이 되었다(막 14:58; 요 4:20~24). 예루살렘이 파괴되어 예루살렘 처음교회도 사라지게 되었다. 성도들은 뿔뿔이 흩어졌다. 유대전쟁이 일어나기 전인 기원후 62년에 예루살렘 처음교회의 지도자였던 주의 동생 야고보가 순교를 당함으로써, 교회는 유대 민족주의자들의 파상적인 공격을 받은 것으로 보인다. 유대전쟁 이후부터 예루살렘 처음교회는 기독교 역사에서 아무런 흔적이나 영향을 찾을 수 없다. 유대 그리스도인들은 그 이후로도 여러 지역에서 살고 있었지

---

1) 행 2:46; 3:1, 8; 5:20, 25; 21:26 등 참조.

만, 과거 예루살렘 처음교회가 보여 줬던 리더십은 더 이상 계속될 수 없었다.

(4) 로마 황제숭배와 박해

기원후 68년에 네로 황제가 자살을 했다. 네로는 베드로와 바울을 죽이고 로마의 그리스도인들을 박해했던 인물이었다. 기원후 69년에 유대와 전쟁을 하고 있던 베스파시안 장군이 로마 황제가 되었다. 베스파시안과 그 아들 티투스는 그들의 황권을 공고히 하려고 종교적인 선전을 했다. 그들에게 붙잡혀 포로가 된 유대인 역사가 요세푸스는 베스파시안이 황제가 된 것을 복음(ευαγγελιον)이라고 했으며(「유대전쟁사」 4, 618, 656), 세상에 평화를 가져온 황제로 칭송했다. 베스파시안에게는 소경과 손 마른 질병을 앓는 사람들을 치료할 수 있는 능력이 있다고 선전했다. 그는 이집트의 제우스라고 할 수 있는 암몬의 아들이며 살아 있는 사라피스로 추앙되기 시작했다. 이로써 이른바 황제를 신으로 숭배하기 시작한 셈이다. 그러나 로마 황제를 신으로 여기기 시작한 때는 그보다 훨씬 이전이었다. 케사르와 초대황제 아우구스투스는 이미 그들의 생전에 신으로 추앙되었으며, 그들을 섬기고 예배하는 신전과 제사장들까지 있었다. 로마는 다양한 민족들을 합병하면서 그들을 효과적으로 통치하기 위해 황제 신앙을 강요했던 것이다.

한편 예수 그리스도 사건을 내용으로 하는 복음서가 기록되기 시작한 것은 베스파시안 황제가 즉위할 무렵이었다. 로마 황제의 즉위를 '복음'이라 부르고, 황제가 병자를 기적적으로 치유할 수 있다고 선전할 그 무렵에, 초대교회는 오직 예수 그리스도만이 복음이고 질병을 치유하는 기적을 행했다고 기록하고 전파한 것이다. 더구나 로마인들에게 처형당한 예수만이 오직 복음이라는 교회의 메시지는 로마의 황제숭배와 부딪힐 수밖에 없었다. 기원후 70년 전후에 처음으로 기록된 복음서인 마가복음이 하나님의 아들 예수를 복음이라고 정의하는 데서 시작하여(1:1), 로마인 백부장이 십자가에 달린 예수를 하나님의 아들이라고 고백하는 사건으로 끝나는 것은(15:39), 오직 로마의 황제숭배를 의식한 반대 입장을 표명하기 위해서라고 보기는 무리겠지만, 어쨌든 로마의 황제숭배가 복음서 기록의 중요한 동인으로 작용했을 가능성을 보여 준다.[2] 더구나 도미치안 황제 때에는 황제숭배가 극에 달했다. 로마 시내뿐 아니라 제국 전체에 걸쳐 황제를 신으로 숭배하게 하고, 숭배를 거부하는 사람들을 무자비하게 박해했다. 요한계시록은 그 실상을 적나라하게 보여 준다. 로마제국의 입장에서는 황제숭배를 거부하는 것은 로마제국에 대한 거부로 여겼기 때문에 교회를 박해할 수밖에 없었다.

교회의 박해는 단지 황제숭배의 거부에만 기인한 것은 아니다. 네로 황제가 로마 화재의 책임을 그리스도인들에게 돌렸을 때 로마 시민들의 박수를 받았다는 사실은, 로마 시민들 대다수가 그리스도인들을 처벌해야 할 범죄인들로 보았기 때문이다. 로마법에 의해 십자가에서 처형된 사람을 숭배한다거나 로마인들의 눈에 기이하게 보이는 세례와 성만찬 등은 그러한 의심을 사기에 충분했다(벧전 4:15~16 참조).

(5) 교회 내부 구성원들의 다양성

사도 시대부터 교회는 확장되었지만, 사도 이후 시대에도 더욱 세차게 확장되어 나갔다. 다양한 사회 계층 사람들이 교회 안으로 들어오게 되었고, 이는 많은 문제들을 만들어 냈다. 바울 때에도 교회 안에는 상류층 사람들도 있었지만,[3] 대부분 성도들은 노예를 비롯한 하층민들이었다.[4] 그런데 사도 이후 시대에는 부유한 사람들이 많이 교회에 들어왔다.[5] 교회 안에는 노예들과 주인들이 함께 있었다(엡 6:5~9). 부자들은 교회에서 대접받고 가난한 사람들은 멸시를 당하

---

2) U. Schnelle, *Theologie des NT*, 343.
3) 롬 16:23의 에라스도, 빌 4:22의 가이사의 집 사람들, 고전 1:14과 롬 16:23의 가이오, 빌레몬서가 보내진 빌레몬 등.
4) 고전 1:26; 7:21~24; 롬 16:22 등.
5) 골 4:15; 딤전 1:16; 2:9; 4:19; 벧전 3:3; 행 17:4, 12 등.

는 일이 벌어졌다(약 2:2~4). 부자 교인들은 물질에 탐욕스런 모습을 여전히 보여주고 있었다.[6] 이처럼 교회 안에서 빈부 격차가 현저히 드러남으로써 문제가 생겼고, 부자 교인들은 가난한 교인들을 도와야 한다고 촉구하기에 이르렀다.[7] 노예와 주인의 문제, 여성과 남성의 문제 등 교회 안에는 수많은 사회 계층 사이의 갈등이 생겨났고, 사도 이후 시대의 교회는 이 문제들을 해결하기 위해 신학적인 모색을 하지 않을 수 없었다.

(6) 이단자들의 등장

사도들의 죽음과 임박한 재림 기대의 무산, 유대전쟁과 황제숭배의 등장, 로마의 박해와 복음과 헬라-로마 세계의 종교들이나 철학사상과의 만남, 그리고 교회 내부에 계층 간의 갈등과 같은 여건은 교회에 이단자들이 등장할 수 있는 매우 좋은 분위기를 형성했다. 더구나 핵심적인 신학의 일부는 이미 확실하게 정립되기도 했지만, 아직도 더 분명하게 정립되어야 할 신학 주제들도 많았다. 특히 종말론과 윤리, 교회 조직과 직분 등에 대해서는 여전히 논란이 될 수밖에 없었다. 데살로니가후서와 복음서들에는 임박한 재림과 종말을 둘러싼 교회 내부의 극심한 혼란이 반영되어 있다(살후 2:1~12; 막 13장 등). 골로새서에는 바울의 복음과 헬라-로마 세계의 철학적이고 종교적인 사상이 혼합된 이단자들의 문제를 볼 수 있다(골 2:8).[8] 목회서신이나 요한문헌들에는 영지주의적인 이단들이 문제가 되었다.[9] 상황이 이렇다 보니 사도 이후 문헌들에 교회와 직분들에 대한 가르침이나 윤리교훈들이 많이 나오는 것도 이해가 된다. 이 시대의 그리스도인들이 신앙생활을 하는 데 얼마나 혼란스러웠을지는 충분히 짐작이 간다.

---

6) 딤전 6:6~10, 17; 딛 1:7; 딤후 3:2; 약 4:13, 16; 계 3:17~18.
7) 딤전 5:10; 6:18~19; 딛 3:14; 약 1:27; 2:15~16; 행 20:35.
8) 조경철, "골로새서에 나타난 '철학'과 '바울의 복음'", 34~57.
9) 조경철, "목회서신이 가르치는 거짓 가르침(이단)에 대한 대처 방식", 1~69.

2) 초대교회의 위기 대처

이러한 위기들에 직면하여 사도 이후 시대 교회는 어떻게 대처했을까? 여러 대처 방식들이 있었겠지만, 두 가지 문헌적인 대처가 우리에게 중요하다.

(1) 사도의 이름을 빌어 차명서신들을 기록하다.

사도들 시대에 이미 시작되었지만, 사도들이 죽고 나서 더욱 고조된 교회 위기를 극복하기 위해 사도 이후 시대 교회 지도자들은 사도들의 이름으로 서신들을 기록했다. 사도의 권위를 갖지 못한 지도자들이 사도들의 이름을 빌려 서신을 기록함으로써 사도 이후 시대에 제기된 숱한 문제들에 대해 사도적인 해결책을 제시하고자 했다. 이는 윤리적으로 부정적인 인상을 풍기는 '위명서신'이라는 표현보다는, 오히려 차명서신이라고 하는 편이 더 적절해 보인다.[10] 바울의 제자들이 스승 바울의 이름을 빌려 기록한 서신들을 '제2바울서신'이라고 한다.[11]

차명서신들이 기록된 때는 사도들의 죽음 이후, 그리고 모든 교회들을 아우르는 조직이나 규범이 형성되기 이전의 중간 시기다(대략 기원후 60~100년 사이). 점차로 교회 직분들이 형성되기 시작했고, 이단자들과의 힘겨운 싸움이 한참 진행되고 있었던 때였다. 데살로니가후서 2장 2절이 보여 주듯이, 이단자들도 사도의 권위를 활용해 서신을 기록하기도 했다. 사도라는 절대 권위를 가진 인물들은 사라졌고, 교회 조직과 규범은 아직 공고하지 못했던 시기, 이단자들이 횡행하고 교회 안에는 박해와 분열 등 숱한 문제들이 제기되어 어느 때보다도 권위가 필요했던 시기에 교회 지도자들이 선택할 수 있었던 길은, 사도의 이름을 빌려 서신을 기록해 문제들을 해결하는 것이었다.[12] 그러나 정경이 형성되고 교회

---

10) F. Hahn, 「신약성서신학 I」, 396~397.
11) 골로새서, 데살로니가후서, 에베소서, 디모데전서, 디모데후서, 디도서 등 여섯 개 서신을 제2바울서신이라고 본다. 이들 가운데 골로새서와 데살로니가후서가 제2바울서신이냐, 아니면 바울의 주요서신에 속하느냐, 하는 논란은 여전히 미해결이다. 그러나 나머지 네 개 서신은 제2바울서신이 분명하다.
12) K. M. Fischer, "Anmerkungen zur Pseudephigraphie", 76~81; R. Zimmermann, "Unecht – und doch wahr? Pseudepigraphie im Neuen Testament als theologisches Problem", 27~38; U. Schnelle, *Theologie des NT*, 498~502.

조직과 규범이 공고하게 된 이후에는 차명서신이 더 이상 필요하지 않게 되었다. 제기된 다양한 문제들은 정경과 조직, 규범에 의거해 처리할 수 있었기 때문이다. 이처럼 차명서신은 사도 시대가 끝난 이후 교회 규범이 형성되기 이전의 과도기에 필요에 따라 기록되었다.

차명서신들은 과거 위대한 지도자의 이름을 빌리거나(베드로와 야고보 등) 혹은 그들이 기록한 서신 내용들을(바울서신들) 활용해서 기록되었다. 그렇게 함으로써 그 지도자들이 가르쳤던 내용을 새로운 상황과 제기된 문제에 맞게 확대하고 해석하며 적용했다. 그러다 보니 전혀 새로운 신학적 의미를 창출하기도 했다. 제2바울서신들로 알려진 여섯 개 서신들은 바울의 주요 서신들의 모형에 따라 서두에 저자가 사도 바울이라는 사실을 명시하고, 바울 주변 인물들을 언급하면서 진정한 바울서신으로 보이게 하지만, 히브리서는 13장 23절에서 은근하게 암시만 할 뿐이다. 제2바울서신들은 바울이 처한 상황까지도 상세하게 묘사하고, 심지어 죽음에 직면해 있다고 말하며(딤후 4:6~8, 17~18), 오직 바울에게 계시된 복음과 그 복음을 전하기 위한 바울의 특별한 고난을 강조함으로써 바울의 사도적인 권위를 다른 어느 곳에서보다도 분명하게 내세우며, 바울이 교회의 주춧돌이라고 강조한다.[13]

이 차명서신 문제를 현대 시각에서 위조와 같은 법적·윤리적 문제로 보아서는 안 된다.[14] 헬라-로마 세계나 유대 세계도 차명서신을 윤리적인 비난거리로 보지 않았고, 널리 사용했다. 차명서신을 기록한 목적이 속이려는 것이 아니라, 제기된 숱한 문제들을 사도들 이름으로 해결하고자 했을 뿐이다. 차명서신 내용이 진리이냐의 여부는 저자 이름에서 결정되는 사항이 아니고, 여기서는 사도의 권위에 근거해 말하는 내용 자체가 중요하다. 사도들이 죽고 없는 시대에 교회에 일어나는 수많은 문제들을 해결하기 위해 사도들 이름을 빌리고, 사도들이

---

13) 골 1:24; 엡 2:20; 3:1~13 등.
14) N. Brox, *Falsche Verfasserangabe*, 81 이하; U. Schnelle, *Theologie des NT*, 502.

기록한 서신들 내용을 새롭게 해석함으로써 사도들의 가르침을 변화된 시대의 교회에서 살아 있는 가르침이 되게 한 것이다. 차명서신 저자들은 사도들의 이름으로, 사도들의 가르침을, 변화된 시대에 맞게 창조적으로 해석해서, 청중에게 들려줌으로써, 그들의 신앙을 공고하게 하고자 했다.

(2) 복음서를 기록하다.

제2바울서신들이 기록된 비슷한 무렵에 예수 이야기를 내용으로 하는 복음서들이 기록되었다. 그 이전에는 예수의 수난 이야기나 말씀자료(Q) 등이 읽혀지고 있었을 것이다. 기원후 70년 이후에 기록된 복음서들은 그보다 훨씬 이전에 살았던 예수 이야기를 내용으로 한다. 그러나 복음서 저자들은 역사적인 예수 사건을 그대로 기억해서 보존하려고 기록한 것이 아니라, 그들이 살던 시대의 교회에 일어난 다양한 문제들과 위기를 해결하고, 예수 그리스도가 하나님의 아들이라는 복음을 믿고 생명을 얻게 하기 위해(요 20:31) 예수 이야기를 수집하고 해석해서 그들의 복음서를 기록했다. 복음서들은 교회의 토대가 되는 예수와 그의 제자들 이야기를 함으로써 복음서가 읽혀져야 했던 공동체가 당면한 문제에 답을 주려고 했다. 그러면서 복음서들은 예수에 관한 전승이 사라지지 않게 보존하고, 교회의 토대에 대한 연속성을 지키며, 동시에 저작 당시 당면한 문제들에 답을 줄 수 있는 일석삼조의 '통합과 혁신의 기능'[15]을 수행할 수 있었다.

---

15) U. Schnelle, *Theologie des NT*, 344.

2. 제2바울서신들의 신학

1) 바울학파의 바울이해

(1) 바울은 교회를 세웠을 뿐 아니라 교육에도 열심이었다.[16] 바울에게는 제자들과 동역자들이 많았다. 바울은 팀 사역을 했다. 수많은 동역자들 없이는 바울의 선교는 생각할 수 없다. 바울이 명시적으로 동역자라고 부른 사람들의 수만해도 최소한 16명이다. 이같이 분명한 호칭으로 불리지 않는 사람들의 수는 20에서 25명에 이른다. 물론 이들이 바울과 동역을 하는 정도와 기간, 책임성의 부분에서는 각기 다양하다. 그러나 그들은 그리스도 안에서 함께 하나님의 복음을 위해 일하는 동역자들이다.[17] 바울은 아볼로(고전 3:9)와 디모데(살전 3:2) 그리고 자신을 '하나님의 동역자'라고 한다. 그의 제자나 동역자들은 바울과 교회 사이에서 연락하는 일을 맡기도 했고(살전 3:2), 바울의 이름으로 가르치기도 했으며(고전 4:17; 고후 1:19), 예루살렘교회를 위해 모금도 했다(고후 8장). 그들 가운데 일부는 바울서신들 공동발신자로 언급되기도 했다.[18] 바울이 감옥에 갇힌 동안에는 바울을 대신해 복음을 전파하기도 했다.[19] 바울의 동역자들은 부활 증인들인 사도들과는 구분되며, 그러므로 마지막 사도인 바울 자신과도 구분된다(고전 15:1~11). 사도의 소명이나 권위 면에서 바울은 동역자들과 근본적으로 구별되지만, 항상 제자들이나 동역자들과 함께 선교와 목회를 했다.[20]

---

16) 행 11:26; 18:7~11; 19:8~10.
17) 고후 1:24; 8:23; 빌 2:25; 4:3; 몬 1, 24; 롬 16:3, 9, 21 등.
18) 살전 1:1; 고후 1:1; 골 1:1.
19) 행 23:31~26:32; 28:16~31.
20) 조경철, "사도 바울의 리더십" 참조.

(2) 바울학파에 대한 연구는 아직도 진행 중이다.[21] 바울학파는 사도 바울이라는 인물에 관한 전승과 그의 서신들을 간직하면서, 다른 한편으로는 바울신학을 보존하고 적용하며 전개하는 일에 헌신했던 이들을 일컫는다. 신학적인 사고의 뿌리를 바울에게 두고 신앙생활을 했던 공동체들을 바울학파라고 할 수 있다. "이 학파는 조직되어서 특정한 장소에 있었던 학교 체제가 아니라, 바울을 추종하면서 바울로부터 전해지는 전승을 받아 현실에 적용하는 현상이다."[22] "바울학파라는 말은 대단히 복합적인 현상을 가리킨다. 그러므로 단선적으로 신학적 혹은 문헌적인 설명을 할 수 없다. 바울학파는 바울의 유산을 전승했고 또 현실에 적용했다. 이 학파의 뿌리는 바울 자신에게로 올라간다. 그러나 바울학파는 바울 이후 시대의 현상이다."[23] 생전에 수많은 동역자들과 제자들을 두었던 바울의 신학과 사상은 그가 죽은 이후 그들에 의해 계승되고 발전되었으리라는 것은 어렵지 않게 알 수 있다.[24] 우리가 제2바울서신이라고 부르는 문헌들도 바울의 제자들에 의해 바울신학을 변화된 시대와 교회에 적용해 살아 있는 신학이 되게 하기 위해 기록된 것이다.

(3) 바울의 제자들이 바울을 어떻게 이해했는지는 제2바울서신들에서 분명히 드러난다. 제2바울서신들은 모두 첫 구절에서 바울이 하나님의 뜻으로 부르심을 받은 예수 그리스도의 사도라고 밝히면서 시작한다. 바울의 사도권이 문제가 되지 않았던 데살로니가전서를 그대로 모방해서 기록한 데살로니가후서의 서두만 바울의 사도직을 말하지 않는다. '사도'는 복음의 진리성을 좌우하는 시금석 역할을 하는 절대 권위의 직분이고, 역사적으로 반복될 수 없는 직분이다. 제2바울서신들의 메시지는 '사도' 바울의 사도적인 복음이다. 골로새서는 바울이 자

---

21) P. Müller, *Anfänge der Paulus-Schule*.
22) P. Müller, *Anfänge der Paulus-Schule*, 325.
23) A.a.O., 321.
24) K. Scholtissek(hg.), *Christologie in der Paulus-Schule*,

주 말했던[25] 그의 사도직의 근원에 대해서는 말하지 않지만, 에베소서와 디모데전서는 분명히 말한다.

에베소서 3장 1~13절은 "나"를 여러 차례 반복함으로써 바울을 회상한다. 에베소서 2장 20절에 따르면, 바울로 대표되는 사도들과 예언자들은 교회의 터(θεμελιον)다. 고린도전서 3장 11절이 동일한 단어(θεμελιον)로써 교회의 유일한 터는 그리스도이며 바울이나 바나바는 터가 아니라고 말하는 것과 비교하면, 바울을 교회의 "터"라고 말하는 에베소서에서 바울이 어떤 존재로 높여지고 있는지가 분명해진다. 바울을 포함한 사도들을 교회의 초석을 놓은 터로 회상하고 있는 것이다. 사도 없이는 교회도 없다. 에베소서 3장 8절은 예수 그리스도의 사도라는 하나님의 은혜가 주어진 바울은 "모든 성도 중에 지극히 작은 자보다 더 작은 자"라고 기록한다.[26] 이러한 바울의 소개는 고린도전서 15장 9절에 나오는 "사도 중에 가장 작은 자"라는 말과 비교된다. "사도 중에"가 에베소서에서는 "모든 성도 중에"로 바뀌고 또 디모데전서 1장 15절에서는 "죄인 중에 괴수"라고 함으로써 한층 더 강화된다. "사도 중에 가장 작은 자"에서 "모든 성도 중에 지극히 작은 자"로, 더 나아가 "죄인 중에 괴수[첫째]"라는 표현으로 점점 강화된다. 이 표현들은 모두가 교회를 박해하던 바울을 하나님이 사도로 부르셨다는 것을 말한다. 그러나 표현이 점점 강화됨으로써 바울의 죄를 강조하려는 것이 아니라, 정반대로 그렇게 큰 죄인인 바울에게 주어진 하나님의 은혜의 크기를 강조한다. 디모데전서 1장 16절에 따르면, 예수 그리스도가 죄인 중에 괴수인 바울에게 "먼저" 오래 참음을 보여서 모든 그리스도인들의 "본"이 되게 했다. 그러므로 바울은 '죄인들의 괴수'가 아니라, '용서받은 죄인들의 첫째'이다.[27] 바울에 대한 이 표현들은 바울이 세운 이방인 교회의 '터'와 '모범'으로서의 의미가 점점 더 강화되고 있음을 반증한다.

---

25) 고전 15:5 이하; 갈 1:15 이하 등.
26) 이에 대해서는 조경철, 「설교자를 위한 에베소서 주석」, 189~191 참조.
27) J. Roloff, *Der erste Brief an die Timotheus*, 96.

골로새서 1장 24절에서 2장 5절은 1장 23절의 "나 바울은 이 복음의 일꾼이 되었노라"는 말을 해설하면서 바울을 소개한다.[28] 바울은 천하 만민에게 전파된 복음을 섬기는 "일꾼"이다(1:23). 다시 말해 "일꾼"은 복음을 위해 피와 땀을 흘리며 절대 충성하는 바울이다. 그러므로 바울은 '교회의 일꾼'으로서 그 사명을 다하기 위해 그리스도 때문에 감옥에 갇히는 등 괴로움을 당하면서도 기뻐한다(1:24~25; 4:3, 10, 18). "일꾼"과 "괴로움"은 떨어질 수 없다. 하나님은 만세와 만대로부터 감추어진 비밀을 바울에게 알려 주셔서 그 비밀의 풍성함을 이방인들에게도 선포하게 하셨다(1:26~27; 엡 3:3, 9). 골로새서는 바울을 복음 선포를 위해 고난을 당하는 사도로 소개한다. 고난당하는 사도상은 이미 바울의 주요 서신들에서도 분명하게 찾아볼 수 있지만, 특히 바울 이후 시대 사람들에게 강하게 각인된 바울의 사도상(像)이었다.

목회서신은 바울의 선교 업적과 신학적인 투쟁을 되돌아보면서 바울을 "믿음과 진리 안에서 이방인의 스승"(딤전 2:7)이라고 한다. 목회서신에서 바울은 교회의 사람이며, 공동체들의 보호자이고, 복음 진리의 눈을 뜨게 해 준 사도로 추앙받는다. '빌라도 앞에서 선한 증언'을 행한 예수는 고난 중에서도 결코 좌절하지 않을 선포자가 필요했는데, 바로 그런 선포자의 모범 인물이 사도 바울이다. 바울은 특히 고난 중에서도 용감하게 복음을 증언한다(딤후 2:8~9). 한편으로는 "택함 받은 자들"을 위해 참아야 했고(딤후 2:10), 다른 한편으로는 복음 안에서 고난을 받아야 했다(딤후 2:8~9). 제2바울서신들 가운데 특히 골로새서와 에베소서, 디모데후서와 사도행전 등에서 복음을 위해 고난당하는 사도 바울의 모습을 분명하게 그리고 있다.[29]

이러한 바울학파의 존재를 인정한다면, 여기서 그의 제자들이 스승 바울의 이름으로 제2바울서신들을 기록할 수 있었다는 정황을 이해할 수 있다. 그들은

---

28) 더 상세한 내용은 조경철, 「설교자를 위한 골로새서 주석. 오직 그리스도!」, 198~203 참조.
29) 그 외에도 클레멘트와 폴리캅, 이그나티우스 등과 같은 많은 교부들도 고난당하는 바울에 관해 말한다. P. Müller, *Anfänge der Paulusschule*, 235~236 참조.

새롭게 전개되는 교회들의 문제에 직면해 스승 바울의 신학을 작업함으로써 그 답을 주고자 했다. 바울 생전에 서신들의 공동 발신자로 거명된 이들이 그 작업의 선두에 있었을 것이다.

2) 데살로니가후서의 신학

(1) 데살로니가후서는 여러 측면에서 제2바울서신에 속한 다른 서신들과는 다르다. 골로새서와 에베소서, 목회서신들은 바울의 사도적인 인격과 권위, 복음을 위해 당한 고난 등을 강조하지만, 데살로니가후서는 이에 대해서는 거의 말하지 않는다. 다른 서신들은 바울의 주요 서신들과는 다른 문체나 단어 등을 보여 주지만, 데살로니가후서에는 데살로니가전서나 바울의 어느 주요 서신들과 다른 문체나 단어들이 별로 없다. 그러므로 데살로니가후서가 제2바울서신에 속하는지에 대한 논란은 여전히 계속된다.

(2) 데살로니가후서가 제2바울서신에 속한다는 주장의 가장 강력한 근거가 2장 1~12절에 있는 종말이해다. 이 단락은 해석이 매우 까다롭다. 데살로니가후서 2장 1~12절은 데살로니가전서 4장 13절부터 5장 11절에 대해 비판적이다. 데살로니가전서는 임박한 재림과 종말을 기대하지만, 데살로니가후서는 그런 기대에 대해 상당한 거리를 두기 때문이다.

2장 1~12절에서 데살로니가후서의 저자는, 영으로 받았다거나 혹은 바울 서신에 의거해 "주의 날이 이르렀다"고 주장하는 사람들에게 속아서는 안 되며, 그렇게 주장하는 사람들은 성도들이 "게으르게 하고" 바울에게서 "받은 전통대로 행하지 아니하는" 자들이기 때문에 그들과 어울리지 말라고 경고한다(3:6, 11~12). 이런 주장을 하는 사람들은 종말론적인 열광주의자들로서, 종말이 임박했다는 핑계로 스스로 일을 해서 책임을 다하는 삶을 영위하지 않고 다른 사람들의 짐이 되는 "무질서"를 행했다(3:6~12). 이들은 데살로니가후서를 읽고서도 그 같은 주장이나 삶을 버리지 못한 것 같다(3:14). 이 열광주의자들은 데살로니가전서 4장 13절부터 5장 11절에 있는 바울의 가르침을 내세우며 "주의 날이 이르렀다"고 주장했다.

이들의 잘못된 주장과 삶에 맞서서 데살로니가후서는 2장 3~12절에서 바울의 가르침을 말한다. 주의 재림과 종말은 분명히 있겠지만, 아직은 아니라는 것이 데살로니가후서가 전하는 메시지다. 주의 재림과 종말이 오기 이전에 먼저 고통스러운 날들이 와야 하고, 거짓 예언자들이 나타나야 한다. 이는 마태복음 24장 4~6, 10~28절에서도 볼 수 있는 묵시적인 종말사건이며, 바울 또한 이러한 묵시적인 종말 드라마를 잘 알고 있었을 것이다. 그러므로 데살로니가후서에서 바울은 자신이 데살로니가전서에서 말했던 종말사건을 보충해서 설명하려고 하기 때문에, 후서를 바울서신으로 볼 수 있다는 주장도 있다.[30]

데살로니가후서 2장 1~12절의 해석에서 핵심은 바울이 예고한, 하나님을 대적하는 자가 누구냐 하는 점과(2:4), 또 그가 아직 활동하지 못하게 막고 있는 자(2:7) 혹은 막고 있는 것(2:6)이 무엇이냐 하는 점이다. 하나님을 대적하는 자는 적그리스도이고,[31] 다니엘서를 비롯한 유대교의 묵시문헌들이 말하는 사탄의 세력이라고 할 수 있다. 그러면 사탄적인 적그리스도의 활동을 막는 자 혹은 막는 것은 누구이며 또 무엇인가? 데살로니가후서가 바울이 쓴 친서라고 한다면, 하나님을 대적하는 자의 활동을 가로막고 있는 사람은 바울 자신이라고 할 수 있다. 복음이 땅 끝까지 전파된 후에야 그리스도가 재림할 것이고,[32] 주께서 재림하면 복음을 믿는 사람들은 구원으로, 거부하는 사람들은 심판에 떨어질 것이다.[33] 그러니 복음의 사도로서 바울이 이방인들에게 복음을 선포하는 동안에는 아직 불법

30) P. Stuhlmacher, *Biblische Theologie des NT II*, 57.
31) 요일 2:18, 22; 4:3; 요이 7; 계 12:18~13:10, 11~18; 17:8~10.
32) 마 24:14; 막 13:10 참조.
33) 마 24:29~31; 막 13:24~27 참조.

한 자가 활동하지 못하고 있다고 할 수 있다. 복음이 모든 민족들에게 선포된 후에야 비로소 종말사건들이 전개되고, 적그리스도가 활동하기 시작할 것이다.

(3) 어쨌든 데살로니가후서는 주의 재림과 종말에 대한 임박한 기대를 포기하는 것이 아니라, 그에 관해 설명한다. 임박한 종말 기대 가운데 그리스도인들은 믿음을 지키고, 고난을 감당할 수 있어야 하며, 침착하며 질서 있고 부지런한 삶을 살아가야 한다. 임박한 종말 신앙은 현실의 삶을 등한시하게 만드는 것이 아니라, 오히려 더욱 진지하며 질서 있고 책임 있게 만든다. 데살로니가후서는 이러한 메시지를 전한다.

3) 골로새서의 신학

골로새서는 바울이 죽고 나서 기원후 70년 무렵 바울의 제자나 동료 가운데 한 사람이 바울 이름으로 기록한 서신이다. 교회 안에 나타난 거짓 교사들과 그들의 거짓 가르침을 바울신학으로써 물리치고 성도들의 바른 신앙을 굳게 하기 위해 기록되었다. 골로새서는 제2바울서신들 중에서 바울과 가장 가까이 서 있는 사람의 저작이다. 그럼에도 골로새서 저자는 바울의 칭의론에 대해서는 침묵한다. 골로새교회의 거짓 교사들과의 논쟁에서 이 칭의론은 아무런 역할을 하지 못했다. 그 논란의 핵심은 그리스도이해에 있었다.

(1) 그리스도이해
① 골로새교회에 나타나 "철학"이라는 이름으로 잘못된 그리스도를 성도들에게 가르치는 이단자들에 맞서(골 2:8), 바울의 이름으로 그리스도를 선포하는 골로새서의 기본적이고 핵심적인 신학은 1장 15~20절에 있는 그리스도 송가에 나타나 있다.[34]

I.

15 그는 보이지 아니하는 하나님의 형상이시요 모든 피조물보다 먼저 나신 이시니 16 만물이 그에게서 창조되되 하늘과 땅에서 보이는 것들과 보이지 않는 것들과 혹은 왕권들이나 주권들이나 통치자들이나 권세들이나 만물이 다 그로 말미암고 그를 위하여 창조되었고 17 또한 그가 만물보다 먼저 계시고 만물이 그 안에 함께 섰느니라 18a 그는 몸인 (교회의) 머리시라

II.

18b 그가 근본이시요 죽은 자들 가운데서 먼저 나신 이시니 이는 친히 만물의 으뜸이 되려 하심이요 19 아버지께서는 모든 충만으로 예수 안에 거하게 하시고 20 (그의 십자가의 피로) 화평을 이루사 만물 곧 땅에 있는 것들이나 하늘에 있는 것들이 그로 말미암아 자기와 화목하게 되기를 기뻐하심이라

제I절(15~18a절)은 "보이지 아니하는 하나님의 형상"을 말하며, 제II절(18b~20절)은 "으뜸" 곧 "죽은 자들 가운데서 먼저 나신 이"를 말한다. 찬양의 대상은 우주의 지배자 그리스도다. 15~18a절은 그리스도를 우주론적으로 창조의 처음과 매개자로 노래하며, 18b~20절은 그리스도를 종말론적인 구원과 생명의 출발과 중재자로 노래한다. 그리스도의 우주적이고 절대적인 주권을 믿고 찬양하는 사람은 예수 그리스도 이외의 그 어떤 영적인 세력들도 두려워하지 않는다.

제I절에 따르면, 그리스도는 단순히 하나님의 모상(模像)일 뿐 아니라 하나님의 원형(原形)이다. 예수 그리스도는 하나님의 실재를 대변하는 신적인 본질이다. 그리스도는 창조 이전부터 존재하며,[35] 하나님과 더불어 세상을 창조했다. 이러한

---

34) 상세한 논의에 대해서는 조경철, 「설교자를 위한 골로새서 주석. 오직 그리스도!」, 102~142 참조.
35) 빌 2:6~11; 요 1:1~8; 히 1:3~4; 딤전 3:16 등도 참조.

그리스도의 신적이고 창조자적인 본질에 합당하게 그리스도는 우주의 주권자다. 창조자가 그의 창조 세상에서 주인이 되는 것은 당연하다. 당시 세계관에 따르면, 우주 세계에는 다른 영적인 세력들도 존재한다. 그러나 그 모든 것들은 그리스도에 의해 창조되었고, 그리스도에 의해, 그리스도를 향해 존재한다. 그러므로 그리스도는 우주라는 "몸"의 머리다. 이때 "몸"은 우주를 말하지만, 저자는 "교회의"를 첨가함으로써 교회를 우주적인 주권자인 예수 그리스도의 몸과 동일시한다.

제II절은 우주의 주권자 그리스도가 행한 구원을 노래한다. 그리스도의 우주적인 주권은 부활을 통해 죽음의 세력을 정복함으로써 드러난다. 그리스도가 처음으로 죽음을 생명으로 변화시켜 영생을 향한 믿음과 소망을 가능하게 했다. 예수 그리스도 안에는 하나님이 충만하고 완전하게 거하시며, 그러므로 인류의 모든 역사를 포함한 창조세계 전체가 그리스도를 중심으로 존재하고, 그 안에서 하나님의 뜻이 온전히 드러난다. 하나님이 충만하게 거하시는 그리스도 안에서 온 인류와 창조세계는 하나님과 화해하며, 그럼으로써 진정한 평화가 이루어진다. 우주적이고 보편적인 화해와 평화는 그리스도를 통해 역사에서 실현되었다. 현실에서는 우주적인 세력들이 아직도 하나님의 뜻을 거슬러 대항하고 있는 것처럼 보이지만, 그들은 이미 예수 그리스도를 통한 이 구원의 역사 안에서 극복된 존재에 불과하다. 결코 성도들이 숭배하거나 두려워해야 할 대상이 아니다.

② 서신의 저자는 물려받은 우주적인 그리스도 송가에 "그의 십자가의 피로"(20절)를 첨가함으로써 십자가신학을 분명히 한다는 점에서 바울의 제자로 밝혀진다. 골로새서 저자는 십자가 사건을 첨가해 우주적인 그리스도 사건을 역사적인 십자가 사건과 연결시킨다. 우주적 차원과 역사적 차원의 결합은 빌립보서(2:6~11)에서 바울이 인용하는 그리스도 송가에서도 찾을 수 있다. 이처럼 골로

새서나 빌립보서는 우주적인 그리스도 사건과 구원에 관한 송가를 십자가 사건과 연결해서 해석한다.

저자는 18a절에서도 "그의 몸의 머리"에 속격표현 "교회의"를 첨가해 몸과 교회를 동일시한다. 원래 송가가 말하는 "몸"은 우주를 의미한다. 그리스도는 우주를 창조했고 우주의 머리, 곧 지배자이기 때문이다. 그러나 저자는 이 대목에서 교회론을 보고 있다. 그리스도가 우주의 창조자이며 구원자라고 노래하는 송가에 저자는 "십자가의 피"와 "교회의"라는 표현을 넣어 바울의 그리스도이해와 교회이해로써 송가를 해석한다. 바울의 제자로서 저자는 그리스도의 구원사건은 십자가의 피를 통한 속죄 사건이고, 교회는 그리스도의 몸이기 때문이다(1:24; 2:19).[36] 바울신학으로 송가를 해석하는 표현(위 본문에서 괄호로 묶은 부분)을 제외하고 읽으면, 송가는 창조 이전부터 계셔서 하나님과 함께 우주를 창조하고 지배하며(1절), 구원하는(2절) 우주적인 그리스도를 노래한다.

③ 노래에는 "만물" 혹은 "모든"이 여덟 번이나 반복되며,[37] 그에 해당하는 다른 표현들도(하늘과 땅 등) 반복된다. 존재하는 모든 것은 단 하나의 예외도 없이 모두가 그리스도 안에서 일어난 하나님의 창조물이며, 그 모든 것은 오직 그리스도 안에서 생명을 얻고 서로 화해하며 평화롭게 살아간다. 그리스도의 창조와 화해 사역에서 제외된 것은 없으며, 그러므로 그리스도의 주권에서 벗어나 있는 것은 없다. 골로새서의 전체 맥락에서 보면, 이처럼 만물에 대한 그리스도의 주권을 강조하는 것은 교회에 나타난 이단자들 주장과 연관이 있다. 그들은 골로새 성도들에게 그리스도 외에도 "철학"이라는 이름으로 "세상의 초등학문"을 따르고 천사들이나 영적인 권세들을 두려워하고 섬겨야 하며, 또 할례를 받아야 구원을 받을 수 있다고 주장했다(2:9, 11, 15, 18).[38]

---

36) G. Strecker, *Theologie des NT*, 580.
37) 15절에 1회, 16절에 2회, 17절에 2회, 18절에 1회, 19절에 1회, 20절에 1회.
38) 이에 대한 상세한 설명은 조경철, 「설교자를 위한 골로새서 주석. 오직 그리스도!」, 261~277 참조.

그러나 성도들은 하나님에 의해 "흑암의 권세"에서 해방되었고(1:13), 그리스도의 죽음으로 인해 하나님과 화목하게 되었다(1:22). 그들은 세례를 받음으로써 그리스도와 함께 죽고 함께 살아났다(2:11~13). 하나님은 그들을 옭아매던 "법조문으로 쓴 증서"를 십자가에 못 박아 찢어 버리고(2:14), 영적인 세력들이 그리스도 앞에서 얼마나 무력한 존재들인지를 드러내 부끄럽게 만들었다(2:15).[39] 만물이 단 하나의 예외도 없이 그리스도의 주권에 굴복했는데, 성도들이 그리스도 외에 두려워하며 섬겨야 할 존재가 아직도 남아 있겠는가. 그리스도 외에도 영적인 세력들을 두려워하고 숭배해야 한다는 거짓 교사들의 주장은 철저하게 거짓이다. 성도들의 구원은 우주의 유일한 주권자인 그리스도를 믿고 따르는 것으로 완성되며, 그 밖에 다른 길은 없다. 이처럼 골로새서는 "오직 그리스도" 안에서 받는 성도들의 구원을 가르친다. 골로새서에서는 그리스도 외에는 다른 구원의 근거가 없다. "오직 그리스도는 만유시요 만유 안에 계시니라"(3:11).

④ 그리스도 안에서 실현된 하나님의 구원계획은 과거에는 "비밀"로 감춰졌던 것인데 바울에게 계시되어 이방인들에게 전파되었다(1:27; 2:2).[40] 구원사적으로 그리스도와 그에 관한 복음이 나타나기 이전과 그 이후는 구분된다. 과거에는 감춰졌던 구원계획이 이제는 그리스도 사건에서 나타났고, 바울의 복음 선포를 통해 분명히 드러났기 때문에,[41] 바울도 이 구원 역사의 전환에 중요한 역할을 한다. 그러나 감춰졌던 하나님의 구원계획이 그리스도 안에서 실현되고, 바울이 선포한 복음 안에서 선포되었지만, 구원은 아직도 여전히 소망 가운데 있다. 그러므로 1장 27절은 예수 그리스도를 "영광의 소망"이라 하고, 1장 23절은 "복음의 소망"을 말한다. 골로새교회에 나타난 이단자들 유혹에 흔들리지 않고, 바울이 그리스도의 남은 고난을 채우며(1:24)[42] 선포한 복음을 굳건히 믿으면, 그리스

---

39) 롬 8:38~39; 엡 1:21; 2:2; 6:12도 참조.
40) 롬 16:25~26; 엡 3:4~5, 9; 딤후 1:9~10; 벧전 1:12도 참조.
41) P. Stuhlmacher, *Biblische Theologie des NT II*, 14.

도인들은 그리스도와 함께 영광 가운데 나타날 것이다(3:4).[43] 이처럼 골로새서의 그리스도이해와 구원 이해는 바울의 가르침 위에 분명하게 서 있다.

(2) 교회이해[44]

① 골로새서 저자는 그리스도 송가에서 창조 세계인 우주를 말하는 "몸"(σωμα)을 교회로 해석함으로써 "그리스도의 몸" 교회이해를 가르친다(1:18). 여기를 비롯해 골로새서는 "몸"이라는 단어를 여덟 번 사용한다.[45] 그 중에서 네 번은 교회를 말하는 신학적 의미로 "몸"을 사용한다(1:18, 24; 2:19; 3:15).[46] 골로새서와 쌍둥이 서신인 에베소서는 "몸"을 아홉 번 사용하는데,[47] 그 중에서 구약성서를 인용한 5장 28절을 제외한 나머지 여덟 번 모두가 "그리스도의 몸"으로써 교회를 말한다. 이 같은 사용 빈도와 집중력에서 볼 때, "그리스도의 몸" 교회이해는 골로새서보다는 이미 에베소서에서 보다 심도 있게 다뤄지는 신학 주제다.[48] 그렇다면 이 "그리스도의 몸"은 어떤 교회를 말하는가?

"그리스도의 몸"은 바울 이전에 형성된 성만찬 말씀에서 처음으로 찾을 수 있다(고전 11:24). 성만찬에서 떡을 떼는 것은 "그리스도의 몸에 참여함"이다(고전 10:16). 즉 예수 그리스도의 죽음에 참여하는 것이다. 그러므로 성만찬 말씀에 있는 "그리스도의 몸"은 십자가에서 죽은 예수 그리스도를 말하는 바, 곧 기독론적인 개념이다. 그러나 고린도전서 10장 17절은 "몸"을 교회론적으로 해석한다. 보다 정확히 말하면, 이때 "몸"은 교회를 의미하기보다는 함께 성만찬에 참여한 성도들의 일치와 조화를 강조하기 위한 비유적인 표현이다(고전 12:12; 롬 12:5).

---

42) 이 난해한 표현에 대한 번역과 해석은 조경철, 「설교자를 위한 골로새서 주석. 오직 그리스도!」, 169~175; 조경철, "골 1:24과 2:18의 번역과 해석에 관한 고찰", 124~134 참조.

43) 롬 8:19, 21도 참조.

44) 조경철, 「설교자를 위한 골로새서 주석. 오직 그리스도!」, 145~153 참조.

45) 골 1:18, 22, 24; 2:11, 17, 19, 23; 3:15.

46) "몸"으로써 1:22은 십자가에 달려 죽으신 예수의 육체를 말하고, 2:11은 그리스도인이 할례를 받고 벗어 버린 옛 사람의 존재를 상징적으로 말하며, 2:17은 그림자에 대조되는 구원의 실체를, 2:23은 일반적인 의미로써 사람의 몸을 말한다.

47) 엡 1:23; 2:16; 4:4, 12, 16(2회); 5:23, 28, 30.

48) 에베소서의 그리스도의 몸 교회론에 대해서는 조경철, 「설교자를 위한 에베소서 주석」, 81~113 참조.

엄격히 말해 이 같은 "몸" 교회이해는 바울의 주요 서신에서는 별로 없고, 다만 고린도전서 12장 27절에서만 몸-교회이해를 생각할 수 있지만, 여기서도 교회를 그리스도의 몸이라고 하는 것은 아니다.[49]

골로새서의 그리스도 송가는 1장 18a절에서 창조 세계를 마치 영혼이 있는 유기적인 몸으로 보고, 또 인간을 포함한 피조물들을 그 지체들로, 그리스도를 그 머리로 하는 우주를 몸이라고 한다. 이와 유사한 생각은 로마의 정치철학과 헬라와 유대 사상에서도 찾을 수 있다.[50] 바울은 몸과 머리의 계급 구조에 대해서는 말하지 않은 데 반해, 골로새서는 머리와 몸의 관계를 지배와 피지배의 계급 구조로 말한다. 머리를 굳게 붙들고, 온 몸이 머리로부터 마디와 힘줄을 통해 힘을 공급받아 연합해야지 그 몸이 바르게 성장한다는 생각(2:19)도 로마 정치철학에서 나왔다고 할 수 있다.[51]

② 골로새서는 에클레시아(εκκλησια)를 2회 사용한다. 그것도 1장 18, 24절 두 번 모두 "몸"(σωμα)의 동의어, 즉 '몸=교회'라는 의미로 사용한다. 일반적으로 "교회"로 번역되는 에클레시아는 1세기 무렵에는 정치 용어였다. 그리스-로마 세계에서 이 개념은 한 도시의 참정권을 가진 시민들의 모임을 의미했다(행 19:40 참조). 바울은 이 개념을 단수형으로 20회, 복수형으로 15회 사용한다. 반면에 골로새서는 항상 단수형으로만 사용한다. 바울이 단수형으로 이 단어를 사용할

---

49) 바울은 고전 12:12~31과 롬 12:3~8에서 로마의 황제 시대 초기에 메네니우스 아그립파(Menenius Agrippa)가 한 것으로 잘 알려진 우화와 매우 유사한 이야기를 한다. 이 우화에 따르면, 한때 몸의 지체들이 배에 대해 반란을 일으켰는데, 지체들 생각에는 배가 아무런 일도 하지 않고 손과 발 그리고 입과 목 등이 넣어 주는 밥만 먹는 것처럼 보였기 때문이다. 다른 지체들이 배가 미워 밥을 먹는 행위를 거부해 버리자 결국 배뿐 아니라 몸의 모든 지체들이 힘을 잃게 되었다. 그러자 지체들은 배가 반드시 필요하다는 사실을 깨닫게 되었다. 백성들이 보기에 호민관 직책이 아무런 일도 하지 않는 불필요한 것으로 보일지라도 호민관 없이는 백성들도 어려워진다는 것을 이 우화를 통해 설득하려 한 것이다. 바울은 이러한 로마 국가철학에서 나오는 유사한 이야기를 통해 은사의 다양성 속에서 교회의 일치를 가르친다. 마지막에 바울은 "너희는 그리스도의 몸이요 지체의 각 부분이다"(고전 12:27)고 말한다.
50) Curt. X 9, 1~5에 따르면, 공화정에서 제정으로 넘어가는 시기에 Curtius Rufus는 국가를 몸에 비유하면서, 이 몸에는 반드시 하나의 머리가 필요하다고 했다. 머리가 없을 경우나 머리가 많을 경우에는 전쟁과 분열이 생길 수밖에 없다고 하면서 황제 제도를 옹호했다. A. Standhartinger, *Studien zur Entstehungsgeschichte*, 226~227.
51) Sen. clem, III, 2, 1~3. 세네카에 따르면, 황제는 국가의 백성을 하나로 묶는 띠와 같다고 했다. 그러므로 세네카는 국가의 건강은 머리와 얼마나 일치하느냐에 따라 결정된다고 했다.

때는 거의 항상 개체 교회를 의미하며, 복수형으로 사용할 때는 한 도시나 구역 안에 있는 여러 교회들을 가리킨다.[52] 여기서 바울은 '하나님의 교회'(εκκλησια του θεου)를 말한다.[53] 하나님의 교회는 하나님의 백성이다. 바울은 유대 백성이 아니라 그리스도를 믿는 성도들이 하나님의 거룩한 백성이라는 의미로 그렇게 말했다. 유대교와는 달리 교회의 거룩함은 성도들이 예수 그리스도 안에서 거룩하게 되었다는 사실을 통해 확인할 수 있다. 그러므로 교회는 하나님의 거룩한 백성이다. 교회를 항상 '하나님의 교회'라는 차원에서 말하는 바울과는 달리 골로새서는 '하나님의 교회'를 말하지 않는다. 그러나 수신자들을 "골로새에 있는 거룩하고 신실한 형제들"이라고 한다면(1:1), 이는 하나님의 거룩한 백성으로서 '하나님의 교회'를 암시한다고 볼 수 있다.

(3) 종말이해와 윤리교훈[54]

① 골로새서의 종말이해는 그리스도이해와 구원이해로 결정된다. 예수 그리스도의 이름으로 세례를 받음으로써 성도들은 그리스도와 함께 죽었고 또 함께 살아났다. 그러므로 하나님의 오른편 보좌에 계시는 그리스도 외에 어떠한 영적 세력들도 그리스도인들을 지배할 수 없다. 믿음의 사람들은 이미 죄를 용서받고 하나님 아들의 나라로 옮겨져서 살고 있다(1:12~14). 그리스도인들은 세례를 받음으로써 그리스도의 죽음에 참여했을 뿐 아니라, 이미 그리스도의 부활에도 참여했다(골 2:12~13; 3:1). 그들은 이미 하나님과 화해했고(1:22), 살리심을 받았다(2:13).

② 그러므로 골로새서는 철저히 현재적인 종말이해를 가지고 있다. 그러나 골로새서에서도 바울의 종말론적 특징인 '이미-아직 아님'의 시간적인 변증이 완전

---

52) 고전 7:17; 고후 8:18~19, 23~24; 11:8, 28; 12:13; 롬 16:16; 갈 1:22.
53) 갈 1:13; 고전 1:2; 10:32; 11:16, 22; 15:9; 고후 1:1.
54) 조경철, 「설교자를 위한 골로새서 주석. 오직 그리스도!」, 289~296, 324~329, 332~336, 361~364 참조.

히 사라지지는 않았으며 변화된 사고 구조로 옮겨졌을 뿐이다.[55] 바울의 시간적 차원의 종말이해는 골로새서에서는 '위-아래'의 공간적 차원의 종말이해로 옮겨졌다. 골로새서에서 '이미-아직 아님'의 대조는(1:21~22; 2:13) 시간적 차원에서 새로운 것을 가져오는 현재 혹은 미래의 과정을 말하는 것이 아니라, 이미 일어난 변화를 회상하고 강조한다. 이처럼 골로새서에서는 "현재가 과거를 배경으로 해서 이해된다."[56] 이런 공간적인 사고는 3장 4절에서 유일하게 "그리스도께서 나타나실 그때"라는 시간적인 차원과 결합되어 있다(2:17 참조). 3장 4절에 따르면, 우리의 생명은 아직은 '감추어져 있지만, 그러나 나타나게 될 것이다.' 골로새서 저자나 거짓 교사들 모두에게 재림 지연의 문제는 전혀 제기되지 않았다. 바울이 로마서 6장 맥락에서 세례를 미래시제로 말하는 데(특히 롬 6:4) 반해, 골로새서는 같은 세례를 구원의 현재성 차원에서만 크게 부각시킨다(2:12~13). 바울이 구원의 '현재-미래'의 변증을 말한다면, 골로새서는 구원의 '계시와 은닉'을 말한다(3:3).

이런 공간적인 우주론은 플라톤으로부터 유래하는 헬라주의 세계관과 밀접하게 연결되고, 헬라주의 유대교 안으로도 깊이 영향을 끼쳤으며, 그래서 유대의 묵시사상에서도 찾을 수 있고, 바울의 주요 서신들에서도 찾을 수 있다.[57] 헬라주의 사람들에게 '위'의 세상은 본래적인 것, 영원한 것, 실재의 세상인 데 반해, '땅'은 연약한 것, 가치가 덜한 것, 유한한 것 등이 거하는 곳이었다. 골로새서에서 '위'는 하나님과 그리스도의 보좌가 있고 우리 희망이 보관되어 있는 곳이다. 공간적인 종말이해는 '희망'에 나타나 있다(1:5, 23, 27). 골로새서의 '희망'은 미래의 것에 대한 희망이 아니라 "하늘에 쌓아 둔 것"에 대한 희망이다. 이는 하나님의 우편 보좌에 계신 그리스도를 말한다(3:1). 골로새서는 희망하는 행위가 아니라 희망하는 내용을 강조한다. 이 희망의 내용 때문에 그리스도인들은 다른 사람들을 사랑하는 삶을 실천할 수 있다(1:4~5). 골로새서에서 그리스도인의 삶

---

55) 이승호, "공간과 시간의 통합: 골로새서의 종말론", 985~1014 참조.
56) E. Tachau, *'Einst' und 'Jetzt'*, 112; A. Standhertinger, *Studien zur Entstehungsgeschichte*, 198.
57) 살전 4:14; 고전 15:20; 롬 8:34; 빌 2:9 등.

은 '미래'에 의해 결정되지 않고, '위'에 의해 결정된다.

③ 이처럼 구원의 현재성과 교회성을 강조하게 된 것은 거짓 교사들과 관련이 있을 것이다. 특히 2장 6~23절에서 저자는 그들의 가르침을 부분적으로 인용하거나 암시하면서, 그들이 얼마나 심각하게 교회를 위협하고 있는지를 경고한다. 거짓 교사들은 그리스도 안에서 일어난 구원을 의심하면서, 그리스도에 대한 믿음 외에도 세상의 기초 원소들이나 다른 영적인 존재들을 믿고 예배를 드려야 구원을 얻는다며 혼합주의적인 구원론을 주장했다. 하나님의 세계와 인간 세계 사이의 공간을 지배하는 영적인 세력들을 예배하라는 요구였다. 그렇지 않으면 인간은 하나님의 세계로 올라갈 수 없다고 한다. 골로새서 저자는 거짓 교사들이 말하는 공간적인 세계관을 활용해 그리스도를 믿고 세례를 받아 "몸"의 지체가 된 사람들은 "머리"가 되는 그리스도와 함께 이미 죽음에서 생명으로 일으킴을 받았다고 강조한다.[58] 그러므로 하나님과 세상 사이의 우주 공간을 지배하는 다른 영적 세력들은 그리스도인들에게는 더 이상 아무런 힘을 발휘할 수 없다. 이처럼 골로새서는 공간적인 우주이해를 우주적인 그리스도이해와 결합하고, 그 위에 다시 교회이해와 세례이해를 결합해서 현재적인 종말이해에 이른다. 현재적인 종말론은 구원의 확신이 이미 지금 여기, 그것도 그리스도의 몸인 교회 안에 있다고 강조한다. 그럼으로써 어떠한 유혹이나 위협에도 흔들리지 않는 성도들의 정체감을 강화한다.

④ 골로새서가 구원의 현재성을 이렇게 강조하기는 하지만 그렇다고 세상을 외면하는 열광주의로 나가지는 않으며 또 세상을 적대시하라고 가르치지도 않는다. 그리스도인들은 지금도 여전히 악한 세력들이 다스리는 '아래'를 외면해서는 안 된다. 이미 구원을 확실히 받았지만, 성도들은 아직도 '아래'에서 살면서

---

58) 엡 2:6은 더 나아가 세례를 받은 사람들은 이미 "하늘에 앉혀졌다"라고 말한다.

'위'를 바라본다(3:1~2). 그리스도와 "함께" 죽음에서 일으킴을 받은 그리스도인들의 생명은 아직은 "감추어져 있다"(3:3). 하나님은 그리스도의 십자가로써 모든 영적 세력들과 권세들을 이기고, 그들의 무능함을 만천하에 폭로했지만(2:15), 아직도 영적인 존재들은 그리스도인들을 유혹하고 있다. '위'를 바라보며 사는 성도들은 '아래'에서 살면서 여전히 "땅에 있는 지체"를 죽여야 할 과제를 안고 있다(3:5). 하나님은 모든 능력으로 성도들을 능하게 하시며 기쁨과 인내 가운데서 성도의 기업을 얻기까지 합당하게 인도하신다(1:11~12). 하나님의 인도하심을 거부하고 땅의 것을 추구하는 사람들에게는 하나님의 "진노"가 임할 것이다(3:6). 바울의 주요 서신들이 '미래'와 '현재'의 중간 시간에서 살고 있는 그리스도인을 말했다면, 골로새서는 그리스도인들이 '위'와 '아래'의 공간적인 변증 속에서 살고 있다고 한다.

⑤ 이 종말론적인 위와 아래의 변증 속에 살고 있는 그리스도인에게는 윤리교훈이 필요하다. 신학적인 사고와 윤리적인 교훈 사이에는 뗄 수 없는 연관성이 있다. 골로새서는 하늘에 이미 실현되어 있는 구원을 바라보는 희망에 근거해 윤리교훈을 한다(3:1 이하). 구원은 이미 하늘에 완성되어 준비되어 있지만, 그리스도인은 아직도 이 땅에서 살고 있기 때문에 위를 바라보며 땅의 삶을 살아야 한다.

골로새교회의 특정 상황에서만 의미를 가질 수 있는, 그런 상황적인 성격의 교훈보다는 시간과 장소를 초월해 모든 그리스도인들에게도 해당하는 보편적인 교훈들이 골로새서에는 많다. 3장 5, 8절에 나오는 악행목록, 3장 12절의 덕행목록, 3장 18절에서 4장 1절의 가정규범, 3장 13~14절의 사랑과 용서에 관한 교훈, 4장 2~6절의 기도와 외인들을 대하는 지혜로운 행동에 대한 교훈 등이 그러하다. 그런데 골로새서가 교회에 나타난 거짓 교사들과의 논쟁이라는 배경에서 기록되었음을 참작한다면, 이런 일반적인 성격의 윤리교훈들이 그런 논쟁의 특별한 상황에서 어떤 역할을 했고 또 어떤 특별한 의미를 가지고 있는지 물을 수는 있다. 특히 가정규범에서 종들에게 주는 교훈이 길고 상세하게 나오는데, 이것이 그런 특별한 상황과 연관되어 있는가? 게다가 3장 11절이 말하는, 그리스도 안에서 아무런 차별이 있을 수 없다는 복음을 가정과 사회적 상황에 급진적으로 적용하려는 거짓 교사들의 시도가 있었고, 저자는 그에 맞서서 당시 사회적 상황을 고려해 윤리의 점진적인 개혁을 시도한 것인가? 물론 이 같은 물음에는 확실한 대답을 할 수가 없다.

골로새서 저자는 윤리교훈을 하기 위해 교회 안과 밖으로부터 많은 윤리교훈들을 빌려왔다. 가정규범이 그 대표적인 예다. 가정규범은 헬라주의 유대교에서 빌려 왔다.[59] 바울의 다른 서신들에서도 많은 교훈들을 빌려 왔다.[60] 그러나 바울의 다른 서신들과는 달리 골로새서는 구약성서로부터[61] 그리고 나사렛 예수에게서 나온 윤리교훈들에 대해서는 말하지 않는다. 저자는 기독교 밖에서 빌려온 교훈들이라도 기독교적으로 해석해서 받아들인다. 특히 가정규범에서 볼 수 있듯이, "주 안에"를 첨가함으로써 가장에 대한 아내와 자녀, 종들의 순종의 의미를 기독교적으로 해석하며, 주인들에게 종들을 공평하게 대하라고 가르치면서도 종말론적·기독론적 근거를 제시한다. 세상에서 통용되는 윤리교훈들이라도 그것이 주께 얼마나 합당한지를 평가해서 선택하고 해석하여 성도의 윤리로 받아들인다. 바울에게서처럼 골로새서 저자에게도 그리스도이해가 윤리교훈을 이해하기 위해 가장 중요한 기준이다.

---

59) 이에 대해서는 조경철, 『설교자를 위한 에베소서주석』, 389~406 참조.
60) 롬 13:11~14과 골 3:9~10/4:2을, 갈 3:28; 고전 12:13을과 골 3:11을, 롬 13:8~10과 골 3:14을 비교해 보면 이를 알 수 있다. 롬 1:29~31에 나오는 악행목록과 골 3:5, 8의 악행목록도 비교해 보라.
61) 바울은 롬 12:16~21; 고전 11:2~16에서 대표적으로 볼 수 있듯이 구약성서로부터 교훈을 이끌어 낸다.

4) 에베소서의 신학

에베소서 저자는 기원후 80~90년 무렵에 살았던 바울의 제자로 여겨진다. 그는 골로새서를 바울서신으로 믿고, 이를 근간으로 삼아 이 서신을 기록했다. 두 서신은 구조나 표현, 문체나 신학 면에서 매우 닮은꼴을 보이지만 간과할 수 없는 차이들도 볼 수 있다. 에베소서는 어느 한 지역 교회에 보낸 서신이 아니라, 바울의 여러 교회들에 회람되어 읽혀지기를 바라면서 기록한 서신이다. 사도의 죽음 이후로 구심점을 잃고 흩어져 가는 교회들이 사도의 신학을 통해 그 결속력을 유지하도록 하려는 의도인 것이다. 그러므로 에베소서신학의 핵심은 교회이해에 있다.

(1) 그리스도이해

① 에베소서 저자는 그의 교회에 나타난 문제를 해결하기 위해 골로새서에 나타난 바울신학을 해석하고 적용한다.[62] 이 교회들에 어떤 구체적인 문제들이 있었는지 잘 알려져 있지는 않지만, 에베소서는 바울의 교회들 안에서 돌려가며 읽혀지도록 기록된 순회서신이다. 교회의 하나 됨을 유난히 강조하는 것으로 볼 때(2:11~22; 3:6; 4:1~16), 사도 바울의 죽음 이후에 바울 교회들의 분열이 있었을 것이라고 추정할 수 있다. 에베소서 저자는 이런 상황에 있는 교회들에게 골로새서의 그리스도 선포를 근간으로, 분열될 수 없는 교회의 본질을 바울의 이름으로 전달하려고 기록한 것으로 보인다.[63]

② 그리스도이해에 근거한 구원론이 교회론적인 구원으로 설명하는 현상은 서신을 시작하는 1장 3~14절에서부터 볼 수 있다. 단 하나의 헬라어 문장으로

---

62) 엡 1:1에 수신자를 말하는 εν Εφεσω가 중요한 사본에는 없는 공란으로 되어 있다는 것이 에베소서가 순회서신임을 말한다.
63) 에베소서의 기록 동기에 대해서는 조경철, 「설교자를 위한 에베소서 주석」, 26~32 참조.

된 이 긴 '축복문'은 그리스도 안에서 하나님이 창조 이전부터 세우셨고, 그리스도 안에서 실현한 하나님의 경륜(οικονομια)을 찬양한다. 세상을 창조하기 이전부터 계셨던 그리스도는(1:4) 세상에 오셨다가 다시 하늘로 가심으로써 하늘과 땅 사이의 창조 세계 전체를 통일했다(1:10; 4:7~10). 실로 예수 그리스도는 하늘과 땅 사이에 있는 모든 권세들을 자기 발아래 굴복시킨 우주의 승리자이며 통치자다 (1:21~22). 이 소식을 교회는 온 세상을 향해 선포한다(3:10).

③ 골로새서의 우주적인 그리스도이해를 이어 받기는 하지만 에베소서 역시 예수의 속죄죽음과 부활이라는, 바울의 핵심적인 그리스도이해를 놓치지 않는다(1:7; 2:4~7, 14~18; 5:2). 에베소서의 수신자들이 아직 죄인이었을 때에 그리스도가 속죄의 죽음을 죽음으로써 그들을 죄와 죽음으로부터 해방시켰다(2:1~3, 11~13).

④ 골로새서와는 달리 에베소서는 특히 바울의 칭의론의 핵심을 물려받았다 (2:1~10). "허물과 죄"로 하나님과 관계가 끊어져 영적으로 죽었던 그리스도인들을 긍휼이 풍성하신 하나님이 그리스도와 함께 살리셔서 하늘에 앉히셨다. 그리스도인들은 그리스도의 죽음과 부활에 참여하는 세례에서 일어난 하나님의 은혜로 말미암아 구원을 받았다.

> "너희는 그 은혜에 의하여 믿음으로 말미암아 구원을 받았으니 이것은 너희 에게서 난 것이 아니요 하나님의 선물이라 행위에서 난 것이 아니니 이는 누구든지 자랑하지 못하게 함이라" (2:8~9)

에베소서 저자와 수신자들은 모두 바울의 칭의론을 잘 알고 있었다. 그렇기 때문에 이에 관해 더 이상 긴 설명을 할 필요가 없었을 것이다.[64] 그러나 바울의

---

64) U. Luz, *Der Brief an die Epheser*, 133; P. Stuhlmacher, *Biblische Theologie des NT II*, 15~16.

칭의론을 바울보다 더 강하게 윤리와 연결해 설명할 뿐 아니라(2:10), 바울이 칭의론을 설명할 때면 항상 나오는 율법에 대한 언급이 없다는 것은 바울과는 다른 점이다.[65]

⑤ 에베소서의 그리스도이해의 핵심은 2장 11~22절에 있다. 이 단락은 그리스도는 "우리의 화평"이라는 2장 14절 말씀을 설명한다. 이렇게 그리스도이해와 교회이해가 결합되었다. 육체의 할례를 받지 못한 이방인들과 할례를 받은 유대인들의 반목을 그리스도는 십자가에 달려 피 흘림으로써 해소하고, 그 둘로 "한 새 사람을 지어 화평하게 하셨다"(2:15). 뿐만 아니라 십자가에서 하나님과 죄인들을 화해시켰다(2:16). 하나님과 인간, 인간과 인간 사이에 가로놓인 원수의 담벼락을 십자가의 죽음으로써 허물어 버리고 하나님과 인간, 인간과 인간 사이에 화해와 평화를 이룩했다. 이로써 이방인이나 유내인이나 구별이 없이 모두가 그리스도 예수 안에서 함께 성전으로 지어져 가는 교회를 형성한다(2:19~22).[66] 예수 그리스도가 십자가에서 이룬 평화는 교회 안에서, 그리스도인들 사이에서 삶으로 드러나야 하며, 이를 통해 세상은 교회에서 진정한 구원과 평화를 볼 수 있어야 한다.

⑥ 골로새서 1장 18절이 이미 그리스도를 교회의 머리(κεφαλη)라고 했으며, 에베소서는 1장 22절과 4장 15절, 5장 23절 등에서 그것을 이어받는다. 하나님은 그리스도를 창조 세계의 주권자로 삼으셨다. 그리스도는 우주를 하나로 묶어 조화롭게 하는 머리이면서(ανακεφαλαιωσις 엡 1:10) 동시에 교회의 머리다. 그러나 그리스도의 몸은 우주가 아니라 오직 교회다(엡 1:22~23). 그리스도와 창조 세계 그리고 교회는 밀접하고도 미묘한 관계를 형성한다.

---

65) 조경철, 「설교자를 위한 에베소서 주석」, 19~22, 129~132 참조.
66) 조경철, 「설교자를 위한 에베소서 주석」, 135~174 참조.

(2) 교회이해[67]

신약성서에서 교회의 본질과 사명을 가장 심오하게 해설하는 것은 에베소서다. 에베소서는 모든 주제들을 교회론과 연결해 다룬다. 하나님의 구원활동은 성도들을 하나님의 백성 공동체인 교회에로 부르심이고, 예수 그리스도의 십자가 사건은 이방인과 유대인을 하나로 묶어 교회를 만드는 사건이며, 종말론은 교회의 완성으로 이해된다. 윤리적인 교훈도 교회를 세우기 위해 필요하다. 몸의 지체들인 성도들의 윤리적인 삶을 통해 교회는 일치를 유지하고 성장해 나간다.

① 에베소서는 교회를 다양한 상징들로 그린다. 골로새서와 동일하게 교회를 '에클레시아'[68]와 '그리스도의 몸'이라고 부른다.[69] 에베소서(골로새서)에서는 '그리스도의 몸'이라는 교회에 대한 정의가 분명하게 내려진다.

"교회는 그의 몸이다." (1:23)

바울에게는 한 성령으로 말미암은 여러 가지 은사들을 가진 그리스도인들의 일치가 중요한 논제라면, 에베소서에서는 그 지체들 사이의 유기적인 일치뿐 아니라 교회와 그의 머리인 그리스도 사이의 특별한 관계가 더 중요하다. 바울이 한 몸에 참여하는 그리스도인들의 지체의식을 강조한다면(윤리적인 교훈), 에베소서는 교회를 그리스도의 몸으로 정의한다(교회론). 에베소서 및 골로새서 저자는 '몸-교회론'이 무엇을 말하는지 어디에서도 상세히 설명하지 않는다. 아마도 그의 처음 독자들이 '몸-교회론'에 대해 잘 알고 있기 때문일 것이다. 에베소서 및 골로새서의 저자와 수신자들이 서 있었던 바울의 공동체들 안에서 '몸-교회이해'

---

67) 조경철, 「설교자를 위한 에베소서 주석」, 81~113 참조.
68) 1:22; 3:10, 21; 5:23~25, 27, 29, 32.
69) 1:22~23; 2:16; 4:12, 16; 5:23, 30.

는 상당한 토론을 거쳐 발전되어 온 것 같다.

몸-교회론으로서 에베소서는 두 가지를 말한다. 하나는, 머리인 그리스도와 몸인 교회 사이의 밀접한 관계다. 머리-몸의 관계는 어떤 식으로도 떼어 놓을 수 없는 지배와 순종의 관계다. 머리는 몸을 지배하고 몸은 머리에게 절대 순종한다. 그리스도는 우주의 머리지만, 오직 교회만이 그의 몸이다(1:22). 지금 우주의 영적인 세력들은 아직 그리스도에게 절대 순종하지 않는다. 그러므로 머리에 절대 순종하는 교회만이 그리스도의 몸이다. 이러한 그리스도의 승리와 주권을 온 세상이 믿고 고백하게 되는 것, 그래서 교회만이 아니라 온 세상이 그리스도의 생명과 힘으로 가득 채워지는 것이 바로 '교회 세우기'의 궁극 목표다(4:15~16). 이 '교회 세우기'는 단순히 개교회 성장을 말하는 것이 아니라 전 세계와 온 우주가 그리스도의 주권을 인정하고 순종하는 교회가 되는 것이다. 이것이 그리스도 안에서 이루어진(1:10), 그러나 아직도 여전히 교회를 통해 확상되기를 바라시는(3:11) 하나님의 경륜이다.

몸-교회론이 말하려는 다른 하나는, 몸의 지체들인 성도들의 상호 결합성이다. 이것은 서신의 모든 교훈들을 꿰뚫어 흐르고 있다. 몸-교회론을 통해 에베소서는 교회의 일치와 성장을 강조한다. 몸은 머리로부터 오는 생명의 힘으로 채워져야 하며 또 지체들의 유기체적인 연합과 일치가 필요하다. 그 둘을 통해 몸은 머리에 이르기까지, 곧 그리스도의 생명의 힘이 완전한 데까지 성장한다.

② 신약성서에서 오직 에베소서만이 교회를 '그리스도의 충만'이라고 한다 (1:23; 4:13). 1장 22~23절에서는 교회를 말하는 세 가지 개념들이 동의어처럼 연결되어 있다. 즉 교회(ἡ εκκλησια) = 몸(το σωμα) = 충만(το πληρωμα)이다. '그리스도의 충만'으로서 교회는 그리스도의 몸으로서 교회다. 그리스도의 충만은 "그리스도의 강력한 활동으로 완전하게 채워진"[70] 그리스도의 몸-교회를 뜻한다. 몸-개념

---

70) G. Delling, ThWNT VI, 303.

이 그리스도와 교회의 유기체적인 연대성을 강조한다면, 충만-개념은 그리스도의 생명력으로 채워진 교회의 역동적인 차원을 강조한다. 에베소서에서 "충만"은 그리스도의 우주적인 주권이다. 더 정확하게 말하면, 모든 영적인 세력들, 곧 죽음의 세력들을 이기고 부활하신 그리스도의 능력과 그리스도를 죽음에서 일으키시고 만물의 머리가 되게 하셔서 자신의 오른편에 앉게 하신 하나님의 권능의 온전한 실현을 가리킨다.

"충만"은 당시 세계관에서 중요한 개념이다. 마귀는 하나님의 보좌가 있는 하늘의 세계와 인간이 거주하는 지상의 세계 중간에 위치하면서 하나님과 인간 사이를 단절시키는 역할을 한다. 에베소서도 받아들였던 당시 세계관은 우주가 세 영역으로 나뉘어 있다는 것이다. 가장 위에는 하나님의 보좌가 있어 부활 승천한 그리스도가 하나님과 보좌의 교제를 나누고 계신다(1:3; 1:20). 이 하늘의 세계에 그리스도인들도 믿음 안에서 그리스도와 함께 앉혀졌다(2:6). 하나님과 그리스도의 보좌가 있는 이 하늘과 인간이 사는 지상 사이에 또 하나의 하늘이 있는데, 바로 마귀들의 거처다(2:2; 3:10; 6:12). 그 밑에 인간이 사는 세상이 있다. 마귀들의 영역이 하나님과 인간 사이에 있다. 4장 8~10절에 따르면, 예수 그리스도는 하나님과 인간(창조)세계의 분리를 극복하기 위해 세상에 왔다가(성육신), 다시 하나님의 세계로 올라갔다(부활 승천). 이것이 바로 그리스도의 충만이고, 만물이 그리스도 안에서 통전되게 하시는 하나님의 섭리다(1:10). 예수 그리스도는 이 우주적 통전의 사역을 이미 완성하고, 그래서 만물을 충만하게 하며 하늘의 보좌로 되돌아갔다. 이 사실을 아직도 모르는 마귀 세력들에게 선포해야 할 책임은 교회에게 주어졌다(3:10).

그러므로 교회가 '그리스도의 충만'이라는 말은, 모든 죽음의 세력을 이긴 그리스도의 능력이 교회 안에 역동적으로 충만하게 일렁거리는 모습을 형상적으로 드러낸다. 그리스도의 충만으로서 교회에는 모든 영적인 세력들을 이긴 하나님의 힘이 가득하다. 교회는 단순히 사람들의 모임만이 아니라 우주 만물을 채우고 다스리는 그리스도의 능력이 충만하다. 그리스도의 몸으로서 교회가 오직 머리가 되시는 그리스도에 의해서만 생명력을 받을 수 있듯이, 만물을 충만하게 하시는 그리스도의 충만으로서 교회 역시 그리스도의 능력으로 충만하게 채워질 때에만, '그리스도의 충만'이 될 수 있다. 그리스도가 만물을 충만하게 하신다는 것은, 우주 가운데 있는 악한 영적인 세력들을 이기고 만물을 하나님이 창조하신 선한 질서 가운데로 통일시키는 일이다(1:10). 그리스도의 승리는 부활과 더불어 이미 이루어졌다. 그러나 악한 영적인 세력들은 아직 패배를 인정하지 않는다. 그리스도의 능력으로 가득 채워진 '그리스도의 충만'으로서 교회는 그리스도의 우주적인 승리를 이 같은 영적 세력들에게 선포해야 한다(3:10). 이는 교회가 싸워야 할 영적 싸움이다(6:10 이하). '그리스도의 충만'으로서 교회는 그리스도의 힘으로 채워진 교회이자 그 힘으로써 영적 투쟁을 해야 하는 교회다. 에베소서는, 교회가 그리스도의 능력으로 채워져 모든 영적인 세력들을 그리스도 앞에 굴복시키고, 온 우주가 '그리스도의 충만'이 될 것을 종말론적으로 소망한다.

③ 에베소서는 교회를 하나님의 성전 혹은 집이라고 한다(2:19~22).[71] 바울이 교회를 말할 때 사용했던 개념인 오이코도메(οικοδομη; 건물 혹은 건설)와 그 복합동사 εποικοδομειν(집을 짓다)이나 συνοικοδομειν(함께 지어지다)는 에베소서신학에서 매우 중요한 개념이다. 오이코도메-사상은 서신에서 다른 개념들, 예를 들어 성장, 성장하다, 몸, 터, 모퉁이 돌, 성전, 처소, 서로 연결하다 등과 같은 개념들과 밀접하게 연결된다. 이 건축 개념들이 집중적으로 결합되어 나타나는 곳은 신약성서에서 오직 에베소서뿐이다. 그러나 이러한 건물-교회이해는 이미 바울의 다른 서신들에서도 찾을 수 있다(고전 3:5 이하; 고후 6:16). 바울은 오이코도메-개념을 개체 교회들과 연관해서, 그것도 윤리적인 교훈의 맥락에서 사용한다. 더 나아가 에베소서는 이 개념을 윤리적인 맥락에서뿐 아니라 전체 교회이해,

---

71) 이는 신약성서의 다른 문헌들에도 나오는 교회론이다(딤전 3:15; 히 3:6; 벧전 2:5 참조).

곧 하나의 우주적이고 보편적인 교회를 신학적으로 정립하기 위해 사용한다.

2장 11~18절은 예수 그리스도의 십자가에서 유대인과 이방인이 화해를 하고 "한 새 사람"이 되어, "한 몸 안에서" 하나님께 나아갈 수 있게 되었다고 말한다. 이렇듯 교회 안에서 성도들은 하나님께로 나아간다. 구약성서와 유대교에서는 성도들이 '성전'에서 하나님께로 나아간다. 하나님은 성전에 계시기 때문이다. 그러나 신약성서에서는 손으로 만든 성전이 아니라 부활하신 그리스도가 성전이다 (막 14:58; 요 4:19~23). 그리스도 안에서만 우리는 하나님을 만날 수 있기 때문이다. 구약성서의 성전이 여기서는 그리스도의 몸인 교회로 바뀌어 있다. 그리스도의 몸인 교회 안에서 성도들은 하나님께로 나아간다. 실로 교회는 영적인 성전이다.

그리스도인들은 하나의 건물(교회)을 이루는 자재들이다. 이 자재들이 '터' 위에 세워져서 하나의 건물(교회)이 된다. 여기서 터는 '사도와 예언자들'이고, 모퉁이 돌은 '예수 그리스도'다. 에베소서는 사도와 예언자들이 선포한 복음을 토대로 하고, 그리스도를 머릿돌로 하는 이방인과 유대인으로 구성된 하나의 집, 하나의 건물을 말한다. '사도와 예언자들'은 3장 5절과 4장 11절에도 언급되는 기독교 신앙 전승의 가장 권위 있는 인물들로서, 교회의 '터'라고 할 수 있는 과거 인물들이다. 교회는 사도적·예언자적 복음 전승을 통해 주어진 믿음의 '터' 위에 세워져야 한다. 또 모퉁이 돌로 번역된 헬라어 단어를 종석(宗石) 혹은 주춧돌로 볼 것이냐 하는 문제도 양자택일의 문제가 아니다. 어느 쪽을 선택하든 이는 교회라는 건물이 절대적으로 그리스도에 의존해 있음을 말한다.

교회라는 건물이 서 있는 '터'는 사도와 예언자들이 전하고 가르치며 보증해 준 '믿음'이고, 그 믿음의 터에서 가장 핵심은 예수 그리스도다. 그러므로 예수 그리스도는 교회의 모퉁이 돌이다. 그리스도는 교회라는 건물을 완성하는 종말론적인 종석이기도 하다. 모퉁이 돌로서 그리스도는 교회의 '알파 포인트'이고, 종석으로서 그리스도는 교회의 '오메가 포인트'다.[72] 동시에 그리스도는 사도와

---

72) J. Jeremias, ThWNT I, 792~793.

예언자들을 비롯한 모든 은사와 직분들을 하나로 묶는 주춧돌이기도 하다. 사도와 예언자들은 권위 있게 그리스도를 선포해 후대에 가르쳐 주었다는 점에서 후대의 누구도 모방할 수 없는 교회의 '토대'다. 그들이 선포하고 가르쳐 준, 그래서 믿음으로 받아들인 그리스도를 주춧돌로 해서 지어지기 시작한 교회는 '오메가 포인트'를 향해 아직도 건축 중인 하나님의 집이다. 건물-교회이해에서 교회는 주춧돌이 되는 그리스도 위에 확고히 서 있어야 하고, 몸-교회이해에서는 머리가 되시는 그리스도의 지배를 받아야 한다. 주춧돌 위에 확고히 세워지고 머리의 지배를 받으면서 지체들은 유기체적인 상호결합을 통해 몸/건물-교회의 일치와 성장을 이뤄야 한다.

교회가 온 세상을 포괄하는 성전으로 완성되는 날은 미래의 목표다. 건물과 성전은 구분된다(2:21). 건물은 목표가 되는 성전을 향하여 지어져 간다. 그리스도 안에서 전체 건물이 하나님의 영원한 거처가 되는 성전으로 지어져 가야 한다. 여기서 우리는 세상과 역사에서의 교회(건물)와 완성된 종말론적인 교회(성전) 사이의 변증을 본다. 바울의 '이미-아직 아님'의 종말론적인 긴장의 원리가 에베소서에서는 교회론에서 나타난다. 건물이 성전이 되어 가는 중간 시대에 성도들은 성령 안에서 교회를 세워가야 할 사명을 갖는다(2:22).

④ 그리스도의 몸과 그리스도의 충만, 건물과 성전으로서의 교회 외에도 에베소서는 교회를 의인화해서 유대인과 이방인이 그리스도 안에서 화해한 '하나의 새로운, 온전한 사람'(2:15; 4:13)이라고 한다. 새 사람은 그리스도가 십자가에서 유대인과 이방인을 연합해 만든 교회다. 이는 바울의 "새로운 피조물"(갈 6:15; 고후 5:17) 사상과 정확히 일치한다. 바울은 새 피조물을 단순히 개인의 차원이 아니라 공동체로서 그리스도인들의 지위를 말한다.[73] 온 인류가 인종 차별을 극복하고 "한 새 사람"인 교회 안에서 평화를 이루어야 한다. 그러므로 새 사람-교회론

---

73) W. Klaiber, *Rechtfertigung und Gemeinde*, 95~101.

에도 역시 몸-교회론이나 건물-교회론과 마찬가지로 교회의 일치와 성장이라는 에베소서의 기본 사상이 분명하게 드러나 있다.

⑤ 교회의 가장 중요한 본질과 기능은 교회가 세상에게 구원을 전달하는 매체이며 사람들이 구원을 경험하고 누리는 장소라는 것이다. 교회는 세상에서 그리스도의 통치의 영역이며, 세상을 향한 구원의 장이다. 사람들은 교회 안으로 들어옴으로써 구원을 경험한다. 그리스도는 온 우주의 머리지만, 그의 우주적인 통치를 아직은 교회에서만 경험할 수 있다(1:22~23). 그리스도는 하늘에서 내려왔다가(성육신) 다시 하늘로 올라감으로써(부활 승천) 이미 우주를 충만하게 채웠고, 우주만물을 하나님이 원하시는 구원의 질서로 회복했다(1:10, 23; 4:10). 그러나 우주는 아직 그리스도의 주권을 인정하지도, 찬양하지도 않으며, 오직 교회만이 그리스도의 충만으로서(1:23) 그리스도를 찬양한다. 그리스도의 우주적 승리와 통치가 이미 그의 성육신과 죽음, 부활과 승천에서 종말론적으로 이루어졌으며(1:20~22a), 그리스도의 통치력이 온 우주에 충만하게 넘치고 있지만, 그리스도의 통치와 승리가 실제로 인정되는 곳은 오직 교회뿐이다. 그리스도의 통치는 교회 안에서 구체적인 모습을 띠게 되며, 또 교회의 성장을 통해 그리스도의 통치가 온 세상, 온 우주로 확장된다. 그러므로 교회는 그리스도의 승리와 통치라는 복음(지혜)을 온 우주적인 세력들에게 선포와(3:10) 행동(6:10 이하)을 통해 전파하면서 역동적으로 성장해야 한다.

⑥ 에베소서의 교회이해는 그리스도이해에 근거한다. 기독론에 기초하지 않는 교회론은 없다. 몸과 충만, 성전으로서 교회이해에는 반드시 "그리스도의"라는 속격 표현이 동반된다는 사실이 이를 증명한다. 에베소서가 말하는 교회에 관한 모든 진술들이 보여 주는 가장 분명한 교회의 본질은 그리스도 예속성 혹은 의존성이다. 에베소서에 따르면 사람들은 교회를 통해, 교회 안에서 구원을

받는다. 교회가 제 역할을 바로 하면 세상은 구원을 받고 평화를 누리게 된다. 그리스도는 "우리의 화평"(2:14)이지만, 그 화평은 일차적으로 교회 안에서 이루어져야 하며, 교회를 통해 세상으로, 우주로 확대해 나가야 한다. 이처럼 교회론이 구원론적으로 강화되어 있기 때문에, 에베소서에서는 교회론이 기독론을 주변으로 밀쳐내 버렸다는 주장도 있다.[74] 그러나 이는 옳지 않다. 교회론이 서신의 핵심 주제이기는 하지만, 신약성서의 그 어느 문헌보다도 에베소서에서 교회론은 기독론에 의존한다. 에베소서에 근거해 교회론으로 독자적 구원론을 전개시키려는 일부 가톨릭 학자들의 입장도 정당하지 못하다.[75] 교회는 오직 그리스도에 의존해서만 구원의 기능을 수행한다. 교회는 그 자체로서 구원의 매체가 되는 것이 아니라, 반드시 그리스도에게 의존하고 예속되어 있을 때에만, 다시말해 그리스도의 몸으로서만 구원의 매체가 된다.

1장 4절과 5장 25b절에 근거해 일부 가톨릭 학자들은 교회의 선재론(先在論)을 주장[76]한다. 1장 4절에 따르면, 하나님이 그리스도 안에서 세상이 창조되기도 전에 교회를("우리를") 선택하셨다. 또 5장 25b절에 따르면 그리스도가 교회를 사랑하여 그 교회를 위해 자기의 몸을 십자가에 내어주셨다. 즉 십자가 사건이 있기 이전에 이미 교회가 존재해 있었다는 것이다. 그러나 '세상 창조 이전'이라는 1장 4절의 언급이나 십자가 사건 이전에 이미 교회가 존재했음을 전제하는 듯한 5장 25b절의 언급도 모두 교회의 출생이 오직 그리스도 안에서 일어난 은혜의 사건임을 표현할 따름이다.[77] 그리스도가 없었다면 교회도 없었을 것이다. 이 구절들은 선재적인 기독론과 같은, 그런 선재적인 교회론을 말하지 않는다. 교회는 역사적으로 예수의 십자가 사건에서 태어났다. 유대인과 이방인으로 구성된 한 몸 혹은 새 사람으로서 교회는 그리스도의 십자가에서 역사적으로 창조

---

74) K. M. Fischer, *Tendenz*, 47; S. Schulz, *Neutestamentliche Ethik*, 574 등.
75) H. Merklein, *Christus und Kirche*, 63~65 참조.
76) 예를 들어 H. Schlier, *Epheserbrief*, 255~256.
77) 엡 1:4의 언급에 대해서는 O. Hofius, "Erwählt vor Grundlegung der Welt"(Eph 1,4), 123~130을 참조.

되었다(2:14~17). 사도들과 예언자들이 선포한 예수 그리스도라는 터 위에 세워진 건물이 바로 교회다(2:19~22). 교회는 그리스도의 십자가에서 태어난 하나님의 은혜의 사건이다.

교회는 오직 그리스도로 말미암아, 그리스도를 향해 산다. 그리스도는 교회의 생명력이고 성장의 원동력이다. 교회는 그리스도 안에서 성전이 되어 가며 (2:21~22), 그리스도로부터 각 마디가 연결되고 연합되어 자라나게 된다(4:16). 고대 세계에서 신부는 오직 신랑의 보호와 양육 속에서만 참된 삶을 살 수 있었듯이, 교회 역시 오직 그리스도의 양육과 보호 속에서만 살 수 있다(5:25~30). 사도들과 예언자들이 교회의 터일지라도(2:20), 이들은 그리스도에 의해 교회에 임명된 직분일 따름이고, 또 그리스도를 선포하고 성도들을 가르친다는 점에서 교회의 터가 될 뿐이다(4:7~12). 그리스도가 교회라는 건물의 종석이라면 그리스도는 종말적 교회의 완성이다. 예수 그리스도만이 오직 유일한 교회의 주춧돌이요 머릿돌이며 종석이다(2:20). 토대가 약하고 주춧돌이 없는 건물은 무너질 수밖에 없고, 종석으로 덮이지 않은 건물은 미완성이다. 그러므로 교회는 그 자체로서는 구원의 영역이 될 수 없다. 기독론에서 독립한 교회론은 존재할 수 없다. "교회 밖에는 구원이 없다"(nulla salus extra ecclesiam)는 말이 있다. 이 말만을 보면 교회가 독자적인 구원의 기관과 매체인 것처럼 오해할 수도 있다. 그러나 '구원은 오직 그리스도 안에만 있다'는 뜻에서 '교회 밖에도 구원이 있다'고 말할 수도 있다.[78] 머리인 그리스도에게 붙어 있는 몸으로서, 유일한 토대요 머릿돌이 되는 그리스도에 의존하고 예속되어 있을 때에만 교회는 구원의 장이 될 수 있으며, 그래서 "구원은 교회에 있다"고 말할 수 있다.

⑦ 에베소서에서 교회는 오직 하나뿐이다. 우주의 주권자가 되시는 그리스도가 한 분이라면, 그 몸인 교회도 역시 '하나의, 보편적인 교회'(una catholica

---

78) W. Klaiber, *Rechtfertigung und Gemeinde*, 103 참조.

ecclessia)일 수밖에 없다. 하나님도, 주님도, 성령도 한 분이시라면, 교회도 역시 하나뿐이다(4:4~6). 교회는 다양한 지체들이 차별 없이 어우러지는 하나의 몸이요 다양한 자재들로 밀접하게 결합된 하나뿐인 건물이다. 그리스도가 온 세상의 평화라면(2:14) 그 몸인 교회의 본질도 평화와 일치다. 이러한 교회의 평화와 하나 됨은 십자가에서 주어진 은총인 동시에 성도들이 성령의 능력으로 지켜내야 할 과제다(2:22; 4:3~4).

사도들은 그리스도의 처음 증인들이란 점에서 후대 교회에게는 대체될 수 없는 근본적인 권위와 의미를 갖지만, 그들 역시 그리스도에 의해 임명되어 교회의 토대가 되었고, 그들의 임무 역시 교회를 지배하는 것이 아니라 교회의 일치와 성장을 위해 그리스도인들을 가르치고 양육하는 일이다(4:7~16; 3:5; 2:20). 그들은 곧 '복음을 섬기는 자들'이다(3:7). 교회의 사도성은 그들이 전한 복음에 근거하기 때문이다. 그러므로 교회의 보편성의 근거는 가톨릭교회처럼 전 세계를 포괄하는 교회 조직이나 기구에 있는 것이 아니라, 우주적 승리를 통한 그리스도의 우주적 통치라는 복음에 대한 동일한 믿음에 있다(4:13).

시대와 장소를 초월해 교회는 언제나 어디서나 오로지 그리스도 위에 그리고 사도들의 선포 위에 세워져야 한다. 물론 교회 안에는 다양한 은사들이 있고 또 다양한 삶의 방식들이 있다. 그러나 그 다양함은 그리스도의 사랑에 뿌리를 박고 있으며 또 교회의 일치와 성장에 헌신해야 한다. 아무리 많은 교회들 혹은 교파들이 존재할지라도, 그들이 공통으로 서 있는 토대는 단 하나뿐이다. 사도와 예언자들이 선포한 예수 그리스도를 믿는 믿음이 바로 그 유일한 토대다. 믿음의 일치에 근거해 우리는 세상에는 오로지 단 하나의 교회뿐이라고 말할 수 있다. 믿음은 에큐메니칼 일치운동의 근본 토대다. 교회의 일치는 성령의 활동에 순종해 이 믿음을 증언하고 또 이 믿음에 근거한 사랑의 삶을 통해 지켜진다. 에베소서가 이처럼 교회가 하나뿐임을 강조하는 데는 그 교회의 일치가 위협받고 있는 어떤 역사적인 이유가 있었을지도 모른다. 우리는, 에베소서가 어떤 역사적·교회적 상황에서 기록되었는지 잘 알지 못하지만, 어쨌든 저자는 오로지 하나뿐인 그리스도를 머리로 하는 교회는 오직 하나뿐임을 줄기차게 주장한다. 그 하나 됨을 지키는 일이 모든 그리스도인의 가장 중요한 과제다.

(3) 종말이해와 윤리교훈

① 에베소서도 골로새서처럼 그리스도이해에 근거해 현재적인 종말이해를 강조한다. 에베소서는 교회론적으로 해석된 기독론 위에서 종말론과 윤리를 말한다. 골로새서가 거짓 교사들이나 그들의 거짓된 가르침에 맞서 싸우면서 종말론과 윤리를 말한다면, 에베소서에서는 그런 싸움이 없다는 것도 차이점이다.

그리스도는 악한 영적인 세력들을 이기고 하나님의 우편에 올라가 계시는 우주의 주권자이며(1:20~23), 그리스도인들은 그리스도의 피로써 이미 용서를 받았고(1:7), 또한 이미 구원의 영역으로 옮겨져 있다(1:5, 9, 11, 19; 2:10; 3:11). 그리스도와 함께 이미 살리심을 받은 이들은 그리스도와 함께 하늘에 앉아 있다(2:5~8). 그들은 "성도들[79)]과 동일한 시민이요 하나님의 권속이다"(2:19).

② 공간적인 사고를 보여 준다는 점에서도 에베소서와 골로새서는 동일하다. 모든 영적인 세력들을 이긴 그리스도의 우주적인 주권은 이미 하늘에서 실현된 실체다. 우주의 머리가 되는 그리스도가 동시에 교회의 머리가 되며, 교회는 그의 몸이며 충만이다(1:20~23). 그런 면에서 교회와 그 지체들은 이미 지금 이 세상에서 살면서도 하늘에서 실현되어 있는 그리스도의 우주적인 승리에 참여한다. 그러므로 에베소서에서 구원은 교회에서 실현된 그리스도의 우주적인 주권에 참여하는 일이며, 하나님은 그리스도인들을 구원의 영역인 교회로 부르셔서 구원에 참여하게 하셨다. 4장 1절에서 "부르심을 받은 일에 합당하게 행하라"라고 한다면, 교회로 부르셔서 구원을 누리며 살아가게 하시는 하나님의 뜻에 합

---

79) 2:19이 말하는 "성도들"은 하늘의 영적인 존재들을 의미한다.

당하게 행하라는 말이다. 하나님의 뜻에 합당하게 행하는 것은 "평안의 매는 줄로 성령이 하나 되게 하신 것을 힘써 지키는 것"이다(4:2~3). 에베소서 윤리교훈은 교회일치를 위한 것이다.

③ 에베소서가 현재적인 종말이해를 강하게 제기한다고 해서 시간적인 차원을 전혀 배제해 버린 것은 아니다.[80] 에베소서가 말하는 교회는 그리스도 안에서 성전이 되어 가며(2:21~22), 그리스도로부터 각 마디가 연결되고 연합되어 머리가 되는 그리스도에게까지 자라나야 하는 역사적인 존재다(4:13,15,16). 교회는 천상적 존재이며 동시에 경험적 존재다. 승리자 그리스도의 몸으로서 교회는 구원의 영역이지만 동시에 여전히 목표를 향해 가는 종말론적인 도상의 존재다. 그러므로 서신은 교회를, 역동적으로 성장하고 채워져야 하며 건설되어야 하는 다양한 지체들을 가지고 있는 유기체적 개념들(몸, 충만, 건물 등)로 표현하며, 다양한 윤리적 교훈들을 통해 교회의 삶을 가르친다.

④ 몸의 지체들은 종말론적인 완성을 향해 가는 도상에서 선교의 사명과 윤리적인 과제를 감당해야 한다. 평화이신 그리스도가 교회의 주인이라는 말은, 그 몸이 되는 교회가 평화의 전당이라는 말이다. 그리스도만이 주인이기에 교회 안에서 누구도 어떠한 이유로도 차별을 받아서는 안 된다. "예수 안에서 그리스도의 피로" 인류가 화해를 경험했다면(2:11~13), 예수 그리스도에 의해 세워진 교회 안에서는 더 이상 어떠한 차별이나 싸움도 있어서는 안 된다. 만물을 하나님의 창조 질서로 회복하심으로써 하나님의 생명력으로 충만하게 하신 그리스도의 힘과 생명력이 충만한 교회 안에는 오로지 그리스도의 사랑만이 충만해야 한다. 교회 안에 평화가 이루어지지 않는다면, "그리스도는 우리의 화평"(2:14)이라는 메

---

80) A. Lindemann, *Die Aufheung des Zeit*, 248: "에베소서에게서 시간과 역사는 '그리스도 안에서' –이 서신의 신학에 맞게 다시 말한다면, 교회 안에서– 제거되어 버렸다."

시지를 누가 믿겠는가. 에베소서에 있는 윤리교훈은 "주 안에서" 주어지며 교회의 평화와 일치, 화해를 위한 것이다. 5장 21절부터 6장 9절에 있는 가정규범도 교회의 가장 중요한 요소인 그리스도인 가정의 평화를 위한 교훈이다. 교회가 하나뿐이라면, 성도들은 그 하나의 교회를 유지하는 삶을 살아야 하며, 이는 곧 개체 교회 안에서 일치와 화해의 삶을 사는 것으로부터 시작해서 전체 교회의 일치와 화해로 나아가야 한다. 교회는 세상을 향해 평화를 보여 주는 전시장이며, 평화를 가르치는 교사다. 그리스도인들이 삶을 통해 교회의 일치를 지키고 그리스도의 평화를 세상에게 보여 주는 일은 평화를 갈망하는 세상에게 복음의 매력을 한껏 풍기는 일이며, 그것 자체로 선교의 사명을 감당하는 일이다.

5) 목회서신의 신학

디모데전서와 디모데후서, 디도서를 묶어 목회서신이라 한다. 세 서신들은 언어와 문체, 신학적인 내용에서 통일성을 이룰 뿐 아니라 바울의 이름으로 기록된 다른 서신들과는 현저한 차이를 보인다. 세 서신들은 유일하게 개인에게 보내졌다. 디모데전서와 디도서는 교회의 본질과 조직, 질서를 가르침으로써 날뛰는 이단자들에 맞서 교회를 지키라고 요구하며, 디모데후서는 감옥에 갇힌 사도의 상황을 상정하여 유언과 같은 형식으로 가르친다. 세 서신들은 모두 바울에 대한 공격을 방어하고(딤후 4:9~18), 바울의 가르침이 교회를 지키고 세우는 데 얼마나 중요한지를 설명한다. 임박한 종말에 대한 기대는 사라지고, 교회는 세상에서 지속적으로 세워져야 하며, 더구나 이단자들의 등장으로 바울로부터 배운 복음이 훼손될 위기에 처한 상황에서, 목회서신들은 바울의 이름으로 그의 복음을 새롭게 해석함으로써, 바울의 이름으로 교회 조직과 질서를 세우게 함으로써, 그 상황을 극복하고자 한다.[81] 목회서신에는 아마도 기원후 100년 무렵의 교

---

81) 조경철, "목회서신이 가르치는 거짓 가르침(이단)에 대한 대처 방식", 41~69 참조.

회 상황이 반영되어 있는 것으로 보인다.

(1) 그리스도이해

① 목회서신의 그리스도이해는 바울의 다른 서신들에서도 찾을 수 있는 핵심에 근거하고 있다. 예수 그리스도의 오심과 구원사역, 칭의와 주권, 재림 등이 그것이다. 이 같은 기독론적인 복음은 바울이 디모데에게 "부탁한 것"이기 때문에 지키고 보존해서 전파하라고 명령한다(딤전 6:20; 딤후 1:12, 14). 개역성경이 'παραθηκη'를 "부탁한 것"(딤전 6:20; 딤후 1:14) 혹은 "의탁한 것"으로 번역하는데(딤후 1:12), 이는 법적 용어로서 전당포 주인이 저당 잡은 물건을 다시 찾으러 올 때까지 흠 없이 그대로 보존해야 할 의무를 말한다. 그러므로 디모데는 바울이 맡겨 놓은 복음을 종말이 올 그때까지 흠 없이 보존해야 할 의무가 있다. 목회서신은 자기 시대의 교회에서 흠 없이 보존해야 할 바울의 복음을 가르친다.[82]

② 저자가 바울의 이름으로 디모데에게 "부탁한 것"은 무엇인가? 먼저, 디모데전서 2장 5~6절을 살펴보자.

> "하나님은 한 분이시요 또 하나님과 사람 사이에 중보자도 한 분이시니 곧
> 사람이신 그리스도 예수라 그가 모든 사람을 위하여 자기를 대속물로 주셨
> 으니 기약이 이르러 주신 증거니라"

여기에는 유일신 신앙과 예수 그리스도의 대속의 죽음에 대한 믿음이 종합되어 있다.[83] 그리고 디도서 2장 13~14절에서 저자는 '구주' 예수 그리스도를 하나님이라고 부르면서 동일한 것을 말한다.

---

82) A. Lindemann, *Paulus im ältesten Christentum*, 142~143; H. Stettler, *Christologie der Pastoralbriefe*, 301.
83) 신 6:4; 고전 8:6; 막 10:45; 마 20:28 등 참조.

"그가 우리를 대신하여 자신을 주심은

모든 불법에서 우리를 속량하시고

우리를 깨끗하게 하사

선한 일을 열심히 하는 자기 백성이 되게 하려 하심이라"

여기서 핵심은 "속량"(λυτροω)이다. 디모데전서 2장 5절에서는 접두사 αντι를 가진 αντιλυτρον(대속물)을 통해 예수의 대리적인 죽음을 강조한다. 예수가 모든 사람들, 곧 모든 죄인들을 대신해 죽었다. 디모데전서 2장 6절이 "모든 사람을 위하여"를 말하고, 디도서 2장 14절은 "우리를 대신하여(위하여)"를 말한다. 한 분 하나님은 모든 사람이 구원받기를 원하시며(딤전 2:4), 그래서 하나님과 사람들 사이에 중보자 예수 그리스도를 세우시고, 그가 죄인인 모든 사람들을 위해 속죄죽음을 죽게 하셨으며(딛 2:14), 그 복음을 세상에 전파하기 위해 사도를 세우셨다(딤전 2:7). 목회서신은 데살로니가전서 1장 9절이나 갈라디아서 1장 4절과 2장 20절, 고린도후서 5장 14절 등에서 바울이 가르친 복음의 내용을 분명히 알고 있으며, 이를 바울이 "부탁한 것"이라고 한다.

③ 목회서신은 '한 분 하나님'과 '한 분 중보자'를 연결해 말한다. 디모데가 "어려서부터 성경을 알았다"(딤후 3:15)는 말은 구약성경의 하나님을 굳게 믿었다는 뜻이다. 그의 그리스도 증언은 하나님의 위대한 영광을 위해서이며(딤전 6:11~16), 그런 점에서 그는 교회의 모범이다. "청결한 양심으로 조상 적부터" 하나님을 섬겨 온 디모데에게(딤후 1:3) 하나님 외의 다른 신들은 없다(딤전 2:5). 창조자 하나님의 축복은 모든 피조물을 "선하게" 만든다(딤전 4:4~5). 하나님은 선하시고 사람들을 사랑하셔서 죄인들을 의롭게 하신다(딛 3:4). 또한 아버지이시며(딤전 1:2; 딤후 1:2; 딛 1:4), 죽음을 생명으로 변화시키는 구원을 일으키시고(딤전 4:10), 그런 희망이 살아 있는 교회를 또한 세우셨다(딤전 3:13). 모든 것은 주 하나님께 속하며

또 그에게 복종한다(딤전 6:15). 하나님은 "자기 백성을 아시며"(딤후 2:19) 사람들에게 총명을 주신다(딤후 2:5~6). 하나님께 자기 인생을 세우는 사람들에게 자비를 베풀며(딤후 1:18), 그를 섬기는 사람들을 도와준다(딤후 4:17). 하나님은 최후 심판자로서 의가 살아 있게 하시며(딤후 4:14), 사도를 그의 하늘나라에서 구원하실 것이다(딤후 4:18). 실로 하나님은 모든 구원사건의 근원이며 목표다.

> "하나님은 복되시고 유일하신 주권자이시며 만왕의 왕이시며 만주의 주시요 오직 그에게만 죽지 아니함이 있고 가까이 가지 못할 빛에 거하시고 어떤 사람도 보지 못하였고 또 볼 수 없는 이시니 그에게 존귀와 영원한 권능을 돌릴지어다 아멘"(딤전 6:15~16)

목회서신은 이러한 하나님이해를 그리스도와 연결해 말한다. 하나님의 구원사건은 그리스도 안에서 계획되고 실현되었기 때문이다.

④ 예배에서 부르던[84] 송가들 가운데 하나를 인용하는 디모데전서 3장 16b절에서 하나님이해와 그리스도이해가 결합되어 있음을 볼 수 있다. 이는 빌립보서 2장 6~11절이나 골로새서 1장 15~20절과 같이 창조 이전부터 계시던 그리스도를 찬양한다. 그리스도는 "살아 계신 하나님의 교회요 진리의 기둥과 터가 되는" 교회가 고백하는 위대한 "경건의 비밀"이다(3:15~16a).

그는

I. ① 육신으로 나타난 바 되시고 ② 영으로 의롭다 하심을 받으시고

II. ② 천사들에게 보이시고 ① 만국에서 전파되시고

III. ① 세상에서 믿은 바 되시고 ② 영광 가운데서 올려지셨느니라

---

84) H. Stettler, *Christologie der Pastoralbriefe*, 80~85.

각기 수동태 동사가 중심인 여섯 문장으로 구성된 이 송가에는 두 문장이 한 쌍으로 묶여 있으며, 여섯 문장은 다시 교차법적인 구조를 드러낸다. ①번(육신으로 나타남, 만국에 전파됨, 세상에서 믿어짐)은 모두 세상에서 일어난 사건이고, ②번(영으로 의롭게 됨, 천사에게 나타남, 영광 가운데 올려짐)은 모두 하늘의 사건이다. 수동태를 사용한 것은 예수에게 행하신 행동의 주체가 하나님이기 때문이다. 예수 그리스도 안에서 일어난 구원을 행하신 분은 하나님이다. 그러므로 하나님이해와 그리스도이해는 떨어질 수 없다.

하나님은 예수를 "육신으로" 나타나게 하셨고, "영으로" 의롭게 하셨다. 예수의 선재성은 전제되어 있다. 하나님은 선재하시는 예수를 혈과 육을 가진 인간으로 나타나게 하셨다. "영원 전부터" 하나님의 구원의 뜻이 예수 안에서 결정되었다(딤후 1:9~10). 예수를 "육신으로" 나타나게 하신 하나님은 예수 그리스도를 '통하여' 종말론적인 구원을 실현하신다. "영으로 의롭다 하심"은 성육신하신 그리스도의 대속의 죽음을 통한 구원사역을 강조하며, 십자가에서 죽은 예수가 육신으로 나타나기 이전의 영광으로 되돌아감을 말한다. 그러므로 "의롭다 하심"은 "천사들에게 보임"과 "영광 가운데 올려지심"과 동일한 의미다. 예수는 부활하신 분과 올려지신 분으로서 하나님의 신성에 참여한다(딛 2:13). 영은 하나님의 종말론적인 창조의 힘이며(딛 3:5~6) 하나님의 영광을 말하기 때문이다.

따라서 의롭게 되셔서 하나님의 영광 가운데 계시는 예수는 하늘과 땅을 포괄하는 주권자다. 하나님에 의해 하나님의 영광으로 올리어진 예수를 천사들은 그들의 주님으로 인정했다. 이 예수의 주권은 바울을 통해 만국에 선포되고, 세상에 전파되었다. "만국"과 "세상"이라는 말은 복음 선포와 교회의 보편성을 강조한다. 바울은 민족들에게 복음을 선포하고, 그래서 믿음이 생겨나는 곳에 교회를 세웠다. 이처럼 바울의 선포와 그를 통한 믿음의 사건은 하나님의 구원활동에 속한다. 디모데전서 2장 5~6절에서는 중보자의 역할이 "모든 사람을 위하여 자기를 대속물로 주신" 그분의 인간성과 굳게 결합되었다면, 3장 16절에서는 인간으로 오신 예수가 하늘로 올라가셨으며, 복음의 세계적인 선포와 믿음을 통해 예수의 주권이 선포된다.

이처럼 하나님의 구원활동은 예수 그리스도 '안에'(ἐν) 그리고 예수 그리스도를 '통해'(διά) 일어났다.[85] 하나님의 구원활동은 예수 그리스도의 인격과 죽음, 부활과 떨어질 수 없다. 복음은 예수 그리스도다(딤후 2:8~9). 사도를 통한 복음 선포는 하나님이 일으키신 구원사건에 속한다. 하나님은 태초부터 인간을 구원하려고 작정하셨을 뿐 아니라(딤전 2:4~5), 이 결정을 실천하기 위해 정하신 시간에(딤후 1:8 이하; 딛 1:2~3) 예수 그리스도의 활동과 죽음, 부활과 재림이 일어나게 하시고, 사도를 통해 복음을 선포하게 하셨다(딤전 2:5~7; 딛 1:2~3).

⑤ 바울의 다른 서신들과는 달리 목회서신은 예수 그리스도의 나타나심(에피파니)을 자주 말한다. '복스러운 그리고 유일한 주권자'이신 하나님이 예수가 나타날 때를 정하신다(딤전 6:14~15). 그러나 예수 그리스도가 사람들을 구원하심으로써(딤후 1:9~10), "하나님의 은혜는 나타나며"(딛 2:11) "우리 구주 하나님의 자비와 사람 사랑하심"(딛 3:4)이 나타난다. 그러므로 디도서 2장 13절은 "우리의 크신 하나님과 구주 예수 그리스도의 영광이 나타나셨다(에피파니)"고 한다. 예수의 '나타나심'과 하나님의 나타나심은 동일한 방식으로 일어난다(딤후 1:9~10; 딛 3:4~7). 선재하신 분의 성육신(딤전 3:16)[86]과 지상 예수와 부활 예수의 역사적인 현존(딤후 1:9~10), 승천하신 그리스도의 재림(딤전 6:14; 딤후 4:1; 딛 2:13)은 모두 '에피파니'다. 이처럼 목회서신은 그리스도의 성육신부터 재림에 이르는 전체 활동을 '에피파니'라는 말로 표현한다. 예수 안에서 모든 구원의 현재와 미래가 결정되었다. 이 에피파니 기독론은 디모데후서 1장 9~10절에 분명하게 나타난다.

---

85) 딤전 1:14; 3:13; 딤후 1:9~10, 13 등.
86) 딤전 3:16의 φανερόω는 목회서신의 언어 영역에서 볼 때 에피파니 주제와 밀접하게 결합된다. 이는 딤후 2:10에서도 확인할 수 있다.

"하나님이 … 오직 자기의 뜻과 영원 전부터 그리스도 예수 안에서 우리에게 주신 은혜대로 하심이라 이제는 우리 구주 그리스도 예수의 나타나심으로 말미암아 나타났으니 그는 사망을 폐하시고 복음으로써 생명과 썩지 아니할 것을 드러내신지라"

"예수의 나타나심으로 말미암아" 하나님이 그리스도 "안에서" 영원 전부터 세우신 계획이 "이제" 역사적으로 이루어진다. 일회적인 예수의 활동은 모든 시간과 영원을 확실하게 규정하며, 죽음을 정복하고 영생을 준다(딤후 4:1, 8). 그로부터 예수의 선재(딤후 1:9)와 성육신(딤전 3:16), 대리적인 속죄죽음(딤전 2:5~6) 그리고 부활과 재림까지[87] 포함해서 모든 예수의 활동을 에피파니라고 한다.

⑥ 목회서신의 그리스도이해는 이단과의 싸움을 염두에 둔다. 특히 "지식"과의 논쟁이 있었다(딤전 6:20). 영지주의 이단자들은 터부나 금욕을 주장할 뿐 아니라(딤전 4:3) 일방적인 현재적 종말론(딤후 2:18), 내면화된 구원론을 주장했다. 이에 맞서 목회서신은 특히 성서의 창조신학(딤전 4:4~5)과 '바울의' 구원론을 제시한다(딛 3:5 이하). 창조와 구원, 율법과 은혜, 몸과 영혼, 역사와 종말은 서로 분리할 수 없으며 하나님의 구원의 뜻 가운데서 함께 속한다(딛 1:1~4). 영지주의 이단에 맞서 목회서신이 말하는 그리스도이해의 핵심은 두 가지다. 첫째, 하나님과 인간 사이의 중보자가 한 분뿐인데, 사람이신 예수 그리스도(딤전 2:5) 곧 다윗의 씨(딤후 2:8)다. 둘째, 죽음을 폐하신(딤후 1:10) "구주"는 "육으로 나타나셔서" 죽은 자들 가운데서 부활하셔서 "영광 가운데서 올려지신" 분(딤전 3:16)이다. 그러므로 목회서신은 가현설적인 그리스도이해를 전적으로 부정한다.

---

87) 딤전 3:16; 4:8; 6:14; 딤후 2:8; 딛 2:13~14.

(2) 교회이해

골로새서나 에베소서와는 다르게 목회서신은 교회가 무엇인지에 대해 상세하게 설명하지 않는다. 그러나 디모데전서 3장 15절과 디모데후서 2장 19~21절은 목회서신의 교회이해를 분명하게 드러낸다.

① '디모데'가 교회 안에서 어떻게 가르치고 지시하며 행동해야 할지를 말하는 디모데전서 2~3장에서, 특히 3장 15절에 교회에 관한 세 가지 표현이 나란히 나타난다.

"하나님의 집은 살아 계신 하나님의 교회요 진리의 기둥과 터이다."

먼저 교회는 "살아 계신 하나님의 집"이다. 집을 의미하는 헬라어 οικος는 종교 단체를 의미할 수도 있고, 성전을 의미할 수도 있다.[88] 디모데전서 3장 15절에서 "하나님의 집"은 디모데와 성도들이 행동하고 살아가야 하는 영역이다. 이 하나님의 집은 성도들보다 먼저 있었고(3:5 참조), 성도들이 비로소 그 집으로 들어가 공동체적인 신앙생활을 한다. 교회는 "진리의 기둥과 터"이다. "기둥"(στυλος)과 "터"(εδραιωμα)는 건축 용어로서 건물을 견고하게 떠받드는 기능을 한다. 두 개념 모두 걸출한 인물들, 곧 한 공동체의 핵심 인물들을 말하기도 한다. 아브라함이나 쿰란공동체 지도자, 의의 교사 등을 그런 표현으로 부르기도 했다.[89]

고린도전서 3장 11절에서는 그리스도가 교회의 터로, 에베소서 2장 20절에서는 사도들과 예언자들이 교회의 터로 나타난다. 그런데 디모데전서 3장 15절에서는 특이하게도 교회 자체를 터라고 한다. 갈라디아서 2장 9절과 요한계시록 3장 12절에서는 특정 인물들을 "기둥"이라고 하지만, 목회서신은 교회를 "기둥

---

88) 고전 3:16; 고후 6:16; 엡 2:22; 벧전 2:5; 4:17; 히 3:6 등.
89) 1QH 2:10; 5:9, 26 등.
90) von Lips, *Glaube – Gemeinde – Amt*, 99~100.

과 터"라고 한다. 교회를 진리의 기둥과 터라고 말하는 데는 두 가지 의미가 있다.[90] 첫째, 세상에서는 교회에만 진리가 있다. 특히 기둥이 높이 돌출되듯이 교회는 세상을 향해 진리를 높이 들어 보여 주는 곳이다. 세상은 교회를 보면서 진리를 볼 수 있다. 교회는 이 진리를 보존하고 선포하는 곳이다. 둘째, 기둥과 터, 특히 터는 흔들리지 않고 확실함을 의미한다. 교회가 진리의 기둥과 터라면, 교회는 결코 흔들릴 수 없는 존재이며 그 누구도, 그 무엇도 교회를 망가뜨릴 수 없다. 특히 목회서신은 교회를 흔들어 넘어뜨리려는 이단자들과의 싸움 속에서 기록되었다. 교회 안에서 선포되고 보존되는 진리의 내용은 3장 16절에 있다. 진리를 흔드는 어떤 이단 사상이나 또 어떤 이들에게 넘어간 그 누구도 "진리의 기둥과 터"인 교회를 흔들 수 없다.

② 디모데후서 2장 19~21절의 "하나님의 견고한 터"와 "큰 집"도 교회를 말한다. 디모데전서 3장 15절이 교회생활에 관해 말하는 맥락에 있다면, 디모데후서 2장 19~21절은 이단자 논쟁의 맥락에 서 있다.

"터"는 무엇을 말하는가? 19절과 20절을 연결해 보면 "터"는 교회다. 이단자들과의 논쟁에서 교회를 "하나님의 견고한 터"라고 한다면, 디모데전서 3장 15절에서 살펴본 내용과 잘 연결된다. 악성 종양처럼 퍼져 나가는 이단자들의 거짓 가르침은(딤후 2:17~18) 몇몇 성도들의 믿음을 망하게 할 수는 있어도(딤후 2:14, 18) 교회 자체를 흔들 수는 없다. 교회는 흔들리지 않는 "하나님의 견고한 터"다. 터가 흔들리지 않는 이유는 많은 성도들이 "인침"을 가지고 있기 때문이다. 디모데전서 3장 15절이 "집"을 말한 것처럼 디모데후서 2장 20절도 "집"을 말한다. 교회는 다양한 그릇들을 가지고 있는 집이다. "큰 집", 곧 교회 안에는 귀하게 쓰는 그릇과 천하게 쓰는 그릇이 함께 있다. 그러므로 교회는 혼합 공동체(corpus permixtum)다.[91] 교회 안에 있는 이단자들과 그들에게 넘어간 사람들이 '천하게

---

91) P. Stuhlmacher, *Biblische Theologie des NT II*, 35.

쓰는 그릇이다. 그러므로 21절은 이단자들의 거짓 가르침을 따르지 말라는 경고다. 이단 사상을 멀리하면 성도들은 자신을 거룩하게 하여 주인이 쓰시기에 유용한 그릇이 된다.

③ 그러면 교회를 흔드는 악성 종양과 같은 거짓 가르침은 어떤 것이고, 거짓 교사들은 어떤 이들인가? 저자는 그들의 주장을 "헛된 말", "마귀의 올무", "어리석음", "미혹하는 영과 귀신의 가르침"이라고 한다.[92] 그들은 "지식"을 가지고 있다(딤전 6:20)고 주장했으며, "부활이 이미 지나갔다"는, 내면화되고 실현된 혹은 열광주의적인 부활신앙을 가지고 있었고(딤후 2:18), 철저히 금욕주의적이었다. 그래서 혼인을 거부했고(딤전 4:3), 특정한 음식을 거부했다(딤전 4:3; 5:23 참조). 또한 세상과 물질에 대해 부정적이었던 영지주의자들과 매우 유사했으며, 유대적인 배경을 가진 특정한 정결 규정을 지키고 가르쳤나(딛 1:15). 목회서신이 여자들은 자녀를 낳아야 구원을 받는다는 기이한 주장을 하는 것도(딤전 2:15; 딤전 5:14 참조) 거짓 교사들이 혼인과 자녀생산을 부정하는 데 따른 현상으로 볼 수 있으며, 여성에게 복종을 강조하는 것도(딤전 2:12 이하; 딛 2:5) 이들의 여성해방적인 경향에 맞서 제기되었다고 볼 수 있다.

이러한 거짓된 주장을 하는 사람들은 누구인가? 그들은 "양심이 화인을 맞아서 외식함으로 거짓말하는 자들"이고(딤전 4:2), "불순종하고 헛된 말을 하며 속이는 자"들이며(딛 1:10), '진리를 대적하고 마음이 부패한 자이며 믿음을 버린 자들'이고(딤후 3:8), 말과 행동이 다른 위선자들로서 선한 일을 거부하는 사람들이며(딛 1:16), 경건의 모양만 있고 그 능력을 부정하는 자들이고(딤후 3:5), 경건을 물질적인 이익의 수단으로 악용하는 자들이다(딤전 6:5; 딛 1:11). 게다가 교회 지도자들의 공적인 가르침을 따르기를 거부했고,[93] 교회에 나타나서 자신들에게는 가르

---

92) 딤전 1:6; 6:20; 딤후 2:16; 딛 1:10; 딤후 2:26; 딤후 3:9; 딤전 4:1 등.
93) 딤전 1:6, 19; 4:1; 6:21; 딤후 2:18; 딛 1:14.

치는 권위가 있다고 주장했다.[94] 그들은 아마도 초대교회에 많이 있었던 순회 전도자들로서 목회서신의 교회에 들어와 교인들에게 거짓된 신앙을 가르치고 그 대가로 숙식을 제공받았던 것 같다(딛 1:11; 딤전 6:5). 그들은 교인들의 집을 돌아다니며, 특히 여인들을 유혹해 추종자로 삼아 기독교인들의 가정을 온통 혼란에 빠뜨렸다(딤후 3:6; 딛 1:11). 그런데 이처럼 사적인 영역에서뿐 아니라 공중 예배에도 나타나 논쟁을 벌임으로써 교회를 혼란으로 몰아간 것이 분명하다.[95] 그들은 교회 안에서 상당히 적극적으로 활동했고, 또 상당한 유혹의 힘을 발휘했으며, 그 결과 대단한 성과를 거둔 것으로 보인다(딤후 4:3~4). 그들은 유대인들의 허탄한 신화와 족보를 가르쳤다.[96] 정결과 부정에 관한 유대교 율법을 가르치며 스스로 율법의 선생이 되려고도 했다.[97] 그러므로 거짓 교훈을 가르치는 거짓 교사들 대다수가 할례 받은 사람들이었다(딛 1:10). 이런 점으로 봐서, 거짓 지도자들은 유대인 출신들이었다. 그러나 다른 한편으로 그들이 "지식"(γνωσις)을 가지고 있다고 주장하는 것을 보면, 거짓 교사들은 유대적·영지주의적 성격을 가진다.[98]

④ 교회 지도자들과 성도들은 거짓 교사들과 변론할 필요가 없다(딤후 2:14, 24; 딛 3:9). 이런 변론은 아무런 유익이 없고 도리어 듣는 사람들을 망하게 할 수 있다(딤후 2:14). 거짓 가르침에 빠진 자들이 교회 안에서 말할 기회를 줘서는 안 된다(딛 1:11). 교회 지도자들은 그들을 공개적으로 엄하고 부드러운 방식으로 질책해야 한다(딛 1:13; 딤후 2:25). 그렇게 한두 번 질책을 당하면서도 듣지 않는 사람은 멀리해야 한다.[99] 그러나 '하나님의 집, 살아 계신 하나님의 교회, 진리의 기둥과 터'인 교회를 지키기 위해서는 보다 적극적인 대처방식이 필요하다. 목회서

---

94) 딤전 1:3; 6:3; 딤후 4:3; 딛 1:11.
95) 딤후 2:14; 딤전 1:4 참조: 6:4; 딤후 2:23; 딛 3:9.
96) 딤전 1:4; 딛 1:14; 3:9; 딤후 4:4.
97) 딤전 1:7; 딛 1:14~15; 3:9.
98) J. Roloff, *Der erste Brief an Timotheus*, 233~238.
99) 딤전 1:20; 딛 3:10; 마 18:15~16도 참조.

신이 가르치는 적극적인 대처 방식은 크게 세 가지 방향으로 전개된다.[100]

첫째, 교회 지도자들은 바울의 복음과 바울의 교훈, 바울이 부탁한 것을 확실히 알아야 한다. 목회서신이 여러 차례 바울의 동역자들 이름까지 들어가면서 그들이 바울을 배신했다고 말하는 데 우리는 주목해야 한다.[101] 심지어 디모데후서 1장 15절은 "아시아에 있는 모든 사람"이 바울을 배신했다고 과장해서 말한다. 바울의 죽음 이후 바울의 복음에서 벗어난 사람들이 상당히 많았던 그때 현실을 반영하는 말이다. 목회서신은 거짓 교사들을 바울을 배신한 사람들, 곧 바울의 복음을 떠나거나 왜곡한 사람들이라고 한다. 이 거짓 교사들의 주장은 바울의 복음에 맞지 않으며, 오직 목회서신에 언급한 가르침만이 바울로부터 전해진 복음과 진리에 합당한 '건전하고 바른 교훈이며 가르침'(υγιαινουσα διδασκαλια)이라고 한다. 또 그것이 참 스승 바울이 디모데에게 "부탁한 것"(παραθηκη)이다(딤전 6:20; 딤후 1:12, 14).

둘째, 교회에 좋은 직분자를 세워야 한다. 바울이 디모데를 에베소에 머물게 한 이유는 교회에서 "다른 교훈"을 가르치는 사람들을 물리치게 하기 위해서였다(딤전 1:3). 디모데가 에베소교회에 감독과 장로, 집사 직분을 세우는 것도 이같은 거짓 교사들과의 싸움과 무관하지 않다. 바울은 또 다른 수신자인 '디도'에게는 그레데 섬에 있는 교회들에 장로들을 세우라고 한다. 그러기 위해 그는 디도를 그레데 섬에 남겨 두었다(딛 1:5). 이제 디모데와 디도는 모든 직분을 가진 사람들의 모범이 되며, 앞장서서 거짓 교사들과 싸워야 한다(딤전 4:14). 바울의 본을 따라 "선한 싸움"을 싸워야 하는 것이다(딤전 1:18; 딤후 1:13). 디모데와 디도는 바울과 같은 믿음을 가진 "참" 아들이다.[102] 이 말은 바울의 믿음을 이어받은 정통성을 강조한다.[103] 바울의 정당하고 권위 있는 후계자들인 디모데와 디도가

---

100) 조경철, "목회서신이 가르치는 거짓 가르침(이단)에 대한 대처 방식", 41~69 참조.
101) 딤전 1:19~20; 딤후 1:15; 4:10, 14~15.
102) 딤전 1:2, 18; 딤후 1:2; 2:1; 딛 1:4.
103) H. Merkel, *Pastoralbriefe*, 89.

수행해야 할 최대 사명은 바울로부터 전해진 복음, 곧 바울이 "부탁한 것"을 지키는 일이다. 그런 점에서 그들은 그 이후 모든 교회 직분의 모범이고 원형이다. 특히 디모데와 감독에게 요청했던 사명, 곧 바른 교훈을 가르치고 거짓 교사들을 책망하는 사명이 동일하다는 점을 고려하면,[104] 디모데가 감독 직분의 원형이라고 할 수 있다.[105] 디모데전서 3장 1~7절과 디도서 1장 7~9절에서는 감독의 자격을, 디모데전서 3장 8~11절에서는 집사의 자격을 상세히 설명한다. 교회 안에서 특정 직분이었던 참 과부의 명단에 들 수 있는 사람들 자격도 엄격히 규정한다(딤전 5:3~16). 반면에 장로의 자격 규정에 대해서는 별로 설명을 하지 않고(오직 딛 1:6에만 언급) 단순히 장로라는 직분이 존재하며 그들의 모임인 장로회가 있었다는 사실을 언급하는 데서 그친다(딤전 4:14). 명예직으로서 장로들의 모임인 장로회가 발흥하는 거짓 교사들 문제를 해결하기에는 역부족이었다. 그래서 전문지식과 능력을 갖춘 감독의 직분을 도입해 거짓 교사들 문제에 효과적으로 대처하려고 했다.[106] 여기서 디모데가 모든 감독의 모범이었으며, 또 감독은 장로 안수와 징계 권한을 가졌다(딤전 5:19~22). 그러나 감독은 장로들에 의해 선임되었다(딤전 4:14; 딛 1:5~9). 감독 직분이 도입된 이후에도 장로 직분이 없어진 것은 아니지만, 거짓 교사들과의 싸움에서 교회의 지도력은 점차 감독에게 넘어갔다.

감독과 장로, 집사 등이 될 수 있는 자격으로서, 특별히 가르치는 능력이 필요했다. 바울의 뒤를 이은 교회 모든 지도자들에게는 가르쳐야 하는 사명이 있고, 그래서 가르치는 권위와 능력을 가지고 있어야 한다. 디모데도 가르치는 능력을 가져야 하고(딤후 2:24), "읽는 것과 권하는 것과 가르치는 것"에 전념해서 신실한 사람들이 또 다른 이들을 가르칠 수 있도록 훈련시켜야 한다.[107] 디도 역시 가르침(교훈)에 있어서 부패하지 않아야 한다(딛 2:7). 이처럼 감독의 자격으로는 가르

---

104) 딤후 2:24; 4:2과 딛 1:9을 비교.
105) H. Merkel, *Pastoralbriefe*, 92~93.
106) H. Merkel, *Pastoralbriefe*, 12~13, 90~93.
107) 딤전 4:11, 13, 16; 6:2; 딤후 2:2.

제5부 _ 사도 이후 시대 초대교회 서신들의 신학

치는 능력이 필요했고(딤전 3:2; 딛 1:9), 장로들 중에서도 특히 가르치는 일에 수고하는 이들에게는 두 배의 존경을 바쳐야 한다(딤전 5:17). 그러나 여자가 교회에서 가르치는 일은 허용하지 않는다(딤전 2:12). 집사의 자격 요건(딤전 3:8~13)에는 가르치는 능력이 들어 있지 않다. 하지만 집사 역시 깨끗한 양심과 함께 "믿음의 비밀"을 가져야 한다(딤전 3:9). 가르치는 행위가 필요하지는 않지만, 그래도 바른 교훈에 대한 분명한 깨달음과 지식은 있어야 한다.

목회서신이 각 직분의 가르치는 능력을 강조하는 것은 거짓 교사들과 밀접한 관련이 있다. 거짓 교사들은 "지식"을 가지고 있다고 주장하면서 항상 배우는 데 열심이었다. 디모데후서 3장 7절에서 저자는 거짓 교사들은 항상 배우지만 "진리의 지식"에 이르지 못하며, 그러므로 진정한 그리스도인이 되지 못한다고 비난한다. 잘못된 내용은 아무리 열심히 배워도 "진리의 지식"에 이르지 못하는 법이다. 바른 교훈, 바울로부디 진승된 가르침, 바울이 "부탁한 것"을 배울 때에만 "진리의 지식", 곧 진정한 믿음에 이를 수 있다. 교회 지도자들은 바른 교훈에 대한 확실한 지식을 가지고서 성도들을 가르칠 수 있는 교육적인 능력을 가져야 한다.

셋째, 거짓 교사들에 대처하는 세 번째 길은 올바른 기독교 윤리를 정립하고 모든 그리스도인들, 특히 교회 지도자들이 그에 따라 바르게 사는 것이다.

(3) 종말이해와 윤리교훈

① 목회서신에서 종말이해는 중요한 주제로 다루어지지 않는다. 그리스도의 재림(파루시아)을 말하는 '나타나심'(에피파니)은 언제일지는 알 수 없지만, 이미 정해져 있는 시간("기약이 이르면")에 일어날 것이다(딤전 6:14~15). 그러므로 그리스도의 재림(나타나심)은 상당히 먼 어느 때에, 그러나 확실하게 일어날 것이다. 그리스도가 나타나면 각 사람의 행위에 따라 심판할 것이다.[108]

---

108) 딤전 5:24~25; 딤후 4:1, 8; 딛 2:13.

이 같은 목회서신의 종말이해는 거짓 교사들의 발호와 깊은 연관이 있다. 그들은 부활은 이미 지나갔다고 주장하면서 재림신앙을 부정했다(딤후 2:18). 이 주장에 맞서 저자 바울은 주님의 재림은 미래에 언젠가 분명히 일어난다고 강조한다. 미래에 일어날 주님의 나타나심을 확신하면서 말씀을 전파하고 항상 힘쓰며 범사에 오래 참음과 가르침으로 경책하며 경계하며 권하라고 가르친다(딤후 4:2~3). 일상에서 질서 있는 삶을 살아가면서 복음을 차분히 그리고 열심히 전파하는 신앙생활을 하는 것이 주의 재림을 기다리는 종말론적인 신앙과 삶이다.

② 목회서신의 윤리교훈은 종말이해보다는 오히려 그리스도이해와 교회이해와 연결되고 또 거짓 교사들에 맞서 바른 교훈을 지키고, 진리의 터인 교회를 굳게 세우는 결정적인 요인이다.

디모데전서 2장 1절에서 3장 16절은 기도에 대해 말한다. 디모데나 감독들, 교회 다른 구성원들(2:8~9)에게 기도는 매우 중요하다. 기도는 "모든 사람을 위하여" 해야 한다(2:1). 하나님은 "모든 사람이 구원을 받기 원하시기" 때문이다(2:4). 이 같은 하나님의 뜻에 따라 예수는 "모든 사람을 위하여" 죽으셨다(2:6). 이 믿음의 진리를 아는 것으로부터 기도는 시작한다. 기도는 예수가 모든 사람들을 위해 죽으신, 그 보편적인 사랑에 동의하는 것이며, 그래서 기도는 의무다. 이렇게 교회는 세상을 향해 열려 있어야 하며, 그럼으로써 세상도 교회가 복음을 선포하는 공간이 된다.

디도서에서 가정을 위한 교훈(2:1~10)은 그리스도이해와 밀접하게 결합된다(2:11~15). "하나님의 은혜"가 "나타남"(에피파니)은 모든 사람들을 구원하기 위해서다(2:11). 우리는 경건하지 않은 것과 이 세상 정욕을 다 버려야 하나(2:12a), 신중함과 의로움 그리고 경건함과 같은 중요한 덕행들을 궁극적인 구원의 소망 속에서 실천해야 한다(2:12b~13). 그리스도 안에서 나타난 하나님의 은혜는 믿는 사람 개인의 삶과 사회에서 구체적인 행동으로 나타나야 한다. 그러기 위해 하나님의 은혜는 인간을 "양육"(παιδεια)한다(딛 2:12). 하나님의 은혜는 그리스도인들을 "양육"해서 그들에게 중요한 덕행들이 무엇인지 깨우치게 할 뿐 아니라 그 덕행들을 실천하게 한다. 실로 "양육하는" 은혜는 하나님이 예수 그리스도를 통해 선물로 주시는 은혜다.

③ 목회서신의 윤리는 특히 거짓 교사들과의 싸움에서 중요한 자리를 차지한다. 거짓 교사들이 세상을 부정하는 열광주의적인 신학을 확산시킴으로써 사회 안에서 교회가 군게 서 가는 데 결정적인 위협이 되었다. 그러므로 목회서신의 바울은 이들에 맞서서 교회의 토대를 튼튼히 하고자 했다. 한편으로는 바울의 권위에 근거해 교회에 직분들을 세우고, 다른 한편으로는 그 직분들이 변질되지 않게 보존해서 가르치고 전승해야 할 '바울의 복음', '바울의 교훈'을 분명히 정립해야 한다고 했다. 더 나아가 성도들, 특히 직분을 맡은 사람들은 세상으로부터 비난 받지 않는 삶을 살아야 한다.

목회서신의 두 수신자들인 디모데와 디도는 거짓 교사들과의 싸움에서 가장 모범을 보여야 한다. 그들은 바울의 복음, 곧 바른 교훈에 정통한 지식과 확실한 믿음을 가져야 하며, 이를 성도들에게 가르치고 권하는 능력을 가져야 할 뿐 아니라, 더 나아가 윤리적으로도 흠 잡을 데 없는 지도자(목회자)가 되어야 한다. 디모데전서 6장 3~10절(딤후 3:1~9도 참조)에서 거짓 교사들의 부도덕한 모습을 비난한 후에 저자는 6장 11~21절에서 디모데에게 거짓 교사들과는 전혀 다른 삶을 가르친다. 바울이 디모데에게 "부탁한 것", 곧 바른 교훈을 지키는 선한 싸움을 싸우기 위해서는 디모데 자신이 "이것들", 곧 거짓 교사들이 보여 준 부도덕한 삶을 피하고 그 대신에 "의와 경건과 믿음과 사랑과 인내와 온유"를 따라 살아야 한다.[109] 그래서 디모데가 비록 연소할지라도 업신여김을 받아서는 안 된다(딤전 4:12). 그런 도덕적인 삶이 바울처럼 고난을 받는 삶일 수도 있다(딤후 2:3;

---

109) 딤전 6:11; 딤후 1:13~14; 2:15, 22~26도 참조.

3:10~12). 디도 역시 선한 일에 모든 성도들의 본을 보여야 하며(딛 2:7) 누구에게도 업신여김을 받아서는 안 된다(딛 2:15).

당시 교회의 최고 지도자들인 디모데와 디도는 윤리적으로 흠이 없어 거짓 교사들과는 전혀 다른 삶을 보여 주어야 한다. 그럼으로써 거짓 교사들과의 싸움에서 우위를 점할 수 있으며, 더 나아가 성도들을 가르치고 직분을 세울 수 있는 도덕적인 권위를 갖게 된다. 디모데와 디도가 교회에 세우게 될 감독과 장로, 집사 직분을 가진 사람들 역시 도덕적으로 깨끗한 사람들이어야 한다.[110] 교회 안에서 특정 직분이었던 참 과부 명단에 들 수 있는 사람들도 60세가 넘은 도덕적으로 깨끗한 과부들로 제한한다(딤전 5:3~16).

직분자들 외에 일반 성도들도 도덕적인 삶을 실천해 교회와 복음을 세워야 하는 역할에 있어서는 예외가 아니다. 디모데전서 6장 1절에 따르면, 종들이 상전들에게 범사에 순종하고 공경해야 할 목적과 이유는 "하나님의 이름과 교훈으로 비방을 받지 않게 하려 함"이다. 교회 안에 있는 나이 든 여자와 종 등 여러 계층 사람들 역시 도덕적으로 선한 생활을 해야 하는데, 이렇게 선한 삶을 살아야 하는 이유와 목적은 "하나님의 말씀이 비방을 받지 않게 하려는 것"(딛 2:5)과 "우리 구주 하나님의 교훈을 빛나게 하려는 것"(딛 2:10)이다.

④ 목회서신의 윤리적인 가르침에는 두 가지 특징이 드러난다. 하나는, 윤리교훈이 지나치게 가부장적이고 보수적이라는 것이며, 다른 하나는 윤리적인 가르침의 내용이 그 당시 헬라 세계의 철학적인 윤리에서 빌려왔다는 점이다. 특히 거짓 교사들이 종들이나 여성들에 대해 해방적이었던 데 반해, 목회서신의 가르침은 매우 보수적이고 가부장적이다. 그렇다고 목회서신의 윤리를 단순히 보수적이며 가부장적이라고 단정해서는 안 된다. 그 생각의 깊은 저변에는 세상에서 교회가 흔들리지 않고 굳게 세워져 가게 하려는 의도가 깔려 있다. 그 당시 세계

---

110) 딤전 3:1~7; 딛 1:7~9; 딤전 3:8~11.

는 절대적인 가부장 체제였다. 그런 사회 속에서 거짓 교사들이 가르친, 노예와 여성에 대한 혁명적인 가치관과 해방운동은 세상 사람들에게 교회에 대한 부정적인 이미지를 심어 줌으로써 교회의 존립이 커다란 위기에 처할 수 있었다.

그래서 저자는 세상의 가치관과 질서를 존중하고, 그 질서들을 교회 차원에서 수용하려 했다. 물론 기존 질서를 존중하라는 목회서신의 윤리가 단순히 거짓 교사들과의 논쟁에서 생겨났다고만 볼 수는 없다. 목회서신의 저자는 그러한 논쟁과는 상관없이 원래부터 세상의 질서를 받아들이고 존중하라고 가르쳤으며, 교회에 직분을 세웠고, 이 거짓 교사들과의 논쟁은 부수적으로 이를 강화하는 역할을 했다.[111] 이 같은 저자의 깊은 의도는, 그리스도인들이 세상 모든 사람들을 위해 기도하고, 특히 정치적인 권세에 복종할 것을 가르치는 교훈에서 읽을 수 있다(딤전 2:1; 딛 3:2). 저자가 그리스도인들과 바깥세상 사람들을 구분하고 있다는 사실은 "우리"(딛 3:3) 혹은 "우리 사람들"(딛 3:14)과 "외인"(딤전 3:7)을 분명하게 구분하는 데서 드러난다. 그리스도인들은 그런 외인들에게서 좋은 평판을 얻어야 한다. 교회 직분을 가진 사람들은 세상 사람들 앞에서 흠 잡힐 데 없는 삶을 살아야 한다. 그러므로 목회서신이 그리스도인들에게 요구하는 구체적인 삶의 모습은 교회 바깥에 있는 일반 사람들에게도 요청되었던 그 시대의 보편적 윤리다. 다수의 불신자들과 일상생활 속에서 함께 살면서 그리스도인들이 사회의 도덕적 기준에 적합한 삶을 모범적으로 영위함으로써, 교회가 반사회적 혹은 '게토'적 존재가 아니라 사회적 존재임을 드러내게 하려는 것이다.

그리스도인의 삶은 당시 사회에서 교회를 왜곡된 시각으로 보는 세상 사람들에 대해 교회를 방어하고 변증하는 역할을 한다. 디모데전서 6장 1절과 디도서 2장 5절은 하나님의 이름 혹은 하나님의 말씀이나 교훈이 그리스도인들의 삶의 태도 때문에 모독 받지 않게 해야 한다고 말한다.[112] 아마도 교회 바깥사람들

---

111) von Lips, *Glaube-Gemeinde-Amt*, 157.
112) 딤전 6:1과 딛 2:5에서 비방하는 주체를 분명하게 언급하지 않는다. 그러나 딤전 1:13에 모독과 박해가 함께 묶여 있는 것으로 볼 때, 교회 바깥사람들이 비방하는 주체들임이 분명하다. von Lips, *Glaube-Gemeinde-Amt*, 158 각주 277.

이 눈살을 찌푸리게 하는 그리스도인들의 행동 때문에 교회를 비방하고, 결국 하나님의 이름이 비방 받게 되는 것을 가리키지 싶다. 실제 교회에 악의를 가진 바깥세상 사람들이 있었다(딤전 5:14; 딛 2:8의 "대적"). 그리스도인들은 이 같은 세상 사람들의 비난을 살 만한 행동을 하지 말아야 한다.

⑤ 목회서신이 알고 있는, 외부로부터 오는 박해는 단순히 거짓 교사들 때문만은 아니었다. 예수 안에서 경건하게 살려는 사람은 박해를 각오해야 한다(딤후 3:12). 디모데로 대표되는 교회의 직분 소유자들에게는 고난을 감당할 각오를 강력하게 요청한다.[113] 1세기 말과 2세기 초에 살던 그리스도인들이 주변 세상 사람들로부터 익명으로 고발을 당했다.[114] 그리스도인들이 세상 사람들 눈에는 기이하게 보였을 테고, 또 그것이 교회 선교는 말할 나위 없고 교회 존립 자체를 위태롭게 할 수 있는 적대감을 만들어 냈다. 그러므로 그리스도인들은 세상 사람들의 눈살을 찌푸리게 할 수 있는 별난 일을 하지 말고, 그들의 도덕 기준에 충실하고 모범적인 삶을 살아야 한다고 가르친다. 괜히 주변 사람들에게 미움을 야기해 비방을 받고 관청에 고발당할 필요가 없다는 것이다. 그리스도인들은 "고요하고 평안한 생활"을 할 수 있도록, 특히 왕들과 높은 권세를 가진 사람들을 위해 기도해야 한다(딤전 2:2). 이처럼 목회서신 저자가 가르치는 윤리는 사회 안에서 교회가 뿌리를 내려야 한다는 교회의 과제와 이를 방해하는 거짓 교사들과의 싸움이라는 맥락에서 이해해야 한다.

---

113) 딤후 1:8; 2:3~13; 3:10~4:8.
114) 목회서신이 1세기 말이나 2세기 초에 기록되었다면, 로마의 트라얀 황제 재위 기간이다. 이 시기에 소아시아의 로마 총독으로 있었던 Plinius 2세와 트라얀 황제 사이에 오간 서신에서 트라얀 황제는 관청이 그리스도인들에 대한 익명의 고발을 받아들여서는 안 된다고 한다. von Lips, *Glaube-Gemeinde-Amt*, 159 참조.

3. 바울서신 이외의 서신들의 신학

1) 야고보서의 신학

(1) 주의 동생 야고보는 기원후 62년에 순교를 당했기 때문에, 그가 이 서신의 실제 저자라면, 이 서신은 그 이전의 교회 상황을 반영해야 한다. 기원후 50년 대 말, 바울 사도는 로마 감옥 혹은 연금 상태에 있었다. 갇혀 있는 동안에도 바울은 그에 대해 비판적인 사람들의 선교 활동에 대해 알았다(빌 1:15~18). 야고보서는 바울신학에 대해 비판적인데, 만일 주의 동생 야고보가 저자라면, 그와 바울 사이에 상당히 비판적인 긴장관계가 형성되었을지 모른다고 볼 수 있다. 설사 야고보의 이름을 차용한 서신일지라도, 야고보의 이름을 차용한 사람은 바울과 야고보 사이의 긴장관계만큼은 충분히 알고 있었다고 할 수 있다.

4장 13~16절에서 저자가 비판하는 사람들은 바울의 주변 인물들인가?[115] 브리스길라와 아굴라 부부는 로마에서 고린도로, 다시 에베소로 갔다가 로마로 갔다.[116] 그들은 마치 도시들을 돌아다니며 "장사하여 이익을 보리라 하는 자들"로 보일 수도 있었다(4:13). "듣기는 속히 하고 말하기는 더디 하며 성내기도 더디 하라"(1:19~20)는 교훈도 유대 그리스도인들과 격하게 논쟁했던 바울을 은근히 비판하는 말일 수 있다. 1장 20절에서 바울이 즐겨 사용했던 "하나님의 의"를 말하면서, 그런 격한 분노에 찬 논쟁으로는 하나님의 의를 이루지 못한다고 하는 것 또한 바울을 겨냥했다고 볼 수 있다. 3장 1~2절에서 선생들이 받게 될 더 큰 심판을 말하는 것이나 말에 실수가 없어야 한다는 교훈도 바울을 겨냥했을 수 있

---

115) P. Stuhlmacher, *Biblische Theologie des NT II*, 60.
116) 행 18:1~3, 18~19, 24~26; 롬 16:3~5.
117) 갈 1:20; 고후 1:23; 롬 1:9 등.

다. 5장 12절의 맹세하지 말라는 교훈은 바울이 자주 사용하는[117] 맹세 표현에 맞서 제기되었다고 볼 수 있다. 그러나 야고보서 저자가 바울서신들이나 신학을 꼭 집어 비판하는 것이 아니라, 바울 이후 시대에 바울사상을 왜곡하거나 오해하는 사람들을 비판한다고 볼 수도 있다.

(2) 야고보서는 예수의 죽음이나 부활 등에 관해서는 전혀 말하지 않는다. 1장 1절과 2장 1절에서만 "주 예수 그리스도"를 말할 뿐이다. 그러나 공관복음에서 볼 수 있는 예수의 말씀과 많은 접촉점을 보여 준다. 특히 가난에 관한 예수의 가르침과 야고보서의 가난에 관한 가르침은 밀접하게 연결되어 있다.[118] 야고보서는 공관복음에 있는 예수의 말씀들을 알고 있음이 분명하다.[119] 야고보서 저자가 행함이 없는 믿음만을 가르치는 "허탄한 사람"(2:20)과 논쟁을 벌이면서 공관복음에 전해지는 예수의 말씀들을 활용한다면, 이는 아마도 행함이 아니라 오직 믿음으로 의롭다 함을 얻는다는 사도 바울의 신학에 대한 공격이라고 할 수 있다.

(3) 바울이나 바울신학에 대한 이 같은 공격은 바울 생전에도 이미 있었다. 과거 함께 교회를 박해했던 바리새인들은 예수 그리스도의 사도가 된 바울을 배신자로 여겼을 것이다. 이렇게 바울을 공격한 것은 바리새인들뿐만 아니라 유대 그리스도인들도 마찬가지였다. 바울은 예루살렘 사도회의에서 야고보의 주도로 결정된 내용, 곧 이방인들에게도 네 가지 율법을 지키게 해야 한다는 것(행 15:20~21)을 거부했다. 바울은 안디옥에서는 야고보의 사람들과 그들을 두려워했던 베드로와 바나바까지 싸잡아서 비난했다(갈 2:11~21). 또한 할례나 모든 종류의 유대적인 정결규정을 거부했다. 이러한 바울에 대해 비판적이었던 유대 그리

---

118) 눅 6:20~21, 24~25; 16:19~31 등과 약 1:9~10; 2:1~13; 4:13~5:6 등을 비교.
119) 마 22:39~40과 약 2:8, 마 7:7과 약 4:3, 마 5:34~37과 약 5:12, 막 4:26~29과 약 5:7~8 등을 비교.

스도인들은 바울을 이방인들에게 복음을 선포하도록 뒤늦게 부름 받은 한 사람의 설교자로 평가 절하했을 것이고, 그러므로 베드로나 주의 동생 야고보와는 결코 비교할 수 없이 낮은 권위를 가지고 있는 것으로 보았을 것이다. 그래서 그들은 바울을 서슴없이 비판하거나 공격할 수 있었다.

(4) 주의 동생 야고보는 바울보다는 훨씬 먼저 부활 예수의 현현을 경험했고 (고전 15:7), 베드로가 예루살렘을 떠난 후 예루살렘교회 지도자가 되었다. 바울은 다마스쿠스 사건이 있고 2년 후에 예루살렘에서 야고보를 만났다(갈 1:19; 행 9:27). 그 이후 예루살렘 사도회의에서 또 만났고(행 15장), 예루살렘교회를 위해 모은 헌금을 전달해 주려고 그곳으로 갔을 때 다시 만났다(행 21장).

야고보는 바울과는 달리 중간 길을 걸었다. 바울이 "거짓 형제들"이라고 비난했던(갈 2:4) 이들을 옹호하는가 하면(행 15:1, 5, 24), 거꾸로 이방인 그리스도인들을 위해 할례를 받지 않아도 된다는 결정을 내리기도 했다. 바울을 향해서는 유대인 그리스도인들 입장을 두둔했고, 바울을 비난하는 유대인 그리스도인들에게는 바울을 두둔했다. 그러나 사도회의에서 결정한 네 가지 율법조항을 이방인들도 지켜야 하며, 그럴 때에만 유대인 그리스도인들은 이방인들과 식사 교제를 나눌 수 있다고 했다. 이 점에서 바울과 야고보는 의견이 전혀 달랐다. 기원후 62년에 야고보는 율법을 어긴 자라는 죄목으로 사두개인들이 주도한 산헤드린 결정에 의해 순교를 당했지만, 바리새인들은 그를 의인이라고 칭송했다.[120]

(5) 바울신학을 비판하는 야고보서의 신학적 핵심은 2장 14~26절에 있다.[121] 야고보는 바울이 행함과 믿음을 양자택일 식으로 보았다고 비판한다(2:17~18).

---

120) 이에 관해서 말하는 요세푸스와 헤게십의 문헌들은 H. Conzelmann, 「초대기독교역사」, 237~239에서 볼 수 있다.
121) 1533년에 루터는 "믿음이 의롭게 한다"고 주장하는 바울과 "믿음은 의롭게 못 한다"고 주장하는 야고보서를 조화시켜 이해할 수 있게 해 주는 사람에게 자신의 박사 모자를 씌워 주고, 또 자신을 바보라고 욕할 수 있게 하겠다고 말했다(WA TR 3; 253,25ff. Nr. 3292a). P. Stuhlmacher, *Biblische Theologie des NT II*, 67.

2장 21~24절에서는 아브라함의 믿음(창 15:6)을 창세기 22장 9~18절에 나오는 이삭을 바치는 행위에 의거해 해석함으로써, 바울의 아브라함 해석을 비판한다(갈 3:6~9; 롬 4:1~25). 바울은 창세기 12장 1~3절에 의거해 아브라함을 해석했다. 특히 2장 24절은 오직 "믿음으로 의롭다함을 받는다"(롬 3:28)는 바울의 주장을 정면으로 뒤엎는다.

야고보서는 행함이 없는 믿음은 죽은 것이라고 하지만(2:17), 바울은 믿음과 율법의 행위들을 대립시키기는 하지만, 죽은 믿음에 대해서는 말하지 않는다. 죽은 믿음이 그리스도인들의 사랑의 행동을 통해 산 믿음으로 변화된다고 말할 수는 없다고 보았다. 바울에게서 믿음은 인간의 행동이 아니라 성령의 능력으로 복음이 주는 것이기 때문이다.[122] 그러므로 바울에게서 믿음은 인간이 실천하는 율법 행위들과는 다르다. 하나님의 심판에서 죄인을 구할 수 있는 것은 믿음뿐이고, 인간의 행위들은 죄인을 구원할 수 없다(롬 3:28). 그러나 바울이 형제 사랑의 실천을 얼마나 분명하게 가르쳤는지에 대해서는 다른 논의가 필요 없을 정도다.[123] 고린도전서 13장 2절에서는 산을 옮기는 믿음도 사랑이 없으면 아무 소용이 없다고까지 말했다. 이처럼 사랑의 행동으로 나타나는 믿음을 분명히 말했고(갈 5:6), 성령의 열매들에 대해서도 말했다(갈 5:22~23).

야고보서는 2장 18~26절에서 바울에 맞서서 믿음과 행위를 분리할 수 없다고 한다. 그러나 19절이 말하는 "하나님은 한 분"이라는 믿음은 바울과 그의 제자들도 확실하게 고백한 내용이다.[124] 바울에게 있어 성령의 능력 안에서 복음이 주는 선물로서의 믿음은 "예수가 주님이다"는 고백과 결합되는데, 여기서 믿음은 주 예수 그리스도에 대한 복종과 다르지 않다. 야고보서가 "행함으로 내 믿음을 보이리라"고 한다면(2:18), "행함으로 믿음이 온전하게 된다"고 한다면(2:22), 그는 믿음을 성령의 능력 안에서 복음이 주는 선물로 보는 바울과 달리 인간적

122) 갈 3:2, 23, 25; 롬 10:17. 바울의 믿음이해에 대해서는 위 225쪽 이하 참조.
123) 살전 4:1~12; 5:12~15; 살후 3:6~13; 갈 5:14; 6:2; 롬 13:8~10 등.
124) 고전 8:6; 엡 4:6; 딤전 2:5~6.

인 신실함으로 이해하는 것이다. 그는 아브라함을 그 같은 신실한 행동을 보여 준 대표적인 인물로 제시한다(2:21). 창세기 15장 6절의 아브라함의 믿음을, 바울과는 달리, 창세기 22장 9~18절의 행동을 통해 해석한다. 이삭을 희생 제물로 바치는 행동을 통해 아브라함은 그의 믿음을 보여 주었고 또 완성했다(히 11:17~19, 31도 참조). 바울이 유대교의 이해와는 다르게 복음을 통해 주신 하나님의 은혜의 선물로 믿음을 이해하는 데 반해, 야고보서는 행위로 나타나는 인간의 신실함이라는 유대교의 믿음이해를 그대로 보여 준다. 그러므로 바울신학에 대한 야고보서의 비판은 바울의 진정한 의도와 신학에 합당하다고 할 수는 없다.[125] 바울은 율법을 실천하는 데 흠이 없던 바리새인이었지만, 다마스쿠스 체험을 통해 율법의 행위로는 하나님의 심판에서 의롭다고 인정받을 수 없음을 깨우쳤다. 하나님의 심판에서는 오직 그리스도가 변호해 줄 때에만 의롭다고 인정받는다(롬 8:31~39). 바울은 오직 이 주 예수 그리스도를 믿음으로써만 죄인은 의롭게 된다고 가르쳤다. 야고보서는 바울의 이 깨우침을 제대로 이해하지 못했다.

(6) 야고보서와 바울의 이러한 차이와 논란을 보면서, 우리는 바울신학이 후손들에게 가져올 수 있는 잘못된 결과와 그에 대한 경고를 야고보서에서 볼 수 있다. 율법의 행위들이 아니라 오직 예수 그리스도를 믿는 은혜로써 하나님 앞에서 의롭다함을 얻는다는 바울의 가르침은, 윤리적인 행위를 게을리 할 수 있는 빌미를 줄 수 있다. 이 같은 오해는 교회사에서 실제로 입증되었다. 바울은 결코 그런 의도로 가르치지는 않았지만, 그렇게 오해할 수 있는 여지는 얼마든지 있고, 바로 그 여지를 야고보서가 확실하게 보고 있다. 야고보서뿐 아니라 바울의 직계 제자들도 그 오해의 여지를 보았고, 그래서 바로잡으려고 했다(엡 2:10; 딛 2:10 등).

야고보서는 바울의 칭의신학을 왜곡하거나 오해하는 사람들에게 분명히 경

---

125) P. Stuhlmacher, *Biblische Theologie des NT II*, 65~66.

고한다.[126] 귀신들도 믿을 수 있는 단순한 교리신앙으로 그치는 잘못된 믿음이해에 대해 경고하며, 믿고 고백하는 것과 행동하는 것의 일치, 곧 신행일치(信行一致)를 강조한다. 육체 없는 영이 있을 수 없듯이 복음과 믿음은 행위와 삶의 실천 없이는 존재할 수 없다. 바울의 신학을 이어받은 16세기 종교개혁신학도 그러한 오해와 왜곡의 여지를 남겼고, 이에 대해 18세기 영국의 웨슬리가 칭의와 성화를 함께 강조한 것도 그 같은 오해의 여지를 없애기 위해서였다.

(7) 야고보서의 강점은 그리스도인의 윤리를 강조하는 데 있다. 2장 1~9절에서 야고보는 교회에서 가난한 사람과 부자가 차별 대우를 받는다면,[127] 가난한 사람들도 하나님 나라 백성으로 선택하신 하나님과 그에 관한 예수의 말씀에 합당하지 않다고 한다. 가난한 사람들을 괴롭히는 부자에 대한 책망에는(2:6) 팔레스타인의 가난한 유대인들이 그들을 괴롭히는 로마 부호들로부터 받았던 경험이 반영되어 있다. 5장 1~6절에 있는 부자에 대한 저주는 바울서신들에는 나타나지 않는다. 바울은 오히려 부자들의 도움을 받아 선교를 했고, 부자 교인들은 교회 집회를 위해 집을 내놓는 등 도움을 많이 주었다.[128] 2장 8~11절에서 야고보는 사람을 차별하는 것은 율법의 정죄를 받을 죄이며, 더 나아가 "최고의 법"인 레위기 19장 18절의 사랑의 계명과 십계명의 다른 계명들까지 지켜야 한다고 한다. 그는 하나님의 율법의 일부를 지키는 것으로는 안 되고, "온" 율법을 지켜야 한다고 가르치는 것이다(2:10).[129]

126) 김득중, "야고보서의 反 바울주의와 反 世俗主義", 11~35, 특히 22~29 참조.
127) 눅 6:20~21; 7:22; 16:19~31.
128) 롬 16:1~2, 23; 행 16:11~15 등.
129) 임진수, "야고보서의 경제윤리", 96~121 참조.

2) 베드로전서의 신학

야고보서가 흩어진 열두 지파들에게 보내는 회람서신이듯이, 베드로전서도 소아시아 여러 지역에 흩어져 나그네로 살아가는 교회들에게 보내는 서신이다. 야고보서가 바울의 칭의신학을 강력하게 비판하고 있는 것과는 달리 베드로전서는 바울신학에 매우 가깝게 서 있다.[130]

1장 1절과 5장 12절을 함께 보면, 베드로전서는 예수 그리스도의 사도 베드로가 실루아노(실라)에게 대필시켜 기록한 서신이다. "택하심을 함께 받은 바벨론에 있는 교회"가 저자 그리고 마가와 함께 수신자들에게 인사를 전하는(5:13) 것으로 봐서, 저자는 지금 마가와 함께 바벨론의 교회에 있지 싶다. 바벨론은 기원후 70년, 예루살렘의 멸망 이후 유대인들이나 유대 기독교인들이 로마를 지칭하는 이름이었다.[131] 그러면 저자는 지금 로마에 있는 것이다. 로마를 바벨론이라고 부른 때는 기원후 70년 이후부터였기 때문에, 이 서신은 기원후 64년에 순교를 당한 베드로가 직접 썼다고 보기는 어렵다. 그리스도인들이라는 이유 하나로 박해를 당하고 있는 것(4:16)은 도미치안 황제 치하(기원후 81~96년)나 혹은 트라얀 황제 치하(기원후 98~117년) 때 상황을 반영한다.

베드로 사도는 기원후 44년에 예루살렘을 떠난 이후 어딘가로 갔는데(행 12:17), 그곳이 로마인가? 바울도 로마에 들렀다가 로마교회 도움으로 스페인까지 선교여행을 가려고 했으나(롬 15:24), 결국 예루살렘에서 체포되어 2년여 가이사랴 감옥에 있다가 황제의 재판을 받으러 로마에 갔다. 그렇다면 베드로와 바울, 이 두 명의 걸출한 사도가 모두 로마에서 생을 마감한 것이다. 이들이 순교한 후 로마교회는 베드로와 바울의 신학적인 유산을 물려받았다는 자부심을 가졌다(클레

---

130) H. -M. Schenke/K. M. Fischer, *Einleitung in die Schriften des NT*, Bd.1, 203은 베드로전서를 제2바울서신으로 보아야 한다고 주장하기까지 한다. 그러나 베드로전서는 바울이나 제2바울서신들과 신학적으로나 표현에 있어 많은 접촉점을 보여 주기는 하지만, 그들과는 다른 신학적인 독특함을 간과해서는 안 된다. P. Stuhlmacher, *Biblische Theologie des NT II*, 72~74.
131) 계 14:8; 16:19; 17:5; 4Esr 3:1, 28, 31 등.

멘트전서 5:4~7). 그래서 주님의 동생 야고보가 죽고 예루살렘 처음교회의 시대가 끝난 이후, 로마교회가 예루살렘교회가 가지고 있었던 중심 역할을 하기 위해 로마에서 누군가가 베드로의 이름으로, 더구나 바울의 긴밀한 동역자였고[132] 이 방인 선교에도 적극적이었던 유대인 그리스도인 실루아노의 손을 빌어 이 서신을 써서 소아시아의 넓은 지역에 흩어져 있는 교회들에게 읽게 했을 것이다. 그러기에 베드로전서에는 로마교회의 신학적인 특성이 진하게 묻어 있다.

(1) 그리스도이해

① 그리스도의 죽음과 부활을 통해 하나님은 성도들을 구원하셔서 산 소망을 갖게 하셨다(1:3~5). 이는 하나님이 이미 구약의 예언자들을 통해 말씀하신 것이다(1:10). 그들은 금과 은같이 사라져 버릴 것이 아니라, "오직 흠 없고 점 없는 어린 양 같은 그리스도의 보배로운 피로" 구원을 받았다(1:18~19).[133] 어린 양으로서 피를 흘려 죄인을 대속한 그리스도는 세상이 창조되기 이전부터 계셨다가 마지막 때에 "너희를 위하여", 곧 죄인들을 구원하기 위하여 나타났다(1:20). 베드로전서 독자들은 그리스도 안에서 자신들을 구원하신 하나님을 믿었다(1:21). 그러므로 베드로전서는 신약성서의 그리스도이해의 핵심 요소들, 곧 그리스도의 선재와 성육신, 죽음과 부활 등을 모두 말한다. 창조 이전부터 계셨다가 사람이 되어 죽으시고 부활하신 그리스도 안에서 하나님의 구원계획은 성취되었다.

② 베드로전서의 상세한 그리스도이해는 2장 21~24절과 3장 18절에 나타나 있다. 그에 따르면, 그리스도는 고난당하는 하나님의 종이다. 의인으로서, 곧 죄라고는 모르는 분께서 불의한 자, 곧 죄인을 대신해 "단번에" 죽으셔서 죄인들을 하나님 앞으로 인도하셨다(3:18). 이처럼 십자가에서 죽은 예수를 이사야 53장의

---

132) 살전 1:1; 살후 1:1; 고후 1:19; 행 15:40; 16:25.
133) 계 5:8~9; 14:3~4도 참조.

고난당하는 하나님의 종과 연결시키는 그리스도이해는, 이미 나사렛 예수 자신이나 처음교회에 잘 알려져 있었다. 이 예수의 대속적인 희생 죽음을 그리스도인들이 본받아야 할 모범으로 제시하며, 그래서 그리스도인들이 그의 뒤를 따라 살도록 권면한다는 점이 베드로전서의 특징이다(2:21). 그리스도인들은 '그리스도의 이름으로 치욕을 당하면 복 있는 자'이며, 그들 위에 하나님의 영이 있다(4:16). 그리스도인이 고난의 삶을 산다면 그의 삶에는 예수의 흔적이 선명하게 나타난다. 이는 사도 바울이 자신의 몸에 그리스도의 흔적을 가지고 있다고 했던(갈 6:17), 그리고 골로새서가 바울의 고난에서 그리스도의 고난이 채워진다고 기록했던(1:24) 것과 같은 차원의 말씀이다.

③ "육체로는 죽임을 당하시고 영으로는 살리심을 받으신"(3:18)[134] 예수 그리스도께서 "영으로 가서 옥에 있는 영들에게 선포하셨다"는 말씀은 베드로전서에 나오는 가장 독특한 말씀이다(3:19). "옥"(φυλακη)은 죽은 사람들의 영들이 종말 심판 때까지 머물러야 하는 지하세계다.[135] 이처럼 죽은 자들에게도 복음이 전파되었다(4:6). 죽음에서 부활하신 예수가 죽은 자들 세계에 다시 내려가 그들에게 복음을 전함으로써, 그들의 육은 심판을 받았지만 영으로는 하나님을 따라 살 수 있게 했다. 이들은 마치 노아 시대에 심판받았던 사람들과 같다(3:20~21). 죽음의 세계에 내려가 죽은 사람들의 영에게 복음을 전파한 부활 예수는 하나님 오른편에 오르서서 모든 영적인 세력들의 복종을 받으셨다(3:22).[136]

그리스도가 죽은 자들에게도 복음을 전했다는 특이한 생각은 신약성서의 다른 곳에서도 찾아볼 수 있다. 로마서 10장 7절에서도 그런 생각의 한 단면을 볼 수 있고, 로마서 14장 9절에서 그리스도가 죽은 자들과 산 자들 모두의 주님이 되기 위해 죽으셨다가 살아나셨다고 한다면 이 또한 비슷한 생각이 들어 있는

---

134) 고전 15:44~45; 롬 1:3~4; 딤전 3:16도 참조.
135) 희년서 5:10; 에티오피아 에녹서 9:10; 눅 16:23~24 참조.
136) 빌 2:10~11; 엡 1:20~21 참조.

셈이고, 에베소서 4장 9~10절이 "땅 아래 낮은 곳으로 내리셨다가" 다시 "모든 하늘 위에 오르신" 그리스도를 말한다면 여기서도 그런 생각을 찾을 수 있다.[137] 그러나 이런 언급들과 달리 베드로전서 3장 19절은 그리스도가 죽음의 세계에 내려가 그곳에 있는 영들에게 복음을 전했다고 아주 분명하게 말한다. 여기서 죽음의 세계에 머물고 있는 "영들"이 누구를 말하는지는 확실하지 않다. 예수가 오셔서 십자가에 달려 죽은 소식을 듣지 못하고 죽은 사람들의 영이라고 볼 수도 있다.[138] 유대교는 인간의 영은 지하 세계에서 최후심판을 기다린다고 믿는다.[139] 그 외에 베드로전서 3장 20절은 이들이 노아 홍수 때 하나님께 복종하지 않았던 사람들이라 하고, 4장 6절에서는 그리스도가 죽은 자들에게도 복음을 전했다고 한다. 즉, 이 "옥에 있는 영들"은 죽은 사람들의 영이다. 이러한 독특한 표현으로써 베드로전서는 예수 그리스도가 산 자의 주님이 되실 뿐 아니라 죽은 자들의 주님도 되시며, 그러므로 그리스도의 주권에서 벗어나 있는 그 어떤 공간도 있을 수 없다는 사실을 말한다.[140]

(2) 종말 이해

종말에 하나님은 각 사람을 그 행위에 따라 심판하실 것이다(1:17). 그러나 그리스도인들은 "흠 없고 점 없는 어린 양 같은 그리스도의 보배로운 피로써" 심판을 받아야 할 행위로부터 해방되었다. 하나님이 각 사람의 행위에 따라 행하실 종말 심판은 있을 것이고, 그리스도도 그 심판에 참여할 것이다. 3장 22절에 따르면, 하늘에 오르신 그리스도가 하나님의 우편에서 천사들과 권세들, 능력들의 복종을 받고 계신다. 베드로전서는 '재림'(παρουσια)이라는 단어를 사용하지는

---

137) 물론 엡 4:9이 말하는 "땅 아래 낮은 곳"이 지하세계를 말하는지 아니면 그냥 땅 위 세상을 말하는지 확실하지는 않다.
138) 다른 해석은 창 6:1~4에서 여자들과 잠을 자서 거인들을 잉태하게 하여 타락한, 그래서 하나님이 최후심판 때까지 지하세계에 가두어 놓은 천사들의 영이라고 한다. 그러나 에티오피아 에녹서 16:1~4에 따르면, 타락한 천사들에게는 평화가 없다고 하기 때문에, 이런 해석에는 어려움이 있다. P. Stuhlmacher, *Biblische Theologie des NT II*, 77.
139) 에티오피아 에녹서 22:1~14.
140) U. Schnelle, *Theologie des NT*, 566~567.

355

않지만, 그리스도가 종말론적으로 영광 가운데서 곧 나타나실 것을 기대한다(1:13; 4:7, 13; 5:4). 그러면 산 자와 죽은 자를 심판하기로 작정된(4:5) 그리스도는 재림하시면 하나님의 심판자의 지위를 물려받아 행사할 것이다. 그의 심판권은 산 사람들에게만 아니라 죽은 자들에게도 해당하기 때문에, 그는 죽음의 세계에 내려가 죽은 자들의 영에게도 복음을 전한 것이다. 이처럼 그리스도의 종말 심판은 "하나님의 집"에서 먼저 시작되어 복음에 순종하지 않은 자들에게로 확대되어 나간다(4:17).

(3) 교회 이해

① 베드로전서는 에베소서나 디모데전서처럼 교회를 건물에 비교해서 이해한다. 교회는 "산 돌 같이 신령한 집"으로 세워지는(2:5) "하나님의 집"이다(4:17).[141] 보배로운 산 돌, 그리스도(2:4) 위에 교회가 세워진다. 더 나아가 교회는 예수의 속죄죽음을 통해 거룩하게 되어 하나님의 소유가 된 백성이다(2:9). 이처럼 베드로전서는 주로 이방인들로 구성된(2:10)[142] 교회를 "하나님의 집", '하나님의 소유가 된 거룩한 백성'이라고 하는데, 이로써 구약성서가 말하는 종말론적인 12지파공동체가 교회라고 한다. 예수가 세상에 와서 종말론적인 12지파공동체를 세우기 위해 12제자들을 불렀고(막 12:1~12 병행), 예수가 부활 승천한 후에 예루살렘 처음교회는 자신이 이 종말적인 12지파공동체라고 믿었다(행 15:15~18). 이 같은 교회론은 바울과 히브리서, 요한계시록 등에서도 볼 수 있다.[143] 하나님은 그의 12지파공동체 이스라엘에게 거룩할 것을 요구하셨다(레 11:44~45; 19:2). 하나님의 백성이 거룩해야 한다는 하나님의 요청은 예수가 십자가에서 죽음으로써 교회에서 성취되었다. 그러므로 이제 교회는 예수 그리스도의 죽음을 통해 성령

---

141) 엡 2:20; 딤전 3:15 참조.
142) 시 118:22; 사 28:16; 43:21 등 참조. 그러나 2:10에 인용된 호 1:6, 9; 2:25이 원래는 이스라엘과 연관 있는 말씀이기 때문에, 베드로전서가 말하는 교회에 유대인 그리스도인들이 전혀 없었다고는 말할 수 없다. P. Stuhlmacher, *Biblische Theologie des NT II*, 79.
143) 롬 9:24~26; 고후 6:6; 딛 2:14; 히 4:9; 10:30; 13:12; 계 5:9~10; 7:4~8 등.

으로 거룩하게 되었다(1:2, 15~16; 2:9). 더불어 교회 지체들은 "왕 같은 제사장들"이며(2:9), 그래서 "하나님이 기쁘게 받으실 신령한 제사"를 드린다(2:5). 교회는 성령으로 충만한 기도를 드리고, 하나님의 구원을 찬양하며, 믿지 않는 세상의 한 가운데서 모범적인 삶을 영위하고, 하나님의 "아름다운 덕을 선포함"(2:9)으로써 신령한 제사를 드린다.

② 베드로전서는 바울이 그랬듯이 교회 안에 있는 다양한 은혜와 은사들에 관해 말한다.[144] 교회의 모든 지체들은 은사를 가지고 있다. 다양한 은사들을 가진 지체들은 "하나님의 여러 가지 은혜를 맡은 선한 청지기"로서 섬겨야 한다(4:10). 베드로전서는 말씀을 선포하는 은사와 봉사하는 은사를 구분한다. 그러나 어느 은사를 받았든 그 은사를 하나님의 영광을 위해 사용해야 한다. 말씀 선포 은사를 받은 사람은 하나님의 말씀을 받은 것같이 하고, 봉사 은사를 받은 사람은 하나님이 주시는 힘으로 하는 것같이 함으로써, 모든 일에 예수 그리스도 안에서 하나님이 영광을 받으실 수 있게 해야 한다(4:11).

③ 베드로전서 저자는 자신을 "함께 장로 된 자"라고 하면서 장로들에게 권고한다(5:1). 저자는 하나님의 양 무리를 치는 직분인 장로에게 이렇게 권면한다.

> "억지로 하지 말고 하나님의 뜻을 따라 자원함으로 하며 더러운 이득을 위하여 하지 말고 기꺼이 하며 맡은 자들에게 주장하는 자세를 하지 말고 양 무리의 본이 되어야 한다." (5:2~3)

베드로전서는 소아시아에 흩어져 있는 여러 교회들에는 장로 직분이 있으며, 그들이 교회를 이끌고 있는 지도자들이라고 한다(행 14:23; 20:28 참조). 저자 자

---

144) 벧전 1:2, 10, 13; 2:19, 20; 3:7; 4:10; 5:5, 10, 12.

신을 포함한 장로 직분은 '예수를 보지 못한' 세대에 속하며(1:8), '그리스도의 고난을 증거'하지만, 동시에 그리스도의 영광에 참여할 소망을 가진 직분이다(1:11; 4:13; 5:1, 4). 이 시대 모든 성도들이 다 그렇지만, 특히 교회의 양 무리를 이끌어 가는 장로들은 그리스도의 고난을 증언할 뿐 아니라 그리스도를 따라 고난을 감당하며 복음을 전하는 이들이다. 저자가 베드로의 이름으로 이 서신을 쓰고 있다고 보면, 5장 1절은 기원후 64년에 있었던 베드로의 순교를 회상하면서, 당시 교회 지도자들에게 베드로의 본을 따라 고난을 기꺼이 감당하면서 교회를 이끌어 갈 것을 권고한다. 5장 5절에서는 장로들에게 순종하라고 "젊은 자들"을 가르치는데, 그들이 교회에서 장로의 지도를 받는, 다른 직분을 가진 자들을 의미하는지 아니면 장로를 제외한 모든 교인들을 의미하는지는 확실하지 않다.

(4) 윤리교훈

① 베드로전서는 그리스도인들을 "흩어진 나그네"라고 한다(1:1). 흩어진 나그네로 세상을 살고 있는 그리스도인의 신학적인 정체성 규명에는 사회적이고 윤리적인 결과가 따른다. 그리스도인들은 세상에서는 낯선 사람들이다. 하나님으로부터 세상에서 부르심을 받아 새로운 사람이 된 이들은 지금까지 삶에서 벗어났기 때문에, 세상에서는 낯선 나그네로 산다. 하나님의 부르심과 선택은 사람들을 전혀 새로운 존재로 변화시키며, 그 새로운 존재에 합당한 삶을 살아가게 하고, 그럼으로써 주변 사회에서는 낯선 자로 보이며, 또 주변 사람들과 갈등을 일으키고 충돌을 하게 되고, 결국 그들로부터 박해와 고난을 받게 된다. 예수 그리스도를 죽은 자들 가운데서 부활하게 하신 하나님이 세상에서 낯선 자로 살며 고난당하는 그리스도인들에게 하늘에 간직된 썩지 않고 쇠하지 않는 유업을 향한 산 소망이 있게 하셨다(1:3~4). 세상에서 낯선 자들로 살아가는 그리스도인들은 산 소망을 가진 사람들로서 합당하게 살아야 한다.

그러므로 베드로전서가 유난히 자주 그리스도인들의 '고난'에 대해 말하는 것은 당시 상황과 연결해서 이해할 수 있다.[145] 그들은 낯선 자로서 세상을 살아가기 때문에 고난당하신 그리스도의 본을 받아야 한다(2:21; 4:1, 13). 그리스도가 육체의 고난을 받은 것처럼 그리스도인들도 육체의 고난을 받을 수 있으며 또 그럼으로써 죄로부터 벗어날 수 있다. 그리스도를 믿는다는 이유로 고난을 당하면, 이로써 그는 복 있는 하나님의 자녀로 드러날 것이다(4:14).[146] 그리스도인들이 받은 믿음의 확신은 "불로 연단하여도" 더욱 확고해져서 그리스도께서 나타나실 때 칭찬과 영광과 존귀를 얻게 할 것이다(1:7). 그러니 세상에서의 고난은 잠깐 동안만 근심하게 할 뿐이다(1:6). 이 고난은 하나님의 부르심으로 새 사람이 되어 주변 세상과 다른 낯선 자가 되었기 때문에 받는 것이다. 도덕적인 죄로 인한 고난이 아니라 믿음으로 인한 고난이니 이는 부끄러운 것이 아니라 오히려 진정한 그리스도인의 표식이다(4:15~16).

② 그리스도인은 세례를 받음으로써 "육체의 더러운 것을 제하여 버렸을" 뿐 아니라, 더 나아가 "하나님을 향한 선한 양심을 맹세"했다(3:21).[147] 세례를 받고 "갓난아기"처럼 된 그리스도인들은(2:2) 하나님이 기뻐하는 삶을 살아야 한다. 2장 11절부터 5장 11절에 이르는 베드로전서의 윤리교훈은 근본적으로 교회 안에서 여러 신분을 가진 성도들의 행동을 위한, 즉 교회를 위한 윤리교훈이다. 구체적인 윤리교훈의 대상으로 나타나는 노예나 아내와 남편, 장로들과 젊은 이들은 교회 안에 있는 다양한 신분의 그리스도인들이다. 베드로전서는 때로는 이들을 구체적으로 지칭하면서,[148] 때로는 모든 교인들을 통합하면서(2:11~12; 3:8~4:19) 윤리교훈을 한다.

---

145) 2:19, 20; 3:14, 17; 4:1, 15, 19; 5:10 등. 고난을 말하는 단어 πασχειν이 신약성서 전체에 42회 나오는데, 그 중에서 12회가 베드로전서에 나타난다. U. Schnelle, *Theologie des NT*, 572.
146) 빌 1:28~30; 막 13:11; 마 5:10~12; 10:21~22; 눅 6:22; 요 16:2; 행 5:41; 계 2:10 등 참조.
147) 우리말 개역성서는 3:21에서 "하나님을 향한 선한 양심의 간구"라고 번역하지만, 이는 "하나님을 향한 선한 양심의 맹세"로 번역해야 더 타당하다. 이 문제에 대해서는 P. Stuhlmacher, *Biblische Theologie des NT II*, 80~81; N. Brox, *Der erste Petrusbrief*, 178 참조.
148) 노예들(2:13~17), 아내들(3:1~6), 남편들(3:7), 장로들(5:1~4), 젊은이들(5:5~11).

③ 로마서 13장 1~7절처럼 2장 13~17절은 그리스도인들에게 모든 제도와 권력에게 순종하라고 이른다. 이렇게 로마서에서 바울이 국가 권력을 하나님이 정하셨다고 말하는 것과는 달리 베드로전서는 "인간이 만들었다"고 한다(2:13). 권선징악을 위해 인간이 만든 권력에 순종하는 "선행"을 행함으로써 그리스도인들은 "어리석은 사람들의 무식한 말"에 재갈을 물려야 한다(2:15). 기독교 신앙을 비난하는 사람들에게 어떠한 비난거리도 주지 말라는 뜻이다. 뭇 사람을 공경하고 사랑하며 존대하는 것이 그리스도인의 자유의 표식이다(2:16~17). 그러나 그리스도인이 두려워해야 할 대상은 오직 하나님뿐이다(2:17).

④ 노예 교훈(2:18~25)에 따르면,[149] 그리스도인 노예는 부당하게 고난당하면서도 참아 낸 그리스도의 모범에 따라 행동해야 한다. 이 노예 교훈은 노예가 일반적이었던 그 당시 상황에서만 이해될 수 있지만, 그리스도인이 부당한 고난을 당하면서 그리스도의 모범에 따라 행동해야 한다는 교훈은 시대와 상황을 넘어서서 늘 되새길 수 있는 것이다.

3) 히브리서의 신학

(1) 히브리서의 특징

① 히브리서는 '신약성서의 수수께끼'다.[150] 저자가 누구이며, 처음 독자들이 누구인지 알 수가 없다. 신약성서 27개 문헌들 중에서도 그 정경성에 관해 가장 마지막까지 논란이 되기도 했다. 동방교회에서는 이미 2세기 중엽부터 바울 저작으로 여겨져 정경으로 인정받았다. 교부 오리겐은 히브리서의 신학사상은 놀라우며 결코 바울의 다른 서신들보다 못하지 않다고 했다.[151] 그러나 서방교회에서는

---

149) 골 3:22~25; 엡 6:5~8; 딤전 6:1~2; 딛 2:9~10 참조.
150) E. Gräβer, "Der Hebräerbrief", 1938~1963, 8; 박수암, 「히브리서」 9 참조.
151) E. Gräβer, 위 논문, 32~33 참조.

4세기에 이르도록 히브리서의 정경성에 대한 논란이 계속되었다. 서방교회 교부 터툴리안에 따르면, 히브리서는 바울이 기록하지 않았으며 정경도 아니지만 읽으면 유용한 문헌이다. 서방교회는 4세기 말경에 와서야 동방교회의 영향으로 히브리서를 정경으로 받아들였다. 이 와중에도 히브리서는 고대 교회의 교리논쟁, 특히 예수의 양성(兩性)과 삼위일체 논쟁에서 아리우스파와 네스토리우스파에 반대하는 데 매우 중요한 성서적 토대를 제공했다.[152] 사실 히브리서에 대한 논란은 종교개혁 시대에도 계속되었고, 오늘날에도 여전히 진행형이다. 어쨌든 린다스가 말한 것처럼, 히브리서는 예수의 십자가 죽음과 피를 신약성서에서 가장 독창적으로 해석함으로써, '초기 기독교 역사의 창조적인 국면'에 속하는 문헌이다.[153]

② 히브리 '서신'이라고 부르기는 하지만, 히브리서에는 서신의 전형적인 서두(발신자와 수신자, 기원)가 없고, 곧바로 신학적인 문장으로 시작한다. 우리가 서신이라고 부르는 까닭은 서신 형태로 종료되기 때문이다(13:20~25의 마무리 기원과 인사말). 사실 히브리서는 서신이라기보다는 한 편의 긴 '설교'다. 13장 22절에서는 "권면의 말"이라고 부르는데, 이 표현은 유대교 회당에서의 설교를 말한다(행 13:15 참조).

③ 히브리서는 믿음의 위기에 처한 그리스도인들에게 보내졌다.[154] 그들의 과거 신앙생활은 훌륭했다. 가난한 사람들을 모범적으로 도왔으며(6:10), 박해를 받았지만 용감하게 이겨 냈다(10:32 이하). 그들의 지도자들은 순교를 당했다(13:7). 그런데 과거에는 이러했지만 히브리서 저술 당시에는 달랐다. 수신자들 일부는 나태함에 빠져 신앙을 버렸고, 또 다수는 믿음의 소망에 대한 좌절과 포기, 또 다른 고난에 대한 두려움으로 위기에 처해 있었다.[155] 그들은 하나님의 약속을

---

152) E. Grä β er, 위 논문, 33~34 참조.
153) 린다스, 「히브리서의 신학」, 18.
154) 6:1~10; 10:32~39; 13:7, 19 등.
155) 이는 히 2, 5, 6, 10, 12, 13장 등에 폭넓게 전제되어 있다.

361

불신하고 믿음의 불확실성에 빠졌다. 결국 소망을 포기해 버릴 위험에 처했고, 어떤 이들은 더 이상 예배에 참석하지도 않았다(10:25). 신앙을 버리고 다시 세상으로 나갈 위기에 처한 것이다.[156] 그러므로 그들은 믿음의 토대를 처음부터 다시 시작해야 한다(5:12~6:2). 믿음으로부터 타락한 사람이 다시 회개할 수 있느냐, 하는 문제는 수신자 교회 안에서 매우 뜨거운 주제였다.[157] 믿음을 부정하는 사람은 하나님의 아들을 짓밟는 것이고 언약의 피를 더럽히는 것이다(10:29). 성도들은 믿음의 확신을 버려서는 안 된다(10:35). 힘을 잃은 손과 흔들리는 무릎이 다시 힘을 얻어야 한다(12:12). 더 이상 예수 그리스도의 십자가 죽음이 그들의 행동을 통해 욕을 먹어서는 안 된다(6:6). 그들에게는 인내가 필요하며,[158] 신앙고백을 굳게 붙잡아야 하고(3:1; 4:14; 10:23), 그럼으로써 믿음의 태만을 극복해야 한다. 이처럼 성도들이 믿음의 태만과 타락의 위험에 처해 있어 히브리서는 전체적으로 경고하는 분위기다.[159] 이러한 그리스도인들에게 "소망을 간직하라"고 경고하고 권면한다.

④ 기원후 96년에 로마에서 기록된 클레멘트전서가 히브리서를 알고 있는 것으로 봐서 히브리서는 기원후 96년 이전에 기록된 것 같다. 히브리서가 기원후 70년에 로마에게 예루살렘과 성전이 파괴당하는 대 재난을 알고 있었는지는 확실하지 않다. 다만 10장 32~34절과 13장 7절은 교회 지도자들이 순교와 박해를 당했음을 전제한다. 수신자들이 로마에 있는 교회라면 이 박해는 64년에 네로 치하에서 있었던 박해라고 할 수 있다. 그러므로 히브리서는 65~95년 사이에 기록되었다.

⑤ 히브리서는 "믿는 도리"와 "찬송"을 자주 말한다.

---

156) 6:4 이하; 10:26 이하; 12:16~17 등.
157) 6:4~6; 10:26~29; 12:16~17; 그리고 3:12; 12:25도 참조.
158) 10:36; 3:14 참조; 6:11~12; 11:1; 12:1.
159) 2:2~3; 3:13; 6:4~8; 10:24~25; 12:5, 25~29; 13:9, 17, 22.
160) 그 외에도 5:7~10; 7:1~3, 26도 그러한 찬송가적인 성격을 드러낸다.

"우리가 믿는 도리의 사도이시며 대제사장이신 예수를 깊이 생각하라" (3:1)

"그러므로 우리에게 큰 대제사장이 계시니 승천하신 이 곧 하나님의 아들

예수시라 우리가 믿는 도리를 굳게 잡을지어다" (4:14)

"또 약속하신 이는 미쁘시니 우리가 믿는 도리의 소망을 움직이지 말며 굳게

잡고" (10:23)

"그러므로 우리는 예수로 말미암아 항상 찬송의 제사를 하나님께 드리자 이

는 그 이름을 증언하는 입술의 열매니라" (13:15)

'믿음의 도리'는 신앙고백이다. 초대교회는 이러한 신앙고백들 외에도 예배를

드리면서 찬송을 많이 불렀다. 1장 3절은 이 찬송가들 중 한 가사를 인용하고

있다.[160]

"이는 하나님의 영광의 광채시요 그 본체의 형상이시라 그의 능력의 말씀으

로 만물을 붙드시며 죄를 정결하게 하는 일을 하시고 높은 곳에 계신 지극

히 크신 이의 우편에 앉으셨느니라"

⑥ 히브리서는 신약성서의 다른 어느 문헌들보다도 구약성서를 많이 인용하

거나 암시한다. 약 35개에 달하는 문자적인 구약 본문 인용과 약 80여 개의 암

시들이 있다. 히브리서 저자는 대체로 헬라어 구약성서(LXX) 본문을 인용한다.

저자가 구약성서를 해석하는 방식은 고대 유대교의 해석 방식들과 유사하다.

구약성서를 활용하기 위해 랍비적인 해석방법론과 헬라적인 해석방법론을 모두

사용했다.[161]

---

161) 3:7~4:11에는 시 95:7~11에 대한 미드라쉬가 있고, 짤막한 페세르(pescher)식 주석은 2:6~9에서 볼 수 있고, 알레고리적
해석은 3:6: 13:13에서 만날 수 있다. 다양한 모형론적인 해석도 볼 수 있는데(예를 들어 6:13~20: 7장의 멜기세덱), 이를
통해 저자는 예언-성취의 도식으로써(1:5, 13; 5:5: 8:8~12) 옛 구원의 질서가 예수 그리스도 안에서 이루어진 구원으로
옮겨졌음을 포괄적으로 서술한다. 유대교적인 성서해석에 대해서는 왕대일, 「구약주석 새로 보기」, 62~86; P. Stuhlmacher,
Biblische Theologie des NT II, 90~91 참조.

(2) 그리스도이해 - 하나님의 아들

히브리서에서도 신약성서의 다른 문헌들에서처럼 예수 그리스도는 세상이 창조되기 이전부터 계셨던 선재하시는 하나님의 아들로서 혈과 육을 가진 인간으로 성육신하셔서 고난을 당하시고 죽고 부활하셔서 하나님의 아들로 확증되었다.[162]

① 히브리서는 철저하게 구약성서와의 연관성 속에서 그리스도(기독론)와 그의 구속사역(구원론)을 이해한다. 히브리서의 '신학적인 기초문장'[163]인 1장 1~2a절에서 이를 볼 수 있다.

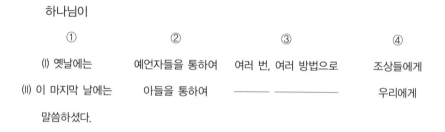

하나님이

	①	②	③	④
(I) 옛날에는	예언자들을 통하여	여러 번, 여러 방법으로	조상들에게
(II) 이 마지막 날에는	아들을 통하여	——— ———	우리에게
말씀하셨다.

하나님이 옛날에 조상들에게 하신 말씀은(I) 구약성서에 있으며, 종말에 아들을 통해 하신 말씀은(II) 신약성서에 있다. (I)과 (II)의 공통점은 "하나님이 … 말씀하셨다"는 주어와 동사다. 그러므로 구약성서도 신약성서도 하나님의 말씀이다. 예수 그리스도 안에서 말씀하시는 '하나님'은 '야웨'라는 이름으로 "조상들에게" 말씀하시고 그래서 이스라엘이 '주님'이라고 불렀던, 바로 그 동일한 하나님이다.

그러나 구약성서의 하나님 말씀과 신약성서의 그리스도 증언 사이에는 상당

---

162) 이하에 대해서는 조경철, "히브리서저자의 성서신학하기" 참조.
163) E.Gräβer, *An die Hebräer I*, 48.

한 차이가 있다. 사도들의 그리스도 증언은 하나님이 '이 마지막 날에'(①) 하신 말씀으로서 궁극적이고 최종적인 말씀이다. 구약성서가 "조상들", 곧 옛 이스라엘에게 주어진 말씀이라면, 신약성서는 "우리"(ημιν ④), 곧 그리스도인들에게 주어진 말씀이다. 구약성서에서 하나님은 '여러 번, 여러 방법'으로 말씀하셨지만(③), 마지막 날에는 아들을 통해 '단번에' 말씀하셨다. 이 마지막 날에 하나님은 아들 이외의 다른 방식이나 통로를 통해 우리에게 말씀하시지 않는다(요 1:1~18도 참조). 구약성서 시대에는 모세를 포함한 예언자들을 통해 '시내 산 같은' 땅에서 말씀하셨지만(12:18~21), 종말 때에는 "하늘로부터" 아들을 통해 말씀하신다(12:25).[164] 하나님의 영광의 광채이시며 하나님의 본체이신(히 1:3)[165] 예수 그리스도는 성서의 '중심'이다. 오직 아들이 구약성서에 있는 말씀들을 진정한 하나님의 말씀으로 드러나게 한다. 구약성서는 예수가 하나님의 아들임을 이미 예수가 세상에 오기 전부터 예언했으며, 그의 인류 구원사역을 예고했다. 구약성서의 진정한 의미는 하나님의 아들인 예수 안에서 밝혀지며, 거꾸로 예수가 누구인지는 구약성서를 통해 알게 된다.

② 예수는 영원하신, 창세 이전부터 계시는 하나님의 아들이다. 근본적으로 그는 구약성서의 어느 예언자들이나 제사장들과도 다르다. 오직 예수만 하나님 말씀의 궁극적인 선포자와 계시자이며, 하나님의 구원의 뜻을 실현한 분이다. 히브리서는 1장 3절부터는 "아들"(υιος)에 관해 말한다. 1장 2a절은 관사 없이 "아들"을 말함으로써(5:8과 7:28도 참조)[166] 아들의 유일성을 강조한다. '하나님의 아들'로서 예수는 근원적·본질적으로 하나님께 속한 존재다. 하나님의 아들은 "하나님의 영광의 광채시요 그 본체의 형상이다"(1:3a). "영광의 광채"와 "본체의 형상"은 동의어로서 아들이 하나님과 본질적으로 완전하게 하나임을 말한다.

---

164) M. Rissi, *Die Theologie des Herbräerbriefes*. 30.
165) 빌 2:6; 골 1:15 등도 참조.
166) 그냥 "아들"은 1:2, 5, 8; 3:6; 5:8; 7:28에 사용되고, "하나님의 아들"은 4:14; 6:6; 7:3; 10:29에 나온다.

하나님의 아들은 만물을 창조했고, 또 만물의 상속자다. 상속자로 "세우셨다"(εθηκεν; 단순과거형)는 것은 하나님이 아들에게 만물의 주권자로서 하나님 우편에 앉게 하셨다는 뜻이다. 종말론적으로 하나님의 아들이 영원히 세상을 통치할 것이다(빌 2:9~11 참조). 하나님이 "저로 말미암아 세계를 지으셨다"(1:2c).[167] 그리스도는 단순히 하나님의 세계 창조를 위한 도구가 아니라, 하나님과 일치 가운데 있는 아들로서 세상의 창조자다.[168] "그의 능력의 말씀으로 만물을 붙드시며"라는 말씀(1:3b)은 유대교에서는 하나님의 능력을 가리킨다.[169]

나사렛 예수는 영원하고 진정한 하나님의 아들이다. 근원과 본질에 있어 하나님께 속한 아들이 성육신의 기적을 통해 나사렛 예수로 왔다.[170] 모세와 다윗(히 4:7)을 포함한 예언자들은 하나님의 말씀의 중재자들에 불과하다.[171] 그들은 사람들 중에서 하나님이 부르셔서 그의 사자와 도구로 삼은 자들이다. 그러나 아들은 "위로부터" 왔고 "아버지와 하나의 본질"이다. 예언자들 가운데 한 사람이 아니라 하나님의 유일한 아들로서 예언자들과 구별되는 것이다. '아들 안에서' 주어진 하나님의 말씀 또한 예언자들을 통한 말씀과 근본적으로 다르다. 이는 예언자들을 통해 주어진 말씀의 연속이 아니라 질적으로 전혀 다르고 새로운 말씀이다. 그러므로 '아들 안에서' 주어진 하나님의 말씀이 그 이전에 '조상들에게' 주어진 말씀의 진정한 의미를 밝힌다.

③ 히브리서는 많은 시편 말씀들을 그리스도에 관한 예언으로 해석한다. 시편 2편 7절은 하나님의 말씀으로("하나님께서 …") 인용된다(1:5a; 5:5).

"너는 내 아들이라 오늘 내가 너를 낳았다."

---

167) 요 1:3, 10; 고전 8:6; 골 1:16 참조.
168) 1:10에서 그리스도에게 적용한 시편 인용구절(101:26 LXX) 참조.
169) O. Hofius, *Der Christushymnus Philipper 2*, 6~11, 81~83, 131~136 참조.
170) 히브리서에서 선재하신 하나님의 아들의 성육신은 2:5~18; 5:5~10; 10:5~10에서 주제로 삼는다.
171) 히 3:1~5; 7:14; 9:19; 10:28.

2장 6~9절은 시편 8편 5~7절 말씀을 예수 그리스도와 연관해서 해석한다. 1장 8~9절은 시편 45편 6~7절 말씀을 하나님의 아들과 관련해서 해석한다. 더 중요한 사실은 시편 110편인데, 히브리서 저자는 시편 110편에서 1절과 4절을 인용한다.[172] 여기서 1절은 보좌 즉위 명령이다.

"너는 내 오른편에 앉아라. 내가 너의 원수를 너의 발아래 놓을 때까지!"

천사들 가운데 어느 누구도 하늘에 있는 하나님의 오른편 자리에 앉을 수 없다(1:13 참조). 그러므로 시편 110편 1절은 "하나님의 영광의 광채시요 그 본체의 형상"인 하나님의 아들에 관한 말씀이다. 아들은 하늘에서 왕으로 즉위했고 또 하나님과 함께 보좌에 앉음으로써 천사들보다 뛰어나다(1:3d~4). 히브리서는 시편 110편 4절 말씀을 그리스도에 관한 말씀으로 해석한다.

"너는 멜기세덱의 반차를 따른 영원한 제사장이다."

그리스도는 영원하기 때문에 결코 죽을 수 없는 분, 곧 영원한 생명을 가지신 분이다. 그러므로 그의 제사장 직분은 영원하다(7:15~17, 23~25 참조). 여기서 예수 제사장은 모세 율법이 말하는 레위 계통 대제사장과는 다르다. 레위 계통 제사장들은 죽을 인간이지만(5:1; 7:8, 23, 28), 하나님의 아들은 "무궁한 생명의 능력" 안에 있으며(7:16), 또 "영원한 제사장 직분"(7:24)을 가지고 있다. 히브리서 저자가 아들의 모상(模像)을 제사장 왕인 멜기세덱에게서 본 까닭은(7:1~3), 그가 멜기세덱을 단순한 인간이 아니라 하늘의 존재, 곧 천사와 같은 존재로 보았기 때문이다.

히브리서 저자는 시편 말씀들을 예수 그리스도에 관한 예언으로 해석함으로써 시편 말씀들은 전혀 새로운 의미를 가진 본문들이 되었다. 저자는 시편 구절

---

172) 1절: 히 1:13b(참조: 1:3d; 8:1; 10:12~13; 12:2); 4절: 히 5:6b; 7:17, 21(참조: 5:10; 6:20; 7:3, 11, 15).

들의 의미를 오로지 하나님의 아들과 연결시키며, 또 그 시편 구절들은 하나님의 아들과 연결될 때에만 진정한 하나님의 말씀이 된다. 그래서 저자는 구약성서에서 오직 하나님 자신에 관해 말하는 본문들을 과감하게 그리스도에게로 옮겨 적용한다. 그는 1장 10~12절에 인용하는 시편 102편 26절에서 28절까지와 1장 7절에 인용하는 시편 104편 4절에서 세상의 창조자 혹은 천사들을 지배하는 주님에 관한 예언을 보고 있다. 1장 6b절에서는 신명기 32장 43절을 인용한다(시 96:7 LXX도 참조).

"하나님의 모든 천사가 저에게 경배할지어다."

여기서 "저에게"는 하나님의 아들 예수 그리스도다. 경배는 오직 하나님 한 분에게만 드려져야 한다. 그러므로 아들을 경배하는 것은, 그 아들이 하나님과 동등하기 때문이다. 이처럼 구약성서 말씀들을 기독론적으로 수용하고 적용함으로써, 저자는 그의 신학의 출발점이자 핵심인 '하나님의 아들'이해를 '성서신학적'으로 전개한다. 곧 그의 아들 기독론은 '구약성서적인 기독론'이다.

(3) 대제사장 - 그리스도이해와 구원이해

① 하나님의 아들은 인류 구원 사역을 완수하기 위해 사람이 되었고, 십자가의 고난과 죽음을 통해 그 구원사역을 이루었다. 히브리서는 이 하나님의 아들의 구원사역을 대제사장 그리스도이해로 전개한다. 하나님의 아들 예수는 하늘의 영원한 대제사장으로서 하나님 우편에 올라 하나님과 하늘 보좌의 교제를 나누며 성도들을 위한 구원을 완성한다.

히브리서는 구원을 구약성서와 연결해서 이해한다. 하나님의 피조물은 창조주 하나님을 경배함으로써만 생명을 가질 수 있기 때문에, 인간의 구원은 살아계신 하나님과의 온전한 교제다. 구약성서의 증언에 따르면, 성전은 하나님이 현존하시는 곳이며 그래서 백성이 하나님께로 나아가 그의 영광을 경배하는 장소다. 성전 안에서 항상 하나님과 함께 교제하는 것이야말로 이스라엘 모든 백성에게는 최고 행복이며 구원이다.[173] 히브리서는 이러한 구약성서의 견해를 받아들인다. 그러나 구약성서와는 달리 진정한 성소가 하늘에 있다고 말한다(히 8:1~2, 5; 9:11~12, 24). 이 성소는 하나님의 안식처(καταπαυσις)이며, 그의 영원한 구원의 뜻에 따라 인간의 안식처가 되어야 하는 곳이다(3:7~4:13).[174] 하늘의 성소에서 하나님과 교제하며 사는 것, 하나님을 찬양과 경배로써 예배하는 것, 그것이 '구원'이다. 이 구원을 하나님이 영원 전부터 인간을 위해 생각하셨고 또 "조상들"에게 예고하셨으며 약속하셨다.[175] 구약성서에 따르면, 오직 "깨끗하고" "거룩한" 사람만이 하나님의 성소에 거할 수 있다.[176] 그런데 창조주를 배신한 인간은 깨끗하지도 거룩하지도 않다. 이처럼 죄인인 인간과 하나님 사이를 가로막는 죄 때문에 하나님의 세계로 들어가는 길이 인간에게는 막혀 있다(3:7~4:11과 12:14 참조).

② 죄가 인간을 거룩하신 하나님으로부터 분리시키며, 그래서 인간이 하나님을 외면한다는 사실을 히브리서 저자는 구약성서를 통해 알았다. 그러나 저자가 구약성서로부터 얻은 더 중요한 점은, 인간이 이러한 죄를 극복하고 구원에 이르기 위해서는 반드시 '거룩한 속죄'[177]가 필요하다는 것이다. 인간을 새롭게 만들어 하나님과 교제하게 하기 위해서는 '깨끗이 씻음'[178]을 거쳐야 한다. 저자는 그 사실을 "조상들에게" 하신 하나님의 말씀인 구약성서에서 보았으며, 또 이를 예레미야서 31장 31~34절과 관련해서 "첫 언약"(η πρωτη διαθηκη)이라고 한

---

173) 시 23:6; 26:8; 27:4~5; 36:8~10; 63:2~5; 65:2~5; 84:2~5 등.
174) 이에 대해서 O. Hofius, *Katapausis*, 51~58.
175) 특히 히 3:7~4:11; 6:12, 13~20; 9:15; 11:8~16, 39~40.
176) 시 15:1~5; 24:3~6; 사 33:14~16.
177) 히 9:22b의 χωρις αιματεκχυσιας ου γινεται αφεσις에서 온 표현이다.
178) καθαρισμος των αμαρτιων(1:3c)을 참조. 이 개념은 제의적인 씻음을 말하는데, 이를 통해 인간이 거룩하신 하나님께 가까이 가고 그를 제의적으로 섬길 수 있게 해 준다(히 9:14 참조).

다.[179] 디아테케라는 단어를 계약이나 언약으로 번역하지만, 이 단어는 계약이 아니라[180] 규정과 처분, 질서와 설립 등 다양한 의미를 가진다. 그러니 하나님이 정하신 (구원의) "질서"로 번역해야 더 타당하다. 하나님과 인간의 관계를 위해 하나님이 정해 놓으신 질서(규정)가 디아테케다. '첫 번째 규정'이 말하는 것은, 하나님이 시내 산에서 준 '모세의 율법'(10:28)에 있는 제의법이다. 이 제의법은 레위 계통 제사장 직분의 근간이며,[181] 세상의 성소(9:2~5)와 그 안에서 일어나는 제의에 관한 상세한 규정들을 담는다.[182]

③ 히브리서는 '첫 번째 규정'이 말하는 속죄 제사의 효력에 관해 구약성서에서는 결코 들어보지 못한 대담한 방식으로 말한다. 저자는 이 모든 제사, 특히 일년에 대 속죄일에 한 차례씩 대제사장이 직접 지성소에서 드리는 속죄 제사(레 16장)를 가리켜 "죄를 없게 하지 못하는 제사"(10:11)라고 단정한다. 첫 번째 규정에 따른 희생 제사는 이스라엘 사람들을 거룩하게 만들 수도 없고 깨끗하게 하는 속죄 효력을 일으킬 수도 없다. 그런 희생 제사는 제사에 참여한 사람들을 "온전하게 하는" 힘이 없고, 그들을 거룩하게 만들어 하나님께로 나아가게 할 수 없다 (7:11, 19; 9:9~10; 10:1~2, 4). 그러므로 저자는 구약성서의 제의법의 '연약함과 무익함'과 '폐기'를 말하며(7:18) 또 첫 번째 규정의 '불충분함', 곧 '흠이 있음'을 말한다(8:7).

하나님의 규정에 따르면, 제의법은 "장차 오는 좋은 일의 그림자일 뿐이고, 참 형상이 아니다"(10:1). 율법에 규정된 속죄 제사들은 속죄의 필요성만을 보여 줄 뿐이고, 속죄를 가져오지 못한다. 구약의 제의법은 '피 흘림이 없이는 용서도 없음'(9:22)을 지적하면서, 대제사장과 그가 드리는 속죄 제사가 반드시 필요하다는

---

179) 이 표현이 그대로 나오는 곳은 9:15이고, 8:7, 13; 9:1, 18 등에 나오는 η πρωτη는 διαθηκη를 보충해서 읽어야 한다. 9:20(출 24:8 인용)도 '첫 번째 언약'을 말한다. 렘 31(38):31~34(32절)에서 이 개념이 나왔음을 히 8:7~13이 상세하게 설명한다.
180) 그러므로 πρωτη διαθηκη는 '구약'을 말하지 않는다. 특히 '계약'은 적절하지 못한 번역이다. 계약은 동등한 당사자들의 쌍방성을 전제로 하기 때문이다. διαθηκη에는 하나님의 일방적인 '지시'가 더 강하게 들어 있다. 그런 점에서 '언약'이라는 번역은 어느 정도 한정된 범위에서 타당할 수 있다.
181) 히 5:1~3; 7:11, 27~28 참조.
182) 히 9:6~10, 25; 10:1, 11; 13:11.

것을 보여 주는 역할을 할 뿐이다. 그러므로 첫 번째 규정에 담긴 속죄 제사들은 진리를 말하지만, 그 진리를 실행하지는 못한다. 이 속죄 제사들은 '죄에 대한 기억'을 되살릴 뿐이다(10:3). 죄의 현실을 상기시키며, 또 그럼으로써 동시에 죄인이 하나님께 나아가려면 반드시 죄들이 제거되어야 함을 상기시킨다(9:8~9도 참조). 이는 마치 갈라디아서에서 바울이 '율법'을 죄를 깨닫게 해서 그리스도에게로 인도하는 "몽학선생"에 비유한 것과 유사하다(갈 3:24, 한글개역성경). 이처럼 율법은 죄를 깨닫게는 할 수 있어도 죄를 없이할 수는 없다. 죄는 오로지 그리스도에 의해서만 제거될 수 있다.

"황소와 염소의 피가 능히 죄를 없이 하지 못한다"(10:4)는 말은 구약성서의 제사로는 죄 문제가 해결될 수 없다는 뜻이다. 여기에는 구약의 제사에 대한 합리적인 비판이 아니라 죄의 본질에 대한 깊은 통찰이 담겨 있다. 히브리서에서 죄는 문자 그대로 하늘을 향해 소리치고 있는 실체다. 죄는 이 세상에서만 심각한 것이 아니라 하나님의 보좌 앞에까지 이른다. 하나님 앞에서 죄는, 죄로서 확인되며 죄인들을 고발하고, 그래서 죄인을 하나님과 분리시킨다.[183] 이 죄는 하나님 앞에서 제거될 때 비로소 완전히 해결된다. 하나님의 보좌 앞에서 변화가 일어나야 하며, 이 변화를 가능하게 하는 속죄 사건, 즉 하늘 보좌 앞에서 죄 문제를 해결할 수 있는 속죄 사건이 필요하다. 첫 번째 규정에 의해 땅의 성소에서, 그리고 스스로도 죄인인 레위 계통 대제사장에 의해 거행되는 속죄 제사는 이같은 하늘의 변화를 가져올 수 없다(5:2~3; 7:27~28; 9:7).

④ 그러므로 '모세의 율법'에 의한 첫 번째 규정은 그리스도의 오심과 함께 무효가 되었고(7:12, 18; 8:13), 구약성서의 희생 제사 자체가 폐지되었다(10:9b, 18). 이 첫 번째 규정에는 구원의 효력이 없음을 히브리서는 세 곳에서 말한다.

---

183) 죄가 양심 안에 있다는 말의 뜻이 그것이다(9:9; 10:1~2, 22). 이로써 저자는 주관적인 죄의식이나 '나쁜 양심'을 말하는 것이 아니라 객관적인 통찰, 곧 레위기적인 제사를 통해 늘 새로이 상기되지만, 인간은 결코 제거할 수 없는 죄의 실체에 대한 인식을 말한다.

첫째, 7장 11~28절이다. 여기서는 시편 110편 4절을 통해 논증한다. 모세의 율법이 먼저 주어졌고, 이어서 '다윗의 시편'이 생겨났다(28절). 나중에 주어진 시편이 참되고 영원한 제사장 임명을 말한다면, 이는 그 이전에 모세의 율법에 의한 레위 계통 제사장 직분과는 다른 제사장을 말한다. 시편 자체가 레위 계통 제사장 직분이 충분한 것이 아님을 분명히 말하며, 또 질적으로 전혀 다른 제사장 직분에 의해 교체될 것임을 예고한다.

둘째, 8장 7~13절이다. 예레미야서 31장 31~34절 본문이 여기에 인용되어 있는데, 10장 11~18절에도 그러하다(10:16~17=렘 31:33~34). 예레미야서에서 첫 번째 규정이 하나님 자신에 의해 충분하지 못한 것으로 '책망을 받았으며'(8절 '허물하다') '낡은 것으로' 인정되었고(13절), 그래서 '새로운' 규정의 출현이 예고되었다(8절). 새로운 규정은 첫 번째 규정이 이룰 수 없었던 일을 이루게 되는데, 죄를 용서해 주고 하나님을 완전히 알게 해 주며 또 하나님과 직접 교제하게 한다(10~12절). 첫 번째 규정을 대체하는 하나님의 이 새로운 규정은 속죄를 가져오기 때문에 구원하는 그리스도-언약(διαθηκη)이다.[184]

셋째, 10장 5~10절이다. 여기서도 시편 40편 7~9절 말씀이 인용되고 해설된다. 저자는 시편 말씀을 그리스도가 사람이 되기 직전에 아버지에게 하신 말씀으로 여긴다. 그에 따르면, 이 시편 말씀에는, 왜 "황소와 염소의 피가 능히 죄를 없이 하지 못하는지"(10:4), 그 '불가능성'이 설명되어 있다. 모세의 율법에 규정한 제사는 하나님의 구원의 뜻에 일치하지 않으며, 그러므로 구원을 가져오는 제사가 아니다(10:8). 하나님의 구원의 뜻에 일치하는 것은 죄를 속하려고 자기 자신을 죽음에 내주기 위해 사람이 되신 그리스도의 자기희생 제사뿐이다(10:9~10). 예수의 성육신과 희생 죽음에서 '첫 번째', 곧 구약성서의 제사 규정이 '폐기되었고' '두 번째', 곧 영원히 유효한 그리스도-언약이 '세워졌다.'

---

184) '새로운' διαθηκη 개념은 (8:8, 13; 9:15의 διαθηκη καινη 혹은 12:24의 διαθηκη νεα) 렘 31:31~34에서 온 것이다. 8:7에서는 δευτερα (διαθηκη)로 불린다(7:22; 10:26, 29; 13:20도 참조).

⑤ 따라서 레위 계통 대제사장과 다른 대제사장이 필요하다. 하나님 앞에서 죄를 제거할 수 있고, 진실로 구원을 가져올 수 있으며, 또 그래서 하나님과 교제를 나눌 수 있게 하는 속죄 사건은 오직 하늘의 대제사장 예수 그리스도가 자기 자신을 제물로 드린 희생 제사뿐이다.[185] 이 자기희생을 통해 그리스도는 "죄를 정결하게" 했다(1:3c).[186] 예수 그리스도의 속죄 제사를 통해 많은 사람들의 죄가 '속해지고' 또 '제거되었으며',[187] 그럼으로써 하나님의 백성에게 '영원한 구원'이 주어졌다(9:12).[188] 그리스도는 자신의 속죄 죽음을 통해 구원받은 사람들을 "거룩하게" 했고(10:10, 14, 29; 13:12) 또 '영원히 온전하게 했다'(10:14).[189] 이제 새로운 존재가 된 그리스도인들은 구원이 완성되는 날에 하늘의 지성소에서 하나님과 친밀한 교제를 나눌 수 있게 되었다(특히 10:19~25).

레위 계통 대제사장의 희생 제사가 아니라 그리스도의 자기희생 제사가 이러한 힘과 효력을 가지는 근거는, 하늘의 대제사장 그리스도와 레위 계통 대제사장 사이에 있는 근본적인 차이에 있다. 레위 계통 대제사장은 죽어야 할 죄인이자 그 스스로도 속죄가 필요한 죄인이지만, 하늘의 대제사장 그리스도는 죄가 없는 영원한 하나님의 아들이다. 그 근원과 본질에서 하나님과 동일한 그분만이 진정하고 흠 없는 대제사장일 수 있으며, 또 동시에 진정하고 흠이 없는 제물일 수 있다(7:26~27; 9:14).

히브리서가 설명하는 진정한 속죄사건은 이러하다. 하늘의 대제사장 그리스도가 예루살렘 영문 밖에서 십자가에 달려 죽고(13:12), 여기서 그의 몸이 제물로 드려지며(10:10), 그가 하늘의 지성소에 들어가 피를 뿌려 드림으로써 영원히 유효

---

185) 히 2:5~18; 5:7~10; 8:1~10:18; '자기희생'에 대해서는 7:27; 9:14, 25~26, 28 참조.
186) 히 9:14; 10:22도 참조.
187) 죄들의 '속죄'(ιλασκεσθαι)는 2:17; 10:12 참조 –'죄의 제거'(αθετησις)는 9:26 –'죄들의 담당'(αναφερειν)은 9:28 – 죄를 '속함'(απολυτρωσις)은 9:15 – '용서'(αφεσις)는 10:18. 이들이 공히 말하는 것은, 죄들이 하나님 앞에서 효력을 발휘하지 못하며, 더 나아가 죄들이 더 이상 존재하지 않는다는 사실이다. 왜냐하면 하나님이 죄들을 '더 이상 기억하지 않으시기' 때문이다(8:12; 10:17).
188) 히 5:9; 7:25도 참조.
189) 여기서 동사 τελειαν은 7:19; 9:9; 10:1에서처럼 '하나님께로 나가는 길을 가능하게 했음'을 의미한다.

한 제사가 단번에 드려진다(9:11~12, 24~25). 예수 그리스도는 대제사장인 동시에 희생제물이다. 예수가 십자가에 달려 죽은 것은 역사에서 일어난 사건이지만, 이는 하나님의 역사다. 세상의 사건이 하늘의 사건이 되며, 역사적으로 '한 번 일어난 것'이 종말론적으로 '영원히' 유효한 '단 한 번'의 사건이 된다. 십자가에서 일어난 예수의 역사는 하늘에 이르고, 이 사건에서 하늘 아버지의 영원한 뜻은 이 세상에 이른다. 여기서 하나님의 뜻은 사건이 되고 또 우리를 위한 영원한 구원이 된다. 그러므로 '아들 안에서' 주어진 하나님의 말씀은 거룩한 속죄의 승낙이며, 또 그럼으로써 예언자들에 의해 약속된 구원의 근거와 출발이다.[190]

대제사장 그리스도이해는 신약성서에서는 오직 히브리서에서만 볼 수 있다. 예수는 하나님의 아들이면서, 동시에 멜기세덱의 서열을 따른 제사장이다. 저자는 유사한 내용을 말하는 시편 2편 7절과 110편을 종합해 이 같은 통찰에 이른다.

"너는 내 아들이라 오늘 내가 너를 낳았도다"(시 2:7)

"새벽 별이 창조되기 전에 내가 너를 모태에서 낳았다"(시 110:3)

고대 유대교에서는 왕인 메시아(다윗)와 함께 제사장인 메시아에 대한 기대가 있었다.[191] 히브리서에는 이러한 유대교의 전통이 스며들어 있다. 그러나 하나님이 선택하신 인간과 하나님의 영원한 아들을 구분하는 유대교 전통과는 다르게, 히브리서는 하나님의 영원한 아들과 영원한 대제사장을 한 분 예수 안에서 본다. 예수 그리스도는 하나님의 영원한 아들이며 하늘의 대제사장이다.

⑥ 히브리서가 구약성서와 연결하면서 말하는 대제사장 그리스도이해에는

---

190) 특히 히 2:3; 4:1~2; 12:25~29 참조. 구원(σωτηρια)은 아들 안에서 주어진 하나님의 말씀을 통해 실현되기 때문에, 이 말씀을 믿지 못하면 구원을 얻지 못한다(2:1~4; 3:7~4:13; 10:26~31; 10:35~39; 12:25~29).

191) 슥 9:9; 4:1~5, 10~14; 6:9~16 등에는 두 종류의 메시아에 대한 기대가 결합되어 있다. 쿰란공동체도 왕-메시아(이스라엘의 메시아)와 함께 제사장-메시아(아론의 메시아)도 기대했다.

몇 가지 특징이 있다. 첫째, 대제사장 그리스도는 하나님의 아들로서 인간이 되어(2:14), 인간과 함께 고통을 받았다.

> "우리에게 있는 대제사장은 우리의 연약함을 동정하지 못하실 이가 아니요
> 모든 일에 우리와 똑같이 시험을 받으신 이로되 죄는 없으시니라" (4:15)

5장 7~10절은 공관복음의 겟세마네 기도를 연상시키는 말씀으로서, 고난을 당하신 대제사장에 대해 말한다. 세상이 창조되기 이전부터 계셨던 하나님의 아들이 "영원한 구원의 근원"이 되기 위해 사람이 되셨고 또 고난을 받았다(5:9).

둘째, 구약성서에 따르면, 대제사장은 하나님에 의해 임명되어야 한다. 예수는 하나님에 의해 아론 계통이 아닌, "멜기세덱의 반차를 따르는" 대제사장으로 임명되었다(5:5~6, 10).

셋째, 대제사장은 피의 제물을 통해 백성의 죄를 용서하기 위해 하나님께 희생 제사를 드려야 한다. 예수는 자기 자신, 곧 그 자신의 피를 제물로 삼아 죄인의 죄를 용서하기 위해 영원히 유효한 제사를 단번에 드렸다(9:11~14).

넷째, 구약의 대제사장도 제물로 드릴 동물을 거룩한 영역 바깥에서 죽여 묻어야 하듯이, 그렇게 예수는 예루살렘 성문 바깥에서 죽었다(13:11~13).

다섯째, 구약의 대제사장은 동물 피를 가지고 세상의 지성소에 들어가야 한다. 그러나 멜기세덱의 반차를 따르는 대제사장 예수는 그 자신의 피를 제물로 가지고 하늘의 지성소에 들어갔다.

(4) 히브리서 - '권면의 말씀'(ο λογος της παρακλησεως 13:22)

하나님의 아들, 대제사장 그리스도이해와 그에 근거한 구원이해를 심도 있게 설명하는 히브리서에는 초대교회의 2, 3세대 기독교인들의 전형적인 문제들이 잘 나타나 있다. 초기의 신실함과 희생정신 상실, 교회 모임으로부터 점차 멀어

지려는 모습, 믿음을 버리고 세상으로 다시 돌아갈 위험에 처함, 거짓 교사들의 유혹 등이 그러하다.[192] 이 같은 위기에 처한 성도들에게 써 보낸 문헌을, 유대교 회당에서 설교를 가리키는(행 13:15 참조) 전문용어인 '권면의 말씀'이라고 한다 (13:22). 히브리서 저자는 믿음 생활에 깊은 병이 들어 누워 있는 성도들에게 다시 일어나 힘차게 믿음 생활을 하도록 경고하고 격려하기 위해 써 보낸 문서 설교다. 히브리서에 있는 여러 어려운 주제들을 이해하려면 이런 특성을 항상 고려해야 한다.

① 히브리서도 바울과 마찬가지로 항상 그리스도 안에서 일어난 구원에 근거해 윤리교훈을 한다. 구원에 관한 신학적인 언급과 경고 혹은 교훈이 반복적으로 나오는 구조 자체가 이를 말해 준다.[193] 개별 말씀들 속에도 신학적인 확신과 윤리교훈이 결합되어 자주 나타난다.

> "그러므로 함께 하늘의 부르심을 받은 거룩한 형제들아 우리가 믿는 도리의 사도이시며 대제사장이신 예수를 깊이 생각하라"(3:1)
> "그러므로 우리에게 큰 대제사장이 계시니 승천하신 이 곧 하나님의 아들 예수시라 우리가 믿는 도리를 굳게 잡을지어다"(4:14)
> "믿음의 주요 또 온전하게 하시는 이인 예수를 바라보자 그는 그 앞에 있는 기쁨을 위하여 십자가를 참으사 부끄러움을 개의치 아니하시더니 하나님의 보좌 우편에 앉으셨느니라"(12:2)

② 히브리서는 두 번째 회개할 기회가 없다고 여러 차례 말한다.[194] 그리스도

---

192) 히 6:6, 11~12; 10:25; 13:9 등 참조.
193) 이런 구조에 대해서는 조경철, 「신약성서가 한 눈에 보인다」, 322~323 참조.
194) 히 6:4~6; 10:26~31; 12:16~17. 막 3:28~29(병행)에서 성령을 모독하면 용서를 받을 수 없다는 말씀은 히브리서와는 다른 말씀이다. 이 마가복음의 말씀은 그리스도인들이 아니라 예수에게 적대적인 사람들에게 한 말씀이다. 요일 5:16~17; 벧후 2:20~22은 거짓 교사들에게는 용서가 없다고 한다. 유대교 문헌 희년서 15:33~34은 자녀들에게 할례를 받지 못하게 하거나 자신들의 할례를 원상으로 되돌리는 유대인들에게는 용서가 주어지지 않는다고 한다.

안에 있는 진리를 안 뒤에, 그리스도가 누구인지를 안 뒤에, 그러므로 신앙을 고백하고 세례를 받은 뒤에, 타락한 사람에게는 회개할 수 있는 기회가 다시 주어지지 않는다. 야곱에게 장자권을 빼앗긴 에서는 눈물로써 약속된 복을 간청했지만, 회개할 수 있는 기회를 얻지 못하고 버림을 받았다. 에서는 자신의 잘못을 깨닫고 호소했지만 더 이상 회개할 기회를 얻지 못했다. 이런 표현들로써 히브리서가 문제 삼고 있는 것은 그리스도인들의 윤리적인 범죄 행위가 아니라 그리스도를 아는 지식으로부터 떨어져 나가는 것, 곧 기독교 신앙으로부터의 타락이다. 히브리서 저자는 두 번째 회개의 불가능성이라는 그의 주장의 근거를 창세기 27장 30~40절의 에서 이야기와 민수기 14장의 광야 세대 이야기에서 찾았다.

타락한 이후에는 두 번째 회개가 불가능하다는 히브리서의 말씀은 구원의 복음을 신학적으로 설명하는 맥락이 아니라, 경고하는 교훈의 맥락에 나온다는 사실에 입각해서 이해해야 한다. 경고나 교훈은 타락으로부터 그리스도인들을 보호하려는 의도를 갖는다. 그러므로 두 번째 회개의 불가능성에 관한 말씀은 구원의 교리가 아니라, 타락에 대한 강력한 경고다. 히브리서는 매우 의도적으로 일어난 타락에 관해 말한다. 이 같은 타락은 그리스도 안에서 선물로 주어진 하나님의 영원한 구원 약속을 버리는 일이다. 그리스도의 죽음이 가진 속죄의 능력을 부정하는 일이고, 희망을 포기하는 일이다. 그래서는 안 된다고 히브리서는 수신자들에게 경고한다.

히브리서의 문제점은 타락한 후에 두 번째 회개의 가능성이 없다는 말을 전적으로 인간과 그 행위에 맞추는 데 있다. 우리는 타락에 대한 경고와 결부된 이런 문제점을 6장에서 분명하게 보게 된다.

"우리가 이같이 말하나 너희에게는 이보다 더 좋은 것 곧 구원에 속한 것이 있음을 확신하노라 하나님은 불의하지 아니하사 너희 행위… 잊어버리지 아니하시느니라" (6:9~10)

그리스도인들에게 있을 좋은 일이 하나님의 신실하심이 아니라 그들의 윤리적인 행위에 근거되어 있다고 한다면, 신학적으로 심각한 문제다. 이는 바울이나 요한복음이 말하는 것과는 다르다. 바울이라면 다음과 같이 말했을 것이다. "우리 안에서 좋은 일을 시작하신 그분이 예수 그리스도의 날까지 여러분 안에서 그 일을 이루실 것이다."

인간의 궁극적인 구원과 멸망에 관해서는 오직 그리스도만이 판결할 수 있다. 타락한 사람에 대한 마지막 말은 십자가에 달려 죽으신 그분만 할 수 있다. 히브리서의 말씀은 이러한 성서의 핵심으로부터 비판적으로 새롭게 읽혀져야 한다. 두 번째 회개의 불가능성에 관한 말씀은 구체적이고 특별한 상황 속에서 나온 말씀이다. 타락한 사람에게 주어지는 구원과 멸망에 관한 최후 선언이 아니다. 이 최후 판결은 오직 그리스도만 할 수 있다. 그러므로 히브리서 저자의 이 말씀은 기독교 신앙을 떠나거나 예배를 멀리해서는 안 된다고 우리에게 하는 경고로만 이해하면 된다.

③ 히브리서는 믿음의 장으로 알려진 11장에서 "구름 같이 둘러싼 허다한 증인들"(12:1)의 위대한 믿음을 말한다. 11장 1절은 그들의 믿음을 이렇게 정의한다.

"믿음은 바라는 것들의 실상이요 보이지 않는 것들의 증거니"

히브리서가 11장 4절부터 나열하는 '선진들의 믿음'은 예수 그리스도를 하나님의 아들, 주님으로 믿는 믿음이 아니다. 히브리서의 믿음이해는 바울이나 요한복음의 믿음이해와 다르다. 바울이 그의 믿음이해를 설명하기 위해 인용한 (롬 1:16~17) 하박국서 2장 3~4절 말씀을 히브리서 저자는 다른 의미로 인용한다 (10:36~39). 히브리서의 믿음이해의 핵심은 하나님의 능력과 미래의 구원에 대한 소망을 향해 인간이 보여 주는 신실함에 있다. 여기서 인간은 믿음의 신실함을 간직할 수도 있고 또 버릴 수도 있다. 11장 4절 이하에서 나열하는 믿음의 증인들은 그런 신실함을 유지하기 어려운 유혹과 시험 그리고 박해의 상황 속에서도 인내로써 지켜 냈다. 이처럼 믿음의 신실함을 유지하기 위해서는 인내가 필요하다(10:36). 그렇게 믿음의 신실함을 끝까지 지킨 대표적인 인물이 아브라함이다(11:8~19).

그러나 바울은 아브라함을 다르게 이해했다(롬 4:3~5). 바울에게서 아브라함은 하나님께 신실함을 지킨 영웅이 아니라 하나님이 은혜로써 의롭다고 인정해 주신 대표적인 죄인이다.[195] 믿음을 인간의 신실한 행위로 이해하기 때문에 히브리서에 따르면, 예수 자신도 믿었다. 예수를 "믿음의 주($\alpha\rho\chi\eta\gamma o\varsigma$)요 또 온전하게 하시는 이($\tau\epsilon\lambda\epsilon\iota\omega\tau\eta\varsigma$)"라고 한다면(12:2), 예수를 믿음의 대상이 아니라 '선진들'처럼 믿음의 행위를 한 모범으로서 성도들이 본받아야 할 대상으로 이해한 것이다. "히브리서는 그리스도를 메시아적인 구원의 중보자로 고백하게 할 뿐 아니라, 고난을 감당하는 모범으로 뒤따라갈 것을 교회에 촉구한다."[196] 예수는 예루살렘 영문 밖에서 고난을 받으면서도 하나님께 신실함을 지킨 모범으로서 우리가 본받아야 한다(13:12~13).

이러한 히브리서의 믿음이해는 바울의 믿음이해와 다르다. 바울은 믿음을 구원이 인간에게 이르는 방식(Modus)으로 이해한다. 바울의 믿음이해의 핵심은 인간의 신실함이 아니고, 하나님이 베푸신 은혜에 있다. 그러므로 바울에게는 "믿음으로"와 "은혜로"가 같은 의미다. 그런데 히브리서는 믿음을 인간의 신실한 행위로 보기 때문에, 믿음을 상실할 수도 있다고 보며, 그래서 두 번째 회개의 가능성을 부정할 수 있다. 반면에 바울에게서 믿음은 변덕스러운 인간이 아니라 신실하신 하나님의 선택에 근거한다. 즉 믿음은 하나님이 나를 선택하셨다는 증거이고 표현이다. 이런 믿음은 결코 사라질 수 없다. 바울은 로마서 8장 37~39

---

195) P. Stuhlmacher, *Biblische Theologie des NT II*, 100~101.
196) P. Stuhlmacher, *Biblische Theologie des NT II*, 101.

절에서 최후 심판과 관련해서 구원의 확신을 노래한다.

"아무것도 우리를 그리스도 예수 안에 있는 하나님의 사랑에서 떼어놓을 수 없음을 나는 확신한다."

최후 심판에서 우리 죄가 모조리 드러날 것이기 때문에 우리는 무척 당황하겠지만, 우리를 선택하신 분은 끝까지 우리를 보호하시고 구원을 완성하실 것이다. 그리스도의 십자가 죽음은 타락한 그리스도인까지도 용서하고 받아들일 수 있다.[197] 바울에 따르면, 두 번이 아니라 백 번이라도 회개하면 용서받을 수 있다. 히브리서와는 달리 인간의 경건한 행위에 인간의 구원을 매달지 않는다. 그러나 히브리서의 경고를 진지하게 들어야 한다. 실제로 타락은 가볍게 지나칠 수 있는 사소한 문제가 아니다. 타락의 가능성을 진지하게 생각하면 할수록 더더욱 우리는 우리의 신실함이나 행위가 아니라, 하나님의 은혜가 나타나 있는 그리스도를 의지해야 한다. 살아 계셔서 심판하시는 하나님의 손에 떨어지는 것은 매우 무서운 일이라는 히브리서 말씀을(10:31) 깊이 되새겨야 한다. 그것이 얼마나 두려운지는 예수의 십자가에서 분명히 드러났다. 그리스도는 우리 때문에 하나님의 손에 떨어져 심판을 받았다. 우리가 하나님의 그 무서운 손에 떨어지지 않도록 하려고 그리스도가 우리 대신 무서운 심판을 받았다.

히브리서가 두 번째 회개의 불가능성을 말하고, 믿음을 인간의 신실함과 인내로 이해하는 것은, 경고와 교훈의 맥락에서 이해해야 한다. 믿음을 버리고 예배를 등한히 여기며 세상으로 타락할 위기에 처한 당시 독자들에게 히브리서는 그런 식으로 경고도 하고 격려도 하려는 것이다. 이처럼 히브리서가 믿음을 교훈과 경고의 맥락에서 이해하고 말한다면, 바울과 요한복음 등은 믿음을 신학적인 구원 진술의 맥락에서 말한다. 어쨌든 예수와 바울 그리고 요한복음 등이

---

197) 막 10:45; 고후 5:21; 롬 3:23~26; 8:4; 요일 2:2; 4:10 등 참조.

말하는 용서와 믿음에 대한 신학적인 이해를 넘어가는 히브리서의 언급은 신학적인 차원에서는 상당히 심각한 문제라고 할 수 있다.[198]

④ 그리스도인들은 하늘의 안식처에 들어갈 희망을 갖고 그곳을 향해 가고 있는 도상에 있다(3:7~4:11). 그 도상에서 성도들은 처음의 신실한 믿음을 잃지 말고 끝까지 견고히 잡아야 한다(3:14; 10:35~39). 그리스도인들은 세상에 집을 가지고 있지 않으며 하늘의 영원한 거처, 곧 하늘의 예루살렘을 찾는 여정에 있다(11:16; 12:22; 13:14). 이 여정에서 믿음과 희망을 결코 잃어서는 안 된다. 믿음을 버리고 세상으로 나가는 사람에게는 하나님의 복수가 반드시 있을 것이다(2:2~3). 하늘의 본향을 찾아 가는 과정에서 성도들에게 고통스런 고난이 올 수도 있다(12:4~11). 그때 그리스도인들은 하나님의 아들이면서도 고난으로 순종을 배우시고(5:7~8), 우리의 연약함을 잘 알고 도우시는(4:15) 그리스도를 의지하고 또 그의 모범을 따라 고난을 기꺼이 감당하고 이겨 내야 한다(12:2~3). 히브리서의 그리스도인들은 "피곤한 손과 연약한 무릎을 일으켜 세우고"(12:12) 하늘의 안식처를 향해 꿋꿋이 나아가야 한다.

4) 유다서와 베드로후서의 신학

유다서와 베드로후서는 모두 1세기 말이나 2세기 초에 기록되었다고 본다. 신약성서 27권 중에서 가장 나중에 기록된 셈이다. 유다서가 베드로후서보다 먼저 기록되었으며, 베드로후서 저자가 유다서를 대본으로 자기 서신을 기록했다고 여겨진다.[199] 두 서신은 모두 교회에 나타난 이단자들과 싸우고 있으며, 그 싸움을 위해 사도들이 한 말씀을 기억하고(유 17; 벧후 3:2), 구약성서와 유대교의 전설

---

198) P. Stuhlmacher, *Biblische Theologie des NT II*, 103~104 참조.
199) U. Schnelle, *Einleitung in das NT*, 428~445, 특히 441~442 참조.

적인 전승을 활용한다. 또한 "조상들이 잔 후", 곧 사도들과 1세대 그리스도인들이 모두 죽은 후에 기록되었으며, 그러므로 사도들이 한 말씀이 근본적으로 중요하다. 바울의 서신들과 "다른 성경"(벧후 3:15~16)은 매우 조심해서 읽고 해석해야 할, 권위 있는 믿음의 기준으로 작용한다. 여기서 우리는 벌써 '기독교 정경의 기본 요소들'[200]을 볼 수 있을 뿐 아니라, 구약성서와 사도들의 믿음의 전승을 연결하여 해석하고 이해해야 하는 '기독교적인 해석학의 구도'[201]를 볼 수 있다.

(1) 유다서

① 유다서는 저자를 "예수 그리스도의 종이요 야고보의 형제인 유다"라고 한다(1절). 신약성서에는 유다라는 이름을 가진 세 사람이 있다. 예수의 동생 유다(마 13:55; 막 6:3)와 12사도 중 한 사람인 유다(눅 6:16; 행 1:13) 그리고 사도행전 15장 22, 27, 32절에 언급된 유다 바나바 등이다. 유다서 자체에 따르면, 저자 유다는 주의 동생 유다이다. 바울은 주의 동생들이 선교 활동에 나섰다고 한 바 있다(고전 9:5). 왜 저자는 자신을 주의 동생이라고 곧바로 말하지 않고 주의 동생 야고보의 형제라고 간접적으로 말하는가? "형제"라는 표현은 피를 나눈 형제라는 의미 외에도 '동료'를 의미할 수 있다(골 1:1). 유다서가 말하는 전승의 개념(3절) 및 정통과 이단의 논란, 종말 때에 거짓 교사들의 출현 등은 사도 이후 시대의 신학적인 상황을 말해 준다.[202]

② 유다서는 교회 안에 나타난 거짓 교사들의 주장을 배격하고 성도들에게 "믿음의 도를 위하여 힘써 싸우라"고 권한다(3절). 경건하지 못한 자들이 교회 안으로 슬며시 들어와 주 예수 그리스도를 부인하려고 한다(4절). 그들은 태연히

---

200) P. Stuhlmacher, *Biblische Theologie des NT II*, 111.
201) P. Stuhlmacher, *Biblische Theologie des NT II*, 112~114(인용은 114)에 따르면, 이 점에서 두 서신의 핵심 가치가 있다고 한다.
202) 딤전 4:1~3; 딤후 3:3~4; 요일 2:18; 4:1~3 등.

교회의 애찬식에 함께 참여했다(12절). 그들은 "우리 하나님의 은혜를 도리어 방탕한 것으로 바꾸고 홀로 하나이신 주재 곧 우리 주 예수 그리스도를 부인했다"(4절). 그들은 "무엇이든지 그 알지 못하는 것을 비방하였고 또 이성 없는 짐승 같이 본능으로 아는 그것으로 멸망할" 자들이다(10절). 그들은 "원망하는 자며 불만을 토하는 자며 그 정욕대로 행하는 자라 그 입으로 자랑하는 말을 하며 이익을 위하여 아첨하며"(16절), "분열을 일으키는 자며 육에 속한 자며 성령이 없는 자"들이다(19절). 이들의 출현은 이미 사도들이 예고했다(17~18절). 이들은 아마도 바울의 일부 가르침을 극단적으로 내세우는 바울주의자들이었을 가능성이 있다.[203]

③ 거짓 선생들에 맞서서 유다서 저자가 가장 중요하게 여기는 것은, 성도들이 받은 "믿음의 도"다(3, 20절). 믿음의 도는 사도들이 전해 준 것이다(17절). 성도들은 이 믿음의 도를 터전으로 해서 그 위에 굳게 서야 한다(20절). 그러나 믿음의 도의 내용에 대해 구체적으로 말하지는 않는다. 거짓 교사들이 "홀로 하나이신 주재 곧 우리 주 예수 그리스도를 부인하고"(4절) 있다는 말에서 믿음의 도가 "우리 주 예수 그리스도"에 관한 내용이라고 추측할 수 있을 뿐이다. 그리스도는 "홀로 하나이신 주재이고 주"이다. 하나님도 "우리 구주 홀로 하나이시다"(25절). 예수 그리스도는 성도들에게 긍휼을 베푸시는 분이다(21절). 그러면서도 그리스도는 아담의 칠대 손 에녹이 종말의 심판자로 예언했던(에녹서 1:9) 바로 그분이다(14~15절). 이러한 그리스도 믿음이 성도들이 받은 "믿음의 도"이다.

이 믿음의 터전이 지금 거짓 교사들에 의해 흔들리고 있다. 이단의 가르침의 위험에 직면해 유다서는 교회와 성도들의 정체성을 분명히 하려고 한다. 성도들은 "부르심을 받은 사람들"(1절)이며 "거룩한 사람들"(3절)이다. 거짓 교사들의 거

---

203) P. Stuhlmacher, *Biblische Theologie des NT II*, 108은 고전 6:3; 8:6; 골 2:10, 18의 천사에 관한 언급과 고전 6:12; 10:23 등에 나오는 "모든 것이 가하다"는 인식을 내세우는 자들로 추정한다. 바울 스스로도 그런 비난을 받았으며(갈 1:10; 롬 3:8) 또 그런 주장을 하는 사람들을 비판했다.

짓된 가르침과 비도덕적인 행동은 파멸로 이어질 것이지만(4, 7~11절), 교회와 성도는 거룩하고 오염되지 않았으며, 종말론적인 기대와 긴장 속에서 살고 있다. 거짓 가르침이 맞게 될 종말적인 파멸(4, 11, 13, 15절)과는 달리 성도들은 영원한 구원을 받는다(21절). 그리스도께서 그의 천사들과 함께 오셔서 심판을 행하실 것이다(14~15절). 그러므로 성도들은 사도들로부터 전해 받은 "믿음의 도"에 굳건히 서서 거짓 교사들의 유혹을 이겨 내야 한다.

(2) 베드로후서

① 서신은 1장 1절에서 "예수 그리스도의 종이며 사도"인 시몬 베드로가 저자임을 밝히지만, 오늘날 학자들 대부분은 그 점을 인정하지 않는다. 3장 1절은 스스로를 "둘째 편지"라고 함으로써 베드로전서에 이어지는 서신이라는 인상을 주지만, 베드로전서 자체가 사도 베드로가 기록한 서신이 아니기 때문에, 후서를 베드로가 기록했을 가능성은 거의 없다. 더구나 전서와 후서 사이에는 동일한 저자가 썼다는 흔적이 없고, 각 서신에서 사용하는 문체도 전혀 다르다. 이 서신의 저자는 3장 3~4절에서 주의 강림을 의심하는 사람들을 "조롱하는 자들"이라고 비아냥거리면서, 그들이 그처럼 의심하는 근거가 "조상들이 잔 후로부터 만물이 처음 창조될 때와 같이 그냥 있다"는 것이라고 한다. 여기서 말하는 조상들은 기독교 제1세대에 속한 인물들인데, 이 제1세대 기독교의 대표적인 인물이 사도 베드로와 바울이다. 그러므로 베드로는 이미 죽은 것으로 전제하고 있기 때문에 이 서신의 저자일 수 없다.

② 1장 1절은 수신자들을 가리켜 서신을 기록하고 있는 발신자와 "보배로운 믿음을 함께 받은 자들"이라고 한다. 이 서신은 구체적인 지역에 거주하는 특정 교회나 그리스도인들이 아니라 그 당시 모든 그리스도인들에게 보내졌다. 베드로후서를 기록한 의도는 3장 3~4절에서 볼 수 있다. 바로 주의 재림을 부정하는

사람들에 맞서기 위해서였다. 곧 일어나리라고 기대했던 주의 재림이 이루어지지 않자 거짓 교사들은 주님의 재림 자체를 부정하고 조롱하기 시작했다. 저자는 이들에 맞서서 하나님의 시간은 세상의 시간과 다르다고 말한다(3:8). 실로 그리스도인은 주의 재림을 기대하면서 살아가는 사람들이다.

③ 유다서보다도 베드로후서가 거짓 선생을 더 상세하고 날카롭게 비난한다. "주께서 강림하신다는 약속이 어니 있느냐"고 조롱하는(3:4) 거짓 선생들을 "이단"으로 규정하는데, 그들은 "주를 부인하고 임박한 멸망을 스스로 취하는 자들이다"(2:1). 호색하고 탐심으로 가득한 그들로 인해 "진리의 도"가 비방을 받는다(2:2~3, 12~14). "잡혀 죽기 위하여 난 이성 없는 짐승 같은" 거짓 선생들은(2:12) 그들의 주장을 정당화하기 위해 바울서신들을 근거로 내세웠다(1:20~21; 4:16). 잘못된 성서 해석에 근거해 그들은 주의 재림과 종말심판 등을 부정했다. 또한 "의의 도를 안 후에 받은 거룩한 명령을 저버린" 자들로서(2:21) 교리적인 오류를 가르쳤을 뿐 아니라, 도덕적으로도 부패한 사람들로서 방종적인 자유를 가르쳤고(2:18~19), 연회를 즐겨 베풀어 성도들을 유혹했다(2:13~14). 이러한 이단적 가르침이 성행하게 된 이유는, 기독교의 제1세대 "조상들"이 죽고(3:4) 기다리던 주의 재림이 지연되었기 때문이었다. 이로써 거짓 교사들은 종말론적인 기다림을 아예 포기하거나 의심하면서, 그 대신에 합리적인 하나님 지식[204]과 방종에 가까운 신앙생활을 가르친 것이 분명하다.

유다서와 베드로후서에서 비판하는 거짓 선생들은 모두 바울서신들에 근거해 자신들의 주장을 펼쳤던 인물들이었다. 이들은 기원후 2세기에 분명한 형태로 나타나기 시작했던 초기 영지주의적인 특징을 가지고 있었다.[205]

---

204) 1:2, 3, 5, 6, 8; 2:20; 3:18에 반복되는 '지식'과 '앎'을 참조.
205) P. Stuhlmacher, *Biblische Theologie des NT II*, 109.

④ 저자는 이 같은 거짓 교사들의 거짓 가르침에 맞서서 바른 신앙의 대표자라고 믿고 있는 '베드로'의 유언으로 이 서신을 기록했다. 베드로는 "확실한 예언"을 가지고 있고(1:19), 성서를 "사사로이 풀지" 않으며, "성령의 감동하심을 받아" 해석한다(1:20~21). 그만큼 베드로의 가르침은 정당하고 권위가 있다.

그의 가르침은 무엇인가? 그는 예수 그리스도를 '구원자와 주님'이라고 한다 (1:1, 11; 2:20; 3:2, 18). 그리스도는 성도들을 죄로부터 깨끗하게 해서 '의의 도'를 알게 하심으로써(1:9; 2:1, 20), 그들이 "신성한 성품에 참여하는 자"가 되게 했다 (1:3~4). 그런즉 예수 그리스도를 '아는 것'이 매우 중요하며, 이 영적인 지식은 곧 삶의 실천으로 나타나야 한다(1:2~8; 2:20~21; 3:18). 성도들이 알아야 할 다른 하나는 "그리스도의 능력과 강림"이다(1:16). 성도들은 그리스도의 강림과 심판을 분명히 믿어야 한다(2:3; 3:7, 10~12). 주의 재림은 확실하며, 하나님의 종말심판 또한 확실하다. 이를 의심하거나 버린다면 주를 부인하는 것이고 멸망을 자초하는 것이다(2:1). 베드로후서의 저자 '베드로'는 초대교회에서 최초로 '주의 재림 지연'이라는 문제를 거짓 선생들의 도전에 직면해서 직접 풀어 간 사람이다. 주의 재림과 심판은 확실하지만, 그것이 지연되고 있는 까닭은 하나님의 자비하심 때문이며 또 하나님의 시간이 인간의 시간과는 근본적으로 다르기 때문이다(3:8~10). 하나님은 절대 신실하시며, 고로 그의 약속은 확실하게 이루어진다. 그러므로 성도들은 세상을 회피하는 것이 아니라, 세상에서 책임적인 삶을 살면서 "의가 있는 곳인 새 하늘과 새 땅을 바라보아야" 한다(3:11~13). 종말신앙을 굳건히 가지면서 세상에서는 책임적인 삶을 살아야 하는 것이다(1:5~11; 3:17). 이런 점이 거짓 선생들과 근본적으로 다른 것이다.

제6부

공관복음과
사도행전의
신학

앞에서 설명했듯이(제5부의 단락 1), 초대교회는 사도들의 죽음과 기원후 70년 무렵의 유대전쟁 이후로 커다란 위기를 만난다. 이 위기는 신학적인 도약을 요청했고, 신학적인 도약은 초대교회가 위기를 극복하고 더욱 힘차게 발전할 수 있게 했다.[1] 이 같은 신학적인 도약은 특히 복음서들과 사도행전에서 볼 수 있다.

'복음' 혹은 '복음서'를 의미하는 유앙겔리온(ευαγγελιον) 개념의 유래에 대해 학계에서는 두 가지 설명이 있다. 하나는, 로마의 황제숭배에서 왔다는 설명이다.[2] 그러나 '복음'개념이 구약성서와 예수에게서 유래되었다는 설명이 더 타당할 것이다. 처음으로 복음이라는 말을 사용했던 사람들은 모두가 유대 그리스도인들이었다. 복음서에 있는 예수의 말씀에 따르면, '복음'은 이사야서 61장 1절과 52장 7절 등에서 유래했다.[3] 베드로와 요한, 야고보와 바울 등과 같은 처음 유대 그리스도인들이 황제숭배와 연결해 복음을 말했을 가능성보다는 오히려 구약성서와 유대교와 연결해 복음을 말했을 가능성이 더 크다고 할 수 있다. 처음 유대인 사도들은 그들이 선포해야 할 예수 그리스도에 관한 구원의 메시지를 '복음'이라고 했다.[4] 바울이 인용하는 처음교회의 최초 신앙고백인 고린도전서 15장 3b~5절은 예수의 죽음과 부활에 관한 메시지를 '복음'이라 하고, 바울은 로마서 1장 16~17절에서 예수 그리스도 안에 나타난 종말적인 구원을 가져오는 하나님의 계시를 '복음'이라고 한다. 로마서 10장 15~17절에 따르면, 바울은 헬라어 구약성서(LXX)의 이사야 52장 7절과 요엘서 3장 5절, 시편 67편 12절 등에 의거해 (LXX의 구절과 우리말 성경 구절은 다를 수 있다.) 자신을 비롯한 전도자들을 "복음을 전하는 자들"(ευαγγελιζομενοι)이라고 한다. 그들은 하나님의 우편 보좌에 앉아 계시는 예수 그리스도로부터 복음을 계시 받아 선포했다.

---

1) 유태엽, 「복음서 이해」, 17~19은 예수의 처음 추종자들의 죽음으로 인한 전승보존의 필요성, 하나님 나라의 지연, 선교의 필요성, 교육적인 필요성, 교회의 성장으로 인해 생긴 예수전승의 문서 수집 필요성, 증언에 대한 보다 쉬운 전파 등 복음서 기록 동기를 이 다섯 가지로 말한다.
2) 1899년에 발표된 프리에네의 비문에는 황제의 탄생 날이 세상에 '기쁜 소식들'(ευαγγελια)의 시작이라는 말이 있다. 이에 근거해 이 개념이 황제숭배에서 왔다고 보는 학자들이 있다(Strecker, Schnelle 등).
3) 특히 눅 4:16~21; 6:20~22 병행; 7:18~23 병행; 16:16 병행 등. 이에 대해서는 P. Stuhlmacher, *Biblische Theologie des NT I*, 118~121 참조.
4) 막 3:10; 마 24:14; 행 15:7; 20:24 등.

바울 이전의 처음교회들은 세례교육 등과 같은 교육을 시켜 예수에 관해 가르쳤다. 바울은 자신이 개척하지도 않았고 가르친 적도 없었던 로마교회에 보낸 서신에서 로마교회에 그런 교회교육이 있었다는 사실을 전제한다.[5] 아마도 히브리서 5장 7~9절과 12장 2절 등도 그 같은 교회교육을 말하며, 누가복음 1장 1~2절도 교회 안에 예수에 관한 여러 가지 이야기들이 전해지고 있었음을 전제한다. 예루살렘 처음교회가 "사도의 가르침"을 받았다면(행 2:42), 그 주된 내용은 예수에 관한 이야기로 보아야 한다. 처음교회 그리스도인들은 믿지 않는 사람들에게도 이 예수 이야기를 전했을 것이다. 이처럼 예수 이야기는 다양한 자리에서 전해지고 있었다.

　　마가가 처음으로 "하나님의 아들 예수 그리스도의 복음"을 하나의 책으로 기록했다(1:1). 그때까지 다양한 자리에서 다양하게 전해지던 예수의 말씀들과 행적들 그리고 수난에 관한 이야기들을 모아 '복음서'를 기록했다. 마태와 누가가 그를 따라 마가복음 이외의 다른 자료들을 더 수집해 그들의 복음서들을 기록했고, 상당히 나중에 요한도 그리하였다. 처음으로 마가가 그의 복음서를 기록한 때는 기원후 70년 무렵이다. 사도들이 죽고, 유대전쟁으로 예루살렘이 망하며, 예루살렘 처음교회가 예루살렘을 떠난 이후였다. 이렇게 복음서 저자들은 기원후 60년대에 이르기까지 예루살렘을 중심으로 돌아다니던 예수에 관한 다양한 전승들을 종합해 그들의 복음서를 기록했다.

　　복음서 저자들은 예수에 관한 전승들을 수집하여 작업함으로써 예수 전승과 신앙이 사라지지 않게 보존했을 뿐 아니라, 새로운 시대의 상황과 문제에 맞춰 해석함으로써 예수 이야기를 계속 살아 있는 이야기가 되게 했다. 그러므로 복음서들은 과거 인물 예수의 말씀과 행적을 그대로 보존하기 위해 기록된 것이 아니다. 앞서 나사렛 예수에 관해 말했듯이, 그런 역사적 관심보다는 오히려 믿음의 관점에서 복음서를 기록했다. 공관복음서들은 예수에 관해 다양하면서도

---

5) 롬 6:17~18; 8:15; 12:14; 14:14; 15:3~4, 7 등.

때로는 상이한 견해들을 드러내는데, 역사적으로는 정확하지 않은 정보를 제공하기도 한다. 복음서 저자들은 사도의 증언에 근거해 사도 이후 시대의 교회와 독자들에게 예수의 인격과 가르침, 행적들을 말함으로써 믿음의 토대를 제공한다. 이 사도의 증언 자체가 부활신앙의 조명 아래 있기 때문에, 그 증언에 근거한 복음서들도 부활신앙에 의거해서 예수를 말한다. 그러므로 우리는 복음서들에서 기원후 30년 이전에 살았던 역사의 예수가 하신 말씀이나 행동을 찾으면서, 동시에 기원후 70년 이후 초대교회가 처한 숱한 문제들과 그에 대한 해답으로 제시된 하나님의 아들 예수 그리스도에 대한 믿음을 찾아야 한다. 기원후 30년 이전의 예수에 대해 우리는 앞에서 제2부 '나사렛 예수의 하나님 나라 선포'에서 말했고, 이제부터는 기원후 70년 이후의 복음서 저자들의 신학에 대해 말할 것이다.

1. 마가복음의 신학

1) 개론

고대 교회에서는 마가복음 저자가 신약성서에서 자주 언급하는 요한 마가일지도 모른다고 여겼다.[6] 교부 파피아스(Papias)로부터 출발하는 이 견해[7]는 일부 현대 학자들도 받아들이고 있다. 파피아스에 따르면, 요한은 베드로의 통역사로서 베드로가 가르친 자료들에 근거해 그의 복음서를 기록했다. 그래서 마가복

---

6) 행 12:12, 25; 13:5, 13; 15:37, 39; 몬 24; 골 4:10; 딤후 4:11; 벧후 5:13 등.
7) Eusebius, 「교회사」, III, 39. 유태엽, 「복음서 이해」, 118 이하 참조.
8) 1:16 이하; 1:29 이하; 1:36; 3:16; 5:37; 8:29; 8:32~33; 9:2 이하; 10:28; 13:3; 14:29; 14:33; 14:54; 14:66 이하; 16:7.

음에는 베드로에 대한 언급이 14회나 나오고,[8] 베드로 장모의 질병치유 이야기가 나오게 되었다고 한다. 그러나 이 고대 교회의 견해에 반대하는 학자들도 있다. 베드로와 마가의 연결은 베드로전서 5장 13절에 의거해 나중에 만들어졌으며, 마가복음에는 베드로의 신학적 특징이 전혀 나타나지 않고, 오히려 바울신학의 특징이 두드러지게 나타나기 때문이다.

마가복음은 베드로와 바울의 순교(기원후 64년 무렵) 이후에 기록되었다. 마가복음 13장 2, 14절의 언급이 누가복음 19장 43~44절과 마태복음 22장 7절 등이 말하는 기원후 70년의 예루살렘 성전 패망 재난에 관한 사후 예언이라면, 마가복음은 그 이후에 기록되었다고 볼 수 있다. 저자가 아람어를 헬라어로 번역하고,[9] 유대교의 관습을 설명하며(2:18; 7:3~4), 라틴어를 사용하고, 이방의 수로보니게 여인(7:26) 등을 언급하는 것으로 볼 때, 독자들은 아람어를 모르고 유대교 관습에 생소한 이방인들로 보인다. 아마도 마가복음은 로마의 이방인 그리스도인 공동체를 위해 저술된 것으로 보인다.

마가는 예수가 수난당해 죽고 부활한 하나님의 아들이라는 믿음의 고백을 역사의 예수 이야기로 풀어 간다(Story telling). 예수 이야기를 시간과 공간의 순서에 따라 세 단계로 구분되는 직선 구조로 전개한다.[10]

갈릴리와 그 주변에서 활동하다가(1:16~8:26) → 예루살렘을 향해 여행을 떠나고(8:27~10:52) → 예루살렘에서 수난을 당해 죽고 부활한다(11:1~16:8).

2) 하나님 나라의 복음, 하나님의 아들 예수 그리스도의 복음

(1) 마가복음은 "하나님의 아들, 예수 그리스도의 복음"을 말하면서 시작한다

---

9) 7:11; 10:51; 14:36; 15:22, 34.
10) 마태와 누가는 마가의 이러한 구조를 이어받았고, 요한은 조금 다른 구도로 그의 복음서를 기록했다.

(1:1). 마가는 '복음'의 내용으로서 하나님의 아들 예수 그리스도를 말한다.[11] 이와 동시에 나사렛 예수가 선포한 하나님 나라 메시지를 복음이라고도 한다(1:14~15). 예수를 하나님의 아들로 믿고 선포하는 기독론적인 복음은 부활 이후의 믿음에 근거한다. 그러므로 마가복음의 '복음'에는 부활사건 이전 예수가 선포한 하나님 나라 소식과 부활 이후 예수 그리스도에 관한 믿음의 소식이 통합되었다. 부활 이후 믿음의 눈으로 볼 때, 예수가 선포한 하나님 나라는 예수사건과 더불어 이미 현재적으로 실현되고 있으며, 그래서 마가는 예수의 종말론적인 하나님 나라 선포와 부활 이후 교회의 기독론적인 고백을 복음으로 결합할 수 있었다.[12] 마가복음에서 예수는 하나님 나라 메시지를 선포한 역사의 인물이면서 동시에 십자가에서 죽고 죽음에서 부활한 하나님의 아들이다. 하나님이 제정하시고 이사야 예언자를 통해 약속한 하나님 나라의 복음은 역사의 인물로서 나사렛 예수의 오심과 삶, 죽음과 부활 및 재림과 연결된다(13:10, 32).[13] 이렇듯 마가복음에서 복음에는 예수의 행위와 말씀, "많은 사람"을 위한 그의 수난과 죽음(10:45; 14:22~24) 그리고 예수 자신이 예고한 부활하신 분의 현현까지도 포함된다(14:28; 16:7).

(2) 마가복음은 구약성서의 많은 구절들을 직접 인용하거나 간접적으로 연결해 복음을 말한다.[14] 그러므로 복음은 구약성서, 특히 이사야 예언자의 예고와 연결되며, 또한 복음은 구원사적인 연속선에 서 있다. 이사야와 다윗 및 다른

---

11) 8:35; 10:29; 13:10; 14:9 등도 참조

12) U. Schnelle, *Theologie des NT*, 370~375 참조. 막 1:15에서 마가는 물려받은 예수 전승에 "때가 찼다"와 "복음을 믿으라"는 권면을 덧붙여 예수와 예수의 선포에 대한 믿음을 강조한다. 1:15의 전승사적인 분석에 대해서는 조경철, 「예수와 하나님나라의 윤리」, 53~64 참조.

13) 그러므로 '하나님의' 복음과 '예수 그리스도의' 복음을 동시에 말할 수 있다.

14) 구약성서 말씀들을 직접 인용하는 곳: 1:11(사 42:1; 44:2; 시 2:7; 창 22:2); 4:12(사 6:9~10); 7:6~7(사 29:13); 9:7(사 42:1; 시 2:7; 창 22:2); 11:9~10(시 118:25~26; 148:1); 13:24~25(사 13:10; 34:4); 14:27(슥 13:7). 구약성서 말씀들과 간접적인 연관이 있는 곳: 1:9~11(사 61:1~2); 1:12~13(사 11:6~9); 1:14~15(사 52:7); 8:31(시 11:32; 호 6:2); 9:31(사 43:4; 53:5, 12); 10:33~34(사 43:4; 53:5, 12; 50:6); 12:1~11(사 5:1~2; 시 80:9~10); 14:1~16:8(시 22; 69); 14:24(출 24:8; 사 53:11~12; 14:58(슥 15:17); 15:34~35(시 22:2, 11); 15:38(레 16:12~15); 15:46(사 53:9); 16:1~8(호 6:2; 시 80:2~3; 미 2:13 등).

구약성서 구절들이 말한 내용이 예수의 오심과 사역을 통해 실현되었다(12:36; 14:49). 그러니 1장 2절에서 출애굽기 23장 20절과 말라기서 3장 1절을 섞어 인용하면서 복음이 이사야가 말한 것이라고 한다면(40:3), 이는 잘못이 아니라 예수에 의해 성취된 구약성서 예언들 중에서 이사야의 예언이 가장 중요하기 때문에 그렇게 한 것이다. 이처럼 구약에서 많은 구절들을 인용하거나 암시하는 것으로 볼 때, 마가복음은 예수 사건을 구약성서의 메시아 예언의 성취로 보고 있다. 구약성서 말씀은 하나님이 하신 말씀이기 때문에, 예수와 더불어 성취된 구원은 하나님의 구원이고, 더 나아가 하나님의 아들 예수가 한 말씀은 곧 하나님의 말씀이다.

(3) 마가복음 저자가 하나님의 복음과 예수 그리스도의 복음을 함께 묶어 말할 수 있었던 까닭은 예수와 하나님 사이의 독특한 관계를 믿었기 때문이다. 마가복음에서 가장 중요한 예수 칭호는 "하나님의 아들"이다.[15] 이 복음서는 1장 1절에서 복음서 저자가 '예수 그리스도가 하나님의 아들'이라는 복음을 말하면서 시작하여 십자가에서 죽어 가는 예수를 하나님의 아들이라고 하는 백부장의 고백으로 끝난다(15:39). 1장 1절에서 보듯이, "예수 그리스도"는 이미 마가복음에서 하나의 고유대명사다. 오직 예수가 "그리스도"라는 신앙고백이 "하나님의 아들"이라는 고백과 결합되었다. 1장 2~3절은 구약성서 말씀들을 결합해 인용함으로써 하나님이 그 아들에 앞서 사자를 먼저 보내셨다고 한다. 마가는 말라기서 3장 1절의 "내 앞에"를 "네 앞에"로 바꾸어 인용함으로써, 하나님이 그 아들을 세상에 보내셨다고 한다. 이사야서 40장 3절에 예고된 "외치는 자의 소리"로서 세례자 요한은 하나님의 아들보다 먼저 와서 '주'의 길을 예비한다. 여기서 '주'는 하나님의 아들로 세상에 오시는 예수다. 그러므로 마가복음 1장 2~3절은 예수가 세상에 오시기 이전에 하나님의 아들로 존재하고 계셨다는 선재 사상을 말한다.

---

15) 막 1:1, 11; 9:7; 12:6; 14:61~62; 15:39.

(4) 요한이 세례를 행함으로써 종말적인 하나님의 백성이 나타난다(말 3:23). 1장 9~11절에서 예수가 요한으로부터 세례를 받고 영을 받으면서,[16] '나의 택함을 받은 사랑하는 아들'이라는 하늘의 음성을 받는다.[17] 예수가 세례자 요한으로부터 세례를 받으면서 영이 예수에게 왔다면(1:9~11), 이는 하나님과 예수 사이의 독특한 관계를 말한다. 하나님은 그의 영을 예수에게 보내 예수에 대한 그의 특별한 사랑을 표현하면서 동시에 예수가 그의 아들이라는 신분과 권능을 확증하여 선포한다(9:7도 참조). 예수가 하나님의 아들이라는 사실은 부활사건 이전에는 오로지 영을 통한 하나님의 선언에 의해서만 알려졌다. 인간을 초월하는 영적 존재들인 마귀들도 예수의 이러한 정체를 안다. 그러나 하나님의 아들은 사탄을 물리치고, 천사가 하나님의 아들을 섬긴다(1:12~13). 하나님의 아들을 예고한 세례자 요한의 시대는 가고, 하나님의 아들로 확증된 예수가 하나님 나라의 도래를 선포함으로써 공식적으로 활동을 시작한다(1:14~15). 하나님의 아들로서 신분과 권능을 확증 받은 예수의 선포와 행동은 하나님의 뜻에 일치하며(10:19), 예수는 성경말씀을 바르게 해석하고 이해하지만,[18] 반면에 예수와 다투는 적들은 성경 말씀에 무지하다.[19] 이처럼 마가복음은 예수 그리스도가 하나님의 아들로 확증되고 드러나는 이야기(story)다.

하나님으로부터 아들로 확증되어 선포된 예수는 하나님의 뜻을 정확하게 알기 때문에, 하나님 나라가 가까이 왔다는 메시지를 선포할 수 있을 뿐 아니라, 하나님 나라의 표징을 여러 행동을 통해 보여 줄 수 있다. 마가복음에서 예수의 선포(신론/종말론)와 예수에 대한 믿음(기독론)은 밀접하게 결합되었다. 마가복음에서는 하나님의 '복음'이 곧 예수 그리스도의 '복음'이고, 또 그 거꾸로 된 표현도 가능하다. 여기서 예수는 과거 역사의 한 순간을 나사렛 출신 유대인으로

---

16) 사 61:1~2 참조.
17) 사 42:1; 시 2:7 참조.
18) 막 12:26~27, 36~37.
19) 막 2:25; 12:10~11, 26, 35 이하.

살면서 하나님의 뜻을 선포했던 실존 인물이면서 동시에 현재와 미래에도 살아 계셔서서 항상 하나님의 뜻을 계시하고 하나님의 구원을 드러내는 영원한 하나님의 아들이다. 이처럼 마가는 나사렛 예수에 관한 역사적 이야기와 하나님의 아들에 관한 케리그마적 신앙고백을 결합함으로써, 다시 말해 부활 이후 기독교의 신앙고백을 부활 이전 역사적인 인물의 이야기로 풀어냄으로써 기독교 신앙의 역사적인 정체성과 신학적인 정체성을 굳건히 할 수 있었다.

3) 하나님의 아들 예수 이야기

마가는 예수 이야기를 하려고 '복음서'라는 문헌 유형을 처음으로 만들었다. 그는 예수에 관한 자료들을 수집해 예수 이야기를 기록했다. 이 예수 이야기의 주제는 예수 그리스도가 처음부터 하나님의 아들이라는 사실이다(1:1). 마가는 수난과 부활로부터 출발해서 예수 이야기를 한다. 예수가 십자가에서 죽고 부활한 하나님의 아들이라고 고백하는 믿음의 눈으로 나사렛 예수의 선포와 행동, 수난을 한 덩어리로 볼 때, 예수 이야기에는 결코 조화될 수 없는 두 차원이 결합되었다. 한편으론 수많은 기적을 행하는 하나님의 아들 예수의 권능과 다른 한편으론 그의 비참하고 무력한 수난과 죽음이라는, 조화될 수 없는 두 요소가 굳건하게 결합되어 하나의 이야기가 되었다. 그러므로 예수의 고난과 죽음은 결코 우연이나 비극적인 종말이 아니라, 하나님의 아들이 하나님 아버지로부터 받은 사명을 온전히 이룬 결과이며, 십자가는 하나님의 아들이라는 예수의 본질을 분명하게 드러내는 장소다(15:39). 하나님의 아들 예수는 그의 고난과 죽음 그리고 부활로부터 온전하게 이해될 수 있는 것이다.

(1) 갈릴리와 그 주변에서(1:16~8:26)

예수는 하나님이 그의 길을 예비하라고 보내신 요한으로부터 세례를 받고, 마귀의 시험을 이기신 후, 갈릴리에 와서 하나님의 아들 메시아로서 공적인 삶을 출발한다. 하나님 나라의 복음을 선포하고, 열두 제자들을 선택해 부르는데, 그들 가운데 베드로와 세베대의 두 아들인 야고보와 요한이 특히 중요하다. 예수는 비유들을 말씀하고 신적인 권능으로써 마귀를 추방하며 병자들을 치유한다. 그의 이 신적인 권능은 오병이어의 기적과 바다에서 제자들을 구하는 기적에서도 분명히 드러난다. 구약성서에서 하나님만이 하실 수 있는 이 같은 능력을 예수가 행한다.[20] 그럼으로써 예수는 하나님의 권능을 세상에서 행하는 분으로 드러난다. 이 예수의 신적인 정체는 세상의 어떤 말이나 논리로도 설명할 수 없기에 하늘의 음성을 통해 선언된다(1:11; 9:7).

그러나 예수가 누구인지 모르는 사람들과의 논쟁은 계속된다. 그들은 예수의 오심으로써 구약성경 말씀이 성취되었다는 사실을 모르며(1:2~3), 예수가 하나님의 아들이라는 하늘의 음성도 듣지 못한다(1:9~11). 그들과 예수 사이의 논쟁과 충돌은 2장 1절부터 3장 6절에서 극적으로 전개되고, 예수와 충돌한 율법학자와 바리새인과 헤롯 사람들은 결국 예수를 죽이려는 결정을 하게 된다. 이런 충돌과 논쟁은 마가복음 전체를 통해 지속적으로 전개되다가 예루살렘 성전 정화 사건에서 정점에 이르고(11:15~18), 끝내 예수를 죽음으로 몰아간다.

(2) 예루살렘을 향한 도상에서(8:27~10:52)

베드로의 신앙고백으로 시작하는 이 단락에서 중요한 것은 세 번에 걸친 예수의 수난예고와 변화 산 이야기다. 먼저, 수난예고에서 마가는 예수가 대리적인 고난을 받음으로써 유대인과 이방인에게 구원을 가져오는 그리스도라고 한다. 메시아가 대리적인 고난을 통해 사명을 성취해야 한다는 말씀은 유대인 제자들에게도 결코 쉽게 이해될 수 없었고, 이는 베드로의 반응에서 분명히 드

---

20) 막 4:41을 시 77:17~20; 104:6~7과 비교하고, 막 6:49~50을 욥 9:8과 비교하며, 막 6:32~44; 8:1~9을 시 104:27~28; 출 16과 비교함.

러난다. 제자들을 대표해 베드로는 예수에게 "당신은 그리스도다"라고 고백하지만, 수난과 죽음을 예고하는 예수에 반대하다가 "하나님의 일을 생각하지 아니하고 도리어 사람의 일을 생각한다"며 "사탄아 뒤로 물러가라"는 책망을 받는다(8:27~33). 이어서 8장 31절에서는 예수가 두 번 더 수난과 죽음을 예고한다(9:31~32; 10:32~34). 그러나 예수는 수난예고를 이해하지 못하는 제자들을 가르친다. 소경 치유 이야기가 예수의 제자교육 단락 앞(8:22~26)과 뒤(10:46~52)에 있는 것은 결코 우연이 아니다. 소경은 예수를 이해하지 못하는 제자들이면서 동시에 복음서 저작 당시 마가공동체에 속한 그리스도인들, 더 나아가 모든 시대의 그리스도인들이라고 할 수 있다. 보지 못하는 소경이 예수에게 치유 받아 볼 수 있게 되는 것처럼, 제자들과 모든 그리스도인들의 이해하지 못함은 예수의 가르침을 통해 극복되어야 한다. 그래서 그들은 예수가 죄인을 대신해 고난을 당하는 하나님의 아들이라는 진리를 깨우쳐야 한다(10:45).

변화 산 이야기(9:2~10)에서 예수는 두 번째로 하늘의 음성을 통해 하나님의 아들로 선언된다. 제자들은 오직 그의 말을 들어야 한다(9:7). 이는 사도행전 3장 22절과 7장 37절에서도 인용하는 신명기 18장 15절에 있는 모세의 말과 연관이 있다.

> "네 하나님 여호와께서 너희 가운데 네 형제 중에서 너를 위하여 나와 같은 선지자 하나를 일으키시리니 너희는 그의 말을 들을지니라"

하늘의 음성은 제자들에게 예수를 하나님의 사랑하는 아들이요 모세와 같은 선지자로 소개한다. 그러므로 변화 산 이야기는 출애굽기 24장 1, 16~18절에 있는 모세 이야기와 모형론적으로 연결되어 있다. 모세가 아론과 나답, 아비후 그리고 장로 70인을 시내 산에 데리고 가서 엿새 후에 하나님의 부르심을 받았듯이, 예수는 엿새 후에 세 제자들을 데리고 변화 산에 간다. 모세의 얼굴에 광채가 빛났듯이(출 34:29~35) 예수도 빛으로 변모한다. 모세와 엘리야는 율법과 예언자들 곧 구약성서를 대표한다. 또 그들의 무덤이 없다. 그들은 하늘로 올라간 것이다.[21] 이처럼 하늘에 살아 있는 두 사람이 나타나 예수와 대화를 하며, 하늘에서 "이는 내 사랑하는 아들이니 너희는 그의 말을 들으라"는 소리가 들린다. 오직 예수만이 하나님의 온전하고 궁극적인 계시이며, 구약성서도 예수에 의해 진정한 의미가 밝혀진다. 이러한 예수의 의미는 수난과 부활 이후에야 분명해진다(9:9). 예수의 부활 이전에는 제자들이라도 예수와 그의 말씀을 제대로 이해하지 못한다.[22] 부활 예수를 현현한 이후에야 예수가 하나님의 아들임을 알았고 또 구약성서가 예수사건을 예언하며, 그 예언이 예수 그리스도 안에서 성취되었음을 알게 된다.

(3) 예루살렘에서(11:1~15:47)

예수는 감람산에서 과거 솔로몬이 갔던(왕상 1:38~40) 기혼 골짜기로부터 다윗의 도성을 통과해 성전 남쪽을 거쳐 예루살렘으로 들어간다. 그는 왕들이 탔던 나귀를 타고(슥 9:9~10) 군중의 환호를 받는다.

> "호산나 찬송하리로다 주의 이름으로 오시는 이여 찬송하리로다 오는 우리
> 조상 다윗의 나라여 가장 높은 곳에서 호산나"(11:9~10)

이튿날 예수는 성전을 정화하는 행동을 한다(11:15~17). 이는 구약성서가 말하는 메시아의 사명을 이루려는 것이다.[23] 이로써 예수와 그 적들 사이의 충돌은 최고조에 이르고, 그들은 예수를 죽일 것을 최종 결정한다. 그러나 이 결정은

---

21) 신 34:5~6; 왕하 2:11~12.
22) P. Stuhlmacher, *Biblische Theologie des NT II*, 142은 부활 이전에도 제자들은 예수 안에서 하나님의 아들을 분명히 인식했다고 한다.
23) 삼하 7:12~16; 대상 17:11~14; 슥 4:8~10; 6:9~15; 14:20~21 등.

예수가 스스로 불러왔다. 예수는 이스라엘을 위한 속죄 죽음을 죽고자 한다.

악한 포도원 농부의 비유(12:1~11)에서 예수는 자신이 하나님의 아들임을 누구나 듣고 알 수 있게 말하며, 그래서 논쟁을 벌이고, 제자들에게 임박한 종말사건에 대해 가르친다(13장). 제자들과 나누는 최후 식사에서는 제자들에게 그의 죽음이 가져올 구원에 참여할 수 있게 하며(14:22~24), 겟세마네 동산에서는 하나님이 그에게 맡긴 사명을 감당하기 위해 기도한다(14:32~42). 체포당해 예루살렘 산헤드린 앞에서 예수는 자신이 메시아적인 하나님의 아들임을 인정하고, 심판자(인자)로서 곧 그들에게 나타나게 될 것이라고 예고한다(14:61~62). 이 말은 예수의 적들에게는 하나님을 모독하는 소리로 들렸고, 그래서 사형에 해당하는 죄목임을 인정하여, 다음 날 빌라도 총독에게 메시아 선동자로 고발해 예수를 십자가에 처형하게 한다. 마가는 시편 22편과 69편의 토대 위에서 예수의 수난 이야기를 하면서 예수의 죽음을 메시아의 대리적인 죽음으로 해석한다. 예수가 죽은이후 지성소 휘장이 찢어진 것은(15:38), 예수의 죽음을 통해 영원히 유효한 속죄가 일어났기 때문에 더 이상 성전 희생 제사가 필요 없음을 말한다. 15장 39절에서 이방인 백부장이 십자가에 달린 예수를 보고 "이 사람은 진실로 하나님의 아들이었도다"라고 고백하게 함으로써, 십자가 고난에서 하나님의 아들이라는 예수의 진정한 정체가 드러난다.

(4) 부활 예수의 현현 예고(16:1~8)

마가복음은 부활절 아침에 예수의 시신을 두었던 무덤이 비어 있었다는 언급으로 끝나고, 부활사건 자체에 대해서는 이야기하지 않는다. 15장 40~41절에 언급한 여인들 그리고 14장 28절에 있는 말씀이 16장 1~8절에 반복되는 것으로 볼 때, 예수의 수난과 부활은 밀접하게 연결되어 있다. 십자가에 달려 죽은 예수는 부활하여 갈릴리에 현현할 것이다. 이러한 예수의 예고는 그의 공생애를 출발한 바로 그 지역, 갈릴리로 독자의 시선을 돌리게 한다. 역사의 예수는 갈릴리에서 출발했고, 부활 예수는 다시 갈릴리에 현현할 것이다. 그러므로 부활 예수와 갈릴리(역사의) 예수가 동일함을 말한다. 예수는 이미 예고한 대로(8:31; 9:31; 10:34) 죽은 지 3일 만에 육신으로 살아 나셨다. 이 엄청난 부활 사건은 사람을 통해서는 결코 선언될 수 없기에 천사가 처음으로 선언한다(16:6).

빈 무덤은 예수가 유대교의 순교자들과는 근본적으로 다르다는 사실을 말한다. 유대교는 순교자들의 육신은 무덤에 머물지만, 그들의 영혼은 하늘에 있으며, 거기서 이스라엘을 위해 중보기도를 한다고 믿었다(계 6:9~11 참조). 그러나 예수는 다르다. 예수는 육신으로 부활했다. 예수의 부활은 죽은 자들의 부활이 시작되는 종말론적인 사건의 서막이다. 여인들은 예수의 부활 소식에 두려움으로 아무 말도 못한다(16:8). 여기서는 아마도 여인들이 예수 부활의 첫 번째 증인이 아니라 베드로가 첫 번째 증인이라는 견해가 작용한 것 같다.

원래의 마가복음이 16장 8절로 끝이 난다면, 부활 예수의 갈릴리 현현은 예고만 하고 실제로 그 현현 사실에 대해서는 말하지 않는다. 현현에 관한 부분을 전승 과정에서 분실했다고도 볼 수 있지만, 마가가 의도적으로 현현 이야기를 하지 않았을 가능성도 있다.[24] 현현에 대해 침묵함으로써 예수의 십자가 수난과 죽음에 집중하려고 했을 것이다. 십자가와 수난이 단순히 영광스러운 현현을 위한 전제나 통과의례 정도로 보여서는 안 되기 때문이다. 여인들의 두려움에 찬 침묵도(16:8) 십자가의 신학을 강조하기 위한 의도에서 비롯되었다고 할 수 있다. 그러나 부활 예수의 현현을 경험함으로써 십자가의 신학을 전개한 바울의 예를 보더라도, 십자가를 강조하기 위해 현현 이야기를 의도적으로 하지 않았을 지도 모른다는 추정은 적절치 않아 보인다. 아무래도 마가의 부활 예수 현현 이야기는 전승 과정에서 분실되었을 가능성이 크다.[25]

---

24) A. Lindemann, "Die Osterbotschaft des Markus", 298~317; 유태엽, 「복음서이해」, 145~146: "마가의 결말(16:8)의 진정성과 의미에 대한 고찰", 60~95도 원래 마가복음이 16:8로 끝났을 것이라고 추정한다.
25) U. Schnelle, Theologie des NT, 387.

4) 기적을 행하는 예수

마가복음의 예수 이야기에는 특히 예수가 행한 기적들이 많이 나온다. 마가는 예수를 기적을 행하는 하나님의 아들 메시아(그리스도)로 소개한다. 예수의 어록자료(Q)에는 기적행위들에 관한 내용이 거의 없고, 마태와 누가의 특수 자료들에는 산발적으로 기적행위들이 언급되는 데 반해, 마가복음 저자는 열일곱 개에 달하는 기적 행위들을 그의 복음서에 집중적으로 모아 놓았다. 마귀를 추방하는 기적과[26] 병자를 치유하는 기적이 가장 자주 나오고,[27] 그 외에도 다양한 기적행위들뿐 아니라,[28] 예수가 치유행위를 했다는 요약적인 언급이 세 차례 더 나온다.[29] 마귀에 붙잡혀 있으면서 자신에게 와서 믿음을 고백하는 '모두'를 예수는 치유했다(1:32; 3:10; 6:53~56). 반면에 믿음을 고백하지 않은 사람들에게는 치유행위를 하지 않았다(6:5~6 참조). 이처럼 마가복음에서 예수의 기적행위는 '믿음'과 결합되어 있다.[30]

마가복음의 기적 해석에서 논란이 되는 점은, 예수가 행한 기적행위들이 부활절 이후에 부활 신앙에 근거해 비로소 형성되었는지, 아니면 부활 이전의 나사렛 예수가 실제로 그렇게 행했는지, 하는 문제다. 위험에 빠진 사람들을 구출하거나 오병이어의 기적에 관한 기록에는 구약성서에서 온 주제들이 많이 있다.[31] 또한 마가복음에 나오는 기적 행위들에 관한 기록들은 당시 헬라 세계에서 널리 알려져 있던 기적행위의 도식에 따라 구성되었다. 그래서 복음서의 기적 이야기가 부활 신앙에 의거해 생겨났다는 주장을 제기할 수도 있다. 그러나 예수가 마귀를 쫓아내고 질병을 치유하는 것은 하나님 나라 선포와 밀접하게 연관

---

26) 막 1:21~28; 5:1~20; 9:14~27.
27) 막 1:29~31; 1:40~45; 5:21~43; 7:31~37; 8:22~26; 10:46~52.
28) 막 2:1~12; 3:1~6; 4:35~41; 6:30~44; 6:45~52; 7:24~30; 8:1~9 등.
29) 막 1:32~34; 3:10~11; 6:53~56.
30) 막 2:5; 4:40; 5:34, 36; 9:23~24; 10:52 등.
31) 막 4:35~41; 6:32~44, 45~52; 8:1~10.

이 있다. 제자들은 이미 부활 이전에 기적을 행하는 예수, 하나님 나라를 선포하는 예수 안에서 하나님을 만나는 경험을 했지만 그 의미를 온전히 깨우치지는 못했다. 그런 그들이 부활 이후 이를 온전히 깨달아 예수가 행한 기적 이야기를 증언하고, 또 그것이 복음서에 기록된 것이다.

또 하나의 문제는 마가가 기적 이야기를 한 까닭은 예수를 신인(神人; θειος ανηρ)으로 묘사함으로써 예수가 하나님의 아들이었음을 보여 주려는 것이 아니냐 하는 점이다. 당시 헬라 세계에는 신적인 능력을 가지고 기적을 행했던 철학자들이나 영웅들이 있었다. 헤라클레스와 피타고라스(기원전 6세기), 엠페도클레스(기원전 5세기)와 티아나의 아폴로니우스(기원후 1세기) 등이 그러했다. 그러나 이들이 일으켰다는 기적행위들에 관한 기록은 모두 신약성서 문헌들이 기록된 훨씬 후인 기원후 2~4세기에 형성되었다. 그러므로 마가가 신인에 관한 표상을 예수에게 적용해 그의 복음서를 기록했다는 생각은 적절하지 않다.[32]

오히려 마가 혹은 처음교회 사람들은 예수의 기적행위를 그들의 메시아 기대에서 이해했다고 볼 수 있다. 구약성서가 예고한[33] 메시아의 시대가 예수 안에서 실현되고 있다고 그들은 믿었다. 마가복음에서 기적을 행하는 예수는 헬라 사람들이 말하는 신인이 아니라, 신적인 권능으로 행동하는 메시아와 하나님의 아들인 것이다. 마가복음 2장 1~12절에서 예수는 가버나움의 중풍병자에게 시편 103편 3절에 있는 하나님의 말씀인 "네 모든 죄악을 사하시며 네 모든 병을 고치신다."는 말씀을 한다. 이렇게 마가복음은 예수의 기적행위들을 말함으로써, 예수의 인격 안에 하나님 권능이 나타났음을 말하며, 또 그런 예수는 말로만이 아니라 기적행위들을 통해 하나님 나라 복음을 선포했음을 강조한다. 그러므로 예수가 행한 기적은 하나님이 나타나는 장소다.

---

32) 그러나 U. Schnelle, *Theologie des NT*, 383~384은 θειος ανηρ 전승적인 요소가 마가복음의 기적 이야기에 있다고 전제한다.
33) 시 146:7~9; 사 26:19; 35:1~6; 61:1~2 등.

5) 십자가의 신학을 위한 문학적인 기법으로서 '메시아의 비밀'[34]

1장 1절이 분명하게 말하듯이, 마가는 그의 복음서를 예수가 하나님의 아들이라는 복음을 전하기 위해 기록했다. 그럼에도 마가복음은 예수가 하나님의 아들이라는 사실을 부활절 이전에는 비밀로 숨겨 두려는 인상을 전반적으로 강하게 드러낸다.

(1) 먼저 마귀들이 예수가 하나님의 아들이라는 것을 알아보지만, 예수는 그들에게 자신의 정체에 대해 침묵하라고 명령한다.[35] 이로써 마가는 기적행위들과 같은 외적 현상을 통해 하나님의 아들 예수를 만나서 믿으려고 하는 것에 대해 경고한다.

(2) 예수는 드러내 놓고 기적을 행하지 않고 은밀하게 행하기를 원하지만 결국에는 드러나고 만다. 5장 43절과 7장 36절에서 예수는 그가 행한 치유의 기적을 알리지 말라고 치유 받은 자와 그 자리에 있는 사람들에게 명령한다. 그러나 이 예수의 지시는 7장 36b절에서 지켜지지 않는다. 1장 44절에 있는 지시도 1장 45절에서 지켜지지 않는다. 이로써 마가는 하나님의 아들이라는 예수의 인격적인 비밀이 기적행위들을 통해서는 제대로 밝혀질 수 없지만, 그럼에도 예수가 기적을 행하는 신적인 능력을 가지고 있다는 사실은 숨길 수 없다는 역설을 말한다.

(3) 제자들은 예수의 가르침(4:13; 7:18)과 인격적인 정체(4:40~41; 6:52)를 이해하지 못한다. 이처럼 이해가 무디고 깨닫지 못하는 사람들이지만(8:17, 21), 8장 27절 이후 베드로가 고백함으로써 제자들이 인식하는 정도에 상당한 변화가 일어

---

34) '메시아의 비밀'보다는 '하나님의 아들의 비밀'이 더 적절한 표현일 것이다. 그러나 더 포괄적으로 '계시의 비밀'이라는 표현을 선호하는 이들도 있다. F. Hahn, 「신약성서신학 I」, 576~579; 김창선, 「21세기 신약성서신학」, 275~295 참조.
35) 막 1:24~25; 1:34; 3:11~12.

난다(8:29). 제자들은 예수를 메시아라고 부른다. 그러나 8장 30절에 있는 침묵 명령과 수난 예고에 대한 베드로의 반응을 보면, 제자들은 여전히 예수의 정체와 사명을 바르게 이해하지 못했다.[36] 아마도 예수를 유대교의 정치적·민족적인 메시아쯤으로 이해한 것으로 보인다. 이 제자들까지도 예수를 이해하지 못했다고 함으로써 마가는 예수를 바로 아는 것이 얼마나 어려운지를 말한다. 예수의 능력이나 영광만으로는 예수를 바르게 알 수 없다. 예수의 고난을 바로 알 때 비로소 예수를 제대로 알 수 있다. 그러므로 제자들에게 예수의 부활을 경험한 이후에야 예수에 대해 말할 수 있다고 한다(9:9). 십자가와 부활을 경험한 후에야 비로소 제자들에게 예수 그리스도의 비밀이 열리게 되며, 또 그들은 바른 고백을 할 수 있다. 이렇듯 15장 39절을 보면, 로마인 백부장은 십자가에서 비참하게 죽어 가는 예수를 보며 "이 사람이야말로 진정 하나님의 아들이다"고 고백한다. 바로 이 십자가에서 예수는 하나님의 아들이라는 사실이 밝혀진다.

(4) 마가복음에 반복되는 예수의 '권위' 혹은 '권세'(εξουσια)라는 주제도 십자가와 관련 있다.[37] 예수는 당당한 권세를 가지고 죄인의 죄를 용서해 주고, 안식일 계명의 진정한 의미를 밝히며, 각종 병자들을 치유하고, 당시의 일반적인 율법해석을 비판하며, 예루살렘 성전을 정화한다. 그런데 이 모든 권위와 권세는 십자가에 달려 죽으심으로써 인간을 구원하신 권세다. 십자가에서 무력하고 비참하게 죽을 때, 역설적으로 하나님의 아들의 진정한 권세가 드러난다.

독일학자 브레데(W. Wrede)가 처음으로 마가복음에서 밝혀 낸[38] '메시아의 비

---

36) 막 9:5~6; 9:30~32; 10:32~34 등 참조.
37) 막 1:22, 27; 2:10; 3:15; 6:7; 11:28, 29, 33; 13:34 등.
38) W. Wrede는 특히 9:9~10에 근거해 부활절 이후에 예수가 하나님의 아들 그리스도라는 믿음이 마가복음에 나타나며, 그러므로 나사렛 예수 자신은 어떠한 메시아적인 주장도 하지 않았다고 한다. 그 이후 '메시아의 비밀'이 마가복음 저자가 그 이전에 형성된 전승에서 빌려 사용한 것인지, 아니면 마가복음 저자 자신의 작품인지, 아니면 나사렛 예수에게서 나왔는지에 대한 논란은 끊임없이 계속된다.

밀'이라는 문학적인 현상의 단초는 예수 자신에게서 찾을 수 있다.[39] 예수의 활동은 가려진 비밀로 나타난다. 실제 갈릴리로부터 예루살렘에 이르기까지 예수의 친구들이나 적들은 모두 예수가 누구냐는 논란을 벌인다. 예수가 말한 비유들도 듣는 사람들에게는 그 의미가 분명하지 않다. 예수는 활동 말기에 와서야 제자들과 유대교 법정에서 자신이 메시아라고 비교적 드러나게 말했지만, 그 때문에 오히려 하나님을 모독하는 자로 낙인 찍혀 처형되었다. 이처럼 예수의 인격과 가르침, 행동 등은 부활의 아침에 모든 것이 분명해지기 이전에는 비밀처럼 가려져 있었다. 예수의 부활에 직면해서야 제자들은 비로소 예수가 누구인지를 분명하게 깨닫고 고백할 수 있었다.

그러나 나사렛 예수에게 뿌리를 두는 '메시아의 비밀'이라는 주제를 특별한 문학적인 형식으로 기록한 사람은 복음서 저자 마가였다.[40] 9장 9~10절에 따르면, 하나님의 아들이라는 예수의 정체는 수난과 부활 이후에야 비로소 말할 수 있다. 마가는 예수의 부활과 메시아적인 치유 기적행위들은 고난과 극한의 고독속에서 감당해야 했던 십자가 죽음과 연결해서만 바르게 이해할 수 있음을 강조한다. 이렇듯 마가복음이 말하는 '메시아의 비밀'은 '마가복음의 십자가신학의한 형태'[41]라고 할 수 있다. 십자가의 죽음과 부활로부터 예수의 인격과 가르침, 행동 등을 되돌아볼 때에만 예수에 대한 바른 이해가 가능하다. 단순히 생각으로 회상하는 것이 아니라, 예수가 걸었던 고난의 길, 자기에게 주어진 십자가를 짊어지고 가는 삶을 통해 제자들은 예수를 바로 알고 고백하며 뒤따를 수 있다. 그러므로 "메시아의 비밀 이론은 복음서라는 문학 유형을 이해하기 위한 해석학적 전제"라고 할 수 있다.[42]

---

39) P. Stuhlmacher, *Biblische Theologie des NT II*, 146.
40) E. Schweizer, "Zur Frage nach dem Messiasgeheimnis bei Markus", 11~20.
41) U. Schnelle, *Theologie des NT*, 382.
42) H. Conzelmann, "Gegenwart und Zukunft in der synoptischen Tradition", 60; 「신약성서신학」 242~245도 참조.

6) 예수의 제자들

마가복음의 예수 이야기는 제자들의 자기이해와 깊이 연결된다. 마가복음은 독자들이 예수 이야기를 자신들의 삶과 연계해서 듣게 한다. 하나님의 아들이 고난과 십자가를 통해 자신의 정체를 분명하게 드러냈듯이, 제자들과 독자들도 역시 자기 십자가를 짊어질 때에만 그리스도인으로서 자기 정체를 분명하게 드러낼 수 있다.

(1) 마가공동체의 그리스도인들은 "신랑을 빼앗길 날이 이르리니 그날에는 금식할 것이다"(2:20). 그들은 "말씀으로 인하여 환난이나 박해가 일어나는 때"를 살게 될 것이다(4:17; 10:30). 특히 13장은 현재 마가공동체가 처한 상황을 보여 준다. 예수를 증언하는 사람들은 유대교와 이방 법정에 끌려가 죽임을 당할 것이다(13:9~13). 전쟁으로 예루살렘의 멸망은 임박해 있고(12:9도 참조), 거짓 예언자들과 거짓 선생들이 나타나 미혹하고 있다. 이러한 내외의 어려움에도 불구하고 그들은 이방인들에게 복음을 전파했다(13:10). 예수가 예고한 임박한 재림(9:1)은 아직 일어나지 않았다(13:32~33). 이 같은 상황에 처해 있는 공동체에게 마가복음의 예수는 끝까지 깨어서 견뎌낼 것을 촉구한다(13:13, 34~37). "천지는 없어지겠으나 내 말은 없어지지 아니하리라"고 말함으로써 미혹과 박해의 상황에서도 예수의 말씀에 의지해 끝까지 이겨 내야 한다고 격려한다.

(2) 마가복음에서 새로운 하나님의 백성을 대표하는 '제자들'은 마가공동체의 자기 모습이다. 복음서가 제자들의 몰이해와 무지함에 대해 자주 말한다면,[43] 이는 마가공동체를 향한 메시지다. 복음서에서 제자들의 몰이해를 읽음으로써 마가공동체 그리스도인들은 예수에 대한 자신들의 몰이해를 되돌아보아야 한

---

43) 막 8:30; 9:5~6; 9:30~32; 10:32~34.

다. 마가는 특히 대표적인 두 제자들의 예를 든다. 먼저, 제자들의 대표자격이었던 베드로가 예수를 바르게 이해하지 못했다. 베드로가 예수를 이해하지 못했다면, 마가공동체가 예수를 이해하지 못한 것은 이상할 일이 아니다. 그리고 베드로가 스승 예수에 의해 깨우침을 받았듯이, 마가공동체도 부활 예수에 의해 진정한 믿음의 지식으로 인도받게 될 것이다. 베드로가 스승이며 주님이신 예수에게 신실하지 못했다면, 그러한 베드로의 모습에서 마가공동체는 자신들의 신실하지 못함을 보아야 하며, 그럼에도 스승 예수에 의해 언제든 다시 받아들여질 수 있다는 희망을 갖는다. 또한 예수를 배신한 가룟 유다에게서(3:19; 14:10, 43) 마가공동체는 자신들도 주님을 배신할 수 있음을 보고 깨어 있어야 한다. 여기서 예수가 제자들에게 이혼과 어린아이들, 재물과 섬김 등에 관해 가르치고 명령한 내용들은 모두가 마가공동체를 위한 가르침이고 명령이다(특히 10장). 마가복음은 예수 시대의 옛날 제자들 이야기를 하는 데서 그치는 것이 아니라, 현재 자기 공동체를 위한 현재적인 이야기를 하고 있다. 그러므로 마가복음에서 제자들은 예수 시대와 독자들 시대를 연결해 주는 고리 역할을 한다.

(3) 마가는 부활절 이후 시대를 살고 있는 그의 공동체가 예수의 참된 가족이기 때문에, 그 신분에 합당한 삶을 살아갈 것을 촉구한다. 예수의 가족이라면 당연히 예수가 가르치고 지시한 하나님의 뜻을 실천해야 한다(3:33~35). 예수의 진정한 가족은 단순히 혈연 공동체가 아니라, 예수와 복음을 위해 모든 것을 희생하고 또 내세의 영생을 소망하는 사람들의 공동체다(10:3-31). 제자들은 복음을 증언하기 위해 생명을 바쳐야 하고(8:35), 가족이나 고향까지도 버려야 하며(10:29), 그들을 통해 복음은 그리스도가 재림하기 이전에 모든 민족들에게 선포되어야 한다(13:10). 그들은 로마 황제에게 세금을 내지만(12:13~17), 세상 통치자들처럼 억압적인 지배자보다는 오히려 예수의 본을 따라 섬기는 자들이 되어야 하고(10:41~45), 하나님과 이웃을 사랑하는 사람들이어야 한다(12:28~34).

(4) 마가복음은 예수 그리스도의 복음을 믿을 것을 촉구한다. 미움과 박해 속에서도 끝까지 견뎌야 한다고 가르친다면(13:13), 이는 예수를 그리스도 하나님의 아들로 고백하는 믿음을 어떠한 상황에서도 지켜야 한다는 뜻이다. 예수를 믿는다는 것은 하나님께로 돌아서는 회개를 의미하기도 한다(1:15). 이런 믿음은 어떠한 위기 상황에서도 예수를 확실하게 신뢰하고 따르는 것이다(4:40). 물론 마가복음은 "예수를 믿어라"고 직접적으로 말하지는 않지만, 부활절 이후에 기록된 복음서라는 점을 고려한다면, 하나님을 믿는 것과 예수를 믿는 것은 동일한 것이다. 하나님은 예수 그리스도 안에 살아 계시는 하나님이기 때문이다. 그러므로 9장 23절에서 "믿는 자에게는 능히 하지 못할 일이 없다"는 말은 모든 것을 하실 수 있고(14:36) 또 구하는 자에게는 도움을 주시는 그 하나님을 믿으라는 말이다. 진정 마가공동체가 믿어야 하는 하나님은 예수 안에 살아 계신 하나님이다.

(5) 마가복음 독자들은 지금 예수 그리스도 때문에 고난과 박해의 삶을 살고 있다. 또한 이 고난과 박해를 통해 그들은 오고 계시는 주님을 마중 나가고 있다. 예수는 "많은 사람"을 위해 자신의 생명을 대속물로 내어주어 그들의 죄를 용서해 주었다(10:45). 그 "많은 사람" 속에는 마가공동체의 그리스도인들도 포함된다. 그들은 성만찬을 반복함으로써 그들을 위해 죽으시고 하늘에 잔치를 베풀고 계시는 예수 그리스도를 날마다 새롭게 인식하고 고백한다(14:22~25). 그리고 예수 그리스도 안에서 종말적인 죄의 용서와 구원을 확신한다. 이 확신 속에서 그들은 박해와 고난의 상황을 이겨 낼 힘을 얻는다.

(6) 마가공동체는 "성령을 모독하는 자"가 되어서는 안 된다(3:28~29). 예수는 세상에 머물며 활동하는 동안에 성령의 능력 안에 있었다(1:10, 17). 부활절 이후 성령은 제자들 안에 있어서 그들이 고난과 박해의 상황 속에서도 예수 그리스

도에 대한 믿음을 굳게 붙들고 그의 복음을 증언하게 한다. 그러므로 성령을 모독하는 것은 성령 안에서 구원 사역을 행한 예수 그리스도를 부정하는 일이며, 그의 복음을 믿고 증언하게 하는 성령의 능력을 거부하는 일이다. 그리스도인이라면 이렇게 성령을 모독하는 자들이 되어서는 안 된다.

2. 마태복음의 신학

1) 개론

일반적으로 교회에서 예수에 대해 알고 있는 가장 많은 부분이 마태복음에서 나온다고 할 수 있다. 마태복음은 분량에서나 교회사에서 가졌던 영향력에서나 공관복음서들 가운데 매우 중요한 복음서라고 할 수 있다.[44]

고대 교회에서는 복음서 저자 마태가 9장 9~13절과 10장 3절에 언급한 예수의 제자 마태와 동일한 인물로 여겨졌다.[45] 교부 파피아스의 언급으로부터 유래되었다는 이 견해는 현대에 들어서는 거의 받아들여지지 않고 있다. 예수의 직계 제자가 아닌 마가의 복음서를 바탕으로 그의 복음서를 기록한 마태는 예수 사건의 목격자일 수 없다. 마태복음 저자가 예수의 제자 마태를 사도로 추앙하는 마태 공동체에 속해 있고, 특히 다른 복음서들에 비해 예수를 선생으로 강조하는 것으로 볼 때, 그는 '하늘나라에 대해 훈련 받은 율법학자'(13:52 참조), 곧 마태 공동체의 선생이었을 것이다.[46] 마태 공동체는 헬라주의 유대인 그리스도인들의 공동체였다. 헬라주의 유대인들은 유대전쟁 이후 시리아와 소아시아, 로마 등에 광범위하게 퍼져 살고 있었다.

마태복음이 기록되었을 때는 베드로와 야고보, 요한 등의 핵심 사도들이 이미 죽은 이후였고 또 마가복음이 기록된 이후, 곧 70년 예루살렘 패망으로 교회가 예루살렘을 떠나 펠라 지역으로 옮겨간 이후였다(22:1~14, 특히 7절). 교회와 유대교 회당이 이미 분명하게 분리된 이후였던 것이다. 마태복음에서 예수의 주요

---

44) 유태엽, 「복음서이해」, 149~150 참조.
45) 막 2:14과 눅 5:27은 마태(Μαθθαιος)를 말하는 마 9:9과는 다르게 레위(Λευι)를 말한다.
46) 유태엽, 「복음서이해」, 153~155 참조.

적대자들로 등장하는 바리새인들과 율법학자들이 유대교의 핵심 지도자들이 된 것은 기원후 70년 이후였다. 이런 점들을 고려하면, 마태복음은 70년 이후, 일반적으로는 80년대에 기록되었을 것으로 추정한다. 복음서 저자는 그의 복음서를 통해 유대교 지도자들인 바리새인들이나 율법학자들에 맞서서 복음을 말할 뿐 아니라, 기독교적인 반(反)율법주의자들에 맞서기도 한다. 그런 점에서 마태복음과 야고보서는 비슷한 상황에 있는 사람들 곧 율법을 낡은 것으로 치부하고 거절하는 사람들을 대상으로 한다.[47]

2) 마태복음의 구조와 특징

(1) 구조

마태는 '갈릴리 → 예루살렘을 향하여 → 예루살렘에서' 등의 지리적인 직선 구조로 예수 이야기를 하는 마가복음을 그대로 따라서 그의 복음서를 기록한다. 이렇게 마태는 12장부터는 마가복음의 구조와 내용을 충실하게 받아들이지만, 1~11장에서는 마가복음의 자료들이 별로 나타나지 않는다. 또한 마태는 앞부분에서 예수의 탄생 이야기를 확대하고, 뒷부분에서는 부활 예수의 현현 이야기를 확대한다. 예수의 어록자료(Q)와 자기 나름의 다양한 자료들을 첨가하여 예수 안에서 혹은 예수를 통해서 일어난 하나님의 구원사건을 가장 포괄적으로 설명한다. 마태복음이 유대 그리스도인들 공동체에서 기록되고 읽혀졌다면, 복음서에 담긴 내용은 베드로와 야고보, 요한 등과 같은 최초의 유대인 제자들에 의해 전해진 예수 전승에 근거한 것으로 여겨진다. 복음서들 가운데 가장 긴 마태복음의 전체 구조를 간단명료하게 파악하기란 대단히 어렵다. 20세기에 들어서 가장 두껍고 상세한 마태복음 주석서를 펴낸 스위스 신약학자 루츠(U. Luz)

---

47) G. Barth, "Das Gesetzesverständnis des Evangelisten Matthäus", 149 이하; P. Stuhlmacher, *Biblische Theologie des NT II*, 160.

는[48] 마태복음을 다음과 같이 나눠서 읽는다.

1:1~4:22(복음서의 프롤로그) → 4:23~11:30(예수가 이스라엘에서 활동하고 말씀하다) → 12:1~16:20(예수가 이스라엘에서 물러나다) → 16:21~20:34(제자 공동체 안에서 일어난 예수의 활동) → 21:1~25:46(예수의 예루살렘 활동) → 26:1~28:20(예수의 수난과 부활)

그러나 루츠 스스로 인정하듯이 마태복음 구조를 정확하게 파악하기란 불가능하다. 실제로 복음서 구조를 파악하려는 수많은 제안들이 있어 왔지만 이들 모두 다 해석하려는 사람들의 생각에 따랐을 뿐이다.[49]

(2) 편집의 특징

이는 특히 마가복음과 비교하면 보다 분명하게 드러난다.

① 마태복음은 마가복음을 거의 전체 받아들였다. 마태복음이 받아들이지 않는 마가복음의 부분들은 3장 20~21절(예수의 가족에 관한 언급), 4장 26~29절(저절로 자라나는 씨앗의 비유), 6장 30~31절(제자들의 복귀), 8장 22~26절(벳세다의 맹인 치유), 그리고 2장 27절과 9장 29, 48절, 14장 51절과 15장 44절 등 정도다. 특히 마태복음 12장부터는 마가복음 구조를 그대로 따라서 갈릴리로부터 예루살렘에 이르는 예수의 길을 말한다.

② 그러나 마태는 마가보다는 훨씬 상세하게 예수 이야기를 한다.

첫째, 마가는 "하나님의 아들 예수 그리스도의 복음"을 말하면서 시작하지만, 마태는 서두에 "아브라함과 다윗의 자손 예수 그리스도의 족보"를 말한다. "족보"

---

48) U. Luz, *Das Evangelium nach Matthäus*, EKK I/1, 2, 3, 4. 1985년부터 2002년까지 17년 동안 네 권으로 출판된 이 주석서는 총 2000쪽이 넘는 광대한 분량이다.
49) 유태엽, 「복음서이해」, 162~165 참조.

(βιβλος γενεσεως)로써 그는 아브라함으로부터 시작되는 구원의 계보, 곧 구원의 역사를 말한다. 아브라함으로부터 시작된 구원의 역사는 예수 그리스도의 출생으로써 완성되었다. 아브라함 안에서 세상 모든 족속이 복을 받게 되리라는 하나님의 약속이 예수 그리스도 안에서 성취되었다.

둘째, 마가복음에 없는 예수의 족보와 출생 그리고 유아기 때 이야기가 마태복음에 있다(1~2장). 마태는 하나님의 아들 예수와 아브라함과 다윗의 후손 예수를 결합한다. '예수'는 여호수아('여호와는 구원이시다')의 축소형 이름으로서 하나님의 백성을 죄에서 구원하는 그의 사명을 말한다(1:21). 이사야서 7장 14절에 약속된 임마누엘이라는 이름이 그에게 주어짐으로써, 하나님은 예수 안에 계셔서 백성을 만나신다(1:22~23). 이방 종교와 학문의 대표자(동방박사)들이 베들레헴에 태어난 예수를 구원의 왕으로 경배하고(2:1~12), 모세 이야기와 유사하게 아기 예수는 기적적으로 헤롯의 손길을 벗어나 애굽으로 피신했다가 나사렛에 와서 자라난다(2:13~23). 이러한 편집 작업을 통해 마태는 예수가 유대인과 이방인을 포함해 모든 인류를 죄에서 구원하려 한다는 보편적인 구원이해를 분명히 한다.

셋째, 복음서의 서두뿐 아니라 마무리 부분에서도 마태는 마가복음을 변경한다. 경비병들이 예수의 무덤을 지키고(27:62~66), 마가복음에 없는 부활 이야기 등이 더 있으며, 부활 예수가 갈릴리에 나타나 열방을 향해 선교하라고 명령하는 것으로 마태복음은 끝이 난다(28:16~20). 그럼으로써 마태는 1장 23절과 28장 20절의 "임마누엘"로써 그의 복음서 앞과 뒤를 일치하게(inclusio) 만든다. 이처럼 마태는 복음서의 시작과 마무리에서, 나사렛 예수 안에서 하나님은 그의 백성과 모든 민족들을 만난다는 사실을 분명하게 밝힌다. 그리고 보면 마태복음은 마가복음보다는 훨씬 강하게 이방 선교 지향적이다(24:14도 참조).[50]

넷째, 복음서의 시작과 마무리뿐 아니라 중간에도 마가복음을 넘어서는 부분

---

50) P. Stuhlmacher, *Biblische Theologie des NT II*, 156에 따르면, 마태복음은 부활 승천한 인자가 그 제자들에게 주는 '세계선교를 위한 교리와 삶의 책'이다.

들이 있다. 예를 들어 5~7장에서 마태는 마가복음을 넘어서 어록자료(Q)에서 온 내용을 산상설교로 편집했다. 게다가 여러 특수한 자료들을 섞어 마가의 복음서보다 내용을 풍성하게 했다.[51]

다섯째, 이 같은 마태의 편집 작업은 여러 곳에서 나타난다. 먼저, 그는 예수의 말씀들을 다섯 개의 긴 설교로 편집했다.[52] 그렇게 해서 모세5경과의 연관성 속에서 예수의 말씀을 이해하려 했고, 예수가 그의 백성을 가르치는 메시아적인 선생이라고 했다(7:29과 23:10을 비교). 또한 예수의 기적행위들을 복음서 전체에 흩어 놓았던 마가와는 다르게, 8, 9장에다 예수의 기적 행위들을 모아 놓았다. 특히 5~7장에서 예수의 말씀을, 8~9장에서 예수의 치유기적들을 연이어 편집하고, 4장 23절과 9장 35절에서 거의 동일한 말씀으로 테두리를 두른 것으로 봐서, 마태는 예수를 하나님의 뜻을 가르치고 선포하는 스승이면서 동시에 치유의 기적을 행하는 메시아로 소개한다.[53] 마태의 편집 손길을 통해 그의 신학이 분명하게 드러나는 곳은 '성취-인용'이라고 불리는 여러 구절들이다.[54] 예수에 관한 어떤 이야기를 한 후 마태는 이 사건이 구약성서 말씀을 이루기 위한 것이라고 말한다. 그러므로 마태는 하나님이 구약성서에서 선언하신 구원의 뜻이 예수의 오심으로써 성취되었다고 본다.[55]

3) 마태복음의 예수 이야기

마가복음과 마찬가지로 마태복음도 나사렛 예수 이야기를 함으로써 그를 그리스도, 하나님의 아들, 고난 받으며 섬기는 종, 그리고 인자로 소개한다.

---

51) 예) 11:28~30; 13:24~30, 36~43, 47~50; 18:23~25; 25:31~46 등.
52) 5:1~7:29의 산상설교; 10:1~42의 제자 파송설교; 13:1~52의 천국비유 설교; 18:1~35의 교회생활에 관한 설교; 24:1~25:46의 종말심판에 관한 설교.
53) J. Schniewind, *Das Evangelium nach Matthäus*, 8.
54) 마 1:22~23; 2:15, 17~18, 23b; 4:14~16; 8:17; 12:17~21; 13:14~15, 35; 21:4~5; 27:9~10 등.
55) U. Luz, *Das Evangelium nach Matthäus*, EKK I/1, 140.

(1) 예수 탄생 이야기(1:18~25)에서 마태는 시편 2편 7절과 이사야서 7장 14절의 예언이 예수에게서 실현되었다고 한다. 예수는 다윗의 후손으로, 그러나 성령으로 말미암아 마리아에게서 태어났다. 이 예수의 동정녀 탄생 이야기의 핵심은 하나님이 예수 안에서 혹은 예수를 통하여 유일하고 독특한 방식으로 세상에 오셨다는 것이다. 즉 마태는 예수 안에 하나님이 계시며, 세상에 오기 이전부터 계셨던 선재하신 하나님의 아들 메시아를 말한다. 시험 이야기(4:1~11)에는 마태가 말하려는 메시아의 모습과 성격이 분명히 드러난다. 메시아는 세상적인 차원에서 모든 정치적인 권력행사를 포기하고 오로지 하나님께만 순종한다.

(2) 특히 마태는 예수를 메시아적인 선생으로 설명한다. 마태복음에서 예수는 말씀을 선포하고 가르치는 스승이다.[56] 세상에서 랍비라고 칭함 받을 수 있는 분은 오직 한 분뿐이다(23:8). 예수는 율법을 완성하려고 왔다(5:17~20). 5장 21~48절에서 마태는 여섯 가지 예를 들어 예수의 가르침이 율법을 어떻게 능가하고 완성하는지를 보여 준다. 이 같은 예수의 가르침의 권위 앞에서 군중들은 놀라움을 감추지 못한다(7:28~29). 그러나 마태는 예수를 행위의 메시아로도 소개한다. 8, 9장과 11장 2~6절에서 예수는 기적을 행하고 질병을 치유하는 메시아로 나타난다. 메시아 예수는 하나님의 말씀을 선포하고 가르칠 뿐 아니라 신적인 권능으로써 치유의 기적을 행하고 죽은 자를 살려 낸다.

(3) 8장 17절과 12장 17~21절에서 마태는 이사야의 말씀을 들어서(사 42:1~4; 53:4) 예수를 고난당하는 인자로 소개한다. 이렇게 해서 메시아와 고난당하는 하나님의 종이 결합된다. 이는 마가복음에서도 마찬가지였다. 마가로부터 물려받은 세 가지 고난을 예고하는 말씀들에서 이 사실을 볼 수 있다.[57] 예수는 평

---

56) 선생처럼 가르치는 메시아는 유대교에 널리 알려져 있었다. 사 11:2~4; 에티오피아 에녹서 49:1~3; 51:3; 솔로몬의 시편 17:43 등이 그러하다. 특히 R. Riesner, *Jesus als Lehrer*, 304~330 참조.
57) 마 16:21~23; 17:22~23; 20:17~19.

화의 왕 메시아로서 예루살렘에 들어와(21:1~11), 죄인들을 위한 속죄의 죽음을 스스로 감당하려고 한다(20:28).

(4) 베드로는 가이사랴 빌립보에서 예수에게 고백한다. 마가복음에서는 "주는 그리스도"라고만 고백하는 데(8:29) 반해, 마태복음에서는 "주는 그리스도시요 살아 계신 하나님의 아들"이라고 확장하여 고백한다(16:16). 그러므로 "그리스도"와 "하나님의 아들"이 마태에서 더욱 굳건하게 결합되었으며, 이를 알게 한 것은 혈과 육, 곧 사람의 뜻이나 지식이 아니라 하늘 아버지의 계시였다(16:17).

(5) 고대 유대교에서는 인자(人子)를 하나님이 이스라엘을 위해 세우신 심판자로 여겼다.[58] 인자의 마지막 심판을 말하는 마가복음 13장을 넘어서 마태복음은 24, 25장에서 선한 종과 악한 종, 지혜로운 처녀들과 어리석은 처녀들, 달란트, 양과 염소 비유 등과 같은 여러 비유들을 통해 심판자 인자에 대해 더 풍성하게 말한다. 이로써 마태는 그의 독자들에게 심판자가 되는 그리스도와의 만남을 철저히 대비할 것을 촉구한다. 그리고 그 심판자 그리스도는 그에게 단순히 "주여, 주여"라고 부르는 자들이 아니라 하늘 아버지의 뜻을 행하는 자들을 구원하신다.[59]

4) 마태복음의 구원론 '의의 길'

(1) 마태복음은 인간의 구원을 이중적으로 말한다. 먼저, 마태는 예수의 인격과 사역 안에서 드러난 하나님의 용서하시고 구원하시는 은혜가 인간의 어떠한 행위보다 우선한다는 것을 강조한다. 이런 점에서 마태복음도 다른 복음서

---

58) 단 7:14, 17; 에티오피아 에녹서 49:4; 61:8~9; 62:2 등. 막 8:38; 13:26~27; 14:62에서도 그러한 인자 이해를 볼 수 있다.
59) 마 5:20; 7:21~23; 25:35~40.

나 바울과 같은 은혜의 구원이해를 드러낸다. 예수는 하나님의 백성의 죄를 용서하기 위해 세상에 왔다(1:22~23). 예수의 속죄죽음에 관한 마가복음 10장 45절 말씀을 마태는 20장 28절에서 반복한다. 성만찬 말씀에서 마태는 마가복음 말씀에 "죄 사함을 얻게 하려고"라는 말을 더 첨가한다(26:28). 일만 달란트를 탕감받은 악한 종 비유(18:23~35)와 포도원 농부 비유(20:1~16), 혼인잔치 비유(22:1~14) 등은 인간의 행위에 우선하여 용서하시고 구원하시는 하나님의 은혜를 분명하게 강조한다.

다른 한편으로 마태는 인간의 책임적인 행위를 구원의 조건으로 분명하게 제시한다. 이웃을 용서해 주는 행동을 실천하는 사람이 용서를 받는다.[60] 초대에 응해 혼인잔치에 합당한 옷을 입은 사람만이 쫓겨나지 않는다(22:11~14). 맡겨진 달란트를 잘 활용한 사람만이 심판을 이겨 내고 웃을 수 있다(25:24~30). 말로만 "주여, 주여" 부르는 자가 아니라 하나님의 뜻을 실천하는 사람만 하늘에 들어간다(7:21~23; 25:45~46). 그러므로 마태복음에서 예수 그리스도는 용서하고 은혜를 베푸는 주님이면서 동시에 행위에 따라 심판하는 주님이다.

(2) 마태는 "의"를 말함으로써 인간의 책임적인 행위를 구원의 조건으로 분명히 제기한다. 바울의 은혜로 의롭다함을 얻는다는 칭의신학의 특징적인 개념이었던 "의"(δικαιοσυνη)가 마태복음에서도 매우 중요하게, 그러나 다른 의미로 사용된다. 마태는 "의"를 일곱 차례나 사용한다.[61] 복음서들 중에서는 오로지 마태복음만 "의"를 사용한다. 그러므로 "의"의 개념은 마태가 편집해서 첨가했으며, 마태복음의 신학을 독특하게 드러낸다.

구약성서에서 "의"는 하나님이 창조하고 보존하는 바른 질서를 총체적으로 일컫는다. 하나님을 경외하는 사람에게는 구원의 때에 '의의 태양'이 빛날 것이다

---

60) 마 5:23~26; 6:14~15; 18:35.
61) 3:15; 5:6, 10, 20; 6:1, 33; 21:32.

(말 4:2). 이스라엘의 왕을 포함한 그 누구도 하나님의 의를 세상에서 지킬 수 없기 때문에, 종말에 메시아가 하나님의 의를 가져올 것이다.[62] 세상적인 차원에서 볼 때, "의"는 하나님의 뜻에 따르는 것이다.[63] 마태복음은 이러한 구약성서에 따라 예수가 '의의 길'을 앞서 걸으며 보여 주었고, 제자들도 예수를 따라 의의 길을 가야 구원받을 수 있다고 한다.

세례자 요한의 반대에도 불구하고 마태복음에서 예수는 공생애를 시작하면서 요한으로부터 세례를 받는데, 그 이유를 "모든 의를 이루기" 위해서라고 한다 (3:15). 이렇게 예수는 공생애 첫발부터 죄인이 받는 요한의 세례를 받음으로써 하나님의 뜻에 모범적으로 순종하는 '의인'의 모습을 보여 준다. 예수의 첫 번째 설교인 산상설교는 전체적으로 "의"에 대한 해설이다. "의"에 주리고 목마른 사람이 복이 있으며(5:6), "의를 위하여" 박해받고 예수 때문에 고난을 받는 사람은 복이 있다(5:10). 먼저 의의 길을 걸어간 예수의 뒤를 따르는 사람에게 복이 있다는 뜻이다.

5장 20절에서 예수는 제자들에게 하늘나라에 들어가기 위해서는 "서기관과 바리새인들보다 더 나은 의"를 실천해야 한다고 가르친다. 또한 서기관이나 바리새인들보다 더 나은 의의 길이 어떤 것인지를 5장 21~48절에 나오는 여섯 가지 예에서 분명히 가르친다. 그 정점은 5장 43~48절이 말하는 원수 사랑에 있다.[64] 6장 1절은 자발적인 자선행위의 예를 들어서 제자들의 의가 어떤 모습으로 실천되어야 할지를 말한다. 6장 33절에 따르면, 제자들은 그들의 세상적인 삶에 필요한 기본적인 것들을 하나님이 배려하실 것으로 믿고, 그런 것들보다는 먼저 하나님의 의와 나라를 위해 살아야 한다. 세례자 요한은 불의를 비판하고 정의와 사랑을 실천하라고 요구했으며, 불의한 자에게는 심판을 선언함으로써 '의의 도를 말했지만 유대교 지도자들은 이를 거부했고, 오히려 죄인들이 받아들

---

62) 시 72; 사 11:1~5; 렘 23:6 등. 구약의 의 이해에 대해서는 위 214쪽 이하 참조.
63) 시 15:2~5; 24:4~5; 겔 18:5~9; 욥 31:1~32 등.
64) 조경철, 「예수와 하나님나라의 윤리」, 375~402 참조.

였다(21:32). 마태복음의 예수가 가르친 "의"가 무엇인지는 종말심판에 관한 비유 (25:31~46)에서도 분명해진다. "의"는 가난하고 힘없는 사람들에게 사랑을 실천하는 행위다. 이 비유에서 예수는 가난하고 힘없는 사람들과 자신을 동일시한다. "의"의 반대는 "불법"(ανομια)이다. 7장 23절에서 예수는 의를 실천하지 않고 기적을 행하는 거짓된 사람들을 불법을 행하는 이들이라고 하며, 13장 41~42절에서 그들에게는 지옥 형벌이 주어질 것이라고 하는데, 바리새인들과 거짓 선지자들이 그와 같은 이들이다(23:27~28; 24:11~12). 다시 말해 예수가 밝힌 하나님의 뜻에 따라 사는 것이 '의의 길'이며, 이를 어기는 것이 불법이다(5:21~48; 22:37~40).

이처럼 마태복음에서 예수는 율법에 나타난 하나님의 진정한 뜻을 밝힌다. 그리고 예수가 밝힌 하나님의 뜻을 따르는 것이 '의의 길'을 걷는 삶이고 구원의 길이다. 누구보다도 먼저 예수가 의의 길을 걸었고, 제자들도 자신을 따라 의의 길을 갈 것을 요청한다. 그런즉 예수는 율법을 폐하러 온 것이 아니라 완성하러 왔다(5:17). 유대 그리스도인들을 위해 복음서를 쓰고 있는 유대인 저자 마태는 율법에 대한 유대인들의 기쁨과 자긍심을 잘 알고 있다.[65] 예수가 실천하라고 요청한 원수 사랑 가르침(5:43~48)이나 하나님과 이웃에 대한 이중사랑 계명(22:34~40) 등은 율법에 나타난 하나님의 진정한 뜻이다. 거듭 밝히지만 예수는 결코 율법을 폐하는 것이 아니라 완성하러 왔다.[66] 하늘나라에 가고자 하는 사람들은 예수가 밝힌 하나님의 뜻을 실천해야 한다. 예수가 먼저 걸었고 가르쳐준 의의 길을 가지 않는 사람은 결코 구원을 받을 수 없다.

(3) 그런 점에서 마태의 신학은 바울이나 요한의 신학과는 분명히 다르다. 바울과 요한에 따르면, 예수는 율법의 마지막이 됨으로써 구원의 길로서의 율법은 끝이 났고(롬 10:4; 요 1:17), 그러므로 율법이 아니라 오직 예수 안에서 구원을

---

65) 신 4:7~8; 시 1, 119편 등.
66) 김창선, 「21세기 신약성서신학」, 296~311 참조.

경험할 수 있으며, 또 그런 후에야 비로소 그들은 성령으로 충만해져서 사랑을 실천할 수 있다(롬 8:2~11; 요 13:34~35). 마태가 은혜로 받는 구원과 의를 실천하는 행위를 조건적으로 연결하는 반면에, 바울과 요한은 사랑의 실천행위를 구원의 조건이라고 하지 않는다.

종교개혁의 전통에 서 있는 우리에게는 바울이나 요한의 신학을 기준으로 삼아 마태복음의 신학을 평가하려는 경향이 있다. 그러나 신약성서 문헌들은 구체적인 독자 공동체들을 향해 기록되었다는 사실을 고려한다면, 그 문헌들이 말하는 신학 또한 구체적인 상황과 연결해서 이해해야 한다. 마태복음은 바울이나 요한이 말하는, 오직 은혜로 말미암은 믿음과 칭의를 말하지 않는다. 그렇지만 야고보서와 히브리서, 요한계시록 등과 마찬가지로 그리스도인의 의지적인 삶을 근간으로 하는 행동의 신학을 전개한다. 그러므로 마태의 신학이 바울의 신학에 의해 평가되어야 한다면, 그 반대로 바울의 신학도 마태의 신학에 의해 평가되어야 한다.[67]

5) 마태복음의 교회(제자)이해

'교회'(εκκλησια)라는 말은 공관복음서에서 유일하게 마태복음에만 나온다(16:18; 18:17). 제자들은 교회의 모형이며, 그러므로 예수가 제자들에게 가르친 말씀들은 교회와 성도들을 위한 가르침이다.

(1) 마가복음처럼 마태복음도 열두 제자의 중요성을 강조한다(10:1~4; 19:28). 그러나 마가복음에 나오는, 제자들의 깨닫지 못함을 꾸짖는 예수의 말씀(8:21)을 마태는 16장 11~12절에서 매우 부드럽게 바꾼다.

16장 18절에서 예수는 "내 교회"를 베드로라는 반석 위에 세우겠다고 말하는

---

67) P. Stuhlmacher, *Biblische Theologie des NT II*, 174.

데, 이때 "내 교회"는 그가 새로이 불러 모은 열두 지파(제자) 공동체다. 예수는 열두 지파 공동체를 새롭게 모으기 위해 열두 제자들을 불렀고, 그들을 통해 새로운 하나님의 백성 공동체를 형성하고자 한다. 그래서 열두 제자들의 대표자로서 베드로를 선택하고, 그에게 "반석"이라는 이름을 주었다.[68] 16장 19절에서는 매고 푸는 권한, 곧 죄를 용서하는 권한이 베드로에게 주어지지만, 18장 18절에서는 교회에게 주어진다. 처음교회에서 베드로는 구속력 있는 가르침을 결정하는 권한을 가지고 있었으며, 이 권한은 나중에 전체 교회에게 주어졌다. 이처럼 교회는 거듭 용서할 수도 있었지만, 의도적으로 반복해서 죄를 범하는 죄인들이나 거짓 교사들을 교회에서 추방할 수도 있었다.

　　(2) 예수를 따르는 사람으로서 그리스도인의 가장 중요한 모습은 믿음이다(17:20). 마태복음의 예수는 제자들을 "믿음이 작은 자들"이라고 꾸중한다.[69] 두려운 사건이나 감당할 수 없는 요청 앞에서 제자들은 때때로 믿음이 없는 모습을 드러낸다. 그래서 마태는 믿음을 제자들이 보여야 할 태도로 본다. 이러한 믿음 이해에서도 바울이나 요한복음과는 다르다.[70] 예수를 믿는 사람은 가버나움의 백부장이나(8:10) 가나안 여인처럼(15:28), 예수가 가진 신적인 권능을 신뢰하는 사람이며, 더 나아가 예수 때문에 박해를 감당할 뿐 아니라 가족과 고향, 소유와 명성까지도 포기할 수 있는 사람이다.[71] 마태복음에서 제자들은 작은 믿음을 가지고 의심하는 사람들로 나타나면서도(14:31; 28:17), 동시에 그 같은 부정적인 모습을 극복한다. 이로써 마태는 교회를 작은 믿음과 의심을 가진 공동체, 그러나 이를 극복하고 회복하는 공동체로 보았으며, 이 같은 이중적인 모습에도 불구하고 교회는 모든 족속을 제자로 삼아 복음을 전하고 가르치는 사명을 감당해야

---

68) 마가복음에 비해 마태복음에서 베드로는 현격하게 강조되어 나타난다. 유태엽, 「복음서이해」, 169~170.
69) 마 6:30; 8:26; 14:31; 16:8.
70) 위 225쪽 이하, 아래 490쪽 이하 참조.
71) 마 5:11; 8:18~22; 10:37~39; 16:24~27.

한다.[72)]

(3) 마태복음 18장은 교회 내적인 삶을 가르치는 말씀이다. 먼저, 18장 1~14절에서 예수는 어린아이와 같은 사람이 천국에서 큰 자라고 말한다. 그러면서 "작은 자들"과 자신을 동일시하면서(5절), 그런 작은 자들에게 해를 입히는 일에 대해 경고한다(6~7절). 하나님은 작은 자들 중에서 하나라도 잃는 것을 원하지 않으신다. 이러한 말씀들을 전함으로써 마태는 교회 안에서 그 어떤 사람도 힘이 없다고 업신여김을 받거나 가진 힘에 따라 계급구조적인 관계를 맺는 것을 강력하게 경고한다.[73)]

18장 15~35절은 교회 안에서 죄를 범한 이들을 어떻게 처리할지를 말한다. 먼저, 관련된 두 사람이 문제를 해결하기 위해 노력하고, 안 되면 한두 명의 증인을 내세워 사정을 확증하게 해야 한다. 그도 안 되면, 교회 전체 앞에 내어놓고 해결해야 하는데, 교회의 말도 듣지 않는다면 죄를 범한 사람을 교회 바깥 사람으로 인정하라고 한다. 그러므로 죄인을 교회에서 추방하는 문제는 삼심제를 통해야 한다. 그렇다고 이 같은 법적 조치가 만사는 아니다. 교우들 사이에는 일곱 번씩 일흔 번이라도 계속 용서해야 한다는 예수의 가르침을 실천해야 하기 때문이다(22절). 교회 안에서 그리스도인들의 상호관계는 종말심판에 입각해 맺어져야 하는데, 일만 달란트 빚을 탕감 받고도 일백 데나리온 빚진 동료를 용서하지 못하는 종의 비유가 이를 말해 준다(18:23~35).

13장 24~30절(가라지 비유)과 13장 47~50절(그물 비유) 말씀도 마태의 교회이해를 알게 해 준다. 이 비유들은 교회를 의인과 악인이 함께 모여 있는 혼합 공동체(corpus permixtum)라고 하면서 그들을 최종적으로 구분하는 일은 최후심판에서 일어날 것임을 말해 준다고 해석하는 이들도 있다. 그러나 이 비유들이 교회

---

72) 유태엽, 「복음서이해」, 179~180.
73) 마 20:25~28; 23:8~12도 참조.

가 아니라 세상의 상황을 말한다는 해석도 있다. 최후심판 날까지 세상에는 의인과 불의한 사람들이 공존할 테고, 그들의 구분은 최후심판에서 비로소 일어날 것이라는 해석이다.[74] 어쨌든 그리스도인들도 죄를 범할 수 있기 때문에, 그들은 항상 '천국의 아들들'로서 아버지의 나라에서 해와 같이 빛날 수 있도록 끊임없이 자기 점검을 해야 한다(13:43). 18장 8~9절 말씀도 영생에 들어가지 못하게 방해하는 것이 무엇인지를 그리스도인들이 항상 점검해야 한다고 촉구한다.

(4) 마태복음은 예수 이후 시대의 교회가 처한 상황을 보여 주며, 그런 상황 속에서도 수행해야 할 사명이 무엇인지를 분명히 알려 준다. 교회는 박해와 고난의 상황을 극복해야 하며,[75] 믿음의 신실함을 지키며 성장해야 하고(24:42~51), 그리스도의 재림이 일어나기 이전에 온 세상에 복음을 전파해야 한다(24:14). 복음을 받아들이는 사람은 구원을 받을 것이고 거부하는 사람은 멸망할 것이다(10:32~33). 그러므로 복음 전파는 최후심판을 준비하는 일이다.

마태복음은 모든 민족을 향한 교회의 보편적인 선교사명을 강조한다. 지상 활동 중에 예수는 자기 사명을 유대인에게만 국한했고, 제자들도 그러하였다(10:5~6; 15:24).[76] 그러나 부활 이후에 선교는 모든 민족들을 향해 열린다. 이방인 선교 주제는 이미 예수의 족보에 이방 여인들 이름이 들어가 있는 것이나, 예수 탄생 이야기에서 이방의 동방박사들이 아기 예수를 경배하는 사건, 그리고 4장 15절에서 갈릴리를 "이방의 갈릴리"라고 함으로써 드러나기 시작했고, 24장 14절에서 이방 선교가 있어야 세상 구원이 완성될 것이라고 하며, 부활 예수의 유언 같은 말씀에서 그 정점에 이르렀다(28:16~20).

---

74) P. Stuhlmacher, *Biblische Theologie des NT II*, 168.
75) 마 5:10~12; 10:22; 24:9~12.
76) 마 10:18; 24:9, 14과 28:19을 비교해 보면, "이방인들"이나 "모든 민족"은 부활 이후에 첨가한 표현임을 알 수 있다. F. Hahn, *Das Verständnis der Mission im Neuen Testament*, 19~36.

28장 16~20절의 형식적인 구조는 모세(출 3:1~12)와 기드온(삿 6:11~16), 예레미야(렘 1:4~8) 등의 부르심 이야기에서도 볼 수 있다. 부활 예수가 제자들에게 나타나고, 제자들이 주저하지만, 그래도 이방인 선교 사명이 주어지고, 마지막으로 도움을 약속하는 것으로 끝나는 구조는 구약성서에 자주 반복되는 부르심의 이야기와 구조적으로 유사하다.[77] 제자들은 하나님 나라의 복음을 모든 민족들에게 전파해야 한다. 그러기 위해 제자들은 그들에게 예수의 이름으로 세례를 행하고, 예수의 가르침 곧 천국복음(24:14)을 가르쳐야 한다. "하늘과 땅의 모든 권세"를 가진 부활 예수는 하나님의 진리를 가르치는 유일한 계시자이기 때문이다. "너희와 항상 함께 계시는", 곧 임마누엘의 부활 예수 그리스도의 도우심으로써, 제자들이 모든 민족을 향한 선교 사명을 완수하게 되는 그날에, 주께서 다시 오셔서 그의 나라를 완성하실 것이다.

(5) 이스라엘과 교회의 관계도 마태복음에서는 중요한 문제다. 전반적으로 마태복음에서 이스라엘은 매우 부정적으로 나타난다. 하나님의 아들 예수가 그의 백성을 죄에서 구원하기 위해 유대인으로 태어났지만(1:21~23), 그들은 오히려 예수를 거부하고 죽이려 한다(23:37). 그러므로 하나님 나라의 "본 자손"인 유대인들은 그 나라에서 쫓겨날 것이다(8:11~12).[78] 특히 복음서들 중에는 유일하게 마태복음이 예수를 죽이는 피의 값을 자신들과 자손들에게 돌리라는 이스라엘 백성의 아우성을 전한다(27:25). 마태복음의 예수는 유대인의 회당을 "너희 회당"이라고 함으로써 이미 유대교 회당과 제자들의 교회가 대립적인 긴장 속에 있음을 드러낸다.[79]

그러나 마태복음이 반유대주의를 전하고 있다고 성급하게 결론 내려서는 안된다. 마태복음은 유대교 율법에 대해 매우 긍정적으로 말한다(5:17~19; 23:3). 복

---

77) P. Stuhlmacher, *Biblische Theologie des NT II*, 169.
78) 그 외에도 마 11:23~24; 13:10~15; 21:41, 43; 22:8~10; 23:1~36, 38 등에는 이스라엘에 대한 부정적인 언급들이 나온다.
79) 마 4:23; 9:35; 10:17; 12:9; 13:54 등. 유태엽, 「복음서이해」, 172~173 참조.

음서 저자 마태는 유대인으로서 예수 그리스도를 둘러싼 유대인들의 논란을 그의 복음서에 반영한다. 예수 그리스도에 대한 믿음을 고백하면서도 동시에 유대교 율법에 대해 긍정적인 생각을 하면서, 다른 한편으로는 예수 그리스도에 대한 믿음을 반대하는 유대인들과 싸운다. 마태복음에서 유대인들도 선교의 대상이다. 28장 19절의 "모든 민족"에는 유대인과 이방인이 모두 포함되기 때문에, 마태복음이 말하는 모든 민족 선교는 이방인과 유대인을 포괄한다.[80] 마태는 로마서 9~11장의 바울처럼 이스라엘의 궁극적인 구원을 말하지는 않지만, 요한복음(8:44)처럼 유대인을 마귀의 자식이라고 정죄하지도 않는다. 하나님이 이스라엘을 자기 백성으로 선택하셨기 때문에, 이스라엘의 궁극적인 운명에 대한 판단은 최후심판에서 하나님께 맡겨진다.

---

80) 마 4:15; 6:32; 12:18; 20:19 등에서 τα εθνη는 이방인만을 말하지만, 24:9; 25:32; 28:19 등에서는 유대인과 이방인을 모두 포괄한다.

3. 누가복음과 사도행전의 신학

1) 개론

복음서 저자 누가는 자신이 예수 사건을 직접 목격한 것이 아니고, 목격자들이 전해 준 자료들을 수집해서 복음서를 기록했으며, 자기보다 먼저 복음서를 기록한 사람들이 많았다고 밝힌다(눅 1:1~4). 그가 복음서를 기록하기 위해 가지고 있던 기초 자료는 세 개였다.[81] 예수의 어록자료(Q)와 그만이 가지고 있던 특별한 자료들, 그리고 그보다 먼저 기록된 마가복음 등이다.

(1) 누가복음의 구조

1:1~4(서론) → 1:5~4:13(예수의 출생) → 3:1~4:13(공생애 준비) → 4:14~9:50(예수의 갈릴리 활동) → 9:51~19:27(예수의 예루살렘 여행) → 19:28~21:38(예수의 예루살렘 활동) → 22:1~24:53(예수의 수난과 부활, 승천)

누가는 마가복음의 전체 구조와 내용의 많은 부분을 받아들였고,[82] 거기에다가 예수와 세례자 요한의 탄생 이야기를 앞부분에 첨가하고(1:5~2:52), 뒤에는 부활 예수의 특별한 현현 이야기를 첨가하며(24:9~52), 중간에도 특별한 자료들을 더 많이 활용한다. 1장 1~4절의 서론 부분과 9장 51절에서 19장 27절의 여행기 부분이 다른 복음서와는 다르다. 고대 문헌에서도 찾아볼 수 있는 서론 형식을 갖춘 1장 1~4절에서, 누가는 그의 복음서를 기록하기 위해 기독교 신앙의 시초와 근본이 되는 사건들에 관한 목격자들의 증언들을 역사적인 시각으로 엄밀하

---

81) 유태엽, 「복음서이해」, 184~189.
82) 유태엽, 「복음서이해」, 184에 따르면, 누가는 마가복음 내용의 절반 정도를 받아서 사용한다.

게 조사했다고 한다.[83] 그렇게 함으로써 그는 교회교육을 통해 믿음의 사건들에 대해 이미 알고 있는 데오빌로의 믿음과 지식을 더 강하고 풍성하게 하고자 한다. 그러므로 누가는 역사의 예수를 사실 그대로 말하기 위해서가 아니라 물려 받은 예수 자료들을 해석해서, 나사렛 예수가 역사의 구주이며 하나님의 아들이라는 복음 진리를 그리스도인들이 더욱 굳게 믿게 하고, 더 나아가 복음 확장과 그 복음을 증언해야 하는 교회의 사명을 분명히 제시하려는 목적으로 그의 복음서를 기록한다.[84]

(2) 사도행전의 구조

누가복음과 유사한 서론으로 시작하는 누가의 두 번째 책, 사도행전 구조는 다음과 같다.

1:1~5(서론) → 1:6~8:1a(예루살렘 초대교회) → 8:1b~9:43(초대교회의 첫 번째 확장/바울의 회심) → 10:1~12:25(베드로를 통한 이방인 선교의 시작) → 13:1~15:35(안디옥교회의 파송을 받은 바울과 바나바의 제1차 선교 여행; 이방인 선교 문제와 해결) → 15:36~19:20(바울의 독자적인 선교 활동; 제2, 3차 선교 여행) → 19:21~21:14(바울의 예루살렘 여행) → 21:15~26:32(바울의 가이사랴 감금 생활) → 27:1~28:31(바울의 로마 여행과 로마에서의 감금 생활)

사도행전은 저자가 역사가라는 사실을 확실하게 보여 준다. 사도행전에서는 1장 8절의 구도에 따라 복음이 확장되는 역사를 연대기적·지리적으로 설명한다. 예수 사건으로써 구원 사역은 완성되었고(누가복음), 부활 예수는 승천하기 전에 하나님 나라에 관한 메시지를 땅 끝까지 증언할 사명을 사도들에게 부여한다.

---

83) 눅 1:3의 "근원부터"(ανωθεν), "자세히"(ακριβως), "차례대로"(καθεξης) 등이 조심스럽게 역사를 기록하는 사람의 면모를 보여 준다. 또한 복음의 확장 역사를 말하는 사도행전을 기록하고 있다는 것도 저자가 역사가라는 사실을 말해 준다.
84) 누가-행전의 기록목적에 대한 더 상세한 설명은 유태엽, 「복음서이해」, 195~202 참조.

땅 끝까지 증언의 사명이 완성되는 날에 예수는 다시 오셔서 하나님 나라를 완성하실 것이다. 그러나 그 시점에 대해서는 오직 하나님 홀로 아신다(행 1:6~7). 이 사명을 이루기 위해 사도들은 예루살렘에 처음교회를 세우고, 그로부터 시작해서 안디옥과 소아시아를 거쳐 로마에 이르기까지 선교 활동을 한다.

사도행전의 대부분은 바울의 선교 여행에 관한 기록이다. "우리는…"의 문장을 사용한다는 점에서,[85] 누가는 바울의 선교 여행 동반자로서 직접 목격한 사건들을 말하고 있는 것처럼 보인다. 아니면 누가가 사용한 자료 자체가 '우리' 문체로 된 여행기였을 수도 있다. 이 문제에 대한 학자들의 논의는 여전히 평행선을 달린다. 또한 28장에서 누가는 바울의 죽음에 대해 말하지 않는다. 그가 바울의 죽음을 몰랐던 것일까? 아니면 누가복음과 사도행전의 수신자 데오빌로가 이미 바울의 죽음에 관해 알고 있었기 때문에 다시 말할 필요가 없었던 것일까? 누가-행전의 저자와 저작 시기 문제와 직결된 이러한 물음에 대한 답은 아직도 분명하게 내릴 수가 없다. 다만 현재까지 학계에서 가장 널리 받아들여진 견해에 따르면, 바울의 선교 여행 동반자였던 의사 누가가 80~90년 무렵에 팔레스타인 밖의 헬라-로마 지역에서 두 권의 책을 저작했다고 한다.[86]

다른 복음서 저자들에 비해 누가가 보여 주는 여러 가지 특징들이 있다. 누가는 그의 복음서를 기록하게 된 동기와 과정과 목적을 먼저 말하고(1:1~4), 또 부활 이후 처음교회의 이야기를 사도행전으로 더 기록했고, 복음서와 사도행전에서 부활 예수의 지상 현현 40일 동안의 이야기를 하며 승천에 관해서도 말한다. 누가복음은 예수의 탄생과 세례자 요한의 탄생을 뒤섞어 말하며, 특히 찬가들(1:46~55의 마리아의 찬가; 1:68~79의 사가랴의 찬가)로서 예수 이야기를 시작하고, 예수 탄생 이야기에서도 천사들의 찬송을 전하며(2:14), 아기 예수를 보고 시므온이 찬가를 한다(2:29~32). 또한 누가-행전은 성령에 대해 매우 자주 말하고, 기도

---

85) 눅 16:10~17; 20:5~15; 21:1~18; 27:1~28:16 등.
86) 유태엽, 「복음서이해」, 189~195 참조.

에 대해서도 유난히 자주 말한다. 가난한 자, 병든 자와 장애인, 여자, 어린이, 사마리아인과 이방인 등 소외된 자들에 대한 이야기도 많이 한다. 이 모든 특징들은 누가의 신학적인 관심과 직결된다.

2) 누가의 예수 이야기

(1) 누가는 여러 찬가들을 통해 예수 탄생을 노래하며 그의 예수 이야기를 시작한다. 태어날 예수를 이스라엘에게 약속된 하나님 나라를 세우게 될 메시아적인 하나님의 아들이라고 천사가 선언하고 찬양한다(1:31~33). 예수는 '위로부터 우리에게 임하는 돋는 해'로서 "어둠과 죽음의 그늘에 앉은 자에게 비치고 우리 발을 평강의 길로 인도하실" 분이다(1:78~79). 천사는 성령으로 잉태되어(눅 1:35) 태어난 예수를 그리스도와 주님으로 선언한다(2:11). 요한에게 세례를 받을 때에 하늘의 음성은 예수를 하나님의 아들로 선언한다(3:22; 9:35). 사도행전 10장 36~43절의 베드로의 설교에 따르면, 예수는 만유의 주요 산 자와 죽은 자를 심판하는 재판장이며, 시편 107편 20절과 이사야서 52장 7절에 의거해 이스라엘의 자녀들에게 약속한 구원의 말씀을 선포하는 사명을 하나님께로부터 받아 수행했다. 부활 예수는 하나님의 우편 보좌에 앉으시고, 하나님은 그를 "주와 그리스도"가 되게 하시며(행 2:36), 땅 끝까지 복음이 전파되면 다시 와서 하나님 나라를 완성할 것이다(1:11). 이처럼 누가는 태어날 예수와 태어난 예수, 공생애를 산 예수와 부활 예수, 다시 오실 예수를 온 인류를 구원하고 다스리게 될 하나님의 아들이요 주님이며 그리스도요 심판자이며 하나님 나라를 완성할 분으로 소개한다. 그러므로 예수의 족보는 마태복음과는 달리, 아브라함이 아니라 아담으로까지 그리고 인류의 창조주 하나님으로까지 소급된다(눅 3:23~38).

(2) 특히 마리아의 노래(Magnificat 1:46~55)와 사가랴의 노래(Benedictus 1:68~79)에

서 누가는 하나님의 아들의 탄생을 어둠과 죽음의 그늘에서 살아야 했던 사람들에게 기쁜 소식(복음)이라고 한다. 마리아의 노래에서 누가는 태어날 예수가 권세 있는 자와 비천한 자의 위치를 뒤엎는 세상을 이루실 것이라고 선언한다 (1:47~55). 요한으로부터 세례를 받았을 때, 예수는 성령을 받음으로써, 그가 하나님의 아들 메시아로서 사역할 수 있는 권능을 하늘로부터 확인받고(3:21~22) 활동을 시작한다. 예수는 귀신들린 사람들과 병든 사람들을 치유하며 가난한 사람들을 축복한다.[87] 가난한 사람에게는 하나님 나라의 복을, 부유한 사람들에게는 저주를 선언한다(6:20~23, 24~26). 죄인과 세리들의 친구로 살며,[88] 나인 성 과부의 죽은 아들을 살려주고(7:11~17), 꼬부라진 여인을 치유하며(13:10~17), 나병 환자 열 명을 고쳐 준다(17:11~19). 누가는 15장에 모아 놓은 예수의 위대한 비유들, 곧 잃은 동전과 잃은 양, 잃은 아들 비유에서 이러한 예수의 사역과 태도를 설명한다. 삭개오 이야기에서는 '인자는 잃어버린 것을 찾아서 구원하기 위하여 왔다'(19:10)고 함으로써 예수가 무엇을 하려고 세상에 왔는지를 분명히 한다.

누가는 가난한 자와 병든 자, 사마리아 사람 등 잃어버린 자들에 대한 예수의 '편애'를 특히 강조한다. 누가는 이사야서 61장이 예언한 '가난한 자를 위한 기쁜 소식'을 예수의 공생애 출발점으로 제시함으로써, 이사야의 예언이 메시아 예수에 의해 실현되고 있다는 것을 분명히 한다(4:17~21). 신약성서에서 누가복음만큼 가난한 자에 대한 관심을 드러내는 문헌은 없다. 야고보서 정도가 비교될 수 있을 것이다. 부에 대한 경고는 6장 24절 외에도 여러 곳에 나타난다. 다른 복음서에서는 찾을 수 없는, 12장 16~21절의 어리석은 부자 농부 비유와 16장 19~31절의 부자와 거지 나사로 비유가 대표적이라고 할 수 있다. 삭개오는 부를 축적함으로써 이웃을 상실했다(19:1~10). 둘째 아들은 재산을 탕진함으로써 가족과 고향을 잃었다(15:13, 30). 이웃을 상실하고 가족을 잃음으로써 그들은 하나님을 잃

---

87) 눅 4:16~21; 7:18~23 그리고 사 61:1~2 참조.
88) 5:27~32; 7:36~50; 19:1~10.

었다. 그러나 예수는 그들을 찾아가 만났고, 그들은 예수 안에서 하나님을 다시 만난다. 하나님을 만난 사람은 삭개오처럼 부에 의존하지 않고 재물을 이웃과 함께 나눈다(19:8). 누가는 복음서의 예수 이야기를 사도행전에서는 예루살렘 초대교회 이야기로 계속 이어간다. 사도행전 2장 42~47절과 4장 32~35절에 따르면, 예루살렘 초대교회는 모든 성도들이 재물을 함께 나누는 공동체를 형성했다. 이처럼 누가는 가난한 자들에게 기쁜 소식을 전하는 메시아 예수를 말함으로써 가진 자와 없는 자가 함께 나누며 사는 공동체를 형성하고자 한다.

(3) 누가복음 9장 51절에서 19장 27절이 길게 말하는 예루살렘 여행 기록에서[89] 누가가 예수를 어떻게 이해하는지가 드러난다. 13장 31~33절에 따르면, 예수는 한 사람의 예언자처럼 행동한다. 마귀를 추방하고, 질병을 치유하며, 오늘과 내일과 모레는 자기 갈 길을 가다가 예루살렘에서 죽게 될 것이다. 9장 35절에 따르면, 예수는 약속된 종말적인 예언자이기 때문에 제자들은 오직 그의 말만을 들어야 한다. 이사야서 52장 7절에 따르면, 기쁜 소식을 전하는 종말적인 사자는 산을 넘어 예루살렘을 향해 가고 그래서 시온에서 '네 하나님이 왕이다'라고 선포하는데, 예수가 바로 그 종말적인 선포자다(행 10:36). 그는 예루살렘으로 가는 중에 하나님 나라를 사람들에게 선포한다. 예루살렘의 비극은 하나님 나라의 인격적인 현존인(17:21) 예수를 거부하고(13:34~35; 19:41~44), 생명으로 인도할 주님을(행 3:15) 죽이는 데 있다.[90] 유대인들은 예언자들의 말을 알지 못하기 때문에, 무지한 가운데 그런 비극을 저지르게 되었다.[91]

(4) 마가나 마태복음에서처럼 누가복음에서도 예수는 고난당하는 하나님의 종이다. 예수는 이사야서 53장 10~12절에 언급된 고난의 길을 가며(22:37), 부활

---

89) 눅 9:51; 13:22; 17:11; 18:31.
90) 눅 13:33과 18:31~34을 비교.
91) 눅 23:34; 행 3:17; 13:27.

예수는 선지자들이 말했던 모든 고난을 그리스도가 겪어야 했다고 제자들에게 가르친다.[92] 이사야서 53장 12절에 따르면, 고난당하는 하나님의 종은 악을 행하는 자들을 위해 중보하며, 그럼으로써 그들이 의롭다고 인정받을 수 있다. 누가복음에서도 예수는 자신을 십자가에 처형하는 사람들을 위해 기도하며 또한 자신과 함께 십자가에 달린 죄인들 가운데 한 사람을 위해 기도한다(23:34, 43). 사도행전에서도 예수는 고난당하는 하나님의 종이며(3:13, 26; 4:27, 30), 그래서 전도자 빌립은 이사야서 53장 7~8절 말씀을 예수와 연결해서 에티오피아 관리에게 설명한다(8:32~35). 이렇듯 예수의 수난과 죽음은 하나님이 선지자들을 통해 예언하신 구원계획에 따라 일어난 것이다.

(5) 인자로서 예수는 종말에 심판을 행할 것이다.[93] 사도행전 10장 42절과 17장 31절에 따르면, 하나님은 예수를 산 자와 죽은 자들의 심판자로 세우셨다.

누가가 예수의 구원사역에 대해 말하는 강조점은 마가나 바울에서와는 조금 다르다.[94] 마가복음 10장 45절(마 20:28)이 말하는 예수의 대속적인 죽음에 관한 언급이 누가에게서는 분명하게 나타나지 않는다. 누가는 예수의 속죄죽음에 대해서는 성만찬(22:19~20)과 예수의 죽음의 장면(23:45~47)에서 간단하게 언급만 하고(행 20:28도 참조), 그 대신에 예수의 전체 사역을 통한 구원을 말한다. 예수의 탄생은 하나님의 은혜의 사건이며(1:79; 2:10~11), 예수는 그에게 신앙을 고백하는 모든 사람들의 구주다. 죄의 용서는 예수의 이름으로 믿는 사람들에게 보증된다.[95] 이러한 용서가 어떻게 그리고 왜 일어나는지에 대해서는 구체적인 설명이 없고, 예수 그리스도에 대한 회개와 고백이 있는 곳에 용서의 약속이 있다는 사실만을 언급한다.[96] 바울이 죄 용서와 구원이 특히 십자가의 대속적인 죽음에서

---

92) 눅 24:25~27, 44~46.
93) 눅 12:8~9; 21:27; 22:69.
94) L. Goppelt, 「신약신학 II」, 359~360.
95) 행 2:38; 5:31; 10:43; 13:38; 26:18.
96) 행 11:18; 20:21; 26:20을 더 참조.

일어났음을 강조한다면, 누가는 보다 일반적인 시각에서 예수의 사역 전체를 구원론적으로 말한다. 그러나 하나님의 구원이 예수 그리스도 안에서 일어났다는 점에서는 차이가 없다.[97]

(6) 신약성서의 다른 문헌들은 부활 예수가 제자들에게 현현하였고 하나님의 우편 보좌에 오르셨다고 말하지만,[98] 부활과 승천 사이의 특정한 기간을 말하지는 않는다. 그러나 누가는 부활 예수가 40일 동안을 제자들과 함께하다가 승천했다는 말로써 복음서를 마무리하고 동시에 사도행전을 시작한다.[99] 예수는 공생애를 시작하기 이전에 40일 동안 광야의 시험을 받았고, 모세는 40일 만에 율법을 받았으며, 엘리야는 광야에서 40일을 지내다가 호렙 산에 이르렀다.[100] 이처럼 의미 있는 이 40일 동안에 부활 예수는 제자들과 함께하면서 가르치고 식사 교제를 했다. 이 기간 동안에 예루살렘 처음교회의 부활 증인들에게 믿음과 선교를 위한 특별한 통찰을 주었던 것이다.

40일 동안이나 부활 예수가 제자들과 함께 있었기 때문에, 예수는 분명히 몸으로 부활했다. 그러므로 예수의 부활을 영적인 혹은 정신적인 차원에서만 이해하려는 모든 시도를 부정한다.[101] 자신을 배신하고 떠나 버린 제자들을 다시 찾은 부활 예수는 그들과 식사의 교제를 나눔으로써 그들을 용서하고 받아들여 다시 그와 교제할 수 있게 한다. 베드로의 특별한 지위가 여기서도 확인된다(22:32). 다시 받아들여진 제자들에게 예수는 마태복음 28장 16~20절에서처럼 하나님 나라의 메시지를 땅 끝까지 전파하라는 사명을 위임한다(눅 24:47~49; 행 1:8). 이 사명을 감당할 수 있도록 부활 예수는 성령을 그들에게 보낼 것이다

---

97) P. Stuhlmacher, *Biblische Theologie des NT II*, 190.
98) 마 28:16~20; 요 20:1~21:23; 롬 1:3~4; 딤전 3:16; 히 1:1~4.
99) 눅 24:13~52; 행 1:1~11.
100) 출 34:28; 신 9:9; 왕상 19:8.
101) 김득중, 「복음서 신학」, 202~203; 유태엽, 「복음서이해」, 199~201은 영지주의에 대처하기 위해 누가 문헌이 기록되었다는 탈버트(C. H. Talbert)의 주장에 대해 설명한다.

(24:49; 행 1:5, 8; 2:33).

(7) 누가의 예수 이야기는 승천으로 끝난다(24:50~51; 행 1:9). 예수는 하나님의 우편 보좌에 앉아 하나님의 권능과 통치를 집행한다(행 2:33; 5:31). 그는 그곳으로부터 다시 올 것이고, 그래서 하나님 나라를 궁극적으로 세울 것이다(행 1:11; 3:21). 그 때와 시기는 하나님께 속하기 때문에 제자들은 알 수 없으니, 그 날이 오기까지 교회를 세우고 땅 끝까지 복음을 전파하는 증인의 사명을 감당해야 한다(행 1:6~8).

3) 누가의 구원사 신학

누가는 복음서에서 예수 이야기를 한 후에, 사도행전에서는 예수 사건의 증인들의 역사를 기록한다. 그리고 그 두 역사를 하나의 통일된 구원의 역사(Heilsgeschichte)로 서술한다. 누가는 교회사에서 "역사 서술을 신학적인 과제로 인식했던 최초의 사람"이다.[102] 그러므로 누가는 "그리스도교 최초의 신학적 역사가"다.[103]

(1) 누가는 "우리 중에 이루어진 사실"(눅 1:1), 곧 하나님이 인간이 되셔서 우리 가운데 계시는 예수 그리스도 안에서 실현하신[104] 인류 구원계획과 행동을 세계 역사에서 입증할 수 있다고 여겼다. 그래서 그것을 의식적으로 구약성서뿐 아니라 세계사적인 사건들과 연결해서 설명한다. 이스라엘 역사에서 구원을 약속하신 하나님이 그 구원을 예수 그리스도 안에서 실현하시고, 유대인과 이방인을 포함한 온 인류를 향해 선포하게 하셨다. 그러므로 누가는 "인류의 역사에서

---

102) 김창선, 「21세기 신약성서신학」, 329.
103) M. Hengel, *Zur urchristlichen Geschichtsschreibung*, 61.
104) "이루어진"으로 번역된 πεπληροφορημένων은 신적인 수동태로서 예수 사건을 "하나님께서 우리 중에서 이루신" 것임을 말한다.

늘 반복되는 하나님의 구원에 관한 증거"를 말한다.[105] 사도행전 26장 26절에서 바울의 설교를 통해 누가는 그리스도를 통한 하나님의 구원사건이 '구석'에서 일어난 것이 아니라고 한다. 하나님의 구원사건이 세계사의 한구석이 아니라 중심 복판에서, 다시 말해 온 인류를 위해 일어났음을 증언하기 위해 누가는 구원사건과 세계사적인 사건을 연결해 설명한다.

① 누가복음 2장 1~3절에서 누가는 로마의 평화(*pax romana*)의 기틀을 구축한 아우구스도 황제와 수리아 총독 구레뇨와 연결해서 예수의 탄생을 말한다. 그럼으로써 진정한 평화의 왕으로 오신 예수와 군대를 동원해 평화를 구축한 로마 황제를 대비하는 효과를 드러낸다. 황제의 소식이 아니라 예수의 소식을 전하는 것이 진정으로 평화의 '복음'을 전하는 것이다.

② 누가복음 3장 1~2절에서 누가는 세례자 요한의 등장과 예수의 공생애 출발을 기원후 4~37년 사이에 재위한 디베료 황제 재위 15년, 곧 기원후 27, 28년이라고 한다. 빌라도는 26~36년에 총독으로, 헤롯 안티파스는 기원전 4~기원후 39, 40년에 갈릴리 분봉왕으로, 빌립은 기원전 4~기원후 33, 34년에 요단 건너편 지역의 분봉왕으로 있었다. 안나스는 6~15년에, 가야바는 18~36년에 대제사장으로 있었다.

③ 사도행전에서는 기원후 42년 무렵에 사도 야고보와 베드로를 박해한 아그립파 1세(행 12:1~3)와 51, 52년 고린도 총독으로 있던 갈리오(행 18:12) 그리고 가이사랴의 총독 벨릭스와 베스도 등이 구원의 역사와 연결되어 언급된다.[106]

이처럼 예수 사건과 초대교회를 당시 세계 역사의 구도 속에서 설명함으로써,

---

105) F. Hahn, 「신약성서신학 I」, 623.
106) 행 23:24~26; 24:3; 25:1 등.

누가는 하나님의 구원행동을 인류 역사에서 일어난 사건으로, 그러므로 인류역사에서 입증할 수 있는 사건으로, 그리고 인류를 위한 구원사건으로 받아들인다.

(2) 누가는 예수 사건과 사도들에 의한 복음 전파의 역사는 하나님에 의해 계획되고 인도되는 구원사라고 한다. 구원의 역사는 이스라엘의 예언자들을 통해 약속되었으며, 복음이 땅 끝까지 전파되면 목표에 이르게 될 것이다(행 1:7; 3:21). 이는 누가가 그의 복음서 결론으로 편집한 부활 예수의 현현 이야기에서 분명히 나타난다(눅 24:13~49). 부활하고 현현한 예수는 "제자들에게 자신의 최후 운명과 그 후의 제자들의 삶의 역정(歷程), 교회의 출현이 성경으로부터 도출될 수 있는 구원의 계획에 규정되어 있다"[107]는 것을 이해시키려고 한다.

이러한 구원사 신학은 누가복음 16장 16절의 해석에서 출발한다. 콘첼만은 이 구절을 "누가 문헌의 구원사적 성격을 결정하는 열쇠"라고 하면서,[108] 구원사를 구약-예수-교회 시대 등 세 단계로 구분해, 예수 시대를 구원사의 중심이라고 한다. 그러나 큄멜은 구원사를 구약-예수 이후 시대 등의 두 단계로 구분하면서 예수로부터 시작된 하나님 나라는 지금도 계속된다고 해석한다.[109] 누가복음에서 세례자 요한은 '율법과 선지자'의 시대, 곧 구원을 약속하는 시대에 속한다. 누가복음 1장은 동정녀를 통한 예수의 초자연적인 탄생과 부모를 통한 요한의 자연적인 출생을 밀접하게 비교함으로써, 구원의 약속 시대(요한까지)와 실현 시대(예수 이후)를 밀접하게 연결한다.

16장 16절은 "나라"(βασιλεαι)와 "복음을 전하다"(ευαγγελιζεσθαι)를 결합한다. 누가문서에 자주 나오는 이 두 단어의 결합을 보면,[110] '하나님 나라의 복음을 전

---

107) L. Goppelt, 『신약신학 II』, 348. 특히 눅 24:25~28, 44~49 참조.
108) H. Conzelmann, *Die Mitte der Zeit*, 14. 누가문서에서 하나님의 구원의 역사를 3단계로 구분해 서술한다는, 이러한 구원사적인 구도를 자세히 연구하기 시작한 사람은 콘첼만이었다. 그러나 그는 누가의 구원사신학을 너무 일방적으로 재림 지연 문제와 연결시켜 봄으로써 그 이후 논란의 여지를 남겼다. 김창선, 『21세기 신약성서신학』, 330 이하, 특히 340 이하에 있는 콘첼만의 견해에 대한 비판적인 논의 참조.
109) W. G. Kümmel, "Das Gesetz und die Propheten gehen bis Johannes" 등; 김창선, 『21세기 신약성서신학』, 329 각주 394 참조.
110) 눅 4:43; 8:1; 9:2, 11, 60; 행 1:3; 8:12; 19:8; 20:25; 28:23, 31 등도 참조.

하다는 말은 실제로는 예수 그리스도 사건에서 하나님이 실현하신 구원계획을 선포하는 것이다. 하나님은 그의 영을 통해 율법과 예언자들 안에서 그의 구원계획을 알리셨고, 예수 그리스도 안에서 그 계획을 실현하셨다. 그러므로 예수의 활동과 죽음, 부활과 승천 그리고 하나님의 우편에 올라가신 분의 활동이 그러한 소식의 중심이다. 부활 예수는 열한 제자들을 이 구원계획의 증인으로 세웠으며, 나중에는 맛디아를 보충하고 이어서 바울을 열세 번째 증인으로 세웠다. 하나님은 이들에게 예수 그리스도 안에서 실현된 그의 구원계획을 깨닫게 하시고 전파하게 하셨다. 따라서 교회는 그리스도 안에서 하나님의 구원계획이 실현되었고 또 실현되고 있음을 땅 끝까지 선포해야 할 사명을 갖는다. 누가복음 4장 43절 → 16장 16절 → 24장 44~49절 → 사도행전 1장 1~8절 → 28장 23, 31절 등으로 이어지는 말씀들을 종합하면, 예수는 자신의 신적인 권능으로써 하나님 나라를 선포했고, 부활절 이후에는 증인들이 나라의 복음을 온 세상에 지속적으로 전파한다. 사도행전 1장 8절의 구도에 따라 복음이 예루살렘, 유대, 사마리아, 안디옥, 소아시아, 유럽 그리고 로마로 확장되어 나간다. 이러한 구원역사의 확장은 성령에 의해 계획되고 인도된다. 즉 제자들의 선교 활동에 앞서 성령이 임하고(행 2장), 선교의 중요한 단계마다 성령의 인도가 나타난다.[111] 구약성서에 예언되고 예수 그리스도 안에서 하나님이 성취하신 인류 구원의 역사는 성령에 의해 사도들과 교회를 통해 땅 끝까지 전파되어야 한다.[112]

4) 누가의 교회이해

(1) 누가-행전은 이스라엘에 대해 긍정적인 말과 부정적인 말을 동시에 한

---

111) 행 8:17; 10:45; 13:2, 4; 16:6 등.
112) 더 자세한 설명을 L. Goppelt, 「신약신학 II」, 348~356에서 읽을 수 있다.
113) L. Goppelt, 「신약신학 II」, 361~363.
114) 눅 1:72; 행 3:25; 7:8.

다.[113] 누가는 세 곳에서 이스라엘에게 주어진 하나님의 언약을 말한다.[114] 세례 요한의 등장으로 이스라엘을 향한 이 같은 하나님의 약속은 실현을 향해 한 발짝 더 나아간다.[115] 예수보다 먼저 온 재생의 엘리야인 요한은 하나님 나라의 길을 예비하기 위해 온 이스라엘에게 회개를 요구한다. 그리고 예수의 탄생과 등장으로 하나님 나라가 실현되고 선포되는 결정적인 시간이 도래했다. 예수 그리스도 안에서 일어난 하나님의 구원에 관한 소식은 먼저 유대인에게 선포되어야 한다(행 13:46). 예수와 그가 파송한 12제자(9:1~6) 그리고 70 혹은 72 제자들은 이스라엘에게 하나님나라를 선포한다(눅 10:1~12). 이 예수의 메시지를 대다수 유대인들은 거부했고, 예수 주변에는 "적은 무리"만이 모여들었다.[116] 그렇지만 요한의 부모 사가랴와 엘리사벳, 주의 어머니 마리아와 나이 많은 시므온 그리고 여 예언자 한나 등 예수가 태어날 당시에도 조상들에게 주어진 하나님의 구원 약속을 소망하면서 살았던 이스라엘 백성은 있었다(눅 2:38). 그러나 스데반은 이스라엘을 비판하면서, 그들이 조상 때부터 얼마나 완악하게 하나님께 저항했으며 율법을 어기고 예언자들을 죽였는지를 고발한다(행 7:2~52).[117]

누가는 예루살렘에 대해서도 이스라엘과 마찬가지로 이중적으로 말한다. 복음서들 가운데 예루살렘을 가장 자주 언급하는 것은 누가복음이다. 마태나 마가복음에서 예루살렘은 하나님의 아들에게 적대적이어서 그를 죽인 장소인 데 반해, 누가 문서에서 예루살렘은 긍정적인 측면과 부정적인 측면을 동시에 드러낸다. 예루살렘 성전은 유아기의 예수가 활동했던 "아버지 집"이다(눅 2:49). 부활 예수가 제자들을 만난 곳도 예루살렘이고, 이곳에서 성령이 제자들에게 임했으며(행 2:1~13), 12사도 공동체로서 처음교회가 예루살렘에 생겨나 이곳으로부터 세계로 확장된다(눅 24:47; 행 1:8). 예루살렘 밖에서 생겨난 교회들은 예루살렘

---

115) 눅 1:13~17과 1:76~78 비교.
116) 눅 12:32; 22:28~30.
117) 행 7:51~53과 왕상 19:10, 14; 대하 36:16을 비교.
118) 행 8:14~25; 11:22; 12:25; 13:13.

교회와 연결고리를 놓쳐서는 안 된다.[118] 게다가 이방인 선교를 위한 첫 번째 사도회의가 예루살렘에서 열렸고(행 15장), 사도 바울도 예루살렘을 기독교 신앙의 중심지로 인정한다.[119] 그러나 신약성서 문헌들 가운데 예루살렘의 멸망을 가장 분명하게 강조하는 것도 누가문서다.[120] 예루살렘은 예언자가 죽어야 할 곳이며 (눅 13:33~35), 교회에 대한 첫 박해가 일어난 곳도 예루살렘이다. 이처럼 누가는 이스라엘 및 예루살렘에 대해 이중적으로 말함으로써, 이스라엘로부터 참 이스라엘인 교회로 이어지는 구원사적인 연속성과 불연속성을 동시에 말한다.

(2) 부활하신 예수는 제자들에게 예루살렘에서부터 땅 끝까지 하나님 나라의 메시지를 전파하라고 명령한다.[121] 이스라엘의 예언자들이 보았던 인류구원의 계획이 예수를 통해, 예수의 복음을 전하는 사도들과 교회를 통해 실현되고 있다. 예수가 부활한 이후, 제자들은 유대인과 이방인을 막론하고 모든 사람들에게 복음을 전파해 하나님의 백성으로 불러 모은다. 먼저, 오순절에 성령을 받고 베드로와 요한 사도는 예루살렘에서 유대인들에게 복음을 전한다(행 2~5장). 전도자 빌립은 사마리아 사람들에게 하나님 나라의 복음을 전하고(행 8:4~13), 베드로를 통해 마침내 이방인들에게도 믿음의 문이 열린다(행 10장). 예루살렘에서 추방된 스데반 그룹(행 11:19~21)과 바나바와 바울을 통해 이방인 선교는 확장된다.[122] 주의 동생 야고보는 사도회의에서 하나님이 하신 두 가지 약속이 실현되고 있음을 확인한다(행 15:14~21). 먼저, 아모스서 9장 11~12절에 나타난 하나님의 약속('무너진 다윗의 가문을 일으킬 것이다')은 처음교회가 세워짐으로써 실현되고 있다. 그리고 하나님은 열방으로부터 '그의 이름을 위한 한 백성'을 얻게 되리라는 약속이 실현되고 있다. 유대인과 이방인으로 구성된 교회는 하나님의 이 같

---

119) 행 19:21; 20:16, 22; 21:10~17 등.
120) 다른 복음서에 공통되게 나오는 자료(눅 13:13~14; 21:20~24) 외에도 누가문서에만 나오는 것으로 눅 13:1~5; 19:14, 27, 41~44; 23:27~31; 행 6:14 등.
121) 눅 24:47~49; 행 1:4~5, 8.
122) 행 11:25~26; 13:2~14:28.

은 약속의 실현이다. '모든 이방인'이 하나님 나라의 증언을 듣게 되는 날에 예수는 다시 와서 하나님 나라를 세울 것이다(행 1:6). 그때까지 참 이스라엘을 부르고 교회를 세우는 일은 계속되어야 한다(눅 24:47; 행 28:28). 실로 이스라엘을 위한 희망이 예수 그리스도를 믿는 유대인과 이방인으로 구성된 새로운 하나님의 백성을 위한 희망으로 바뀌었다.

(3) 사도행전은 복음의 전승을 강조한다. 전승은 부활 예수로부터 출발한다. 먼저, 부활 예수가 승천하기 전에 사도들에게 하나님 나라의 가르침을 준다. 이 가르침은 베드로가 세운 예루살렘 처음교회의 12사도들에 의해 확증된다. 사도들은 예루살렘으로부터 사마리아를 거쳐 안디옥으로 확장되는, 교회의 가르침의 연속성과 정통성을 보증하는 역할을 한다.[123] 바울과 바나바는 안디옥에서 안수를 받고 선교사로 파송 받으며, 그들이 세운 교회들에서는 안수를 받은 장로들과 감독들에 의해 이러한 가르침의 연속성은 계속된다.[124] 사도행전에서 바울은 거듭 반복해서 이 같은 전승의 정당성에 순응하는 모습을 보인다. 이처럼 부활 예수 → 베드로 → 예루살렘 열두 사도들 → 사마리아/안디옥교회 → 바울과 그의 교회들로 이어지는 복음의 전승과 계승 그리고 정통성을 강조함으로써, 누가는 교회에 들어올 수 있는 이단적인 오염을 제거하려고 한다(행 20:28~31). 이 정통한 전승 흐름에 맞지 않는 가르침은 오염된 것이라는 말이다.

(4) 그러므로 누가문헌은 성령과 교리, 교회의 삶을 바울이나 요한의 문헌에서 보다 훨씬 강하게 규범화한다. 이러한 교회적인 삶의 규범화 작업은 율법에서도 나타난다.[125] 바울에게 논란의 핵심이었던 구원의 길로서의 유대교 율법은 누가에게는 더 이상 문제가 되지 않았다. 이는 사도행전 15장의 사도회의 결과에서

---

123) 행 8:14~47; 11:22~26.
124) 행 14:23; 20:28 그리고 딤전 4:14; 딤후 1:6도 참조.
125) L. Goppelt, 「신약신학 II」, 363~365.

분명히 나타난다. 이방인들에게도 할례를 요구해야 한다는 주장에 대해 사도회의는 이방인 그리스도인들은 우상제물과 피, 목매달아 죽인 것과 음행만을 멀리하고 다른 율법을 지킬 의무가 없다고 결정한다(행 15:28~29). 그러나 이 결정을 사도 바울 자신은 일축한다(갈 2:6). 바울과는 달리 누가는 유대인 그리스도인들이 율법 중에서 일부를 고수했다고 한다면, 이는 율법을 구원의 길이 아니라 삶의 규범으로 보기 때문이라고 여겼다. 유대인 그리스도인들도 "주 예수의 은혜로 구원받는 줄을 믿었다." 사도행전에 따르면, 사실 바울도 이러한 삶의 규범으로서 율법을 지켰다(행 21:21~26). 그렇게 함으로써 누가는 짧은 종말의 시간을 사는 것이 아니라, "역사를 관통하여 긴 여행을 해야 하는 교회에 채비를 갖춰 주기를 원했다."[126]

5) 누가의 성령이해

(1) 신약성서에서 성령에 대해 가장 자주 말하는 사람은 누가다.[127] 우선, 예수의 탄생부터가 성령에 의한 것이다. 마가복음은 예수가 요한으로부터 세례를 받고 땅으로 올라올 때, 즉 공생애를 시작할 때 성령이 예수에게 임했다고 하지만, 마태와 누가는 예수의 탄생 자체가 성령에 의한 것이라고 한다(마 1:18, 20; 눅 1:35). 예수는 지상의 삶 동안에 성령이 충만한 분으로서 활동한다.[128] 반면에 제자들은 부활절 이전에는 성령을 받지 않는다. 누가복음 3장 16절에서 세례자 요한은 예수를 "성령과 불"로 세례를 주실 분이라고 한다. 이는 예수의 구원사역을 말할 수도 있고, 오순절의 성령강림과 연결된 것일 수도 있다.[129] 사도행전 2장 1~4절

---

126) L. Goppelt, 「신약신학 II」, 365.
127) 김득중, 「주요 주제들을 통해서 본 복음서들의 신학」, 235~256 참조. 그에 따르면, "영"은 마태복음에 12회, 마가복음에 19회, 요한복음에 17회 사용되지만, 누가복음에는 27회, 사도행전에는 28회 사용된다. "성령"도 마태복음에 6회, 마가복음에 4회, 요한복음에 4회 사용되지만, 누가복음에는 11회, 사도행전에 41회 사용된다(236쪽).
128) 눅 3:11; 4:1, 14, 18; 10:21; 23:46 등.
129) F. Hahn, 「신학성서신학 I」, 634.

에서 성령은 "불의 혀"와 같이 제자들에게 임함으로써 누가복음 3장 16절에 예고된 "성령과 불"의 세례가 제자들에게 실현된다. 부활 예수가 제자들에게 성령을 주심으로써(행 2:33), 성령은 제자들의 선교와 삶을 이끌어 가는 주체가 된다.

(2) 누가복음 24장 49절과 사도행전 1장 8절의 약속과 선언에 따라 제자들에게 성령이 강림한다. 회개하고 죄 사함을 받은 사람들은 성령을 선물로 받는다(행 2:38). 회개하고 용서받은 사람들은 성령을 경험하게 되고, 그럼으로써 예수 그리스도의 구원으로 들어오는 것이다. 성령은 복음을 전파하는 능력으로 활동한다. 베드로가 그러했고(행 4:8), 헬라어를 사용하는 일곱 지도자들과 그 우두머리라고 할 수 있는 스데반(행 6:3, 5, 10; 7:55, 59), 바울(9:17; 13:9)과 아가보(11:28; 21:11) 등에서 복음을 전파하는 능력으로서 성령의 활동을 볼 수 있다. 예수는 성령으로 잉태되고 탄생했으며, 성령으로 충만하여 구원 사역을 완성했고, 또한 제자들은 성령으로 충만하여 예수의 구원소식을 전파했다.

이처럼 사도행전은 복음이 전파되고 확장되는 주요 대목에서 성령의 독자적인 활동을 말한다. 사도행전 2장 1~13절에서 성령은 선교를 시작하는 주체이고, 이어서 예루살렘 선교를 가능하게 한다. 8장 17절에서는 베드로와 요한 사도의 사마리아 선교가, 8장 29절에서는 빌립의 에디오피아 관리에게 행한 선교가, 10장 19, 45절과 11장 15절에서는 베드로의 이방인 선교가, 13장 2, 4절에서는 바나바와 바울의 이방인 선교가, 16장 6절에서는 바울의 선교가(20:23; 21:11도 참조) 각각 성령에 의해 일어난다. 선교뿐 아니라 교회의 결정과 직분을 세우는 것도 성령에 의해 이루어진다. 15장 28절에서는 예루살렘 사도회의의 결정이 성령에 의한 것이라고 하며, 20장 28절에서는 장로들을 교회 감독자로 삼아 보살피게 한 것도 성령이라고 한다. 이처럼 누가-행전에서는 "성령이 없이는 선교도 없다"고 말할 수 있다.[130]

---

130) 김득중, 「주요 주제들을 통해서 본 복음서들의 신학」, 256.

6) 사도행전이 말하는 바울

사도행전에서 가장 중요한 역할을 하는 인물은 바울이다. 사도행전은 바울을 사도라고 하지는 않지만, 그럼으로써 바울을 12사도들에 비해 격하하려는 것이 아니라 부활 승천하신 주님에 의해 열세 번째 증인으로 세워졌다는 것을 강조한다(행 22:15; 26:16).[131]

(1) 누가와 바울은 어떤 사이였을까? 사도행전 저자 누가가 빌레몬서 24장과 골로새서 4장 14절, 디모데후서 4장 11절 등에서 언급하는 바울의 동역자 누가와 동일인가? 바울에게는 근본적으로 중요했던 사도 칭호를 바울에게 붙이지 않는다거나, 갈라디아서 2장 1~10절과는 전혀 다르게 사도회의에 관해 사도행전 15장에서 말하는 저자 누가가 과연 바울의 동역자일 수 있을까? 사도행전은 바울의 은혜와 칭의신학을 거의 말하지 않는다. 바울이 디모데에게 할례를 행했다는 기록(행 16:3)을 할례에 대한 바울의 비판적인 언급과 비교할 때,[132] 사도행전의 누가가 바울의 동역자일 것이라는 견해에는 많은 의구심이 드는 것도 사실이다.

사도행전에는 "우리" 문체를 사용하는 긴 여행기록이 있다.[133] 이들에 따르면, 저자가 바울과 함께 선교 여행을 한 것처럼 들린다. 즉 바울의 두 번째 선교 여행에 동행했고, 예루살렘에도 함께 왔으며 또한 로마 여행도 함께 한 사람이라는 인상을 남긴다. 그러나 그는 일방적으로 바울 편을 들면서 바울신학에 맹목적으로 순응하는 사람은 아니었다. 그가 안디옥교회의 위임으로 바울과 동행했던 의사였다면, 누가와 바울의 관계를 이해할 수 있을 것이다. 누가는 의사이면서 동시에 역사가였다. 안디옥교회로부터 바울에 관한 많은 자료들을 얻었을 것이다. 안디옥의 충돌에서 바나바와 안디옥의 성도들은 바울보다는 베드로를 지

---

131) U. Schnelle, *Theologie des NT*, 321.
132) 갈 2:3; 5:1~13; 6:11~16; 빌 3:2~3 등.
133) 행 16:10~17; 20:5~15; 21:1~18; 27:1~28:16 등.

지했을 것이다(갈 2:11~21). 사도행전 15장에서 저자가 사도회의에 관해 갈라디아서 2장과는 다르게 말한다면, 아마도 그는 안디옥의 충돌 사건에 의거해 사도회의를 이해하고 또 그런 자료를 사용했기 때문으로 보인다. 그 이후에 일어난 바울의 선교 여행과 예루살렘에서의 체포, 가이사랴의 구금생활, 로마 여행과 그곳의 체재에 대해서는 자신의 견해에 따라 기록했을 것이다.[134]

(2) 바울 자신의 언급과 사도행전의 언급 사이에는 많은 일치점들이 있다. 바울은 자신이 이사야서 49장 1절에 의거해 부활한 예수 그리스도로부터 이방인을 위한 증인으로 부름을 받았으며(갈 1:15~16), 하나님의 은혜의 능력으로 다른 어느 사도들보다도 더 많이 선교적인 노력을 했다는 것을 강조한다(고전 15:10). 바울은 예루살렘의 "기둥들"과 합의하는 것이 이방인 선교에서 결정적으로 중요하다는 사실을 알고 있었으며 예루살렘의 어머니교회를 섬기기 위해 체포당하고 순교하는 일도 마다하지 않았다.[135] 바울 자신의 이 같은 언급과 견해는 그대로 사도행전에 나타난다. 유대인 어머니에게서 태어난 디모데는 할례를 받지 않은 채로는 유대인 회당에 들어갈 수 없었을 것이다. 사도행전 16장 2~3절에서 바울이 디모데에게 할례를 행했다는 것은 역사적으로 믿을 수 있으며, 고린도전서 9장 20절에 나오는 바울의 선교원리에 부합할 뿐 아니라 로마서 2장 25절에 있는 할례에 대한 평가와도 어긋나지 않는다. 사도행전 21장 23~24절의 언급은 로마서 15장 26절의 말씀과 일치한다. 율법의 신실함에 대해서는 바울 자신도 말한 바 있다(롬 3:31; 8:4, 7). 자신의 손으로 일해서 산다는 언급도 사도행전과 바울 서신들에서 일치한다.[136]

(3) 그러나 이와 동시에 둘 사이에는 많은 차이점들도 있다. "사도"라는 칭호

---

134) P. Stuhlmacher, *Biblische Theologie des NT II*, 196.
135) 갈 2:2, 9~10; 롬 15:16, 19, 25~27.
136) 행 18:3; 20:34; 고전 4:12; 9:6 등.

가 바울에게 얼마나 중요한지를 아는 사람은 사도행전 저자가 바울을 사도라고 부르지 않은 사실에 대해 놀랄 수밖에 없다. 사도행전 1장 2, 26절과 10장 39~42절에서 누가는 사도를 12명으로 국한한다. 바울과 바나바는 14장 4, 14절에서 "사도들"이라고 불리지만, 이는 베드로나 요한처럼 예수 그리스도의 사도라는 말이 아니라 안디옥교회가 파송한 사람들이라는 일반적인 뜻이다.[137] 그럼에도 사도행전 13장 47절과 26장 16~18절은 바울의 특별한 역할과 자격을 말함으로써 그의 독특하고도 유일한 선교적인 의미를 적절하게 묘사한다. 율법의 행위 없이 오직 믿음으로 의롭게 된다는 바울의 독특한 칭의론은 사도행전 13장 38~39절과 26장 17~18절 등에 나오는 바울의 설교에서는 드러나지 않는다.

(4) 누가는 사도행전에서 바울을 비판하는 것이 아니라 오히려 그의 의미와 중요성을 부각시킨다. 그는 사도행전의 절반 이상을 할애하여 바울에 관해 말하고, 세 번이나 박해자 바울이 어떻게 해서 주의 일꾼으로 변화되었는지를 말한다(9, 22, 26장). 바울은 그리스도께서 이사야 47장 6절에 의거해 선택한 열세 번째 증인이다.[138] 그는 이방인들의 "눈을 뜨게 하여 어둠에서 빛으로, 사탄의 권세에서 하나님께로 돌아오게 하고 죄 사함과 나를 믿어 거룩하게 된 무리 가운데서 기업을 얻게 하려고" 선택되었다(행 26:18). 선택을 받은 자로서 바울은 주님을 신실하게 섬기는 일꾼이다(특히 행 20:17~38).

누가는 기원후 70년의 예루살렘 멸망과 그 이전에 있었던 바울의 순교에 대해 알고 있었을 것이다. 그 당시 바울은 어디에서나 논란의 중심에 서 있었던 인물이었다(딤후 4:16 참조). 이렇게 문제의 핵심 인물이었던 바울을 누가는 그의 문헌을 통해 변증하려고 한다. 그는 바울을 크게 존경했고, 하나님 나라의 복음을 확장시킨 결정적인 열세 번째 증인으로서의 역할을 높이 평가한다. 누가-행

---

137) 행 13:2~3과 고후 8:23; 빌 2:25을 비교.
138) 행 13:47; 26:16~18.

전의 수신자 데오빌로와 사도행전을 읽는 모든 시대의 그리스도인들은 베드로와 12사도들만이 아니라, 바울과 그의 선교 사역을 분명히 알고 기억해야 한다. 그럴 수 있도록 누가는 바울에 대한 많은 기억들을 전해 준다.

제7부

요한 문헌의 신학

1. 요한문헌과 요한공동체(학파)

신약성서 안에는 요한이라는 이름을 가진 문헌이 다섯 개 있다. 요한복음과 요한1, 2, 3서 그리고 요한계시록 등이다. 오늘날 학자들은 요한의 문헌은 어느 개인이 아니라 요한학파(공동체)에서 기록되었을 것으로 여긴다. 사도 요한은 바로 이 공동체의 뿌리일 수도 있다. 요한계시록도 요한공동체의 산물로 보아야 하는지에 대해서는 논란이 있다.

1) 언어적 특징

요한복음과 세 개의 요한 서신들은 언어적·문체적인 측면에서 신약성서의 다른 문헌들과 차이점을 보인다.[1] 요한문헌에서 특히 자주 사용하는 단어들이 있다. 공관복음 전체에서 10회 정도 사용한 "진리"(η αληθεια)를 요한복음에서만 40회, 요한 서신들에서도 20회나 사용한다. "유대인들"(οι Ιουδαιοι)을 공관복음에서는 16회 사용하지만, 요한복음에서만 67회나 사용한다. "세상"(ο κοσμος)을 요한복음에서 78회, 요한 서신들에서 23회 사용하지만, 공관복음에서는 13번밖에 사용하지 않는다. 하나님을 "아버지"(ο πατηρ)라고 부르는 것도 요한복음에서는 118회, 요한 서신들에서는 16회지만, 공관복음 전체에서는 66회로 그친다. "사랑하다"(αγαπαν)는 요한복음에 44회, 요한 서신들에 29회 나오지만, 공관복음에는 29회 나온다. "머물다"(μενειν)는 요한복음에 40회, 요한 서신들에 26회 나타나는 데 반해 공관복음에는 12회만 나타난다. "…를 믿다"(πιστευεν εις τινα)는 요한복음에는 36회, 요한 서신들에는 2회 나오지만, 공관복음에는 단 한 번 나올 뿐

---

1) P. Stuhlmacher, *Biblische Theologie des NT II*, 201~202 참조. C. K. Barrett, 「요한복음(I)」, 20~29에서 요한문헌의 언어적·문체적 특징에 대한 자세한 설명을 볼 수 있다.

이다. 그 외에도 "지키다"(τηρειν), "사랑하다"(φιλειν), "참된"(αλητης) 등이 공관복음
에 비교해서 요한문헌에서 특히 자주 사용하는 단어들이다. 반면에 공관복음
에 매우 자주 나오는 "복음을 전하다"(ευαγγελιζεσθαι), "복음"(ευαγγελιον), "선포하다"
(κηρυσσειν), "회개하다"(μετανοειν) 등의 단어는 요한문헌에는 전혀 나오지 않는다.

2) '장로 요한'

요한2서와 3서의 저자는 자신을 "장로"라고 한다. 그가 요한학파의 창시자일
것으로 여겨진다. 바울이 제자들을 세우고 강론했던 것처럼(행 19:9), 요한 장로
도 제자들을 두고 가르쳤다. 그러나 장로 요한이 요한복음과 요한1서까지도 기
록했을까? 요한복음 21장 24절에 따르면, 이 일들을 증언하고 기록한 사람이 '예
수가 사랑한 제자'라고 하면서, "그의 증언이 참된 줄"을 "우리는" 안다고 한다. 여
기서 "우리는"은 요한복음 21장을 나중에 첨가한 요한공동체를 말한다고 할 수
있다. 그러면 요한공동체가 그의 증언이 참되다고 알고 있는 "예수가 사랑하는
제자"는 누구인가?[2] 고대 교회에서는 이 제자를 세베대의 아들 요한으로 여겼
고, 그래서 사도 요한이 요한복음 저자라는 전승이 생겨났다.

그러나 나사렛 예수 사건의 목격자가 요한복음을 기록했다고 생각하기에는
너무 많은 문제들이 있다. 공관복음에 따르면, 세베대의 아들 요한은 그의 형
제 야고보와 함께 제자들 중에서도 특별한 위치를 차지하는 인물이다. 요한은
'번개의 아들'이라는 별명이 있었고(막 3:17), 사마리아 사람들에게 분노했으며(눅
9:52~56), 예수가 야이로의 죽은 딸을 살리는 것을 목격했고(막 5:35~43), 변화 산에
서 예수가 변모되는 모습도 보았다(막 9:2~10 병행). 그 외에도 예수의 많은 행위들
을 보았으며 겟세마네 동산까지 예수와 동행했다(막 14:32~42 병행). 그가 요한복

---

2) 요 13:23; 19:26~27; 20:2~10; 21:7 등. 이 논의에 대해서는 김득중, 『주요 주제를 통해서 본 복음서들의 신학』, 257~286
참조.

제7부 _ 요한문헌의 신학

음을 썼다면, 이렇게 중요한 목격담을 왜 기록하지 않았을까?

교회역사가 오이셉(Euseb)이 전하는 교부 파피아스의 말에 따르면, 요한이 두 명 있었는데(KG III 39,4), 세베대의 아들 요한과 장로 요한이다. 파피아스는 세베대의 아들 사도 요한을 본 적이 없으나, 장로 요한에게는 직접 배운 바 있다고 한다. 그렇다면 세베대의 아들 사도 요한이 죽은 이후에 장로 요한이 요한2서와 3서를 저작했고, 또 요한복음과 요한1서에 기록된 내용을 요한공동체에게 전해 준 것은 아닐까?

3) '예수가 사랑한 제자'

장로 요한은 세베대의 아들 사도 요한이나 요한복음에 자주 등장하는 '예수가 사랑한 제자'와는 어떤 관계였을까? 튀빙엔의 신약학자 헹겔(M. Hengel)은 장로 요한이 예수가 사랑하는 제자일 것이라는 가설을 제기한다. 그는 원래 세례자 요한의 제자였는데(요 1:35), 나중에 예수의 제자가 되었고 특별히 예수의 사랑을 받게 되었다. 그러나 열두 제자들 중에 속하지는 못했기 때문에 세베대의 아들 요한을 스승으로 모시게 되었다. '요한'이라는 이름이 팔레스타인의 제사장 가문들에서 즐겨 사용하던 이름이기 때문에, 장로 요한은 아마도 예루살렘의 높은 제사장 가문 출신으로 보인다. 그는 예루살렘의 지명을 잘 알고 있었으며 또 대제사장의 집을 드나들 수 있었다(요 18:15~16). 예수가 부활한 이후에 장로 요한은 예루살렘교회에 소속했으나, 유대전쟁으로 예루살렘교회가 피신 길에 오르자 소아시아의 에베소로 가서 제자들을 모아 요한공동체를 형성하고, 세베대의 아들 사도 요한으로부터 배운 복음을 요한공동체에 전해 주었다.[3]

에베소에 세워졌을 것으로 보이는 요한공동체는 장로 요한이 전해 준 예수 전승을 공동체 안에서 다양하게 해석하고 공동체 안과 밖에서 도전하는 문제들

---

3) P. Stuhlmacher, *Biblische Theologie des NT II*, 205~206.

에 응답하면서 그들의 믿음 생활에 적용하기 시작했다. 그러는 동안에 요한공동체 안에 신학적인 분열이 일어났고, 그래서 요한2, 3, 1서 등을 차례로 기록함으로써 장로 요한은 신학적인 논란에 대처했고, 나중에 공동체 안에서 해석되고 적용되었던 예수 전승이 요한복음으로 기록되었다. 지금의 요한복음이 완성되었을 때는 장로 요한은 이미 죽었을 것이다. 앞에서 말한 요한문헌들의 언어적인 특성들은 요한공동체 안에서 일어난 신학적인 토론과 해석 과정에서 생겨났다. 장로 요한이 전해 준 예수 전승을 요한공동체가 토론하고 해석하면서 독특한 신학적인 용어와 성격이 생겨난 것이다. 요한공동체는 이러한 예수 전승의 해석을 복음으로 확신했고, 보혜사 성령이 이 같은 복음이해의 정당성을 보증해 준다고 믿었다(14:25~26 참조). 그러므로 요한복음은 보혜사 성령이 요한공동체에게 깨우쳐 준 예수이해라고 할 수 있다. 하나님이 나사렛 예수 안에서 자신을 드러내 보이셨다는 것이 요한공동체가 보혜사 성령을 통해 깨우친 진리다.

4) 요한공동체가 직면한 문제

요한공동체 안에 일어난 거짓 교사와 가르침의 문제를 직접 다루는 요한2서와 3서는 분명히 저자를 "장로"라고 밝힌다. 이 서신들이 기록될 당시에 장로 요한은 생존해 있었던 것이다. 요한3서 9절의 "내가 두어 자를 교회에 썼다"라는 것은 요한2서를 두고 한 말이다. 2서와 3서가 말하는 거짓 교사와 가르침에 대해 1서가 보다 분명하고 상세하게 설명한다. 이처럼 요한의 세 서신들은 교회 안에서 일어난 문제를 직접 다룬다는 점에서 밀접하게 연결되어 있으며, 그러므로 모두 장로 요한이 저작했다고 볼 수 있다.

그러나 요한복음 21장 23~25절은 요한복음 저작 당시에 장로 요한('예수가 사랑한 제자')이 이미 죽었음을 전제한다. 요한이 죽은 후 그로부터 배운 예수 전승을 제자들이 해석하고 토론하면서 요한복음이 완성되었다면, 요한의 세 서신들이 먼저 장로 요한의 생전에 기록되었고, 요한복음은 그의 죽음 이후에 기록되었다고 할 수 있다. 요한복음 1~20장의 핵심은 "이 일들을 증언하고 이 일들을 기록한"(21:24) 제자에게 소급될 것이다. 요한의 세 서신들에서 장로 요한은 거짓 교사 때문에 공동체가 분열될 위기에 직면해 있다고 한다. 그런데 이때 공동체 내부적인 문제 외에도 외부적인 문제들도 있었다. 세례자 요한의 제자들과의 관계 설정이나 특히 유대교로부터의 공격과 박해 문제가 그것이다. 요한공동체는 직면한 내적·외적인 문제들에 대한 해답을 예수 전승을 해석하고 토론하면서 찾았고, 그것이 요한복음으로 결실을 맺었다.

그렇다면 요한공동체가 직면한 문제들은 구체적으로 무엇이었을까? 크게 두 가지로 볼 수 있는데, 그 하나는 유대교로부터 오는 공격과 박해였다. 요한공동체는 예수와 하나님을 신성을 함께 가진 신적인 존재로 고백하고,[4] 자신들을 진정한 포도나무의 가지들, 곧 하나님의 종말적인 백성이라고 믿었다(15:1~8). 그러나 이러한 요한공동체의 그리스도 믿음과 자기이해는 유대교에서 결코 용납될 수 없었고, 그래서 소수 공동체였던 요한공동체는 유대교로부터 미움과 박해를 받아야 했다.[5] 유대인들이었던 요한공동체의 그리스도인들은 동족 '유대인들' 안에서 예수의 적들을 보았다. 더 나아가 요한복음의 예수는 유대인들을 '마귀의 자식들'이라고까지 극단적으로 규정한다(8:44).[6]

요한공동체가 직면한 또 하나의 문제는 공동체 내부에서 생겨났다. 하나님의 아들이 진정한 육신을 가진 사람 예수로 세상에 왔다는 사실을 부정하는 무리들이 생겨난 것이다. 이들은 예수의 성육신뿐 아니라 십자가 죽음과 육체의 부활, 재림까지도 부정했다.[7] 이들의 주장은 나중에 영지주의로 규정되었던 이론과 매우 흡사했다.[8] 요한문헌은 이러한 내적·외적인 문제들에 직면해 진정한 복

---

4) 1:1, 18; 5:18; 20:28; 요일 1:1 등.
5) 9:22; 12:42; 16:2 등.
6) 계 2:9; 3:9은 유대교를 "사탄의 회당"이라고 한다.
7) 요 6:66~71; 요일 2:19; 4:1~3; 요이 7.
8) U. Schnelle, *Theologie des NT*, 639~640.

음에 대한 믿음을 강화하고, 공동체의 내부 결속을 다지기 위해 기록되었다.

5) 요한공동체의 진리 주장

이 같은 내적·외적 투쟁의 상황에서 요한공동체는 자기들이 해석하고 믿고 가르친 복음이 전적으로 하나님의 진리라고 강력하게 주장한다. 요한공동체의 믿음과 가르침을 따르는 사람은 하나님께 속한 사람으로서 진리의 영을 따르는 것이며, 요한공동체의 믿음과 가르침을 따르지 않는 자는 하나님께 속한 사람이 아니며, 그러므로 미혹의 영을 따른다(요일 4:6). 예수의 성육신을 부정하는 자는 진리를 거슬러 거짓말을 하는 사람이다(요일 2:22). 진정한 믿음의 사람은 장로 요한의 가르침에 따라 예수의 성육신을 믿으며(요일 4:2), 예수 그리스도 안에서 하나님을 보고, 그래서 그리스도를 사랑하며 또 성도들과 사랑의 교제를 나눈다(요일 4:12~16). 이처럼 요한공동체가 진리에 대한 확신을 갖는 것은 성령으로 기름 부음을 받았기 때문이다(요일 2:20, 27). 진리의 영이 요한공동체 안에서 하나님의 아들이 인간이 되어 세상에 왔다는 진리를 증언하고 가르친다(요일 5:6). 실로 성육신한 하나님의 아들을 믿는 자에게는 영생이 있고, 그렇지 않은 자에게는 생명이 없다(요일 5:11~12).

요한복음에서 이같이 예수가 누구이며 예수가 가르친 진리를 깨닫게 하고 증언하게 하시는 분은 보혜사 성령이다.[9] 부활 예수는 "예수께서 사랑하시던 제자"에게도 다른 제자들에게처럼 성령을 주셨다(20:2, 22). 이 성령 안에서 진리를 깨우친 그는 그의 공동체에게 진리를 가르치고 증언했다. 요한복음은 이 제자에게서 나온 예수 이야기이며, 그래서 "참되다"(21:24). 그의 가르침은 보혜사 성령이 보증하는 영원한 진리다. 요한공동체는 이 진리를 믿음으로써 생명을 얻게 된다고 확신한다. 그러므로 요한복음은 보혜사 성령이 장로 요한에게 깨우쳐 준

---

9) 요 14:16~17, 26; 15:26; 16:13.

그리스도에 관한 증언이다. 요한복음은 이 증언을 예수의 1인칭 단수 형식("나는…")으로 이야기한다.

그런즉 요한복음은 역사 진술이라기보다는 진리의 증언이다. 여기서 진리와 역사의 문제가 제기될 수 있다. 참된 것은 항상 역사적인 것일까? 역사적인 것이어야만 참된 것일까? 그런 물음은 현대인의 몫이다. 만일 역사적인 것만이 진리라고 한다면, 신약성서는 해결할 수 없는 어려움에 직면한다. 예를 들어 요한복음 4장 43~54절과 누가복음 7장 1~10절, 마태복음 8장 5~13절을 비교해 보자. 분명히 이들 이야기 배후에는 하나의 실제적이고 역사적인 사건이 있었다. 그러나 복음서들은 그 하나의 사건에 대해 각기 다르게 말한다. 만일 역사적인 것만 진리라고 한다면, 이 세 복음서의 기록 중 어느 하나만 진리이고 나머지는 진리가 아니어야 한다. 요한복음에서 말씀하시는 예수는 결코 역사의 예수만은 아니고, 부활절 이후에 강림한 보혜사 성령이 깨우쳐 준 신앙고백의 예수다. 요한복음은 저자 요한의 머리에서 나온 것이 아니라, 예수 그리스도가 보낸 성령을 통해 계시를 받은 말씀이다. 여기서 역사성은 진리의 기준이 될 수 없다. 과거에 살았던 인물이나 과거에 일어난 사건이 진리의 기준이 되는 것이 아니라, 성령 안에서 현재적으로 만나고 고백한 예수 그리스도가 진리다. 요한복음은 성령 안에서 하나님의 아들로 믿고 고백하는 예수 그리스도의 말씀이다. 그러므로 진리다.[10]

6) 요한문헌의 특징

(1) 요한3서

요한문헌 가운데 제일 먼저 기록된 요한3서는 2서와 마찬가지로 저자를 "장로"라고 한다. 여기서 "장로"는 직분이 아니라 공동체에서 지도자의 위치에 있는

---

10) 이에 대해서는 조경철, 「요한복음 강해. 나의 주님 나의 하나님」, 336~337, 422~427 참조.

사람이다. 수신자는 "사랑하는 가이오"다. 가이오는 장로가 사랑하고 신뢰하는 인물로서 요한공동체에서 중요한 지도자였고, 디오드레베는 장로와 맞서는 인물이다.[11] 장로가 수신자들에게 선교사들을 파송했는데, 가이오는 그들을 잘 영접했지만(5~8절), 디오드레베는 그들을 환영하지 않았다(9~10절). 디오드레베가 왜 저자 장로가 보낸 선교사들을 받아들이지 않았는지, 그 이유는 알려져 있지 않다. 장로와 디오드레베의 신학이 달랐고, 그래서 장로는 디오드레베의 신학을 방어하기 위해 요한2, 3서를 기록했다고 볼 수 있다(특히 요이 7~11절).

(2) 요한2서

수신자 "부녀"는 교회를 상징적으로 일컫는 말이고 "자녀"는 성도들을 일컫는다(1절). 거짓 교사들의 등장이 이 서신을 기록하게 된 배경이다. 거짓 교사들은 "예수 그리스도께서 육체로 오심을 부인하는" 사람들이다(7절과 요일 4:2를 비교). 요한1서보다도 요한3, 2서가 거짓 교훈에 빠진 사람들에게 더 강력하게 대처할 것을 가르친다. 심지어 그들에게 인사하는 사람들도 거짓 교훈에 참여하는 것이라고 한다(10~11절). 그만큼 거짓 가르침이 교회 안에서 심각한 문제였다고 할 수 있다. 반면에 올바른 신앙을 고백하는 사람들끼리는 사랑의 계명을 잘 실천해야 한다(5~6절).

(3) 요한1서

발신자와 수신자, 기원 등이 없는 요한1서는 서신 형식을 빌은 설교라고 할 수 있다. 요한복음 1장 1~4절과 요한1서 1장 1~4절 그리고 요한복음 20장 31절과 요한1서 5장 13절을 비교해 보면, 요한복음과 요한1서는 깊이 관련되어 있다. 특이하게도 요한복음이 20장 31절로 끝나는 듯하다가 21장이 이어지듯이, 요한1서 역시 5장 13절로 서신이 끝나는 것처럼 보이지만 다시 5장 14~21절이 이어진다.

---

11) "으뜸 되기를 좋아하는 자"라는 요삼 9절의 표현은 디오드레베가 공동체 안에서 상당한 지도력을 발휘하고 있었음을 암시한다.

그래서 5장 14~21절이 요한복음 21장처럼 나중에 첨부되었다고 추정하는 이들도 있다. *

(4) 요한복음

1장 1~18절(서론; 로고스 송가: 예수는 누구인가?) → 1장 19~51절(세례자 요한과 예수의 첫 제자들) → 2장 1절~12장 50절(예수의 자기 계시와 믿는 자와 믿지 않는 자의 구분) → 13~17장(예수와 제자들의 이별) → 18장 1절~20장 29절(예수의 수난과 부활, 현현) → 20장 30~31절(복음서의 결말: 예수는 누구인가?) → 21장(복음서의 두 번째 결말; 후대의 첨가)

복음서는 서론과 결말이 같은 주제를 말하는 괄호 묶기 기법으로 구성되어 있다. 예수는 누구일까? 요한복음은 이 하나의 주제를 말하기 위한 구조로 되어 있다. 로고스(말씀) 노래(1:1~18)는 세상 창조 이전부터 하나님과 함께 있으면서 세상 창조에 동참했던 신적인 본질을 가진 로고스가 육신으로 세상에 왔다고 한다. 복음서의 결말(20:30~31)은 복음서가 기록된 목적을 밝힘으로써 다시한 번 나사렛 예수가 그리스도와 하나님의 아들이라고 한다. 요한복음은 예수가 하나님의 아들이라는 신적인 본질을 예수의 각종 행위와 말씀을 통해 드러내고, 이 계시에 대한 사람들의 두 가지 상반된 반응(믿음과 거부)을 다양한 방식으로 전개하는 흥미진진한 드라마다.

2. 요한공동체의 그리스도이해

요한복음의 구조가 보여 주듯이 요한문헌의 신학적인 핵심은 '예수 그리스도를 어떤 존재로 믿고 고백하는가?', 즉 그리스도이해에 있다.

1) '하나님 아버지' 그리고 '하나님의 아들'

(1) 요한복음은 하나님 '아버지'와 '아들' 예수의 관계에 집중한다. 아들 예수는 하나님을 "아버지"(παρηρ)라고 부른다. 요한 서신들에서는 16회, 요한복음에서는 무려 118회에 걸쳐 하나님을 "아버지"라고 한다. 이러한 사용 빈도수는 신약성서의 다른 문헌에서는 결코 유래를 찾을 수 없다. 아버지 하나님은 그의 "독생자"를(요일 4:9)[12] 창조 이전부터 그의 신성과 창조사역에 참여하게 하시고, 세상에 인간으로 보내서서 죽게 하셨다가 부활시키셨다(요 3:35; 5:21, 26; 11:25). 아들 예수는 "아버지에게서 나와 세상에 왔고 다시 세상을 떠나 아버지께로 간다."(16:28). 창조 이전부터 아버지와 함께 있었던 이 아들 예수만이 하나님을 알고 또 볼 수 있다(요 1:14, 18; 6:46). 태초에 있었던 말씀(로고스)은 곧 하나님이었고(요 1:1), 그러므로 육신이 된 로고스 예수 그리스도는 "독생하신 하나님"이다(요 1:14, 18). 예수를 하나님이라고 하는 도마의 고백에서도 요한의 기독론이 분명히 드러난다(요 20:28). 예수와 하나님은 하나다.[13] 아버지 안에 아들이 있고, 아들 안에 아버지가 계신다(요 10:38; 14:10). 그러므로 아들을 보면 아버지를 보는 것이다(12:45; 14:9). 아버지는 아들을 알고, 아들은 아버지를 안다(요 10:15).

---

12) 그 외에도 요 1:14, 18; 3:16, 18.
13) 요 5:18; 10:30; 17:11, 21.

(2) 이처럼 아들 예수와 아버지 하나님이 존재에서나 행동에서나 하나라는 높은 차원의 그리스도이해가 유대인들의 반발을 불러 온 것은 당연한 일이었다. 유대인들은 예수가 신성 모독적으로 자신을 하나님과 동일시했으며, 그러므로 율법에 따라 마땅히 죽임을 당해야 한다고 여겼다.[14] 이러한 충돌의 결과로 예수는 십자가에서 죽임을 당했다. 예수가 그런 죄목으로 죽임을 당했다면, 예수를 하나님의 아들로 믿는 소수의 요한공동체는 다수의 유대교로부터 예수와 같은 고난을 당할 수밖에 없었다. 유대인들을 '마귀의 자식'으로 정죄하는 요한복음 8장 37~47절에서 이러한 그리스도이해를 둘러싼 요한공동체와 유대교인들의 충돌이 최고조에 이른다. 유대인들과 함께 헬라-로마 세계를 대표해서 빌라도가 존재와 행위에서 나타나는 예수와 하나님의 이 같은 고차원적인 일치를 부정하는 사람으로 나타난다면, 유대인들과 빌라도는 그리스도 안에 계신 하나님께 적대적인 '세상'(κοσμος)을 대표한다. 하나님의 진정한 백성은 인종에 의해서가 아니라, "내가 길이요 진리요 생명이라"고 하신 예수 그리스도에 대해 어떤 입장을 가지고 있느냐에 따라 결정된다.[15]

(3) 요한복음은 아버지와 아들의 일치를 강조하면서도, 다른 한편으로는 예수를 하나님이 보내신 사자(使者)라고 한다. 고대 세계에 일반적으로 잘 알려진 모델에 따라 요한복음은 예수를 하나님의 사자로 그린다.[16]

첫째, 사자는 보냄을 받는다. 보내신 분은 하나님이고, 보냄을 받은 사자는 예수다. 그러므로 요한복음에서 예수는 하나님을 "나를 보내신 아버지"라고 부른다.[17] 보냄을 받은 예수는 세상에 오기 전부터 하나님과 함께 있었던 선재하신 분이다. 둘째, 사자는 자신이 하나님의 보내심을 받은 사자라는 사실을 입증

---

14) 요 5:18; 10:33, 36; 19:7.

15) U. Schnelle, *Theologie des NT*, 623.

16) G. 타이센, 「그리스도인 교양을 위한 신약성서. 역사. 문학. 종교」, 194~195; 김창선, 「21세기 신약성서신학」, 345~360 참조.

17) 요 3:16~17; 5:23, 24, 30, 36~37; 6:29, 38~39, 44, 57; 7:16, 18, 28~29, 33; 8:16, 18, 26, 29, 42; 10:36; 11:42; 12:44~45, 49; 13:16, 20; 14:24; 15:21; 16:5; 17:3, 8, 21, 23, 25; 20:21; 요일 4:9, 10, 14 등.

해야 한다. 세례자 요한이 그에 관해 증언한다. 그리고 5장 31절 이하에 따르면 (8:13 이하도 참조), 예수 자신의 말과 행적, 하나님의 말씀 그리고 (구약)성서가 예수가 하나님으로부터 왔다는 것을 입증한다. 셋째, 사자는 자신을 소개한다. "나는…이다"라는 전형적인 어투를 사용해 예수는 자신이 하나님으로부터 온 사자임을 소개하고 선언한다. 넷째, 사자는 특별한 임무와 사명을 가지고 왔다. 12장 50절에서 예수는 자신이 생명을 계시하는 임무를 가지고 왔다고 한다. 다섯째, 사자는 임무를 수행한 후 자신을 보낸 분에게로 돌아간다. 요한복음의 예수는 이 점을 여러 차례 반복해 말한다(20:17 등). 마지막으로, 사자는 자신을 보낸 분에게 임무수행에 관해 보고한다. 17장에서 예수는 대제사장 기도를 통해 하나님 아버지께 임무수행을 보고한다(17:4).

이처럼 요한복음은 예수를 하나님으로부터 보내심을 받은 사자로서 아버지께 절대 순종하는 분으로,[18] 그러나 다른 한편으로는 하나님과 동등한 신적인 본질을 가진 분으로 소개한다. 그러므로 보내심을 받은 사자로서, 예수는 자기를 보내신 하나님이 맡기신 사명을 완성할 뿐 아니라 하나님과 동일한 생명이다. 세례자 요한뿐 아니라(1:6~8, 15, 19 이하) 아브라함(8:56)과 모세(5:45~47), 이사야(12:41)가 이 사실을 증언하며 또 구약성서의 수많은 말씀들이 증언한다.[19] 이러한 고차원의 그리스도이해는 바울에게서나 공관복음에서는 아직 나타나지 않는 요한복음만의 독특한 신학이다.

2) 로고스 송가(요 1:1~18)의 그리스도 이해

신약성서에서 요한복음만 예수 그리스도를 "말씀"(ο λογος)이라고 한다. 요한1서 1장 1~4절은 그리스도를 "태초부터 있는 생명의 말씀"이라고 한다(요일 2:13도

---

18) 요 5:19, 30; 8:28; 9:33.
19) 1:23; 2:17; 6:31, 45; 10:34; 12:13, 15, 27, 38, 40; 13:18; 15:25; 16:22; 19:24, 28, 36, 37; 20:28 등.

참조). 예수 안에는 생명이 있기 때문에 생명의 말씀인 그리스도와 교제하며 사는 사람에게는 영원한 생명이 주어질 것이다(요일 5:10~11).

(1) 요한복음은 예수를 세상 창조 이전부터 하나님과 함께 세상을 창조한 로고스(말씀)라고 찬양하면서 시작한다.[20] 그럼으로써 요한은 예수를 역사 이전의 선재(先在)하신 존재로 고백한다. 요한복음 전체는 이러한 예수의 신적인 출처, 곧 창세 이전부터 하나님과 같이 있었던 예수의 근원적인 비밀을 밝히는 데 집중하며, 이 믿음의 고백이 보혜사 성령이 깨우쳐 준 진리이기 때문에 이를 부정하는 거짓 영에 붙잡힌 공동체 내부 적들이나 유대교에 맞서 싸운다. 복음서의 서두인 로고스 송가(1:1~18)와 결말인 20장 30~31절은 요한공동체가 고백하는 기독론적인 믿음의 진리를 명확히 한다.

요한공동체에 잘 알려져 있었던 송가 안에 저자가 몇몇 해설적인 구절들을 첨가했다. 요한복음 1장 6~8절은 "빛"에 대한 중간 해설이다. 하나님은 빛이신 로고스를 증언하도록 요한을 증인으로 보내셨다. 15절에서도 세례자 요한은 예수가 그보다 먼저 계셨다고 증언한다(8:58도 참조). "그 이름을 믿는 자들"(12d절)도[21] 12a~c절의 해설이다. 10~11절은 로고스가 왔으나 모든 사람들이 그를 영접하지 않았다고 말하지만, 12a~c절은 그를 영접한 사람들도 있다고 한다. 이렇게 상충되어 보이는 말씀들을 해설하기 위해 저자는 12d~13절을 덧붙였다. 예수를 하나님의 아들로 고백하는 믿음은 결코 인간의 의지와 노력으로 가질 수 없다. 오직 하나님이 믿게 해 주는 사람들만 믿을 수 있다.

"이는 혈통으로나 육정으로나 사람의 뜻으로 나지 아니하고 오직 하나님께

---

20) 로고스 송가에 대한 상세한 논의는 조경철, "요한복음의 로고스 頌歌(1:1~18) 연구"; 「요한복음 강해. 나의 주님 나의 하나님」, 10~35 참조.
21) 이 표현은 2:23; 3:18; 요일 3:23; 5:13 등에서도 사용되는 것으로 볼 때, 요한복음 저자의 전문용어라고 할 수 있다. 그러므로 저자가 이곳에 첨가한 편집 부분으로 볼 수 있다.

로부터 난 자들이니라" (1:13)

17~18절에서도 복음서 저자는 모세의 율법으로 구원을 받는다고 주장하는 유대인들의 구원이해를 반박하며, 구원은 오직 하나님의 은혜로써 예수 그리스도를 믿음으로만 얻는다고 강조한다.

세례자 요한이 메시아라고 주장하는 요한의 제자들과 예수가 한낱 인간에 불과하다면서 요한공동체를 박해하는 유대교인들, 로고스의 성육신을 부정하는 영지주의적인 가현설 신학을 주창하는 교회 내부 적들에 맞서서 복음서 저자는 선재하신 하나님의 아들이 인간 예수로 와서 하나님을 계시한다는 복음을 강조한다. 요한복음의 신학은 그리스도이해에 근거한 구원론이며, 여기서 그리스도 이해의 핵심과 뿌리는 로고스 송가에 있다. "복음서 저자는 계획적으로 로고스 송가를 복음서 전체를 이해하게 해 주는 서두와 모델 본문으로 제시한다."[22]

(2) 하나님과 로고스는 인격에 있어서는 구분되나, 그 본질에 있어서는 완전하게 일치한다. 로고스는 시간적으로는 창조 이전에 있어서 세상을 창조했고(1:1a), 공간적으로는 하나님과 함께 있었으며(1:1b), 존재론적으로는 신적인 본질과 성품을 하나님과 공유한다(1:1c). 이러한 하나님과 육신이 된 로고스 예수의 관계가 아버지와 아들의 관계다.

로고스는 사람들의 생명의 길과 빛이 되기 위해 사람이 되었다(1:10~12, 14, 16). 1장 10~11절에는 "세상"(κοσμος)이 세 번이나 반복되고, 또 세상이 로고스의 소유임을 표현하는 소유대명사(ιδια, ιδιοι)도 반복된다. 세상은 로고스가 창조한 세상이고(3절), 그 세상의 대표는 인간이다. 세상의 창조주인 로고스는 인간이 되어 그의 소유권에 속하는 창조세계로 왔다. 그러나 세상은 그를 알지 못했다(10c절). 이것이 세상의 죄요, 세상을 대표하는 인간의 근원적인 죄다. 인간이 된 로고스

---

22) U. Schnelle, *Theologie des NT*, 631.

에 대한 영접과 거부라는 전혀 반대되는 반응이 나타났다(11~12절). 성육신한 로고스를 영접하는 사람에게는 하나님의 자녀가 되는 권세가 주어졌다(12b, c절).

육신이 된 로고스는 그 안에 신적인 본질과 영광을 변함이 없이 그대로 가지고 있다. 그러므로 육신이 된 로고스, 곧 예수를 만난 사람은 하나님 자신을 만난다. 육신이 된 로고스 예수 그리스도 안에도 이런 신적인 본질이 그대로 남아 있기 때문이다. 인간이 된 로고스를 하나님의 독생자로 믿는 "우리"는 그 안에서 우리 가운데 거하시는 하나님의 "독생자의 영광"을 본다(14b, c, d). 믿음과 깨우침의 눈은 예수 그리스도 안에서 하나님의 존재와 하나님의 영광, 하나님의 충만한 임재를 본다. 믿음의 공동체는 예수 그리스도의 처참한 십자가 죽음과 그 안에서 빛나는 영광스러운 하나님의 광채를 동시에 본다.

3) "나는…이다" (εγω ειμι…) 말씀에 나타난 그리스도이해

요한복음에서 예수 그리스도는 생명이고 생명의 말씀이다. 그는 이러한 자신의 정체를 "나는…이다"는 계시의 말씀을 통해 분명하게 드러낸다.

(1) "나는…이다"라는 표현은 마태복음에 5회, 마가복음에 3회, 누가복음에 4회 나오는 데 비해 요한복음에는 무려 29회나 나온다. 요한복음에서 이 표현은 3회를 제외하고 26회는 예수의 입에서 나온다. 예수의 본질과 정체를 밝히는 명사와 함께 사용되는 예는 다음과 같다.

① 나는 생명의 떡이다(6:35, 41, 48, 51). ② 나는 세상의 빛이다(8:12; 9:5). ③ 나는 양의 문이다(10:7, 9). ④ 나는 선한 목자다(10:11, 14). ⑤ 나는 부활이요 생명이다(11:25). ⑥ 나는 길이요 진리요 생명이다(14:6). ⑦ 나는 포도나무다(15:1, 5).

(2) 그러나 6장 20절, 8장 24, 28, 58절, 13장 19절, 18장 5, 6, 8절 등에서는 예수의 정체를 밝히는 어떠한 명사도 없이 그냥 εγω ειμ를 말한다. 18장 5, 6, 8절에서는 자신을 잡으러 온 사람들에게 예수는 "내가 그이다"(εγω ειμ)라고 자기 정체를 밝힘으로써, '십자가의 죽음을 위해 내가 왔다'는 자기 사명까지도 공공연히 밝히며 자발적으로 수난과 죽음의 길을 간다. 6장 20절의 "내니"(εγω ειμ)에는 마가복음 6장 50절에서처럼 '내가 귀신이 아니다'라는 의미와 '내가 파도에게 명령할 수 있는' 존재, 곧 '하나님이다'라는 의미가 있다. 8장 58절의 "내가 있다"(εγω ειμ)라는 표현은 시편 90편 2절의 하나님에 대한 지칭을 예수에게 적용한다. 그러므로 여기에도 예수가 하나님이라는 중요한 계시적인 의미가 있다. 8장 24절과 13장 19절의 εγω ειμ도 중요한 계시의 표현으로서, 이사야서 43장 10~11절과 46장 10절에 가깝다. 그렇다면 이사야서 구절이 말하는 것처럼, 여기서도 '나는 역사를 주관하고, 구원을 일으키는 하나님이다'라는 뜻으로 쓰였다. 이는 8장 23절이나 13장 18, 20절과의 맥락에서도 확인할 수 있다.

(3) 예수는 이 표현으로써 자신의 정체와 사명을 드러낸다. "나는"(εγω)이 주어이고, "이다"(ειμ)가 동사이며, 그에 이어서 생명의 떡이나 세상의 빛 등과 같은 예수를 설명하는 명사가 나오는데, 여기에는 항상 관사가 붙는다. 관사는 술어명사의 유일성과 독특성을 강조하는 역할을 한다. 그러므로 "나는 생명의 떡이다"라는 말은 '오직 나만 유일한 생명의 떡이다' 혹은 '나 외에는 생명의 떡이 없다'라는 의미다. 예수를 생명의 떡이나 세상의 빛과 같다고 비교하는 것이 아니라, 예수가 생명의 떡이요 세상의 빛이라고 확정적으로 규정한다. 더구나 오직 예수만이 생명의 떡이고 세상의 빛이다. 이 모든 말씀들은 예수의 본질(기독론)을 나타낼 뿐 아니라, 그가 무엇을 할지(구원론)를 드러낸다. 예수는 생명의 떡으로서, 사람들에게 영생하도록 있는 양식이다. 예수는 세상의 빛으로서, 어둠 속에 있는 사람들을 밝힌다. 예수는 부활이요 생명으로서 죽은 사람을 살린다. 예수

는 길이요 진리요 생명으로서, 사람들을 하나님께로 이끈다. 예수는 선한 목자로서, 양들을 위하여 자기 목숨을 내놓는다. 이처럼 요한복음의 "나는…이다"는 표현은 예수가 곧 하나님이라는 믿음의 진리를 고백한다. 예수 외의 다른 곳에서는 하나님을 볼 수 없으며, 그러므로 생명을 찾을 수도 없다.

4) 표적(σημεια)에 나타난 그리스도이해[23)]

"표적"은 구약성서에서 어떤 사람이 자기가 하나님이 보낸 사람이라는 사실을 증명하고, 또 그럼으로써 그가 한 말의 신적인 정당성을 확보하기 위해 행하는 기적이다(출 4:1~9).

(1) 요한복음에서 "표적"은 17회 나온다. 예수를 믿지 않고 시험하는 자들이 그를 믿을 수 있도록 특별한 기적을 요구하며(2:18), 하늘의 표식으로 엄청난 기적을 요구한다(6:30). 이 두 번을 제외하면 나머지 열다섯 번은 예수가 행한 기적을 말한다. 20장 30절이 말하듯이, 요한복음은 예수가 행한 모든 표적들을 말하는 것이 아니라, 저자가 중요하게 여기는 것들만 선별했다. 특히 일곱 개 표적이 중요했다.

① 가나에서 물이 포도주로 변화되는 사건(2:1~12) ② 가나에서 말하고 가버나움에서 실현된 왕실 관리의 아들 치유(4:43~54) ③ 베데스다 연못가에서 38년 된 병자 치유(5:1~13) ④ 오병이어의 기적(6:1~15) ⑤ 바다 위를 걸으시는 기적(6:16~21) ⑥ 나면서부터 소경된 사람의 치유(9:1~12) ⑦ 나사로를 살리는 기적(11:1~44).

(2) 표적은 이정표와 같다. 이정표처럼 표적은 무엇인가를 가리키는 역할을 한

---

23) 조경철, 「요한복음 강해. 나의 주님 나의 하나님」, 122~128 참조.

다. 이정표를 따라가다 보면 목적지에 도달하듯이, 표적이 가리키는 곳으로 가면 목적지가 있는데, 이는 예수 그리스도다. 표적은 예수 그리스도에게로 안내하는 이정표다.

2장 11절에서 포도주 표적은 예수의 영광으로 안내한다. 그러나 표적에 나타난 영광을 볼 수 있는 것은 믿음의 눈뿐이다. 11장의 나사로의 부활에서도 분명하다. "네가 믿으면 하나님의 영광을 본다."고 말하는 11장 40절은 2장 11절과 동일한 말이다. 11장 4절에 따르면, 나사로의 부활에서 나타난 하나님의 영광은 결국 예수의 영광이다. 죽은 나사로를 살리는 예수의 표적활동을 통해 하나님과 예수 자신의 영광이 드러나며, 이 영광은 오직 믿음의 눈에만 보인다. 12장 40~41절에 따르면, 이사야가 하늘의 보좌에 앉아 계시는 하나님을 봄으로써(사 6:1) 결국 예수의 영광을 보았다. 2장 11절도 1장 51절과 연결하면 더 분명히 이해할 수 있다. 이 세상에 오신 인자는 하나님이 임재하시고 활동하시는 장소다.

예수는 성전정화와 연결해서 표적을 요구하는(2:18) 유대인들에게 "성전을 헐라 내가 사흘 동안에 일으키리라"라는 수수께끼 같은 말을 하고(2:19), 이어서 이 성전을 자기의 육체라고 한다(2:21). 유대인들이 요구하는 표적 대신에 예수는 자신을 제시한다. 6장에서는 예수가 자신이 하나님이 주신 진정한 하늘의 표적으로서 생명의 떡이라고 한다. 이 떡은 모세를 통해 주어진 만나와 비교할 수 없다(6:32~35). 이것이야말로 떡의 기적이 보여 주려는 진정한 "표적"이며, 유대인들은 이 표적을 보았으나(6:36), 실제로는 예수의 진정한 정체를 보지(믿지) 못한다(6:26). 예수가 사람들에게 기적적으로 나눠 준 떡은, 예수가 하늘에서 내려온 생명의 떡이라는 정체를 "표적"한다. 이처럼 모든 기적들은 그 기적을 행한 사람을 보게 하며, 그가 가지고 있는 지존의 영광과 구원의 힘을 드러낸다. 표적은 예수를 구원자로 입증한다. 요한복음에서 모든 기적은 예수의 인격을 드러내는 계시의 성격을 갖는다. 그러므로 예수 외에는 누구도 표적을 행할 수 없다.

이처럼 예수가 행한 표적은 예수가 누구인지를 드러낼 뿐 아니라, 그와 더불어 시작된 새로운 시대를 "표적"하기도 한다.[24] 하나님의 사자로서 예수는 표적 사건에서 미래의 세상이 어떤 세상인지를 분명하게 드러낸다. 가나의 포도주 표적에서는 생명의 풍성함과 기쁨을, 나면서부터 소경된 사람의 치유에서는 밝은 빛을, 오병이어의 표적에서는 생명의 떡의 풍성함을, 나사로의 부활에서는 죽음이 없는 생명의 세상을 보여 준다. 구약성서와 유대교에서 만나 사건은 메시아 시대의 표시이다(6:31). 이사야서 60장 이하에는 종말에 예루살렘과 온 민족들에게 하나님의 영광이 나타날 것이라는 예언이 있다. 예수는 표적 사건을 통해 하나님의 영광을 드러냄으로써, 이사야가 예언한 구원의 시대가 지금 자신과 더불어 실현되었다는 것을 보여 준다.

5) 다른 그리스도 칭호들

(1) 요한복음 1장 29, 36절에서 세례자 요한은 예수를 "세상 죄를 지고 가는 하나님의 어린양"이라고 한다. 예수는 유월절을 준비하는 날에 어린양으로 예루살렘의 성문 밖에서 십자가에 매달려 죽임을 당한다(요 19:14, 36). "어린 양"은 강하지도 않고 권세도 없는 약한 존재다. 그러므로 예수가 그러한 "어린 양"이라면, 예수는 한없이 연약한 가운데 인간에게 오시는 하나님의 능력이다.[25] 유월절 어린 양으로 도살당하는 예수 그리스도는 "우리 죄를 위한 화목 제물"이고, "세상의 구주"다(요일 2:2; 4:14).

(2) 나다나엘은 예수를 "하나님의 아들 이스라엘의 임금"이라고 하며(요 1:49), 빌라도는 예수의 십자가에 "나사렛 예수 유대인의 왕"이라는 팻말을 붙인다(요 19:19~20). 나사렛 예수가 '그리스도'이기 때문이다. 유대인들은 메시아가 유대인

---

24) P. Stuhlmacher, *Biblische Theologie des NT II*, 226~227.
25) U. Schnelle, *Theologie des NT*, 653.

의 왕으로 오기를 기다렸다(요 4:25). 요한복음은 세례자 요한이 메시아가 아니라 (1:20, 25; 3:28), 예수가 유대인의 왕으로 오실 메시아라는 것을 자주 말한다.[26]

(3) 요한복음은 "인자"를 자주 말한다.[27] 12장 34절의 두 번을 제외하면, 나머지 열한 번은 모두 예수의 입에서 나온다. 인자는 하늘에서 왔다가 하늘로 돌아가고(3:13; 6:62), 세상을 심판하는 권능을 가지며(5:27), 십자가에 달려 영광을 받는다(3:14).[28] 요한복음에서 예수는 그리스도, 예언자, 유대인의 왕, 그리고 하나님의 아들이며 인자이다. 독특하게도 요한복음 1장에서는 이 같은 다양한 칭호를 집중적으로 예수에게 사용한다.[29]

(4) 요한서신에서도 예수는 그리스도이며(요일 2:22; 요이 9), 생명의 말씀이고 (요일 1:1), 생명 그 자체다(요일 1:2). 예수 그리스도는 "의로우신" 분이고 "대언자" (παρακλητος)이며 "우리 죄를 위한 화목 제물"이다(요일 2:1). 예수는 하나님 아버지가 세상으로 보내신 "아들"이고 "세상의 구주"다(요일 4:14). "아버지의 아들"(요이 3)로서 예수 그리스도는 "참된 자"이며, 더 나아가 "참 하나님"이요 "영생"이다 (요일 5:20). 장로 요한은 이로써 예수가 "물과 피"로써(요일 5:6), 곧 "육체로 오신"(요이 7) 하나님의 아들로서 우리와 세상의 구주임을 강조한다. 이를 부정하는 사람은 "적그리스도"다.[30] 이는 마치 사도 바울이 오직 예수 그리스도를 믿음으로 의롭다함을 얻는다는 칭의복음을 부정하고 다른 복음을 전하는 사람들에게 저주를 선언했던 일을 상기시킨다(갈 1:9).

---

26) 1:41; 4:25~26, 29; 7:26~27, 31, 41~42; 10:24; 11:27; 12:34 등.
27) 1:15; 3:13, 14; 5:27; 6:27, 53, 62; 8:28; 9:35; 12:23, 34; 13:31 등.
28) 그 외에도 8:28; 12:23, 34; 13:31~32 참조.
29) 요 1:21, 25, 41, 49, 51.
30) 요일 2:18, 22; 4:3; 요이 7.

6) 예수의 수난과 죽음

(1) 요한복음에서 예수의 수난사는 18장부터 시작되지만, 요한복음은 예수의 공생애 시작부터 마지막까지 전 생애를 수난과 죽음의 시각에서 본다. 요한복음 전체가 예수의 수난과 죽음을 말한다고 할 수 있다.[31] 로고스가 창조한 백성이 세상에 온 로고스를 영접하지 않았다고 한다면(1:11), 이는 이미 예수가 세상에서 수난을 받을 것임을 분명히 예고한다. 세례자 요한이 예수를 "세상 죄를 지고 가는 하나님의 어린 양"이라고 하는 것도(1:29, 36) 예수가 십자가에서 죽임을 당할 것임을 말한다. 죄를 '지고 가다'와 19장 17절의 십자가를 '지고 가다'는 같은 말이다. 예수의 죽음은 속죄를 위한 십자가 죽음이다.[32] 예수의 죽음을 결정적으로 유발한 예루살렘 성전정화 사건을 공관복음과는(막 11:15~19 병행) 달리 요한복음이 공생애 초기 사건으로 배치함으로써 이러한 시각은 뚜렷하게 드러난다(요 2:14~22). 요한복음은 이 사건을 공생애 서두에 놓음으로써, 예수가 공생애 처음부터 죽음의 길을 적극적으로 가고 있으며, 그의 삶 전체가 십자가의 표적 아래 놓여 있다는 것을 분명히 한다. 3장 14, 16절도 예수의 죽음을 말한다.

예수는 '반드시' 죽어야 한다.[33] 모세가 뱀을 든 것처럼 예수가 십자가에 들려지는 것은 하나님이 세상을 위해 하신 일이다. 6장 48~58절에서도 세상을 위한 생명의 떡으로 예수는 자신의 살과 피를 준다. 예수의 죽음은 세상을 위한 생명의 떡이다. 예수의 죽음과 관련 없이는 누구도 자기 안에 생명을 가질 수 없다(53절). 10장 11, 15, 17, 18절에서도 하나님은 예수에게 주신 양들을 위해 예수가 죽어야 한다고 말한다. 나사로 사건에 이어지는 11장 49~52절에서 대제사장 가야바는 예수가 죽어야 하고, 그 죽음이 이스라엘 민족을 살리고, "흩어진 하나

---

31) P. Stuhlmacher, *Biblische Theologie des NT II*, 238~239.
32) U. Schnelle, *Theologie des NT*, 655.
33) 요 3:14~15; 12:34 등에 사용된 헬라어 동사 δει(must)는 예수의 죽음은 반드시 이루어져야 할 하나님의 뜻이라고 강조한다. 조경철, 「요한복음 강해. 나의 주님 나의 하나님」, 78. 269~270 참조.

님의 자녀를 모아 하나가 되게 하실" 것이라고 부지중에 예언했다(11:50, 52). 나사로의 죽음과 부활은 예수의 죽음과 부활을 미리 보여 주는 모델이다. 12장 24절에서 예수는 자신의 죽음을 많은 열매를 맺기 위해 떨어져 썩어야 하는 한 알의 씨앗에 비교한다. 12장 31~36절도 모든 사람을 위한 예수의 죽음을 말하며, 제자들의 발을 씻기는 사건도(13:1~20) 예수의 십자가 죽음과 부활을 말한다. 15장 9, 13절에서도 예수의 친구사랑은 곧 죽음을 의미한다. 그리고 17장의 기도에서 요한복음의 예수는 하나님이 자기에게 "주신" 사람들을 위해 죽음으로써 하나님의 뜻을 완성하고 영화롭게 된다고 말한다. "17장은 기도의 형식으로 된 수난 이야기"다.[34] 이처럼 요한복음은 18장에서 예수의 수난 이야기를 하기도 전에 이미 예수의 수난과 죽음에 관해 말한다. 요한복음이 예수의 죽음의 "때"를 복음서 전체에서 반복하는 것도 같은 차원이다.[35] 창조 이전에 로고스로 있었던 예수가 세상에 와서 십자가에 달려 죽음으로써 하나님의 뜻을 완성했다.

(2) 요한복음에서 예수의 수난은 누군가에 의해 예수가 강요당한 것이 아니다. 예수는 하나님의 아들이기 때문에 스스로 자발적이고 적극적으로 수난의 길을 간다.[36] 예수는 "자기의 십자가"를 지고 간다(19:17). 그러므로 공관복음과는 달리 예수의 십자가를 대신 지고 가는 사람이 없다. 예수를 대신해 죄인을 위한 죽음의 길을 갈 수 있는 인간은 없다. 예수는 "그의 영혼을 내놓으셨다"(19:30).[37] 예수는 비극적 운명의 희생자가 아니라 자기 죽음의 주도권을 가지고 스스로 죽음의 길을 간다.

(3) 예수는 죄가 전혀 없는 분이다. 예수의 무죄를 확인해 주는 사람은 역설

---

34) 조경철, 「요한복음 강해. 나의 주님 나의 하나님」, 358~359. 예수의 수난 이야기에 나타난 요한복음의 그리스도이해에 관한 이하의 언급은 이 책 360~384를 요약하고 보충한 내용이다.
35) 요 2:4; 7:30; 8:20; 12:23, 27; 13:1; 17:1.
36) 10:18; 11:7~16; 13:1; 13:26~27.
37) 우리말 개역성서가 "영혼이 떠나가다"로 번역한다면, 이는 요한복음의 신학에 대한 분명한 오역이다.

적으로 빌라도 총독이다(18:38; 19:4, 6). 하나님의 아들로서 예수는 그 어떤 차원에서도 죄가 없다. 죄가 없는 그의 죽음은 인간에게 구원을 가져다줄 수 있다.

가야바는 자신도 무슨 말을 하는지 모르면서 예수의 죽음을 많은 사람을 위한 대속의 죽음이라고 한다(11:50).[38] 이 예수는 죽음의 길을 가고, 그 대신에 바라바가 살게 된다(18:39~40). 예수가 유월절 어린 양으로 죽었다는 말에 대리적인 속죄의 죽음이 분명하게 나타난다. 이는 이미 1장 29절에 언급한 바 있고, 수난 이야기에서 더 분명히 언급한다. 예수는 니산월 14일에 죽었다(19:31). 이 날은 유월절을 준비하기 위해 양을 도살하는 날이다. 19장 36절은 출애굽기 12장 46절의 실현이다. 그러므로 예수는 유월절 희생양으로서 죽었다.

(4) 예수의 죽음은 구약성서 말씀의 실현이다(19:24, 28, 36, 37). 더 나아가 예수가 이미 이전에 자기 죽음에 대해 했던 말씀의 실현이다(18:9, 32).

(5) 죽음에 이르는 예수의 수난은 예수가 실제로는 왕이라는 사실을 분명히 한다. 예수의 수난 이야기를 구약성서와 고대 오리엔트의 왕 즉위식에 있는 네 가지 요소들에 빗대어 말함으로써, 예수가 왕이라고 한다. 진정한 왕인 예수가 치욕의 십자가에서 죽는 것은 최대 역설이다.

즉위식에서 첫 번째 요소는 왕을 선언하는 것이다(18:33~38). 왕으로 등극하게 될 자가 누구인지를 선언함으로써 왕위 즉위식이 시작된다. 요한복음에서는 예수가 스스로를 왕으로 선언한다. 예수 외에는 누구도 그를 왕으로 인정할 수 없었기에 스스로 자신을 왕으로 선언한다. 빌라도가 "네가 유대인의 왕이냐?"라고 묻자, 이 물음에 예수는 "내가 왕"이라고 대답한다(18:37).

두 번째 요소는 왕에게 왕관을 씌우고 경배하는 것이다(19:1~3). 군인들은 예수에게 가시관을 씌우고 왕이 입는 자색 옷을 입힌다. 그리고 예수 앞에 가서

---

38) 18:8~9, 12~14도 참조.

무릎을 꿇고 인사를 하며 그를 때린다. 예수가 왕이라는 진리를 그렇게 역설적이고 무서운 왜곡으로 드러낸다.

세 번째 요소는 새로 등극한 왕이 백성들 앞에 나타나고 백성들은 환호성을 지르는 것이다(19:4~16). 빌라도는 예수를 인도해 백성들에게 보이면서 "보라 이 사람이로다(ecce homo)"(5절), "보라 너희 왕이로다"(14절)라고 선언한다. 6절과 15절에서 백성들은 "그를 십자가에 못 박으소서"라고 아우성침으로써, 무섭게 일그러지고 왜곡된 환호성으로 왕을 맞이한다.

마지막은 새로 등극한 왕이 왕좌에 앉는 것이다(19:17~22). 새로 등극한 왕이 앉아야 할 보좌는 십자가다. 십자가 위에 히브리어와 라틴어, 헬라어 등으로 "유대인의 왕"이라는 팻말이 붙는다(19:19~20). 이 세 언어는 그 당시 모든 세계를 포괄하는 언어다. 예수는 온 세상, 모든 인류의 왕이었다.

예수의 수난 사화는 이처럼 고대 오리엔트의 왕위 즉위식 절차에 따라 예수가 왕이라는 사실을 역설적으로 드러낸다. 그러나 예수의 왕국은 이 세상에 있지 않기 때문에(18:36~37), 이를 알지 못하는 사람들은 진정한 왕인 예수를 희롱하고 저주한다.

(6) 십자가에 달려 죽으신 예수는 승리자다. 예수는 "내가 세상을 이겼다"고 했다(16:33). 예수는 십자가에서 세상을 이겼다. 그래서 십자가에서 "다 이루었다"라고 말할 수 있었다(19:30). 십자가에서 예수는 영광을 받는다. 십자가에서 죽는다는 것은 더할 나위 없는 수치스러운 일이다. 하나님의 아들이며 왕인 예수가 가장 수치스러운 죽음을 죽었다. 부활이요 생명이신 예수가 죽음의 길을 갔다. 요한복음은 예수의 십자가 죽음을 '높이 들리다'(υψουσθαι)라고 함으로써(3:14; 8:28; 12:32), 예수의 죽음은 세상에 온 목적이요, 세상에서 행한 구원사건의 극점이라고 한다. 치욕스러운 죽음 안에서 생명의 승리가 나타난 것이다. 죽음으로써 죽음이 극복되고, 죽음에서 생명이 나타나며, 어둠 속에서 빛이 분명히 비추

고, 가장 낮아짐으로써 가장 높아지는 역설이 예수의 죽음에서 일어난다. 이처럼 십자가 죽음은 요한복음에서 하나님의 뜻이 완성된 장이기 때문에, 십자가 죽음에서 아들과 아버지가 함께 '영광'을 받는다. 그러므로 요한복음에서 십자가의 신학은 영광의 신학이고, 영광의 신학은 십자가의 신학이다.[39]

7) 예수의 부활과 현현

20장과 또 나중에 첨가한 21장까지 함께 고려하면, 요한복음은 다른 복음서들보다 예수의 부활과 현현에 대해 더 상세하게 말한다. 생명의 주가 되시는 하나님이 그 생명을 아들 예수에게 주셨다(5:26). 이 생명을 가지고 있는 예수는 스스로 생명을 버릴 수도 있고, 그 생명을 다시 얻을 수도 있다(10:17~18). 실로 예수는 "부활이요 생명"이다(11:25). 그렇다면 예수 이야기는 십자가 죽음으로 끝날 수 없고, 반드시 생명을 다시 얻어 영원한 생명의 주로 입증되는 부활로 이어져야 한다. 부활은 예수의 진정한 본질과 정체를 확증하는 역할을 한다.

예수는 제자들에게 다시 와서 그들을 고아와 같이 버려두지 않겠다고 약속한다. 다시 올 예수를 세상은 보지 못하지만 제자들은 볼 것이고(14:18~19), 그때에는 제자들이 결코 빼앗길 수 없는 기쁨으로 충만할 것이다(16:22). 요한복음 20장은 공관복음에 나오지 않는 세 가지 현현 이야기를 함으로써, 예수의 이 약속이 그의 부활과 현현으로 실현되었다고 한다. 예수의 무덤이 빈 무덤으로 발견되었다(20:1~10). 부활 예수는 막달라 마리아에게 나타나고(20:11~18), 이어서 제자들에게 나타남으로써(20:19~23) 14장 18~21절과 16장 16~22절의 약속이 실현된다. 부활 예수는 제자들에게 성령을 주어 사죄권을 부여한다. 마지막으로, 부활 예수는 의심하는 도마에게 나타난다(20:24~29). 요한복음은 도마의 고백과 이에 대한 부활 예수의 반응을 통해 진정한 믿음이 어떤 것이어야 하는지를 보여 준

---

39) 이에 대한 논의와 관련된 문헌들에 대해서는 U. Schnelle, *Theologie des NT*, 654~661 참조.

다. 부활 예수는 자신의 찔린 자국을 만져 보라고 함으로써 육체적인 부활을 입증해 보이지만, 도마는 그 자국을 만지지 않고 예수를 "나의 주님, 나의 하나님"으로 고백한다. 도마는 부활 예수를 직접 보지 않고 부활 증인들의 말씀에만 의지해 믿음을 고백해야 하는 후세대 그리스도인들의 대표자다. 요한복음 자체가 바로 그 같은 증언의 말씀이다. 그러므로 요한공동체와 후세대 그리스도인들은 요한복음에 증언된 말씀을 읽고 들어서 예수가 하나님의 아들 그리스도이심을 믿어야 진정으로 복 있는 사람이 된다(20:31).

8) 요약

요한공동체는 부활절 이후에 보혜사 성령의 작용으로 기억하게 된 풍성한 그리스도이해를 보여 준다.[40] 요한공동체는 예수를 창조 이전의 시각과 종말적인 시각 등 이중 차원에서 말한다. 창조 이전의 시각으로부터 보면, 예수는 하나님의 천지 창조 이전에 있어 하나님과 함께 세상 창조에 참여한 하나님의 아들이며, 성육신하신 이후에는 세상에서 하나님을 분명하게 드러내 보여 준 분이다. 종말론적인 부활의 시각으로 보면, 예수는 세상에서 사는 동안에 그리고 십자가에서 이미 세상을 이기신 분이다(요 16:33). 예수가 부활하고 아버지께로 돌아간 이후 제자들에게는 보혜사 성령이 와서, 그들의 증언과 선교를 통해 성육신하신 예수가 시작했던 하나님의 구원 사역을 계속한다. 요한복음에서 십자가는 실패자의 죽음의 장이 아니라 승리자의 죽음의 장이고, 그러므로 예수의 사명이 완성되는 장이며, 또 그의 신적인 본질이 드러나는 영광의 장이다.

---

40) U. Schnelle, *Einleitung in das NT*, 577; *Theologie des NT*, 663.

3. 요한공동체의 성령이해[41]

1) 요한문헌은 성령에 대해 매우 다양하게 말한다. 영은 진실하게 믿는 사람들에게만 주어지기 때문에(요일 3:24), 오로지 영을 받은 사람들만 그리스도가 육신으로 왔으며 또 앞으로 다시 올 것이라고 믿을 수 있다(요일 4:2; 요이 7). 이렇게 믿음을 고백하는 사람은 "진리의 영"을 받았고, 거부하는 사람은 "거짓의 영"을 받았다(요일 4:6). 부활 승천한 그리스도는 '보혜사'로서 하늘의 하나님 앞에서 그들을 위해 활동한다(요일 2:1~2).[42] 하나님은 영이시고, 그러한 하나님께 드리는 진정한 예배는 "영과 진리 안에서" 일어난다(요 4:24). 성육신한 아들에게 영이 임하는 것은 그가 하나님의 아들이라는 증명이며, 그러므로 세상에서 사는 동안 아들은 영 안에서 활동한다(요 1:33; 3:34). 이 아들의 말씀은 곧 영이요 생명이다(요 6:63). 부활한 이후 예수는 제자들에게 성령을 불어 넣어 주어, 그들이 자신들의 사명이 무엇인지를 분명히 깨닫게 한다(요 20:22~23). "물과 성령"으로 거듭나는 사람만 하나님 나라에 갈 수 있으며, 자연인 그대로는 구원을 받을 수 없다(요 3:5~6). 영은 살리는 힘이기 때문에(요 6:63), 영으로 거듭난 사람은 새로운 존재가 되며, 그런 사람만이 하나님 나라에 들어갈 수 있는 것이다. 그러므로 영은 새롭게 창조하는 하나님의 힘으로서, 인간의 영역과 능력을 넘어서 있다(요 3:8).

2) 요한복음의 성령이해에서 가장 독특한 것은 '보혜사' 성령이다. 요한1서 2장 1절에 보혜사("대언자")가 한 번 더 사용되는데, 이때 보혜사는 하나님의 최후 심판대 앞에서 우리 죄인들을 위해 대언하시는 '예수 그리스도'이다. 그러나 요한복음은 최후 심판에서가 아니라, 오히려 지금 세상의 한복판에서 제자들과 함

---

41) 조경철, 「요한복음 강해. 나의 주님 나의 하나님」, 334~337.
42) 롬 8:34; 히 7:25; 9:24도 참조.

께하는 성령을 보혜사라고 한다. 보혜사 성령은 신약성서에서 오직 요한복음에만 나오고, 그것도 14~16장의 고별설교에서만 다섯 차례 말씀한다.[43] 14~16장에서 예수는 제자들을 떠나 하늘 아버지께로 돌아가기 직전에 제자들에게 고별설교를 한다. 예수가 말씀하신 보혜사 성령을 바로 이해하기 위해서는 고별설교라는 문맥을 고려해야 한다.

3) 보혜사는 "성령"이다(14:26; 15:26; 16:7). "보혜사"로 번역된 헬라어(παρακλητος; 라틴어로는 advocatus)는 '옆에'를 의미하는 전치사(παρα)와 '부름을 받은 사람'을 의미하는 수동태형 명사(κλητος)의 합성어다. 즉 보혜사는 '부름을 받아 옆에서 돕는 자'다. 부름을 받은 사람은 그를 부른 사람 곁에 서서 돕는다. 보혜사는 다른 사람을 위해 등장하는 사람, 곧 조력자와 중재자, 대변인 그리고 법정에서의 변호인 등을 의미한다. 그러므로 보혜사는 세상에서 살고 있는 제자들의 곁으로 와서 그들을 돕는 성령이다.

4) 보혜사 성령과 예수 그리스도는 어떤 관계일까?[44] "보혜사" 말씀이 서 있는 고별설교라는 장을 고려하면, 보혜사 성령은 하나님께로 돌아가는 예수 그리스도와 깊은 연관이 있다. 성령은 "다른 보혜사"이다(14:16). 이 "다른" 보혜사는 육신으로 온 예수 자신이다. 육신으로 사는 동안 예수는 제자들을 가르쳤고 보호해 주었다(17:9, 20; 18:8). 그러므로 영-보혜사는 하나님 앞에서 그리고 사람들 중에서 활동하는 살아 있는 그리스도 자신이다.[45] 그리스도-보혜사와 영-보혜사는 동일하다.[46]

예수가 부활한 이후 성령을 보내시는 분은 하나님과 부활 승천한 그리스도

---

43) 14:16~17; 14:26; 15:26~27; 16:7~11; 16:13~15.
44) H.-Chr. Kammler, "Jesus Christus und der Geistparaklet", 182~184 참조.
45) 롬 8:4, 9~11, 16, 26~27, 34 등에 따르면, 바울도 영의 활동을 지상의 차원과 하늘의 차원으로 구분해 말한다.
46) 그러나 U. Schnelle, Theologie des NT, 667 각주 139에 따르면, 하늘로 올라간 예수는 "보혜사 안에서 그리고 보혜사를 통해서 활동하지만, 보혜사는 아니다"라고 한다.

다. 보혜사는 예수가 십자가에서 죽고 부활하여 아버지께로 돌아간 후에 활동을 시작한다. 보혜사는 예수 그리스도의 인격적인 비밀과 예수의 사역에서 일어난 구원을 깨닫고 믿게 하기 위해 온다. 보혜사가 아니고는 누구도 믿을 수 없다. 보혜사 성령은 적대적인 세상의 한복판에서 살고 있는 제자들과 항상 함께하면서 그들을 돕는다(14:16~17). 제자들에게 완전한 진리를 가르치는 선생으로서(14:26; 16:12~13), 세상에서 제자들이 예수에 관해 증언하게 한다(15:26~27; 16:8~11). 요한공동체는 보혜사의 인도를 받아 세상을 향해 선교 활동을 멈추지 않았다(17:18; 20:21). 보혜사는 예수를 하나님의 아들로 믿지 못하는 것이 세상의 죄이며(16:8~9), 또 무엇이 "의"인지를 분명하게 알게 하기 위해(16:10) 요한공동체의 선교를 활용한다.

보혜사 성령은 부활 승천한 그리스도의 또 다른 존재방식이다. 예수는 십자가 사건 이전에는 육신의 방식으로 활동했다면, 부활 승천 이후에는 영의 방식으로 계속 살아 있다. 보혜사 성령은 예수의 인격과 사역을 대체하거나 질적으로 능가하지는 않는다. 성령은 인격적인 독자성을 유지하나 그리스도를 영화롭게 할 뿐이다. 그리스도가 십자가에서 "다 이루어" 놓은 구원 사역을 성령은 사람들 개개인이 믿게 한다. 예수는 십자가에서 하나님의 구원 사역을 이루었고, 보혜사 성령은 예수가 행한 구원 사역을 선택받은 사람들이 깨달아 믿고 고백하게 한다.

5) 요한복음은 특별하고 신비하며 기적적이고 카리스마적인 성령의 은사에 관해서는 말하지 않는다. 요한복음에서 성령의 활동은 말씀과 결합되어 있는데, 곧 성령이 주는 은사는 말씀의 가르침과 그에 대한 올바른 신앙고백이다. 요한복음은 보혜사 성령이 깨우쳐 준 예수 그리스도의 말씀이다. 그러므로 보혜사 성령이 아니고는 누구도 요한복음을 하나님의 말씀으로 믿을 수 없다.

복음서 저자는 그의 복음서를 부활하신 그리스도가 보혜사 성령을 통해 깨우처 준 진리라고 한다. 부활절 이전에 제자들은 예수의 행위와 말씀을 이해할 수 없었다(2:17, 22; 12:16; 20:9). 그런 제자들이 성령의 능력에 힘입어 예수의 행위와 말씀들을 이해하게 되었다. 요한복음 저자에게 예수 그리스도의 진리를 깨닫게 해 준 것도 성령이다. 그래서 그는 성령의 깨우침을 받아서 그의 복음서를 기록했다. 그러므로 요한복음이 말하는 복음의 진리는 그 역사성에서 검증되거나 확증되는 것이 아니라 보혜사 성령에 의해 확증된다. 예수 그리스도가 누구인지, 그의 십자가 사건이 갖는 구원의 의미가 무엇인지를 보혜사 성령이 요한 공동체에게 깨우쳐 주었다.

기원후 90년 이후 요한공동체의 그리스도인들은 육신의 예수와는 함께하지 않지만, 보혜사 성령을 통해 "처음부터 그리스도와 함께 있다"(15:27). 그렇다고 해서 그들이 처음 제자들이 전해 준 '사도적인' 선포와 무관하게 그리스도를 알고 믿는 것은 아니다. 사도적인 제자들은 부활 예수로부터 직접 복음을 받았고, 특별한 방식으로 보혜사 성령을 통해 깨우침을 받았다. 요한복음이 전하는 복음의 출처라고 할 수 있는 '사랑하는 제자'의 증언이 바로 그런 사도적인 선포에 속한다. 요한복음의 보혜사 성령이해에는 근본적으로 부활절 이후 곧 육신의 예수와 함께 있지 못한 초대교회의 문제가 있다. 교회는 하늘 아버지께로 돌아간 예수에 의해 버림을 받은 것이 아니다. 세상에 남겨진 교회에는 여전히 돕는 분이 있으며, 그분이 보혜사 성령이다. 요한복음은 보혜사 성령을 통해 말씀하는 예수 그리스도의 복음이다. 그러므로 보혜사 성령이 아니고는 누구도 요한복음을 하나님의 진리로 읽을 수 없다. 이처럼 요한복음은 "신약성서 안에서 성령에 관해 가장 정확한 가르침"을 준다.[47]

---

47) P. Stuhlmacher, *Biblische Theologie des NT II*, 260.

4. 요한공동체의 종말이해

1) 요한복음은 영생과 심판에 대해 현재적으로도, 미래적으로도 말한다.[48] 특히 5장 19~30절에는 현재적 종말이해(24~25절)와 미래적 종말이해(28~29절)가 나란히 나타난다. 구원과 심판에 관한 이러한 현재적 말씀들과 미래적 말씀들은 어떻게 조화될 수 있을까? 이 문제를 해결하기 위해 지금까지 가장 널리 인정되는 이론은 불트만의 주장이다.[49] 그는 동일한 저자가 이렇게 상이한 말을 할 수 없다고 생각하며, 둘 중 어느 하나는 요한복음의 원래 저자가 했고, 다른 하나는 후대 편집자가 했다고 말했다.

우리는 불트만의 말을 좀 더 들어보아야 한다. 복음서 저자는 전적으로 구원과 심판을 현재적인 차원에서만 말했으며, 그래서 미래적인 말씀들은 복음서 저자가 죽은 이후 교회 편집자가 복음서에 미래적인 종말이해를 첨가했다고 한다. 그 대표적인 예가 5장 28~29절이며, 그 외에도 6장 39, 40, 44절이며 12장 48절도 복음서의 후대 편집에 속한다고 불트만은 생각한다. 그러나 우리는 불트만의 견해를 다음과 같은 이유로 거부한다.

첫째, 불트만이 교회 편집에 속한다고 하는 구절들은 그렇지 않은 다른 구절들과 현재나 미래냐는 생각에서 차이가 있다는 점 외에는 편집에 속한다는 다른 어떠한 증거도 없다. 이런 구절들에 사용되는 문체나 개념 등은 요한복음의 다른 부분과 전혀 다르지 않다. 둘째, 5장 28~29절에서 초대교회의 전통적인 종말이해를 보려는 견해는 옳지 않다. 전통적인 종말이해에 따르면, 먼저 부활이 있고 그 다음에 모든 사람에게 심판이 있어서, 여기서 구원 아니면 저주의 판결

---

48) 구원에 관한 현재적 말씀(3:18, 36; 5:24; 6:47; 12:24, 47); 미래적 말씀(5:28~29; 6:39, 40, 44, 54). 심판에 관한 현재적 말씀(3:18; 3:36; 5:24b, 40); 미래적 말씀(5:28~29; 12:48). 이하의 논의는 조경철, 「요한복음 강해. 나의 주님 나의 하나님」, 145~150의 요약과 보충이다.
49) R. Bultmann, *Johannes*, 194~196; J. Becker, *Johannes I*, 285 참조.

이 내려질 것이다.[50] 전통적인 종말론에서는 예수가 아니라 하나님이 죽은 자들을 다시 살리신다. 그러나 요한복음 5장 28~29절에 있는 생명과 심판이라는 이중 부활은 그러한 전통적인 종말론이 아니다. 생명과 심판의 결정은 최후 심판에 일어나는 것이 아니라, 이미 지금 여기서 예수와 그의 말씀을 만남으로써 일어났기 때문이다. 최후 심판에서는 그 결정이 분명하게 확인될 뿐이다.

2) 요한복음에서 구원과 심판에 관한 현재적인 말씀과 미래적인 말씀은 상충되지 않는다. 요한복음은 구원을 엄격하게 그리스도이해에 근거해 말하기 때문에, 구원에 관한 현재적인 말씀과 미래적인 말씀은 밀접하게 연결될 수밖에 없다. 요한복음에서 종말론은 '기독론의 기능'이다.[51] 구원은 그리스도의 인격과 행위와의 연관 속에서 현재적이다. 예수의 성육신과 십자가, 부활과 승천 등에서 구원은 일어났고, 이러한 현재적인 구원은 예수 그리스도를 증언하는 말씀을 통해 믿는 사람의 구원이 된다. 그리스도 안에서 '우리는 영원한 구원을 가지고 있다'(요 3:15). 예수 그리스도와 그에 관한 말씀에 어떠한 태도를 가지느냐에 따라 인간의 영원한 운명은 이미 지금 여기서 결정된다.

표적사건에서 요한복음의 독특한 현재적 종말이해가 드러난다. 공관복음과 비교하면 더 분명해진다. 누가복음에서 요나의 표적은 재림하실 그리스도를 말하며, 이는 그들이 회개하지 않는 것을 심판하는 표적이다(11:29~30; 마 12:39~40도 참조). 그러나 요한복음에서 요나의 표적은 재림하실 그리스도가 아니라 이미 현재 활동하고 있는 그리스도를 말한다. 그리스도는 이미 지금 하나님의 뜻에 따라서 믿는 자들과 믿지 않는 자들을 구별하기 위해 왔다(9:39). 생명의 수여자로서 예수가 보여 주는 모든 '표적들'은 예수 안에 있는 종말론적인 구원의 현재를 말한다. 공관복음에서 생명은 미래의 것이지만, 요한복음에서는 이미 예수 안에

---

50) 마 25:31~46이 이 같은 전통적인 종말이해의 대표다.
51) P. Stuhlmacher, *Biblische Theologie des NT II*, 247.

서 믿는 자들에게 주어진 현재의 생명이다. '표적'은 예수 그리스도를 '부활이요 생명'으로 드러내기 때문에, 예수 안에서 이 생명과 부활은 이미 현재적이다.

3) 요한문헌이 생명을 말할 때면, 항상 '영원한 생명'(ζωη αιωνιος)을 말한다. 영생은 요한복음에 36회, 요한 서신들에 13회 사용된다. 생명은 영원하기 때문에 필연적으로 미래적인 차원이 들어올 수밖에 없다. 그러나 영생은 주로 현재에 얻을 수 있는 하나님의 선물로 여겨진다(요 3:14~16, 36; 5:24). 하나님의 아들을 믿는 사람은 이미 지금 영생을 얻는다(요 5:24; 6:47).[52] 예수 안에 머무는 사람은 죽음을 영원히 보지 않고(요 8:52), "영원히 멸망하지 않을 것이고, 그들을 내 손에서 빼앗을 자가 없다"(요 10:28)고 한다. 예수가 '부활이요 생명'이기 때문이다. 그러므로 미래는 이미 지금 그리스도 안에서 결정되었다. 미래에는 새로운 것이 일어나지 않고, 그리스도를 만남으로써 이미 지금 결정된 사실이 드러날 뿐이다.

영생은 세상의 생명과 전혀 다르다. 세상의 생명은 끝이 있지만 영생은 끝이 없다. 세상의 생명은 박해 중에 잃어버릴 수도 있고(요 16:1~2), 또 예수 자신이 그런 것처럼 형제를 위해 스스로 내어놓을 수도 있다(요일 3:16). 영생을 얻기 위해서는 세상의 생명을 미워해야 한다(요 12:25). 그러나 영생은 예수께서 그의 말씀을 통해 믿는 사람들에게 주신 잃어버릴 수 없는 하나님의 선물이다(요 6:27; 요일 5:18). 영생은 하나님 및 그리스도를 알고 교제하는 것이다(17:3).

세상에서 생명의 끝(죽음)에 대한 경험은 세상의 생명을 넘어서는 '영원한' 생명을 말할 수밖에 없게 했다(11:25의 "죽어도 살겠고…"). 요한복음은 죽음의 위협 속에 직면한 성도들에게 읽혀지기 위해 기록되었다(16:2, 33). 죽음과 박해의 상황에서 구원이 던지는 의미가 무엇일까? 그리스도는 믿음의 사람들을 이미 지금 '영원한' 생명으로 불렀기 때문에, 그들은 그리스도 안에서 이미 지금 '영원한' 생명을 가지고 있다. 그리스도가 다시 올 때, 이미 죽은 사람은 다시 살리고, 여전

---

52) 요 1:12~13; 3:5; 요일 4:7; 5:1, 7~8; 딛 3:5도 참조

히 죽지 않은 사람은 살아 있는 그대로 그와 함께 영원히 살게 할 것이다. 요한복음은 죽음의 위기와 아픔을 건너뛰지 않는다. 그런 점이 영지주의와 다르다. 요한복음은 육체적인 고난과 부활을 분명하게 믿었다. 그러면서 죽음의 고난과 아픔을 '영원한' 생명에 대한 확신으로 극복한다. 요한복음에서 현재적인 종말이해와 미래적인 종말이해는 필연적으로 서로를 요청한다. 미래적 종말론이 없는 현재적 종말론은 없다. 그 반대로 현재적인 종말론이 없는 미래적인 종말론도 없다. 이 점에서 요한복음과 바울서신은 비슷하다(롬 6:3~11).

4) 묵시문학적인 전통 신앙에 따르면, 최후 심판에서 하나님은 최종적으로 인간의 구원과 멸망을 판결한다. 그러나 요한복음은 하나님의 최종 판결이 이미 지금 내려졌다고 한다. 이는 5장 27~29절에서 분명하게 보여 준다. 27절은 전통적인 묵시사상의 표현이다. 하나님은 인자 아들에게 심판의 전권을 주셨다. 28~29절은 이 전통적인 견해를 수정하는 요한복음 고유의 해석이다. 전통적인 견해에 따르면, 죽은 자들이 음성을 듣고 나서 비로소 심판이 이루어지고, 거기서 어떤 이들은 생명으로, 어떤 이들은 죽음으로 판결 받을 것이다. 그러나 요한복음에서 최후 심판은 이미 지금 여기서 내려진 결정을 확실하게 드러내는 장일 뿐이다. 결정은 이미 지금 예수 그리스도와의 만남에서 내려졌다. 이는 로마서 5장에서 바울이 제기한 신학과 같지만, 마태복음 25장이 말하는 최후 심판과는 다르다. 마태에 따르면, 최후 심판에서야 비로소 결정이 내려지고, 그것도 행위에 따라 내려진다. 마태복음이 유대교의 묵시문학적인 심판사상을 그대로 따르고 있다면, 요한복음과 바울은 그리스도이해의 토대 위에서 깊은 반성을 통해 기독교적인 종말이해를 제기한다.

5) 요한복음의 종말이해의 특징을 이렇게 정리할 수 있다.
첫째, 요한복음의 종말이해는 기본적으로 현재적이다. 예수의 구원사건(성육신과 십자가, 부활과 승천)은 역사적인(과거) 사건이다. 역사적인 구원사건을 선포하는 말씀을 통해 그리스도의 구원사건은 현재적이 된다. 선포된 말씀에서 그리스도를 만나는 사람은 이미 지금 영원한 생명에 참여하고, 그 말씀을 거부하면 이미 지금 심판을 받았다.

둘째, 이러한 현재적인 생명의 확신에는 미래적인 차원이 있다. 인간의 죽음에 직면해 생명은 필연적으로 '영원한' 생명이 될 수밖에 없다. 믿음으로 이미 지금 여기서 참여한 생명은 죽음을 넘어서는 '영원한' 생명, 곧 미래적인 생명이다.

셋째, 요한복음의 현재적인 종말이해는 그리스도이해의 필연적인 결과다. 하나님의 아들 그리스도의 십자가와 부활에서 인간의 구원이 일어났다는 사실을 진지하게 받아들인다면, 구원을 현재적으로 이해하는 것은 당연한 결과다. 바울도 마찬가지다(롬 5:1~11; 8:31~39). 현재적 종말론은 기독론의 근거에서 벗어날 수 없다. 인간은 영원한 생명을 오직 그리스도 안에서만 가진다. 영생은 인간에게 부여된 인간 고유의 성질이 아니다. 경건한 인간의 소유물이 아니다. 그러므로 어떤 완벽주의나 열광주의도 거부한다.

넷째, 요한복음의 종말론은 개인과 그의 운명에만 관심을 나타내는 개인주의적이다. 창조 세계나 인류의 문제에는 별로 관심가지지 않는다. 이것이 요한복음의 종말론적인 구원이해의 한계점이다. 반대로 바울은 로마서 8장에서 창조 세계 전체를 바라보는 종말론을 펼친다. 요한복음의 종말론은 바울의 종말론에 의해 보충되어야 한다.

5. 요한공동체의 예정적인 구원이해[53]

인간의 구원에 인간 자신은 어떻게 참여할 수 있을까? 바울의 서신들과 마가 복음 그리고 요한복음은 인간의 참여 없이 하나님의 은혜를 통한 구원을 말하 지만, 반면에 마태복음과 야고보서 그리고 히브리서 등은 구원에 대한 인간의 참여 행위를 강조한다.[54]

1) 요한복음은 두 종류의 인간을 보고 있다. 하나는 예수의 말씀을 듣고 믿어 서 영생에 참여한 사람들이고, 다른 하나는 예수의 말씀을 들어도 믿지 않고 배 척하며 죽음에 머물러 있는 사람들이다. 1세기 말의 상황에서 요한복음 저자와 요한공동체는 예수를 믿지 않는 사람들(특히 유대인들)로부터 박해를 받으면서, 그들이 왜 예수를 믿지 않고 믿음의 공동체를 박해하는지를 깊이 생각할 수밖 에 없었다.

사람이 어느 부류에 속하는지는 자신의 선택과 결정에 의해서가 아니라, 하나 님에 의해서 생겨났다고 요한복음은 말한다. 이러한 요한복음의 생각의 출발점 은 이미 로고스 송가에 복음서 저자가 해설 형태로 첨가한 1장 13절에 분명하 게 나타난다. 태초에 하나님과 함께 계셔서 세상을 창조한 로고스가 그의 소유 가 되는 세상에 오자, 그를 하나님으로 영접한 소수의 사람들도 있었지만, 대다 수는 그를 배척한다. 그를 영접하는 사람들에게는 하나님의 자녀가 되는 권세 를 주었다.

"이는 혈통으로나 육정으로나 사람의 뜻으로 나지 아니하고 오직 하나님께

---

53) 이하의 논의는 조경철, "요한복음의 예정적인 구원진술에 관한 연구"를 요약 보충한 내용이다.
54) 특히 개신교회에서는 바울과 요한의 구원이해에 일방적으로 의지해 다른 구원이해를 비판하는 경향이 강하다. 그러나 우리는 신약성서에 분명하게 증언된, 구원에 관한 두 범주의 이해를 대립적으로 볼 것이 아니라, 그것들이 논해진 역사적인 정황을 고려해서 해석학적으로 평가해야 한다. 이에 대해서는 P. Stuhlmacher, *Biblische Theologie des NT II*, 66~69, 175~176 참조.

로부터(εκ θεου) 난 자들이다."

그러므로 성육신한 예수를 하나님의 아들로 믿는 것은 인간의 자유로운 결단이나 의지에 의해서가 아니라, 하나님에 의해서 된 은혜의 결과다. 하나님에 의해 그런 믿음을 갖게 된 사람은 "생명을 얻는다." 이 사실을 분명히 하기 위해 요한복음 저자는 그의 복음서를 기록했다(20:31).

2) 1장 13절의 '예정적인 사고'는 요한복음 전체에 걸쳐 나타난다.[55] 요한복음 6장에서 예수는 오병이어의 표적을 행하고, 자신을 하늘로부터 내려온 참된 생명의 떡이라고 한다(35절). 그러나 엄청난 떡의 표적을 직접 경험한 유대인들이 예수를 믿지 않는다(36절). 엄청난 표적을 눈으로 보고 경험한 사람이 예수를 믿지 못한다면, 누가 과연 믿을 수 있을까? 이 물음에 예수는 "아버지께서 내게 주시는 자"(37절)만 믿는다고 답한다. 그리고 이어서 44절에서 "나를 보내신 아버지께서 이끌지 아니하시면 아무도 내게 올 수 없다"고 한다. 65절에 따르면, 아버지가 그에게 주지 않은 사람은 누구도 그에게 올 수 없다. 45절은 아버지에 의해서 가르침을 받은 사람만 예수에게 올 수 있다고 한다. 그러므로 예수를 믿는 것과 예수께로 오는 것은 "사람의 능력이나 의지 안에 있는 일들이 아니다 … 하나님의 능력과 의지를 떠나서는 존재하지 않는다."[56]

---

55) 예정론은 결정론이나 이원론과는 구분해야 한다. 결정론은 모든 사건이 하나님에 의해 미리 결정되었다는 생각이다. 하나님이 개인과 세상 그리고 모든 우주적 운명을 이미 결정해 놓으셨다. 인간의 구원도 역시 하나님이 미리 정하신 결정에 따라 기계적으로 일어난다고 여기게 되는데, 신약성서의 어느 문헌도 이런 결정론적인 구원을 말하지 않는다. 이원론은 어떤 사물이나 원리의 양면을 예리하게 나누어서 대조하려는 생각이다. 여기에는 윤리적 이원론과 종말론적인 이원론이 있다. 윤리적인 차원에서 인간은 선택할 수 있는 자유를 가진다. 종말론적인 이원론은 이 세상과 역사를 두 가지 영적인 세력 사이의 종말론적인 전쟁의 장으로 보는 세계관 혹은 역사관을 말한다. 결정론이나 이원론과 비교해 보면, 예정론은 인간의 구원이 인간 자신에 의해서가 아니라, 오직 하나님에 의해서 이루어진다는 믿음의 담론이다. 그러나 하나님이 인간을 창조하시기 전에 그리고 인간의 타락이 일어나기도 전에 누구를 멸망으로 결정하셨다든가 혹은 누구를 구원하실지를 결정하셨다는 초자연적이고 절대적인 결정론의 의미에서, 이중예정론(gemina praedestinatio)은 예정론적인 생각은 될 수 있을지 모르지만, 요한복음(신약성서)이 말하는 구원론은 아니다.
56) C. K. Barrett, 「요한복음 I」, 461.
57) 이를 위해 이사야의 말씀을 인용하지만(12:40; 9:39도 참조), 눈을 멀게 하고 마음을 굳게 하시는 주체가 하나님 자신이라는 사실을 요한복음은 히브리어 본문이나 헬라어 본문에서보다는 훨씬 더 강조한다.

요한복음 8장에서 예수는 세상의 빛이다. 예수를 따르는 사람은 어둠에 있지 아니하고 생명의 빛을 얻는다(12절). 예수가 진리다. 이 진리를 알고 따르면 진정한 자유인이다(31~32절). 예수와 예수의 말씀이 진리인 까닭은 예수가 하나님으로부터 왔기 때문이다(23절). 그러나 예수의 이러한 계시의 말씀을 들은 유대인들은 예수를 죽이려고 한다. 그들은 예수와는 전혀 다른 근원에서 왔기 때문에 그들은 예수를 믿을 수 없다. 예수는 "위에서"(εκ των ανω) 왔지만, 그들은 "아래에서"(εκ των κατω) 났으며, 예수는 이 세상에 속하지 않지만, 그들은 "이 세상에 속하기"(εκ τουτου του κοσμου) 때문이다(23절). 그들은 하나님께로부터(εκ του θεου) 오지 않았기 때문에(47절) 마귀가 그들의 아버지다(43~44절). 마귀 아버지라는 그들의 근원이 그들의 존재를 결정하고 그들의 행동을 결정한다. 그러므로 유대인들은 예수를 배척하는 것 외의 다른 행동을 할 수 없었다. 여기서 우리는 노예의지(*servum arbitrio*)를 말할 수 있다.

하나님께 속한 자만 하나님의 말씀을 듣고, 하나님께 속하지 아니하는 자는 하나님의 말씀을 듣지 않는다(8:47). 이 말씀은 요한복음 10장에서 분명하게 확인할 수 있다. 하나님으로부터 온 사람들은 역시 하나님으로부터 온 예수를 알고 그의 말씀을 믿는다. 목자 예수에게 속한 "자기 양"은 그의 음성을 알기 때문에 듣고 따라온다(4, 27절). 반대로 예수의 양떼에 속하지 않는 사람들은 예수를 믿지 않는다(26절). 여기서도 8장에서 자주 사용되었던 출처와 근원을 말하는 '…로부터 오다'(ειναι εκ, be from) 표현이 사용된다. 29절에 따르면, 아버지가 그들을 예수에게 주셨다. 그래서 그들은 예수의 말씀을 듣는 예수의 양들이다. 하나님에 의해서 허락되고 이끌린 사람들만 예수의 음성을 듣는다. 그들은 그의 음성을 들었기 때문에 그 결과 그의 양들이 된 것이 아니고, 그들이 그의 양들이기 때문에 그의 음성을 들었다.

예수의 많은 표적을 보고도 믿지 못하는 사람들은 하나님에 의해 눈이 멀었고 마음이 굳어졌기 때문에 듣고 믿을 능력이 없는 사람들이다(12:37 이하).[57] 요한복음에서 "하나님의 아들에 대한 믿음은 오직 선택을 받은 사람들에게 해당되는 구원의 은혜다."[58] 요한복음 17장의 기도에서 예수는 그의 제자가 되어 그를 따르는 사람들을 "아버지께서 아들에게 주신 모든 사람"(2, 6, 24절)이라고 한다. "아버지의 소유"로서 아버지가 "내게 주신 자들"을 위해 예수는 기도한다(9절). 그들이 아버지의 소유이기 때문에, 예수가 아버지께로부터 왔다는 것을 믿는다(8, 25절). 예수는 그들에게 아버지가 주신 말씀과 이름을 주었고, 그래서 그들은 예수를 믿었고 아버지의 말씀을 지켰다(6, 14, 26절). 누가 예수를 믿고 따르는 제자들인가? 아버지가 "세상 중에서" 아들에게 준 사람들이 예수를 믿고 따른다(6절).

3) 인간이 자신의 능력으로는 결코 예수가 하나님의 아들이라는 것과 예수가 하신 말씀을 이해하거나 믿을 수 없다는 것은, 요한복음 3장에 나오는 니고데모와의 대화에서도 분명해진다. 니고데모를 "바리새인", "산헤드린의 회원" 그리고 "이스라엘의 선생"이라고 하는 것은 당시 유대인에게 할 수 있는 최고 찬사다. 그러나 최고의 인물 니고데모는 예수가 행한 표적의 놀라움을 보았지만, 예수의 인격적인 비밀과 그의 말씀은 결코 이해하지 못한다. 아무리 훌륭한 인간이라도 그는 '육에서 난' 사람이기 때문이다(3:5~6). "물과 성령"으로 거듭난 사람만 하나님 나라에 들어갈 수 있다(3:3, 5). "물과 성령"은 성령의 능력으로 거듭남의 표식인 세례를 말한다(딛 3:5). 결국 성령으로 거듭나지 않는 사람은 예수를 알 수도 없고, 예수의 말씀을 이해할 수도 없고, 그러므로 믿을 수 없다.

동일한 신학적인 주제가 요한복음의 표적들에서도 드러난다. 하나님을 배반한 이스라엘이 광야에서 유랑하는 년 수와 동일한 38년 동안이나 중풍병을 앓고 있는 병자를 치유하는 베데스다 연못의 표적(5:1~18), 나면서부터 소경된 사람의 치유(9:1~12), 그리고 특히 죽은 지 나흘 만에 죽음의 무덤으로부터 살림을 받

---

58) P. Stuhlmacher, *Biblische Theologie des NT II*, 252.

은 나사로의 사건(11:1~44) 등은 모두가 인간 자신의 힘으로는 결코 치유될 수 없는 질병과 죽음으로부터의 해방이 예수에 의해 일어났다고 한다. 이렇게 구원(치유)은 사람에게서가 아니라 하나님(예수)에게서 나는 것이다.

4) 요한복음의 이 같은 예정적인 구원이해의 근원은 영지주의가 아니라,[59] 고대 유대교에서 찾을 수 있다. 고대 유대교에서는 구원에 관련해서 창조신학적인 결정론과 인간의 자유의지라는 두 가지 견해가 대립적으로 주장되기도 했고 또 융합되기도 했다. 창조신학적 결정론은 일어나는 모든 것이 이미 결정되었지만, 인간의 구원 여부만은 결정되지 않았다고 한다. 인간은 하나님의 토라를 행하거나 행하지 않을 수 있는 자유를 가진다. 자신의 구원에 관한 결단이 스스로의 손에 달려 있다. 유대교 문헌 집회서 15장 11~20절은 인간의 자유에 관해 이렇게 말한다.

> "한 처음에 주님께서 인간을 만드셨을 때 인간은 자유의지를 갖도록 하셨다
> …손을 뻗쳐 네 마음대로 택하여라. 사람 앞에는 생명과 죽음이 놓여 있다.
> 어느 쪽이든 원하는 대로 받을 것이다…." (14~17절)[60]

그러나 같은 집회서 33장 7~15절은 창조를 통한 결정론을 말한다. 인간은 자신이 어느 부류에 속할지를 선택할 수 없고, 선택 이전에 이미 그는 어느 부류에 속하도록 결정되었다. 이것이 바로 쿰란공동체의 입장이었다. 쿰란 문헌 1QH 15장 12~22절은 이렇게 말한다.

> "진정으로 당신은 의인을 창조하셨으며, 그를 이미 어미의 태중에서 은혜의

---

59) 요한복음은 영지주의적인 개념을 사용할 뿐이고, 사실은 영지주의와는 전혀 다르다. W. G. Kümmel, 「주요 증인들에 따른 신약성서신학」, 312~314, 342~345.
60) 솔로몬의 시편 14:1~10도 참조.

때를 위하여 정하셨습니다. 그러나 당신은 모독자들도 당신의 진노의 표시로 창조하셨으며, 그를 이미 그의 어미의 태중에서 도살의 날을 위하여 정하셨습니다." [61]

이처럼 요한복음에서 볼 수 있는 예정적인 사고의 모델은 이미 고대 유대교에서도 어렵지 않게 찾아볼 수 있다.

5) 매우 깊은 신학적인 사고를 하는 요한복음도 구원에 관한 신학 논문이 아니라 그 시대의 상황에서 생존해야 했던 그리스도인들을 위해 기록된 상황 문헌이다. 당시 요한공동체는 유대교와의 치열한 싸움 속에 있었으며, 이 같은 싸움의 상황은 요한복음의 신학을 이해하게 하는 중요한 요인이다.

요한복음의 예정적인 말씀들은 구원에 대한 하나님의 전적인 은혜를 말한다. 한편으로는 철저히 죄에 빠지고 타락한 인간을 생각하고, 다른 한편으로는 그처럼 스스로를 구원할 수 없는 인간에게 구원이 주어졌다는 사실을 진지하게 말할 수 있는 방법은 예정론적인 담론 외에는 없다. 철저히 죄인이며, 이미 죽음에 빠져 있는 절망적인 인간에게 생명이 주어진다면, 이는 인간의 선택이나 의지에 의해서가 아니라, 전적으로 하나님이 주시는 은혜다. 예정론의 차원에서만 은혜는 진정한 은혜가 된다. 니고데모의 단락에는 '할 수 있다' 혹은 '할 수 없다'는 말이 자주 사용된다. 인간은 자신이 철저히 죄인이라는 사실도 깨달을 수 없고, 그러므로 죄에서 벗어날 수 없으며, 하나님을 알 수도 없고, 궁극적으로 예수를 하나님의 아들로 믿고 받아들일 수도 없다. 그러므로 죄인이 하나님을 알고, 예수를 믿으며, 구원을 받는다면, 이는 철저히 인간 자신으로부터 나오는 것이 아니다. 인간의 자유의지나 결단이 아니라 하나님이 먼저 베풀어 주신 은혜의 결과다. 예정론은 '오직 은혜로'(*sola gratia*)와 '오직 믿음으로'(*sola fidei*)의 확증이

---

61) 그 외에도 1QS 10~11장의 여러 곳; CD 2, 3~13 참조.

며, '오직 은혜로'와 '오직 믿음으로'는 '오직 그리스도'(*solus christus*)의 해석이다. '오직 그리스도'는 '오직 은혜로'와 '오직 믿음으로'를 통해 설명된다. 이러한 종교개혁적인 신학의 원리는 예정적인 구원진술에서 분명한 근거를 갖는다.[62]

---

62) 이러한 종교개혁적인 신학의 원리에 대해서는 E. Jüngel, *Das Evangelium von der Rechtfertigung des gottlosen als Zentrum des christlichen Glaubens*, 126~220 참조.

6. 요한공동체의 믿음이해[63]

1) 요한공동체에서도 다른 기독교 공동체에서처럼 믿음이 중요했다. 요한문헌은 '믿다'(πιστευειν)는 말을 자주 사용한다. 세상에 오신 하나님의 아들을 믿는 사람이 하나님의 자녀다. 믿음은 하나님의 자녀가 누리는 권세다. 태초에 하나님과 함께 계시며 천지를 창조하신 로고스의 성육신이신 예수 그리스도를 믿는 사람들에게만 하나님의 자녀가 되는 권세와 영광이 주어지기 때문이다(1:12).[64] 하나님의 아들에 대한 믿음은 선택된 사람들에게만 허용한 선물이다. 예수는 아버지가 그에게 준 사람들 중에서 단 한 사람도 잃어버리지 않는다(6:37; 10:27~29; 18:9). 아버지가 자신에게 준 사람들 모두가 구원을 받도록 보존한다.[65] 예수를 버리고 떠난 제자들은(6:60, 66) 원래 선택을 받지 않은 자들이기 때문이다. 가룟 유다도 그런 류에 속하고(6:64), 요한공동체를 버린 거짓 선생도 그러하다(요일 2:19).

요한복음에는 믿음이 하나님의 선물이라는 예정적인 차원의 말도 있지만, 인간의 의지적인 자유결단을 통해 믿음을 가지라고 촉구하는 표현들도 있다.

"썩을 양식을 위하여 일하지 말고 영생하도록 있는 양식을 위하여 하라"

(6:27a)

"하나님을 믿으니 또 나를 믿으라" (14:1)

그 외에도 10장 37~38절과 12장 36절도 믿음의 결단을 촉구한다.[66] 그래서

---

63) P. Stuhlmacher, *Biblische Theologie des NT II*, 250~257.
64) 요 5:43~44에 따르면, '영접하는 것'과 '믿는 것'은 동일하다. O. Hofius, "Struktur und Gedankengang des Logos-Hymnus", 2 각주 9.
65) O. Hofius, Erwählung und Bewahrung, 81~86.

가톨릭 학자 슈낙켄부르그는 "요한복음에서 믿음은 실제로 인간이 보여 주어야 할 태도이며, 구원에 이르기 위해 기본적으로 요청되는 것이다. 모든 인간에게는 예수를 믿을 수 있는 가능성이 있다는 것은 요한복음에서는 의심할 여지가 없다 … 믿음은 인간의 도덕적인 전체 태도와 굳게 결합되어 있다."라고 한다.[67] 슈낙켄부르그는 믿음과 생명에 관한 예수의 계시말씀들 대부분을 믿음의 결단을 촉구하거나 호소하는 것으로 보는데, 그러나 이는 적절하지 않다. 요한복음은 믿음의 결단을 촉구하는 것처럼 보이지만, 자연적인 인간 스스로의 의지와 힘으로는 결코 믿음의 결단을 할 수 없다는 것을 전제한다. 믿음은 하나님이 부르신 사람들에게 생겨난다. 부활이요 생명이신 예수의 말씀이 인간 안에 믿음을 창조한다(11:25~27; 롬 10:17도 참조). 믿지 않는 것은 세상이나 마귀에게 붙잡혀 있기 때문이거나(8:41~46; 13:2) 혹은 하나님이 믿지 못하게 하셨기 때문이다(12:37~41). 이처럼 요한복음은 믿음을 인간의 가능성이 아니라 하나님의 은혜의 행위라고 한다.

2) 요한문헌에서 믿음은 예수의 말씀과 깊이 연관되기 때문에, 인간의 인식과 지각활동 속에서 믿음을 말한다.

먼저 '들음'은 믿음의 가장 중요한 특징이다.[68] 예수의 말씀을 '들음'과 예수를 보내신 하나님을 '믿음'은 같다(5:24). 여기서 들음은 예수의 말씀을 중립적으로 듣는 단순한 청각작용이 아니라 적극적으로 믿음을 불러일으키는 들음이다. 예수의 말씀이 듣는 사람 안에 들어가서 믿음을 창출하는 그런 들음이다. 제자들을 대표해서 베드로는 예수를 "하나님의 거룩하신 자"로 믿으며, 그래서 예수에

---

66) 이처럼 직접적으로 믿음의 결단을 촉구하는 말씀들 외에도 요한복음은 다양한 표현을 통해 믿음을 촉구한다. 20:31은 믿게 하려고 복음서를 기록했다고 함으로써 간접적으로 믿음을 촉구한다. 1:12; 3:15, 16, 18, 36; 5:24; 6:35, 40, 47; 7:38, 39; 11:25~26; 12:44, 46; 14:12; 20:31b 등은 믿음을 조건으로 이해할 수 있게 하는 분사 표현을 사용하면서, 믿음의 결단을 구원의 조건처럼 제시한다. 뿐만 아니라 특히 3:12; 4:48; 5:38, 44, 46, 47 등도 믿지 않음을 비난함으로써 간접적으로 믿음을 촉구하는 것으로 보인다.

67) R. Schnackenburg, *Das Johannesevengelium IV/2*, 330~331.

68) 5:24; 6:68~69; 8:47; 10:3, 16, 27; 14:23~24; 17:8 등.

게 영생의 말씀이 있다고 고백한다(6:68~69). 예수를 믿는 것은 예수가 하신 말씀을 듣는 것이다. 예수가 "나는 부활이요 생명이다"라고 하는 말씀을 들음은 그의 부활과 생명에 참여하는 믿음이다(11:25~27). 예수의 말씀은 곧 하나님의 말씀이다(1:1, 14; 3:34; 요일 1:1~3). 예수를 믿음은 예수의 말씀을 들음이고, 또 이는 예수 안에서 말씀하시는 하나님을 믿음이고 하나님의 말씀을 들음인 것이다. 그러므로 하나님이 예수에게 주신 사람만이 예수를 믿을 수 있는 것처럼, 오직 예수에게 속한 양들만이 목자 예수의 음성을 듣고 알아본다(10:3, 16, 27).

믿음은 예수의 말씀과 결합되기 때문에 예수의 말씀 안에 '머무는 것'(μενειν)이다. 8장 31절에서 예수는 "너희가 내 말에 거하면(μενειν) 참으로 내 제자가 된다."고 한다. 예수의 말씀은 인간이 머물 수 있는 '생명의 영역'이다.[69] 말씀과 믿음의 관계는 로마서 10장 17절보다도 요한복음에서 훨씬 밀접하게 드러난다.[70]

요한복음에서 '깨달음'(γινωσκειν)은 믿음의 근본적인 특징이다(8:31~32; 10:14 등). 믿는 것과 깨달아 아는 것은 같다(6:69; 14:9~10; 17:8). 하나님이 그리스도 안에서 세상에게 자신을 알리셨으며, 그리스도는 세상에서 하나님을 대신하며 또 영화롭게 한다는 것을 깨달은 사람들은 예수와 신실한 관계를 맺는다.

3) 요한복음에서 '보는 것'도 믿음과 깊이 연관된다. 20장 29절에 따르면, 안 보고 믿는 것이 보고 믿는 것보다 더 복되다. 그러나 오로지 믿음만이 예수의 영광을 볼 수 있다.[71] '보는 것'과 믿음의 관계는 예수가 행한 표적행위에서 분명해진다. 예수가 행한 표적을 보는 것이 믿음을 갖는 데 도움이 될 수 있다. 하지만 표적을 보고 믿는 믿음은 그 진정성을 의심받는다.[72] 요한복음은 표적과 믿음의 관계에 대해 이중적으로 말한다. 예수의 많은 표적을 보고 믿고 따르는 경

---

69) U. Schnelle, *Das Evangelium nach Johannes*, 158.
70) P. Stuhlmacher, *Biblische Theologie des NT II*, 257.
71) 요일 1:1~3; 요 1:14; 11:40; 14:9 등.
72) 4:48; 6:14~15; 11:45~48; 조경철, 「요한복음 강해. 나의 주님 나의 하나님」, 126.

우도 있지만(2:23; 6:2), 예수는 표적을 보고서야 믿는 것을 책망한다(4:48). 그러면서도 6장 26절에서는 표적을 보고 따른 것이 아니라 떡을 먹고 배부르기 때문에 따른다고 책망한다. 표적을 보고 예수를 따라야 함에도 불구하고 그렇지 않았다는 것이다. 예수가 그 많은 표적을 행한 이유와 목적은 표적들을 통해 사람들이 그를 믿도록 하려는 것이다(12:37).

그렇지만 그 많은 표적들을 본 사람들이 믿지 않았다. 20장 31절이 말하듯이, 요한복음은 예수가 하나님의 아들임을 믿게 하기 위해 표적을 말하는데, 실제로 표적을 본 모든 사람들이 믿는 것은 아니다. 이는 2장 1~11절의 포도주 표적에서 분명해진다. 포도주 표적을 직접 눈으로 본 하인들이 믿었다는 말은 없지만, 제자로 부르심을 받은 사람들은(1:41~42, 45, 49) 표적을 보면서 예수를 믿었다.[73] 표적이 사람들로 하여금 믿게 하는 것이 아니라, 먼저 부르심을 받고 믿음을 가진 사람들이 표적에서 예수의 정체를 깨닫고 영광을 본다. 그러므로 표적은 모든 사람에게 예수를 증언하는 것이 아니라, 믿음을 가진 사람들에게 예수를 확증하는 역할을 한다. 표적은 목격한 사람들이 예수에 대해 깊이 생각하게 만들지만,[74] 표적 자체가 사람들을 믿음으로 이끌지는 못한다. 표적은 많은 사람들에게 경이적인 사건으로 보이며, 그래서 그들에게 예수에 대한 호기심을 갖게 하기는 했지만(4:48; 12:37), 예수가 하나님의 아들이라는 진리를 믿는 깊은 차원의 믿음으로 그들을 이끌지는 못했다. 나사로의 부활 표적에서 보듯이, 죽은 자를 살리는 표적행위가 아니라, "나는 부활이요 생명이다"는 예수의 말씀이 마르다로 하여금 "주는 그리스도시요 세상에 오시는 하나님의 아들이신 줄 내가 믿습니다."라는 믿음의 고백을 일깨웠다(11:25, 27).[75] 따라서 요한복음에서는 예수의 손과 발, 옆구리에 난 표적을 보고 믿는 것보다는 안 보고도 믿는 것이, 즉 복음의 말씀을 듣고 믿는 것이 더 복되다(20:29).

---

73) 조경철, 「요한복음 강해. 나의 주님 나의 하나님」, 52~54.
74) 2:23; 3:2; 6:2, 14; 7:31; 9:16; 11:47 등.
75) 조경철, 「요한복음 강해. 나의 주님 나의 하나님」, 253~258.

7. 요한공동체의 교회이해와 윤리

1) 요한문헌에서 "교회"(εκκλησια)는 요한3서에만 나온다(6, 9, 10절). 요한2서 1절은 특이하게 "택하심을 받은 부녀"라는 상징적인 표현으로 교회를 말한다. 요한복음에는 교회를 상징하는 표현들이 있는데, '양 무리'(10:16)나 '포도나무 가지들'(15:4~5) 등이다. '제자들'이나 예수가 '친구'라고 부르는 것도 교회를 일컫는다고 할 수 있다. 교회를 일컫는 이 모든 표현들 속에서 요한공동체의 자기이해를 볼 수 있다.

2) 교회는 선한 목자 예수의 돌봄을 받는 양 무리다(10:1~18). 구약성서에서 '양 무리'는 하나님의 백성을 상징한다(사 40:11; 렘 13:17). 그러나 예수의 양 무리에는 유대인들만 있지 않고, "우리에 들지 아니한 다른 양들"도 있다(10:16). 선한 목자는 유대인과 이방인으로 구성된 하나님의 백성을 새로이 모을 것이다(11:52). 그는 그러한 자기 양들의 이름을 하나하나 알고 있으며, 그들을 위해 자기 목숨을 내놓는다. 그러므로 요한공동체는 예수의 죽음을 통해 용서를 받고(요일 2:2) 하나님의 백성으로 부름을 받은 유대인과 이방인으로 구성된 교회를 말한다.

3) 예수와 교회의 관계는 포도나무와 가지의 비유에서 드러난다(15:1~8). 가지들은 포도나무로부터 생명의 힘을 공급받는다. 가지들이 살아 열매를 맺으려면 포도나무에 붙어 있어야 한다. 가지들은 포도나무인 예수의 사랑 안에 머물러 있어야(15:9) 풍성한 열매를 맺을 수 있다. 열매를 맺지 못하는 가지들은 잘려질 것이다. 여기서 포도나무는 이스라엘을 상징한다(시 80:9). 그러므로 참 포도나무의 가지들인 교회와 그리스도인들이 구원의 백성이요 진정한 이스라엘이다. 단

순히 혈통의 차원에서 유대인이 아브라함의 후손이 아니라, 아브라함이 나기 이전부터 계셨다가(8:58) 성육신하신 하나님의 아들 예수를 믿고, 그 안에서 죄를 용서받고 자유하게 된 사람들이(8:32) 진정한 이스라엘이다.

4) 성전정화 사건에서 예수는 허물었다가 사흘 동안에 다시 일으킬 성전(ναος)을 자기 "육체 및 몸"(σωμα)이라고 한다(2:21). 이는 3일 만에 부활하신 예수 그리스도를 가리킨다(2:22). 마가복음 14장 58절에서 예수는 사람의 손으로 지은 성전을 허물고 손으로 짓지 않은 성전을 사흘 만에 지을 것이라고 한다. 손으로 짓지 않은 성전은 하나님이 시온에 지으셔서 이방인들이 그리로 몰려들어오게 될 종말의 성전을 말한다.[76] 예수의 몸이 성전이라면, 예수는 "영과 진리 안에서" 하나님과의 교제(예배)가 일어나는 바로 그 장이다(4:24). 예수 안에 하나님이 계시기 때문이다(10:38; 14:6, 9~10). 곧 예수가 진정한 성전이다. 예수의 살과 피를 먹고 마시는 사람들은 예수 안에 거하며,[77] 예수 안에서 하나님을 만나 교제한다. 그러므로 예수의 "몸"은 부활 예수이면서, 동시에 부활 예수의 몸으로서의 교회를 의미할 수 있다.[78]

5) 예수 그리스도는 세상 창조 이전부터 로고스로 계셨고, 성육신하신 하나님의 아들이다. 이러한 기독론적인 진리를 믿음으로 고백하는 사람이 진정한 하나님의 백성이다.[79] 그런 믿음을 가진 사람들이 하나님 및 그리스도와 교제하며, 그들끼리도 긴밀하게 형제애를 나누며 사귐을 갖는다(요 17:20~23; 요일 1:3, 7).

그러나 요한공동체는 그러한 믿음 때문에 바깥세상으로부터 박해를 받는다. 이 바깥세상의 대표는 유대교다. 각기 자신들만이 하나님의 백성이라는 의식을

---

76) 사 2:2~4; 미 4:1~4; 마 8:11~12; 눅 13:28~29 참조.
77) 6:56; 14:20; 17:23; 요일 3:6, 24.
78) 이는 바울의 그리스도의 몸 교회론에 상응하는 것이다(고전 12:12~13; 롬 12:4; 골 1:18; 엡 1:23; 4:4 등). P. Stuhlmacher, *Biblische Theologie des NT II*, 268.
79) 3:27; 6:37, 39, 44, 65; 17:2~7; 18:9; 요일 2:18~27 등.

가지고 있는 유대교인들과 요한공동체는 충돌했고, 당시 다수인 유대교가 소수인 요한공동체를 박해했다(9:22; 12:42; 16:2). 요한공동체는 그렇게 박해하는 유대인들을 예수의 입을 빌려 '마귀의 자식'이라고 비난한다(8:41, 44). 그런 유대인들 중에도 요한공동체와 함께 기독론적인 믿음을 고백하는 사람들도 있었고, 니고데모나 아리마대 요셉처럼 예수와 요한공동체에 호의적인 이들도 있었다. 믿음을 거부하고 박해했던 유대인들은 창조주 하나님의 아들을 받아들이지 않았던(1:10~11) "세상"의 대표자 역할을 하기 때문에, 믿음을 거부하는 유대인들에게 주어지는 말은 "세상" 모든 인간들에게도 해당될 수 있다. 그러므로 우리는 요한복음에서 특별히 반(反)유대주의를 말해서는 안 된다.[80] 요한공동체는 아직 믿음을 갖지 못하며 교회를 박해하는 세상을 향해서도 복음을 전해야 할 선교사명을 알고 있었다.[81]

6) 요한문헌에서 중요한 "사랑"은 일차적으로 윤리적인 차원보다는 신학적인 차원을 가지고 있다. 아버지와 아들, 아들과 아버지, 아버지가 아들에게 주신 사람들과 예수, 그리고 그 사람들 상호관계를 규정하는 가장 중요한 말이 "사랑"이다.[82] 사랑의 출발은 하나님이다. 하나님이 먼저 인간을 사랑하시고, 그 인간을 구원하시기 위해 모든 계획을 세우시고 실천하셨다. 그러므로 "하나님은 사랑이다"(요일 4:16). 하나님은 세상이 창조되기 이전에 외아들을 영원한 사랑으로써 사랑하셨다(17:24). 그러므로 아들과 아버지는 사랑 안에서 하나이다(17:22~23). 하나님의 사랑은 아들을 거쳐 세상과 인간에게 향한다. 세상(인간)을 사랑하시기 때문에 하나님은 아들을 세상에 보내셨고, 속죄의 죽음을 죽게 하셔서, 누구든지 이를 믿으면 영생을 얻게 하셨다(3:16; 요일 4:9~10). 아들 예수는 하나님을 사랑하기 때문에 그분의 명하신 것, 그분의 계명을 지켰고(14:31), 그리고 하나님이 그에

---

80) J. Roloff, *Kirche*, 304. P. Stuhlmacher, *Biblische Theologie des NT II*, 268~269.
81) 10:16; 11:52; 12:32; 17:18, 20; 20:21; 요삼 5~8; 요일 1:2 등.
82) P. Stuhlmacher, *Biblische Theologie des NT II*, 257~259, 271~275.

게 주신 자기 사람들을 사랑하기 때문에 죽으셨다(13:1; 15:13). 하나님을 사랑하는 것은 곧 예수를 사랑하는 것이다. 예수와 하나님은 하나이기 때문이다(10:30).

하나님과 예수의 이러한 앞선 사랑이 성도들이 하나님과 예수를 사랑하게 하고 또 서로를 사랑하게 한다(요일 4:19). 예수가 제자들에게 준 '새로운 계명'은 이런 것이다.

> "서로 사랑하라 내가 너희를 사랑한 것 같이 너희도 서로 사랑하라"(13:34)

예수는 공관복음에서와는 달리[83] 요한복음에서는 하나님 사랑과 이웃 사랑을 구분하지 않는다. '새로운 계명'은 예수가 제자들에게 준 하나님의 뜻으로서 오직 '하나'의 계명이다. 레위기 19장 18절의 이웃 사랑과 예수가 가르친 '새로운 계명'은 같으면서도 다르다. 레위기의 계명은 한계를 가진 사랑을 가르치지만, 제자들을 위해 목숨을 바친 예수가 가르친 '새로운 계명'은 한계가 없는 형제 사랑을 가르친다(요일 3:16 참조). 그래서 '새로운' 계명이다.[84] 예수가 하나님의 계명을 지켜 하나님을 사랑한 것처럼, 제자들도 예수가 준 '새로운 계명', 곧 형제 사랑의 계명을 지킴으로써 예수를 사랑한다.[85] 예수가 명한 형제 사랑의 새로운 계명을 지키느냐 여부에서 하나님과 예수를 사랑하는 사람이냐 여부가 결정된다(요일 4:7~21; 요이 4~6).

예수는 제자들의 발을 씻겨 주는 행위(13:1~17)를 통해 그들에게 두 가지를 가르친다. 첫째, 제자들의 발을 씻겨 주심으로써, 그들에 대한 예수의 사랑이 그들을 하나님 앞에서 깨끗하게 하는 사랑임을 보여 준다(2~11절). 그러므로 발 씻김은 십자가 죽음에서 일어날 죄의 용서를 앞당겨 말한다. 둘째, 발 씻김은 제자들이 서로 실천해야 할 사랑의 모범이다(12~17절). 예수의 십자가 죽음으로 죄에

---

83) 막 12:28~34 병행; 마 5:43~48 병행; 눅 10:25~37.
84) 조경철, 「요한복음강해 나의 주님 나의 하나님」, 288~290 참조.
85) 14:15; 15:9~10; 요일 5:3.

서 정결하게 된 제자들은 예수의 모범을 본받아 서로를 사랑할 수 있고 또 사랑해야 할 의무를 갖는다.

그렇게 서로 사랑함으로써 제자들은 그들이 예수의 제자라는 정체를 드러낸다(13:34~35).[86] 그들은 입술발림의 사랑이 아니라(요일 3:18), 나그네 된 형제들을 영접하고(요삼 5~8), 형제들을 위해 재물을 나누는 것은 물론이고 더 나아가 목숨을 버리기까지(요일 3:16~17) 실질적으로 서로를 사랑해야 한다. 공관복음에서 예수는 원수까지도 사랑하라고 가르치며 또한 원수와 죄인들을 위해 죽는다.[87] 바울 역시 원수를 사랑하라고 가르친다.[88] 그러나 요한문헌에서 그리스도는 그의 "친구들"을 위해 죽으며(15:12~13), 또 형제 사랑만을 가르친다. 이처럼 여기서는 사랑이 같은 믿음의 형제들에 대한 사랑으로 제한된다(요이 1:10).[89] 이는 아마도 믿음을 둘러싼 요한공동체의 내적·외적인 격렬한 논쟁과 다툼의 상황과 관련 있을 것이다.

7) 사랑과 마찬가지로 요한문헌의 "죄"에 대한 언급도 요한공동체의 상황을 미루어 알 수 있게 한다. 요한1서의 저자는 사망에 이르는 죄와 그렇지 않은 죄를 구별해서 "사망에 이르는 죄"를 범한 자들을 위해서는 기도할 필요가 없다고 한다(요일 5:16). 모든 죄가 사망에 이르는 죄는 아니다(요일 5:17). 사망에 이르는 죄를 자백하고 예수 그리스도의 속죄 사역을 믿는 사람들은 용서를 받았다(요일 1:8~10). 그러나 예수 그리스도가 하나님의 아들이며, 그의 속죄 사역을 통해 죄에서 해방되었다는 믿음을 부정하는 죄는 사망에 이르는 죄다. 그러므로 저자는 그리스도인들이 그런 죄를 다시 범하지 않고, 오히려 용서받은 사람들로서 그리스도의 계명을 지켜 서로 사랑하게 하려고 서신을 기록했다(요일 2:1~2). 하나

---

86) 요일 2:5~6; 3:11, 19; 요이 4~6도 참조.
87) 마 5:43~48 병행; 눅 10:25~37; 23:34.
88) 롬 12:9~21; 13:8~10; 갈 6:10.
89) 그 외에도 요일 2:18~19; 4:1, 3; 5:16 참조.

님으로부터 난 자는 범죄하지 않는다는 말은(요일 3:9; 5:18), 그리스도인들은 어떠한 윤리적인 차원의 죄도 범하지 않는다는 말이 아니라, 사망에 이르는 죄를 범하지 않는다는 뜻이다. 세상에 오신 하나님, 곧 예수 그리스도가 화목제물이 되셔서 용서한 사람들이 믿음의 고백을 부정하는 죄, 즉 사망에 이르는 죄를 범하지 아니하도록 지키시기 때문이다(요일 5:18). 여기에는 일부 사람들이 성육신하신 하나님, 예수 그리스도를 믿지 못함으로써 요한공동체에 분열이 생겨나고 있는 상황이 반영되어 있다. 이처럼 요한문헌은 교회 안에서 바른 신앙고백을 하는 성도들이 서로 사랑을 실천하고 믿음을 격려하면서 거짓된 가르침을 배격하고, 바른 믿음을 부정하는 사망에 이르는 죄를 범하지 않게 해야 한다는 메시지를 던지고 있다.

8. 요한계시록의 신학

요한계시록은 묵시적인 성격 때문에, 정경 문헌으로 자리 잡는 데 가장 늦게까지 논란의 대상이었다. 요한계시록을 요한문헌 속에서 함께 해석해야 할지 아니면 별개로 해석해야 할지에 대해서는 여전히 논란이 많다. 또한 요한계시록은 먼 미래에 일어날 종말의 드라마로 들려지기 때문에 그에 대한 해석은 끊임없이 논란거리다.

1) 요한공동체와 요한계시록

(1) 세베대의 아들 사도 요한이 계시록의 저자라는 사실은 고대 교회에서부터 논란의 대상이었다.[90] 요한의 이름을 가진 문헌 중에서 저자를 구체적으로 "요한"이라고 밝히는 것은 오직 계시록뿐이다(1:1, 4, 9; 22:8). 그런데 이 요한은 사도가 아니라, "선지자" 요한이지만(22:9), 그가 누구인지 구체적으로 알 수는 없다. 만일 저자가 사도였다면, 분명히 자신의 사도 신분을 밝힘으로써 그의 문헌에 사도적인 권위가 확고하게 부여될 수 있었을 것이다. 저자 요한이 밧모섬에 유배를 갔다면(1:9), 아마도 그럴 만한 지위에 있었을 것이다. 유배는 제법 신분이 높은 사람에게 주어질 수 있는 형벌이기 때문이다. 어쨌든 계시록의 저자가 자신의 이름을 "요한"이라고 한다면, 이는 어떤 식으로든 자기 문헌이 요한공동체와 연관성이 있다는 사실을 말하려는 의도로 볼 수 있다.

---

90) 198~217년에 로마교회 장로로 있던 가이우스(Gaius)와 247~265년에 알렉산드리아의 감독이었던 디오니시우스(Dionysius)는 언어적이고 내용적인 측면에서 볼 때, 요한계시록은 사도 요한의 저작일 수 없다고 했으며, 반대로 유스틴과 클레멘트 등 교부들은 사도 요한의 저작이라고 주장했다. U. Schnelle, *Einleitung in das NT*, 525~526.

(2) 요한계시록과 요한복음 사이에는 여러 측면에서 공통점과 차이점이 동시에 드러난다. 두 문헌은 모두 '나는…이다'($\varepsilon\gamma\omega$ $\varepsilon\iota\mu$…)라는 예수의 신적인 정체를 드러내는 표현을 사용해서,[91] 예수 그리스도 안에서 일어난 하나님의 구원을 말한다. 그러므로 복음서와 계시록에서 예수 그리스도는 "하나님의 말씀"이며(요 1:1, 14; 계 19:13), 하나님께 가는 길을 비추는 "빛"과 "등불"이다(요 8:12; 계 21:23). 또한 "생명의 물"이 계시록과 복음서에 공통으로 중요한 주제다.[92] 두 문헌 모두 예수를 "양"이라고 하면서 예수의 대속적인 죽음을 말하지만, 복음서는 어린양을 말할 때 항상 $\alpha\mu\nu o\varsigma$를 사용하고, 반대로 계시록은 항상 $\alpha\rho\nu\iota o\nu$을 사용하는 차이가 있다.[93] 두 문헌 모두 예수를 "하나님의 말씀"이라고 하지만, 계시록은 재림하셔서 심판하실 그리스도를 그렇게 말하고, 복음서는 창조 이전부터 계시다가 성육신하신 그리스도를 말한다.[94]

(3) F. 한은 "요한복음과 요한계시록 사이의 많은 접촉점에도 불구하고 두 문헌은 완전히 다른 성격의 저작이며, 동일한 한 저자로부터 나올 수 없다"고 단언한다.[95] 그는 요한계시록을 다른 요한문헌과 완전히 다른 맥락에서 별개로 다룬다. 반면에 P. 슈툴마허는 분명한 차이들이 있음에도 "요한계시록에 취합된 자료들은 요한복음에 취합된 예수 전승과 마찬가지로 요한학파의 전승에 속하기"[96] 때문에, 요한계시록과 다른 요한문헌들을 별개로 다루는 것을 반대하며, 그들의 상이한 신학적인 진술들을 전승사적으로 함께 연결해서 이해해야 한다고 제안한다.

---

91) 요 6:35; 8:12, 24, 28 등 여러 곳; 계 1:17; 2:23; 22:13 등.
92) 요 4:10, 13~14; 6:35; 7:37~39; 계 7:16~17; 21:6; 22:1~2; 22:17.
93) 요 1:29, 36; 계시록은 $\alpha\rho\nu\iota o\nu$을 무려 28회나 사용한다(5:6, 12; 13:8 등).
94) 요 1:1, 14; 요일 1:1; 계 19:13.
95) F. Hahn, 「신약성서신학」, 513.
96) P. Stuhlmacher, *Biblische Theologie des NT II*, 212.

2) 요한계시록의 성격과 구조

(1) 요한계시록의 구조 원리는 1장 19절에 있다.

"그러므로 네가 본 것과 지금 있는 일과 장차 될 일을 기록하라"

따라서 요한계시록은 크게 세 부분으로 나뉜다. "네가 본 것", "지금 있는 일" 그리고 "장차 될 일"이다. 선지자 요한이 보았던 환상이 "네가 본 것"에 해당하고 (1장), "지금 있는 일"은 일곱 교회들에게 보내는 서신들에 나타나 있다(2~3장). 소아시아의 일곱 교회들은 내적·외적으로 숱한 위기와 위협에 직면해서 순교를 당하기까지 믿음을 지킨 자들도 있지만, 첫 사랑을 버리고 타락한 자들도 있다.

4~22장에서 길게 언급하는 "장차 될 일"은 바빌론으로 지칭되는 악의 세력 로마와 밀접하게 연결된다. 황제숭배를 강요하는 로마가 심판을 받아 무너지기까지의 역사에서 교회와 그리스도인들은 숱한 고난과 박해를 받는다(4~16장). 어린 양은 일곱째 대접을 공중에 쏟아서 큰 성 바벨론이 무너질 것을 예고하고 (16:17~21), 이어서 바빌론의 멸망을 길게 언급한다(17:1~19:10). 19장 11절에서 22장 5절은 어린 양의 최후 심판과 승리에 관한 마지막 예언이다. "하나님의 말씀"이라는 이름을 가진 백마를 타고 오는 자가 하늘 군대들과 함께 짐승과 땅의 임금들과 그들의 군대를 물리치고 죽인다(19:11~21). 이어서 사탄이라 불리는 용이 천 년 동안 무저갱에 갇힌다(20:1~3). 그리고 그 천 년 동안 그리스도와 함께 짐승의 표를 받지 않은, 곧 끝까지 믿음을 지킨 그리스도인들이 왕 노릇을 한다 (20:4~6). 천년이 지난 후 무저갱에 갇혔던 사탄이 다시 놓임을 받아 성도들과 최후 전쟁을 벌이지만, 결국 패망해 영원한 유황 못에 던져진다(20:7~10). 곧 이어서 죽은 사람들에 대한 최후 심판이 일어나는데, 그들은 생명책에 기록된 각자 행위에 따라 심판을 받는다(20:11~15). 최후 심판이 있은 후 "새 하늘과 새 땅, 새 예

루살렘"이 하늘로부터 내려온다(21:1~22:5).

(2) 요한계시록은 저자를 예언자(선지자) 요한이라고 한다(22:9). 저자는 자신이 받은 '예언'을[97] 아시아에 있는 일곱 교회들에게 묵시적인 방식으로 기록한 서신을 통해 전달한다(1:1~8; 22:21). 1세기 말 무렵의 소아시아 교회들은 내부적·외부적으로 다양한 위기에 처해 있었다. 전쟁을 비롯해 유대교와 로마로부터 오는 박해와 황제숭배의 강요 등이 외부로부터 오는 위기들이다.[98] 황제숭배를 거부한 안디바는 이미 순교를 당했고(2:13), "하나님의 말씀과 그들이 가진 증거로 말미암아 죽음을 당한 영혼들"이 외치고 있다(6:9~11). 로마를 상징하는 음녀 바빌론은 "성도들의 피와 예수의 증인들의 피에 취해" 있다(17:6). "예수를 증언함과 하나님의 말씀 때문에 목 베임을 당한 자들의 영혼들"이 하늘에서 왕 노릇하는 환상을 저자는 보았다(20:4).[99]

내부적으로는 거짓 교사들이 나타나 믿음과 교회의 정체성을 위협하고,[100] 믿음이 나태해져 교회가 죽은 듯이 무력하게 되었다.[101] 그래서 일부 성도들은 황제숭배의 강요에 굴복한 것 같다. 황제숭배를 "음녀"라고 하는 것으로 볼 때,[102] 황제숭배는 성도들이라도 쉽게 피할 수 없는 유혹의 힘을 가지고 있었다. 이러한 내적·외적인 위기상황에 처한 수신자들에게 묵시문학 유형의 글을 써서 읽게 함으로써 선지자 요한은 그들에게 경고와 격려를 동시에 한다. 그러므로 계시록은 히브리서처럼 근본적으로 경고와 교훈적인 성격을 드러낸다.

"너는 장차 받을 고난을 두려워하지 말라 볼지어다 마귀가 장차 너희 가운데에서 몇 사람을 옥에 던져 시험을 받게 하리니 … 네가 죽도록 충성

---

97) 계 1:3; 19:10; 22:7, 10, 18, 19.
98) 계 2:9~10; 3:9; 6:2~4; 13:11~17; 16:13~14; 19:20 등.
99) 그 외에도 계 12:11; 13:12~18; 18:24; 19:2 등 여러 곳에서 박해와 순교를 말한다.
100) 계 2:2, 6, 14, 15, 20 이하 등.
101) 계 2:4~5; 3:1, 8, 15~16 등.
102) 계 17:1, 5; 19:2; 21:8; 22:15.

하라 그리하면 내가 생명의 관을 네게 주리라"(2:10)

(3) 이처럼 "장차 될 일"은 실제로는 1세기 말 도미치안 황제 치하에서 교회와 성도들이 이미 현재적으로 경험하고 있는 고통스러운 현실을 환상적인 그림언어들을 통해 이해할 수 있게 하는데, 그럼으로써 하나님과 어린 양 예수 그리스도의 최후승리를 전하여 성도들이 그 승리에 참여할 수 있게 한다. 요한계시록이 미래 세상에서 일어날 사건들을 말하는 것처럼 보이지만, 실제로는 당시 교회가 현실적으로 체험하고 있는 세상과 관련되어 있다. 요한계시록은 성도들이 현재적으로 경험하고 있는 고난을 초월적인 제의사건으로 설명하고,[103] 또 묵시문학적인 역사이해와 연결하여 세상에서 일어나고 있는 일들과 그 안에서 살고 있는 성도들 개인의 삶을 이해할 수 있게 한다. 그럼으로써 세상의 고난 속에서도 하늘의 승리를 확신하며 살 수 있게 한다. 요한계시록에서는 고난과 싸움, 믿음의 신실함과 인내 등 현실 속에서 지켜야 할 요소들이 중요하다. 단순히 미래에 일어날 일들을 암호 형식으로 예언한 책으로 요한계시록을 이해해서는 안 된다. 아무리 역사가 어두워도 하나님은 절대 패배하지 않을 뿐 아니라 타락한 사회와 지도자들에게는 심판을 단행하실 것이며, 믿음의 신실함으로 고난 속에서도 끝까지 이기는 자에게는 승리의 면류관을 주실 것이다. 그러므로 하나님에 대한 굳건한 믿음 속에서 교회와 성도들에게 어두운 역사와 현실을 이겨 내도록 격려하려는 것이 요한계시록의 메시지다.

3) 그리스도이해

요한계시록에서 "하나님의 아들"은 2장 18절에서만 한 차례 나오고,[104] "주"는

---

103) '제의'는 시간과 공간의 제약 속에서 살고 있는 사람들이 하나님이 세상 안으로 나타나서 변화를 가져와주기를 기도하고 찬양하며 바라는 것이다. 임진수, "요한계시록의 구조와 초대기독교 예배 연구", 28~61 참조.
104) 계 21:7은 삼하 7:14과 연결해서, 교회와 이기는 그리스도인들이 하나님의 "아들"이라 불릴 것이라고 한다.

예수 그리스도보다는 하나님을 지칭하기 위해 더 자주 사용한다.[105] 요한계시록의 독특한 그리스도이해는 "어린 양"이라는 칭호에서 뚜렷하게 나타난다.

(1) 하나님 - 아버지와 예수 그리스도

독일 튀빙엔 대학교의 호피우스(O. Hofius) 교수는 요한계시록에서 하나님과 예수 그리스도는 기능에서뿐 아니라 신적인 본질에서도 일치 가운데 있다는 것을 설득력 있게 논증한다.[106] 요한계시록은 첫머리에서 예수 그리스도를 "충성된 증인, 죽은 자들 가운데서 먼저 나신 분, 땅의 임금들의 머리"(1:5a)라고 한다. 먼저 "충성된 증인"은 특별히 십자가의 피를 흘리기까지 신실하게 사셨던 인간 예수의 삶을 말한다. 나사렛 예수는 마지막까지 하나님께 신실하신 분으로서 "죽임을 당하신 어린 양"이다(5:12).[107]

> "우리를 사랑하사 그의 피로 우리 죄에서 우리를 해방하시고 그의 아버지 하나님을 위하여 우리를 나라와 제사장으로 삼으셨다." (1:5~6)

'죽은 자들 가운데서 먼저 나신 분'으로서 그리스도의 부활은 모든 죽은 자들의 부활이 시작되는 첫 번째 열매다.[108] 마지막 표현 "땅의 임금들의 머리"는 하늘의 보좌에 오르셔서 온 세상을 다스리시는 주님을 말한다. 그러므로 그리스도는 "만왕의 왕, 만주의 주"다(17:14; 19:16). 하나님을 "만국의 왕"이라고 노래하는 것을 보더라도(15:3) 이 칭호들은 원래 하나님의 것이었는데,[109] 요한계시록은 이를 예수 그리스도에게 적용하며, 또 역시 하나님께만 돌려야 하는 송영을 그리

---

105) 계 11:8; 14:13; 17:14; 19:16; 22:20~21에서는 예수 그리스도를 "주"라고 하지만, 더 자주는 하나님을 "주"라고 한다(11:4, 15, 17; 15:3~4; 16:7; 18:8; 19:6; 21:22; 22:5 등).

106) O. Hofius, "Das Zeugnis der Johannesoffenbarung von der Gottheit Jesu Christi", 223~240. U. Schnelle, *Theologie des NT*, 716~717은 Hofius의 주장에 비판적이다. 그에 따르면, 계시록에서 그리스도는 세상의 지배와 심판이라는 기능적인 차원에서만 하나님의 활동에 참여한다(U. Schnelle, *Einleitung in das NT*, 604도 참조).

107) 계 5:9~10; 7:14; 12:11도 참조.

108) 고전 15:20; 골 1:18 참조.

109) 신 10:17; 시편 136:3; 딤전 6:15 참조.

스도에게 돌린다(1:6b).[110]

그러므로 요한계시록에서 그리스도는 하나님과 신성을 공유하신 분이다. 계시록에서 하나님은 오직 예수 그리스도의 아버지일 뿐이고,[111] 성도들의 아버지로는 일컬어지지 않는다. 다시 말해 예수 그리스도만 하나님의 아들이다. 이러한 배타적인 아버지와 아들의 관계를 통해 계시록은 예수가 본질적으로 하나님께 속한 존재라는 것을 말한다. '장차 오실 이'(1:4, 8)로서 하나님은 그리스도의 오심을 직접 예고한다(1:7). 계시록이 하나님의 오심을 말하는 1장 4, 8절을 제외하고는 예외 없이 그리스도의 오심을 말한다면,[112] 그리스도가 오신다는 것은 곧 하나님이 오시는 것이기 때문이다.[113]

이는 요한복음에 이어 계시록에서도 중요한 '나는…이다'라는 계시의 말씀에서도 확인할 수 있다. 1장 8절에서 하나님은 "나는 알파와 오메가다"라고 하며, 또 21장 6절에서는 "나는 알파와 오메가요 처음과 마지막이라"고 한다. 1장 17절과 22장 13절에서도 그리스도는 "나는 알파와 오메가요 처음과 마지막이요 시작과 마침이라"고 한다. 구약에서 이 표현은 하나님의 유일성과 영원성 그리고 무엇과도 비교할 수 없는 전능하심을 말한다(사 44:6).[114] 하나님은 그러한 권능으로 역사를 만드시고 세상을 지배하신다. 그러므로 하나님께만 해당하는 여러 표현들을 예수 그리스도에게도 적용한다면, 요한계시록에서 '그리스도는 그 본질상 하나님'이시기 때문이다.[115] 본질상 하나님이신 그리스도는 죄를 용서해 주고(1:5), "세세토록 살아 있어 사망과 음부의 열쇠를 가지고 있다"(1:18).

그리스도는 "거룩하고 진실하사 다윗의 열쇠를 가지신 이 곧 열면 닫을 사람이 없고 닫으면 열 사람이 없는 그"이다(3:7). '거룩하신 분'은 구약에서 하나님

---

110) 롬 11:36; 16:27; 갈 1:5; 엡 3:21; 딤전 1:17; 6:16; 벧전 4:11; 5:11; 유 1:25; 마 6:13 등.
111) 계 1:6; 2:28; 3:5, 21; 14:1 등.
112) 계 1:7; 2:5, 16, 25; 3:11; 16:15; 22:7, 12, 17, 20 등.
113) O. Hofius, "Das Zeugnis der Johannesoffenbarung von der Gottheit Jesu Christi", 225.
114) 사 41:4; 43:10; 48:12; 시 90:2도 참조.
115) O. Hofius, "Das Zeugnis der Johannesoffenbarung von der Gottheit Jesu Christi", 227.

을 지칭한다.[116] '진실하신 분'도 하나님이다(사 65:16). 요한계시록에서도 하나님은 "거룩하고 참되신" 분이다(6:10). 하나님을 지칭하는 이 표현들을 계시록에서는 그리스도에게 옮겨 적용한다. 3장 14절이 그리스도를 "아멘이시요 충성되고 참된 증인이시요 하나님의 창조의 근본이신 이"라고 한다면, 이는 하나님께 해당하는 말을 그리스도에게 적용하는 것이다. 특히 그리스도를 "창조의 근본"이라고 한다면, 이는 그리스도를 창조 이전에 계셨던 분으로, 그러므로 선재적인 기독론을 말한다. 창조 세계는 생성과 존립을 그리스도에게 빚지고 있다. 이는 요한복음의 로고스 송가가 노래한 내용과 동일하다(요 1:3~4). 선지자 요한을 통해 소아시아의 일곱 교회들에게 말씀하시는 분은 창조 이전부터 계셨던 그리고 하나님과 동일한 신성과 기능을 가지신 예수 그리스도다. 그러므로 천사들과 24장로들은 하늘 보좌 주변에서 "보좌에 앉으신 이와 어린 양에게", 곧 하나님과 예수 그리스도에게 동시에 경배한다(5:13~14). "보좌에 앉으신 이" 하나님과 "그 어린 양"은 함께 세상을 심판하신다(6:16; 22:12~16).[117] 요한계시록은 한편으로는 하나님-아버지와 예수 그리스도 사이를 구분하면서도, 다른 한편으로는 아들을 '아버지와 동일한 본질로 그리고 본질적으로 참된 신성'을 가지신 것으로 말한다.[118] 그러므로 요한계시록에서 하나님-아버지와 예수 그리스도 사이에는 기능적인 차원에서만 일치할 뿐이라는 주장은 잘못이다. 하나님과 그리스도는 구원과 심판의 기능에서만 아니라 신적인 본질에서도 일치한다.

(2) 어린 양 예수 그리스도

십자가에서 죽임을 당하고 부활하셔서 하늘 보좌에 하나님과 함께 계신 그리스도를 요한계시록은 "어린 양"(ἀρνίον)이라고 한다. "어린 양"은 신약성서의 다른 문헌에서는 그리스도를 부르는 칭호로 사용되지 않고, 오로지 요한계시록에만

---

116) 사 40:25; 합 3:3 그리고 벧전 1:15; 요일 2:20도 참조.
117) O. Hofius, "Das Zeugnis der Johannesoffenbarung von der Gottheit Jesu Christi", 233.
118) 21:22; 22:3 참조. 인용은 O. Hofius, "Das Zeugnis der Johannesoffenbarung von der Gottheit Jesu Christi", 239.

28회나 사용된다.[119] 그러므로 요한계시록의 기독론은 어린 양 기독론이라고 할 수 있다. 이 어린 양을 우리는 출애굽기 12장 5절에 의거해 유월절 제물로 드리는 "어린 양"으로 보아야 할까? 아니면 분노하고(6:16), 하나님께 적대적인 세력을 물리치고 죽음을 이긴 승리자이며(17:14), 머리에 일곱 개 뿔을 가진(5:6) "숫양"으로,[120] 곧 출애굽기 29장 38~42절과 민수기 28장 3~8절에 언급된, 매일 하나님께 아침과 저녁 두 차례 제물로 드리는 숫양으로 보아야 할까?[121]

어쨌든 "어린 양"은 "죽임을 당한 어린 양"이며(5:8~14; 7:9~10), 이로써 죄인을 위해 속죄의 죽임을 당한 그리스도를 강조한다(5:6; 13:8). 어린 양 예수는 그의 '피로' 사람들을 죄에서 해방시켜 하나님과 교제할 수 있게 했다.[122] 그러므로 단어는 다르지만 요한복음에서 세례자 요한이 예수를 보고 "세상 죄를 짊어지고 가는 하나님의 어린 양(αμνος)"이라고 한 말과 같은 의미라고 할 수 있다(요 1:29, 36). 십자가에 달려 죽임을 당한(11:8) 어린 양은 죽음을 이긴 승리자이며, 그래서 세상을 다스리시는 주권자다(1:18; 5:1~14). 죽임을 당하고 부활한 어린 양은 하늘 보좌에서 하나님과 함께 계신다(5:13; 7:10; 22:1, 3).

어린 양은 세상을 다스리는 권세를 가지고 있다. 그는 하늘에서 "일곱 뿔과 일곱 눈"을 가지고 있다(5:6). "뿔"은 구약성서에서 권세를 상징한다.[123] "일곱 눈"은 스가랴서 4장 10절에서 온 세상을 두루 다니는 하나님의 활동과 주권을 말한다. "만주의 주, 만왕의 왕"이신 어린 양은 죄인들을 심판하신다.[124] 그러나 어린 양은 "어린 양의 생명책"에 기록된 이들과(13:8; 21:27) 어린 양의 이름을 이마에 쓰고 따르는 이들에게는(14:1, 4) 혼인잔치, 곧 종말적인 구원에 참여하게 해 준다(17:7~9). 그래서 그들은 하나님 앞에서 결코 깨어지지 않는 영원한 생명을 갖

---

119) 5:6, 12~13; 6:1, 16; 7:9~10, 14, 17; 12:11; 13:8; 14:1, 4, 10; 15:3; 17:14; 19:7, 9; 21:9, 14, 22~23, 27; 22:1, 3 등.
120) 우리말개역성경은 일관되게 "어린 양"으로 번역한다.
121) O. Hofius, "Αρνιον – Widder oder Lamm?"을 참조. Hofius는 "어린 양"을, P. Stuhlmacher, *Biblische Theologie des NT II*, 222~223은 "숫양"을 지지한다.
122) 1:5; 5:9~10; 7:14~15; 12:11 등. 배재욱, "요한계시록의 어린양 상징 언어 속에 나타난 생명 사상", 281~312 참조.
123) 민 23:22; 신 33:17; 삼상 2:10; 시 89:18, 25; 92:11; 132:17 등.
124) 계 6:16~17; 14:10; 17:14.

게 된다.[125]

4) 종말이해

(1) 묵시문학이라는 문학 장르가 가르쳐 주듯이, 요한계시록에서는 종말이해가 매우 중요한 주제다. 요한계시록에는 현재적인 종말이해와 미래적인 종말이해가 밀접하게 연결되어 있다. 요한계시록은 구원의 현재에 관한 분명한 언급 위에서 그의 종말이해를 전개한다. 구원은 고통스러운 싸움을 하는 현재에도 이미 경험할 수 있다. 그리스도께서는 그의 피로써 이미 지금 "우리를 나라와 제사장으로 삼으셨다"(1:5~6; 5:9~10). 그러므로 사탄은 그의 사자들과 함께 이미 하늘에서 내쫓겼다(12:9). 성도들은 이미 지금 인침을 받았으며(7:1~8), 그들의 이름이 생명의 책에 기록되었다(21:2, 9). 현 세상의 무섭고 고통스러운 사건들에도 불구하고 성도들과 교회는 역사에서 실현되었고 또 앞으로 실현될 하나님의 행동을 굳게 믿음으로써 결코 흔들리지 않을 것이다. 구원의 현재에 대한 확신이 종말이해의 출발이고 토대다.

요한계시록은 구원의 현재라는 토대 위에서 주님의 임박한 재림을 기대한다.[126] 십자가에서 죽고 부활하셔서 하늘 보좌에 오르신 어린 양은 "진실로 속히 오리라"고 선언하고, 이에 성도들은 "아멘 주 예수여 오시옵소서"라고 응답하면서, 어린 양이 와서 구원을 완성해 주기를 고대한다(22:20).[127] 그러나 그때가 언제일지는 알지 못한다. 도둑처럼 어느 날 올 것이다(3:3). 하나님은 이미 세워 놓은 종말시계나 종말시간표를 충실히 따르는 종이 아니라, 온 세상을 지배하는 통치자이며(1:8), 모든 것을 창조하신 분이다(4:11). 임박한 종말을 기대하는 가운데 선지자 요한을 통해 주어진 "예언의 말씀을 읽는 자와 듣는 자와 그 가운데에 기

---

125) 계 7:16~17; 21:22~23; 22:1~5.
126) 계 1:3, 7; 2:16; 3:11; 22:20 등. 신동욱, "요한계시록은 임박한 종말을 말하고 있는가?", 1113~1149 참조.
127) 계 2:16; 3:11, 20; 4:8; 22:7, 12, 17, 20 등 참조.

록한 것을 지키는 자가 복이 있다"(1:3).

요한계시록은 현재의 고통으로부터 마지막 구원에 이르는 직선적인 역사이해를 가진다. 이 같은 역사에는 시작과 끝이 있다. 역사의 끝에 이르는 과정에는 고통스런 싸움이 있다. 이 싸움을 통해 마지막 종말적인 구원에 이르게 하는 주인공은 죽임을 당하고 부활하신 어린 양 예수 그리스도다(5:5~6). 종말적인 구원의 세상은 이미 하늘에 마련되어 있으며, 언젠가 이러한 새 하늘과 새 땅, 새 예루살렘이 세상에 내려올 것이고, 그때에는 세상의 모든 것이 완벽하게 변화할 것이다. 그리스도인들은 아무런 공로도 없이 은혜로써 구원에 참여할 수 있는 '생명의 책'에 그 이름을 올렸지만, 그러나 동시에 순교를 당하기까지 신실해서 승리해야 마지막 구원의 세상에 참여할 수 있다.[128] 그러므로 성도들은 고통스러운 현재에 구원의 확신 속에서 도래하는 세상을 보고 있다.

(2) 요한계시록은 두 종류의 미래를 말한다. 순교자들과 승리자들은 첫 번째 부활을 하고(20:5), 그래서 천 년 왕국이 시작된다(20:1~6). 예수를 증언하고 하나님의 말씀 때문에 순교를 당한 이들, 그리고 짐승과 우상에게 경배하지 않는 신실한 그리스도인들은 그리스도와 함께 천 년 동안 왕 노릇할 것이다(20:4). 천 년 왕국이라는 표상은 당시 헬라나 유대 세계에서 왔다.[129] 이로써 저자는 전(前)천년설이니 후(後)천년설이니 하는 공상적인 이론을 말하려는 것이 아니라, 궁극적인 종말이 오기 이전의 현재 세상도 그리스도에 의해 지배되고 있다는 것을 말한다.[130] 천 년이라는 숫자는 끝이 분명히 있지만, 그 끝이 언제일지 모르는 상당한 미래를 말하며, 그 기간에도 그리스도는 신실한 그리스도인들과 함께 세상을 다스리게 될 것이다. 악이 지배하고 고통이 지배하는 것처럼 보이는 세상이지만, 그리스도는 그런 세상을 포기하지 않고 다스리고 있다. 그리스도는 어떤

---

128) 2:10, 26~28; 3:5; 20:11~15.
129) O. Böcher, Art. "Johannes-Apokalypse", 625~626 참조.
130) U. Schnelle, *Theologie des NT*, 730.

한 경우에도 현재의 세상을 포기하지 않을 것이다.

성도들 외의 다른 죽은 모든 사람들이 부활함으로써(20:12~13) 세계 심판이 일어난다(20:14~15). 천 년 동안의 중간나라가 끝나면 마지막 싸움이 일어날 것이고, 그런 후에 영원한 새 예루살렘이 실현될 것이다(21~22장).[131] 그때에는 구원받은 모든 사람들이 모이게 될 것이다. 현 세상에는 동물, 곧 로마 제국이 여전히 지배하는 것처럼 보이지만, 이는 "잠시 동안"이다(17:10). 그러나 곧(18:10의 "한 시간") 로마 제국 위에 심판이 임해 불에 태워질 것이다(18:9). 그러므로 로마로 대표되는 세상이 거칠게 저항을 하겠지만, 선지자 요한이 하늘에 가서 보았던 새로운 세상은 곧 임할 것이다. 그래서 성도들은 새로운 세상을 이미 현재 속에서 볼 것이다.

(3) 불꽃같은 눈을 가진 어린 양의 입에서는 좌우에 날선 검과 같은 말씀이 나온다(1:14, 16; 19:15, 21). 모든 사람의 모든 것을 꿰뚫어 보는 눈을 가진 어린 양은 그의 입에서 나오는 말씀으로 세상을 심판할 것이다. 심판자 어린 양은 "하나님의 말씀"이다(19:13).

어린 양은 성도들도 심판하신다. 그러므로 타락한 성도들은 자신들이 "어디서 떨어졌는지를 생각하고 회개하여 처음 행위를 가져야" 한다(2:5). 그렇지 않으면 어린 양의 입에서 나온 말씀의 검이 그들을 칠 것이다(2:18). 심판자가 언제 올지 모르기 때문에 성도들은 어린 양의 "불로 연단한 금을 사서 부요하게 하고 흰 옷을 사서 입어 벌거벗은 수치를 보이지 않게 하고 안약을 사서 눈에 발라 볼 수 있어야" 한다(3:3, 18). 이처럼 성도들에 대한 심판의 말씀 속에는 그들에게 믿음의 길에서 벗어나지 말고, 만일 벗어났으면 속히 회개하라는 경고와 교육적인 의도가 담겨 있다.

---

131) 궁극적으로 새로운 세상이 이루어지기 전에 천 년 동안의 중간나라가 메시아에 의해 세워질 것이라는 생각은 유대교 문헌에서 쉽게 찾을 수 있다(특히 제4에스라서). E. Lohse, ThWNT IX, 459~460 참조.

요한계시록 4장부터는 세상을 향한 어린 양의 심판이 그려진다. 어린 양은 보좌에 앉으신 하나님으로부터 일곱으로 봉인된 두루마리를 받음으로써(5:1 이하) 세상의 심판자로서 활동을 시작한다. 어린 양의 심판은 바벨론으로 일컬어지는 로마를 향한다. 17~18장에서 바벨론(로마)의 패망이 그려지고, 19장 1~10절에서는 그의 패망에 이어지는 환호의 노래가 들린다. 사탄을 말하는 용이 완전히 궤멸됨으로써 어린 양의 심판은 끝이 나고, 용은 천 년 동안 무저갱에 갇히게 된다(20:1~3).

5) 윤리교훈

(1) 내적·외적인 위협과 위기에 처한 교회와 그리스도인들에게 보낸 요한계시록의 윤리적인 권면과 교훈은 위기 상황에서도 그리스도인과 교회의 정체성을 지키게 하여 마지막에 승리하게 하기 위한 것이다. 위기 상황에서 기독교인으로서 믿음의 정체성을 굳게 지키고 이기는 사람에게는 "하나님의 낙원에 있는 생명나무의 열매를 주어 먹게 하고"(2:7), "둘째 사망의 해를 받지 아니하리라"는 약속이 주어진다(2:11).[132] 이겨 내는 사람에게만 구원의 약속이 성취되기 때문에, 구원의 약속은 성도들이 비관적인 상황을 이겨 내게 하는 힘이다.[133] 성도들은 하나님과 함께 대적들과의 싸움에 참여하며, 그 싸움에서 그리스도가 승리하셨듯이 그렇게 성도들도 승리할 것을 확신한다.[134]

"우리 형제들이 어린 양의 피와 자기들이 증언하는 말씀으로써 그를 이겼으니 그들은 죽기까지 자기들의 생명을 아끼지 아니하였도다" (12:11)

---

132) 그 외에도 2:17, 26; 3:5, 12, 21도 참조.
133) 계 3:21; 15:2; 20:4; 21:7.
134) 계 5:5; 12:11; 17:14.

사탄을 상징하는 용은 "하나님의 계명을 지키며 예수의 증거를 가진 자들" (12:17)에 맞서서 싸우겠지만, 그들은 첫 번째 그리고 영원한 증인이신 그리스도를(1:2, 9; 19:10) 따라 고난과 죽음을 감수하면서 신실한 증인으로서 승리할 것이다.[135]

(2) 죽음에 이르기까지 인내하고 신실함을 지키는 것이 계시록이 가르치는 그리스도인의 기본자세이고 믿음의 모습이다. 인내와 신실함으로 그리스도인들은 '행위들'을 맺어야 한다(14:13). 이러한 행위들에 따라 어린 양의 심판이 일어날 것이기 때문이다.[136] 그러므로 타락한 성도들은 회개하여 "처음 행위"를 가져야 하는데(2:5), 성도들이 맺어야 할 행위는 사랑, 믿음의 신실함, 의, 인내와 참음, 섬김 등이다. 이 행위들에 반대되는 악행들은 살인, 복술, 음행, 도둑질, 우상숭배, 거짓말, 믿지 않음 등이다.[137] 이러한 악행을 범하는 자들은 구원에 들어갈 수 없다.

그러므로 요한계시록의 믿음이해는 바울의 믿음이해와 다르다. 계시록은 동사 '믿다'(πιτευειν)를 전혀 사용하지 않고, 명사 '믿음'(πιστις)만 네 번 사용한다.[138] 세 번 사용하는 형용사 믿음도 '신실한'을 의미한다.[139] 2장 13절에서는 "내 이름을 굳게 잡다"와 "나를 믿는 믿음을 저버리지 않다"를 같은 의미로 말한다. 요한복음과 서신들에서 믿음은 하나님이 주시는 은혜의 선물이지만,[140] 계시록에서 믿음은 그리스도를 향한 인간의 인내와 신실함 혹은 신실한 행위다. 요한복음 (그리고 바울서신들)과 다른 이 같은 믿음이해는 마태복음과 야고보서 그리고 히브리서에서도 본 바 있다. 생명의 책에 이름이 오르는 것은 인간의 어떠한 공로가 없이, 다만 은혜로써 일어나지만(3:5; 20:15), 믿음을 끝까지 지키지 못한, 그래

---

135) 계 2:13; 6:9; 11:7; 17:6; 19:10; 20:4.
136) 계 2:23; 18:6; 20:12~13; 22:12.
137) 계 9:21; 21:8; 22:15.
138) 계 2:13, 19; 13:10; 14:12.
139) 계 2:10, 13; 17:14.
140) 요 7:37~38; 요일 5:5~10 등.

서 인내하지 못하고 신실하지 못한 사람들은 생명의 책에서 지워질 수 있다. 죽음에 이르기까지 인내하고 신실하여 행함의 열매를 가진 자들(14:13)이 그들의 행위에 따라 심판을 받을 것이다. 그런 사람들의 이름은 생명의 책에서 결코 지워지지 않을 것이다. 이처럼 계시록의 믿음이해는 교훈과 권면의 차원에서 이루어진다.

(3) 선지자 요한의 윤리는 모든 기회주의적인 처신을 부정하는 철저한 "저항과 인내의 윤리"다.[141] 성도들은 세상 사람들의 죄에 참여해서는 안 되고, 그들과 철저히 달라야 한다(18:4). 시대적인 상황에서 볼 때, 여기서 말하는 세상 사람들의 죄는 황제를 신으로 숭배하고 우상을 섬기는 것이다. 종교적·제의적으로 잘못된 길을 선택함으로써 윤리적인 악행을 저지르게 된다. 세상 사람들과 그리스도인이 윤리적인 측면에서 결코 함께할 수 없다는 이러한 계시록 저자의 엄격한 분리적인 견해는 주변세계로부터 오는 위협에 직면한 소수 공동체의 입장에서 이해되어야 한다.

(4) 신약성서 문헌들 가운데 로마로 대표되는 국가와 하나님의 뜻이 정면으로 충돌하는 것을 가장 분명하게 말하는 것은 요한계시록이다.[142] 로마제국은 왕관을 쓰고 있는 열 개의 뿔과 하나님을 모독하는 이름표를 달고 있는 일곱 개의 머리를 가진, 바다에서 올라오는 짐승이다(13:1). 표범과 같고, 그 발은 곰의 발 같고, 입은 사자의 입 같은 그 짐승은 용으로부터 능력과 보좌, 큰 권세를 받는다(13:2).[143] 이러한 괴물에 대한 묘사로써 선지자 요한은 그의 시대에 이르기까지 하나님을 대적하는 혐오스러운 모든 세력들이 로마 제국에 총체적으로 집

---

141) U. Schnelle, *Theologie des NT*, 726; 신동욱, "요한계시록의 제자도", 241~279; 이병학, "죽음의 현실과 새 에루살렘의 대항현실", 1045~1082도 참조.
142) 임진수, "짐승의 숫자 666 –요한계시록 12~13장의 비평적 연구–", 87~115 참조.
143) 이러한 괴물에 대한 묘사는 다니엘서 7장을 비롯한 유대교의 묵시문헌에서 자주 볼 수 있다. 제4에스라서 6:49; 시리아어 바룩서 29:4; 솔로몬의 시편 2:15 등.

약되어 나타나고 있다는 것을 말한다.[144] 당시 지중해 영역을 모두 지배하고 있던(13:7), 그래서 어린 양의 생명책에 이름이 오르지 못한 사람들의 경배를 받는(13:8) 로마제국은 오직 하나님과 그리스도만 요구할 수 있는 것을 성도들에게 요구함으로써, 이를 거부하는 성도들과 싸우고 또 그들을 박해한다.

13장 11절 이하에 따르면, 땅에서 올라온 두 번째 짐승이 있는데, 그는 어린 양처럼 두 개의 뿔을 가지고 있으며 또 용처럼 말을 할 줄 안다. 그러므로 그는 어린 양 그리스도와 혼동될 수 있는 말과 권능을 행하는 매우 위험한 존재다. 말을 할 줄 알고 권능의 표적을 행할 줄 아는(13:13) 이 짐승은 땅에 사는 모든 사람들이 첫 번째 짐승, 곧 로마황제를 신으로 경배하도록 유혹한다. 이런 역할을 하는 두 번째 짐승은 로마제국을 돌아다니면서 황제숭배를 선전하고 강요해서 오른 손이나 이마에 황제숭배자의 표식을 받게 했던(13:16) 거짓 선지자들이다(16:13).[145] 이 같은 숭배의 표식이 없는 이들에게는 경제활동을 못하게 하고 또 죽이기까지 했다(13:17). 우리의 역사에서 일본 식민지 시절에 유창한 설교와 제국 경찰의 힘을 등에 업고 일본 천황을 숭배하는 신사참배를 선전하고 다녔던 거짓 선지자들과 유사하다고 할 수 있겠다. 첫 번째 짐승(로마/황제)이 잡히는 날에는 그 앞에서 표적을 행하면서 사람들을 유혹하여 이 짐승을 경배하게 했던 두 번째 짐승인 거짓 선지자도 함께 잡혀서 유황불에 던져질 것이다(19:20; 20:10).

---

144) W. Schrage, *Ethik des NT*, 343.
145) W. Schrage, *Ethik des NT*, 345.

신약성서신학을 마치며

지금까지 우리는 나사렛 예수로부터 출발해서, 바울 이전의 처음교회의 신학, 바울의 신학, 사도 이후 서신들의 신학, 공관복음과 사도행전의 신학, 요한문헌의 신학을 차례로 살펴보았다. 어렵고 긴 여정을 마무리하면서 돌아보면, 초대교회의 신학적인 구도가 매우 다양하다는 생각이 먼저 떠오른다. 나사렛 예수는 하나님 나라를 선포했는데, 부활절 이후 예루살렘 처음교회부터는 하나님 나라보다는 예수 그리스도의 인격에 대한 믿음 자체에 관심이 집중되었다. 다마스쿠스 체험 이후의 바울은 유대교의 율법 그리고 그리스도의 십자가 죽음과 부활에 신학적인 초점을 맞추었다. 특히 이방인 선교의 맥락에서 율법의 행위가 아니라 믿음으로 의롭다함을 얻는다는 칭의신학이 바울의 신학적인 관심의 핵이었다. 그러나 바울 이후의 문헌들에서는 그러한 칭의신학이 바울에서만큼 분명하게 핵심이 되지 못했다. 더구나 마태복음과 야고보서에서는 바울의 칭의신학이 가져올 수 있는 어두운 면에 직면해서 행위가 인간의 구원에 보다 더 긍정적이고 적극적인 역할을 하는 방향으로 신학이 전개되는데, 이는 행위와 은혜 및 믿음을 양자택일 식으로 강조하는 바울신학에 대해 비판하는 소리로까지 여겨질 수 있었다. 그러나 다시 요한문헌에서는, 언어적으로는 칭의신학을 말하지는 않지만, 바울의 '오직 은혜/믿음으로'라는 신학적인 특성이 새로운 형태로 나타나기도 했다. 반면에 요한계시록은 요한문헌에 속하면서도 다시 행위를 강조하는 반전을 드러낸다.

이와 같이 초대교회의 신학은 반전에 또 반전을 거듭하는 다양한 얼굴로 나타난다. 이런 다양한 얼굴들은 초대교회들이 처해 있었던 상황과 직결된다. 초대교회들은 숱한 위기에 봉착했고, 그 위기를 타개하기 위해 하나님은 성령으로 저자들의 상황에 개입해 각기 독자적인 메시지를 선포하도록 했으며 또 성도들을 교육하게 했다. 이 같은 다양한 메시지들은 모두가 한 하나님으로부터 한 성령에 의해 주어진 것들이다. 이처럼 다양한 신학적인 구도들이나 강조점들에 직면해서 우리는 그것들을 꿰뚫고 있는 하나의 줄을 말할 수 있어야 한다. 그럼으로써 우리는 신약성서 문헌들의 신학적인 통일성을 말할 수 있다. 종교개혁자 마틴 루터는 성경 문헌들의 중심을 꿰뚫고 가는 하나의 줄을 '예수 그리스도'라고 했다. "모든 거룩한 문헌들은 예수 그리스도를 설교하고 전한다는 점에서 일치한다." [1] 케제만은 '죄인의 칭의'에서 신약성서 문서들의 신학적인 일치를 보았고, [2] 그의 제자 P. 슈툴마허는 '화해의 메시지'에서 그러한 일치를 보았다. [3] 그러나 신약성서신학의 다양성 그 자체를 그대로 받아들이는 것이 우선이며, 그런 후에야 그들을 꿰뚫고 흐르는 통일된 주제를 말할 수 있을 것이다. 최근에 F. 한(Hahn)과 E. 로제(Lohse)는 그들의 신약성서신학 1권에서는 초대교회의 신학사적 차원에서 신약성서 문헌들의 다양한 신학을 말하고, 이어서 2권에서는 신약의 문서들을 관통하는 주제적인 서술을 한다. 반대로 슈넬레는 신약 문서들의 다양한 신학적 소리들을 그대로 설명하는 것으로 그의 신약성서신학을 마무리한다.

신약성서 27권 문서들의 저자들은 시간과 공간을 초월해 화석처럼 굳어진 교리를 기록한 것이 아니라, 자신들과 독자들이 처해 있는 역사적이고 신앙적인 상황을 예수 그리스도의 이야기 안으로 가지고 와서 해석하고 이해함으로써 그들의 문서들을 기록했다. 그러므로 우리는 신약성서 문서들의 일치보다는 오히

---

1) M. Luther, WA DB 7, 384, 25~32.
2) E. Käsemann(hg), *Das Neue Testament als Kanon*, 399~410.
3) P. Stuhlmacher, *Biblische Theologie des NT II*, 320.

517

신약성서신학을 마치며

려 '다양성의 우선'⁴⁾을 말해야 할 것이다. 여기서 말하는 다양성은 아무런 틀이나 토대가 없는 다양성이 아니라 분명한 하나의 틀 혹은 토대 위에 세워져 있다. "신약성서 안에서 다양성은 하나의 분명한 토대 위에서만 존재하는데, 이는 예수 그리스도의 십자가 죽음과 부활에 나타난 하나님의 종말적인 구원활동을 경험하는 것이다."⁵⁾ 결국 이 토대가 신약성서신학의 통일성이다. 이러한 토대가 신약성서 문서들의 저자와 독자들의 상황에서 다양한 방식으로 전개된다. 신약성서신학은 이 토대 위에서 저자들이 말하는 다양한 소리들의 총합이다. 그러므로 우리는 신약성서 27권의 문헌들을 읽으면서, 저자와 독자들이 경험한, 혹은 그들에게 계시된 하나님의 구원을 그들이 처한 독특한 상황에서 어떻게 이해하고 설명하는지를 읽어야 할 것이다.

신약정경을 27권의 문헌으로 확정했던 고대 교회 지도자들은 이 같은 다양한 목소리들을 알았으며 또 그 다양함을 꿰뚫고 흐르는 공통의 토대를 알았다. 그래서 그들은 다양한 문헌들을 하나의 정경으로 묶었을 것이다. 신약정경을 읽으면서 신앙생활을 하는 오늘을 포함한 모든 시대의 교회와 그리스도인들도 그들과 같은 깨우침을 얻었으면 좋겠다. 많은 교파들이 있지만, 그 다름이 서로를 배척하는 도구로 작용하는 것이 아니라, 오히려 27권의 다른 문헌들이 하나의 정경으로 조화를 이룰 수 있었던 것처럼, 그렇게 이단을 배척하면서도 그리스도의 십자가와 부활을 확실한 구원사건으로 믿는 교회들이 서로의 다름을 인정하고 존중하면서 교파들이 서로 조화를 이루어 하나의 기독교가 되었으면 좋겠다. 이것이 신약성서신학에서 우리가 배워야 할 중요한 덕목일 것이다. 교리와 이권 때문에 분열되어 사람들로부터 손가락질 받는 교회가 아니라, 다름의 조화가 무지개처럼 아름다워 사람들에게 칭찬 받는 한국 교회를 꿈꾸며 신약성서신학을 마무리한다.

---

4) U. Schnelle, *Theologie des NT*, 40.
5) U. Schnelle, *Theologie des NT*, 40~41.

참고문헌

* 지면 절약을 위해 각주에서는 완전한 서지사항을 생략했고, 약칭으로만 언급했다. 완전한 서지사항은 여기에서 제시할 것이다.

1. 외국어 문헌

Backhaus, K., "Der Hebräerbrief und die Paulus-Schule", in: BZ 37(1993), 183~208.

Becker, J., *Johannes der Täufer und Jesus von Nazareth,* Neukirchen: Neukirchener Verlag 1972.

-       *Paulus. Der Apostel der Völker*, UTB 2014, Tübingen: Mohr Siebeck 1998[3].

-       *Das Evangelium nach Johannes kapitel* 1~10, Gerd Mohn: Gütersloher Verlaghaus 1985[2].

Billerbeck, P. -(Strack, H. L.), *Kommentar zum Neuen Testament aus Talmud und Midrasch*, 4Bde., München 1922~28.

Bornkamm, G., "Binde- und Lösegewalt in der Kirche des Matthäus", in: ders.,-K. Rahner(Hrsg.), *Die Zeit Jesu*(FS H. Schlier), Freiburg 1970, 93~107.

-       *Jesus von Nazareth*, Stuttgart: Verlag W. Kohlhammer 1968[8].

Brox, N., *Der erste Petrusbrief,*(EKK XXI), Neukirchen: Neukirchener Verlag 1979.

-       *Falsche Verfasserangabe*(SBS 79), Stuttgart: Verlag Katholisches Bibelwerk 1975.

Bultmann, R., *Das Evangelium des Johannes*, Göttingen: Vandenhoeck & Ruprecht 1985.

-       "Verhältnis des urchristlichen Christusbotschaft zum historischen Jesus", in: *Exegetica. Aufsätze zur Forschung des Neuen Testaments*, Tübingen 1967, 445~469.

Conzelmann, H., *Die Mitte der Zeit. Studien zur Theologie des Lukas*(BHTh 17), Tübingen: Mohr Siebeck 1964[5]

-       "Gegenwart und Zukunft in der synoptischen Tradition", in: ders., *Theologie als Schriftauslegung*, München 1974.

Eichholz, G., *Die Theologie des Paulus im Umriss*, Neukirchen: Neukirchener Verlag 1985[5].

Fischer, K. M., "Anmerkungen zur Pseudephigraphie", NTS 23(1977), 76~81.

- *Tendenz und Absicht des Epheserbriefes*, Göttingen: Vandenhoeck & Ruprecht 1973.

Grä β er, E., *An die Hebräer(Hebr 1~6)*, EKK XVII/1, Neukirchen: Neukirchener Verlag 1990.

- *Das Problem der Parusieverzögerung in den synoptischen Evangelien und in der Apostelgeschichte*, Berlin 1957.

Haacker, K., *Paulus, der Apostel, Wie er wurde, was er war*, Stuttgart: Katholisches Bibelwerk 2008.

Hahn, F., *Das Verständnis der Mission im Neuen Testament*, Neukirchen: Neukirchener Verlag 1963.

Hengel, M., "Abba, Maranatha, Hosanna und die Anfänge der Christologie", in: ders., *Der Sohn Gottes*, Tübingen: Mohr Siebeck 1977.

- *Nachfolge und Charisma. Eine exegetisch-religionsgeschichtliche Studie zu Mt 8,21f. und Jesu Ruf in dne Nachfolge*, Berlin 1968.

- "Der vorchristliche Paulus", ThBeitr. 21(1990), 174~195.

- *Zur urchristlichen Geschichtsschreibung*, Stuttgart 1984².

Hofius, O., "Αρινιον - Widder oder Lamm? Erwägungen zur Bedeutung des Wortes in der Johannesoffenbarung", in: ders., *Neutestamentliche Studien*, Tübingen: Mohr Siebeck 2000, 241~250.

- *Der Christushymnus Philipper 2,6~11*(WUNT 17), Tübingen: J.C.B.Mohr 1991².

- "Erwählt vor Grundlegung der Welt(Eph 1,4)" in: ders., *Paulusstudien II*, Tübingen: Mohr Siebeck 2002, 234~246.

- "Erwählung und Bewahrung. Zur Auslegung von Joh 6,37", in ders.-H.-Chr. Kammler, *Johannesstudien*, Tübingen: J.C.B.Mohr 1996, 81~86.

- "Das Evangelium und Israel. Erwägungen zu Römer 9~11", in: ders., *Paulusstudien*, Tübingen: J.C.B.Mohr 1989, 175~202.

- "Gott hat unter uns aufgerichtet das Wort von der Versöhnung(2Kor 5,19)", in: *Paulusstudien*, 15~32.

- "Herrenmahl und Herrenmahlsparadosis. Erwägungen zu 1Kor 11,23b~25", in: *Paulusstudien*, 203~240.

- "Jesu Leben, Tod und Auferstehung nach dem Zeugnis des Neuen Testaments", in: ders., *Neutestamentliche Studien*, 3~18.

- "Jesu Zuspruch der Sündenvergebung", in: *Neutestamentliche Studien*, 38~56.
- "Der Mensch im Schatten Adams", in: *Paulusstudien II*, 104~154.
- "Paulus - Missionar und Theologe", in: *Paulusstudien II*, 1~16.
- "Das Zeugnis der Johannesoffenbarung von der Gottheit Jesu Christi", in: *Neutestamentliche Studien*, 223~240.
- *Katapausis. Die Vorstellung vom endzeitlichen Ruheort im Hebräerbrief*(WUNT 11), Tübingen: J.C.B.Mohr 1970.
- "Struktur und Gedankengang des Logos-Hymnus in Joh 1,1~18", in: *Johannesstudien*, 1~23.

Hooker, M. D., "ΠΙΣΤΙΣ ΧΡΙΣΤΟΥ", NTS 35(1989), 321~342.

Horn, F. W., *Das Angeld des Geistes. Studien zum paulinischen Pneumatologie*, Göttingen: Vandenhoeck & Ruprecht 1992.
- "Die Gütergemeinschaft der Urgemeinde", EvTh 58(1998), 370~383.

Jeremias, J., *Abba. Studien zur neutestamentlichen Theologie und Zeitgeschichte*, Stuttgart 1966.
- *Die Abendmahlsworte Jesu*, Göttingen: Vandenhoeck & Ruprecht 1967[4].
- *Die Gleichnisse Jesu*, Göttingen: Vandenhoeck & Ruprecht 1967[4].
- "Nochmals. War Paulus Witwer?", ZNW 28, 321~323.
- "War Paulus Witwer?", ZNW 25, 310~312.

Jüngel, E., *Das Evangelium von der Rechtfertigung des gottlosen als Zentrum des christlichen Glaubens*, Tübingen: J.C.B Mohr 1999.

Käsemann, E., *Exegetische Versuche und Besinnungen Auswahl*, Göttingen: Vandenhoeck & Ruprecht 1986.
- "Das Problem des historischen Jesus", in: *Exegetische Versuche und Besinnungen I*, Gottingen 1960, 187~214.
- "Sackgassen im Streit um den historischen Jesus", in: *Exegetische Versuche und Besinnungen II*, Gottingen 1964, 31~68.

-(hg), *Das Neue Testament als Kanon*, Göttingen: Vandenhoeck & Ruprecht 1970.

Kammler, H.-Chr., "Jesus Christus und der Geistparaklet", in: O. Hofius-ders., *Johannesstudien*, Tübingen: J.C.B.Mohr 1996, 87~190.

Klaiber, W., *Gerecht vor Gott. Rechtfertigung in der Bibel und Heute*, Göttingen: Vandenhoeck und Ruprecht 2000.
- *Rechtfertigung und Gemeinde. Eine Untersuchung zum paulinischen*

Kirchenverständnis, Göttingen: Vandenhoeck und Ruprecht 1982.

Lampe, P./Luz, U., "Nachpaulinisches Christentum und pagane Gesellschaft", in: J. Becker(ed.), *Die Anfänge des Urchristentums*, Stuttgart 1987.

Lindemann, A., "Die Osterbotschaft des Markus", NTS 26(1979/1980), 298~317.

- *Paulus im ältesten Christentum*, Tübingen: J.C.B.Mohr 1979.

Linnemann, E., *Gleichnisse Jesu. Eniführung und Auslegung*, Göttingen: Vandenhoeck & Ruprecht 1969[5].

Lohfink, G., "Gott in der Verkündigung Jesu", in: ders., *Studien zum Neuen Testament*, Stuttgart: Katholisches Bibelwerk 1989, 27~44.

- *Wie hat Jesus Gemeinde gewollt?*, Herder 1985.

Luz, U., *Das Evangelium nach Matthäus*(EKK I/1,2,3,4), Neukirchen: Neukirchener Verlag 1985~2002.

Merkel, H., *Die Pastoralbriefe*, Göttingen: Vandenhoeck & Ruprecht 1991.

Merklein, H., *Christus und Kirche. Die theologische Grundstruktur des Epheserbriefes nach Eph 2,11~18*(SBS 66), Stuttgart: Verlag Katholisches Bibelwerk 1973.

- *Die Gottesherrschaft als Handlungsprinzip. Untersuchung zur Ethik Jesu*, Würzburg: Echter Verlag 1984[3].

- *Jesu Botschaft von der Gottesherrschaft. Eine Skizze*(SBS 111), Stuttgart: Verlag Katholisches Bibelwerk 1984[2].

- *Studien zu Jesu und Paulus II*(WUNT 103), Tübingen: J.C.B.Mohr 1998.

- "Jesus, Kunder des Reiches Gottes", in: *Studien zu Jesus und Paulus*(WUNT 43), Tubingen 1987, 127~156.

Müller, P., *Anfänge der Paulusschule. Dargestellt am zweiten Thessalonicherbrief und am Kolsserbrief*, Zürich: Theologischer Verlag 1988.

Riesner, R., *Jesus als Lehrer. Eine Untersuchung zum Ursprung der EvangelienÜberlieferung*, Tübingen: J.C.B.Mohr 1988[3].

Rissi, M., *Die Theologie des Herbräerbriefes. Ihre Verankerung in der Situation des Verfassers und seiner Leser*(WUNT41), Tübingen 1987.

Roloff, J., *Die Apostelgeschichte*(NTD 5), Göttingen: Vandenhoeck & Ruprecht 1981.

- *Der erste Brief an die Timotheus*(EKK XV), Neukirchen: Neukirchener Verlag 1988.

Schlier, H., *Grundzüge einer paulinischen Theologie*, Leipzig: St. Benno-Verlag 1981.

Schnackenburg, R., *Die sittliche Botschaft des Neuen Testaments*, 2 Bde, Freiburg: Herder

1986/1988.

Schnelle, U., *Einleitung in das Neue Testament*(UTB 1830), Göttingen: Vandenhoeck & Ruprecht 1999[3].

- *Paulus. Leben und Denken*, Berlin: Walter De Gruyter 2003.

- *Theologie des Neuen Testaments*(UTB 2917), Göttingen: Vandenhoeck & Ruprecht 2007.

Scholtissek, K.(hg.), *Christologie in der Paulus-Schule*(SBS 181), Stuttgart: Katholisches Bibelwerk 2000.

Schottroff, L./Stegemann, W., *Jesus von Nazareth. Hoffnung der Armen*, Stuttgart: Kohlhammer 1981[2].

Schrage, W., *Ethik des Neuen Testaments*(NTD Ergänzungreihe 4), Göttingen: Vandenhoeck & Ruprecht 1989[5].

- *Frau und Mann*, Stuttgart 1980.

Schulz, S., *Neutestamentliche Ethik*, Zürich: Theologischer Verlag 1987.

Schweitzer, A., *Geschichte der Leben-Jesu-Forschung*, Tübingen: J.C.B.Mohr 1951[6].

Schweizer, E., "Zur Frage nach dem Messiasgeheimnis bei Markus", in: ders., *Beiträge zur Theologie des Neuen Testaments*, Zürich 1970.

Standhertinger, A., *Studien zur Entstehungsgeschichte und Intention des Kolosserbriefes*, Leiden: Brill Academic Press 1999., 198.

Stettler, H., *Die Christologie der Pastoralbriefe*, Tübingen: Mohr Siebeck 1998.

Strecker, G., *Theologie des Neuen Testaments*, Berlin: Walter de Gruyter 1996.

- *Der Weg der Grechtigkeit. Untersuchung zur Theologie des Matthäus*, Göttingen: Vandenhoeck & Ruprecht 1971[3].

Stuhlmacher, P., *Biblische Theologie des Neuen Testaments, Bd.1 Grundlegung Von Jesus zu Paulus*, Göttingen: Vandenhoeck & Ruprecht 1997[2].

- *Biblische Theologie des Neuen Testaments, Bd.2, Von der Paulusschule biszur Johannesoffenbearung*, Göttingen: Vandenhoeck & Ruprecht 1999.

von Lips, H., *Glaube-Gemeinde-Amt*, Göttingen: Vandenhoeck & Ruprecht 1979.

Wilckens, U., *Der Brief an die Römer*(EKK VI/1,2,3), Neukirchen: Neukirchener Verlag 1987[2]/1989[2]

Wrede, W., *Paulus*(1904), reprinted in: K. H. Rengstorf(hg.), *Das Paulusbild der neueren deutschen Forschung*, Darmstadt 1964, 1~97.

Zimmermann, R., "Unecht - und doch wahr? Pseudepigraphie im Neuen Testament als theologische Problem", ZNT 12(2003), 27~38.

2. 번역 문헌

고펠트(Goppelt), L., 「신약신학 I」, 박문재 옮김, 서울: 크리스찬 다이제스트 1992.
-        「신약신학 II」, 박문재 옮김, 서울: 크리스찬 다이제스트 1992.
그닐카(Gnilka, J.), 「나자렛 예수. 말씀과 역사」, 정한교 옮김, 왜관: 분도출판사 2002.
-        「바울로. 사도요 증인」, 이종한 옮김, 칠곡: 분도출판사 2008.
디츠펠빙거(Dietzfelbinger, Chr.), 「사도 바울의 회심사건. 바울신학의 근원에 관한 연구」, 조경
        철 옮김, 서울: 도서출판 감신 1996.
래드(Ladd), G., 「신약신학」, 신성종·이한수 옮김(개정증보판), 서울: 대한기독교서회 2008.
-        「예수와 하나님의 나라」, 이태훈 옮김, 서울: 도서출판 엠마오 1985.
로핑크(Lohfink), G., 「예수는 어떤 공동체를 원했나?」, 정한교 옮김, 서울: 분도출판사 2000.
로제(Lohse), E., 「형성사를 중심으로 한 신약성서신학」, 박두환 옮김, 서울: 한국신학연구소
        2002.
린다스(Lindars), B., 「히브리서의 신학」, 김진현·이상웅 옮김, 서울: 솔로몬 2000.
마샬(Marshall), H., 「신약성서신학」, 박문재·정용신 옮김, 고양: 크리스찬 다이제스트 2006.
바레트(Barrett), C. K., 「요한복음(I)」, 서울: 한국신학연구소 1985.
보른캄(Bornkamm), G., 「나사렛 예수」, 강한표 옮김, 서울: 대한기독교서회 1973.
본회퍼(Bonhoefer), D., 「나를 따르라. 그리스도의 제자직」, 서울: 대한기독교서회 2010.
불트만(Bultmann), R., 「신약성서신학」, 허혁 옮김, 서울: 성광문화사 1976.
베커(Becker), J. Chr., 「사도 바울. 바울의 생애와 사상에서의 하나님의 승리」, 장상 옮김, 서울:
        한국신학연구소 1991.
비슬리-머리(Beasley-Murray), G. R., 「예수와 하나님나라」, 박문재 옮김, 서울: 크리스찬 다이제
        스트 1998.
샌더스(Sanders), E. P., 「예수운동과 하나님나라. 유대교와의 갈등과 예수의 죽음」, 이정희 옮
        김, 서울: 한국신학연구소 1997.
스테게만(Stegemann), W., "사도 바울은 과연 로마 시민이었는가?", 김재성 엮음, 「바울 새로 보
        기」, 서울: 한국신학연구소 2000, 497~539.
예레미아스(Jeremias), J., 「신약신학」, 정충하 옮김, 서울: 새순출판사 1993.
타이센Theissen), G., 「그리스도인 교양을 위한 신약성서. 역사. 문학. 종교」, 노태성 옮김, 서울:
        다산글방 2005.
콘첼만(Conzelmann), H., 「신약성서신학」, A. 린데만 개정증보, 박두환 옮김, 서울: 한국신학연

구소 2004.

- 「초대기독교역사」, 박창건 옮김, 서울: 대한기독교서회 1994.

쿨만(Cullmann), O., 「신약의 기독론」, 김근수 옮김, 서울: 나단 1988.

큄멜(Kümmel), W. G., 「주요 증인들에 따른 신약성서신학」, 박창건 옮김, 서울: 성광문화사
1985.

크로산(Crossan), J. D., 「역사적 예수. 지중해 지역의 한 유대인 농부의 생애」, 김준우 옮김,
서울: 한국기독교연구소 2000.

클라이버(Klaiber) W./마르쿠바르트(Marquardt) M., 「감리교회신학」, 조경철 옮김, 서울: 도서
출판 KMC 2007.

타이센-메르츠(Theiβen G./Merz A.), 「역사적 예수. 예수의 역사적 삶에 대한 총체적 연구」,
손성현 옮김, 서울: 다산글방 2001.

한(Hahn), F., 「신약성서신학 I」, 강면광 외 옮김, 서울: 대한기독교서회 2007.

- 「신약성서신학 II」, 김문경·김희영 옮김, 서울: 대한기독교서회 2010.

헤이즈(Hays, R. B.), 「신약의 윤리적 비전」, 유승원 옮김, 서울: IVP 2002.

3. 국내 학자들의 문헌

김득중, 「복음서 신학」, 서울: 컨콜디아사 1985.

- 「복음서의 비유들」, 서울: 컨콜디아사 1993[4].
- "스데반과 빌립: 그들의 정체와 신학", 「신학과 세계」 53호(2005년 여름), 36~58.
- "야고보서의 反 바울주의와 反 世俗主義", 「신학과 세계」 56호(2006년 여름), 11~35.
- 「주요 주제를 통해서 본 복음서들의 신학」, 서울: 한들출판사 2006.

김명수, 「역사적 예수의 생애」, 서울: 한국신학연구소 2004.

- "〈예수 세미나〉 운동과 역사적 예수 탐구사", 「신약논단」 제10권 3호(2003년 가을),
555~586.

김세윤, "'그 '사람의 아들'"(인자) -하나님의 아들」, 홍성희·정태엽 옮김, 서울: 도서출판 엠마오,
1992.

김창선, 「21세기 신약성서신학」, 서울: 예영 커뮤니케이션 2004.

박수암, 「히브리서」, 서울: 대한기독교서회 1994.

박익수, 「고린도전서주석. 누가 과연 참 그리스도인인가」, 서울: 대한기독교서회 2002.

박찬웅, "요세푸스의 세례 요한 해석", 「신약논단」, 제19권 1호(2010년 가을), 789~827

배재욱, "요한계시록의 어린양 상징 언어 속에 나타난 생명 사상", 「신약논단」 제19권 1호(2012년

125
참고문헌

봄), 281~312.

신동욱, "요한계시록의 제자도", 「신약논단」 제19권 1호(2012년 봄), 241~279.

  -    "요한계시록은 임박한 종말을 말하고 있는가?", 「신약논단」 제17권 4호(2012년 봄),
      1113~1149

왕대일, 「구약신학」, 서울: 감신대 성서학연구소 2002.

  -    「구약주석 새로 보기」, 서울: 성서학연구소 2005.

유태엽, "마가의 결말(16:8)의 진정성과 의미에 대한 고찰", 「신학과 세계」 70호(2011년 봄),
      60~95.

  -    「복음서 이해」, 서울: 감리교신학대학교 출판부 2005.

윤철원, 「신약성서의 그레꼬-로마적 읽기」, 서울: 한들출판사 2002.

이병학, "요한계시록의 예전과 예배 - 우상숭배에 대한 저항과 정치적 유토피아", 「신약논단」 제
      13권 4호(2006년 겨울), 1015~1053.

  -    "죽음의 현실과 새 예루살렘의 대항현실", 「신약논단」 제17권 4호(2010년 겨울),
      1045~1082.

이승호, "공간과 시간의 통합: 골로새서의 종말론, 「신약논단」 제17권 4호(2010년 겨울),
      985~1014.

임진수, "로마제국의 팔레스타인 지배과정과 헤롯 왕조", 「신학과 세계」 74호(2012년 여름),
      61~93.

  -    "야고보서의 경제윤리", 「신학과 세계」 50호(2004년 여름), 96~121.

  -    "요한계시록의 구조와 초대기독교 예배 연구", 「신학과 세계」 68호(2010년 여름), 28~61.

  -    "짐승의 숫자 666 -요한계시록 12~13장의 비평적 연구-", 「신학과 세계」 53호(2005년 여
      름), 87~115.

장흥길, 「신약성경윤리」, 서울: 장로회신학대학교출판부 2002.

정승우, 「예수, 역사인가 신화인가?」, 서울: 도서출판 책세상 2005.

조경철, "골로새서에 나타난 '철학'과 '바울의 복음'", 「신학과 세계」 61호(2008년 봄), 34~57.

  -    "공관복음에 나타난 예수의 칭의론", 「신학과 세계」 58호(2007년 봄), 39~67.

  -    「마태복음 I」, 서울: 대한기독교서회 1999.

  -    "목회서신이 가르치는 거짓 가르침(이단)에 대한 대처 방식", 「신학과 세계」, 52호(2005
      년 봄), 41~69.

  -    "빌립보서의 그리스도 송가(2:6~10)", 「신학과 세계」 64호(2009년 봄), 67~96.

  -    「설교자를 위한 골로새 주석, 오직 그리스도!」, 서울: 도서출판 KMC 2010.

  -    「설교자를 위한 에베소서 주석」, 고양: 한국기독교연구소 2004.

  -    "세계를 품은 바울의 선교신학", 「신학과 세계」 76호(2013년 봄), 38~70.

- 「신약성서가 한 눈에 보인다」, 서울: 도서출판 땅에쓰신글씨 2010².
- 「예수와 하나님나라의 윤리」, 서울: 성서학연구소 2006.
- 「요한복음 강해. 나의 주님 나의 하나님」, 서울: 도서출판 KMC 2012.
- "요한복음의 로고스 頌歌(1:1~18) 연구", 「신학과 세계」 67호(2010년 봄), 131~160.
- "요한복음의 예정적인 구원진술에 관한 연구", 「신약논단」 제19권 제3호(2012년 가을), 916~919
- "존 웨슬리의 성서이해와 감리교적 성서해석의 정신", 「신학과 세계」 49호(2004년 봄), 25~51
- "칭의론, 바울신학의 핵심인가? 주변요소에 불과한가? -바울신학의 핵심을 둘러싼 "새 관점"의 도전-", 「신학과 세계」 70호(2011년 봄), 96~119.
- "화해는 하나님의 구원사건이다", 「신약논단」 제13권 1호(2006년), 111~146.

조태연, 「그리스도교 기원의 탐구. 예수운동」, 서울: 대한기독교서회 1997.
- "역사적 예수", 김경희 외, 「한국인을 위한 최신 연구 신약성서개론」, 서울: 대한기독교 서회 2002, 161~189.

신약성서신학

초판 1쇄 | 2014년 2월 20일
초판 3쇄 | 2019년 3월 27일

조경철 지음

발행인 | 전명구
편집인 | 한만철

펴낸곳 | 도서출판kmc
등록번호 | 제2-1607호
등록일자 | 1993년 9월 4일

(03186) 서울특별시 종로구 세종대로 149 감리회관 16층
　　　(재)기독교대한감리회 도서출판kmc
대표전화 | 02-399-2008　　**팩스** | 02-399-4365
홈페이지 | http://www.kmcpress.co.kr
디자인 | 디자인화소

값 22,000원
ISBN 978-89-8430-634-9　03230

이 도서의 국립중앙도서관 출판시도서목록(CIP)은 서지정보유통지원시스템 홈페이지(http://seoji.nl.go.kr)와
국가자료공동목록시스템(http://www.nl.go.kr/kolisnet)에서 이용하실 수 있습니다. (CIP제어번호 : CIP2014002670)